U0915409

中国区域金融稳定报告

（2009）

中国人民银行上海总部金融稳定分析小组

China Regional Financial Stability Report

(2009)

中国金融出版社

责任编辑：张智慧
责任校对：潘　洁
责任印制：裴　刚

图书在版编目（CIP）数据

中国区域金融稳定报告.2009（Zhongguo Quyu Jinrong Wending Baogao. 2009）/中国人民银行上海总部金融稳定分析小组编.—北京：中国金融出版社，2009.8
ISBN 978-7-5049-5154-0

Ⅰ.中…　Ⅱ.中…　Ⅲ.地区济经—金融事业—研究报告—中国—2009　Ⅳ.F832.7

中国版本图书馆 CIP 数据核字（2009）第 118371 号

出版发行　中国金融出版社
社址　北京市丰台区益泽路 2 号
市场开发部　（010）63272190，66070804（传真）
网 上 书 店　http://www.chinafph.com
（010）63286832，63365686（传真）
读者服务部　（010）66070833，82672183
邮编　100071
经销　新华书店
印刷　北京松源印刷有限公司
尺寸　210 毫米×285 毫米
印张　36.75
插页　1
字数　953 千
版次　2009 年 8 月第 1 版
印次　2009 年 8 月第 1 次印刷
定价　108.00 元
ISBN 978-7-5049-5154-0/F.4714
如出现印装错误本社负责调换　联系电话（010）63263947

本书编写组

负　责　人：马德伦

总　　　纂：凌　涛

主报告执笔：王新东　陈　静　郭　芳　张　瑾　郑振东

编写说明

2008年，我国各地区克服国内特大自然灾害和国际金融环境剧烈动荡带来的困难，各地区经济总体保持平稳较快发展，区域发展协调性有所增强。金融业改革和创新继续向纵深推进，区域金融生态环境得到进一步改善。同时，受国际金融危机快速蔓延和世界经济增速明显放缓的影响，各地区经济运行困难有所增加，金融机构经营压力加大，维护区域金融稳定的任务更加艰巨。《中国区域金融稳定报告（2009）》力求全面反映在国际金融危机的背景下，全国各地区金融业改革、发展和创新的最新情况，客观评估各地区的金融稳定状况，及时准确提示地区金融风险。

《中国区域金融稳定报告（2009）》在承袭了上年文体结构的基础上，为满足国际研究和交流的需要，增加了主报告的英文版。同时，继续尝试改善定量分析方法，增加量化分析的内容。《中国区域金融稳定报告（2009）》主报告共分为五部分，第一部分综述中国区域金融稳定情况；第二、第三、第四部分重点评估分析了区域经济运行状况、分行业和分地区的区域金融稳定状况；第五部分结合四大地区定量评估结果，总结评估各地区的金融稳定状况，并提出有针对性的政策建议。本期主报告各章共穿插了11个专栏，安排了两个专题。分报告为全国各省（区、市）金融稳定报告摘要。

中国人民银行上海总部
金融稳定分析小组
2009年7月

目　录

《中国区域金融稳定报告（2009）》主报告

第一部分　概述 …… 3
一、区域金融总体保持稳定 …… 3
二、维护区域金融稳定需关注的方面 …… 5

第二部分　区域经济运行状况 …… 8
一、区域经济运行基本情况 …… 8
二、区域经济运行中值得关注的问题 …… 16

第三部分　分行业的区域金融稳定状况 …… 19
一、各地区银行业 …… 19
二、各地区证券业 …… 26
三、各地区保险业 …… 31

第四部分　分地区的区域金融稳定状况 …… 39
一、东部地区 …… 39
二、中部地区 …… 47
三、西部地区 …… 53
四、东北地区 …… 59

第五部分　总体评估与政策建议 …… 66
一、总体评估 …… 66
二、政策建议 …… 67
专题1　国际金融危机对区域经济金融的影响 …… 71
专题2　长三角地区金融稳定分析报告 …… 78

《中国区域金融稳定报告（2009）》主报告（英文）

Chapter 1 Overview ………… 93
1. The overall regional finance remained stable ………… 93
2. Specitic issues on maintaining regional financial stability ………… 97

Chapter2 Regional Economic Performance ………… 102
1. Basic situation of regional economies performance ………… 102
2. Noteworthy issues in the regional economies operation ………… 110

Chaper3 Finance Sectors in Regional Economy ………… 115
1. Banking sector in regional economy ………… 115
2. Securities sector in regional economy ………… 126
3. Insurance sector in regional economy ………… 132

Chapter4 Region – classified Financial Stability Status ………… 142
1. Eastern Region ………… 142
2. Central Region ………… 151
3. Western Region ………… 159
4. Northeastern Region ………… 166

Chapter5 Overall Assessment and Infrastructure Construction ………… 174
1. Overall Assessment ………… 174
2. Infrastructure Construction ………… 176

《中国区域金融稳定报告（2009）》分报告

北京市金融稳定报告摘要 …… 185

天津市金融稳定报告摘要 …… 196

河北省金融稳定报告摘要 …… 207

山西省金融稳定报告摘要 …… 217

内蒙古自治区金融稳定报告摘要 …… 227

辽宁省金融稳定报告摘要 …… 243

吉林省金融稳定报告摘要 …… 253

黑龙江省金融稳定报告摘要 …… 262

上海市金融稳定报告摘要 …… 272

江苏省金融稳定报告摘要 …… 280

浙江省金融稳定报告摘要 …… 286

安徽省金融稳定报告摘要 …… 295

福建省金融稳定报告摘要 …… 308

江西省金融稳定报告摘要 …… 323

山东省金融稳定报告摘要 …… 332

河南省金融稳定报告摘要 …… 351

湖北省金融稳定报告摘要 …… 364

湖南省金融稳定报告摘要 …… 375

广东省金融稳定报告摘要 …… 384

广西壮族自治区金融稳定报告摘要 …… 396

海南省金融稳定报告摘要 …… 405

重庆市金融稳定报告摘要 …… 418

四川省金融稳定报告摘要 …… 428

贵州省金融稳定报告摘要 …… 442

云南省金融稳定报告摘要 …… 456

西藏自治区金融稳定报告摘要 …… 466

陕西省金融稳定报告摘要 …… 477

青海省金融稳定报告摘要 …… 487
甘肃省金融稳定报告摘要 …… 498
宁夏回族自治区金融稳定报告摘要 …… 509
新疆维吾尔自治区金融稳定报告摘要 …… 520
大连市金融稳定报告摘要 …… 531
青岛市金融稳定报告摘要 …… 542
宁波市金融稳定报告摘要 …… 550
厦门市金融稳定报告摘要 …… 559
深圳市金融稳定报告摘要 …… 569

《中国区域金融稳定报告（2009）》

主 报 告

第一部分 概 述

2008年，我国发生了南方雨雪冰冻和汶川地震两场特大自然灾害，经历了全球经济和金融市场急剧动荡的巨大冲击。在困难的形势下，由于全国各地区[①]认真落实国家各项宏观调控政策，地区经济金融保持平稳较快发展态势，区域发展协调性有所增强。但下半年以来，受国际金融危机快速蔓延和世界经济增速明显放缓的影响，各地区经济运行困难有所增加，金融机构经营压力加大。区域经济金融运行中出现的一些新情况应引起重视。

一、区域金融总体保持稳定

从总体情况看，2008年全国各地区经济仍保持平稳健康发展，增长方式和产业结构调整发生积极变化，通货膨胀压力减弱，区域经济平稳协调发展。金融机构受国际金融危机直接影响较小，金融业改革开放继续向纵深推进，总体实力稳步提高，金融生态环境得到进一步改善。区域金融总体保持稳定。

（一）区域经济平稳较快发展为金融稳定奠定基础

面对复杂多变的国内外经济形势，各地区克服各种困难，使经济保持平稳较快发展。国家宏观调控政策取得明显成效，地区产业、行业结构稳步优化，投资、消费、出口三大需求较为均衡，节能减排工作继续推进，民生改善，区域经济结构不断优化。分区域来看，东部地区虽然受国际金融危机影响较大，但地区经济总量仍然保持较快增长，产业结构进一步优化，消费呈现平稳较快增长，经济发展质量继续提高。中部地区区位优势进一步体现，承接东部沿海地区技术、资本和产业转移的能力明显提升，地区经济实力进一步增强。西部地区发挥区域优势，国民经济保持快速发展，逐步缩小与发达地区之间的各项差距。东北地区着力调整产业结构和促进产业升级，地区经济继续快速增长，对外贸易保持较快增长，外商投资进一步增加。

（二）各地区金融业总体实力稳步增强

国内金融机构受国际金融危机直接影响较小。各地区银行业的总体实力、抗风险能力和服务水平持续增强，在促进区域经济金融协调发展方面发挥越来越重要的作用。证券期货市场基

---

① 东部地区10个省市，包括北京、天津、河北、上海、江苏、浙江、福建、山东、广东和海南；中部地区6个省，包括山西、安徽、江西、河南、湖北和湖南；西部地区12个省区，包括广西、重庆、四川、贵州、云南、西藏、陕西、甘肃、青海、宁夏、新疆和内蒙古；东北地区3个省，包括黑龙江、吉林、辽宁。本报告不含港、澳、台地区。

础性制度建设不断完善，证券市场历史遗留问题得到稳妥解决，行业发展的基础不断夯实。各地区保险业务均实现较快增长，行业实力进一步增强，发展结构更加合理，呈现出市场主体不断增加、从业人员增长较快、资产实力稳步提升以及重点服务领域不断拓展的良好发展态势。

2008 年，全国绝大部分地区银行业金融机构的资产总额增速均超过 20%，全年各地区银行业金融机构共实现税后净利润 5 824. 85 亿元，同比增长 31. 82%。截至 2008 年年底，银行业金融机构本外币存款余额 46. 17 万亿元，增长 20. 93%；本外币贷款余额 31. 73 万亿元，增长 15. 18%；不良贷款余额 1. 56 万亿元，同比减少 7 717. 47 亿元（其中农业银行剥离不良贷款 7 141. 25亿元），不良贷款率4. 91%，同比下降3. 55 个百分点。地方法人银行业金融机构资本充足性整体有所提高，风险抵补能力增强。在股票市场持续走弱、市场成交萎缩的情况下，各地区证券期货机构经营稳健。截至 2008 年年底，107 家证券公司总资产约 1. 2 万亿元，净资产 3 585亿元，全年实现净利润 482 亿元，95 家公司实现盈利，占行业公司数量的 89%。61 家基金管理公司管理证券投资基金 439 只，基金资产达 1. 9 万亿元。各地区保险公司总资产达 3. 34 万亿元，较年初增长 15. 2%；保险资金运用余额 3. 1 万亿元，较年初增长 14. 3%。全年共实现原保险保费收入 9 784. 1 亿元，同比增长 39. 1%，是 2002 年以来增长最快的一年①。

（三）各地区金融机构改革取得明显成效

在大型国有商业银行改革继续深化，国家开发银行商业化转型和中国农业银行股份制改革全面推进的同时，各地区中小法人金融机构改革取得明显成效。城市商业银行积极扩张，跨区域经营取得明显进展，由省内跨区域发展逐步走向省外发展，江苏银行上海分行、南京银行上海分行、宁波银行南京分行等正式开业。外资金融机构加快在东部地区设立分支机构的步伐，杭州工商信托引进摩根士丹利投资入股，珠海市商业银行与战略投资者达成框架意向。农村金融改革取得新成果。两级法人农村信用联社深化改革工作全面完成，农村合作金融机构跨区域投资入股试点顺利实施。农村中小金融机构进一步做大做强，村镇银行、小额贷款公司等新型农村金融组织发展较快。邮政储蓄银行完成分支机构组建开业工作，积极扩大小额贷款试点，增加小额质押贷款网点，拓宽邮储资金回流渠道。

（四）各地区市场主体参与金融市场程度显著提高

随着全国金融市场体系不断健全，功能逐步完善，各地区参与国内金融市场的主体有所增加，机构投资者类型更加多元化，市场交易日益活跃。城市商业银行、城市信用社和信托投资公司等开始作为新的机构类型进入银行间市场。金融市场总体保持平稳健康运行。同业拆借业务和债券市场回购交易保持活跃，交易实现较大增长。票据市场保持平稳发展，总量不断扩大。外汇市场稳步发展，人民币外汇衍生产品创新加快。在国际金融危机作用下，黄金作为避险工具受到投资者追捧，黄金市场交易活跃。在股市直接融资困难和商业银行加强风险管理的情况下，债券市场保持快速发展，融资规模达 2. 81 万亿元，较上年增长 17. 5%，短期融资券、企业债、公司债以及中期票据发行规模增长较快。

---

① 数据来源：本段所有数据均来源于中国人民银行、中国银行业监督管理委员会、中国证券监督管理委员会和中国保险监督管理委员会。

（五）各地区金融创新和综合经营推进较快

近年来，随着我国金融业改革不断向纵深推进，各地区金融创新活跃，涌现出大量的金融创新业务品种。金融组织创新获得突破，村镇银行、小额贷款公司、汽车金融公司等新型金融机构发展较快。中小企业金融服务创新和农村金融服务创新满足了不同经济主体多样化的融资需求，新型理财产品和面向“三农”的创新性业务迅速起步。金融跨行业合作有所加强，多种交叉性金融产品和业务快速发展。地方法人金融机构股权投资活跃，区域性准金融控股公司逐渐成型，不同类型金融机构之间业务合作增多，地方金融促进经济发展的作用显著增强。

（六）区域金融生态环境持续改善

各地区金融生态环境建设工作继续推进，地方政府的主导作用得到进一步强化，各地区普遍形成了“政府主导、部门联动、社会参与”的工作机制。金融生态环境监测评估系统、信用工程、银企合作共赢平台等一系列举措取得明显成效，地方金融生态环境持续改善。

各项金融基础设施运行平稳。各地区支付清算应急管理经受了自然灾害、奥运支付和全球金融动荡等重大事件的考验，实现支付清算系统安全稳定运行；各地区积极探索创新、安全、便捷的支付结算手段，银行卡业务取得长足发展，农村支付结算环境明显改善。法律体系建设取得重大进展，包括《中华人民共和国企业国有资产法》、《证券公司监督管理条例》、《证券公司风险处置条例》、《中华人民共和国外汇管理条例》等在内的一批重要法律和司法解释颁布或实施。新企业会计准则体系实施开局顺利。在全国组织开展的清理积案活动中，各地司法部门加大金融债权案件的审判和执行力度，以最大限度实现金融债权，有效降低和化解金融风险。应收账款质押登记公示系统在防范信用风险方面的作用日益显著，征信宣传教育促使社会信用意识大幅提升。反洗钱工作机制建设日渐成熟，各地区根据实际探索建设大额现金监测管理系统、银行业金融机构反洗钱评估等工作机制。

二、维护区域金融稳定需关注的方面

2008年，国际金融危机快速蔓延，世界经济增长明显放缓，国民经济中的深层次矛盾和问题尚未解决，全国各地区经济、金融发展都受到不同程度的影响。危机首先影响东部地区的实体经济部门，并逐步向中西部地区传导，各地经济运行中的困难增加。虽然国内金融部门在危机中遭受的直接损失较小，但在地区经济增长放缓、企业效益下滑、居民收入增速趋于下降的情况下，面临的风险增大，外部经营环境恶化，金融运行中出现的潜在风险应引起重视。

（一）区域经济继续保持平稳较快发展，但经济下行压力明显增大

2008年，全国各地区经济继续保持平稳较快发展，投资和消费需求继续快速增长，全年全社会固定资产投资同比增长除东部地区低于20%外，中部、西部和东北地区分别达到31.68%、28.32%和34.89%。社会消费品零售总额较上年增长21%～24%。全年出口增速东部和东北地区回落幅度较大，中部地区与2007年持平，西部地区小幅增长。物价涨幅前高后低，居民消费

价格基本保持稳定。各地区城镇居民人均可支配收入和农村居民人均纯收入普遍增长，城乡区域协调发展，社会民生进一步改善。但受国际金融危机深化、外需大幅下降、世界经济放缓等不利因素的影响，各地区多项经济指标出现回落，经济增长明显放缓，经济下行压力普遍加大，原有的深层次矛盾进一步凸显。表现为：一是工业经济效益明显下滑，企业亏损金额和亏损户数大幅上升。其中东部和东北地区工业利润总额出现负增长，而中部和西部地区工业利润总额同比增速也分别由 2007 年的 61.32%、40.88% 下降至 2008 年的 6.92% 和 5.99%。二是农业生产和农民增收形势不容乐观。部分粮食主产区自然灾害接连发生，直接影响农业生产。农产品价格出现回落，农资价格同比上涨较多，农业比较收益下降，加上外出务工农民大量返乡，农民持续增收难度加大。三是东部地区房地产市场供求关系发生逆转，商品房销售价格高位回落，成交量大幅减少。四是外部需求增长显著放缓，外贸企业产品订单大量减少，对主要贸易国家和地区商品出口普遍下滑。五是企业破产数量明显增加，社会就业矛盾有扩大趋势。

（二）区域经济总体协调发展，但地区经济发展方式有待转变

近年来，我国进一步加快了优化地区产业结构、促进经济协调发展的步伐。2008 年，我国中部、西部和东北地区的经济增速均超过了东部地区，各区域依托自身优势形成的产业分工越来越明显，表明我国地区经济结构发生积极变化，区域发展协调性进一步增强，但是各地区依旧面临调整经济发展方式的压力。在这次国际金融危机中，东部沿海地区因外贸依存度较高受到的直接冲击较大，部分劳动密集型、出口导向型的中小企业经营困难，并因此带来较大的就业压力。而中部、西部和东北地区出口占地方经济总量的比重相对较低，外需减少的压力对其影响较小，在时间上也相对滞后。在这些地区，初级产品生产和石油、煤炭、有色等资源能源类产品开采加工行业受到较为严重的冲击。因此，在外部需求继续减弱的情况下，必须加快转变地区经济增长方式，认真贯彻落实国家和地方政府一系列“扩内需、促增长”的政策措施，增强消费对经济增长的拉动作用。同时继续加大地区经济结构调整力度，加强对服务业和高新技术产业的支持力度，促进产业结构优化升级。增强环境和资源对地方经济发展的硬约束，改革资源要素价格机制，促进经济发展方式转变。

（三）各地区社会融资结构有待优化，资产价格波动跨行业影响显现

国内各地区直接融资规模继续保持较高水平。2008 年，各地区企业债、公司债和短期融资券发行规模有较大幅度的提高。但从总体来看，企业融资高度依赖银行贷款的状况并未得到有效改善，贷款主导的融资结构甚至有所加强。这种以银行贷款为主的间接融资结构，一定程度上放大了资产价格波动的风险。一是房地产信贷占银行信贷比重较大，房地产企业经营面临的不确定性因素增多，潜在信贷风险值得关注。二是在房地产市场持续低迷情况下，过度依赖土地使用费收入的地方政府会面临可支配财政收入下降的压力，存在地方财政隐性债务增长过快可能带来的风险。三是股票市场大幅下跌已经直接对实体经济部门的财务状况、证券公司的经营状况、保险公司的资金运用状况、银行中间业务的发展以及银行业金融机构的盈利能力等造成负面影响。

（四）各地区金融业改革继续深化，金融机构盈利模式需进一步拓展

全国各地区金融业改革取得明显成效。已改制国有银行的财务状况和公司治理得到较大改善，地方中小法人金融机构改革和风险化解工作基本完成。资本市场各项改革措施的积极效应逐渐显现，证券公司综合治理取得明显成效。各类保险机构继续增加，服务领域不断拓宽。各地区金融机构风险控制能力、合规意识普遍得到提升，整体经营状况持续改善，发展后劲增强。但在国际金融危机的大背景下，各类金融机构的外部经营环境恶化，更明显地暴露出其金融产品同质、盈利模式单一的问题。人民银行利率调整直接导致利差收窄，银行业金融机构依赖的高利差盈利模式难以维系。股票市场深幅下跌导致占证券公司收入比重高达90%的经纪业务收入大幅下降。保险市场准入门槛较低和产品同质化程度较高，保险公司之间的竞争主要集中在经营策略上，导致市场竞争异常激烈。从总体上说，目前国内各类金融机构有特色的金融产品和金融服务较为缺乏，协调发展和较为完善的业务盈利模式尚未形成，可持续盈利能力有待提高。

（五）各地区金融综合化经营试点稳步推进，金融监管体系需进一步完善

各地区金融业综合化经营试点稳步推进，金融跨行业合作有所加强，多种交叉性金融产品和业务发展迅速。主要商业银行纷纷组建基金管理公司、信托投资公司、金融租赁公司等，开展多元化经营。理财业务、投行业务、金融衍生品业务得到快速发展，综合化经营步伐加快。区域性准金融控股公司逐渐成型，不同类型金融机构之间业务合作发展迅速。随着金融业经营模式的发展和创新，现行的金融监管体系不能完全满足系统性风险管理要求，这些跨行业、跨市场和跨境金融业务中存在某些监管真空。需要完善金融监管，并提升区域金融监管部门之间合作与协调。各地区金融管理部门和政府部门应积极协调金融监管政策，建立防范跨行业、跨市场金融风险的长效协调机制，完善跨行业、跨市场金融风险的监测评估系统。

第二部分 区域经济运行状况

2008年，美国次贷危机引发的国际金融危机不断恶化，国际经济增长速度放缓，全球金融市场剧烈震荡。面对国内外复杂多变的经济形势，党中央国务院继续加强和完善宏观调控，各地区经济继续保持平稳较快发展，产业结构进一步优化，固定资产投资略有下降，居民消费价格指数回落。总体上看，国民经济保持了良好的发展势头，但经济运行中存在的一些问题，如经济放缓趋势比较明显、出口增速回落、资本市场震荡走低等需要关注。

一、区域经济运行基本情况

2008年，我国经济继续保持较快增长，三次产业协调发展，产业结构进一步优化。固定资产投资保持较快增长，各地区消费增速明显提高，进出口增幅较小。区域合作积极推进，区域经济合作进一步加强。

（一）区域经济继续较快增长，区域间相对差距略有缩小

2008年，我国经济继续保持较快增长，国内生产总值完成30.07万亿元，比上年增长9.0%[①]。分季度看，GDP增长率分别为10.6%、10.1%、9.0%和6.8%，呈逐季回落态势。2008年，东部、中部、西部和东北地区生产总值分别达到17.76万亿元、6.32万亿元、5.83万亿元和2.82万亿元，同比分别增长11.14%、12.18%、12.43%和12.46%[②]。呈现东部地区总量领先，其他地区发展较快的态势（表1）。

表1 全国各地区GDP及其增长情况

项目	东部地区		中部地区		西部地区		东北地区	
	2007年	2008年	2007年	2008年	2007年	2008年	2007年	2008年
地区生产总值（亿元）	150 895.44	177 579.52	51 930.24	63 188.06	47 361.14	58 256.32	23 325.28	28 195.66
占全国GDP比例（%）	55.17	54.27	18.99	19.31	17.32	17.80	8.53	8.62
增长率（%）	14.19	11.14	14.23	12.18	14.44	12.43	14.09	12.46

数据来源：全国各省、自治区、直辖市统计局。

① 该数据为国家统计局公布数据。

② 若无特别注释，主报告中区域类数据汇总均来自全国各省（自治区、直辖市）统计局、人民银行各分支机构及监管部门，数据未经修正，与国家统计局、金融监管部门公布的全国数据有所区别。另外，由于部分地区2007年统计数据后期经过修正，故本报告中2007年数据与《中国区域金融稳定报告（2008）》中数据有所区别。

2008 年，全国 31 个省（自治区、直辖市）地区生产总值保持较快增长，但受国际金融危机的影响，各地区 GDP 增长略有下降。全国有 26 个省（自治区、直辖市）地区生产总值增长率保持在两位数以上，其中，内蒙古继续以 17.2% 的增长速度保持在首位。在增幅前 15 名的省（自治区、直辖市）中，东部地区占 3 个，中部地区占 5 个，东北地区占 1 个，西部地区占 6 个（图 1）。

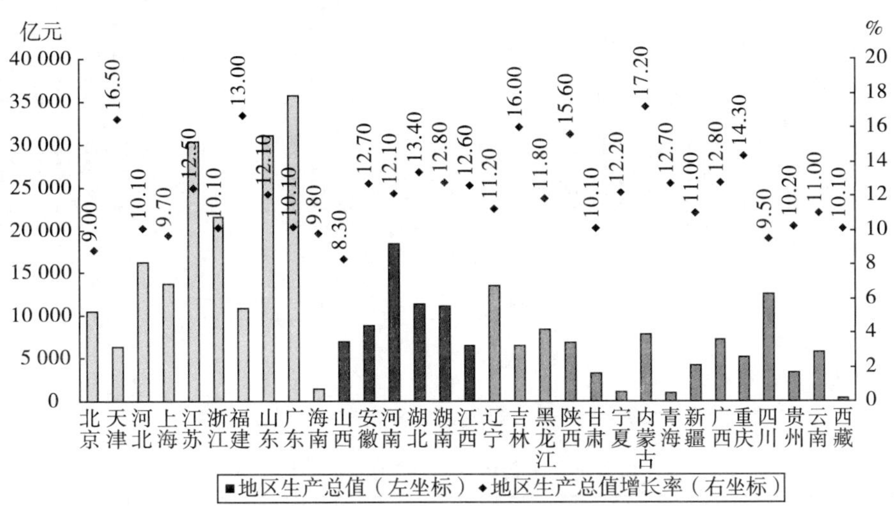

数据来源：全国各省、自治区、直辖市统计局。

图 1　2008 年各省（自治区、直辖市）GDP 增长情况

（二）三大产业协调发展，产业结构进一步优化

2008 年，全国各地区三大产业继续协调发展，产业结构进一步优化。第一、第二、第三产业分别增加 3.4 万亿元、14.62 万亿元、12.05 万亿元，同比分别增长 5.5%、9.3%、9.5%。第二产业比重略有增加，三次产业占 GDP 的比重为 11.3:48.6:40.1。从三次产业的格局看，总体仍然呈现“二、三、一”的格局。分省（自治区、直辖市）来看，除北京、上海和西藏呈现“三、二、一”的格局以及海南呈现“三、一、二”的格局以外，其他省（自治区、直辖市）均呈现“二、三、一”的格局（图 2）。

2008 年，第一产业增速超过上年。东部、中部、西部和东北地区第一产业增加值分别为 12 145.45亿元、9 227.18 亿元、9 064.51 亿元和 3 307.8 亿元，同比分别增长 4.50%、5.45%、6.41% 和 7.79%。其中，中部、西部和东北地区都超过去年的增长速度。第二产业增长速度略有下降。东部、中部、西部和东北地区第二产业的增加值分别为 91 726.71 亿元、32 192.68 亿元、28 018.56 亿元和 14 942.63 亿元，同比分别增长 11.40%、14.55%、15.73% 和 14.77%。第三产业的增长速度有所下降，东部、中部、西部和东北地区第三产业增加值分别为 73 707.35 亿元、21 768.27 亿元、21 121.55 亿元和 9 945.23 亿元，同比分别增长 11.69%、11.42%、12.87% 和 12.86%。除东北地区以外，其他地区第三产业增速与上年同期相比均有不同程度的下降（表 2）。

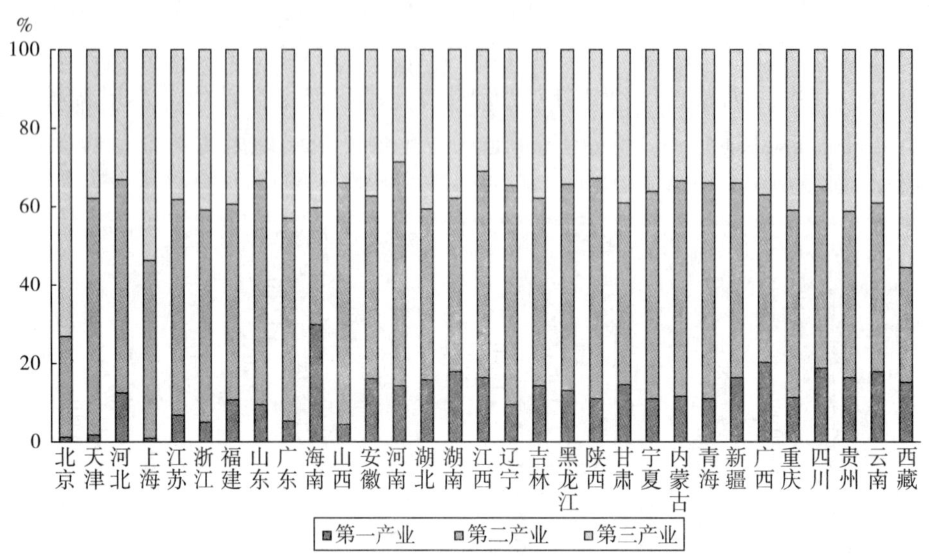

数据来源：全国各省、自治区、直辖市统计局。

图2　2008 年各省（自治区、直辖市）产业结构图

表 2　全国各地区三大产业增长率　　单位：%

项目	东部地区		中部地区		西部地区		东北地区	
	2007 年	2008 年	2007 年	2008 年	2007 年	2008 年	2007 年	2008 年
第一产业	5.12	4.50	4.04	5.45	5.74	6.41	4.70	7.79
第二产业	15.82	11.40	17.73	14.55	18.50	15.73	18.10	14.77
第三产业	15.35	11.69	13.82	11.42	13.79	12.87	11.56	12.86

（三）固定资产投资保持较快增长，外商直接投资增速放缓

固定资产投资保持较快增长。2008 年，东部、中部、西部和东北地区固定资产投资规模分别为 77 923.91 亿元、37 080.72 亿元、36 934.56 亿元和 19 293.80 亿元，分别比上年同期增长 19.22%、31.68%、28.32% 和 34.89%。除东北地区固定资产投资增速略快于上年以外，其他地区都有小幅下降（图 3）。

受国际金融危机影响，外商直接投资增速放缓，但是西部地区却表现了强劲的增长势头，对区域经济协调发展产生积极的影响。2008 年，西部地区吸引外商实际直接投资 124.15 亿元，较上年同期增长了 51.32%，同比多增 19.44 个百分点，高于全国增速 31.41 个百分点（图 4）。

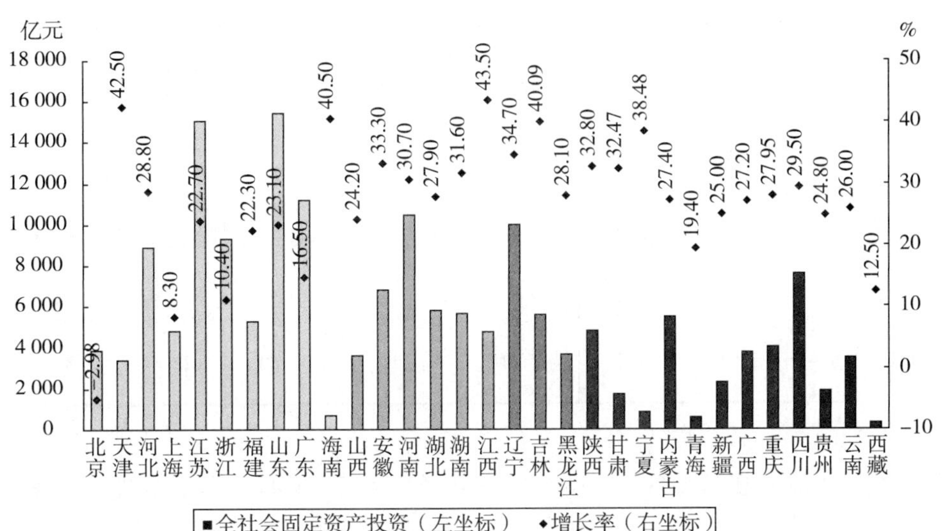

数据来源：全国各省、自治区、直辖市统计局。

图3　2008年各省（自治区、直辖市）全社会固定资产投资及增长率

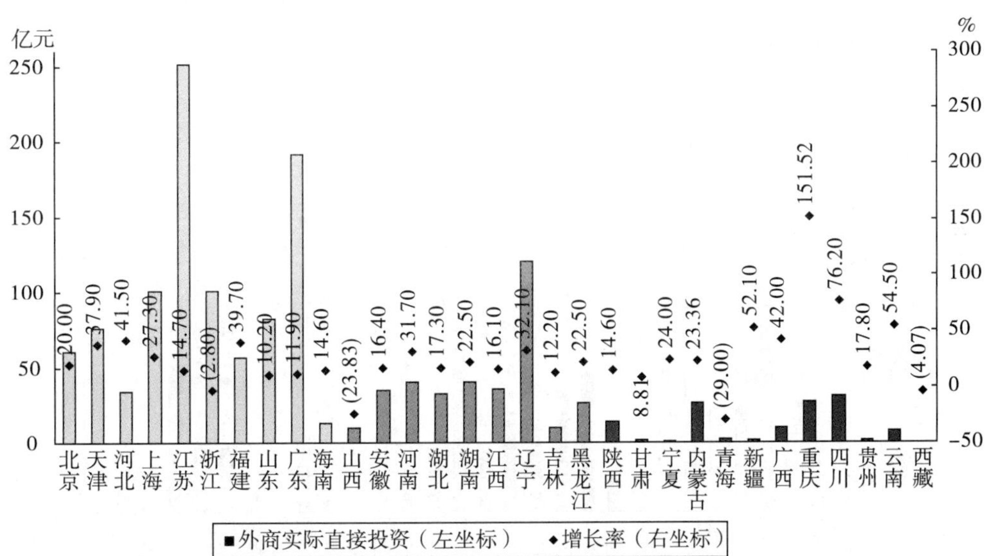

数据来源：全国各省、自治区、直辖市统计局。

图4　2008年各省（自治区、直辖市）外商实际直接投资情况

表3　全国各地区全社会固定资产投资及房地产投资情况

项目	东部地区		中部地区		西部地区		东北地区	
	2007年	2008年	2007年	2008年	2007年	2008年	2007年	2008年
全社会固定资产投资（亿元）	65 358.19	77 923.91	28 173.78	37 080.72	28 769.42	36 934.56	14 302.60	19 293.80
占全国比例（%）	47.85	45.51	20.62	21.66	21.06	21.57	10.47	11.27

续表

项目	东部地区		中部地区		西部地区		东北地区	
	2007 年	2008 年	2007 年	2008 年	2007 年	2008 年	2007 年	2008 年
固定资产投资增长速度（%）	21.03	19.22	32.42	31.68	28.70	28.32	33.32	34.89
房地产开发投资（亿元）	14 143.16	16 267.11	3 907.93	5 197.35	4 868.49	5 967.07	2 368.48	3 136.73
占全国比例（%）	55.93	53.22	15.45	17.00	19.25	19.52	9.37	10.26
房地产投资增长速度（%）	25.52	14.99	35.00	32.99	39.60	22.81	33.53	32.42

数据来源：全国各省、自治区、直辖市统计局。

房地产投资增速下降较快。2008 年，受到国内外经济形势的影响，我国房地产市场有所调整，商品房成交量减少，房屋价格涨幅回落。房地产市场变化带动房地产开发投资增速回落。2008 年，房地产开发投资 30 568.26 亿元，比上年增长 20.91%。其中，东部、中部、西部和东北地区房地产开发投资余额分别为 16 267.11 亿元、5 197.35 亿元、5 967.07 亿元和 3 136.73 亿元，同比分别增长 14.99%、32.99%、22.81%和 32.42%。东部地区和西部地区房地产投资增速回落较快，同比分别少增 10.53 个和 16.79 个百分点（图 5）。

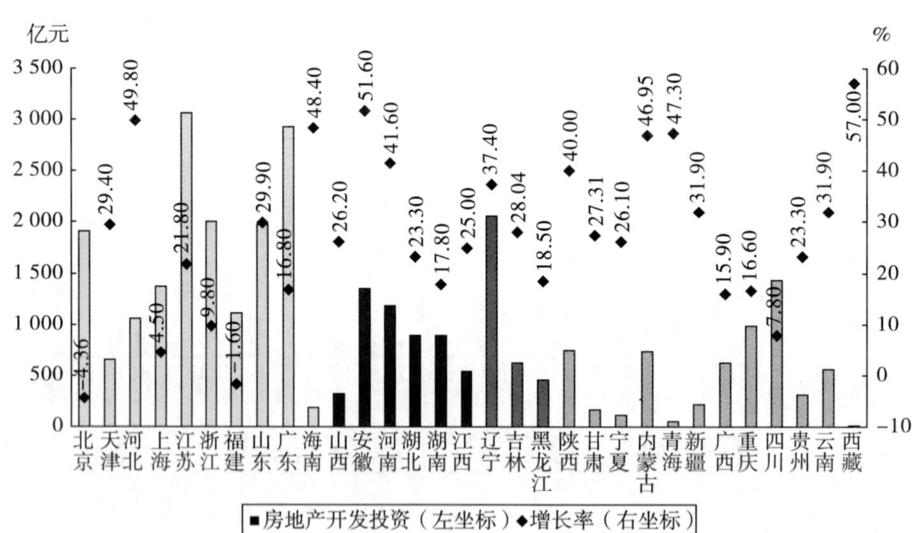

数据来源：全国各省、自治区、直辖市统计局。

图 5　2008 年各省（自治区、直辖市）房地产开发投资及增长率

（四）各地区消费增速明显提高，进出口增幅较小

各地区消费增长较为明显。2008 年，东部、中部、西部和东北地区社会消费品零售总额分别为 60 539.92 亿元、22 152.86 亿元、19 239.09 亿元和 10 240.36 亿元，分别比上年增长 21.33%、23.19%、22.31%和 22.49%，同比分别多增 4.24 个、4.85 个、4.33 个和 4.89 个百分点（图 6）。

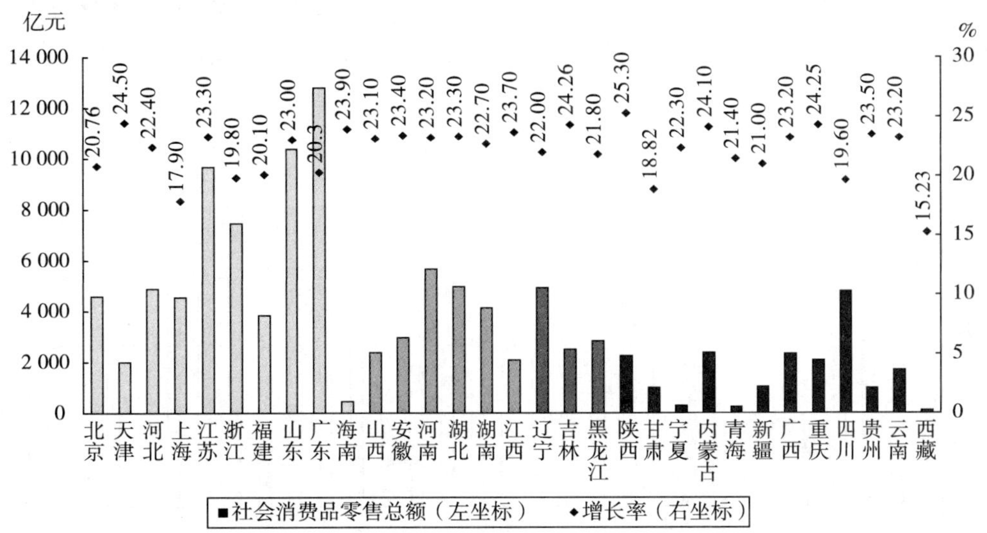

数据来源：全国各省、自治区、直辖市统计局。

图6 2008年各省（自治区、直辖市）社会消费品零售总额及其增长率

各地区进出口增速有所下降。国际金融危机对进出口行业的冲击最为直接。2008年，东部、中部、西部和东北地区的进出口贸易总额分别增长14.25%、33.55%、35.85%和24.82%，其中，东部和西部地区进出口总额增速下降较快，较去年同期下降了8.30个和14.74个百分点（图7）。

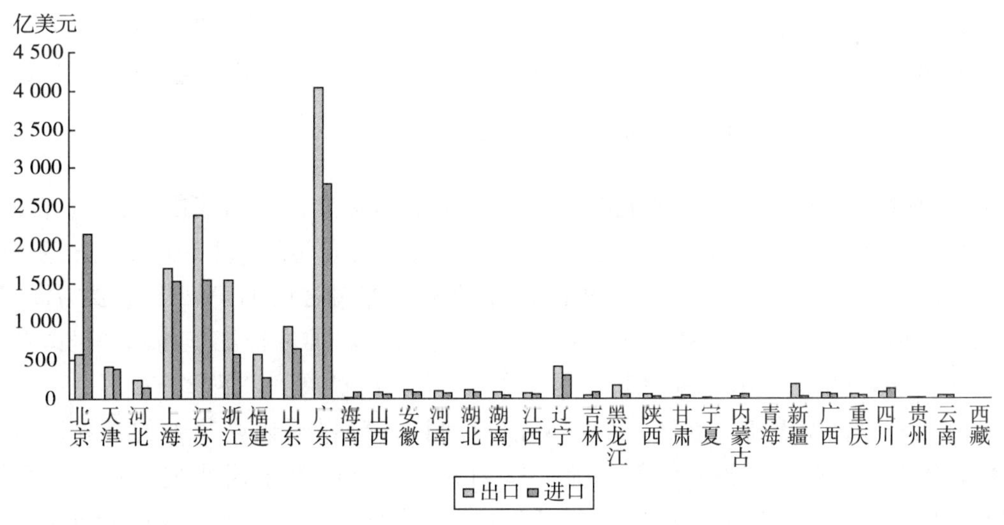

数据来源：全国各省、自治区、直辖市统计局。

图7 2008年各省（自治区、直辖市）进出口情况

（五）居民消费价格涨幅回落，收入水平保持较快增长

居民消费价格指数涨幅回落。2008年，居民消费价格比上年上涨5.9%（图8），其中，食品价格上涨14.3%。居民收入水平保持较快增长。2008年，农村居民人均纯收入4 761元，扣

除价格上涨因素，比上年实际增长 8.0%；家庭食品消费支出占家庭消费总支出的比重为 43.7%。城镇居民人均可支配收入 15 781 元，实际增长 8.4%；家庭食品消费支出占家庭消费总支出的比重为 37.9%。

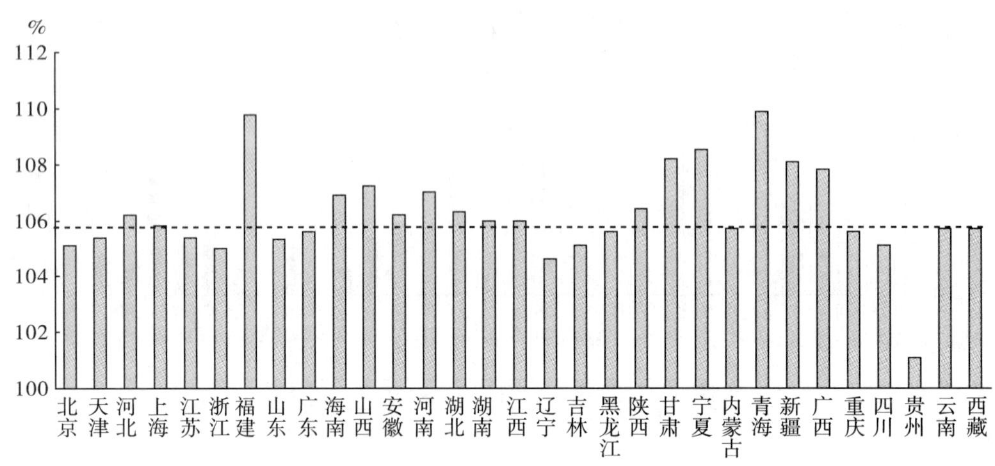

数据来源：全国各省、自治区、直辖市统计局。

图 8　2008 年各省（自治区、直辖市）居民消费价格指数

（六）各地区积极落实国家节能减排政策，取得显著效果

2008 年，全国各地区全年能源消费总量 28.5 亿吨标准煤，比上年增长 4.0%。煤炭消费量 27.4 亿吨，增长 3.0%；原油消费量 3.6 亿吨，增长 5.1%；天然气消费量 807 亿立方米，增长 10.1%；电力消费量 34 502 亿千瓦小时，增长 5.6%。全国万元 GDP 能耗下降 4.59%。

（七）区域合作积极推进，区域经济进一步协调发展

2008 年，各地区依托自身优势形成的产业分工越来越明显，表明我国地区经济结构正在发生积极的变化，区域发展协调性正在增强。1 月份，国家批准实施《广西北部湾经济区发展规划》，北部湾成为继珠江三角洲、长江三角洲、环渤海经济圈之后的第四个重要沿海经济区域，正式纳入国家发展战略。9 月份，国务院出台了《关于进一步推进长江三角洲地区改革开放和经济社会发展的指导意见》，将长三角区域由原来的 16 个城市扩展到“两省一市”，并要求其今后加快区域一体化进程，朝着亚太地区重要国际门户和具有较强国际竞争力的世界级城市群目标前进，强化、提升对全国的服务和辐射功能。12 月份，国务院又审议通过《珠江三角洲地区改革发展规划纲要》，从国家战略全局和长远发展出发，促进珠江三角洲地区提升创新优势，进一步发挥珠江三角洲地区对全国的辐射带动作用和先行示范作用。2008 年，武汉城市圈和长株潭城市群则以构建全国资源节约型和环境友好型的“两型”社会综合配套改革试验区为契机，开始探寻中国特色新型工业化、农业现代化和中国特色城镇化之路。“9 + 2”泛珠三角区域合作、海峡西岸经济区也在逐步推进。

专栏1 当前广西北部湾经济区资金支持机制的构建

2008年1月16日，国家批准实施《广西北部湾经济区发展规划》，北部湾成为继珠江三角洲、长江三角洲、环渤海经济圈之后的第四个重要沿海经济区域，正式纳入国家发展战略。当前，广西北部湾经济区建设资金来源渠道单一，信贷融资占比大，资金问题成为经济区建设的重要瓶颈。因此，要确保经济区建设资金链不断裂，需构建广西北部湾经济区建设的资金支持机制，即形成“财政引导、社会参与、渠道多样、结构合理、供需衔接、良性循环”的资金支持机制。

一、适度增加政府投资力度，充分发挥财政资金的引导作用

1. 争取中央财政加大对广西北部湾经济区的转移支付。加强与中央有关部门的沟通，了解和掌握中央政策动态特别是支持重点，积极汇报广西北部湾经济区各领域发展状况和发展规划，争取中央给予经济区更优惠的税收政策。

2. 加大自治区本级财政的投入力度。设立北部湾开发专项资金，将自治区本级预算内基本建设投资和相关财政性建设资金向经济区倾斜。同时，在满足合理范围与限制条件的基础上，由地方政府以其资信和税收能力作为保证，适量发行地方政府债券，借此募集经济区发展所需的资金。此外，还可积极运用政府特许权，通过BOT、TOT、BT、PPP等投资方式发展项目融资，推动经济区大型项目建设。

3. 创新土地海域开发使用机制。借鉴浦东新区土地利用和管理模式，通过“资金空转、批租实转、成片开发”，实现“以地集股、以地融资、以地招商、以地抵押”的土地滚动开发。同时，成立广西北部湾经济区土地储备中心，结合经济区相关规划，实现经济区的建设用地统一储备、开发、供应。

二、夯实本地投融资平台，广泛吸引社会资本参与建设

1. 做大做强地方投融资主体。通过确立“公司为主、政企结合”的经济区开发模式，采取多种渠道增强北部湾国际港务集团公司、北部湾开发投资公司等开发公司的融资能力，使其成为经济区和港区基础设施建设平台。

2. 鼓励和吸引民间资本参与。制定《广西北部湾经济区投资鼓励办法》，在保障法制化的基础上进一步整合资源优势，扩大引进民营资本规模，引导珠三角的过剩资本流向经济区，积极承接东部发达地区的产业梯度转移，加快产业集聚推动经济区开发建设。

3. 加大外资引进力度。围绕产业结构调整，以优势产业定向定点对外资招商，扩大利用外资规模，优化利用外资结构，不断改进和创新利用外资方式，并通过对广西重点行业实施战略性整合重组以实现招商引资与培育内生动力相结合。

三、完善金融市场体系，提升金融市场的融资能力

1. 扩大金融业的开放程度。尽快出台广西金融业发展指导意见，加大政策支持力度并提高优惠待遇以加快“引金入桂”步伐，吸引国内外金融资源为经济区服务，促进经济区资金需求与供给沟通。

2. 提高地方性金融机构实力。充分利用中国—东盟博览会平台，进一步加强以广西北部湾银行为代表的地方性金融机构与国外金融机构的合作交流，促进广西银行业的开放及国际化，推动经济区开发。

3. 提升金融体系的服务质量。一是建立健全金融服务体系。完善区域支付结算系统，加快金融电子化进程，改进服务贸易外汇管理，推进贸易投资便利化。二是加大金融创新力度。针对多样性金融服务需求，不断创新金融产品，为区域内企业和个人提供各类金融服务。三是鼓励商业银行拓展中小企业信贷业务。通过税收优惠、设立贷款风险补偿专项基金和建立健全中小企业融资担保体系等措施，加大金融支持经济区发展的力度。

四、拓宽直接融资渠道，强化资本市场的支持力度

1. 推动企业上市融资。鼓励增设证券公司、基金公司和期货公司，积极发展其他证券中介服务机构，完善证券市场体系；利用现有上市公司资源，推动质量好的上市公司进行资产重组，实现资源向优势企业集中，同时充分发挥上市公司再融资功能，通过多种方式筹集发展所需资金；鼓励有实力、有产业优势的企业参与证券市场活动，培育上市公司后备企业；放宽经济区企业发行债券的限制，扩大地方企业债券发行的规模。

2. 发展基金融资。参照渤海产业投资基金的组织形式，建立契约型或有限合伙制的北部湾产业投资基金，围绕实现广西北部湾经济区功能定位进行投资。同时，吸引民间、境外组织和个人在经济区创办风险投资机构，推动各类风险投资机构进入经济区风险投资资本市场。

资料来源：《广西壮族自治区金融稳定报告（2009）》

二、区域经济运行中值得关注的问题

2008 年，国际金融局势急剧恶化，国际金融市场动荡加剧，全球经济增长速度明显放缓，国际经济环境中不确定因素增加。美国、欧元区、日本均已陷入衰退，新兴市场经济体增速放缓。全球通货膨胀压力缓解，通货紧缩风险同步增加。受此影响，国内经济运行也出现一些突出矛盾和问题。

（一）外部经济金融发展环境趋于复杂，各地区经济持续发展的不确定性增强

国际金融危机形势的不确定性影响出口增长。我国东部地区经济具有明显出口导向型的特点。2008 年，东部地区沿海省市工业和出口增速放缓，低于全国平均水平，部分制造企业因为国际金融危机影响陷入困境，东部地区经济下行的风险加大。东部地区沿海省市经济下行可能对全国经济产生较大的影响。中部、西部和东北地区是我国主要的资源型产品的产地，2008 年下半年，随着国际大宗商品价格的急剧下滑，国内资源型产品价格也有不同程度的回落，进而影响到原材料生产企业的利润，可能会影响到中西部和东北地区经济的增长。当前，中部、西部和东北地区所处的经济发展阶段以及前期区域政策推进形成的积累效应导致经济下行的幅度和持续时间得到较好控制，但也要警惕金融危机的影响进一步加剧。

（二）区域合作取得长足进步，但区域间统筹协调仍有不足

2008 年，区域经济合作取得了长足进步。全国统一市场正在逐步建立，劳动力和资金两大要素基本上实现了全国流动，区域互动机制也在逐步完善，西部大开发、振兴东北老工业基地、中部地区崛起已经有了较大的进展。各大区域之间的合作正在日趋密切，相互之间的种种“壁垒”正在被打破，市场分割的问题和矛盾也得到极大的缓解。但是值得关注的是，长期制约我国经济健康发展的体制性、结构性矛盾依然存在，城乡、区域发展差距仍在扩大，区域间协调统筹生产力布局等方面仍有不足，这必将影响到各地区比较优势的发挥。

首先，自然地理和历史差异给区域协调发展带来了挑战。近年来，中部、西部和东北地区的经济发展速度加快，但从绝对值来看，这些地区和东部地区的差距仍然在扩大。其次，行政区划和经济区划不一致，区域间协调发展难度较大。我国市场经济已经发展到一定程度，一个省（自治区、直辖市）在全国乃至世界范围内对资源的吸引以及对周边地区的辐射，更多靠要素流动和利益相关体的客观要求而自觉形成，而传统行政区划形成的区域内的管理体制各不相同，跨区域协调发展难度较大。最后，由于各地区基础设施建设的不同，产业的趋同化和低水平重复建设，资源整合和协调合作得不到进一步发展，制约了区域经济的整合发展。

（三）资产市场价格的波动较大，对相关行业的影响加大

受国际金融危机的影响，我国房地产市场和资本市场也受到了不同程度的冲击。2008 年，我国房地产市场调整比较明显，商品房成交量急剧下降，房屋价格涨幅有所回落。2008 年，全国完成商品房销售面积 6.21 亿平方米，比上年下降了 19.7%，70 个大中城市房屋价格同比上涨 6.5%，比上年回落 1.1 个百分点。房地产市场的变化导致房地产开发投资和房地产开发贷款下降，房屋新开工面积和土地购置面积减少。资本市场大幅波动，2008 年年底，上证、深证综合指数分别比上年末下降 65.4% 和 61.8%。沪深两市 A 股平均市盈率分别由上年末的 59 倍和 72 倍下降为 2008 年末的 15 倍和 17 倍。

资产价格的大幅波动将对经济发展有较大影响。一方面，房地产行业涉及的产业链比较长，房地产业的调整可能对多个行业造成影响。另一方面，股票市场的大幅波动会影响到投资者的信心，影响股市的融资功能，进而影响资本市场发展。

（四）国际大宗商品价格大幅波动，区域经济受到影响较大

2008 年，国际大宗商品经历了前期涨势明显，后期急剧回落的行情。前半年，大宗商品价格居高不下，屡创新高。7 月份，国际原油价格达到每桶 147 美元的高点，下半年又跌到每桶 50 美元以下。国际大宗商品价格的急剧波动影响了工业品价格和进出口商品价格。工业品价格前期涨势明显，后期急剧回落。8 月份，工业品出厂价格涨幅达到 10.1% 的高点。此后，国际大宗商品价格高位下跌，同时国内生产企业从 9 月份开始存货调整，减少了原材料采购，原油、煤炭、钢材等主要生产资料价格大幅下跌。进出口商品价格先涨后落。上半年，国际大宗商品价格持续上涨，导致进口价格涨幅持续提高，国内通货膨胀压力加大；下半年，随着国际大宗商品价格持续下跌，进口价格迅速回落。与进口价格相比，我国出口价格波动幅度相对较小，但

也经历了从上涨到回落的过程。

国际大宗商品价格的大幅波动对我国经济有一定的影响。一方面，在我国外贸依存度较高的情况下，国际大宗商品价格上涨直接增加我国工农业生产成本，从而带来通货膨胀的压力。如2008年上半年，我国部分地区出现汽油、柴油供应紧张，一些地方拉闸限电，给我国经济正常运行带来干扰。另一方面，国际大宗商品价格暴跌也同样影响经济的发展。金融危机的升级使全球经济陷入衰退，进而引发了全球大宗商品价格暴跌。能源终端产品需求的急剧萎缩令企业库存严重，企业面临前期原材料成本难以向下游产品转移的压力，资金流动不畅成为目前众多中小企业遭遇的难题。虽然我国已经明确了资源性产品价格改革的方向和目标，制定了石油价格综合配套改革方案，建立了煤电价格联动的机制，但是改革尚未完全到位。因此，要进一步关注国际大宗商品价格变化对各地区经济的影响。

（五）劳动力需求减少，就业形势较为严峻

2008年第四季度以来，国际国内经济金融形势日益复杂，国内经济面临下行的风险，国内就业形势日趋严峻。一是劳动力需求下降。劳动密集型行业，受到金融危机直接冲击的金融、房地产和资源型产品企业形势较为严峻，利润不断下滑，企业用工需求持续减少。二是国外劳动力的回流导致就业压力不断增大。主要经济体都不同程度陷入衰退，原来在海外就业劳动力到国内寻找就业机会，给国内劳动力市场造成一定压力。三是新毕业大学生、农民工就业压力较大。新毕业大学生和农村富余劳动力向城镇转移形成了新的劳动力供给。在劳动力市场上，一方面是劳动力需求不断下降，另一方面是劳动力供给不断增加。2009年，随着国际金融危机进一步向实体经济蔓延，国内就业压力可能继续扩大。因此，要高度关注就业情况，切实做好各项促进就业的工作，鼓励发展劳动密集型产业和各类服务业，增加就业岗位，保持各地区就业局势的基本稳定。

第三部分　分行业的区域金融稳定状况

2008年，国内外经济金融形势的复杂性和不确定性大大增加。在党中央、国务院的正确领导下，我国金融业经受住了最为严峻的考验。全国各地区银行业资产规模继续扩大，资产质量明显提高，整体抗风险能力得到加强。资本基础制度建设和一系列改革措施帮助恢复市场信心。证券公司综合治理成效开始显现，各地区证券期货机构经营稳健。保险业积极参与抗击特大自然灾害，稳妥应对国际金融危机的冲击，保险市场继续保持较快增长。

一、各地区银行业

2008年，在宏观调控措施的综合作用下，国内各地区银行业继续保持稳健的发展态势，资产规模增长较快，流动性充足，不良贷款持续“双降”，经营利润稳步增加，机构引进和改革取得新突破，行业整体竞争力和抵御冲击的能力进一步提升。

（一）区域银行业发展概况

1. 各地区银行业继续保持强劲发展势头，资产规模迅速扩大。2008年，各地区银行业经营规模迅速扩张，表现出强劲的发展势头。东部地区银行业总资产为34.82万亿元，比上年同期增长18.54%，占全国比例为60.67%；总负债为33.78万亿元，比上年同期增长26.06%，占全国比例为61.32%。中部地区银行业总资产为8.69万亿元，比上年同期增长24.58%，占全国比例为15.14%；总负债为8.46万亿元，比上年同期增长23.87%，占全国比例为15.35%。西部地区银行业总资产为9.52万亿元，比上年同期增长28.71%，占全国比例为16.58%；总负债为8.59万亿元，比上年同期增长23.91%，占全国比例为15.60%。东北地区银行业总资产为4.37万亿元，比上年同期增长22.97%，占全国比例为7.61%；总负债为4.26万亿元，比上年同期增长22.01%，占全国比例为7.73%（图9）。

分地区看，东部地区仍然集中了全国60%以上的银行业金融资产，其中包括四大国有商业银行和股份制商业银行的总部以及大部分外资银行营业性机构。但2008年东部地区银行业资产增速放缓，较上年同期下降了2.18个百分点，与此同时资产总额占全国的比重也下降了1.44个百分点。西部地区银行业资产增速最高，其资产总额占全国的比重上升了0.95个百分点。2008年，全国各省（自治区、直辖市）银行业金融机构的资产增速均超过10%，其中前三位是重庆、西藏和内蒙古，都集中在西部地区，资产增速分别达到36.98%、35.83%和35.41%（图10）。

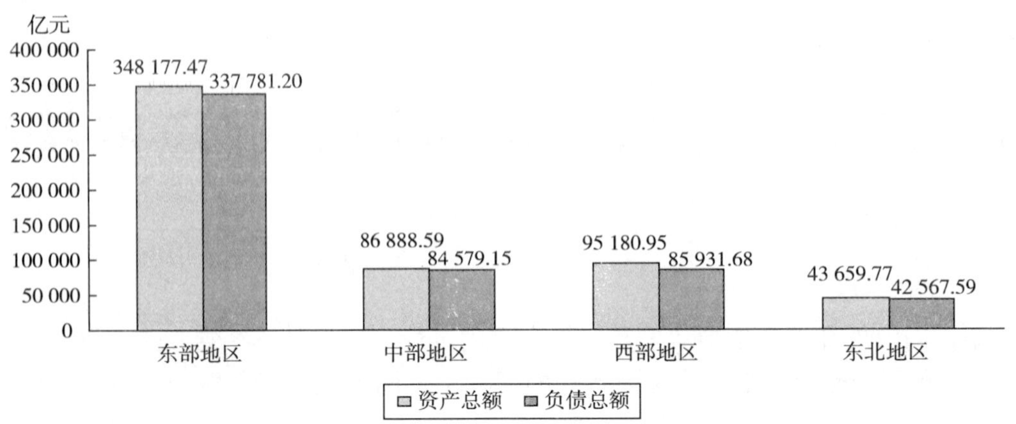

数据来源：中国人民银行各地分支机构。

图9　2008年四大区域银行业金融机构资产负债情况

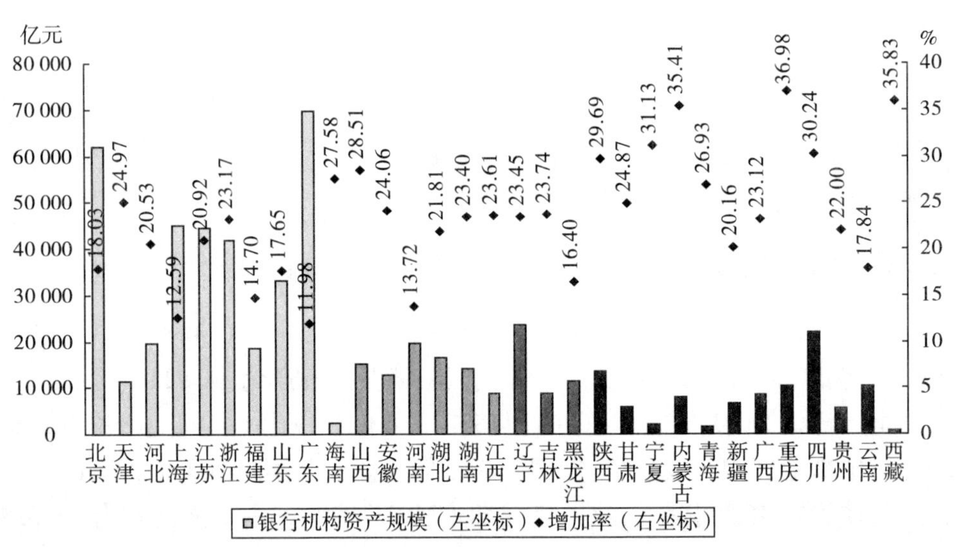

数据来源：中国人民银行各地分支机构。

图10　2008年各省（自治区、直辖市）银行业金融机构资产规模及其增长率

2. 各地区银行业资产质量明显提高，整体抗风险能力大为增强。2008年，通过财务重组和加强风险控制，主要商业银行不良贷款持续保持“双降”。截至2008年年底，东部、中部、西部和东北地区银行业不良贷款余额分别为5 778.65亿元、3 945.60亿元、3 264.86亿元和2 261.96亿元，不良贷款率分别为3.16%、8.97%、6.27%和10.36%。其中东北地区不良贷款减少1 231.92亿元，不良贷款率降幅最大，比2007年年底下降7.60个百分点（表4）。各地区新增不良贷款规模普遍大幅下降。总体来看，各地区银行业金融机构不良贷款率降幅明显，资产质量改善显著。

表 4　全国各地区银行业金融机构不良贷款情况

项目	东部地区		中部地区		西部地区		东北地区	
	2007 年	2008 年	2007 年	2008 年	2007 年	2008 年	2007 年	2008 年
不良贷款余额（亿元）	8 130. 08	5 778. 65	5 785. 02	3 945. 60	4 279. 55	3 264. 86	3 493. 88	2 261. 96
不良贷款率（%）	5. 10	3. 16	14. 71	8. 97	9. 77	6. 27	17. 96	10. 36
新增不良贷款余额（亿元）	−76. 62	−2 423. 47	20. 69	−1 887. 34	611. 25	−825. 92	10. 97	−1 367. 74

数据来源：中国人民银行各地分支机构。

各地区法人银行业资本实力和充足水平继续提升，整体抗风险能力大为增强。自银监会发布《商业银行资本充足率管理办法》以来，资本充足率达标银行个数、达标银行资产占比均大幅增加。截至 2008 年年底，全国共有 193 家法人商业银行资本充足率达到 8% 的监管标准，达标银行资产占商业银行总资产比例达 99. 5%。从风险消化能力看，我国各地区银行业损失拨备缺口逐年减少，拨备覆盖率大幅提高。

3. 各地区银行业整体资金头寸充裕，盈利水平进一步提高。2008 年，中国人民银行及时调整货币政策的方向、重点和力度，不断加强银行体系流动性管理。在存款准备金率下调、存款稳定增长等因素的共同作用下，各地区银行业机构资金头寸逐渐增多，流动性充足。

2008 年，各地区银行业金融机构利润依然保持较快增长，盈利能力继续提升。东部、中部、西部和东北地区银行业金融机构分别实现账面利润 5 093. 79 亿元、975. 15 亿元、1 243. 42 亿元和 369. 57 亿元（图 11）。从资本利润率和资产利润率等指标看，我国股改后的国有商业银行和股份制商业银行已基本达到国际先进银行水平。2008 年，各地区银行业中间业务收入占比继续上升，银行业务结构进一步改善。银行卡类业务收入、融资顾问业务收入、担保及承诺业务收入等银行传统中间业务收入增速较快，但资本市场相关的中间收入增长明显减缓。

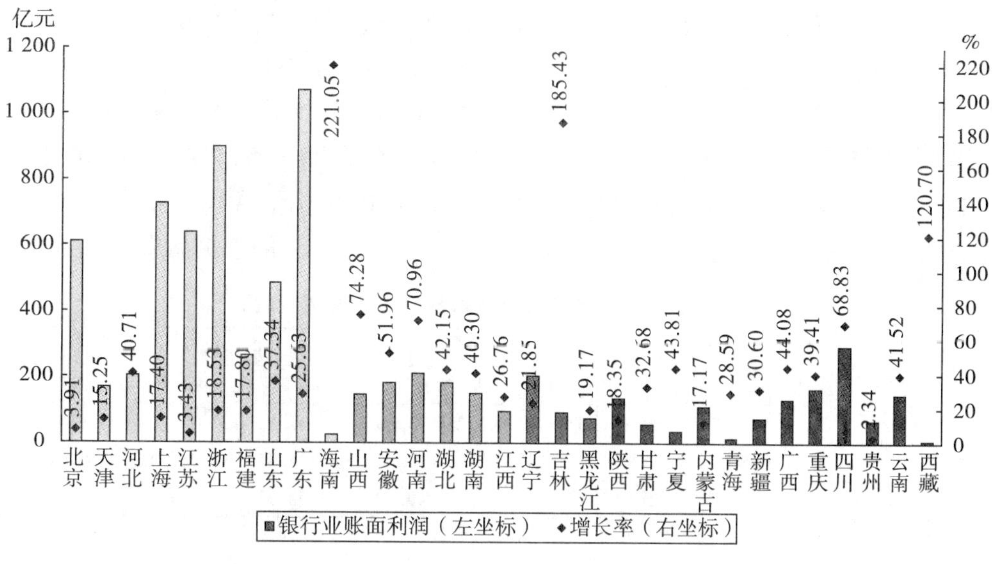

数据来源：中国人民银行各地分支机构。

图 11　2008 年各省（自治区、直辖市）银行账面利润总额及其增长率

4. 各地区银行业存款增速加快，贷款增长平稳。2008 年，与资本市场震荡回落、居民理财风险意识增强等因素有关，各地区银行业存款增长较快，存款定期化态势明显。东部、中部、西部和东北地区银行业金融机构人民币各项存款余额分别为27.61万亿元、7.01万亿元、7.82万亿元和3.41万亿元，同比分别增长18.78%、21.78%、27.15%和19.22%。

2008年9月以来，根据国内外经济形势的变化，按照中央的统一部署，中国人民银行及时调整货币政策方向，取消年初制定的商业银行信贷规划约束，加大金融支持经济发展的力度。2008年，全国各地区银行贷款继续保持稳定增长。截至2008年年底，东部、中部、西部和东北地区银行业金融机构人民币各项贷款余额分别为18.31万亿元、4.40万亿元、5.21万亿元和2.18万亿元（图12）。金融支持区域协调发展效果明显，中部、西部和东北地区本外币存贷款增速普遍高于或接近全国平均水平。其中西部地区全年贷款增长18.89%，高于全国平均水平，为西部地区经济发展提供了强有力的金融支持。

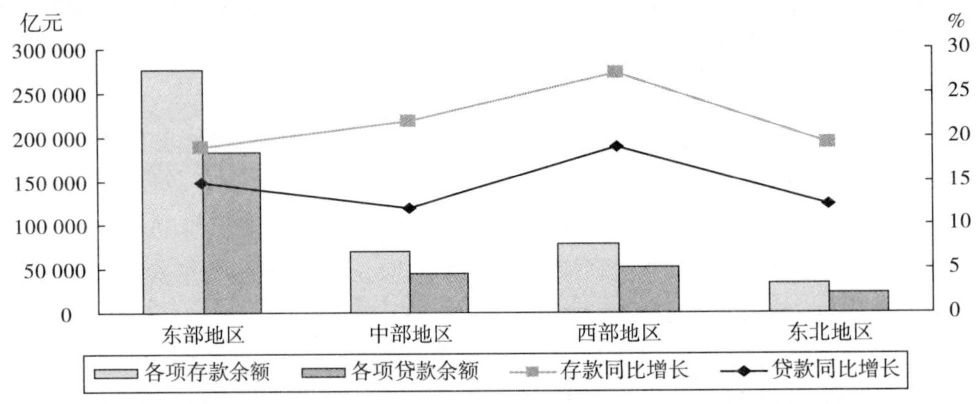

数据来源：中国人民银行各地分支机构。

图12　2008年四大区域存贷款水平及其增长情况

与此同时，近年来储蓄存款活期化、贷款中长期化、银行业资金“短存长贷”的期限结构错配现象有所好转。截至2008年年底，东部、中部、西部和东北地区中长期贷款余额分别为9.30万亿元、2.19万亿元、3.11万亿元和1.05万亿元，同比增长17.47%、18.40%、21.22%和14.51%（表5），新增中长期贷款占全年新增人民币贷款的比例分别为54.70%、52.63%、63.44%和44.46%，各项指标均较上年同期有不同程度的回落。受金融机构债券投资渠道较窄、资金运用及利润增长压力较大等因素的影响，具有流动性强、周转方便等优点的票据融资大幅多增。

表5　全国各地区银行业金融机构中长期贷款情况

项目	东部地区		中部地区		西部地区		东北地区	
	2007年	2008年	2007年	2008年	2007年	2008年	2007年	2008年
中长期贷款余额（亿元）	79 136.36	92 960.83	18 475.11	21 873.89	25 647.51	31 090.94	9 176.32	10 507.72
增长率	20.86	17.47	21.37	18.40	24.41	21.22	20.43	14.51
中长期贷款比率（%）	49.59	50.77	46.99	49.72	58.53	59.69	47.17	48.13

数据来源：中国人民银行各地分支机构。

5. 各地区银行业加大产品创新力度，中小企业融资难问题进一步缓减。为扶持中小企业发展，缓解中小企业融资难问题，各地区银行业金融机构积极开展信贷产品创新，先后开办了仓单抵押贷款、应收账款质押贷款、跟单贷款、保单贷款以及外来投资配套贷款等多项信贷业务，满足了中小企业多样化的信贷需求。各地区银行业金融机构积极开办代客理财、托收等中间业务，扩大了对中小企业金融服务的范围；发展针对中小企业的专门化金融服务，创新中小企业信贷管理方式，制定了中小企业信用等级评定和授信管理专项办法，以提高对中小企业的金融服务效率。例如甘肃省酒泉市金融机构对棉花收购企业发放仓单抵押贷款，有效解决了棉花收购企业的资金不足问题。截至2008年年底，该市有61户棉花收购企业获得了信贷支持，占收购企业总数的82.43%，有效地支持了棉花加工产业的生产经营。建设银行、华夏银行、招商银行等6家商业银行与部分地市国税局合作开展出口退税质押贷款业务，缓解了外贸企业流动资金紧缺的压力。

6. 各地区银行业改革继续深化，金融支持农业发展力度不断加强。国有商业银行改革重组稳步推进。目前我国国有银行股份制改革基本完成，成效显著。国家开发银行和中国农业银行改革全面展开并已取得重大进展。在全球金融危机的背景下，国家果断启动国家开发银行和农业银行改革，向国家开发银行、农业银行分别注资200亿美元和190亿美元。目前，国家开发银行已经由政策性银行改造成股份制商业银行；农业银行已完成股改的财务重组工作。2009年1月16日，中国农业银行股份有限公司正式挂牌成立。中国进出口银行和中国农业发展银行也不断深化内部改革，加强风险管理和内控机制建设，稳步开展新业务，为全面改革创造条件。大型国有银行改革带动了整个银行业服务水平与竞争力的持续提升，为国民经济健康平稳运行和维护金融稳定奠定了扎实的基础。

其他银行业金融机构改革继续推进。城市商业银行积极扩张，跨区域经营取得明显进展，由省内跨区域发展逐步走向省外跨区域发展。江苏银行上海分行、南京银行上海分行、宁波银行南京分行等正式开业。外资金融机构加快在东部地区设立分支机构的步伐。杭州工商信托引进摩根士丹利投资入股，珠海市商业银行与战略投资者达成框架意向。

专栏2　浙江省城市商业银行合作与交流

浙江省目前共有城市商业银行11家，相互之间的交流合作主要集中在资金业务、结算业务和产品创新等方面，较为成功且受益面较广的合作有“柜面通”和“价值连城”。一是11家城市商业银行实现会计结算“柜面通”，省内城市商业银行实现银行卡的通存通兑。二是省内10家城市商业银行（除宁波银行外）开展理财产品业务合作，联合向社会公开发售“价值连城”理财产品。城市商业银行的交流合作在各自保持法人地位和体制优势的基础上，通过业务合作，提高了各城市商业银行的服务能力和水准。

目前，由于现行金融体制和行政区划设置、区域金融合作的基础设施不够完善、行际差距过大影响相互合作、经营同质化导致合作空间有限以及创新能力不足致使合作层次难以提高等因素制约，浙江省城市商业银行的合作模式尚未在长三角地区有效推进。面对长三角城市商业银行合作与交流的现状，2008年人民银行上海总部、南京分行和杭州中心支行积极协调，促成各方在平等交流和友好协商的基础上签订了战略合作协议。长三角地区14家城市商业银行今后将在战略发展、资金业务、结算业务、信贷业务、产品创新、信息技术、信息交流、风险、人力资源和管理技能共十个方面开展全面合作，从而有效提高长三角地区城市商业银行的业务水平和竞争实力。

资料来源：《浙江省金融稳定报告（2009）》

金融支持农业发展力度不断加强。2008 年，立体化的农村金融体系初步构建，全国各地区银行业金融机构在促进新农村建设、服务“三农”中发挥重要作用。截至 2008 年底，农村信用社改革已经取得了重要进展和阶段性成果。农村信用社的历史包袱有效化解，资产质量明显改善。自 2004 年实现近 10 年来的首次盈利后，盈利水平逐年提高，2008 年实现盈利 545 亿元，同比多增 92 亿元。产权制度改革进展顺利。农村信用社改制组建的农村商业银行已有 22 家、农村合作银行 163 家，组建以县（市）为单位的统一法人机构 1 966 家。新型农村金融机构试点工作取得了显著成效。截至 2008 年年底，全国已有 105 家新型农村金融机构获准开业，其中，村镇银行 89 家，贷款公司 6 家，农村资金互助社 10 家。已开业的 105 家机构中有 77 家设立在中西部地区金融机构网点覆盖低、竞争不充分的乡镇和行政村，并通过直接设立营业机构或延伸提供金融服务等手段，较大地增加了中西部地区的农村金融供给，有效改善了 38 个“零银行业金融机构网点乡镇”的金融服务状况。据统计，已开业的 105 家新型农村金融机构共吸纳股金 40.4 亿元，吸收存款 42.8 亿元，贷款余额 27.9 亿元，累计贷款 39.7 亿元，96.8% 的贷款投向农村小企业和农户，初步发挥了“筑渠引水”的作用，实现了把城市资金引入农村、把农村资金留在农村和激活农村金融市场的目的。

（二）区域银行业发展中需关注的方面

1. 继续关注国际金融危机对各地区银行业金融机构运营带来的深层次影响。从总体来看，2008 年 9 月以来急剧恶化的国际金融危机对我国银行业的直接影响有限，主要是由于近年来我国抓住了有利时机，大力推进国内金融业改革，使金融业整体实力、竞争力和抗风险能力大大增强，资产质量明显提高，为抵御风险打下了坚实基础。同时，我国银行业的国际化程度还不高，开展业务的主要市场和服务对象仍在国内，境外投资总量不大，占金融机构全部资产的比例较小，整体风险可控。但是，当前的国际金融危机尚未结束，国际经济金融形势动荡，对国内经济冲击明显加大，也不可避免地会对各地区银行业金融机构的经营带来较大压力，相关潜在风险须引起关注。

第一，全球金融危机可能继续恶化，主要发达经济体宽松的货币政策和潜在的通胀压力对我国的经济金融运行都会带来一定的影响。我国部分银行业金融机构所持有的海外证券资产的汇率风险、违约风险和估值损失可能还会上升。

第二，我国宏观经济运行趋向下行后可能导致市场风险加大，各地区银行业金融机构收益能力下降。2008 年 9 月以来，中国人民银行 5 次下调贷款基准利率，4 次下调存款基准利率，目前，银行业金融机构的中长期存贷款利率已经十分接近，存款定期化的延续使得银行业金融机构的资金成本面临上升趋势，银行业金融机构的利润空间在不断收窄。各地区银行业机构总体盈利在 10 月份出现拐点，逐月下滑，第四季度盈利增速降幅加大。尤其是地方法人银行业机构业务创新能力较弱，盈利主要依赖息差收入，利差缩小对其业务发展带来较大压力。

2. 国内外经济增长放缓使各地区银行业继续稳健发展面临严峻挑战。2008 年第四季度以来，全国各地区经济增速全面回落，多项宏观经济指标以及银行业存贷款增速、中间业务收入、盈利等指标均出现了不同程度的下滑，银行存量贷款质量向下迁徙和不良贷款反弹的压力有所增加。东部地区作为我国外向型经济最发达的地区，经济对外依存度较高，一些出口导向型和加工型企业生产经营困难，企业停业停产等突发性事件增多，风险开始向金融体系传导。企业盈利下降将直接影响银行业金融机构资产质量。

由于经济景气下降，银行信贷投放继续向传统的大客户和优势行业集中。东部地区主要集中在制造、房地产、交通、城市基础设施建设、租赁和商务服务等行业；中部和西部地区则主要集中在煤炭、水泥、钢铁、有色、化工等资源性行业和公路、电力、交通运输、汽车、房地产行业；东北地区则集中于装备制造、石化、钢铁、能源、食品等行业。这些行业与宏观经济景气度关系密切，受经济下滑影响较大，银行贷款进一步向这些大企业集团客户和传统优势行业集中，将直接影响银行业金融机构资产质量，导致银行业的客户、行业集中度风险不断上升。

在目前的政策环境下，适度宽松的货币政策、金融促进经济发展的政策措施、银行社会责任等因素，使得银行业金融机构面临进一步加大信贷投放、落实“有保有压”的现实压力，风险隐患明显加大，决策和管理上存在较大困难，这给各地区银行业继续保持稳健发展带来了不小的挑战。

3. 在华外资金融机构流动性管理难度加大。我国银行业对外开放以来，在华外资银行经营规模持续扩大，业务和产品呈现多元化发展趋势。截至2008年年底，在华外资银行资产总额为13 447.8亿元，同比增长7.4%，占全部银行业金融机构资产2.2%；全年实现利润119.24亿元，同比增长96.12%；整体资本充足率17.98%。2008年，受国际金融危机影响，部分在华外资银行业务发展有所放缓。由于在华外资银行对同业资金依赖性较大，第三季度后，在同业拆借受阻情况下，少数外资银行流动性趋紧，甚至出现了流动性困难。对此，相关金融管理部门积极应对，及时协调解决了个别外资银行的融资问题，同时，建立了在华外资银行和中小商业银行监管协作机制。中国人民银行还创新了向银行业金融机构提供流动性支持的方式。

4. 资产价格波动直接影响银行资产质量。2008年以来，国内各地区房地产市场持续低迷。房屋销售价格环比下跌的城市数量逐月增加，整体房屋销售价格环比下跌的城市从2008年4月的5个增加到12月的56个。在这种格局下，一方面，商业银行的房地产开发贷款违约风险逐渐加大，房地产行业及上下游相关行业贷款风险高企；另一方面部分公司贷款项下抵押的房产价值明显下降，抵押物和质押现金流不能覆盖贷款风险，第二还款来源不稳定。以东部地区某地为例，截至2008年年底，中外资银行以房地产作为抵押的贷款占其各项贷款的三分之一，其中，中资银行以房地产作为抵押的贷款近40%。另外，预算外的土地出让收入一直是地方政府重要的财政收入来源之一。房价下行诱发地价下滑后，地方政府可支配财政收入下降，可能导致地方政府背景类贷款风险上升。若2009年全国各地区房价下行趋势继续延续，房地产行业的信用风险将有所放大，表现在有可能出现部分房地产开发贷款违约风险、对公贷款抵押品价值下降等方面。

2008年以来资本市场深幅调整，居民和企业的资产选择及风险偏好与2007年相比出现较大改变。由于商业银行资产负债结构与股票市场的关联度日益提高，股市大幅波动对商业银行的经营产生影响，表现为定期存款增加、资金成本上升以及中间业务收入结构变化。一是资本市场类理财产品、股票型基金大面积浮亏，居民投资收益下降，理财、基金产品销售冷淡，银行相关中间收入明显下滑。二是债券投资风险逐渐显现。在降息预期的刺激下，2008年第三季度以来债券市场持续走强。投资者涌入及高风险类债券的出现加大了债券市场的投机性和波动性，部分地区城市法人银行业金融机构持有债券大幅增加，风险逐渐显现。

5. 商业银行个人理财业务发展面临一系列问题。中间业务的拓展一直是近年来各地区银行业金融机构业务发展的重点。除了国有商业银行在国际贸易结算中的收入、综合经营上的突破、投行业务领域的增长点以外，个人理财产品的不断推出成为商业银行中间业务发展的一大亮点。但受国内外资本市场持续低迷的影响，商业银行较多个人理财产品出现亏损，而部分浮亏产品的亏损幅度高达65%以上。个人理财产品和基金亏损暴露了一系列的问题：一是个人理财业务及投连险业务投诉增多，甚至出现投资者网上串联集体投诉，造成了不良的社会影响。二是银保渠道销售的投连险产品销售环节存在管理漏洞。银行在销售产品时，对客户进行的风险测评不深入，宣传不到位，风险揭示不充分，易误导投资者。三是银行理财产品业务领域的应急机制不完善。针对理财产品大面积亏损及投连险问题的投诉，部分银行没有建立起应急预警机制，产生了一定的社会不良影响，损害了银行声誉。

二、各地区证券业

2008年，受国际金融危机对我国影响不断加剧、各地区上市公司利润下滑等多种因素影响，股票市场震荡走低，成交量明显萎缩，股票市场融资明显减少。各地证券经营机构资产和收入大幅下降。证券市场法制建设不断完善，抵御风险能力有所加强。

（一）区域证券业发展概况

1. 股票市场震荡走低，期货市场发展较快。股票市场震荡走低。2008年年末，上证综合指数和深证成分指数分别收于1 820.8点和6 485.5点，分别较上年年末下跌65.4%和63.7%。全年沪、深股市累计成交26.71万亿元，同比少成交19.34万亿元；日均成交1 086亿元，同比下降43%（图13）。股票市场融资明显减少。2008年，上市公司通过境内市场累计筹资3 396亿元，比上年减少3 947亿元。其中，首次公开发行A股75只，筹资1 066亿元，减少3 487亿元；A股再融资（包括配股、公开增发、非公开增发、认股权证）筹资1 332亿元，减少1 046亿元；上市公司通过发行可转债、可分离债、公司债筹资998亿元，增加587亿元。投资者开户数仍稳步上升。2008年末，沪深两市共有A股账户12 123.54万户、B股账户240.35万户、基金账户2 834.12万户，分别较年初增加1 070.58万户、6.04万户和234.37万户，增幅分别为9.69%、2.58%和9.02%。

期货市场发展较快。2008年，全国期货市场累计成交量为13.6亿手，同比增长87%；累计成交额71.9万亿元，同比增长76%。白糖、铜、大豆、豆粕、天然橡胶等品种成交相对活跃。新上市的黄金期货发展良好，全年成交额达到1.49万亿元。①

2. 各地证券业经营机构资产大幅下降，收入大幅减少。2008年年底，东部、中部、西部和东北地区法人证券公司数分别为71家、12家、18家和6家，基金管理公司家数分别为64家、0家、3家和0家，期货经纪公司家数分别为113家、21家、19家、18家（表6）。

① 数据来源：中国期货业协会。

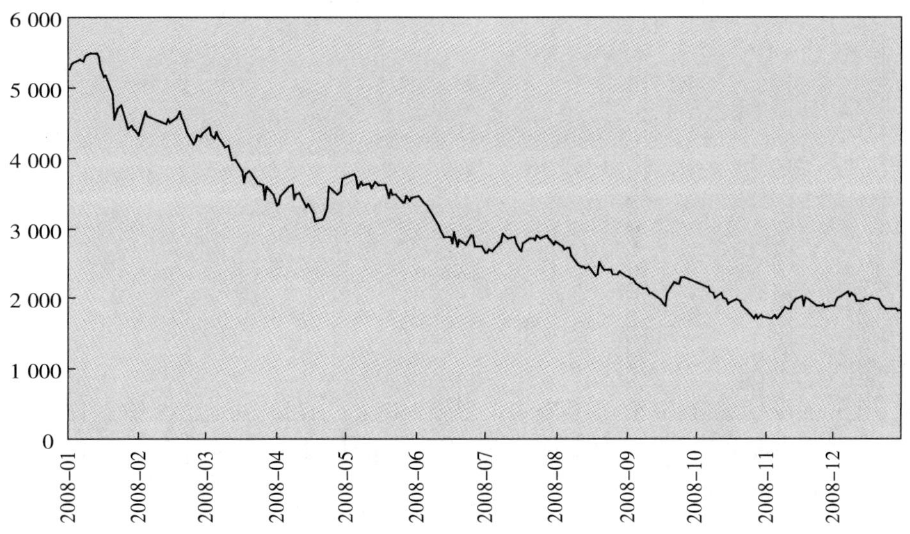

数据来源：中国证监会。

图 13　2008 年上证综合指数走势

表 6　全国各地区证券公司、基金公司和期货公司机构数　　单位：家

项目	东部地区		中部地区		西部地区		东北地区	
	2007 年	2008 年	2007 年	2008 年	2007 年	2008 年	2007 年	2008 年
法人证券机构数	70	71	11	12	19	18	6	6
基金管理公司	62	64	0	0	3	3	0	0
期货经纪公司	114	113	21	21	19	19	21	18

数据来源：全国各省、自治区、直辖市证监会派出机构。

2008 年，东部、中部、西部和东北地区法人证券公司资产总额分别达到 9 868.45 亿元、750.24 亿元、792.68 亿元和 191.80 亿元，分别比上年减少了 33.12%、36.58%、29.32% 和 30.05%。受证券市场低迷的影响，证券公司的营业收入明显降低。东部、中部、西部和东北地区证券公司的收入分别比上年大幅降低了 55.60%、59.33%、44.88%、43.45%。中部地区的证券公司营业收入下降最快。基金管理公司发新基金数较上年有所增长，但是新基金首次发行募集金额却有大幅下降。2008 年，新基金发行 24 只，同比增长 26.32%，但是新基金首次发行筹集金额只有 53 169 亿元，同比减少了 76.33%。

3. 证券市场法制建设不断完善，上市公司监管进一步加强。2008 年，证券市场立法工作得到强化，证券期货法律体系进一步完善，依法行政工作稳步推进。国务院颁布实施了《证券公司监督管理条例》、《证券公司风险处置条例》，进一步明确了有关证券公司监管和风险处置的基本制度。证监会完善了以净资本为核心的风险控制指标监管体系，修订了《证券公司风险控制指标管理办法》，从严控制和有效防范证券公司业务风险；修订、制订发布《证券期货市场监督管理措施实施办法》等 7 部规章、41 个规范性文件，进一步完善了证券期货法律体系，强化了市场规范运作的基础。最高人民法院等部门联合发布了《关于整治非法证券活动有关问题的通知》，进一步完善打击非法证券活动的法治体系。

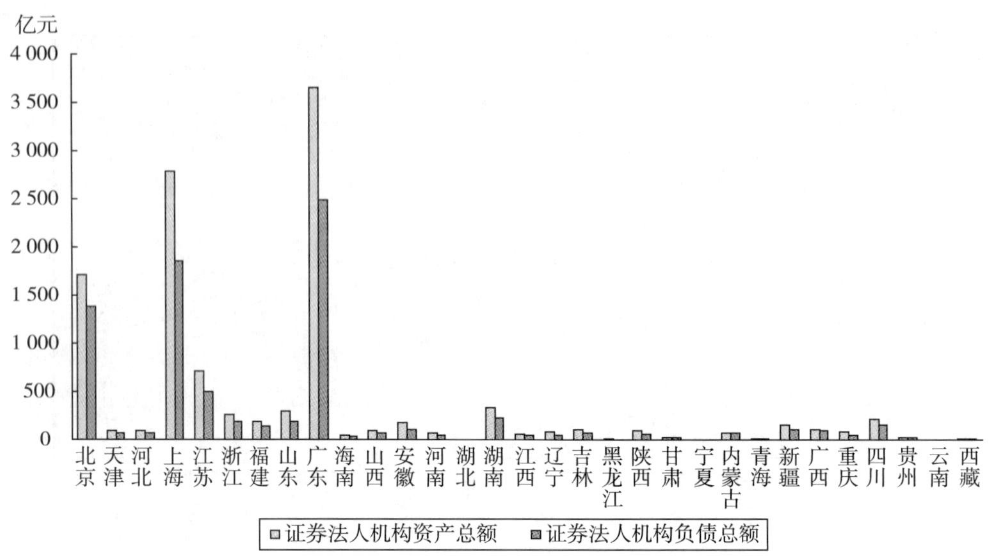

数据来源：全国各省、自治区、直辖市证监会派出机构。

图14　各省（自治区、直辖市）证券法人机构资产负债情况

2008年，上市公司监管进一步加强，公司治理水平进一步提高。在推进公司治理专项活动方面，各地区派出机构共检查上市公司1 072家，完成对327家上市公司及其64家审计机构的联动检查。深化证券稽查、行政处罚体制改革，着力查处了一批大案要案，加大案件曝光力度，增强了案件查处的透明度和社会效果。2008年，共稽查立案106件，办结118件，非正式调查157件。执法效率明显提高。与上年相比，案件调查、审理周期明显缩短，结案率由44%升至68%，罚没款执行率由25%升至78%。

专栏3　河北省清理违法经纪人工作成效显著

2007年以来，证券经纪人迅速增加。无从业资格经纪人的大量存在和无序化管理，对辖区市场环境造成了较大的负面影响。此外，一部分证券机构长期依靠经纪人营销，不但营销成本高，更重要的是大量客户资源被经纪人掌握，易引发风险和纠纷。由于之前监管政策不明，经纪人处于监管真空状态，一度成为证券市场的痼疾。

2008年2月25日，在河北省证券机构负责人会议上，证监局明确要求营销人员必须纳入员工管理，现有的居间人、经纪人营销行为立即全面停止。3月12日，证监局下发《关于进一步规范证券经纪业务行为的紧急通知》，对规范营销行为、杜绝人为限制转户作出专门规定。在明确监管要求的同时，选择辖区有代表性的财达证券和华泰证券、广发证券、海通证券进行调研，并对经纪人较为集中的石家庄、保定、沧州等地区进行明察暗访，初步摸清了经纪人规模和业务模式。截至2008年4月份，河北辖区证券经营机构共有证券经纪人1 259名，名下客户210 164名，占辖区客户总数的12.56%；涉及客户资产118.19亿元，占辖区客户总资产的9.66%。其中内部证券经纪人102名，占经纪人总数的8.1%；取得证券从业资格的68名，占经纪人总数的5.40%。

根据摸底调研结果，要求辖区各机构在证监会《证券经纪人管理暂行规定》颁布生效以及公司经纪人相关制度建立并经证监局验收前，任何机构不得违规聘用外部经纪人营销。对发现营业机构以返还或变相返还佣金为对价，接受“经纪人”从其他机构转移客户的，从严处理。从8月份开始，每月下发经纪人清理专报，公布各机构经纪人清理进度，对清理进度较慢的机构持续跟进监管。经过治理，截至2008年年底，辖区1 259名不合规证券经纪人全部停止展业，县域非法居间网点全部清理完毕，经纪人清理工作取得明显成效，辖区证券经纪业务环境得到明显净化。

资料来源：《河北省金融稳定报告（2009）》

4. 直接融资比例有所降低，债券市场继续发展。直接融资规模继续保持较高水平，但较2007年略有下降。截至2008年年底，直接融资额（包括股票、企业债和上市公司债）达到1.21万亿元，占全社会融资额的20%，较上年下降了4.7个百分点，但仍处于近年来较高的水平。资本市场特别是债券市场的发展增强了资本市场的融资功能，促进了社会融资结构的优化，不仅有利于扩大中国资本市场的规模和容量，拓展投资者的投资渠道，而且在当前经济环境下，对于促进直接融资市场的结构优化、化解和分散金融风险具有重要意义。2008年，债券市场继续保持快速发展，融资规模约为2.81万亿元，较上年增长17.5%。债券市场中，公司债市场发展迅速，特别是中期票据的发行进一步丰富了公司债的品种。2008年公司债融资规模达8 723亿元，较上年增长3 542亿元，增长68%。其中，企业债发行2 367亿元，较上年增长38%；短期融资券发行4 332亿元，较上年增长29%；上市公司债券发行288亿元；较上年增长157%；中期票据发行1 737亿元。

5. 各地区上市公司结构优化，兼并重组取得新进展。截至2008年年底，东部、中部、西部和东北地区国内上市公司家数分别为954家、195家、270家和115家。上市公司股东增持的灵活性增加。全年共有125家公司控股股东实施增持39.7亿元，2家公司实施回购。上市公司兼并重组取得新进展。证监会出台了《上市公司重大资产重组管理办法》、《上市公司并购重组财务顾问业务管理办法》等规章。全年171家公司通过并购重组向上市公司注入优良资产3 272亿元，每股收益增加75%，上市公司质量有所增加。

（二）区域证券业发展需要关注的问题

1. 股票市场出现大幅调整，市场内在稳定机制建设有待加强。受到多方面因素的影响，股票市场大幅调整。截至2008年年底，沪深300指数收于1 817.72点，较上年年末下跌了65.95%。主要原因，一是股票价格向内在价值回归。2007年A股总体估值水平明显偏高，许多股票价格已经脱离业绩等基本面因素的支持，价值回归成为2008年股票市场调整的重要力量。二是受到国际金融危机的冲击。上市公司由于存货跌价、长期股权投资减值等因素造成资产损失。同时，受金融危机影响，周期性行业市场需求减少，产品需求和价格下降，导致上市公司盈利下降。股票市场大幅波动，反映我国资本市场“新兴加转轨”的基本特征没有改变，市场内在稳定机制不健全，需要进一步加强基础性制度建设，完善市场化机制，发挥市场的自我调节作用，避免股票市场大幅波动。

2. 证券公司综合治理效果充分显现，但是盈利模式较为单一。各地区证券公司综合治理效果充分显现。2008 年，虽然股票市场出现大幅波动，但是第三方托管等基础性制度进一步完善，并未出现证券公司因挪用客户证券交易结算资金和客户委托理财资产引发的系统性风险。

截至 2008 年年底，107 家证券公司未经审计财务报告显示，总资产为 1. 2 万亿元，较上年下降 29. 4%；全年累计实现净利润 482 亿元，较上年下降 63. 5%。从收入构成来看，经纪业务仍然是证券公司主要的收入来源，比重高达 90%，其他业务收入比重偏低，证券公司以卖方业务为核心的可持续盈利模式有待进一步完善。

3. 开放式基金较好地应对了赎回压力，流动性风险值得关注。开放式基金正成为我国基金业的中坚力量，开放式基金的流动性是保证整个市场流动性的一个关键因素，开放式基金的流动性风险对我国基金业的健康发展和中国证券市场的稳定发展都极具重要意义。在资本市场大幅震荡的情况下，开放式基金通过变现股票应对赎回压力。2008 年，股票型基金资产组合中现金的资产比重明显提高，由 2007 年第四季度的 10. 8% 提高到 2008 年第四季度的 12. 3%。混合型基金不仅资产组合中的现金比重由 10. 3% 提高到 11. 5%，债券比重也由 12. 4% 大幅提高到 26. 5%，降低了在持续下跌的股票市场变现可能面临较大流动性折价的损失。

流动性风险是开放式基金在日常运作过程中经常需要面临的问题，由于股票市场发展的阶段性和不成熟性，使得应对这一风险的措施和机制缺失，从而扩大了风险可能带来的冲击。同时随着国际国内金融形势不确定性的增加，市场大幅波动可能诱发大幅赎回开放式基金，流动性风险发生的可能性仍然存在，需要予以高度关注。

4. 关注基金业产品创新和风险控制的关系，进一步完善激励和约束机制。我国基金业在经历了高度发展阶段以后，已经进入了一个相对平稳的发展时期。对于我国的基金业来说，当前已经处在一个重要的关口。当前的国际金融危机对于基金业来说既是挑战也是机遇。基金公司既要抓住机遇，实现由同质化竞争到差异化、个性化、多元化竞争，也要把握好金融创新与风险控制的均衡。一方面，要稳妥地推进创新产品。基金业已经成为推动中国金融市场发展、推动金融创新的重要力量，但是以前的基金产品面临低层次创新、产品水平有待提高的问题。产品创新始终是基金业持续发展的重要推动力，不能因为金融危机而延缓产品创新的进程。只要控制好风险，外部环境给予支持，金融创新一定会迎来巨大的发展。另一方面，要尽快建立起基金业的激励和约束机制。目前，我国的基金业激励和约束机制不到位，这对基金业未来的发展提出了挑战，目前要积极探索以投资者资本为基础的公司治理体系，完善与之相适应的内部监管体系和制度。基金公司当务之急要把投资人对专家理财的信心恢复起来，在管控好风险的同时，还应该在危机中寻找机遇。

5. 关注限售股解禁对股票市场的压力。股权分置问题的解决将促进证券市场制度和上市公司治理结构的改善，可实现证券市场真实的供求关系和定价机制，有利于改善投资环境，促使证券市场持续健康发展。但是不断的限售股套现，对市场造成了巨大的压力。第一，限售股解禁在短期内将逐步进入高峰期。根据 Wind 统计的限售股数据，未来两年限售股解禁的压力较大。2009 年限售股总市值高于 2008 年限售股总市值，大量的限售股解禁对市场资金面供求产生较大影响。如果限售股解禁比较集中，会使资金面产生剧烈变化，市场流动性的短缺与过剩交替可能使股票市场波动幅度加大，投机性需求增加。第二，从长期来看，限售股解禁不会对资金供求面的总体格局产生根本性的影响，但是当市场正处于平衡市格局或偏弱市格局，则可能对市场走势产生负面影响。证券市场的一个基本职能是资源配置，如果市场下行的压力加大会影响市场的资金安全。为了缓解限售股解禁的市场压力，当前要进一步丰富大宗交易方式，为企业增加融资机会，规范减持股东的转让行为，从平衡市场供求关系的角度，鼓励更多的投资者进入市场，增加市场资金供给。

三、各地区保险业

2008 年，在党中央国务院的正确领导下，各地区保险业全面落实科学发展观，积极参与抗击两场特大自然灾害，稳妥应对历史罕见的国际金融危机的挑战，各项工作取得了新的进展。一年来，各地区保险业务平稳较快增长，服务领域不断拓宽，区域发展更趋协调，市场秩序明显好转，风险得到有效防范，保险业保障功能逐步发挥，呈现出行业发展与服务大局相统一的良好局面。

（一）区域保险业发展概况

1. 适应宏观经济形势变化，各地区保险市场平稳较快发展。2008 年以来，国际经济环境急转直下，国内经济困难明显增加，党中央国务院适时调整宏观调控的方向、重点和力度。面对经济形势变化和宏观政策的调整，各地区保险业反应比较灵敏，行动比较迅速，总体上保持了较好的发展势头。2008 年，各地区保险机构不断增多，营销队伍不断扩大。截至 2008 年年底，全国保险法人机构达到 130 家，比上年增加 11 家。东部、中部、西部和东北地区分公司以上保险公司分别达到 497 家、201 家、257 家和 118 家，分别比上年增加 58 家、47 家、49 家和 29 家。全国共有保险专业中介机构 2 445 家，比上年增加 114 家。保险营销员 262. 9 万人，比上年增加 61. 9 万人。截至 2008 年年底，东部、中部、西部和东北地区保险业总资产分别达到 11 214. 40亿元、3 120. 42 亿元、2 309. 75 亿元和 1 030. 54 亿元，较上年年底分别增长 21. 28%、29. 63%、28. 01% 和 32. 05%，保险业在各地区经济发展中的作用逐步提升。

2. 各地区保费收入不断增长，地区差距有所缩小。截至 2008 年年底，东部、中部、西部和东北地区保险业全年分别实现保费收入 5 313. 66 亿元、1 877. 35 亿元、1 731. 89 亿元和 846. 24 亿元，较上年同期分别增长 31. 74%、54. 54%、45. 17% 和 46. 47%，增幅较上年同期分别提高 7. 21 个、28. 62 个、15. 32 个和 31. 43 个百分点（表 7）。从区域发展状况来看，中部地区保费收入增长最快，增长率远高于东部地区。中部、西部和东北地区保险业相对增速不断加快对于改善区域间保险业发展不协调的状况有重要意义。中部、西部和东北地区保费收入占总保费的比例分别较上年同期上升 1. 91 个、0. 73 个和 0. 43 个百分点，而东部地区保费收入占比较上年同期下降 3. 07 个百分点，保险业发展存在的地区差距有所缩小。从各险种经营情况看，人身险业务显著增长。东部、中部、西部和东北地区人身险业务分别实现保费收入 3 966. 84 亿元、1 519. 81亿元、1 267. 60 亿元和 669. 59 亿元，同比增长 38. 48%、64. 67%、56. 89% 和 58. 37%，占保费总收入的比例分别为 74. 65%、80. 96%、73. 19% 和 79. 12%，较上年均明显提高；财产险业务增长相对放缓，东部、中部、西部和东北地区财产险业务分别实现保费收入 1 346. 80 亿元、357. 54 亿元、464. 38 亿元和 176. 67 亿元，同比增长 15. 10%、22. 91%、21. 40% 和 14. 00%，占保费总收入的比例分别为 25. 35%、19. 04%、26. 81% 和 20. 88%，较上年下降明显（表 8）。

表 7　全国各地区保险业保费收入情况

项目	东部地区		中部地区		西部地区		东北地区	
	2007 年	2008 年	2007 年	2008 年	2007 年	2008 年	2007 年	2008 年
保费总收入（亿元）	4 033. 58	5 313. 66	1 214. 82	1 877. 35	1 193. 01	1 731. 89	577. 77	846. 24
同比增长（%）	24. 53	31. 74	25. 92	54. 54	29. 85	45. 17	15. 03	46. 47
占全国比例（%）	57. 47	54. 39	17. 31	19. 22	17. 00	17. 73	8. 23	8. 66

数据来源：全国各省、自治区、直辖市保监会派出机构。

表 8　全国各地区保险业各险种保费收入情况

项目	东部地区		中部地区		西部地区		东北地区	
	2007 年	2008 年	2007 年	2008 年	2007 年	2008 年	2007 年	2008 年
人身险收入（亿元）	2 864. 52	3 966. 84	922. 93	1 519. 81	807. 96	1 267. 60	422. 80	669. 59
同比增长（%）	22. 18	38. 48	24. 19	64. 67	25. 13	56. 89	9. 06	58. 37
占保费收入比例（%）	71. 00	74. 65	76. 04	80. 96	67. 87	73. 19	73. 18	79. 12
财产险收入（亿元）	1 170. 16	1 346. 80	290. 89	357. 54	382. 51	464. 38	154. 98	176. 67
同比增长（%）	30. 81	15. 10	35. 80	22. 91	43. 24	21. 40	35. 37	14. 00
占保费收入比例（%）	29. 00	25. 35	23. 96	19. 04	32. 13	26. 81	26. 82	20. 88

数据来源：全国各省、自治区、直辖市保监会派出机构。

3. 各地区保险业充分发挥补偿功能，给付能力不断增强。2008 年，东部、中部、西部和东北地区保险业各项赔款和给付支出分别达到 1 614. 64 亿元、528. 16 亿元、504. 13 亿元和 311. 41 亿元，较上年同期分别增长 29. 33%、36. 40%、29. 48% 和 27. 51%（表 9）。其中财产险赔款分别为 799. 03 亿元、233. 53 亿元、273. 16 亿元和 115. 07 亿元，较上年同期分别增长 36. 32%、48. 86%、42. 97% 和 17. 71%；人身险赔款和给付支出分别为 815. 50 亿元、294. 63 亿元、230. 97 亿元和 196. 33 亿元，较上年同期分别增长 23. 11%、27. 93%、16. 48% 和 31. 41%。2008 年，各地区保险业积极参与抗灾救灾，勇于承担社会责任。年初南方雨雪冰冻灾害和“512”汶川地震两场特大自然灾害发生后，保险业认真贯彻落实党中央国务院关于抗灾救灾的各项要求，积极发挥风险保障功能，全力投入抗灾救灾和灾后重建。保险监管机构及时启动应急预案，下发《关于加强保险业抗灾救灾应急处置工作的通知》、《关于加强抗震救灾工作的紧急通知》等文件指导工作。各保险机构开通绿色通道，坚持特事特办，积极安排调度资金，及时理赔，提供了高质量的保险服务。保险业分别为南方雨雪冰冻灾害和汶川地震灾害支付赔款 55 亿元和 10 亿元，在稳定灾区群众生产生活和支持灾后重建方面发挥了积极作用。

表9 全国各地区保险业给付支出情况

项目	东部地区		中部地区		西部地区		东北地区	
	2007年	2008年	2007年	2008年	2007年	2008年	2007年	2008年
赔款和给付支出（亿元）	1 248.42	1 614.64	387.20	528.16	389.34	504.13	244.22	311.41
同比增长（%）	48.15	29.33	77.61	36.40	60.01	29.48	88.60	27.51
占全国比例（%）	55.02	54.58	17.06	17.85	17.16	17.04	10.76	10.53

数据来源：全国各省、自治区、直辖市保监会派出机构。

专栏4 灾害无情人有情
——贵州省保险业积极应对雪凝灾害 赔付金额高于汶川地震灾害保险赔付总和

2008年年初，贵州省遭遇了百年不遇的特大雪凝灾害，面对灾害保险业积极投身抗灾救灾和灾后重建，首次在全省启动保险业特别重大突发事件应急Ⅰ级响应，开通绿色通道，简化理赔流程，加快理赔速度，切实做好理赔服务。

雪凝灾害期间，全省财产保险业共派出150余个工作组指导开展工作，增派服务人员500余名，接受电话咨询8万余个，捐款捐物近100万元，树立了保险业良好的社会形象。同时，针对贵州省电网受灾损失严重的情况，各承保公司均高度重视并及时启动应急预案开展理赔服务工作。人保、平安、太保三家承保公司共派出27个工作组400余人、查勘车辆130余辆，克服困难对全省受损电力设施开展了现场查勘，其中对高压线路的现场查勘比例达到100%，为后续理赔工作的开展奠定了良好基础。

2008年年底，贵州省电网雪凝灾害损失最终确定，全省保险业雪凝灾害赔付工作全部完成，赔付总金额达10.5亿元。其中，财产险公司共计赔付10.4169亿元，其中含：企财险9.0779亿元，机车险9 126万元，能繁母猪保险3 000万元，承运人责任险999万元，意外险265万元；寿险公司为各类保险共计赔付196.48万元。在此次雪凝灾害期间，受灾严重的重点企业及发生的灾害事故及时得到了赔付。南方电网损失预付赔款5 800万元，最终赔付金额为8.35亿元，为全国雨雪冰冻灾害电力赔案之最；中铝贵州分公司得到赔付7 200万元，南方汇通得到赔付79万元，“211”、“212”特大交通事故得到预付赔款660万元。

贵州省保险业为雪凝灾害的赔款高于汶川地震灾害保险赔付总和，有力地支持了受灾企业和人民群众恢复生产生活。

4. 各地区保险深度、保险密度继续上升，重点服务领域不断拓展。2008年，东部、中部、西部和东北地区保险深度分别为2.99%、2.97%、2.97%和3.00%，较上年同期分别增长0.32个、0.63个、0.45个和0.52个百分点；保险密度分别为1 108.22元/人、508.27元/人、471.17元/人和778.22元/人，比2007年分别增加257.90元、171.91元、143.94元和242.54元（图15）。各地区保险覆盖面进一步扩大，重点服务领域不断拓展，服务和谐社会能力进一步提高。一是农业保险发展取得新突破。中央财政支持的政策性农业保险试点由6省区扩展到16省区和新疆生产建设兵团。以全国性保险公司和专业性农业保险公司组成的农业保险经营网络初步形成，农业保险已覆盖各省（自治区、直辖市）。2008年，农业保险实现保费收入110.7亿元，同比增长107%；参保农户共计9 015.9万户；支付赔款69亿元。二是积极开展农村小额人身保险试点。截至2008年年底，9个试点省市农村小额人身保险实现保费收入4 212万元，为239万农民提供了保险保障，有效增强了农民抵御意外伤害、疾病等风险的能力。三是责任保险服务领域不断拓宽。校园、运输、旅游、质检、医疗卫生、建设等领域的责任保险进一步发展，环境污染责任保险试点逐步开展。截至2008年年底，责任保险实现保险保费收入81.7亿元，较上年同期增长22.7%。四是企业年金业务得到较快发展。99%以上的企业选择养老保险公司作为受托人，50%以上的企业年金基金由保险机构管理。截至2008年年底，养老保险公司企业年金业务的保费收入205.5亿元，受托管理资产473.6亿元，投资管理资产377.4亿元，同比分别增长104%、464%和373%。五是提供奥运保险服务。为奥运会的全部赛事活动以及人员和财产提供保险服务，有力地保障了奥运会的顺利进行。

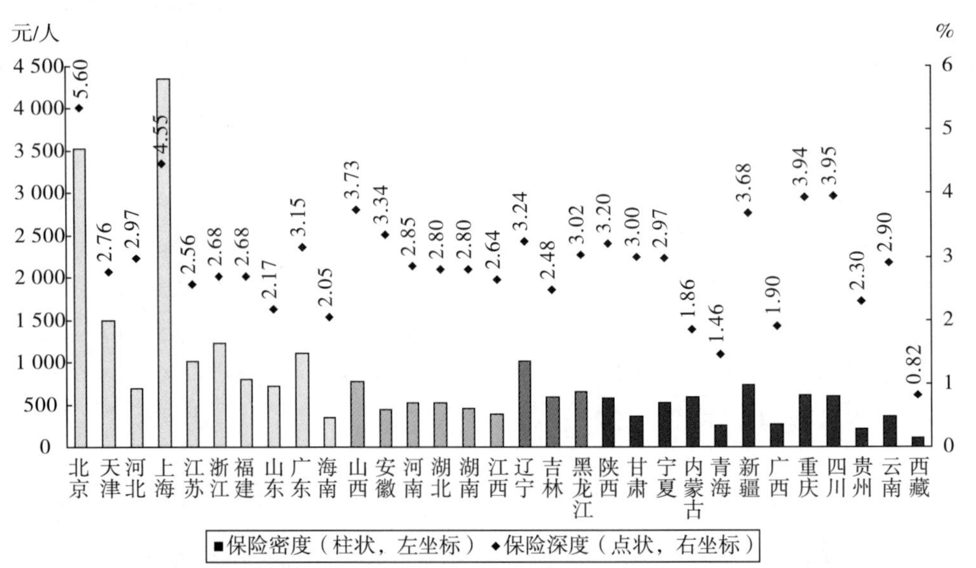

数据来源：全国各省、自治区、直辖市保监会派出机构。

图15　各省（自治区、直辖市）保险覆盖情况（保险深度、保险密度）

（二）区域保险业发展中需关注的方面

1. 金融危机对我国保险业的直接影响较小，但应关注危机蔓延可能给各地区保险业带来的不利影响。2008年，金融危机对我国保险业的直接影响较小，但国际金融危机尚未见底，给保险业带来的冲击和影响可能会加深。这次金融危机从发达经济体传导到新兴市场经济体，从虚拟经济扩散到实体经济，是20世纪大萧条以来最严重的危机。保险业作为开放力度大、市场化程度较高的金融行业，必须继续密切关注金融危机蔓延可能给保险业带来的不利影响。一是风险跨境传递，主要是跨国金融保险集团新暴露的风险，有可能通过在我国的营业机构或参股企业向国内保险市场传递。二是金融信任危机传导。国际金融危机在部分发达国家影响了社会公众对金融业的信心，这种趋势如果没有得到扭转甚至传导到国内金融市场，有可能影响消费者对我国保险业的信心，产生保险需求下降、退保增加等问题。三是境外投资难度加大。受国际金融危机影响，保险机构境外投资区域和产品的选择空间进一步缩小，投资风险增大。四是国际分保困难。受国际金融危机以及2008年自然灾害频发的影响，国际再保险市场提高分保条件和分保价格，国内保险公司的国际分保压力加大。

专栏5 金融机构境外投资需警惕政治风险——平安保险集团公司投资富通的教训

自2007年上半年以来，美国次贷危机演变成一场波及全球的金融风暴，我国金融机构的境外投资已显现了不同程度的损失。除受金融风暴的直接影响外，各国政府不恰当的救助方式，不仅没有让被救助的金融机构摆脱危机，反而使其雪上加霜，使投资者蒙受巨大损失。欧洲三国政府对比利时富通集团（以下简称“富通”）国有化处置，就使其第一大股东中国平安保险集团股份有限公司（以下简称“平安保险”）的投资遭受重大损失。事实警示我们，我国企业在“走出去”的过程中不仅要衡量境外投资对象的成长性，其所处国家（即使是西方发达国家）的实力及信誉也是不容忽视的因素。

一、基本情况

2006年9月，平安保险根据自身发展策略，经过一年多的筛选、调查、分析及论证，最后在众多境外股权机构中选择了富通。从2007年年底开始，平安保险运用保险资金，以每股均价18.16欧元（市净率1.1倍），投资富通约1.21亿股股份，占其当时发行股本的4.99%，成为富通第一大股东，总投资金额约21.97亿欧元，约合人民币238.74亿元。截至2008年12月31日，富通股价为0.93欧元，平安保险所持股份的市值为1.12亿欧元，约合人民币8.97亿元。此项投资已计提拨备227.71亿元。

二、比、卢、荷政府对富通风险处置过程

富通是欧洲著名的跨国金融集团，原总资产超过1万亿欧元，业务和机构遍布50多个国家，经营状况一直良好。据其2008年半年报披露，富通银行核心资本充足率为8%左右，保险资本充足率为196%，均高于法定偿付能力要求。但金融危机发展到2008年9月，国际金融市场急剧恶化，投资者对富通的信心也开始动摇，其股价持续下跌。比、卢、荷政府对富通风险处置经历了救助、放弃、补偿几个阶段。

（一）政府注资

美国次贷危机爆发后，比利时政府发言人发表讲话，表明富通运营状况良好，任何情况下客户都不会受到任何损失，希望投资者保持冷静。但在金融风暴蔓延的背景下，上述消息并没有维持住市场的信心，富通股价继续下跌，客户提款逐渐增多，一些周边的小国中央银行也参与了提款的队伍，推动了事态的进一步恶化。在这种情况下，比利时、荷兰、卢森堡三国政府紧急商议，并联合出资持有富通集团下属富通银行在三地的49%的股权，以增强富通的资本实力。

（二）政府变卦

在联合注资方案宣布后的短短数日，情况又发生了急剧变化，被富通收购的荷兰银行被部分国家中央银行大量挤提，致使荷兰产生新一轮流动性高度紧张。三国政府改变了原有的共同救助富通的联合协议，在未取得任何股东同意的情况下，在几天之内分割并国有化了富通在其本国的资产。荷兰政府单方解除三国协议，在未取得任何股东同意的情况下，宣布在荷兰的业务全部国有化。之后，比利时政府也在未取得股东认可的情况下同意了荷兰政府的这一安排。卢森堡政府也效仿了这一做法。

（三）政府补偿

至此，在三国政府介入下，富通解体，在世界500强排名14位、拥有百年历史的富通集团，被三国政府瓜分吞噬，原本具有1万亿欧元的资产，仅剩下国际保险业务和104亿欧元的资产。比利时政府公布了“股东补偿计划”，该计划仅对比利时或欧盟的个人投资者给予补偿，将非欧盟的机构投资者排除在外。

富通解体导致其股价巨幅下挫。2008年10月14日，富通在停牌6个交易日后重新开始交易，其股价一开盘就大跌70%，当日收市价较停牌前价格跌幅近80%。

三、金融业走出去的建议

平安保险投资富通失败的案例表明，我国应加强对金融业走出去的规划和指导；在国家层面建立对走出去的综合支持和风险应对政策；不能因噎废食，要继续坚持走出去战略，把握好市场低迷时期的投资机会；投资对象不限于虚拟资产，放开并鼓励对实业企业以及能源资源的投资；投资国外金融机构，宜由小到大，积累经验，争取取得一些金融机构的经营权；大力加强国际金融人才的培养引进，不断完善自身经营的体制机制。

资料来源：《深圳市金融稳定报告（2009）》

2. 经济下行压力加大，可能对各地区保险业发展带来一定影响。国内经济运行困难增加，保险业面临多方面的挑战和不确定因素。在国际金融危机蔓延和世界经济增长明显减速的环境下，我国经济下行压力加大，会对保险业发展带来一定影响。从承保业务看，部分企业经营困难，就业形势严峻，居民收入增长放缓，可能会使一些企业、居民购买保险产品的意愿和支付能力下降。如果投资型保险产品收益率低于消费者预期，可能增加保险业务发展的不稳定性。从保险投资看，随着保险资产规模和资金运用余额不断增加，在股票市场低迷、债券市场收益大幅下降的情况下，保险资产负债匹配管理难度加大，保险资产面临低效配置和错配风险，稳定和提高投资收益较为困难。此外，保险公司增资可能面临困难。在经济金融形势不稳定和一些企业盈利水平下降的情况下，保险公司上市融资的难度加大，企业向保险公司投资参股或继续增资的意愿和能力也会受到一定影响。

3. 各地区市场主体快速发展，但竞争力有待增强。近年来，随着保险业改革开放的不断深入，保险机构的数量逐步增加，高管人员和从业队伍不断壮大。特别是保险公司股份制改革取得积极成果，实现了公司组织形式和管理体制的转变，逐步建立起较为规范的公司治理框架，保险市场主体的发展实力逐步增强。同时也要看到，与现代企业制度的要求相比，保险公司的竞争能力还存在较大差距。一是经营管理薄弱。有些公司的治理结构还不完善，董事会制度、股东行为、决策程序方面的问题还比较突出，完备的风险管控机制和科学的经营决策机制还没有建立起来。部分公司内控制度体系还不健全，总公司不能对基层分支机构实施有效管控，公司分支机构和业务人员的市场行为还不能从机制制度上得到很好约束。制度的执行力不强，一些法规制度和政策措施不落实，有令不行、有禁不止的现象时有发生。二是发展效益不高。一些公司过多地依靠设机构、铺摊子，通过高成本、高投入、高消耗谋求外延式扩张，盈利能力不强。一些公司的经营效益过多地依靠投资，承保业务没有盈利，少数公司甚至长期处于亏损状态。三是创新能力不强。创新机制不完善，创新人才缺乏，在重点领域、关键环节、核心技术方面的创新少。突出表现在产品创新不够，保险产品从国外引进的多，针对我国实际需求自主开发的少，产品数量多，适销对路的少，同质化现象严重。

4. 财产险保费构成逐步优化，但寿险理财型产品增速过快。从业务结构来看，财产险中的农业保险、保证保险、责任保险等都获得了较快发展。随着前两年实施交强险带动车险大幅增长的因素逐步消失，车险业务增长放缓，车险保费收入占财产险公司总保费收入的69.6%，比2007年下降了1.5个百分点，保费构成逐步优化。值得注意的是，随着国内资本市场的快速发展，各地区寿险保费收入中，理财型产品增速过快，远远高于其他保险业务的增长率，该业务收入占寿险保费收入的比例也大幅提高，出现了理财型业务过度发展的问题，偏离了保险风险保障功能。寿险保费收入全年增长49.2%，但这些增长全为理财型产品所贡献，其中分红险保费增长71.0%，万能险增长71.5%，普通寿险保费却下降了1.9%。理财型保险产品的收益受资本市场的影响较大，资本市场价格持续下行，易给理财型保险产品的销售带来不利影响，导致保险业发展出现大起大落的风险。此外，极个别财产险公司也出售了一些预定收益型理财产品，近期资本市场的深度下调，给这些公司带来了很大财务压力。

5. 各地区保险市场体系初步形成，但行业风险值得关注。近年来各地区保险业保持了较快的发展势头，一批新的保险机构相继设立，一些新的保险业务从无到有，保险中介市场、再保险市场稳步发展，保险资金运用渠道逐步拓宽，资产管理能力不断提高，初步形成了多种组织形式、多种所有制形式并存，功能相对完善、分工比较合理的保险市场体系。但当前保险市场体系运行中还存在一些矛盾和问题。一是保险机构依法合规经营的意识不强，违法违规经营行为屡禁不止，扰乱了正常的市场秩序。二是恶性竞争较为普遍。一些保险机构市场竞争手段单一，不是通过创新产品、改进服务等方式赢得市场，而是采取高手续费、高返还等方式，进行恶性竞争和不正当交易。在财产险方面，据中国人民财产保险公司统计数据显示，2003～2007年，平均费率由2.6‰下降至1.9‰，其中责任保险降幅高达47.8%，货运险降幅达35.5%。在寿险方面，一些保险公司为争取更多保费收入，在银保业务中支付给银行的手续费超过4%。过度的价格竞争可能使保险业出现定价过低风险，导致保险公司准备金不足，进而损害其偿付能力，不利于保险业的健康发展。三是结构性矛盾较为突出。从财产险看，仍过于依赖车险和传统企财险业务，一些非车险业务发展相对缓慢，经济社会发展迫切需要的一些风险保障型产品不能得到很好满足。从人身险看，偏重投资型产品发展，轻保障型产品发展，虽然业务规模大幅增加，但企业内涵价值没有得到相应提高。

6. 各地区保险业服务能力逐步提高，但还存在很大差距。2008年，保险监管机构先后出台加强保险公司内控管理等多项措施，市场秩序整顿和监管力度不断加强。在此作用下，各地区保险市场秩序明显好转。困扰保险业发展的一些老问题，如寿险业的误导销售、夸大收益水平、团险个做、短险撕单埋单、隐瞒重要信息等现象明显减少。部分保险公司营销员制造假保单诈骗、承诺高回报等事件也得到及时妥善处理。保险业整体的诚信形象逐步改善。针对经济社会发展的需要和人民群众的需求，各地区保险业充分发挥保险的经济补偿、资金融通和社会风险管理功能，在应对灾害事故、服务新农村建设、完善社会保障体系、参与社会风险管理等方面发挥了积极作用。随着全面建设小康社会进程的不断推进，人民群众的风险保障需求不断增加，需要保险业发挥更大的作用。与经济社会发展的要求相比，当前保险业的发展水平和服务能力还存在很大差距。一是服务广度的差距，突出表现为覆盖面不广，现有的很多业务领域投保率不高，人民群众迫切需要的一些产品和服务还不能提供。二是服务深度的差距，主要是保险保障仍处于比较低的层次，难以为被保险人提供全方位的增值服务。三是服务质量的差距，销售误导和理赔难等问题没有得到很好解决，诚信建设的任务还比较艰巨。保险业的服务水平将成为制约保险业快速稳定发展的重要因素。

第四部分　分地区的区域金融稳定状况

近年来，我国各地区经济和产业结构发生积极变化，区域经济金融发展更加协调。由于自然禀赋的差异以及各种历史因素的影响，各地区在经济发展水平、产业结构、金融机构资产质量、金融基础设施以及金融生态环境等方面都呈现出不同的特点。针对各地区不同的区域特点以及经济金融发展的具体情况，加强对不同地区经济金融运行特点及其潜在风险因素差异性的分析评估，并采取相应措施，对维护区域经济金融健康发展和区域金融稳定具有重要意义。

一、东部地区

2008 年，在国家宏观调控以及地方政府出台的一系列保增长、扩内需、调结构政策措施的综合作用下，东部地区经济金融总体继续平稳运行。地区经济总量继续保持较快增长，产业结构进一步优化，消费呈现平稳较快增长，经济发展质量继续提高；银行业资产质量继续改善，抵御风险能力有所提高；证券业机构数量有所增加，综合治理工作取得成效；保险业整体实力逐步增强，业务结构得到优化；金融市场交易活跃，金融衍生品等金融创新在风险可控前提下得到进一步发展；支付、征信、反洗钱等金融基础设施建设取得新成效，地方政府对金融业发展的支持力度继续加大，金融业发展环境持续改善。

（一）三次产业继续协调较快发展，但企业利润下滑，亏损面扩大

2008 年，东部地区积极贯彻落实国家宏观调控政策，经受了金融危机的严峻考验，总体保持了平稳较快发展，全年实现地区生产总值 17.76 万亿元，增长 11.14%，比全国高出 2.14 个百分点。按常住人口计算，人均生产总值超过 5 400 美元。经济走势与全国一致，呈现逐季放缓的态势。其中，第一产业稳步发展，实现增加值 1.21 万亿元，较上年同期增长 4.50%；第二产业支撑有力，实现增加值 9.17 万亿元，较上年同期增长 11.40%；第三产业加快发展，实现增加值 7.37 万亿元，较上年同期增长 11.69%。三次产业结构进一步优化，三次产业比例为 6.84:51.65:41.51，与 2007 年相比，第一产业比重下降了 0.14 个百分点，第三产业比重上升了 0.31 个百分点。

2008 年，东部地区工业生产增速放缓。东部地区规模以上工业企业实现利润14 484.00亿元，同比下降 2.75%。特别是 2008 年下半年以来，东部地区企业利润增速持续下滑，亏损企业亏损额上升，企业经营效益不乐观。分地区来看，仅有山东省实现较快增长，同比增长 13.29%；天津市、河北省、江苏省增速放缓，同比分别增长 0.5%、6.5%、3.8%；其他 6 省市出现下降，企业亏损面扩大。受国际金融危机、世界经济增长放缓、外部需求趋弱的影响，东部地区涉外

企业经营压力加大，银行投放在这些企业的贷款可能面临较大风险，应当引起关注。从行业来看，非金属矿物制品业、纺织服装鞋帽制造业、塑料制品业、金属制品业、专用设备制造业等行业亏损情况较为严重。这些行业企业产销增速下滑，库存趋增，原材料和人工成本明显上升，企业盈利减少、资金紧张，困难企业数量增多，尤其是出口型和低附加值的中小型企业面临较大困难。企业亏损面增大和流动资金紧张必将影响企业的还贷能力，使银行在这些行业企业的存量信贷资产安全性风险加大。

（二）通胀压力明显减缓，消费保持较快增长，但出口增速放缓，外贸形势严峻

2008 年，东部地区消费、生产、投资价格整体呈前高后低走势。以江苏省为例，居民消费价格指数从年初的 105.6% 连续上升，到 4 月份达到最高值 107.6%，但从 4 月份开始逐月下降，至 12 月份为 101.4%，9 个月回落了 6.2 个百分点；原材料、燃料、动力购进价格指数从 7 月份的最高值 122.8% 降至 12 月份的 98.2%，大幅回落了 24.6 个百分点；工业品出厂价格指数从 7 月份的最高值 106.9% 降至 12 月份的 96.7%，大幅回落了 10.2 个百分点。与此同时，消费保持较快增长。东部地区社会消费品零售总额同比增长 21.33%，与全国增长水平持平，增幅上升了 4.24 个百分点。消费增速高于地区生产总值增速，高于投资、出口增速，对经济增长的拉动作用进一步增强。

专栏6　消费需求活跃　迈上历史新水平

2008 年，国际国内经济环境发生了重大变化，各种挑战和困难明显增多。但随着国家应对国际金融危机“保增长、扩内需、调结构和保民生”的一系列政策逐步落实，天津市消费市场日趋完善，步入健康、快速发展的轨道。

1. 消费水平不断提升，增长实现历史性突破。2008 年，全市消费市场快速发展，全年社会消费品零售总额突破 2 000 亿元，达到 2 000.34 亿元，增长 24.5%，增幅比上年提高 6.3 个百分点，若扣除物价因素，实际增长 18.5%，为 1997 年以来最好水平。

分月情况看，消费品市场受季节因素影响较小，各月实现社会消费品零售总额均在 156 亿元以上，最高月份 12 月与最低月份 3 月之间差距为 21.76 亿元，基本实现均衡增长，呈现出淡季不淡、旺季更旺的态势。全年增长幅度处于高位运行，名义增长均保持 20% 以上的速度，实际增长均在 17% 以上（图 1）。

2. 规模化、集约化经营步伐加快，限额以上企业拉动明显。2008 年，全市限额以上的批发和零售企业、星级住宿业和限额以上的餐饮业企业达到 2 364 家，比上年同期增加 137 家。限额以上的企业实现零售额 721.8 亿元，增长 31.8%，比上年同期提高 11 个百分点，拉动全市社会消费品零售总额增长 10.5 个百分点；占全市社会消费品零售总额的 35.7%，比上年同期高 3.1 个百分点。

3. 八大类消费呈现四升四降格局。2008 年天津市居民八大类消费支出呈现四升四降格局（表 1）。

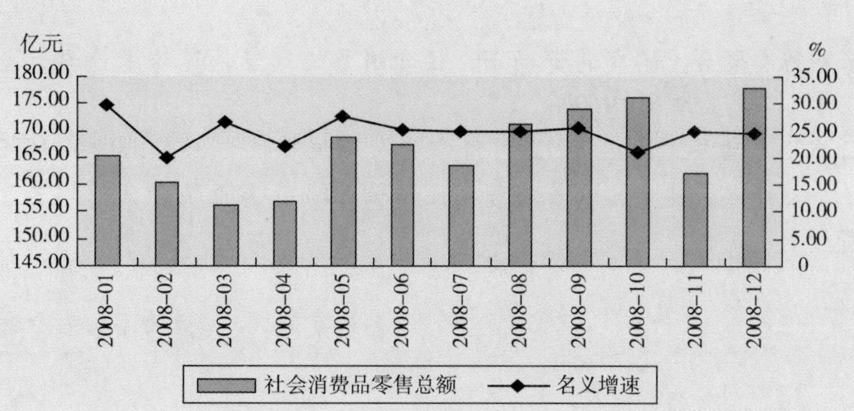

数据来源：《天津统计月报》。

图1 2008年各月天津市社会消费品零售总额及增速

表1 天津市城市居民人均消费支出结构变化情况 单位：%

年份	城市居民人均消费性支出	食品支出	衣着支出	居住支出	家庭设备用品及服务支出	医疗保健支出	交通和通信支出	教育文化娱乐服务支出	其他商品和服务支出
2007	100.00	35.33	8.51	11.78	6.32	9.68	10.89	13.63	3.85
2008	100.00	37.28	8.60	11.30	6.10	9.10	11.60	11.98	3.87

资料来源：《天津统计月报》。

与上年同期相比，受物价上涨影响，食品支出上升明显较快，占比提高近2个百分点，其他三项略有上升。在食品和交通通信消费带动下商品性消费保持较快增长，全年家庭人均消费性支出为13 422元，比上年增长11.6%。居民消费呈现七个特点：

一是私人轿车快速进入家庭。到2008年年底，百户家庭拥有私人轿车7.7辆，比上年增长36.3%，家庭人均交通支出890元，增长29.2%。

二是“信息消费”成为生活的重要组成部分。通信工具更新换代加快、居民间的人际交往增加以及通信设备拥有程度不断提高，都带动了这方面消费的增加。2008年，家庭人均通信消费支出678元，比上年增长9.2%。

三是服装更加注重个性化。随着收入水平的提高，居民更加注重个性化消费，服装消费档次稳步提升，各种品牌服装受到欢迎。2008年，城市居民家庭用于衣着类支出人均1 154元，比上年增长12.7%。

四是住房条件改善，带动家庭能源消费。2008年，城市居民家庭用于居住类支出人均1 528元，比上年增长7.8%，其中，水、电、燃料支出比上年增长11.0%。

五是闲暇旅游消费增加。2008年，家庭人均文化娱乐消费支出396元，增长7.7%。

六是食品消费支出大幅上升。2008年，家庭人均食品消费5005元，比上年增长

17.8%。在亲朋好友聚会、婚宴的带动下，饮食消费继续呈快速增长态势，全年家庭人均在外饮食支出1 347元，增长19.0%。

七是节日市场启动早。2008年12月份家庭人均消费性支出同比增长18.2%，比前11个月快了7.3个百分点，其中，衣着消费同比增长50%，家电消费同比增长23.7%，金银珠宝饰品消费增长1.1倍。

资料来源：《天津市金融稳定报告（2009）》

受2008年上半年人民币升值、出口退税政策调整、劳动力成本增加、原材料进口价格飙升，下半年国际国内经济减缓、外需萎缩等多重因素的影响，东部地区2008年累计进出口总值2.25万亿美元，同比增长14.25%。其中，出口增长为15.99%，与上年同期相比大幅回落7.02个百分点。分地区来看，仅河北省出口增速比上年同期提高了8.7个百分点，海南省、北京市、江苏省、上海市、广东省出口增速与上年相比分别回落了24.9个、11.5个、10.1个、9个、8.1个百分点。从当前形势看，占东部地区出口份额较大的欧美等国家和地区陷入经济衰退，短期内难以摆脱金融危机的影响，其需求萎缩将直接影响东部地区外贸出口，稳定对外贸易增速的难度较大，经济增长的不确定性增大。在这样的背景下，涉外经济对东部地区经济金融的贡献度有所下降，东部地区的外贸依存度也有所下降，进出口占GDP的比重由2007年的12.84%降至2008年的12.69%。此外，东部地区2008年外商实际直接投资966.80亿美元，同比增长16.34%，增幅比上年下降2.38个百分点。虽然东部地区外资流入规模继续增长，但增幅已经开始下滑。

（三）固定资产投资平稳增长，但房地产市场存在下行风险

2008年，东部地区固定资产投资总额为7.79万亿元，投资增速为19.22%，增量超过亿元。重大项目建设明显加快，大项目开工面积和实施进度明显好于往年。航空航天、石油化工、装备制造、电子信息、生物制药、新能源新材料、轻工纺织、国防科技等优势支柱产业培育壮大，形成了一批新的经济增长点，为今后经济发展提供了有力支撑。从固定资产投资的资金来源看，国内贷款和国家投资的支持力度显著增强，扩大内需政策取得初步成效。

2008年，房地产市场供求关系发生逆转，房地产开发投资、商品房销售面积、销售额增速明显放缓，商品房空置面积大量增加，个人住房贷款增速明显回落，房地产市场观望气氛逐渐浓厚，市场运行出现向下调整特征。据监测，2008年，北京市全年房地产投资、商品房销售面积、商品房新开工面积、商品房竣工面积同比分别下降4.4%、38.6%、8.6%、11.5%。浙江省商品房全年销售面积和销售金额分别下降36.6%和30.9%，房屋空置面积增长12.5%，比上年上升4.9个百分点。广东省累计房地产开发投资同比增长16.8%，比上年回落19.2个百分点，全年商品房销售面积和商品房销售额同比分别大幅下降了22.4%和21.4%，个人住房贷款余额同比增长5.0%，新增贷款仅为上年同期的17.0%。福建省房地产开发投资下降1.6%，商品房销售面积和金额分别下降36.6%和40%，商品房空置面积增长22.4%。房地产市场发展放

缓已经影响到房地产行业的各个环节，特别是对相关领域的贷款质量构成影响。

（四）存贷款增长较快，银行经营效益不断增长，但信贷集中趋势明显

2008 年，东部地区银行业金融机构人民币各项存款稳步攀升，储蓄存款以定期形式大量回流，在其他存款大幅增加的同时，企业存款尤其是活期存款回落幅度较大。上半年银行业金融机构人民币各项贷款增加平稳，下半年贷款投放节奏明显加快，全年人民币各项贷款大幅增长。2008 年，东部地区金融机构各项存款余额同比增长 18.78%。分地区看，海南省、河北省、浙江省、山东省、江苏省、天津市同比分别增长 25.51%、23.29%、22.10%、21.76%、21.46%、19.84%，均高于东部平均水平。东部地区各项贷款余额同比增长 14.74%。分地区看，天津市、浙江省、福建省、山东省、北京市、江苏省同比分别增长 20.13%、18.75%、17.40%、17.04%、16.70%、16.40%，均高于东部平均水平。2008 年，东部地区银行业金融机构账面利润总额同比增长 18.61%。分地区看，海南省、河北省、山东省、江苏省、广东省利润增速均高于东部平均水平。贷款规模增加是利润同比多增的主要原因之一。从利润构成看，中间业务收入快速增加，银行业金融机构的收入来源结构继续改善。中间业务收入的增加主要由于代理保险、委托贷款以及担保承诺业务收入大幅增加，特别是担保承诺业务收入大幅增加。

在经济下行周期中，国内外经济形势不确定因素增多，外需的持续减弱导致部分行业信用风险加大，而银行业资金的趋利性会导致信贷资产投放过于集中，增加了银行金融机构信贷资产的风险隐患。一是银行信贷向大客户集中。据调查，截至 2008 年年底，天津市银行业共有授信或贷款5 000万元以上的大客户 1 329 个，比年初增加 53 个；大客户贷款余额 4 453.3 亿元，比年初增加 631.3 亿元；主要银行业金融机构大客户贷款占其各项贷款的 77.0%，主要银行业金融机构本年新增贷款也有 92.42% 投向了大客户。另据统计，截至 2008 年 12 月末，上海市 5 000万元以上授信或贷款的大客户贷款余额占比达 70%，比年初上升 1.34 个百分点，全年增量占比达到 80.82%。此外，截至 2008 年年底，海南省最大 10 家贷款客户期末贷款余额 700.1 亿元，同比增长 35.15%；最大 10 家贷款客户期末贷款余额占全省银行类金融机构贷款余额比率为 50.61%，同比上升 8.43 个百分点。二是行业风险有所上升。据调查，作为浙江传统支柱行业的纺织、服装行业，在 2008 年承受了外需减缓、人民币升值、出口退税率下调、原材料成本上升等多重压力，整个行业遭受了较大冲击。福建省钢铁、石化、建材、汽车、纺织、化纤以及外向型加工制造业还款能力大幅削弱，信用风险呈现从小企业向大企业、从下游行业向上游行业双向传导的趋势，贷款质量向下迁徙的压力增大。江苏省服装和钢铁行业受到的影响也较大。

（五）银行业资产质量总体良好，但不良贷款反弹显现

2008 年，东部地区银行业金融机构资产质量总体良好，不良贷款继续保持“双降”。其中，不良贷款余额为 5 778.65 亿元，比上年下降了 28.92%，不良贷款率为 3.16%，比上年下降了 1.94 个百分点，处于较低水平。分地区来看，除河北省、山东省不良贷款率略高于监管标准（5%）外，其他 8 省市不良贷款率均低于监管标准。

下半年以来，国际、国内经济下行的压力越来越大，宏观经济下行必然加大银行的信用风险，根据国际经验，银行资产质量降低通常滞后于经济下滑，预期信用风险成本将呈增加趋势，且2007年银行不良贷款余额基数较低，银行面临的不良贷款反弹压力和潜在的信贷资产风险可能越来越大。2008年，江苏省银行业金融机构不良贷款虽继续保持“双降”，但受宏观经济运行形势变化的影响，至12月末，全省近半数主要银行业金融机构不良贷款余额比年初有所增加，近1/3主要银行业金融机构不良贷款率比年初有所上升。北京市银行业金融机构关注类贷款2008年第四季度大幅上升，导致2008年末关注类贷款余额同比大幅上升，关注类贷款的大幅增长使得不良贷款存在较大反弹压力。福建省银行业金融机构剔除农业银行不良贷款剥离因素，2008年新增不良贷款25.59亿元，其中第四季度新增46.97亿元；关注类贷款全年新增186.89亿元，其中第四季度新增194.04亿元；授信或贷款额在5 000万元以上大客户的不良贷款和逾期贷款户数和金额出现“双升”。浙江省银行业金融机构剔除农行不良贷款剥离因素，实际不良贷款率为1.78%，比年初上升0.6个百分点。尤其是9月份开始不良贷款上升幅度加大，9~12月的当月新增不良贷款分别为10.62亿元、18.35亿元、7.80亿元和85.34亿元。

（六）保险业务平稳较快发展，但寿险公司退保现象仍值得关注

2008年，东部地区保险业继续保持快速发展态势，保费收入同比增长31.74%。分地区看，河北省、广东省、江苏省、福建省、海南省保费收入增速快于东部平均水平，分别达到44.65%、39.00%、34.47%、33.74%、32.82%。与此同时，保险对经济生活的渗透率不断提高。一是保险密度稳步提高。分地区看，2008年除河北省、山东省、海南省外，上海市、北京市、天津市、浙江省、广东省、江苏省、福建省保险密度均高于全国737元/人的平均水平，分别达到4 352元/人、3 521元/人、1 493.38元/人、1 233.23元/人、1 109.58元/人、1 010元/人、803元/人。二是保险深度有所上升。据统计，2008年东部地区保险深度为2.99%，比上年提高了0.32个百分点。分地区看，除天津市保险深度同比下降0.25个百分点外，其他9个省市保险深度均有所提高。

2008年，东部地区寿险公司退保现象仍值得关注，平均退保率为6.51%，最低为山东省3.54%。从可能导致退保增加的因素分析，除受国际金融危机影响外，主要是销售误导以及产品收益低于消费者预期，尤其是银保渠道销售的寿险产品。主要存在的问题是：缺少对客户群分类评估和客户风险承受能力评估，基本是向所有客户营销所有类型的产品；少数保险营销员把保险产品和储蓄、国债等进行简单比较，夸大产品的投资收益水平，给客户以高收益的心理预期；一些保险公司内部管理不到位，出现问题责任难以区分，售后服务跟不上，问题得不到有效解决。此外，部分保险机构为完成保费任务，存在长险短做、虚假承保等违规行为。同时，有些企业也试图通过虚假承保恶性避税，年度纳税申报完毕后再行退保，造成人为退保现象突出。

（七）量化评估

运用区域金融稳定定量评估模型，对四大区域金融稳定状况进行相应评估。实际操作中，

我们在《区域金融稳定定量评估方案》[1] 的基础上，就初始方案在实际运用中出现的问题，对其进行了两方面的改进：

第一，指标体系方面，根据实际评估工作中数据的可得性和完整性情况，删除银行业下“利率风险敏感度”、证券业下“流动比率”、保险业下“偿付能力充足率”和“资产匹配程度”等4项指标，增加反映保险业机构偿付能力的“寿险公司退保率”。调整后的区域金融稳定指标体系（共24项三级指标）如表10所示。

表10　区域金融稳定指标体系（调整后）

一级指标		二级指标	三级指标
宏观经济		经济增长	国内生产总值增长率（%）
			第三产业增加值增长率（%）
		固定资产投资	全社会固定资产投资增长率（%）
		消费增长	社会消费品零售总额增长率（%）
		对外经济	实际利用外资增长率（%）
		收入与价格指数	城镇居民可支配收入增长率（%）
			农村人均纯收入增长率（%）
			居民消费价格指数（%）
		就业情况	城镇登记失业率（%）
		房地产市场	典型城市房地产销售价格指数（%）
金融机构	银行业	资本充足性	资本充足率（%）
		资产质量	不良贷款率（%）
		盈利能力	资产利润率（%）
		资产流动性	流动比率（%）
	证券业	资本充足率	净资本充足率（%）
		资产安全性	净资本负债率（%）
		盈利能力	资产利润率（%）
	保险业	资产充足性	寿险公司退保率（%）
		资产安全性	应收保费率（%）
		盈利能力	保费收入增长率（%）
金融生态环境		地方法治环境	法治环境调查表综合得分
		地方政府财政	地方财政收入占GDP比重（%）
		市场体系完善	银行服务密度（亿元/百人）
		信用环境完善	征信数据库覆盖率（%）

第二，权数设置方面，针对我国银行业、证券业和保险业发展规模相对不平衡的现状，为均衡三者对金融稳定的影响，避免出现银行业权重过大而忽略证券和保险业的稳定情况的问题，我们在原有客观权数的基础上做以下改进：银行业（或证券业或保险业）权重＝0.25×［1＋银行（或证券业或保险业）资产规模/（银行业资产规模＋证券业资产规模＋保险业资产规

[1] 主要方法模型见《中国区域金融稳定报告（2008）》。

模）］×100%。

从定量评估的结果来看，东部地区2008年金融稳定状况综合得分为87.7分，属于稳定区间①，较上年减少2.4分。这一数据表明东部各省在国内外形势急剧变化的背景下，金融稳定系统受到了一定的冲击，但总体情况仍较为良好。从过去3年评估结果来看（图16），东部地区总体金融稳定趋势基本维持在一定水平区间并随经济周期同步小幅上下波动。其中，宏观经济得分在2007年小幅回落后2008年继续下降，经济在高位运行后下行压力较大；证券业受金融危机和资本市场大幅缩水影响，得分较前两年有大幅下降；此外，银行业、保险业和金融生态环境得分均呈现逐年稳步上升的趋势，金融运行效率总体提升的趋势没有改变。

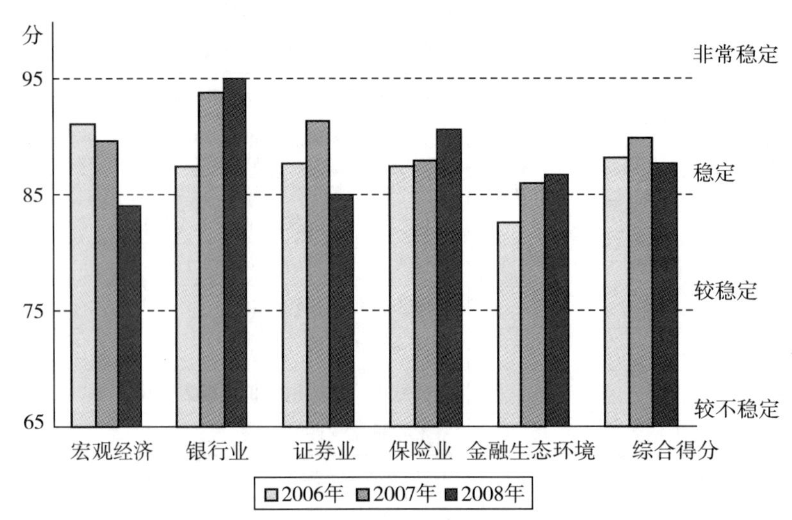

图16 2006年、2007年和2008年东部地区金融稳定状况的比较

从三级指标变动情况来看，东部地区共有4项指标（包括2项宏观经济指标、1项银行业指标、1项保险业指标）较上年有所改善，5项指标（包括3项宏观经济指标、2项证券业指标）较上年有所恶化，15项指标（包括5项宏观经济指标、3项银行业指标、1项证券业指标、2项保险业指标、4项金融生态环境指标）基本与上年持平。

具体来看，在宏观经济方面，虽然社会消费品零售总额仍保持快速增长，房地产价格有所调整，但由于经济增速有较大回落，全社会固定资产投资增长放缓，居民消费价格指数波动增大，总体经济下行压力仍然较大。证券业受资本市场大幅回调等因素影响，盈利水平下滑较大，稳健运营的基础有所削弱，得分较上年有所减少。除此以外，银行业、保险业和金融生态环境得分较上年均有不同程度的提高。其中，受寿险公司退保率下降等因素影响，保险机构偿付能力有所提高，故保险业得分较2007年有较大幅度的上升。

2008年，东部地区综合得分较全国平均水平高出3.5分，并在各方面，尤其是证券业、保险业和金融生态环境方面保持较为明显的优势（图17）。

① 将定量评估结果进行五大区间的等级评估：非常稳定（95分及以上）、稳定（85～95分）、较稳定（75～85分）、较不稳定（60～75分）和不稳定（60分以下）。

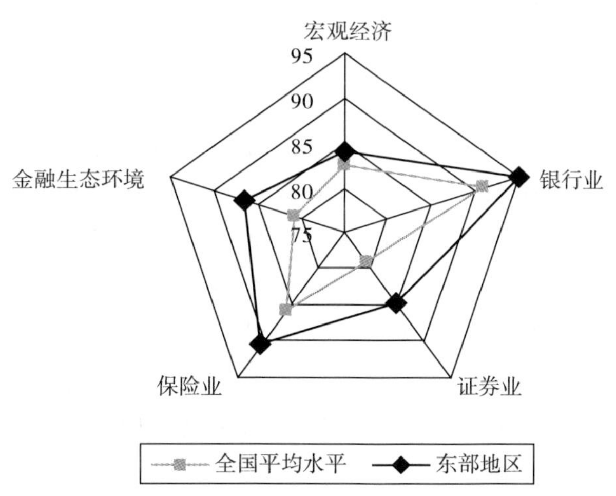

图 17　2008 年东部地区和全国平均水平的比较

二、中部地区

随着中部崛起战略顺利实施，中部地区的区位优势进一步体现，承接东部沿海地区技术、资本和产业转移的能力明显加强。2008 年，中部地区克服南方雨雪冰冻、洪涝等自然灾害和复杂多变经济形势的不利影响，经济继续保持平稳较快增长。湖北、湖南两省地区生产总值双双突破万亿元大关。中部地区作为我国最重要的粮食主产区，为我国连续多年粮食丰收作出了重要贡献。重点城市群发展加快推进，武汉城市圈和长株潭城市群成为全国资源节约型和环境友好型社会综合配套改革试验区。中部地区金融业继续保持良好运行态势，银行业流动性充足，不良贷款持续“双降”；证券业适应新的外部环境，上市公司和拟上市公司成为地区经济发展的骨干力量；保险业市场规模实现历史性跨越，行业整体实力显著增强。金融业整体服务水平和竞争力的进一步提升，为中部地区经济健康平稳运行和维护金融稳定奠定扎实基础，但国际金融危机和宏观经济下行风险对地区经济金融发展的深层次影响值得关注。

（一）地区经济继续保持平稳较快发展，传统资源优势和经济增长模式遭遇挑战

自 2004 年中部崛起战略提出以来，中部地区城市化、工业化步伐加快，一直处于经济快速增长期，增速明显高于东部地区。即使是在国际金融危机的影响下，中部 6 省地区生产总值增幅纵向比较也未出现明显回落，而是保持了较平稳的发展态势。从 2008 年地区生产总值增速来看，中部地区大都高于全国 9% 的增速，更明显高于出口依存度较高的东部沿海地区。中部地区经济发展主要依赖以扩大内需为目的的投资拉动。2008 年中部地区全社会固定资产投资增长 31.68%，其中，江西省全社会固定资产投资增长 43%，位居全国第一。进一步扩大消费需求，增强消费对经济的拉动作用，对于中部地区意义重大。中部地区是我国消费市场的腹地，农村人口众多，有进一步扩大消费需求的条件，正面临加速启动农村消费的机遇期。

随着国际金融危机的影响逐渐由沿海地区向内陆地区传导，在外部冲击的作用下，中部地区经济发展中长期存在的产业结构不合理、增长方式粗放等深层次矛盾逐步凸显，经济可持续

发展面临考验，经济转型压力较大。一是区域内同质竞争明显，产业结构同构性较强。中部地区工业体系发展层次较低，产业结构不尽合理，主要表现在第一产业比重过高，第二、第三产业比重较低。在第二产业中，原材料和基础性产业比重偏大，传统产业和低附加值产业比重偏大。二是传统要素优势趋于弱化。土地资源丰富、劳动力供给充裕、生产要素成本低，一直是中部地区经济发展和招商引资的优势所在，但随着这些传统要素供求关系发生变化，中部地区的传统要素优势正不断弱化，加快发展面临较大挑战。三是经济增长方式比较粗放。高耗能行业和高耗能企业较多，对能源、电力和运输的依赖性较强。在科学发展观的时代背景下，环境保护、节能降耗已成为地方经济发展的硬指标，靠牺牲环境、过度消耗物质资源来实现高增长的传统发展模式难以为继。中部地区要实现加快发展，必须尽快转变经济增长模式，坚持走新型工业化道路，从过度依赖资金、资源和环境投入来实现经济增长，转向更多依靠提高劳动者素质和技术进步来实现经济持续增长。

专栏7　基于环境约束下的产业可持续发展与金融资源配置的作用

“环境库兹涅茨曲线”理论认为，经济增长与环境质量之间存在一种倒U形曲线关系。经济发展处于较低水平时，工业化程度不高，环境退化程度较低；当经济发展处于上升阶段时，伴随着工业化程度提高，对环境资源的利用度增加，环境质量出现恶化，并在经济增长到一定程度时环境恶化达到顶点；而随着经济继续增长，经济结构发生转变，第三产业作用增强，环境保护意识提高，环保制度和政策逐步建立，环境质量随之改善。安徽省的资源型产业集群特征显著，煤炭、水泥、有色金属、钢铁、化工等支柱产业对经济增长起主导作用。但环境约束下的产业可持续发展压力逐渐显现：(1) 资源型产业易受经济周期和资源品价格波动的影响，经济增长质量变化较大。(2) 资源产业集群度高的地区逐步进入重工业化阶段，产业发展主要依靠资本积累和规模扩张，技术进步发挥作用相对有限，导致高投入、高消耗和高排放。(3) 产业锁定效应明显，节能降耗和产业结构调整压力大，节能降耗的硬约束制约了产业结构调整节奏和经济增长速度。(4) 工业“三废”排放压力较大，环境承受能力逼近约束边界，环境整改投入成本较高，事故性污染排放事件常导致较大经济损失和产生不利的社会影响。(5) 由于资源型产业附加值较低，企业技改整治投入导致产品成本增加，市场竞争力下降。

影响环境质量变化的主要原因：(1) 区域产业结构不合理和粗放型增长方式是环境承载压力根源。(2) 地方政府与中央政府环境保护陷入“智猪博弈”式的困境，地方政府经济增长与节能减排目标在短期内存在冲突。(3) 环境监管执法系统性约束机制缺失，环境保护法律法规对环境监管主体的职能划分不清，主监管部门与分管部门之间、分管部门相互之间存在“囚徒困境”式的博弈。(4) 环境污染是典型的“外部不经济”现象。企业违法成本较低，节能减排激励约束机制尚未充分发挥作用，污染主体的私人成本小于社会成本。

金融资源支持产业结构调整的制约性因素：（1）产业锁定导致金融锁定，金融资源和服务向资源主导产业集中；同时，金融锁定具有惯性效应，金融机构营销新客户、新领域可能产生较高初始成本和风险，主动对新型产业发展的资金支持不足。（2）中小企业较多地采取自筹资金或民间融资方式生产经营，“绿色信贷”政策对其不能发挥有效制约作用。（3）金融机构绩效考核体系以盈利性经济指标为主，各分支机构追求信贷规模效应而对践行环保社会责任方面没有给予足够重视。（4）节能减排信贷政策有待于进一步深化。信贷政策实施存在“软约束”，尚未建立有效实施机制，金融机构对实施节能减排和技改项目缺乏新贷款品种和贷款模式支持；缺乏行业信贷节能减排技术指南，金融机构对环境风险认知处于初级阶段，节能减排信贷政策激励机制尚未落实；环保机构和金融机构信息共享时效性不强。

资料来源：《安徽省金融稳定报告（2009）》

（二）社会资源配置效率提升，国际金融危机对地区经济发展的影响有所显现

随着东部沿海地区生产要素成本和综合商务成本的逐渐走高，国内东部沿海地区向中西部地区的产业转移进程明显加快。中部地区凭借要素供给充裕、综合成本相对较低、产业配套能力强、区位条件优越等诸多有利条件，已成为发达地区产业和资本转移的首选地区，外部资金大量流入。中部地区正处于城市化、工业化加速发展阶段，农业比重不断下降，工业比重逐步提升，生产要素资源加快流向现代工业部门，单位投入的产出率显著提高。同时，中部地区市场化进程加快，民营经济加速发展，越来越多的民营企业参股、控股国有企业，生产要素资源逐步向民营部门流动，社会资源配置效率进一步提高。此外，中部地区的经济国际化水平也在不断提高，很多企业在全球范围内配置资源，真正做到利用两种资源、两个市场。

世界金融危机的影响正向实体经济渗透，中部地区除出口行业遭受冲击外，钢铁、有色、石油、煤炭等原材料价格大幅下跌对地方经济带来严重影响。中部地区资源型产业比重偏高，钢铁、煤炭、电力、水泥、有色等资源行业一直是中部地区的主导产业，而在这次国际金融危机中，主要原材料价格大幅下跌导致这些支柱产业生产经营困难，亏损增加，部分省区工业生产和效益下滑压力很大。以山西省为例，2008 年，山西省工业经济增速明显下滑，特别是从第四季度开始，山西省工业经济增加值连续三个月出现负增长。全省规模以上企业累计完成工业增加值 3 509.6 亿元，同比增长仅 6.5%，增幅排名从上半年的全国第 16 位下滑到第 29 位。能源、原材料等中部地区的优势产业，在这一轮的资源类商品牛市中发展过快，面临产能过剩、结构调整的要求。

专栏8 山西煤焦行业遭遇寒流 累及银行信贷质量

山西煤炭和焦炭年产量分别占全国的25%和40%，煤焦行业是山西前两大主导产业。据对辖内近1 600家煤焦企业的调查，受国际金融危机、经济危机和国内经济严峻形势的影响，自2008年8月以来需求急剧减少，价格下跌，企业经营困难，山西煤焦行业在一年中经历了冰火两重天。在拉低经济增长速度、减少利税贡献等的同时，行业经营困难波及银行信贷资产质量。

一、煤焦量价双下滑，企业经营困难

1. 煤焦产品价格大幅下降。2008年下半年，山西煤焦特别是焦炭行业，遇到有史以来最严重的危机，焦炭价格上半年暴涨，8月份后则急剧下滑，年末一度跌至1 200～1 300元/吨（含税车板价），比7月份下降55%。第四季度虽已进入传统的消费旺季，但煤炭价格却加速下滑，比7月份下降约300元/吨，降幅40%左右，其中降幅最明显的是焦煤和冶金煤。如产煤大市吕梁12月主焦煤价格为720元/吨，比7月份最高价下降840元/吨，比9月份下降240元/吨。

2. 企业产销量大幅下滑。2008年10月份山西煤炭产销首次单月同比下降，原煤生产比9月份减少921万吨，下降15.53%；煤炭出省销售比9月份减少238万吨，下降5.5%。前11个月焦炭出省运量6 002.03万吨，同比降低6.74%，焦化企业库存420万吨左右。2008年山西煤炭出口量同比下降15.4%。随着产销量的减少，煤炭铁路发运量继续呈现下降趋势。

3. 企业被迫限产、停产。面对需求和销量减少、价格急速下降，煤焦行业选择了限产保价，焦炭生产企业限产60%以上。即使是省内大型煤焦企业也不得不选择限产或停产。如，山西某煤炭集团2008年11月份停产一个月，12月产量仅为上年同期的一半。某大型焦炭生产企业，年焦炭产能230万吨左右，2008年9月份限产50%后，亏损6 000万元，下属的尿素厂、煤焦油加工厂、甲醇厂全部停产，11月份亏损达1亿元左右。

二、银行业金融机构信贷质量受到影响

1. 企业违约风险加大。随着煤焦企业销售困难、煤焦价格下跌，企业利润大幅降低，煤焦行业亏损不断扩大，尤其是焦炭行业全线亏损，企业资金趋紧，还贷能力下降。根据对近1 600家煤焦企业的不完全统计，2008年12月末，煤焦企业拖欠贷款本息34亿元，占应还本息近30%。

2. 煤焦企业不良贷款有所增加。煤焦企业还贷能力的下降，直接导致相关银行贷款质量的下降。据不完全统计，2008年12月末，煤焦企业不良贷款27.3亿元，比10月份增加3.73亿元。在新增不良贷款中，绝大多数为中小型企业贷款。

3. 农村信用社等地方中小金融机构所受影响较大。由于近年来国有商业银行等提高煤焦企业信贷标准，农村信用社成为中小型煤焦企业获得资金的重要渠道。在煤焦行业亏损面扩大、中小型煤焦企业所受影响较大的情况下，农村信用社信贷风险相对突出，部分地区尤为显著。如，省内某地级市88.6%的不能按时还本付息企业、58%～67%的未还本息金额集中在农村信用社和城市商业银行。

资料来源：《山西省金融稳定报告（2009）》

（三）金融支持农业经济发展力度增强，农业生产和农民增收形势不容乐观

中部地区积极开展农村金融产品和服务方式创新试点，各地银行业金融机构推出一批符合“三农”需求的金融服务产品，服务“三农”力度加大。截至2008年年底，中部地区累计发放农业贷款3 133.61亿元，较上年增加270.05亿元，同比增长9.43%，农业贷款占各项贷款的比例为10.18%。其中，农村信用社改革后支持“三农”的信贷投放力度明显加大，全年累计发放农业贷款2 946.16亿元，占银行业金融机构农业贷款的94.02%。2008年末，邮政储蓄银行小额贷款余额91.32亿元，成为解决农村地区信贷资金紧张和农民贷款难问题的又一有效途径。中国农业银行努力构建服务“三农”的长效机制，开展惠农卡与农户小额贷款新业务。

中部地区作为中国重要的粮食主产区，农业人口占比较大，“三农”问题相对东部地区更为突出。中部地区农村以传统的种养业为主，家庭经营收入占农民收入的比重较高。冬季以来大范围的小麦旱情逐步加重，抗旱形势严峻，农业生产受到一定程度影响。同时，受当前国内外经济形势的影响，农副产品收购价格和产成品销售价格全面深幅下跌，农资价格同比上涨较多，农业比较收益下降，农民持续增收难度加大。农民工就业形势比较严峻。中部各省大多是劳务输出大省，受东南沿海地区部分企业效益下滑影响，外出务工人员提前返乡，农民持续增收难度加大。

（四）地方性中小法人金融机构改革稳步推进，但风险管理制度和水平仍存在较大差距

2008年，中部地区继续加大对地方中小金融机构的改革支持力度。湖北省武汉市商业银行更名为汉口银行并实现跨区域经营；河南省城市商业银行达到7家；湖南省株洲、湘潭、衡阳、岳阳市商业银行和邵阳市城市信用社正积极组建省内跨区域地方银行；江西省部分商业银行改制为股份有限公司，跨区域发展取得突破性进展。农村合作银行、农村商业银行组建工作稳步实施，部分地区农村合作银行、农村商业银行已挂牌开业。武汉市农村信用社申请组建农村商业银行已正式获国务院批准。村镇银行设立实现突破，2008年内中部地区各省均有1～2家村镇银行挂牌营业。

但从整体来看，中部地区部分地方中小法人金融机构，尤其是农村信用社整体抗风险能力仍然较弱，主要表现为整体拨备缺口较大、资本充足率依然为负数、不良贷款余额及比率仍处在高位、资产质量较差、个别联社流动性紧张等方面。以中部地区某省为例，当地农村合作金融机构金融案件发案数量、涉案金额分别占湖南省发案数量、涉案金额的62.5%和90.87%，6起百万元以上案件均发生在农村合作金融机构，涉案金额达2 611万元。与其他银行业金融机构相比，地方中小法人金融机构在风险管理架构、风险管理技术、风险管理人员等方面都存在不小差距。而且，近年来持续高于同业平均水平的增长速度也可能引发一定的风险隐患，地方经济下滑导致信用风险上升的压力也不容小视。民间融资在减轻了中小民营企业及“三农”资金需求对银行信贷压力的同时，也由于组织分散、制度随意等原因规模难以控制。近年来中部地区部分省区非法集资活动较为活跃，影响和扰乱了正常经济金融秩序，有的已经向正规金融传导，影响地方金融安全和稳定。因此要加强对民间金融的监测和引导，防止金融欺诈、非法集资等危害民众利益的行为发生。

（五）保险业整体实力显著增强，但强劲发展过程中存在的问题值得关注

2008 年，中部地区保险市场继续保持较快发展势头，市场规模实现历史性跨越，行业整体实力显著增强。截至 2008 年年底，中部地区保险业共实现保险保费收入1 877.35亿元，同比增长 54.54%，比全国平均增速高 15.41 个百分点。其中人身险保费收入 1 519.81 亿元，同比增长 64.67%；财产险保费收入 357.54 亿元，同比增长 22.91%。保险参与度和渗透度不断提高。中部地区保险深度达 2.97%，保险密度为 508.27 元/人。伴随保费收入的快速增长，保险业在促进经济发展、完善社会保障体系方面发挥了越来越重要的作用。2008 年，中部地区保险业赔款和给付支出 528.16 亿元，同比增长 36.40%。其中人身险赔款和给付支出 294.63 亿元，同比增长 27.93%；财产险赔款和给付支出 233.53 亿元，同比增长 48.86%。保险保障程度提高，为灾后重建提供了强大的资金保障。保险业对重点工程项目建设的支持，为中部地区经济持续快速增长奠定一定基础。

但在地区保险市场和保险业务强劲发展的同时，发展模式粗放、市场结构不合理、监管资源配置压力加大等深层次矛盾和问题也日益突出。一是近年来市场主体快速增多，市场秩序和规范度有待提高。突出表现为高手续费、高返还的不正当竞争行为普遍存在，销售误导、理赔难等问题损害消费者利益，产品同质化竞争导致承保利润较低，整个行业盈利能力较弱。二是市场结构不合理，行业整体可持续发展能力有待加强。保险公司分支机构产品开发缺乏创新，重点领域、关键环节以及核心技术方面创新不足，尤其是缺乏针对当地市场需求特点的个性化产品，市场上低水平重复竞争问题严重，导致其社会保障职能难以有效覆盖。三是市场监管难度加大。保险监管机构在地市级的监管缺位，而市场风险识别、预测、管控难度越来越大，提高监管针对性和有效性的难度日益增加。从中部地区实际情况看，寿险非正常退保、中介代理渠道的销售误导现象以及非法集资、挪用侵占保费的资金安全风险相对突出，需要进一步优化监管资源配置。

（六）量化评估

从定量评估的结果来看，2008 年中部地区金融稳定状况综合得分为 79.8 分，属于较稳定区间，较上年下降了 2.5 分。这一数据表明受金融危机等因素影响，中部地区总体金融稳定状况有小幅下降。从过去 3 年评估结果来看（图 18），中部地区总体稳定状况基本维持在一定水平区间。其中，宏观经济得分连续两年有所下降；银行业得分一直保持较稳定的水平，且 2008 年有小幅提升；证券业受多方面的因素影响，得分较前两年有明显的下降；保险业在经过 2007 年下降之后 2008 年继续小幅下降且临近较不稳定临界线；金融生态环境得分呈现逐年向好的趋势但得分仍然较低。

从三级指标变动情况来看，中部地区共有 6 项指标（包括 1 项宏观经济指标、2 项银行业指标、1 项保险业指标、2 项金融生态环境指标）较上年有所改善，9 项指标（包括 5 项宏观经济指标、2 项证券业指标、2 项保险业指标）较上年有所恶化，9 项指标（包括 4 项宏观经济指标、2 项银行业指标、1 项证券业指标、2 项金融生态环境指标）基本与上年持平。

具体来看，由于第三产业经济增速放缓，实际利用外资增速大幅回落，城乡居民收入增长

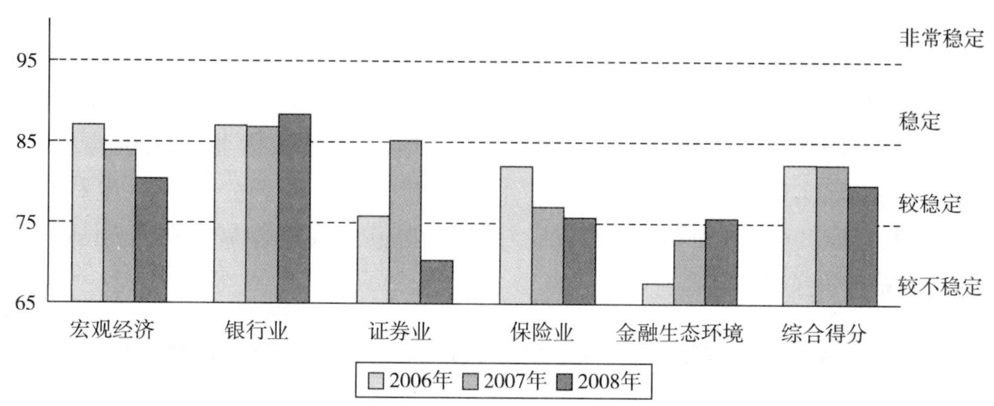

图 18　2006 年、2007 年和 2008 年中部地区金融稳定状况的比较

放缓，居民消费价格涨幅前高后低变动较大，宏观经济得分受到一定影响。银行业指数上升主要得益于银行业金融机构的质量改善和盈利提高，具体表现为不良贷款率的下降和资产利润率的上升。证券业方面，净资本充足率、资产利润率等指标较上年均有明显下降，故证券业得分较上年大幅减少。保险业有较快发展，应收保费率较上年有所下降，但保费收入的过快增加给行业的可持续发展造成一定的压力，部分地区寿险公司退保率有反弹迹象。金融生态环境逐年改善，银行服务密度、征信数据覆盖率均较上年有所提升。

2008 年，中部地区综合得分低于全国平均水平 4.4 分。中部地区在宏观经济、银行业和金融生态环境方面已经接近全国平均水平（图 19），但在证券业和保险业方面仍存在一定劣势，有待改进。

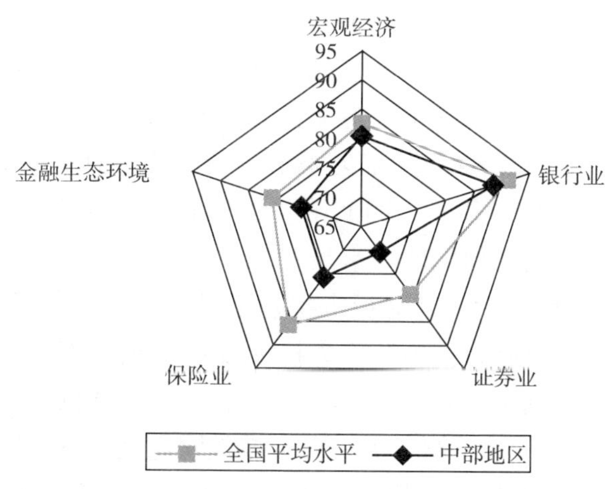

图 19　2008 年中部地区和全国平均水平的比较

三、西部地区

在国外经济金融形势急剧变化、国内宏观政策进行重大调整的背景下，西部 12 省（自治区、直辖市）努力克服自然灾害和金融危机带来的不利影响，发挥区域优势，国民经济保持快速发展，逐步缩小了与发达地区之间的各项差距。尽管受金融危机的影响，下半年西部地区工业生产增长放缓，投资增速高位回落，对外贸易增速下降，部分企业经济效益下滑，但经济的基本面没有发生根本性变化。金融业健康平稳发展，金融体系的稳健性逐步增强。银行业规模不断扩大，经营效益持续提升，资产质量明显改善。地方法人银行业金融机构重组步伐加快，新型农村金融试点工程实现突破，银行业服务水平不断提高。证券公司虽然盈利水平有所下降但资本充足率有所提高，融资结构进一步优化。保险业稳步快速发展，服务领域拓宽，发展方式逐步转变，市场秩序有所好转。

（一）经济总体继续保持快速增长，但受区域内特大自然灾害影响，经济下行压力增大

2008 年，西部经济总体呈现平稳快速发展的态势，全年实现地区生产总值 5. 83 万亿元，同比增长 12. 43%，较上年减少 2. 01 个百分点，占全国经济生产总量的 17. 80%，较上年增加 0. 49 个百分点。其中：第一产业增加值 0. 91 万亿元，同比增长 6. 41%；第二产业增加值 2. 80 万亿元，同比增长 15. 73%；第三产业增加值 2. 11 万亿元，同比增长 12. 87%。西部地区第二和第三产业的增速均位居全国首位。内蒙古、陕西、重庆、广西和青海等 5 个省（自治区、直辖市）的经济增速位居全国前 10 位。其中，内蒙古以 17. 2% 的增速，连续 7 年保持全国第一。

受“512”汶川特大地震、年初雨雪冰冻以及拉萨“314”事件等区域内重特大自然灾害和不稳定事件因素的影响，西部部分地区的投资增速回落，消费预期减弱，对外贸易增速下降，房地产市场持续低迷。西部大部分地区均遭受突发事件的不同程度的影响，经济下行风险增大，给当地金融体系造成一定的压力。

“512”地震给四川、甘肃、陕西、重庆等受灾地区的经济发展和金融稳定都造成了很大影响。其中，四川省经济增长速度较上年回落 4. 70 个百分点，下降幅度列全国第二位。地震使四川、甘肃、陕西三省极重灾区和重灾区的 51 个县（市、区）金融服务网点损失严重，共有3 410 个网点（包括 2 105 个银行业网点、33 个证券业网点和1 272个保险业网点）遭到不同程度的破坏，46 个人民银行、银监会、证监会、保监会派出机构受损。地震还使部分中心城市房地产市场出现了投资额、交易量、地价和房价“四回落”的特征。市场低迷亦造成房地产贷款增长乏力，贷款质量有所下滑，银行抵押物价值缩水。

西藏自治区在“314”事件之后，针对投资特别是民间投资大幅下滑、消费预期减弱、经济增长动力不足的不利影响，采取有力措施，努力扩大投资、刺激消费。但“314”事件对市场主体信心的影响超过预期，加上国际国内双重压力，国内外资金投资西藏的意愿有所减弱，甚至出现撤资现象。2008 年，西藏自治区外商实际直接投资同比减少 4. 07%，较上年回落 62. 9 个百分点。西藏居民的消费预期和消费信心不足，对消费增长产生了较大负面影响，经济增长下行压力将较为突出。

（二）第四季度企业部门经济效益下滑，资源型支柱产业受到金融危机的冲击

西部经济发展中的支柱产业有色金属、石油化工、能源开采等基础性原材料产业，大多位于产业链条的上游和价值分配链的下游。随着国际金融危机的持续蔓延，国内外经济金融形势急剧变化，原材料价格暴涨暴跌对多数资源型产业造成不同程度的冲击。2008 年上半年成品价格不及原

材料价格的上涨，形成价格倒挂，下半年原材料价格下跌导致企业库存大幅贬值，利润缩水。西部经济结构中产业链条短、产品附加值低、科技含量不高以及低水平竞价的粗放型发展方式等问题再度凸显。受此影响，2008 年，除四川以外的 11 个省（自治区、直辖市）的工业产品产销率较上年均有所回落。

第四季度以来，西部各地区支柱产业的亏损企业均有所增加，重点企业库存积压增多、生产萎缩，亏损情况较为严重。陕西省第四季度规模以上工业主营业务收入增速较第三季度下降 10.20 个百分点，工业经济效益综合指数下降 6.88 个百分点，利润下降 27.60 个百分点，规模以上工业亏损企业亏损额达 136.96 亿元，比上年同期增长近 2 倍。宁夏全年规模以上工业实现增加值增长 11.9%，同比下降 5.2 个百分点，高耗能行业中亏损情况尤为严重，工业经济发展遇到近几年来少有的困难。截至 2008 年 11 月，内蒙古全区规模以上亏损企业 646 个，比上年同期增加 41 个，亏损面达 17.9%；全区规模以上亏损企业亏损额 57.74 亿元，增长 154.5%；停产、半停产企业已占全部规模以上工业企业的 25%，其中，大型企业和农村工业企业亏损较为严重。

部分企业生产萎缩、效益下滑，可能会降低资金周转效率、还贷能力甚至还贷意愿，从而使得银行业金融机构关注类贷款增加，贷款质量下迁压力增大。为此，需要密切关注风险从实体经济向金融领域进一步蔓延的发展态势。

专栏 9　国际金融危机对甘肃省支柱产业和重点企业形成冲击

国际金融危机对我国实体经济产生了重大影响，并从沿海向内陆地区蔓延，从加工企业向原材料产业蔓延，从中小企业向大型企业蔓延。石化、有色、冶金等基础性产业一向是甘肃的支柱产业，在甘肃经济总量中占有绝对比重。2008 年下半年以来，受国际金融危机影响，甘肃有色、冶金、石化等支柱产业增速放缓、效益下滑，重点企业库存积压增多、生产萎缩。截至 2008 年年末，全省规模以上工业企业完成工业增加值 1 135.17 亿元，同比增长 9.5%，增幅回落 7.56 个百分点；实现利润总额 69.0 亿元，同比下降 68.24%。规模以上工业亏损企业亏损额 156.54 亿元，同比增长 2.01 倍。甘肃支柱产业和重点企业受到的冲击主要表现为：一是产品价格下跌，利润大幅减少。冶金、有色和石化等产品进入快速下滑通道，需求严重萎缩，价格大幅下跌。钢材销售价格从 2008 年 7 月 6 000 元/吨跌至年底 3 600 元/吨，跌幅达 40%；铜价由年初的 6.73 万元/吨跌至年底的 2.96 万元/吨，跌幅达 56%；电镍销售价格从年初的 24.7 万元/吨跌至年底的 9 万元/吨，跌幅达 64%；聚烯氢销售价格从年初的 16 000 元/吨跌至年底的 6 000 元/吨，跌幅达 63%。受产成品价格下跌影响，甘肃主要基础性原材料企业利润同比均有不同程度的下降。二是流动资金短缺，资金周转困难。受外部经济环境变化影响，甘肃重点企业应收账款和产成品占用资金大幅上升。2008 年末省属 33 户重点企业应收账款达到 80 多亿元，同比增长 10 多个百分点；有色、冶金、石化等重点企业产成品占用资金明显上升，个别企业产成品占用资金同比增长 1 倍以上。另外，受宏观经济形势和企业景气指数下降的影响，银行信贷更趋谨慎，企业在流动资金出现紧张的同时，融资难度较以往有所增加，资金周转困难表现明显。三是企业减产限产，职工薪金和福利水平降低。为应对国际金融危机带来的不利影响，甘肃重点原材料企业不同程度地采取了减产限产等措施。酒钢集团从 2008 年 11 月份起，本部限产 20%，下属榆钢和冀钢分公司分别限产 50%，其他产品根据成本和盈亏情况安排产量；金川公司 9 月份开始调整年度生产计划，确定以销定产，适时调整产量结构；某铝业公司将电解铝产量确定为 5 万吨/年，减产规模达总产量的近 6 成。同时，企业实施限产措施后，在改善职工生产、生活条件方面的投入明显减少，职工收入和福利水平有所降低。

资料来源：《甘肃省金融稳定报告（2009）》

（三）银行业资产规模持续扩张，存贷款快速增长，期限错配问题有所缓解

2008 年，西部地区银行业金融机构积极应对宏观经济形势的不断变化，保持了规模和效益的较快增长。在加强内部制度建设、完善管理机制的基础上，银行业资产规模稳步增长，财务状况持续改善，防范和抵御风险能力有所增强。截至 2008 年年底，银行业金融机构本外币资产总额为 9.52 万亿元，同比增长 28.71%，较上年多增 7.98 个百分点，是我国银行业资产规模增长最快的地区。在资本市场和房地产市场持续低迷的背景下，资金向银行体系回流，一部分灾后财政资金归集，存款大幅增长，流动性较为充裕。截至 2008 年年底，存款余额达到 7.82 万亿元，同比增长 27.15%，贷款余额为 5.21 万亿元，同比增长 18.89%，连续 3 年成为我国存贷款增长最快的地区。

从存款结构来看，居民和企业存款均呈现定期化趋势。2008 年，西部地区新增定期存款 3 839.54亿元，是 2007 年的 3.81 倍，占新增存款比重的 24.21%。尽管下半年存款利率大幅下调，但存款的快速增长和活期存款占比的降低也使得银行资金成本上升。受经济环境的影响，银行可能要迎来一段低利率时期，银行业金融机构必须在控制成本以及拓展新业务方面有所进展。在贷款期限方面，票据融资快速增长。截至 2008 年年底，西部地区票据融资余额达 2 332.00 亿元，同比增长 46.60%。票据融资（主要是贴现）的增长有助于提高资产的流动性，降低资产负债表的流动风险，期限结构得以优化。

（四）新型农村金融机构不断丰富，金融服务力度有所加大，但中小农村金融机构抵御风险的能力仍有待提高

为完善农村金融服务体系，增强农村金融服务功能，更好地支持“三农”、小企业和县域经济发展，一批新型农村金融机构不断发展壮大。截至 2008 年年末，内蒙古自治区作为新型农村金融机构试点省份，已有包商惠农贷款公司、包商惠农村镇银行、鄂尔多斯市达拉特国开村镇银行、赤峰克旗农银村镇银行和 2 家农村资金互助社等新型农村金融机构。这些银行业金融机构营运以来，经营状况良好，业务开展比较顺利，对当地农村经济发展及农村金融市场繁荣起到了积极作用。陕西省在新型农村金融试点工作方面也实现了突破。2008 年以来，宝鸡岐山硕丰村镇银行和陕西洛南阳光村镇银行相继成立。村镇银行的成立进一步丰富了陕西省农村金融市场格局，有助于推动农村金融体系建设的进一步发展。云南省目前已有玉溪市红塔区兴和村镇银行、文山州民丰村镇银行和昭通市昭阳富滇村镇银行等3家村镇银行挂牌营业，并首批确定在3个州市设立10家小额贷款公司，加快了村镇银行等新型农村金融机构的组建步伐。

新型农村金融机构的壮大和小额贷款公司的成立在完善农村金融服务组织体系，拓宽资金融通渠道等方面发挥了重要作用，但由于这些机构组建时间较短，社会公信度和认知度不高，业务工作开展存在难度，农村金融机构发展仍面临着很大的困难。在国内实体经济明显下滑和国外危机持续冲击的情况下，农村中小金融机构资本充足率、呆账拨备等指标依然处于较低水平，贷款集中度较高，不良贷款存量较大，抵御市场风险的能力较弱，案件风险防控形势日益严峻。以内蒙古为例，2008年年末，辖区农村合作金融机构各项贷款余额仅占全区银行业贷款总额的11.77%，但不良贷款余额占全区银行业不良贷款总额的23.84%。可疑和损失类贷款余额占全区银行业两类贷款余额的55.91%，占全区农村合作金融机构不良贷款余额的82.36%。上述两类贷款盘活难度大，预计损失比例较高，随着宏观经济下行趋势日益显现，反弹压力加大。

专栏10 重灾区农村中小法人金融机构流动性状况

汶川地震对农村中小法人金融机构影响最大。汶川地震前，四川10个极重灾县和29个重灾县35家县级农村信用联社[①]的风险状况和盈利能力逐渐好转。地震使35家机构不同程度受损，人员伤亡多，财产损失重，网点受损多，客户影响广，风险状况和盈利能力下降，整体资产质量下降，个别机构资本充足率严重恶化，面临财务可持续压力。35家机构有31家亏损，20家账面所有者权益为负。震后，35家机构每月存贷款环比增速平均为4%、2%，有力缓解了地震导致的流动性压力。年末，35家联社平均存贷比59.5%，比6月末下降近7个百分点。灾后，政府救助、外部支持等措施加快了重灾县农村信用社的恢复重建。由于重灾区农村信用社不良贷款难以收回，新增存款中援建资金、农房建设补助资金等不稳定性存款占较大比重，随着灾后重建的全面开展，重灾区农村信用社可能面临存款集中支取、股民大量退股的情况，潜在较大的流动性风险隐患。

2008年，广西大部分地区遭受历史罕见的雨雪冰冻灾害和洪涝灾害的袭击，农业及相关产业遭受重大损失，涉农贷款质量深受影响。2008年末，广西农村合作金融机构不良资产率8.66%，不良贷款率11.59%，不良贷款占用水平比银行业金融机构不良贷款占用水平高出1倍以上。据广西区农村信用联社测算，广西农村合作金融机构受灾贷款余额约为65亿元（其中受灾农业贷款57亿元），因灾无法按时收回的贷款预计达28亿元，其中因灾无法按时收回的农业贷款预计达25亿元。如果剔除收回再贷等因素，平均新投放“三农”的信贷资金所形成的不良贷款将会达到20%左右。

资料来源：《四川省金融稳定报告（2009）》、《广西壮族自治区金融稳定报告（2009）》

① 剔除成都4县。

（五）保险业重点业务领域取得突破，但服务能力仍有待加强，巨灾保险制度亟待建立

2008 年，西部保险业整体实力进一步增强，市场体系逐渐完善，整体继续保持快速增长的良好势头。全年实现保费收入 1 731. 89 亿元，同比增长 45. 17%，较上年提高 15. 31 个百分点。保险服务领域不断拓宽，重点领域发展取得突破：一是农业保险工作取得新进展。能繁母猪保险、奶牛保险、种植业保险的承保面进一步拓宽，农业保险收入大幅增长，有力地保障了农产品的供给和价格的稳定；二是责任保险服务领域拓宽，校园、运输、旅游、医疗卫生等领域的责任保险进一步发展；三是健康保险与养老保险业务快速发展，提高广大群众医疗保障水平、保障服务民生和扶助弱势群体作用日渐突出。

但当前西部保险保障仍处于比较低的层次，保险覆盖面不宽，保险功能发挥不充分，特别是保险赔付占各种自然灾害损失的比重很小，保险业服务经济社会的能力亟待提高。例如，2008 年 4 月，新疆连遭大风、沙尘、低温、雨雪、冰冻等灾害，共造成自治区 14 个地州（市）、40 个县市 500 多万人受灾，农林牧业直接经济损失达 50 亿元。尽管保险公司赔款超过亿元，但仅占全部损失的 2%，比例较低。又如，四川保险业 2008 年接到地震有效报案 22. 2 万件，已结案 22. 1 万件，有效案件结案率 99. 4%。累计已赔付和预付保险金 7. 24 亿元，占预计赔付保险金的 47. 07%。重点险种赔付工作基本完成，但一些较为复杂的企财险、工程险理赔工作仍在进行中。面对汶川地震超过近万亿元的损失，保险业减灾防损功能发挥仍不到位。由于巨灾保险体系缺位，应对灾害险种较少，全社会防灾保险意识薄弱，投保率过低。特别是广大农村地区仍存在许多保险盲区，在自然灾害后很多损失得不到保险金赔偿，保险保障功能和经济补偿功能没有得到充分发挥。震灾推动了有关各方积极探索巨灾风险防范和转移途径，建立巨灾保险制度十分紧迫。

（六）金融法制环境相对较差，案件防控制度化建设有待加强

西部地区的金融生态环境与其他地区相比存在一定劣势。2008 年西部法制环境调查综合平均得分为 68. 94，较 2007 年上升 1. 31 分，但仍比全国平均水平低 3. 2 分。部分地区案件防控力度不够，内控制度不健全，金融案件发生率较高，操作风险防范仍需加强。以西部某省为例，2008 年，全省农村合作金融机构发生案件 29 起，较上年增加 10 起，涉案金额 1. 11 亿元，较上年增加 0. 96 亿元，其中涉案风险金额 0. 90 亿元，较上年增加 0. 78 亿元。这些案件反映了金融机构内控制度执行不力、内部管理制度不够健全、合规文化建设缺乏，员工风险意识和合规经营意识不强、操作不规范等问题。为此，西部地区需要积极推进案件防控制度化建设，增强操作风险防范意识，建立案件防范制度、考评制度、案件问责制等规章制度，从制度上防范操作风险。

（七）量化评估

从定量评估的结果来看，2008 年西部地区金融稳定状况综合得分为 84. 2 分，属于较稳定区间，较上年提高了 2. 3 分。这一数据表明西部地区在国内外经济金融形势急剧变化、区域内自然灾害接连发生的背景下，金融稳定状况仍然有所改善，金融体系的协调能力得到进一步的提升。

从过去3年评估结果来看（图20），西部地区总体得分一直保持逐年上升的趋势。其中，经济体系抵御了金融危机和突发事件的冲击，宏观经济得分较上年持平；银行业得分经过两年大幅上升后，从较不稳定区间升级为稳定区间；证券业呈现与全国资本市场趋同的持续低迷态势，得分较上年有所下降；保险业得分较上年有所突破；金融生态环境得分在经过2007年的回落以后2008年有大幅增长，但整体水平仍有待提高。

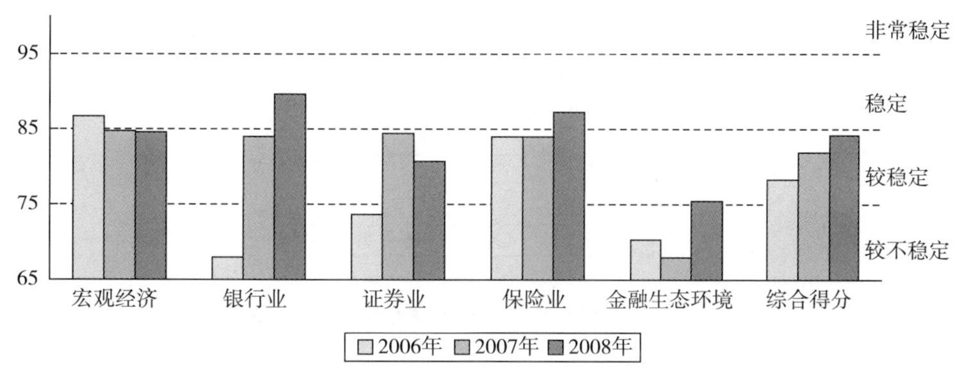

图20 2006年、2007年和2008年西部地区金融稳定状况

从三级指标变动情况来看，西部地区共有10项指标（包括2项宏观经济指标、3项银行业指标、1项证券业指标、2项保险业指标、2项金融生态环境指标）较上年有所改善，6项指标（包括4项宏观经济指标、1项证券业指标、1项保险业指标）较上年有所恶化，9项指标（包括4项宏观经济指标、2项银行业指标、1项保险业指标、2项金融生态环境指标）基本与上年持平。

具体来看，虽然经济增速放缓、城乡居民收入增速小幅回落、居民消费价格指数波动幅度较大，但经济增速在2007年高位运行后理性回归，投资和消费需求较快增长，房地产价格得到较好的控制，宏观经济得分与上年基本持平。银行业方面，资本充足率提高，资产质量大幅改善，不良贷款率下降，流动性较为充裕，银行体系整体稳定性有所增强。证券业方面，虽然净资本充足率有一定提高，但资产利润率较上年有大幅降低，故得分较上年有所下降。保险业方面，保费收入增长过快不利于行业的长期稳定发展，但寿险公司退保率和应收保费率较上年均有所下降，保险业整体较上两年有所改善。金融生态环境得分的上升主要得益于法制环境的改善和金融服务密度的增加。

2008年，西部地区综合得分较全国平均水平高0.1分。在宏观经济、银行业、证券业和保险业方面，西部地区已接近甚至超过全国平均水平（图21），但在金融生态环境方面还存在较大的劣势，有待今后大力改善。

四、东北地区

2008年，东北地区深入贯彻和落实科学发展观，认真执行国家的各项宏观调控政策，着力调整产业结构和促进产业升级。区域经济继续快速增长，产业结构有待升级。对外贸易保持较快增长，外商投资进一步增加。银行业金融机构快速发展，不良贷款反弹需要防范。政策性农业保险和农村小额人身保险取得新进展，业务结构失衡等问题仍需关注。

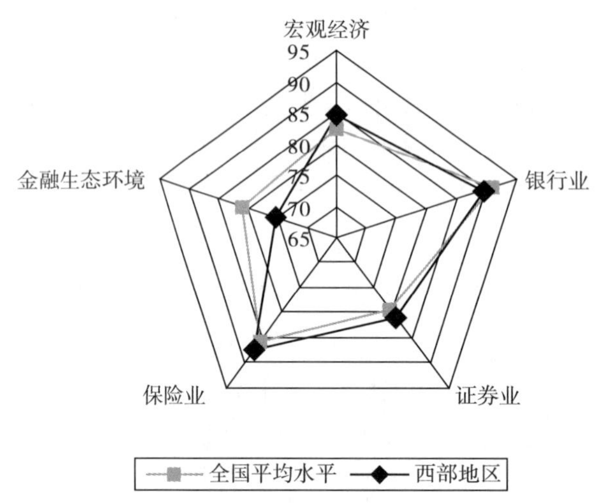

图21　2008年西部地区和全国平均水平的比较

（一）区域经济继续快速增长，产业结构有待升级

2008年，东北地区完成地区生产总值2.82万亿元，同比增长12.46%，高于全国平均水平3.46个百分点。其中，辽宁、吉林、黑龙江三省地区生产总值分别增长11.2%、16.0%和11.8%，分别高于全国平均水平2.2个、7.0个和2.8个百分点。东北地区三次产业的比例已由上年的12.4∶51.4∶36.2转变为2008年的11.7∶53.0∶35.3。2008年，东北地区第一产业实现增加值3 307.80亿元，第二产业实现增加值14 942.63亿元，第三产业实现增加值9 945.23亿元。

第一，农业继续保持较好的发展势头。东北地区粮食生产再创历史新高，全年粮食产量达到8 925万吨，比上年增加671万吨，增长8.1%，占全国粮食总产量的16.9%，对全国的贡献率进一步提高。其中，辽宁省粮食产量达到1 860万吨，比上年增加25万吨，创历史最高水平；吉林省粮食产量达到2 840万吨，比上年增加386万吨，增长15.7%，高于全国平均水平10.3个百分点；黑龙江省粮食产量达到4 225万吨，比上年增加260万吨，增长6.5%，高于全国平均水平1.1个百分点。

专栏11　打造千亿斤粮食产能工程　实现农业跨越式发展

千亿斤粮食产能工程，是根据国家部署，为发挥黑龙江省优势规划的大项目，力争通过3~5年的努力，使黑龙江省具备年产粮食千亿斤的能力。到2012年，“北大仓”将提供全国十分之一左右的粮食产量。

一、千亿斤粮食产能工程实现的有利条件

改革开放以来，依托得天独厚的耕地资源优势，加上不断进步的农业科技，黑龙江省粮食生产连续跨越300、400、500、600、700五个百亿斤台阶。2008年，粮食总产量达到845亿斤，创历史新高，首次迈上800亿斤台阶，全省粮食的商品率已超过74%。按照近5年粮食生产的6%的平均增长速度，预计3年可达到千亿斤粮食产能工程目标。

千亿斤粮食产能工程的启动，标示着既坚持把确保国家粮食安全作为战略任务，把发展粮食生产放在现代农业建设的首位，而且还要通过深入挖掘粮食生产潜能，不断提高粮食产量、质量和效益。同时将进一步促进优质粮食工程、粮食丰产工程、大型商品粮基地建设等重大项目建设，促使粮食产业优势更加明显。并借助于粮食主产区和优势农产品产业带等区域发展的加快，促进农民增收。

二、打造千亿斤粮食产能工程存在的困难及问题

黑龙江省虽然具备土地资源、地域和产业优势，但受多种因素影响，打造千亿斤粮食产能工程的困难及问题仍然存在。一是粮食供求结构失衡。玉米、大豆是黑龙江省粮食生产的主项，但受市场供求影响的不确定因素较多。二是产业化经营能力低。由于缺少龙头企业，对农业发展的拉动效果并不明显。三是产业一体化经营能力低，农产品加工业转化滞后，产品开发和创新相对滞后。四是农业基础设施薄弱，还没有完全摆脱农业靠天吃饭的局面。五是农民收入水平低。虽然黑龙江省农民人均纯收入连续5年实现增长，但与发达地区及城镇居民相比还有一定差距。

从金融支持方面看。一是农业信贷总量偏小。2008年年末，全省农业贷款余额占全部贷款余额的7.8%；农业贷款比上年增加89亿元，占全部贷款增加额的12.6%。二是服务"三农"的金融机构单一。2008年年末，农村信用社农业贷款余额占全部农业贷款余额的77.7%，农业贷款增加额占全部农业贷款增加额79.5%。三是贷款投向单一。近年投放的农业贷款，种植业占70%以上，而其他如养殖业、产业化经营及农产品加工业的贷款占比较小。四是信贷品种单一。多年来，农业贷款基本以短期为主，约期一般在1年以内，贷款方式基本以农户联保贷款方式为主，不能满足农民的多种需求。

三、合力打造千亿斤粮食产能工程

加大倾斜力度。为实现千亿斤粮食产能和保障国家粮食安全，政府部门要进一步加大"三农"投入力度。通过加大财政投入积极支持现代农业发展，大力促进农村社会全面进步，有效推动农民持续增收；认真落实各项粮食补贴政策，不断调动农民的种粮积极性；为农民销粮建立稳定的渠道，根据粮食市场供求形势，适当提高农产品的保护价格；重点支持实施科技兴农战略，提高农业经济效益；重点支持农业产业化项目，增强农业内部积累能力。

提高保障能力。加强农业基础设施建设，为实现千亿斤粮食产能工程和农民增收奠定良好的基础；依靠科技挖潜，把发展粮食生产的着力点放在科技应用和标准化建设上；扩大粮食种植规模、发展高效作物；引导农民根据市场需求调整种植结构，大力发展优质粮食生产；突出发展质量效益型农业，坚持产量、质量、结构、效益的统一。

充分挖掘潜力。建立完善与千亿斤粮食产能工程相匹配的农产品加工体系，进一步抓好粮食深加工，加快粮食加工转化；大力发展专业合作社、专业协会等各类专业合作组织，走联合发展之路。建立有利于农民增收的产业体系和利益机制；同时，支持农民占主体的经济组织进入流通领域，大力开拓农产品市场。

加大金融支持。打造千亿斤粮食产能工程，金融助力是关键。金融机构要以打造千亿斤粮食产能工程为契机，积极创新金融产品，努力提高金融服务质量和水平，加大对“三农”信贷投放力度，满足“三农”发展需要。通过支持千亿斤粮食产能工程建设，保障国家粮食安全，加快推进农业大省向农业强省转变、粮食大省向食品工业大省转变，推进农业现代化进程，促进农民增收。

资料来源：《黑龙江省金融稳定报告（2009）》

第二，工业呈现快速增长态势。2008 年，东北地区工业整体呈现快速增长，虽然下半年生产增速逐月下滑，但仍保持相对增长。辽宁、吉林和黑龙江三省规模以上工业完成增加值分别为 6 603 亿元、2 491 亿元和 3 445 亿元，同比分别增长 17.5%、18.6% 和 13.1%。2008 年，东北地区产业集中度越来越高。辽宁省装备制造、冶金、石化、农产品加工四个行业完成工业增加值占全省的 87.6%。吉林省汽车制造、石化和食品加工三个行业完成工业增加值占全省的 60.2%。黑龙江省能源、石化、装备制造和食品加工四个行业完成工业产值占全省的 89.2%。

第三，第三产业发展态势良好。2008 年，东北地区第三产业实现增加值 9 945.23 亿元，同比增长 12.86%。辽宁、吉林和黑龙江三省分别为 4 647.5 亿元、2 442.7 亿元和 2 845 亿元，同比分别增长 11.2%、16.7% 和 12.4%；东北地区第三产业实现增加值增长分别高于全国平均水平 1.2 个、6.7 个和 2.4 个百分点。2008 年，东北地区服务业实现较快发展，规模总量扩大，整体水平不断提升。服务外包发展较快。大连、哈尔滨、大庆被国家认定为服务外包示范基地城市。辽宁省软件外包发展加快，软件外包营业收入达到 4.65 亿元，增长 75%。吉林省软件外包势头良好，对日本、韩国业务出现较快增长并扩展到欧美市场；黑龙江省服务外包和软件研发新增企业 70 余家，从业人员超过 4 万人，营业收入达到 80 亿元，增长 54%。2008 年，东北地区实现旅游总收入 2 751.3 亿元，同比增长 31.9%，实现快速发展。其中，辽宁省实现旅游总收入 1 741.5 亿元，增长 33.2%；吉林省旅游总收入 450.8 亿元，增长 28.7%；黑龙江省旅游总收入 559 亿元，增长 30.2%。

2008 年，东北地区第二产业占比比上年提高了 1.56 个百分点，第三产业占比比上年下降了 0.92 个百分点。辽宁省装备、冶金、石化等支柱产业完成固定资产投资2 620.8亿元，占全省工业投资的 55%。吉林省汽车、石化和农产品加工三大支柱产业投资 866 亿元，占全省工业投资的 31%。黑龙江省装备、石化、能源和食品加工四大支柱产业完成投资 1 194.3 亿元，占全省工业投资的 82%。目前，东北地区以高新技术产业为代表的新兴产业发展缓慢，重工业比重过高，经济发展依靠重工业的格局继续延续，支柱产业投资仍然是拉动工业投资增长的重要力量，结构性矛盾没有得到很好解决。固定资产投资较为集中对产业升级有积极的影响，但也要看到，固定资产较多地投向工业不利于产业结构的进一步优化，区域发展的竞争力需要进一步提高。

（二）对外贸易保持较快增长，外商投资增速放缓

2008 年，东北地区对外贸易进出口总额完成 1 086.61 亿美元，占全国的 4.23%，同比增长 24.82%，高于全国平均水平 7.2 个百分点。其中，外贸出口 633.92 亿美元，增长 23.26%；外

贸进口 452.69 亿美元，增长 27.10%。2008 年，东北地区实际利用外资 175.8 亿美元，同比增长 30.7%。辽宁省、吉林省和黑龙江省实际利用外资分别为 120.2 亿美元、30.1 亿美元和 25.5 亿美元，分别增长 32.1%、12.2% 和 22.5%。2008 年，东北地区外商投资核准限额 1 000 万美元以上项目共有 672 个，其中辽宁省 616 个，吉林省 29 个，黑龙江省 27 个。2008 年，国际金融危机对东北地区经济发展的影响程度较大，虽然东北三省的外商实际投资资金增速均高于全国平均水平，但与上年同期相比，均呈现不同程度的回落态势。要继续关注在金融危机蔓延、原材料价格波动较大和人工成本上升的情况下，外方在华投资设厂和扩大生产行为的调整。

（三）节能减排工作顺利推进，但任务依然较为艰巨

东北地区单位生产总值能耗进一步下降，节能减排取得积极成效。2008 年，辽宁省万元 GDP 能耗 1.635 吨标准煤，下降了 4%；关停治理小钢铁、小水泥企业 285 家，造纸、印染企业 477 家；化学需氧量和二氧化硫排放量分别下降 6.97% 和 8.36%，减排比例由上年的全国后 10 位，分别跃居到第 3 位和第 5 位。吉林省万元 GDP 能耗 1.45 吨标准煤，下降了 4.5%，推广节能技术和产品 21 种，91 个工业节能降耗项目竣工运行；化学需氧量和二氧化硫排放量分别下降 3.38% 和 3.91%。黑龙江省万元 GDP 能耗 1.29 吨标准煤，下降了 4.3%；全省县级以上城市新增集中供热 2 400 万平方米，普及率达到 45%；由于加大了对污水、废气、垃圾等污染的治理力度，化学需氧量和二氧化硫排放量下降 1.08% 和 0.93%。东北是老工业基地，重工业占比较高，面临着能源消费结构不合理的现象，虽然 2008 年的节能减排取得的成效显著，但是未来继续推进节能减排的任务依然比较艰巨。

（四）银行业金融机构快速发展，不良贷款反弹需要防范

地方金融支持经济发展能力增强。2008 年底，东北地区银行业金融机构本外币各项存款余额为 3.41 万亿元，各项贷款余额为 2.18 万亿元，存贷差为 12 277.97 亿元，比上年增加 3 119.62亿元，同比增长 34.06%。其中，辽宁省银行业金融机构本外币各项存款余额 18 778.40 亿元，增长 19.8%；各项贷款余额 12 348.40 亿元，增长 19.4%。吉林省银行业金融机构本外币各项存款余额 6 254.98 亿元，增长 18.5%；各项贷款余额 4 891.01 亿元，增长 17.6%。黑龙江省银行业金融机构本外币各项存款余额9 077.50亿元，增长 18.5%；各项贷款余额 4 593.50 亿元，增长 16.0%。东北三省累计引进外资银行 27 家。其中，辽宁省 23 家，吉林省 1 家，黑龙江省 3 家。从金融运行情况看，受资本市场环境低迷等因素影响，居民储蓄存款持续快速增长，企事业单位存款增势趋缓，存款出现定期化趋势。2008 年末，随着国家拉动内需计划的出台，贷款速度加快。在当前适度宽松的货币政策下，金融机构应建立和完善信贷风险预警控制体系，及时发现、控制和化解潜在风险，防范不良贷款的反弹。

（五）政策性农业保险和农村小额人身保险取得新进展，业务结构失衡等问题仍需关注

保险业稳定发展。2008 年，东北地区保险市场运行良好，发展较快，市场和业务结构优化，功能作用进一步发挥，政策性农业保险进一步发展，农村小额人身保险和企业年金试点工作取得进展。2008 年，辽宁省累计实现原保险保费收入 328.7 亿元，同比增长 45.4%。吉林省新增保险机构3家，辖内保险业总资产374.21亿元，同比增长20.9%；累计实现保费收入同比增长36.1%，比上年同期增幅高7.19个百分点。黑龙江省新进入4家保险公司，保险市场主体达到29家；实现保险保费收入251.2亿元，同比增长61.5%，规模保费在全国排名第15位，增速排名第2位，增幅较大幅度高于全国平均增速。

政策性农业保险扎实推进。2008年，吉林省政策性农业保险覆盖面由2007年的27个试点县增加到45个县（市、区）；参保农户221万户次，占全省农户数56%；保费收入6.51亿元，其中，种植业保费收入6.1亿元，养殖业保费收入0.41亿元。2008年，政策性农业保险赔款支出2.82亿元，其中，种植业赔款支出2.04亿元，养殖业赔款支出0.78亿元。黑龙江省政策性农业保险进一步发展。全省农业保险实现保费收入13.8亿元，同比增长312.1%，占全国农业保险保费收入的15.7%；全年农业保险共赔付10.6亿元。农业政策性保险保障了农业生产的平稳持续发展，增强了农民抵御自然灾害的能力，有利于保护农民的生产积极性，实现农村社会稳定。

农村小额人身保险试点工作取得新进展。2008年，中国人寿、泰康人寿、新华人寿黑龙江省分公司积极开展农村小额人身保险试点工作。农村小额人身险实现保费收入305万元，累计承保22.8万人，共有238个村整村投保。

在保险业飞速发展的时候要关注以下几个问题：一是保险业业务结构失衡、内涵价值不高的问题仍然存在。二是部分险种尤其是人身险存在退保风险，金融危机的背景下容易被放大，一旦发生大规模退保，不仅会对公司的正常经营产生较大影响，而且可能造成行业的连锁反应。三是个别公司分红险即将到期，应该警惕流动性风险。

（六）量化评估

从定量评估的结果来看，2008年东北地区金融稳定状况综合得分为84.9分，接近稳定区间，较上年提高了4.3分。这一数据表明东北地区金融系统稳定状况有较大改善。从过去3年评估结果来看（图22），东北地区经过两年稳步上升以后，金融稳定系统从较不稳定状态逐渐进入稳定状态。其中，经济体系抵御了国内外经济变化的影响，宏观经济得分较上年基本持平；银行业得分经过2007年的下降以后2008年有大幅增长，银行体系稳健性有所改善；证券业得分2007年上升以后2008年基本回落至2006年水平；保险业和金融生态环境均呈现逐年向好的趋势，两项得分都落在稳定区间。

从三级指标变动情况来看，东北地区共有10项指标（包括3项宏观经济指标、3项银行业指标、2项保险业指标、2项金融生态环境指标）较上年有所改善，2项指标（包括1项银行业指标、1项证券业指标）较上年有所恶化，12项指标（包括7项宏观经济指标、2项证券业指标、1项保险业指标、2项金融生态环境指标）基本与上年持平。

具体来看，宏观经济方面，经济增长速度在2007年高位运行后回落至合理区间，城镇登记失业率有所降低，房地产价格保持稳定，总体经济得分小幅增长。银行业得分在经过2007年低谷后2008年受核心资本充足率和资产利润率提高、不良贷款下降等正面因素影响后大幅上升，但流动比率也大幅下降，需进一步关注。证券业得分的减少主要归因于资产利润率等指标的下降，证券机构受资本市场持续低迷影响较大。保险业方面，保费收入的增长和退保

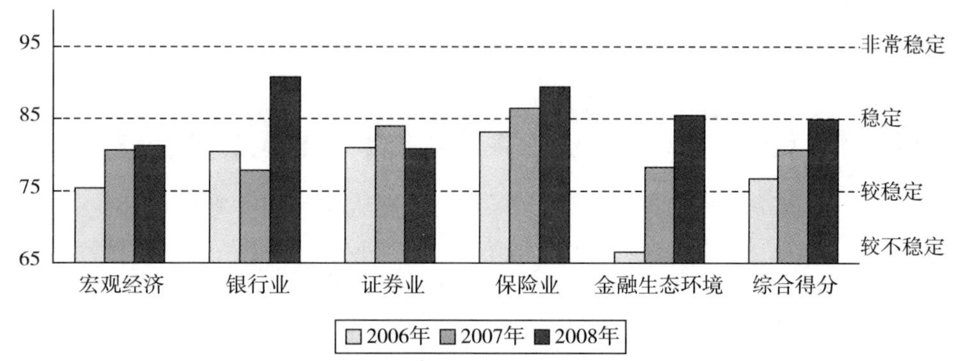

图 22　2006 年、2007 年和 2008 年东北地区金融稳定状况

率的下降，使得保险业得分有所提高。金融生态环境的改善，主要是由于金融服务密度的提高以及征信数据覆盖率等指标表征的信用环境改善。

2008 年，东北地区综合得分略高于全国平均水平 0.8 分，较上年水平有大幅提高。宏观经济、银行业和证券业接近全国平均水平，保险业和金融生态环境方面继续保持一定优势（图 23）。

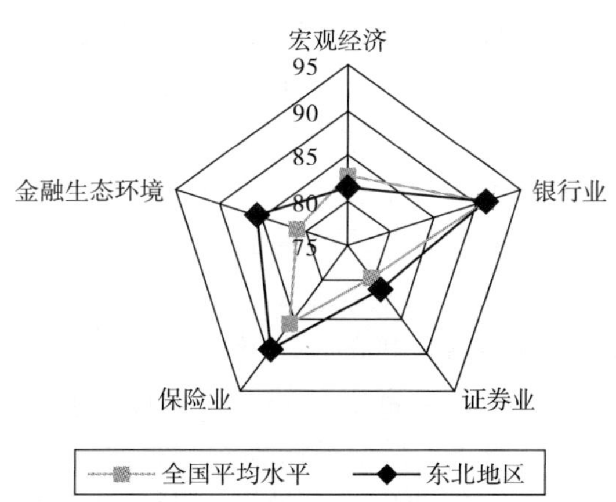

图 23　2008 年东北地区和全国平均水平的比较

第五部分　总体评估与政策建议

一、总体评估

2008 年，美国次贷危机引发的金融危机不断恶化，演变成波及全球的国际金融危机。危机影响的范围由国际向国内扩散，由金融领域向实体经济渗透，由东部地区向中西部地区传导。在经受国内自然灾害和国际金融危机的一系列冲击后，我国各地区经济仍然保持了较快增长，区域经济结构不断优化。投资和消费需求继续保持快速增长，进出口贸易增速回落较多；居民消费价格基本稳定，粮食连续 5 年丰收；企业利润增长，地方财政收入增加，居民收入提高，地方政府偿债能力和居民应对风险能力进一步提高。在各地区宏观经济环境良好的基础上，金融改革开放继续推进，金融创新不断加强。全国各地区金融业总体实力稳步提高。各地区银行业金融机构资产规模稳步增长，不良资产率继续小幅下降；证券期货机构经营稳健；保险业资产实力有所增强。国内各金融市场运行平稳，债务直接融资工具发展较快。在积极应对国际金融危机的同时，金融业基础性制度建设和风险控制得到强化，应急能力和信息系统安全建设进一步加强，金融基础设施继续完善，区域金融稳定性增强。

2008 年下半年以来，随着国际金融危机的快速蔓延，加上经济发展中尚未解决的深层次矛盾和问题，各地区经济下行压力增大，金融机构外部经营环境变化，各地区经济金融发展面临着一些共同的问题：多项经济指标回落，保增长压力较大；出口下滑，部分出口企业陷入困境；原材料行业主要产品价格大幅下跌，工业生产和效益下滑，部分行业经营困难，亏损增加；受收入预期下降、财富效应减弱等因素影响，消费市场增长趋缓；就业形势比较严峻，农业生产和农民增收形势不容乐观；房地产市场调整影响经济增长。银行业信用风险有所上升，盈利增速持续放缓，银行业金融机构稳健发展面临较大挑战；股票市场大幅下跌，商业银行理财产品亏损面和亏损额增加，行业风险关联性和民生风险凸显，上市公司业绩普遍下滑；部分保险公司投资型产品占比较高，理财型产品发展过快，传统保障型业务发展较慢；部分保险业务领域存在价格过度竞争，投资收益率大幅下降，行业利润降幅较大；少数保险公司偿付能力不足等。

此外，各地区间存在的经济金融发展模式和水平、财政和金融资源、金融生态环境等方面的差异，使得影响地区金融稳定的风险因素各有不同。在国际金融危机和国内宏观经济运行下行压力逐步加大的背景下，东部地区需要较多关注企业利润下滑、亏损面扩大，出口增速放缓、外贸形势严峻，房地产市场下行风险增大，寿险公司退保现象增多等问题。中部地区在加快城市化、工业化步伐的同时，传统资源优势和经济增长模式遭遇挑战，国际金融危机对地区经济发展的影响有所显现，农业生产和农民增收形势不容乐观。西部地区资源型支柱产业受金融危机影响程度较深，中小农村金融机构抵御风险的能力仍有待提高，法制金融生态环境较差，案件防控制度化建设有待加强。东北地区经济发展依靠第二产业的格局继续延续，固定资产投资增势不减，投资结构较为集中（图24）。

从2008年四大地区定量评估的综合得分排名来看，东部地区以较为明显的优势领先于其他三个地区，东北地区次之，西部地区位于第三，中部地区仍有待发展。

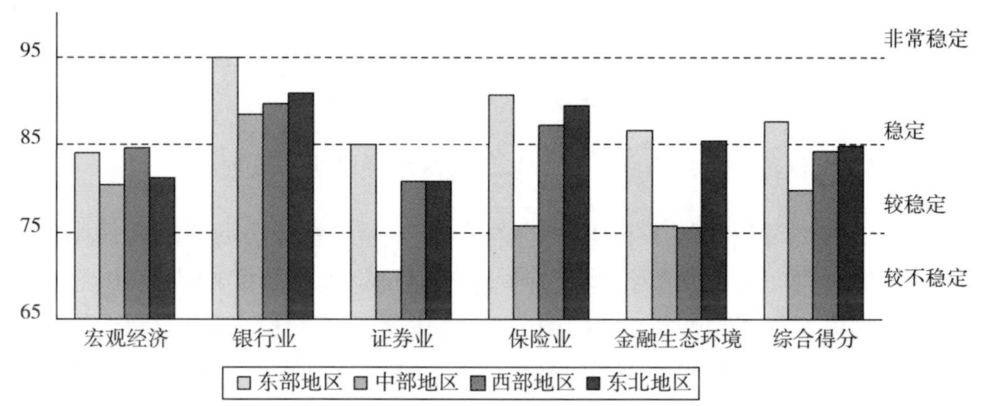

图24 2008年四大区域金融稳定评估结果比较图

分项来看，宏观经济得分由高至低依次为西部地区、东部地区、东北地区和中部地区；银行业得分由高至低依次为东部地区、东北地区、西部地区和中部地区；证券业得分东部地区第一、西部地区和东北地区次之，中部最后；保险业得分由高至低依次为东部地区、东北地区、西部地区和中部地区；金融生态环境得分由高至低依次为东部地区、东北地区、中部地区和西部地区。

二、政策建议

2009年，在外部需求减弱、全球经济失衡加快调整的背景下，影响我国经济运行的不确定性因素较多，国内各地区经济金融发展仍将面临严峻的外部环境。但总体上看，我国经济发展的长期趋势和经济发展的优势没有改变，加上宏观调控政策逐步发挥效应，各地区经济有望继续保持平稳较快增长。各地区要加快以扩大消费内需为核心的结构调整和改革，推动经济增长方式转变，提高地区经济金融发展质量，抑制经济金融运行中不健康、不稳定的因素，建立健全维护金融稳定的长效机制。

（一）密切关注国际金融危机的发展动态，继续加强地区性金融风险监测预警工作

目前，国际金融危机还在蔓延，对我国各地区经济的影响继续加大。东部地区对外依存度和市场化程度最高，地区经济受影响程度较深。中西部地区外贸依存度较低，外需减少的压力对其影响较小，受影响的时间和程度也相对滞后。危机对中西部地区经济的影响主要集中在初级产品的出口下降、资源类行业及其上下游相关行业效益下滑以及东部沿海地区经济下行带来的直接冲击三个方

面。为此，有关部门要高度重视经济金融体系面临的风险和压力，贯彻落实金融促进经济发展的各项措施，切实发挥金融在保增长、扩内需、调结构中的积极作用。要高度关注经济金融运行出现的新情况、新问题，深入研究国际金融危机的演变路径和传导机制，分析危机深化对地方经济金融运行的影响，及早研究应对策略和措施。积极推进风险监测评估系统的建设，构建各地区金融稳定的评估框架，充分发挥各地区金融稳定工作协调机制的作用，完善金融监管信息共享机制。根据国内外经济金融形势的变化，密切关注资产价格波动风险、企业信贷风险、非法集资活动风险以及其他各类可能引发的金融风险。密切关注地方中小金融机构资金头寸情况，防范可能出现的流动性风险，进一步完善风险应急处置预案。加强对保险公司偿付能力状况变化趋势的预测，积极尝试各种措施改善偿付能力和缓解偿付能力不足的压力。

（二）积极调整各地区经济发展方式，进一步促进区域经济协调发展

在当前国际经济环境对我国的不利影响正在扩散、经济增速过快下滑的风险明显增加的形势下，区域协调发展显得尤为迫切。各地区有关部门要坚决贯彻落实中央的宏观经济政策导向，在积极财政政策和适度宽松货币政策的指引下，加大民生领域的投入，加快构建现代产业体系，通过产业结构、行业结构的优化升级来提升经济增长动力。加快外向型模式向内、外需模式并重的经济模式转变，在产业导向上应激励企业开展科技创新。金融危机也给产业整合带来机遇，应大力推动产业升级，加快发展现代服务业，全面提升先进制造业。

促进区域经济平稳协调发展，需要进一步发挥区域规划对优化区域布局的引导推动作用。2008 年中央经济工作会议指出，以缩小区域发展差距和优化生产力布局为重点，调整地区结构。要继续实施西部大开发、东北地区老工业基地振兴、中部地区崛起、东部地区率先发展的区域发展总体战略，促进区域间生产要素合理流动和梯度转移。要稳定和完善西部大开发政策，加大基础设施建设和生态环境保护力度，加大沿海对口支援西部力度，支持把资源优势转化为产业优势，加强西部重点地区开发建设，加快地震灾区灾后恢复重建，加强沿边公路、口岸等基础设施建设，提升沿边对外开放水平。而东北地区老工业基地要进一步深化改革，加强区域创新能力建设，振兴装备制造业，促进资源枯竭型城市经济转型。作为全国重要粮食生产基地的中部地区，要落实国家已经出台的政策，巩固能源原材料基地、现代装备和高技术产业基地、综合交通运输枢纽的地位，发展优势特色产业。

（三）认真执行适度宽松的货币政策，加大金融对经济发展的支持力度

在当前国际金融危机背景下，根据中央“保增长、扩内需、调结构”的要求，要认真执行适度宽松货币政策，积极引导金融机构优化信贷资金投向，加大金融对地方经济发展的支持力度。支持金融机构对民生工程、重大工程建设、中小企业、“三农”、消费、节能减排、科技创新、兼并重组、区域协调发展等领域的信贷投入。继续做好灾后恢复重建的金融支持和服务工作；鼓励银行业金融机构努力探索多元化的消费信贷品种，支持消费信贷业务发展，积极拓展农村消费信贷市场；加大对成长型、技术创新型和劳动密集型中小企业的扶持力度，进一步提高中小企业贷款覆盖率。通过信贷支持，发挥中小企业对扩大就业的辐射拉动作用。探索构建多元化、多层次的中小企业信用担保体系，拓宽企业融资渠道，逐步提高直接融资比重。

（四）深化地方法人金融机构改革，加大对农村中小金融机构扶持力度

在继续推进和深化国有银行改革的同时，巩固地方法人金融机构改革成效。进一步增强地方中小金融机构的资本实力，通过增资扩股、发行上市等方式形成资本的持续补充机制。通过帮助地方法人机构清收处置不良资产、实施税收优惠等措施，化解历史风险，增强抵御风险能力。积极为地方性金融机构引入战略投资者，引进先进管理经验、技术和人才，促进地方金融业内核变化和竞争力的提高。

加快农村金融改革发展，完善农村金融体系。积极争取农业金融政策，多方面采取有效措施，加强对农村的金融服务，为社会主义新农村建设提供有力的金融支持。落实县域内银行金融机构新吸收存款主要用于当地发放贷款的政策，努力实现银行资金回流农村。进一步改革农村信用社产权制度，扩大新型农村金融机构试点，建立小额贷款公司。积极引导企业发行短期融资券、中期票据、企业集合债，支持有条件企业上市直接融资，探索非上市公司股权交易。同时，加强农村中小金融机构流动性风险监测，确保不发生区域性风险和系统性风险。做好重大风险的实时监测、排查和处置工作，制定完善应急预案，切实防范系统性风险。

（五）积极推动融资结构调整，大力发展多层次资本市场体系

金融风险过度集中于银行体系容易诱发系统性风险。发展直接融资、改善融资结构，可以缓解企业融资高度依赖银行体系的局面。大力发展直接融资、优化融资结构，构建多层次的资本市场体系是我国金融业发展的一个重要任务。一是要建立多层次的金融机构体系。加强区域性中小银行体系的建设，充分发挥地方性金融机构支持本地经济增长的作用。二是要建设多层次资本市场体系，探索建立创业板、区域性小额资本市场，积极发展企业债券市场、长期票据市场、短期融资券和中期票据发行。围绕支持中小企业融资，提高自主创新能力，配合地方政府加大拟上市公司后备资源培育力度。三是抓住资本市场估值水平较低的机遇，着力推进市场化的并购重组。支持上市公司参与行业整合、进行产业升级。四是引导民间金融健康发展，促进民间资本公开、合法、规范运作，将民间资本纳入村镇银行、小额贷款公司和股权投资基金，进一步发挥民间资金支持经济发展的作用。

（六）积极推动金融创新，加强金融风险的管控能力

金融创新是促进金融发展的内在动力，也是维护金融业健康、稳定发展的重要手段。区域金融创新和综合经营的推进在很大程度上受到全社会金融创新意识、金融机构风险管理水平、经营管理者经验素质以及金融监管协调有效性等因素的制约。鼓励金融创新，一是要努力营造良好的金融创新环境，引导地方金融机构从区域经济实际出发，创新金融产品和金融服务方式，建立适应市场需求的金融创新机制，健全金融机构公司治理结构，确保金融机构合规经营。二是要加强各地区金融人才队伍建设，培养有实际业务经验的专业人才，建立健全符合现代金融企业制度要求的用人机制和激励机制。三是要切实加强金融调控和监管，建立以审慎监管为原则的现代金融监管体系，提升区域金融监管部门之间的合作与协调。各地区金融管理部门和政府部门要协调监管政策，建立和完善跨行业、跨市场金融风险的监测评估系统。

（七）加强投资者风险教育，不断优化区域金融生态环境

加强金融基础设施和金融生态环境建设，切实保障区域金融稳定运行。加强投资者风险教育，提高社会公众对金融交易和金融风险的判断识别能力，培养其对风险损失的正确理解。加强金融机构对金融产品的正确宣传，研发、销售与投资者风险承受能力相适应的金融产品。积极推动民间融资立法，规范民间借贷，加大对非法金融活动的打击力度，维护地方金融市场秩序。大力推进审慎监管，营造公平、公正、竞争、有序的市场环境和市场秩序；加强金融稳定与金融监管合作力度，切实构建风险监测、防范和风险处置的长效机制。

专题1 国际金融危机对区域经济金融的影响

2008年9月以后，国际金融危机对全球经济的影响不断扩大，也对我国的金融经济形势产生了不利影响。目前，中国各地区经济金融、各行业发展仍不平衡，与国际市场联系的紧密程度不同，受到国际金融危机冲击的方式和程度不同。从金融业来看，我国金融业尚未直接对外开放，金融机构除了遭受部分海外投资的损失以外，并未直接遭遇西方国家金融信用危机的冲击。从实体经济来看，东部沿海地区经济受到的冲击较大，部分劳动密集型、出口导向型的中小企业出现经营困难，甚至破产倒闭的情况，并因此引发较为严重的就业问题。中部、西部和东北地区进出口比重较小，受到危机影响较小。总体上看，这次国际金融危机对我国的影响主要是从国际向国内传导，从东部地区向西部地区蔓延。在国内外经济增长放缓的大环境下，随着国际金融危机的继续扩散，我国中部、西部和东北地区受危机影响的滞后效应已逐步显现。

一、国际金融危机对区域金融运行的影响

（一）银行业经营风险加大，东部地区银行业利润增长低于其他地区

银行业经营风险加大。我国银行业对外开放程度有限，国际金融危机对其直接冲击较小。目前，国内银行业面临的最大不确定性是国内实体经济下行的风险，企业经营难度加大将直接影响区域银行业金融机构的贷款质量，各地区银行业金融机构普遍反映不良贷款反弹压力增加。相对而言，中部、西部和东北地区经济增长速度较快，面临的问题依然是历史遗留问题，如中小金融机构面临资本充足率较低、风险管理较弱和市场反应滞后等问题。

东部地区银行业利润增长低于其他地区。贷款利息收入是银行业主要的收入来源。受货币政策调整影响，存贷款利差缩小导致银行业金融机构利息收入减少，各地区银行业的收入增长均受影响。值得关注的是，东部地区由于受到金融危机冲击较大，本外币贷款增速低于其他地区水平，银行业利润增长也低于其他地区。

（二）各地证券业发展受到冲击，东部和中部地区受到冲击较大

证券市场相对其他资产市场是比较开放的市场，各地区证券业的发达程度取决于市场化程度的高低。东部地区开放最早，市场化程度最高，证券资产总额最大。中部地区仅次于东部地区。相对来说，西部和东北地区证券资产较小。受到国际金融危机以及国内股票市场波动的影响，各地区证券业发展均受到影响。东部和中部证券公司资产下降较快。截至2008年年底，东部、中部、西部和东北地区证券公司资产总额分别为9 868.45亿元、750.24亿元、792.68亿元和191.8亿元，分别比2007年年底减少了33.12%、36.58%、29.32%和30.05%。东部和中部证券公司的营业收入下降最快。截至2008年年底，东部、中部、西部和东北地区证券公司的收

入分别比2007年大幅降低了55.6%、59.33%、44.88%和43.45%。

（三）东部、中部地区外资保险机构受金融危机冲击较大，西部和东北地区保险业发展迅速

随着我国保险市场与国际经济金融市场的关联度不断加深，保险业面临的不确定性因素明显增多。从总体上来看，东部和中部地区保险业受到冲击较大，西部和东北地区保险业受冲击较小。

东部、中部地区外资保险机构受金融危机冲击较大。一是东部和中部地区开放程度较高，外资保险机构数和资产规模都较大，其直接受到金融危机影响。随着国际金融危机对于保险业的不断加深，东部和中部地区的外资保险机构受到了较大影响。个别机构出现客户的群体退保事件，客户对保险产品产生了一定的恐慌心理。二是寿险业务增长具有较高的依赖性和脆弱性。2008年，资本市场大幅调整，投连险收益率受到较大冲击，投资型产品增速骤降。如京津冀地区，投连险市场“跳水”，保险公司面临经营压力，各家保险公司的投连险账户普遍缩水逾10%，有的甚至缩水45%。

西部和东北地区保险业发展迅速。从2008年的总体情况来看，保费收入增长呈现快速增长的局面，保险密度和保险深度不断增强。目前存在的主要问题是经营方式比较粗放，产品结构单一，服务创新能力不强等。国际金融危机对中部、西部和东北地区的滞后效应主要表现在：危机进一步加深导致企业经营困难，致使居民收入放缓，可能使一些企业或者居民购买保险产品的意愿和支付能力下降。

二、国际金融危机对区域经济运行的影响

我国各地区地理环境、自然条件和资源禀赋各不相同，经济结构也有较大的差异。国际金融危机对我国经济的影响具有由东部向西部梯次蔓延的特点，各次产业受到影响的程度不同。

（一）金融危机对各地区农业发展有所影响，中部、西部和东北地区受影响更大

国际金融危机对各地区农业和农村的冲击主要表现在：保持农业稳定发展，农民持续增收的难度明显加大。从市场状况来看，受金融危机影响，全球消费低迷，粮食需求下降，粮食产品和农产品价格走低。东部经济发展水平较高，劳动力成本较高，非农产业较为发达，纯农业总体已经缺乏比较优势，比重较小。从我国农业产业的分布来看，东部地区在蔬菜产品、水产品方面占有极大的优势。2008年，虽然园艺产品和水产品的出口额仍然保持增长，但是出口增速在下降。

中部、西部和东北地区第一产业比重普遍偏高，经营收入占农民家庭收入比重较高，国际金融危机对农业的影响相对东部沿海地区更为突出。国际金融危机对农业的影响主要体现在农产品需求下降导致的农副产品收购价格的下降。以广西贵港为例，2008年12月，除甘蔗受国家价格政策因素影响保持275元/吨收购价格不变外，原材料收购价格中干木薯同比下跌27.3%，干蚕茧同比下跌28.6%；制成品销售价格中白砂糖同比下跌15.8%，酒精同比下跌13.5%，蚕丝同比下跌21.5%，70%的鸭绒同比下跌100%。与此类似，陕西的苹果种植业也受到较大影

响。陕西渭南、咸阳、延安等苹果种植基地，由于果汁出口萎缩，原料果收购价格大幅下跌，果农收入下降较快。陕西省渭南市2008年商品果出口销量同比减少74.4%，价格下跌34.64%；商品果国内销量同比减少33.83%，价格下跌40%；果农收入较上年同期下降50%以上。咸阳市以商品果销售为主的果农收入平均下浮30%～50%，以原料果销售为主的果农收入降幅高达87%；延安市果农收入下降46.6%。又如，新疆的纺织业低迷导致棉花价格下降。2008年新疆棉花收购价格较上年下降8%～13%，种植成本平均上涨10%～30%。棉花生产是新疆农民增收的重要来源，但2008年新疆棉农种棉每亩纯收入仅为290元，较2007年减少41.30%。广西柳州、桂林、梧州、玉林、河池、百色、北海、贵港等主要产糖区蔗糖销售价格下降，糖厂面临巨额亏损，流动资金缺口较大。

（二）东部地区进出口贸易增速较低，中部、西部和东北地区进出口贸易增速下降较快，但是对地方经济影响有限

东部地区进出口贸易增速较低。东部地区经济发达，外向型经济较为发达，与国际市场联系紧密，国际金融危机首先影响到东部地区的进出口。一是东部地区进出口增速较低。2008年，东部、中部、西部和东北地区的进出口贸易总额分别增长14.25%、35.55%、35.85%和24.82%，东部地区进出口增速远低于其他地区。东部地区进出口增速较上年同期下降了8个百分点。二是东部地区进出口数额占全国进出口额的绝大多数，其受国际金融危机影响最大。2008年，东部地区货物进出口总额占中国进出口货物总额的87.75%；出口总额占当年中国出口货物总额的87.12%。

中部、西部和东北地区进出口贸易增速下降较快，但由于外贸依存度低，对地方经济影响有限。2008年，中部、西部和东北地区进出口贸易总额占全国的12.25%，出口总额占全国的12.88%。由于这些地区出口占地方经济总量的比重较低，外需减少的压力对其影响较小，在时间上也相对滞后。

中部和东北地区边贸受影响较大。黑龙江、吉林、内蒙古、新疆等地的边境贸易降幅较大。以新疆为例，随着危机进一步向东欧地区蔓延，新疆对中亚贸易额下降明显。截至2008年年底，新疆对哈萨克斯坦、吉尔吉斯斯坦和乌兹别克斯坦的出口累计增速年末比年初分别回落45.1个、121.1个和116.4个百分点。又如，黑龙江的出口贸易以对俄罗斯为主，因为对俄罗斯出口木材、矿产等下降幅度较大，部分企业出现合同无法履约、资金链较为紧张的状况和效益下滑的迹象。截至2008年年底，黑龙江对俄罗斯进出口同比增长3.1%，增幅下降57.3个百分点。

（三）东部地区工业受到冲击较大，中部、西部和东北地区工业受危机影响较为滞后

东部地区工业受到冲击较大。2008年，东部地区第二产业增加值占全国总产值的54.97%，并且其出口占比较大，决定了它是中国直接面对国际金融危机冲击且受其影响最为严重的地区。国际金融危机导致东部地区企业订单减少，出口下滑，企业减产，对原材料的需求减少。

中部、西部和东北地区受金融危机影响较为滞后。中部、西部和东北地区是中国能源和矿产的主要产地，为东部地区第二产业主要的原料产地。中部、西部和东北地区的工业产品和资源能源类产品除了出口以外，还有相当部分的产品供应链终端在东部沿海地区，东部沿海地区企业需求萎缩、停产关闭对其他地区相关产业造成严重影响。此外，在中部、西部和东北地区，资源和能源性产业为当地的支柱产业。钢铁、有色、石油、煤炭等原材料价格大幅下跌对地方经济的冲击，远超过当地出口下降对地方经济增长的影响。主要影响表现在以下两个方面：

一是资源型城市受金融危机冲击较大。受到2008年下半年国际大宗商品价格和原油价格急剧回落的影响，国内能源价格和原材料价格大幅回调，中部、西部和东北地区一些资源型城市受到影响较大。如陕西省榆林市是我国矿产资源最丰富的地区之一，占全国总矿产资源潜在价值的30%。2008年，受国际能源价格影响，榆林市主要能源工业产品价格全线下跌，且跌幅多数在40%以上。价格下跌使得该市相关产业经营步入困境，许多企业一直亏损经营。2008年末，榆林市工业企业亏损额为4.9亿元，同比增长98.51%。能源相关企业开工严重不足，地方电力企业被迫停机。又如甘肃省的金昌市、白银市和嘉峪关市，三个城市工业产值占全省工业产值的比重较大。受市场需求萎缩和国际原材料市场价格持续走低等因素影响，金昌市一些企业的主导产品镍、铜出厂价格的平均降幅较大。2008年，该市经济增幅较上年下降了11.3个百分点。白银市是我国重要的有色金属基地和甘肃重要的能源、化工基地。9月份之后，该市有色金融企业经营效益不断下滑，其中锌产品出厂价基本与生产成本持平，铝产品已跌到生产成本以下。嘉峪关市的钢铁产量占该市的主导地位，随着钢材价格下跌，该市经济也受到严重影响。

二是初级产品生产、资源类产品加工和棉纺企业受到较为严重的冲击。如甘肃的棉花加工业、陕西的果汁出口及果品加工业、广西的糖业等等。甘肃棉花加工型中小企业多是为江苏、山东、浙江等沿海发达地区棉纺织企业提供皮棉等基础原料。危机以来，沿海纺织企业棉纺织品国外需求严重萎缩，严重影响了位于贸易供应链上端的甘肃棉加工企业的正常生产经营。

（四）东部地区固定资产投资下降较快，中部、西部和东北地区固定资产投资增速较快

受企业工业利润下滑较为严重的影响，企业信心普遍不足。各地区固定资产增速下降较快，东部地区尤为明显。2008年，东部地区固定资产投资增速为19.22%，低于其他地区。其中，房地产开发投资余额增长14.99%，低于中部、西部和东北地区水平。如广东省全社会固定资产投资11 181.38亿元，同比增长16.5%，比上年回落1.5个百分点，投资需求增长呈逐季下滑的特征。浙江省全社会固定资产投资增长10.4%，增幅回落0.5个百分点。山东省377户企业第四季度投资指数为-7.9%，同比下降21.9%；全社会固定资产投资5 286.82亿元，增长22.3%；房地产开发投资增幅降至历史新低，下降1.6%。京津冀地区投资增速继续放缓，完成全社会固定资产投资16 123.39亿元，同比增长21.78%，增幅比上年下降1.65个百分点。

（五）劳动力市场呈现供大于求的局面，中西部地区农民工返乡形势较为严峻

劳动力市场呈现供大于求的局面。2008年第四季度以来，随着国内国际经济金融形势日益复杂，国内经济面临下行的风险，国内就业形势更加严峻。在劳动力市场上，一方面是劳动力需求不断下降，另一方面是劳动力供给不断增加。从需求方来看，一是东部地区劳动密集型企业、受到金融危机直接冲击的金融和房地产企业利润下降，企业用工需求减少。以浙江为例，2008年，规模以上工业企业从业人员平均人数比上年减少0.97%，规模以下工业企业和个体工业单位户平均从业人数比上年分别减少10.5%和2.6%。第四季度劳动力需求指数进入不景气区

间，为81.9，分别比第三季度和上年同期大幅回落28.8个和40.3个百分点。二是中部、西部和东北地区资源型生产企业受到国际大宗商品价格下调影响，工厂开工生产不足、利润下降甚至亏损导致企业用工需求明显下降。以辽宁省为例，2008年，辽宁省规模以上工业企业利润总额同比下降34.0%，亏损企业个数增加11.2%，亏损企业亏损额增加46.3%，企业用工需求也有下降。从劳动力供给来看，一是受国际金融危机的影响，主要经济体都不同程度陷入衰退，原来在海外就业的劳动力到国内寻找就业机会，给国内劳动力市场造成较大压力。二是新毕业大学生就业压力较大。三是新增农村富余劳动力向城镇转移构成了新的劳动力供给。

中部、西部和东北地区是劳动力输出的主要省份，受到劳动力市场供大于求的影响，农民工返乡问题较为严重。据不完全统计，截至2008年年底，湖北省外出农民工回流的总人数达221万人，其中因金融危机造成返乡131万人。河南省返乡农民工人数达到460万人，占外出农民工的25.3%。2008年年底至2009年2月末，重庆市有360.7万农民工回流返乡，占重庆市外出务工总人数778万人的46%。东北地区也有大量农民工返乡。因企业限产、停产导致大量农民工返乡必将对农民增收产生不利影响，就业再就业和社会保障压力增大。

三、应对国际金融危机的政策建议

随着国际金融危机不断向实体经济蔓延，我国经济发展也将面临较大压力。面对金融危机的挑战，要不断加快经济结构调整，加大投资力度，推动企业出口，促进就业，保持经济又好又快发展。

（一）加快经济结构调整和增长方式转变，鼓励科技创新

要应对国际金融危机的影响，促进区域经济协调发展，就要积极调整经济结构，转变发展方式，推进产业升级，加快发展方式转变。通过调整收入分配结构、产业结构、城乡结构和地区结构，努力形成新的经济增长点和新的竞争优势。处理好内需与外需、投资与消费的比例关系和城乡之间的协调与均衡。由主要依靠投资、出口拉动向依靠消费、投资、出口协调拉动转变，由主要依靠增加物质资源消耗向主要依靠科技进步、劳动者素质提高、管理创新转变。加快区域经济结构调整，采取有效措施扶持经济欠发达地区、县域经济以及农村经济发展。

加大对科技项目的支持力度，鼓励企业加快科技创新步伐。企业要通过技术创新，增加企业的高附加值产品，增强实力，提高抵御外部冲击和市场风险的能力，以促进相关产业链的延伸、产业结构的调整优化和升级。

（二）增加对农业的支持力度，促进区域农业又好又快发展

近年来，各地区坚决贯彻党中央国务院的各项“三农”政策，在保护农民积极性、保障主要农产品供给和增加农民收入方面发挥了重要作用。在国际金融危机对农业有较大冲击的时候，有必要采取一系列措施，保证农业生产，为稳定经济社会发展全局提供有力的支撑。

第一，进一步增加农业农村的投入。要大幅度增加对农村基础设施建设和社会事业发展的投入，大幅度增加对中西部地区农村公益性建设项目的投入。支持粮食生产的政策措施向主产

区倾斜，加大对产粮大县一般性转移支付、财政奖励和粮食产业建设项目的扶持力度。

第二，较大幅度增加农业补贴。要进一步增加补贴资金，继续增加粮食直补。加大良种补贴力度，提高补贴标准，实现水稻、小麦、玉米、棉花全覆盖，扩大油菜和大豆良种补贴范围，实施油菜油茶良种补贴。农机具购置补贴覆盖到全国所有农牧业县（场）。根据农资价格上涨幅度和农作物播种面积，及时增加农资综合补贴。

第三，保持农产品价格合理水平，加强对农产品市场的调控。在农产品价格波动较大的情况下，要密切跟踪国内外经济形势，适时加强政府调控，灵活运用多种手段，保持农产品价格合理水平。要进一步提高种粮农民积极性，保障农业经营收入稳定增长。适时启动主要农产品临时收储政策，增加粮食、棉花、食用植物油和猪肉储备。

第四，加强农产品进出口调控。健全高效灵活的农产品进出口调控机制，协调内外贸易，密切政府、协会、企业之间的沟通磋商。扩大农产品出口信用保险承保范围，探索出口信用保险与农业保险、出口信贷相结合的风险防范机制。把握好主要农产品进出口的时机和节奏，支持优势农产品出口，防止部分品种过度进口冲击国内市场。

第五，增强农村金融服务能力。在加强监管、防范风险的前提下，加快发展多种形式新型农村金融组织和以服务农村为主的地区性中小银行。鼓励和支持金融机构创新农村金融产品和金融服务，大力发展小额信贷和微型金融服务，农村微小型金融组织可通过多种方式从金融机构融入资金。积极扩大农村消费信贷市场。加快发展政策性农业保险，扩大试点范围，增加险种；加大中央财政对中西部地区的保费补贴力度，探索建立农村信贷与农业保险相结合的银保互动机制。

（三）扩大政府投资规模，带动社会投资

面对当前日趋复杂的国内外经济环境，实施积极的财政政策，扩大财政支出和投资规模是必要之策。在经济发展的进程中，政府投资可以带动社会投资，时滞短，见效快，对促进经济增长有着积极的作用。随着有关政策措施的落实到位，政府投资不仅能优化经济结构，也能促进消费，是拉动区域经济增长的有效措施。地方政府要配合区域各项经济增长政策，启动新的建设项目，努力推动产业结构调整和经济发展方式转变。加强对民间投资的鼓励和引导，积极调动社会资金投向政府重点发展的项目和符合国家产业政策的领域。要加快推进产业结构调整和发展方式转变，以促进投资较快增长，优化投资结构，提高投资效益。还应抓住国内外经济调整的机遇，推动自主创新和结构调整，提升产业竞争力，促进生产性服务业、文化创意产业和总部经济更好地发展，保证区域经济平稳较快发展。

（四）加大对企业的支持力度，积极推动企业出口增长

在国际金融危机的冲击下，企业生产都受到了不同程度的影响。要进一步加大对企业的支持力度，促使企业进一步稳定生产，稳定就业，帮助企业克服困难，增强企业活力和竞争力。

第一，要大力推进企业组织结构调整和兼并重组。支持优势企业并购落后企业和困难企业，鼓励强强联合和上下游一体化经营，提高产业集中度和资源配置效率。同时，也要采取更加有力的措施扶持中小企业发展。

第二，加大对企业出口的财政支持力度。尽量减轻企业的负担，鼓励企业在困难时期树立信心，切实促进出口增长。企业要不断加大拉美、中东、东盟等新兴市场的拓展力度，积极开发适应新兴市场需求的出口产品，努力提高对新兴市场的出口比重。同时，企业应从过去单纯依靠低廉价格竞争拉动增长转变为更多地依靠科技进步、研发设计、节能减排、品牌质量和综合服务占领市场，进一步提高产品出口竞争力。

（五）积极推动农业劳动力培训等政策，促进农民工就业

2009 年，随着国际金融危机进一步向实体经济蔓延，国内就业压力将继续扩大，要高度关注国内的就业形势，尤其是关注农民工就业的问题。

第一，要积极开展农村劳动力转移培训，提高农村劳动力素质和就业技能，促进农村劳动力向非农产业和城镇转移，实现稳定就业和增加农民收入，推动城乡经济社会协调发展，加快全面建设小康社会的步伐。

第二，鼓励发展劳动密集型产业和各类服务业，增加就业岗位。引导企业履行社会责任，支持企业多留用农民工，督促企业及时足额发放工资，妥善解决劳资纠纷。

第三，各地区应该结合当地优势产业和特色经济，鼓励农民工返乡创业。要制定落实扶持政策，促进以创业带动就业，保持就业局势的基本稳定。保障返乡农民工的合法土地承包权益，对生活无着落的返乡农民工要提供临时救助或纳入农村低保。

第四，要引导金融机构转变观念，改善金融服务，加大对农民工的信贷支持力度。一是利用小额担保贷款等方式加大对农民工回乡创业就业的信贷支持。二是积极发展农村消费信贷，活跃农村消费市场。三是进一步加大对符合信贷条件的乡镇企业、县域经济劳动密集型小企业和农业产业化龙头企业的信贷支持，发挥其辐射拉动作用。四是加强外汇管理和政策宣传，为出国务工农民提供优质外汇服务。

专题2 长三角地区金融稳定分析报告

2008年，长三角地区认真执行中央各项宏观调控政策，积极应对经济运行中出现的各种矛盾和困难，克服雨雪冰冻等自然灾害影响，经济继续保持平稳较快增长，投资有所降温，消费成为新亮点，经济结构不断优化，各类物价指数有所回落，通胀压力基本消除，社会保持稳定。但受国际金融危机影响，经济下行压力加大，企业经营困难加重；企业利润、居民收入和地方财政收入增速趋缓；出口增长乏力、就业压力加大。

金融业运行整体平稳，但潜在的风险因素还需高度关注。银行业机构盈利保持增长，资本充足水平继续提高，资产质量总体良好，竞争实力不断增强，保持了较好的发展势头，但是不良贷款反弹、银行风险控制难度加大、息差收窄挑战传统经营模式及内部管理有待完善等问题依然制约着长三角地区银行业机构的平稳发展。证券机构抗风险能力逐步提高，创新业务拓展加快，资本市场融资功能稳步增强，但证券机构管理规范化程度有待提高、非法证券活动形式多样化等不利因素对长三角地区证券市场的发展构成了潜在影响。保险业平稳发展，市场体系逐步完善，充分发挥补偿功能，但市场诚信建设落后、过分依赖中介机构及偿付能力不足等问题将制约保险业的长期发展。金融基础设施建设继续推进，金融生态环境优化，为区域金融稳定奠定了良好的基础。

总体上，2008年长三角地区金融稳定状况较好。但是，国际金融危机的持续影响、主要经济体经济增长波动加剧、国内经济增长放缓以及地区经济运行、金融业发展和金融基础设施建设中存在的种种不足，都对区域金融稳定构成了潜在的不利影响。下一步要着力采取各项措施，努力克服金融危机的不利影响。要加大对内需的刺激力度，适当扩大投资规模，并加快经济发展方式的转变，改善经济运行基础；继续推动金融业改革创新，提高金融机构风险防范意识；加强金融基础设施建设，优化金融生态环境。

一、长三角地区经济运行

2008年，面对复杂多变的国内外经济形势，长三角地区经济保持平稳较快增长，经济增长结构有所变化，投资有所降温，消费对经济的拉动作用进一步增强。经济结构不断优化，三次产业均衡发展。物价指数有所回落，通胀压力基本消除。但在全球金融危机背景下，经济下行压力加大，出口回落明显，居民收入增速放缓，就业压力增加。

（一）长三角地区经济运行概况

1. 经济保持平稳较快增长。2008年，长三角地区生产总值达到65 497.68亿元，约占全国的22%；地区生产总值同比增长11.1%，增速低于2007年3.3个百分点，但高于全国2个百分点。从经济增长动力来看，长三角地区固定资产投资和出口贸易略有降温。全年全社会固定投资为29 190.83亿元，同比增长16%，增幅略低于2007年0.7个百分点；出口总额为5 616.81亿美元，同比增长18.1%，增幅较2007年回落8.9个百分点。在投资和出口增长有所放缓的情况下，长三角地区消费对经济增长的拉动作用增强。2008年长三角地区社会消费品零售总额为21 640.29亿元，同比增长20.9%，高于投资和出口的增速。

2. 经济结构进一步优化。2008年，长三角地区产业结构进一步优化。三大产业增加值分别增长3.8%、10.8%和12%，占地区生产总值的比重由2007年的5.1:53.5:41.4变为2008年的5.1:52.6:42.3。第三产业对总产值的贡献率不断提高。

产业结构得到优化。据统计，江苏先进制造业水平提升，全年实现高新技术产业产值增长25.2%，比规模以上工业平均增幅高11个百分点；浙江的装备制造业成为拉动工业增长的重要动力，行业增加值增长11.3%，比规模以上工业平均增幅高1.2个百分点。

投资结构继续改善，重点扶持产业投资增长较快，高耗能行业投资大幅回落。第三产业投资加速增长，其中浙江、上海第三产业投资分别增长12.3%和11.4%，高于当地全社会固定资产投资增速。房地产开发投资增速趋缓。其中，除上海增长4.5%，较上年提高2个百分点外，江苏、浙江房地产开发投资分别增长21.8%和9.8%，较上年回落10.1个和5.9个百分点。

3. 价格指数涨幅回落。2008年年初，长三角地区两省一市价格指数持续攀升，通货膨胀压力不断加大，而后由于国际国内经济走势变化，价格水平从年中开始逐月回落，在11月、12月出现同比下降。全年江苏、浙江、上海居民消费价格分别上涨5.4%、5%和5.8%，工业品出厂价格分别上涨4.6%、4.3%和2.2%，原材料、燃料、动力购进价格分别上涨15%、10.6%和10.3%。

房地产销售价格有所回落。据统计，南京、杭州两地房地产销售价格2007年分别上涨7.2%和7.8%，2008年则分别比上年下降2.9%和0.1%。

（二）经济运行中应关注的问题

1. 全球金融危机持续，外贸出口受到冲击。2008年国际经济延续了2007年下半年以来的放缓走势，美、欧、日等主要经济发达体已普遍确认进入衰退，新兴市场经济体增速也明显放缓。在国际金融危机导致外需减弱等因素影响下，长三角地区外贸出口增幅逐月回落，在11月和12月出现出口净减少，全年江苏、浙江、上海出口总额增幅较2007年分别回落10.1个、6.9个和9个百分点。长三角地区经济外向型程度高，出口依存度（出口总额占地区生产总值比重）超过60%，远高于全国平均水平，因此必须高度关注外贸出口增速减缓可能导致的经济增长动力减弱问题。

2. 经济下行压力加大，企业经营困难加重。长三角地区作为“两头在外”的加工制造业地区，在2008年受到原材料等生产要素价格上涨和全球金融危机深化外需缩减的影响，工业生产经营压力不断加大，企业效益增幅加速回落甚至负增长。据统计，2008年江苏省规模以上工业企业利润总额增长3.8%，而浙江和上海规模以上工业企业利润总额则分别下降11.7%和28.9%，与上年两省一市43.3%、29.8%和20%的利润总额增速形成很大差距，而企业亏损面则分别比上年扩大2.5个、6.8个和6个百分点。

3. 居民收入增长放缓，就业形势不容乐观。受宏观经济景气回落和资本市场调整影响，长三角地区居民收入增长趋缓。2008年，江苏、浙江和上海城镇居民人均可支配收入分别增长

14.1%、10.5%和12.4%，较2007年回落2.2个、2.1个和1.9个百分点。值得关注的是，由于经济增长率下滑而导致长三角失业率增加的压力已有所显现。2008年江苏、浙江城镇登记失业率分别较2007年上升0.06个和0.22个百分点，上海则微降0.1个百分点。

二、长三角地区银行业稳健性评估

2008年，长三角地区银行业在复杂的国际国内环境下，认真落实科学发展观，不断推进改革创新，发展跃上新台阶，依然保持较好的发展势头，应对风险的抵御能力不断增强。但在利差收窄情况下银行业利润增长放缓，同时，各类信用风险有所暴露，银行信贷风险控制难度加大。

（一）银行业运行情况

1. 银行机构数量持续增加，资产负债规模适度增长。2008年，长三角地区地方法人银行机构数为220家，较2007年增加17家。银行业金融机构资产规模达131 364.88亿元，比上年增长18.6%。本外币存款余额达106 599.69亿元，增长20.4%；本外币贷款余额达77 034.55亿元，增长16.3%。

2. 盈利能力稳步增强，收入结构不断改善。2008年，长三角地区银行业机构共实现账面利润2 267.36亿元，同比增长13.5个百分点，增幅较2007年回落。在银行盈利能力保持增长的同时，盈利结构也在不断优化，中间业务收入快速增加，占各项业务收入的比重逐步提高。其中，代理业务、担保及承诺业务和融资顾问业务收入大幅增长，成为拉动中间业务的主要动力。

3. 资本充足水平提高，抗风险能力进一步增强。2008年，长三角地区银行业金融机构资本充足率和贷款损失准备充足率继续提高。截至2008年年末，上海银行业金融机构已计提贷款损失专项准备319.9亿元，超过应提准备金138.1亿元；贷款准备金充足率达到175.9%，比年初上升94.9个百分点。贷款拨备覆盖率由年初的70.03%上升到118%。银行业整体风险抵御能力进一步改善。

4. 资产质量总体良好，不良贷款保持双降。2008年，长三角地区银行业机构加大不良贷款的清收核销力度，不良贷款实现持续“双降”，贷款质量依然保持全国领先地位。截至2008年年末，长三角地区银行机构五级分类的本外币不良贷款余额为1 543.73亿元，比年初减少130.95亿元；不良贷款率2%，比年初下降0.55个百分点。

（二）银行业发展中应关注的问题

1. 利差收窄使银行业利润后续增长面临挑战。由于利差收入仍然是长三角地区商业银行最主要的收入来源，因此利差的变动情况是关系到商业银行盈利能力的关键因素。自2008年9月以来，人民银行在4个月内连续4次降息，长达6年的升息周期终止，尤其是9月16日的利率下调结构性特征明显。贷款利率下调而存款利率保持不变，直接压缩利差空间。与之同时，随着银根松动，贷款利率上浮幅度也随之减小，贷款短期化，存款定期化，使实际利差空间进一步收窄。据测算，2008年四次降息使银行生息资产收益率下降54～65个基点。

2. 银行资产质量有下行风险，不良贷款反弹压力加大。2008年下半年以来，国际、国内经济下行的压力越来越大，对银行业的经营管理和资产质量提出了挑战。特别是进入第三季度后，银行业不良贷款显现出增长态势。截至2008年年末，浙江省银行业机构五级分类不良贷款余额比年初增加164.53亿元，不良贷款率1.58%，比年初上升0.4个百分点。若考虑农业银行不良贷款剥离因素，实际不良贷款比年初增加223.33亿元，不良率1.78%，比年初上升0.6个百分点。长三角地区银行业机构不良资产虽继续保持“双降”，资产质量依然良好，在全国处于领先位置，但受宏观经济运行形势变化的影响，贷款的潜在风险显著增加，须引起高度重视。

3. 信用风险上升，风险控制难度加大。一是出口企业信贷风险加大。外需的持续减弱导致长三角地区外向型行业经营困难加剧，不仅较多中小企业出现减产、停产甚至倒闭现象，一些行业龙头也出现经营亏损面临破产重组，银行系统信贷风险上升。二是集团企业风险集中。2008年，长三角地区银行贷款集中度仍然过高，集团客户授信规模大，占比高。在此背景下，一家企业发生风险极易引发连锁反应，出现担保圈的多米诺骨牌效应，形成区域和行业风险。此外，集团客户多头开户、超额授信所隐含的风险也不可低估。三是异地投资风险暴露。近年来，长三角地区企业纷纷到异地投资，涉足房地产、煤炭生产、基础设施建设等领域。部分企业投资存在较大盲目性和随意性，将主营业务的流动资金，甚至银行贷款用于房地产开发。在当前房地产低迷、资源价格下行趋势下，这些异地投资可能成为银行业新的风险源。

4. 资本市场的持续低迷使风险向银行体系传导。2008年以来，证券市场持续大幅下挫，股指从年初的5 272点下跌至12月末的1 820点，跌幅达65%。股票市场的持续低迷可能造成的风险进一步向银行积聚。一是股票、基金收益率大幅下降，对储蓄存款的分流作用显著减弱，资金陆续大量回流银行体系，居民定期存款增加，加重了商业银行的成本负担。二是通过各种渠道流入资本市场的信贷资金数量可观，股市的大幅下跌会对这部分资金的安全形成威胁。三是部分企业在股票市场上投资失利降低了其盈利水平，造成资金链紧张，也直接影响企业的信贷偿还能力。四是市场低迷造成2008年以来新股发行规模和频率大幅降低，在资本市场融资功能严重下降的情况下，企业只能继续求助于银行融资从而使得风险进一步积聚于银行体系。

5. 考核机制不合理，内部管理能力滞后。目前，各家银行为快速占领业务市场，争取更多高端客户，下达了专项考核指标和利益激励措施，将个人绩效考核和收入挂钩。这导致客户经理在个人利益驱动下过度迎合客户需求，放松业务办理条件。如信用卡案件不断出现的重要原因就是内部考核机制不科学，盲目压任务，导致基层行及客户经理放松对办卡人信息资料的必要审查。一些银行贷款产品开发前缺乏相应的调查论证，新产品推出后管理和监督措施缺失，对新业务缺乏开展后评价，不能及时发现问题。此外，由于重业务拓展轻内部管理，一些银行在实施跨区域经营后，缺乏相应的内部管理架构，导致实际运作不畅。

三、长三角地区证券业稳健性评估

（一）证券业运行状况

截至2008年末，长三角地区共有证券公司24家，基金管理公司30家，期货公司50家。法人证券机构资产总额为3 761.19亿元，净资产为1 211.03亿元，营业收入为361亿元。

1. 证券机构经营状况总体良好。2008年，长三角地区证券机构经营状况良好，但受国内证券市场深幅调整的影响，部分业务收缩，盈利水平下降明显。从收入构成来看，自营业务和经纪业务收入同比缩水严重，投行业务收入基本持平，资产管理业务收入有一定增长。同时，基金公司管理基金总份额稳步增长，管理资产净值出现下滑。

2. 证券机构抗风险能力逐步提高。2008 年，长三角地区证券公司顺利完成账户清理规范，基本建立起完善的合规制度和风险控制动态监控系统，经营水平和抗风险能力不断提升。客户交易结算资金第三方存管体系运行顺利，成为行业规范发展的重要基础。在监管部门的推动下，证券公司对以净资本为核心的新监管体系日益重视。通过期货开户实名制、期货电子账单自动登录系统试点、期货交易风险动态监控等各项基础性制度的建立和完善，期货市场健康稳定发展的基础进一步夯实。期货公司风险管理水平不断提高，整体资产状况明显改善，资产流动性强，变现能力良好。在“十一”期间期货市场出现罕见的多品种多日连续跌停的情况下，各期货公司均未出现大的穿仓损失。

3. 证券业对外开放程度提升，创新业务发展迅速。2008 年，在证券市场低迷的情况下，上海共新增外资证券经营机构和代表处 12 家。截至 2008 年年底，上海共有外资证券、基金、期货法人机构 24 家，占全国的 57%；外资代表处 74 家，占全国的 54%。同时，长三角地区证券机构创新业务发展加快，获得期货 IB、QDII、直接投资等多项业务资格的证券公司数量不断增加。期货公司在备战金融期货方面也取得了积极进展，取得金融期货业务资格的公司数量增加。

4. 证券市场融资功能稳步增强。2008 年，长三角地区境内上市公司数量为 407 家，比 2007 年增加 19 家。境内上市公司累计募集资金 2 016.3 亿元。股票融资方式呈现多元化，首次发行、定向增发、公开增发和配股方式广泛运用，债券融资额及占比也明显上升。从融资主体看，一方面，地方国资控股上市公司再融资比重较大，上港集团、上实发展、张江高科等地方国资控股上市公司共筹资 174.4 亿元；另一方面，中小企业上市融资加快，如浙江省 2008 年新增境内上市公司 11 家，均为中小板上市公司，IPO 融资总额 47.72 亿元，分别占全国中小企业板新增上市公司数和融资总额的 15.5% 和 16.8%。

（二）证券业运行中应关注的问题

1. 关注证券机构经营管理的规范性。一是违规营销行为时有发生。部分经营机构违规批量开立无效账户、非现场开户及不按规定办理存在客户转托管和撤销户，个别证券经营机构甚至允许没有证券从业资格的人员展业或变相展业。二是市场恶意竞争仍然存在。目前证券经营机构仍采用粗放的经营模式，大部分经营机构市场定位和发展战略模糊，未能形成核心竞争力，只是采取降佣金及一些不正当竞争手段招揽客户。三是信息安全仍然存在隐患。部分证券经营机构关键设备性能不高，设备超期服役；网络安全漏洞较多，机房等重要场所的管理制度流于形式，存在一定安全隐患。四是投资者权益保护不力。部分证券经营机构对外部经纪人缺乏有效的管理和约束，不关注投资者权益保护和投资者教育工作，同时，对投资者的服务意识不高、服务方式单一，服务内容不够全面，未能满足投资者多元化的服务需求。

2. 关注开放式证券投资基金的赎回风险。2008 年，受国内外多方面因素影响，我国证券市场出现深幅调整，许多偏股型基金的投资者普遍出现账面亏损，而之所以没有出现大规模基金赎回问题，一方面是因为近几年来投资者趋向成熟，具有中长期投资理念的投资者比重增加，另一方面也与基金净值大幅低于面值等有关。但一旦股票价格指数出现回升，基金净值逐渐回复面值之上或投资者成本之上，就存在投资者大面积赎回的可能，需要重点关注。同时，还应关注市场突发事件对基金业产生的冲击及可能带来的赎回压力。2008 年 9 月，受雷曼兄弟陷入破产危机影响，华安基金管理公司的 QDII 产品（华安国际配置基金）面临较大投资风险，华安基金管理公司不得不暂停赎回并提供保本承诺。

3. 关注非法证券期货交易活动。部分机构以“投资、理财、咨询”等名义从事非法证券期货业务活动。一是以黄金投资的名义，利用交易软件，自设交易平台，采取放大数十倍的杠杆交易、多空双向交易和强制平仓等机制，吸引投资者从事变相黄金期货交易。二是以境外证券期货代理的名义，用低手续费、低保证金等手段招揽客户，非法代理境外证券和期货经纪、咨询活动。三是通过广播、电视、报纸等媒体广告以荐股博客、收费 QQ 等网络渠道，或利用销售炒股软件、私募基金信息等形式进行非法证券投资咨询、收取高额费用。四是以公司即将在境内外上市等虚假信息为名，诱骗社会公众购买所谓“原始股”，有的甚至宣称可以通过网下配售代理申购将发行上市的新股，诱骗投资者的钱财。

四、长三角地区保险业稳健性评估

（一）保险业发展概况

2008 年，长三角地区保险业保持平稳发展态势，市场体系逐步完善，保费收入增速创新高，保险深度和保险密度都较 2007 年有所上升。

1. 市场主体稳步增加，资产规模保持增长。截至 2008 年年底，长三角地区共有省级分公司以上保险公司 219 家，较 2007 年增加 21 家。长三角地区保险业资产规模有延续扩大的趋势。分公司以上保险公司资产总额达到 4 283.88 亿元，较 2007 年增长 17.4%，增幅上升 4.2 个百分点。

2. 保费收入稳步增长，盈利结构有所变化。2008 年，长三角地区保险业实现保费总收入 1 951.8亿元，较上年增长 30%，涨幅较上年提高 11.8 个百分点。2008 年拉动保费收入大幅增长的是人身险业务，全年实现人身险保费收入 1 429.13 亿元，同比增长 36.8%；财产险保费收入为 522.65 亿元，同比增长 14.4%。赔款和给付支出 664.29 亿元，其中人身险支出 334.84 亿元，财产险支出 329.45 亿元。总体而言，2008 年长三角地区人身险的盈利能力明显高于财产险。

3. 业务试点逐步启动，产品创新步伐加快。2008 年，长三角地区保险业加快业务试点和产品创新，为和谐社会建设提供有力保障。江苏省环保责任保险取得重要突破，在苏州水域首先试点船舶污染责任保险，在无锡市首先开展高危行业雇主责任保险。上海市为进一步规范车辆保险市场秩序，严格履行车船税收代缴义务，保护被保险人的合法权益，实施了机动车辆“见费出单”管理制度。浙江省各保险机构因地制宜、量体裁衣，开发了不少特色险种：杭州市平安推出小额消费贷款保证保险，满足中低收入阶层融资需求，为个人短期应急资金开辟新渠道；开化人保推出留守儿童俱乐部责任保险和杭州太保宠物犬主责任保险。

4. 充分发挥补偿功能，支持服务“三农”工作。2008 年，面对雨雪灾害等重大自然灾害和重大事故造成的经济损失，长三角地区各保险机构坚持“从快从简、特事特办”原则，主动简化理赔程序，自觉履行合同约定，有效发挥了保险维护社会经济稳定的作用。同时，长三角地区积极发展“三农”保险，政策性农业保险试点覆盖面不断巩固扩大。据统计，2008 年江苏省政策性农业保险签单保费收入及农险基金为 10.66 亿元，比 2007 年翻一番，政策性农业保险为全省提供了约 199 亿元风险保障，支付赔款 3.38 亿元，约 195 万户次农民从中受益；浙江省继续完善政策性农房保险制度，健全服务网络建设，2008 年政策性农房保险实现保费收入 1.18 亿元，增长 1.74%，共有 1 002.87 万户农户参保，参保率达 98.5%，累计向 2.1 万户出险农户赔付金额 8 472.13 万元。

（二）保险业发展应关注的问题

1. 利率不断下调将给寿险公司带来“利差损”问题。2008 年 10 月以来，人民银行连续 4 次下调存款利率，使得人民币 1 年期存款基准利率已降至 2.25%，低于寿险保单 2.5% 的预定利率上限，即寿险保单最低负债成本。对于逾 80% 投资资产投向定期存款、债券等固定收益类资产的保险业而言，持续降息意味着存款利息收入下降和债券投资到期收益走低，加之资本市场和股票投资在短时期内难见起色，保险利差将进一步收窄，10 年前困扰寿险市场的“利差损”现象，将可能再次显现，损害保险企业偿付能力。

2. 高度依赖中介渠道削弱保险公司盈利能力。目前，国内保险产品同质化现象突出，市场竞争极其激烈，许多保险公司依赖于中介渠道获取保费收入。以上海为例，2008 年上海法人寿险公司通过银保渠道实现保费收入将近 500 亿元，约占寿险保费收入的 57%，较 2007 年提高 10 个百分点。上海法人产险公司通过中介渠道实现保费收入超过 300 亿元，约占产险保费收入的 60%，较 2007 年提高 4 个百分点。与此同时，保险公司需支付高额的中介手续费，上海法人产险公司综合成本率高达 103.63%，承保利润出现亏损。

3. 偿付能力不足风险出现。部分保险公司连年亏损，偿付能力难以得到根本改善，抗风险能力差。2008 年，受资本市场持续低迷影响，保险公司投资收益下滑，而保费规模持续增加，导致实际资本减少，降低了偿付能力充足率，保险业偿付能力不足的问题再度突出。同时，年初以来的雪灾等灾害直接导致财险公司赔付增加，也降低了其偿付能力充足率。当然，行业偿付能力总体水平下降，关键原因还是部分公司发展模式粗放，产品结构不合理，公司盈利能力不强甚至长期亏损。

4. 销售误导和理赔难等现象时有发生。一是保险公司高管对诚信问题没有给予足够重视。面对行业内的竞争，有的高管肆意违背签订的自律公约、服务承诺、会议决议有关事项，表面上遵守约定，背地里却破坏诚信。二是部分营销人员素质不高，展业中存在骗保、误导现象，在保险产品销售过程中夸大保险责任、忽略甚至回避责任免除提示。三是保险合同中霸王条款多，并有大量晦涩难懂的专业术语，理赔环节问题突出。

五、长三角地区金融基础设施稳健性评估

（一）长三角地区支付体系稳健性评估

1. 支付体系建设取得重大进展。

一是支付系统的覆盖范围进一步扩大。截至2008年年底，上海市现代化支付系统金融机构参与者位居全国第1位，其中小额支付系统业务量和资金量分别位居全国的第1位和第2位；浙江省银行卡应用范围扩大到了51个重点商品交易市场，布放银行卡受理机具、发生交易笔数、金额较上年末分别增长100%、212%、253%；江苏省全面实施农村地区支付结算“快通工程”，截至2008年11月底，农村地区ATM和POS机具的布放分别新增1 852台和6 696台。

二是支付系统的安全性和稳定性加强。2008年，长三角地区加强支付体系监督管理工作，通过建立通报制度、制定操作规范、进行现场检查、实施处罚机制等督促银行机构规范支付结算行为，防范支付系统风险。在人民银行上海总部牵头下，沪、苏、浙三地人民银行支付结算部门统一制定了加强长三角地区支票影像交换业务管理的具体措施。2008年9月，对上海、苏州、湖州等地支票影像交换业务进行现场检查，长三角区域内的支票影像交换业务退票率较年初明显下降。

三是支付系统的功能不断完善。2008年5月8日，江苏省和浙江省小额支付系统银行本票业务正式上线运行，丰富了同城支付结算产品，缓解了同城范围内现金“搬家”问题。2008年12月1日，小额支付系统华东三省一市银行汇票业务顺利上线，为区域内数百万家企事业单位的异地跨行票据结算提供更为安全、高效的途径。2008年7月，人民银行上海总部完成电子商业汇票系统需求书的编写工作，目前全国电子商业汇票系统建设工作已全面启动。

四是支付工具创新加快。上海积极推进支票授信业务创新试点准备工作。截至2008年12月末，上海浦东发展银行3家试点网点已累计与120家中小企业客户签订了“玲珑透”产品服务协议。2008年9月，人民银行上海总部正式牵头启动了“世博”支付环境建设工作，积极开展与政府、行业组织、各商业银行等单位的协调工作，努力完善长三角地区相关窗口行业的银行卡受理环境建设，积极推动发行旅游卡、开展高速公路银行卡缴费等工作项目的实质性启动。

2. 支付体系发展中应关注的问题。

一是支付产品供给尚未较好满足公众日益增长的支付服务需求。一方面，个性化消费的盛行对个性化支付工具的使用需求不断增多，但目前对私支付服务方面个性化支付工具较少，服务水平较低。另一方面，支付供给和服务还存在着城乡发展不均衡问题，农村地区的支付服务需求尚未得到基本满足。

二是中央银行服务功能的增强与管理手段的弱化不相适应。中央银行服务功能不断增强，而管理手段不足，管理效能下降，管理权威弱化。如支付系统准入容易退出难；中央银行不断推动和服务银行卡业务发展，但规范管理的制度既滞后又欠缺。

三是一些支付结算新业务有待于规范管理。支付清算组织的管理办法尚未出台，第三方支付服务发展迅猛，其业务已涉及代缴公用事业费等新领域，创新业务层出不穷，但管理上处于市场的自发和自我管理，隐含较大风险；跨行业跨地区的多用途储值卡的管理处于无序状态，风险较大；虚拟货币的发行和使用已经从虚拟世界转换到现实世界等。

（二）长三角地区征信体系稳健性评估

1. 征信体系建设不断完善。

一是征信系统覆盖程度和数据质量不断提高。2008年，征信系统在长三角地区的覆盖面不断扩大，非银行信息采集范围进一步拓宽。上海通过与银监局、上海市公安局合作，将ATM机金融诈骗等犯罪行为处罚信息纳入征信系统；浙江将151万个公积金账户、412万个社保账户、14万条电信欠费信息、6 000条企业环保处罚信息等加载入库。同时，长三角地区按照人民银行总行的部署，以地方性金融机构为突破口，采取多种举措，督促金融机构建立和完善征信数据上报和纠错机制，切实提高征信数据质量。

二是征信服务水平不断提升。长三角地区征信系统日渐成为金融机构防范信贷风险的重要工具，还可运用于集团关联企业信贷风险预警和分析，为地方政府风险防范与处置提供服务，有利于维护地区经济金融稳定。同时，征信系统服务范围进一步扩大。上海设立征信查询服务专门窗口，提供查询、异议申请等各项对外服务工作，截至2008年12月底，共受理法院系统企业查询8 067笔，个人查询19 395万笔，受理社会个人信用报告查询14 603笔，同比均大幅增加。

三是信用评级市场化进程稳步推进。长三角地区两省一市积极推进信用评级试点工作，培育信用评级市场需求，对评级机构开展现场检查和综合考评，提高评级质量。2008年，上海继续探索组织信用评级行业从业人员的业务培训与考核，引导评级机构关注经济金融形势变化，出具跟踪评级报告以动态地反映其信用状况；江苏确定了5家信用评级机构开展信用担保机构信用评级的资质，完成了240家信用担保机构的信用评级工作；浙江在宁波、嘉兴先行开展商业承兑汇票信用评级试点，现已完成20家出票企业的信用评级，拓展了评级领域。

四是中小企业和农村信用体系建设深入推进。2008年，人民银行长三角地区各分支机构将中小企业和农村信用体系建设作为延伸征信系统功能、优化金融生态环境的重要举措，依托各金融机构，联合相关政府部门，合力推进信用体系建设。截至2008年年末，上海市已纳入1.73万户中小企业信用档案；浙江省累计为339万农户建立了信用档案，约占浙江省农户总数的三分之一；江苏省针对性地研发了基于FICO模型的开放式农户信用评价体系。

2. 征信体系发展中应关注的问题。

一是征信法律法规建设滞后。健全的法律框架能够为征信体系的建立和有效运作提供有力的保障。而我国长期以来缺少全国性的有关征信管理的法律法规，对于征信数据的开放和使用、信息披露的真实性、隐私权的保护以及征信中介机构行为规范都未作明确规定，不利于我国征信体系的良性发展和人民银行管理征信业职能的发挥。

二是协调合作机制亟待强化。社会信用体系建设是一项系统工程，涉及到经济和社会的各个领域，需要各个部门的通力配合。目前，国务院已明确了由人民银行管理全社会征信业及人民银行牵头社会信用体系建设，对于如何发挥人民银行在其中的主导作用，强化与各部门的协调合作机制，在形成共识的基础上增加社会信用体系建设的合力，是当前亟待解决的新问题。

三是征信系统有待完善。征信系统建设在信息采集、数据质量、系统功能方面还需进一步完善。征信系统信息的真实性、完整性、准确性是征信体系充分发挥效能的基础。而当前大量信用信息分散在不同的行业部门，信息资源不能合理、充分地流动，难以整合实现共享；征信系统数据又未实现适时、动态更新，数据质量有待提高。这些问题在较大程度上制约了系统的应用推广和征信业的发展。

（三）长三角地区反洗钱体系稳健性评估

1. 反洗钱工作水平进一步提高。

一是深入推进反洗钱行政调查，挖掘重要犯罪线索。2008 年，长三角地区反洗钱部门继续深入开展打击地下钱庄和推动洗钱定罪活动。加强可疑交易分析调查，开展对辖内可疑交易报告情况的宏观分析和重点线索分析，深入排查案件线索，对重点案件和重点线索落实专人主办和督办，移送公安的可疑交易线索不断增加，立案率不断提高，破获案件数量不断增长，体现了反洗钱机制在主动发现新型犯罪、维护社会公平正义、稳定市场等方面的重大作用。

二是认真组织反洗钱现场检查，推动反洗钱工作在金融领域全面展开。2008 年，长三角地区反洗钱部门在行政调查的基础上，强化银行、证券和保险等各类金融机构的现场检查力度。并通过通报检查中发现的违规问题和风险环节，指导其结合自身工作实际，对照通报问题自查，改进和完善反洗钱工作。同时，建立金融机构反洗钱工作非现场监管评价制度，加强对辖内金融机构反洗钱非现场监管信息的收集、分析和报告，进行非现场监管书面质询和约见高管人员谈话。这一系列举措提升了长三角地区反洗钱监管的权威性和有效性。

三是积极拓宽反洗钱合作领域，全面提升反洗钱协作层次。2008 年，长三角地区反洗钱部门在深化与公安部门合作的基础上，加强与工商局、海关、检察院、反贪局、国税局等成员单位之间的跨部门合作，签订合作备忘录，拓宽了可疑交易线索的移送渠道。同时，在深化外部合作的同时，不断加强与人民银行内外汇检查处、支付结算处、征信管理处等相关部门的合作，促进内部信息资源共享。长三角地区反洗钱合作机制进一步增强，为系列案件的破获奠定了坚实基础。

2. 反洗钱工作中应关注的问题。

一是反洗钱法及配套规章有待进一步完善。从涉案线索调查的实际需要出发，人民银行地市分行没有反洗钱调查权，不利于及时、有效地调查案件线索；人民银行县支行反洗钱监管权限的限制，尤其是监管中责令整改等基本权限的缺乏，不利于提高县域反洗钱工作的有效性；此外，应进一步明确证券保险业机构大额交易和可疑交易报告要求，根据其业务特点补充或修改可疑交易报告标准。

二是跨地区反洗钱调查协作需继续加强。从反洗钱工作实践看，涉嫌犯罪的资金交易和人员普遍涉及多个省份、多个地区，往往需要异地人民银行分支机构提供协查。为提高协查工作的有效性，应进一步完善现行的跨地区协查制度，包括细化跨地区调查的具体要求，确保跨地区反洗钱调查的效率和质量。

三是反洗钱监管的有效性仍有待提高。随着反洗钱监管范围的不断扩大，各类金融机构的反洗钱工作开展得不平衡，人民银行反洗钱监管力量不足、监管任务重等现实，对反洗钱监管提出了更高要求。面对反洗钱工作的系统性、复杂性和敏感性，在现有监管力量下落实审慎监管和风险监管，有必要进一步强化反洗钱分类监管，提高现场检查和非现场监管的有效性。

六、总体评估与政策建议

（一）总体评估

2008 年，长三角地区两省一市经济克服种种不利因素影响，经受了全球金融危机的严峻考验，总体保持平稳增长，为金融业发展和区域金融稳定创造了平稳的宏观经济环境。金融业改革继续推进，银行业信贷投放较快增长，盈利水平提高，风险防范能力增强；证券业合规建设初见成效，风险控制手段逐步完善；保险业充分发挥补偿功能，保障了社会经济平稳发展。支付体系、征信体系和反洗钱监测体系等金融基础设施建设不断完善，金融生态环境持续优化。总体上，2008 年长三角地区金融稳定状况良好。

运用区域金融稳定定量评估模型，对长三角地区 2006 年、2007 年和 2008 年的区域金融稳定状况进行了定量评估。

从量化结果来看，长三角地区 2008 年金融稳定状况综合得分为 86.9 分，仍属于稳定区间，但较上年下降了 5.6 分，同时也比 2006 年低 2.2 分。这一数据表明长三角地区受国际金融危机影响较大，部分经济金融指标下降，金融机构经历了严峻考验。从过去 3 年评估结果来看（图 1），长三角地区总体金融稳定状况在经过 2007 年小幅提升以后 2008 年大幅回落，3 年呈现倒“U”形趋势，与经济周期基本一致。分项来看，除保险业较上年得分有小幅增加、银行业基本维持上年得分以外，宏观经济、证券业和金融生态环境对区域金融稳定的贡献率都呈现了不同程度的负向关系。具体来看，宏观经济和证券业受金融危机和经济周期影响最为明显，得分较前两年均有大幅下降；银行业在 2007 年上升以后 2008 年继续保持良好的稳定状况；保险业在经过 2007 年回落后 2008 年有所好转；金融生态环境得分在经过 2007 年大幅提高以后 2008 年出现小幅下降，但金融生态环境总体改善的趋势没有改变。

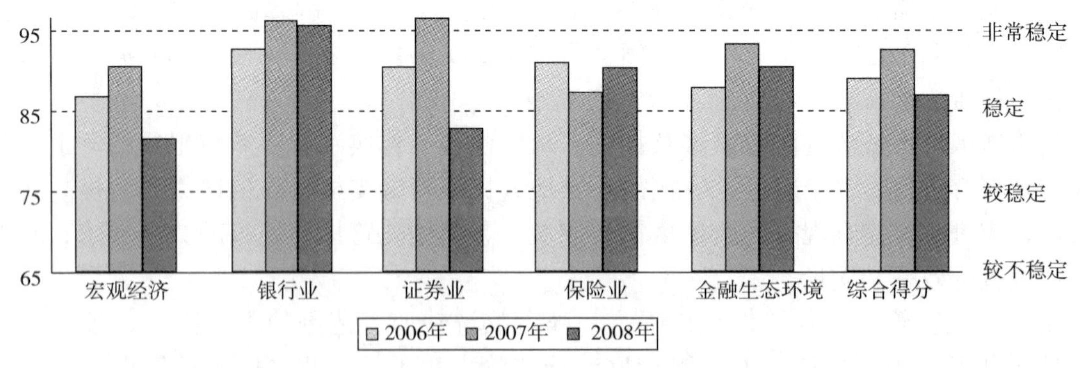

图 1　2006 年、2007 年和 2008 年长三角地区金融稳定情况

在选取的评价指标中（表 1），社会消费品零售总额增长率、寿险公司退保率、应收保费率等 3 项指标得到改善，国内生产总值增长率、全社会固定资产投资增长率、证券业资产利润率等 10 项指标有所恶化，农村人均纯收入增长率、银行业核心资本充足率、征信数据库覆盖率等 11 项指标基本持平。从三类指标的分布情况来看，改善类指标主要为保险业指标，恶化类指标主要分布于宏观经济和证券业，持平类指标主要是银行业和金融生态环境指标。

表 1　2008 年长三角地区评价指标及其变动情况

指标分类		变动方向	评价指标	变动情况：改善	变动情况：稳定	变动情况：恶化
宏观经济		↓	国内生产总值增长率			✓
			第三产业增加值增长率			✓
			全社会固定资产投资增长率			✓
			社会消费品零售总额增长率	✓		
			实际利用外资增长率			✓
			城镇居民可支配收入增长率			✓
			农村人均纯收入增长率		✓	
			居民消费价格指数			✓
			城镇登记失业率		✓	
			典型城市房地产销售价格指数			✓
金融机构	银行业	→	核心资本充足率		✓	
			不良贷款率		✓	
			资产利润率		✓	
			流动比率		✓	
	证券业	↓	净资本充足率			✓
			净资本负债率		✓	
			资产利润率			✓
	保险业	↑	寿险公司退保率	✓		
			应收保费率	✓		
			保费收入增长率		✓	
金融生态环境		→	法治环境调查综合得分			✓
			地方财政收入占 GDP 比重		✓	
			银行服务密度		✓	
			征信数据库覆盖率		✓	

备注：表中“↑”代表改善，“↓”代表恶化，“→”表示稳定。

具体来看，宏观经济得分的下降主要归因于下半年来长三角地区经济增长放缓、投资需求减速、外资利用程度的下降、居民收入增速放缓，同时物价水平波动较大、房地产市场低迷等。可以说，本轮国际金融危机对长三角地区的经济增长、进出口贸易、就业水平、价格水平等都造成了一定影响。在金融机构方面，银行业的资产质量趋好，经营效益继续保持较好状态；而证券业受资本市场大幅回调的影响，盈利水平下滑较大，稳健运营的基础有所削弱；保险业的得分较上年有所上升，且主要原因在于退保率和应收保费率等指标有所下降，偿付能力和盈利能力有所提高；在金融生态环境方面，金融基础设施逐渐完善，但法制环境综合调查得分却较上年有所退步，长三角地区金融稳定的“软件”实力仍待加强。

从全国范围来看（图2），2008年长三角地区比全国平均水平高出2.9分，并在银行业、证券业、保险业和金融生态环境四大方面保持明显的优势，但相比东部地区却低0.6分。其中，除金融生态环境较东部地区存在一定优势以外，在银行业和保险业方面优势并不显著，宏观经济和证券业还略低于东部地区平均水平。

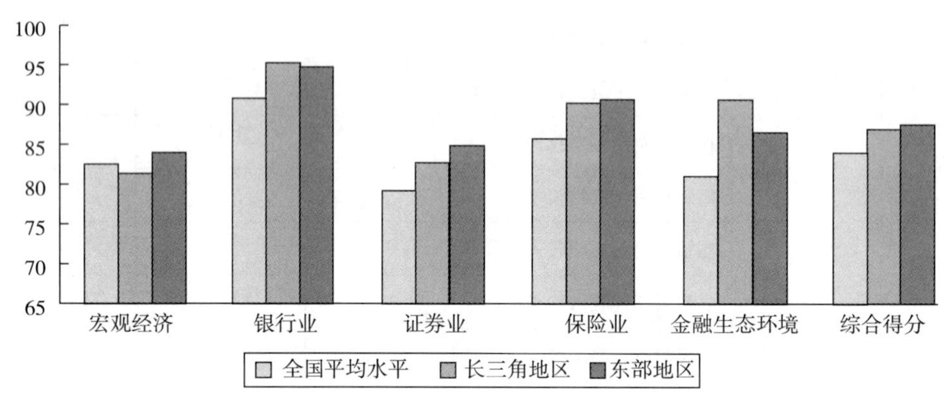

图2 2008年长三角、东部地区和全国平均水平的比较

（二）政策建议

1. 积极应对金融危机，切实保障经济稳定增长。

一是扩大政府投资规模，拉动社会投资。配合长三角地区各项经济增长政策，政府要加快保障性安居、农林水利、基础设施、民生、生态环保、自主创新等“六个方面”重点项目建设。优先安排已有规划的项目，加大支持力度，加快资金拨付进度，同时抓紧启动一批新的建设项目，努力推动产业结构调整和经济发展方式转变。加强对民间投资的鼓励和引导，积极调动社会资金投向政府重点发展的项目和符合国家产业政策的领域。

二是鼓励社会消费，加大内需对经济增长的推动力。长三角地区经济对外依存度高，外需不足给长三角区域经济带来的短期冲击要大于全国。但从长期来看，拓展内需特别是农村消费需求仍有很大空间。一方面增加财政补助规模，完善就业机制，多渠道促进城乡居民收入增长，提高国内市场购买能力；另一方面要扩大财政对医疗、教育、社会保障等公共服务领域的投入，建立健全保障和改善民生的长效机制，为居民解除后顾之忧，增强居民消费信心。

三是促进政企合力，积极推动企业出口增长。政府部门应该加大对企业出口的财政政策支持，尽量减轻企业的负担，鼓励企业在困难时期树立信心，切实促进出口增长。企业要不断加大拉美、中东、东盟等新兴市场的拓展力度，积极开发适应新兴市场需求的出口产品，努力提高对新兴市场的出口比重。同时，政府和企业应合力从过去单纯依靠低廉价格竞争拉动增长转变为更多地依靠科技进步、研发设计、节能减排、品牌质量和综合服务占领市场，进一步提高长三角地区企业和产品的出口竞争力。

2. 积极推动金融业改革发展，努力防范潜在金融风险。

一是银行机构要加快改革步伐。农业银行应扎实推进其在长三角地区的分支机构完善风险控制体系和县域事业部制管理体制的改革；农业发展银行要强化内部管理，做好全面改革的各项准备工作；有发展潜力的城市商业银行应加快跨区域发展和相互合作；农村合作金融机构要进一步巩固和深化改革成果，确保信贷支农能力。在加强监管、防范风险的前提下，加快发展小额贷款公司、村镇银行等多种形式的新型农村金融组织，鼓励和支持金融机构创新农村金融产品、改进金融服务。

二是证券机构要努力做强做大。长三角地区各证券公司应采用各种方式充实资本，不断提高自身实力。浙江省可充分利用浙江充裕的民间资金，积极吸纳民营资本进入证券行业，增强资本实力，并在此基础上不断扩大业务规模，提升自身的业务竞争力。同时，各证券机构要深入分析自身的比较优势和劣势，紧密结合长三角区域经济发展情况和企业融资需求特点，确定市场定位和发展战略，加快业务创新步伐，实行差异化、特色化经营，将业务做精做细，拓宽业务渠道和收入来源，增强自身的抗风险能力，提高服务水平，在市场上逐步形成自己的核心竞争力。

三是保险业要继续加强诚信建设。诚信建设是保险业发展的根本，长三角地区保险业应继续切实推进保险行业诚信建设。要积极培育以诚信为精髓的企业文化，加强对高管人员的监管和信用教育；大力普及信用知识，提高从业人员的整体素质和职业操守水平；以信息建设为基础，完善保险业信息披露制度，引入社会舆论的监督力量；以强化惩戒为保障，建立和完善保险营销员和中介从业人员的诚信档案，有效发挥法律和市场对失信行为的双重惩戒作用，努力提高保险行业整体形象。

四是要努力防范潜在的金融风险。当前要根据国内外经济金融形势的变化，密切关注资产价格波动风险、企业信贷风险、非法集资活动风险以及其他各类可能引发的金融风险。尤其是地方中小金融机构应密切关注资金头寸情况，通过临时头寸性再贷款、再贴现以及隔夜头寸拆借市场及时解决银行机构流动性紧张问题，切实防范可能出现的流动性风险，进一步完善风险应急处置预案。保险公司要加强偿付能力状况变化趋势的预测，通过调整业务规模、加强分保、优化业务结构等措施改善偿付能力，以及通过上市、增资扩股、发行次级债等方式筹集资本金，缓解偿付能力不足的压力。证券期货方面要加强对非法证券活动的打击力度，避免其对正常社会经济金融活动的干扰。

3. 有序推进金融服务现代化，进一步提升金融服务水平。

一是加快推进支付体系建设。按照人民银行总行统一部署推广上线电子商业汇票系统，更换支付系统核心设备，推动支付系统的深入应用，组织核实存量单位账户相关个人公民身份信息的真实性。大力推广应用非现金支付工具，继续在长三角地区重点商品交易市场、预算单位公务活动中推行银行卡结算，继续推进使用银行本票等票据。继续加强支付系统参与者管理，建立支付系统直接参与者评价通报制度，实施支付系统参与者分类指导和管理，加强支付清算和账户管理的监督检查，切实维护支付清算纪律，保障支付系统安全高效运行。

二是完善征信体系建设。人民银行要认真履行国务院赋予的管理征信业的职责，努力推动长三角社会信用体系建设。鼓励并指导金融机构充分利用征信系统防范信用风险，规范金融机构征信数据报送，进一步提高征信系统数据质量。促进借款企业和银行间债券市场信用评级的规范发展，有序推进担保机构和商业承兑汇票信用评级试点工作。加快中小企业信用体系和农村信用体系建设，扎实推进中小企业和农户信用档案的征集工作。积极与相关部门协商信息采集办法，努力拓展非银行信用信息采集范围。继续大力开展征信宣传，努力营造良好的社会信用环境。

三是提高反洗钱监管的有效性。完善反洗钱法及配套规章，赋予人民银行县级支行适当的监管权限，并进一步明确证券保险业大额交易和可疑交易报告要求；强化跨区域反洗钱调查协作机制，提高跨区域反洗钱调查的效率和质量；应落实审慎监管和风险监管，进一步强化反洗钱分类监管，提高现场检查和非现场监管的有效性。

《中国区域金融稳定报告（2009）》

主报告（英文）

Chapter 1 Overview

In 2008, China had undergone natural disasters of heavy snow in southern China and the violent earthquake of Wenchuan and experienced great impacts brought by severe turbulence in global economy and financial markets. All regions in China had earnestly implemented the macro control policies called for by the State Council. Regional economic and financial development maintained steady growth. Progress had been achieved in strengthening the regional coordinated development. Starting from the second half of the year, difficulties in economic running of all regions had intensified and pressure on the operation of financial institutions had increased, affected by the quick spread of the Financial Tsunami and the significant slowdown in global economic growth. Some emerging problems in the regional economic and financial running should be concerned.

1. The overall regional finance remained stable

Regarding to the overall economic status in 2008, smooth and healthy development remained in the economy of all regions; improvement of the economic growth mode and industrial structure adjustment was achieved; and inflationary pressure was eased. Direct impacts of international financial crisis on the financial institutions in China were relatively little. The reform and opening - up in the financial sector continued to be proceed in depth and extension. The overall strength of the financial sector had been improving steadily. The financial ecological environment had been perfected further. The overall regional financial status remained stable.

1.1 The smooth and fast development of regional economy laid substantial foundation for maintaining the financial stability

Recognizing complex and volatile domestic and international situations, all regions had made efforts to overcome various difficulties, and kept economic developing smoothly and rapidly. State's macro control policies received significant achievements, including steady optimization of regional industrial structures, balanced demand of investment, consumption and export, continuously promoting the scheme of saving energy and reducing emissions, better livelihood, and constantly optimizing regional economic structure. In terms of region, in the Eastern Region, local economic aggregate maintained fast increase, with industrial structure further optimized. Although the region was largely affected by the international financial crisis, increase and improvement could still be observed in the growth of consumption and the quality of economic development. The location advantage of the Central Region was better represented in the increasing ability of conjunction to the technology, capital and industry transmission from the Eastern Region. The regional economic strength had been enhanced. Exerting the advantages of the region, the national economy of the Western Region kept fast development, and gradually shortened the distance between the region and the developed areas. The Northeastern Region endeavored in adjusting industrial structure and promoting the industrial upgrading. Rapid growth stayed with the regional in the economy and foreign trading, together with further increment of foreign investment.

1.2 The overall strength of financial industry improved steadily in all the regions

The international financial crisis had a small direct influence to domestic financial institutions. The overall strength of banking sector continued to be improved, the risk prevention ability and the service of banking sector had been enhanced continually, and the function of promoting regional economics and finance development in harmony had become more and more important. The fundamental and institutional construction of securities and futures market consummated unceasingly, the problems of securities market arising in the past had been solved safely, and the foundation of securities industry development had been strengthened. Insurance industry in all the regions developed rapidly, the strength of insurance industry had increased and the structure had been more reasonable. Market participants, employees and the assets of insurance industry increased with steady steps as well as the key service scope were broadened.

In 2008, total assets of banking institutions increased more than 20% in most areas of China. Total after – tax profit of all banking institutions reached RMB 582. 49 billion yuan, increasing by 31. 82% year on year. At the end of 2008, deposits of banking institutions denominated in domestic and foreign currencies stood at RMB 46. 17 trillion yuan, rising by 20. 93% year to year. Loans of banking institutions denominated in domestic and foreign currencies stood at RMB 31. 73 trillion yuan, rising by 15. 18% year on year. The non – performing loan reached RMB 1. 56 trillion yuan, reducing RMB 771. 75 billion yuan from the beginning of 2008 (hereinto the Agricultural Bank of China peeling non – performing loan reached RMB 714. 13 billion yuan), the average non – performing loan ratio was 4. 91%, down 3. 55 percentage points from the beginning of 2008. The total capital adequacy of local incorporated banking institutions increased somewhat, and the risk of prevention ability improved. While the stock market continued to weakened and the market turnover declined, the management of securities and futures institutions was steady. At the end of 2008, total assets of 107 securities companies reached approximately RMB 1. 2 trillion yuan, and the net assets stood at RMB 358. 5 billion yuan, the whole year realized the net profit RMB 48. 2 billion yuan. 95 companies realized the profit, accounting for 89% out of the total. 61 fund management companies managed 439 securities investment funds, the funds assets amounted to RMB 1. 9 trillion yuan. Total assets of insurance sector amounted to RMB 3. 34 trillion yuan, increasing 15. 2% from the beginning of 2008. The application of insurance funds amounted to RMB 3. 1 trillion yuan, increasing 14. 3% from the beginning of 2008. The whole year premium reached RMB 978. 41 billion yuan, and an increase of 39. 1% year on year, recorded the fast growth since 2002. ①

1. 3 The reform of financial institution made substantial progress

At the same time of the state – owned commercial bank reform deepening further, the China Development Bank commercialization transition and the comprehensive advancement with share holding the reform of the Agricultural Bank of China, the reform of the small and medium financial institutions made the substantial progress in all the regions. The city commercial bank expanded positively, the cross – region management made the distinct progress, and the cross – region development in the province moves gradually toward the cross – region development outside the province. Bank of Jiangsu Shanghai Branch, Bank of Nanjing Shanghai Branch, Bank of Ningbo Nanjing Branch and so on started business officially. Foreign financial institutions accelerated setting up branch offices in the eastern area. Morgan Stanley invested Hangzhou Trust and Investment, Industry Co. , Ltd. , Zhuhai Commercial Bank and the strategic investors reached the frame intention. The rural financial reform made the new progress. Rural credit cooperative reform completed roundly, and rural cooperative financial institutions implemented the experiment of investing cross regions. Rural small and medium financial institutions strengthened further, and the new rural financial organizations as the village and town banks, the small – loan companies developed quickly. The Post Savings Bank completed establishing the branch offices and started business, expanded the small – loan experiment positively, boosted branches of small collateral loans, and expanded the channels of postal savings backflow.

1. 4 Market participants participated in financial market actively in all regions

Along with the financial market system perfecting further and the function improving gradually, various regional market participants increased, types of institutional investors were multi-

① Source: People's Bank of China (PBC for short and hereinafter) , China Banking Regulatory Commission (CBRC for short and hereinafter) , China Securities Regulatory Commission (CSRC for short and hereinafter) , and China Insurance Regulatory Commission (CIRC for short and hereinafter) .

ple, and the market transactions were active day by day. The city commercial banks, the urban credit associations and the trust and investment companies and so on started to enter into inter - bank market as the new institution type. The financial market maintained the overall steady operation. The inter - bank loan service and repurchase transactions in the bond market maintained active, the transactions grew greatly. The bill market maintained the steady development, and the transaction volumes expanded unceasingly. The foreign exchange market developed with steady steps, and the innovation of RMB foreign exchange derivatives speeded up. Due to the international finance crisis, the investors pursue holding gold as a risk - reducing tool, trading in gold market was brisk. In the situation that the stock market direct financing was difficult and the commercial banks strengthened the risk management, the bond market maintained the fast development, and the financing amounted to RMB 2.81 trillion yuan, a year on year increase of 17.5%. The issuance of the short - term financing bill, the enterprise debt, the corporation bond as well as the medium term note grew quickly.

1.5 Financial innovation and comprehensive operation advanced quickly

In recent years, the financial reform in China has been boosted both in width and in depth, financial innovations are active, emerging massive financial innovation services. Financial organization innovation obtained the breakthrough, the new financial organizations as the village and town banks, the small - loan companies and the automobile finance companies developed quickly. Financial service innovations for the small and medium enterprises and the rural had met the different various financing needs of economic entities. The new wealth management products and innovative businesses relevant to the rural started rapidly. The financial cross - sector cooperation had been enhanced, and many kinds of complex financial products linking different categories of products and services developed rapidly. The equity investment of local financial institutions was active. Regional quasi - financial holding companies took shape gradually. The service cooperation between the different types of financial institutions had been strengthened. Regional finance played an important role in the economic development.

1.6 Regional finance ecological environment improved continually

Regional finance ecological environment construction continued to advance, local authority's leading roles were enhanced further, and many regions had generally formed the working mechanism of "the government leading, the departments coordinating, and all society participating". A series of actions made the substantial progress, including the finance ecological environment monitor and assessment system, the credit project, the bank - enterprise cooperation platform and so on. Regional finance ecological environment improved continually.

Each of financial infrastructures operated smoothly. Emergency management of all local payment and settlement systems underwent the test by the important events, such as natural disaster, payment for the Olympic Games and global financial disturbance and so on, and the payment and settlement systems performed safely and stably. Safety and convenient payment and settlement instruments were positively developed and innovated in various areas. The bankcard operation obtained the considerable development. The rural payment and settlement environment improved distinctly. The jurisprudence construction made the significant development. A batch of important law and judicial interpretation promulgated and implemented including the *Law on the State – owned Assets of Enterprises*, the *Regulation on the Supervision and Administration of Securities Companies*, the *Regulation on the Risk Disposal of Securities Companies*, the *Regulations on the Foreign Exchange System of the People's Republic of China* and so on. The new enterprise accounting standards implemented successfully. The whole country organized to clean up the accumulated cases; the regional judicial department took maximum efforts on the trial and execution of cases of financial claims, reduced and solved the financial risk effectively. The public registration system of pledge accounts receivables kept credit risks away notably day by day. The advocation and education of credit reference continuously improved social credit awareness. The mechanism construction of anti – money laundering perfected day after day. The systems construction developed in various regions, including high value cash monitor management system and anti – money laundering appraisal of banking institutions.

2. Specific issues on maintaining regional financial stability

In 2008, the international financial crisis spread across countries wildly. The global economic growth slowed down. Some conflicts and problems in the deep remained unsolved. Economic and financial developments in all regions had been affected by different degrees. The crisis made an initial impact on the real economy in the eastern region, and was gradually transmitting to central and western regions. As a result, more difficulties are aroused in the economy of all regions. Direct loss caused by the crisis in domestic financial sector was relatively small; however, many potential risks in the financial sectors needed to be noticed, including the enlarging risk faced by financial institutions, the worsening external operating environment, decelerating regional economic growth, shrinking enterprises' profit, declining resident income growth.

2.1 Regional economic development remains smooth and fast, but the slowdown pressure on economy increased

In 2008, economic development in all regions remained smooth and fast. Rapid growth had been seen in investment and consumption demands. Total fixed asset investment increased on a year to year base, except in the eastern region whose growth rate was below 20%, the central, western and northeastern regions had achieved growth rates of 31.68%, 28.31% and 34.89% respectively. Total retail sales of consumption goods increased by 21% ~24% compared to that of last year. Regarding to the export increase, the growth rates in eastern and northeastern regions had large fallbacks, while the growth rate of the central region remained the same as to that of 2007, and the growth rate of the western region increased slightly. The growth rate in price was high at the beginning of the year and declined in the later periods. Consumption prices basically maintained stable. Urban per capita disposable income and rural per capita annual net income in all regions had risen simultaneously. Development in urban and rural areas was ongoing harmoniously. The social livelihood had been further improved. The deepening international financial crisis, such as sharp decreasing in external demands slowing down in global economy and so on had a great impact on the economic with a series of economic indicators in all areas pulling back. The prevailing conflicts in the deep were highlighted under such circumstances and were shown in five aspects. The first aspect is the dramatic slip in industrial economic efficiency, and the amount of loss and the number of enterprises with loss boosted. Specifically, eastern and northeastern regions had been experienced negative growth in gross industrial profit. The growth rate in the gross industrial profit in central and western regions had declined on a year to year base, from 61.32% and 40.88% in 2007 respectively, to 6.92% and 5.99% in 2008 respectively. The second aspect is the pessimistic situation of income increment of agriculture productions and farmers. Some main grain producing areas had experienced successive natural disasters, which affect agriculture production directly. Prices of farm products fell back, while agricultural materials prices increased by large amount compared to last year, which resulted in the decline of agriculture profits. In addition to the fact that great number migrant workers returned home, more difficulties in the continuous income increment of farmers were aroused. The third aspect is the reverse supply – demands relationship in the eastern region real estate market. The sales price of commercial house declined, with a dramatic shrink in sales volume. The forth aspect is the remarkable slowing down of external demands. Product orders decreased evidently in foreign trade enterprises. Export slipped on products to major trading countries and territories. The fifth aspect is the number of bankrupt enterprises increased. Conflicts in social employment tended to expand.

2.2 Overall developments in regional economies were going on coordinately, and yet the regional economic growth mode was pending for transformation

In recent years, the process of regional industry structure optimization, and the coordinated and balanced program of development have been accelerating. In 2008, the economic growth of central, western and northeastern regions all exceeded that of the eastern region. Industrial divisions based on the specific advantages of the regions were emerging, which indicated that positive changes had taken place in the regional economic structure, and that the development coordination among regions had been further enforced. However, all regions were still facing the pressure on economic growth mode adjustment. Because of high dependence of the eastern and coastal region on foreign trade, the region has been shocked relatively heavily during the financial crisis. Some labor – intensive and export – oriented small and medium size enterprises suffered from difficulties in operating, and thus aroused great pressure on employment. In contrast, export took up a relatively low proportion in the local economy of the central, western and northeastern regions. So these regions had less pressure caused by decline in external demand. And the matter of time lag was also notable. In these regions, industries of primary products, energy, resource exploiting and processing had been shocked seriously, e. g. industries relating to petroleum, coal and nonferrous metal. As a result, considering the situation of continuous decline in external demand, the transformation in the economic growth made had to be accelerated. A series of policies of expanding domestic demand and promoting growth issued by both the state and the local governments should be implemented, so as to strengthen the driving force of consumption on economic growth. Meanwhile, adjustments in regional economic structure, supporting to service sector and high – tech industry should be enforced unceasingly. Optimization and upgrading industrial structure should also be promoted. Moreover, hard constrains in environment and resources should be strengthened on the local economic development. Efforts needed to be made to the reform in the resource price mechanism, and to promote the transform of economic growth mode.

2.3 The financing structures in regions were yet to be optimized, but a cross – industry effect of fluctuations in asset price is emerging

The scale of direct financing in all regions remained relatively high. In 2008, the issuance sizes of corporate bonds, corporate debts and short – term financing bills in all regions widely increased. In the whole, however, the high dependence of corporate financing on bank loans had not been effectively improved, and the loan – oriented financing structure was even strengthened. Such indirect financing structure, to some extent, amplified the risks in asset price fluctuation. Firstly, real estate related credit was of heavy proportion in bank credit. Since the uncertainties faced by real estate enterprises increased, the potential credit risk deserved special attention. Secondly, given the circumstance that weakness in real estate market continued, local governments with overdependence on fiscal income from land occupancy charge might be facing the reducing pressure. Potential risk brought by excessive growth in the contingent government liabilities existed. Thirdly, the plummet in stock market had already made direct adverse effects on economy in several aspects, including the financial status of real economy, operating status of securities companies, fund utilization status of insurance companies, development of banks' intermediate business, and the profitability of banking institutions.

2.4 Financial reform in all regions continued to intensify. Profit mode of financial institutions needed to be multipled

Remarkable success had been achieved in the financial reform in all regions. The restructured state - owned banks had made improvements in the financial status and corporate governance. Reform and risk diversification in local small and medium size corporate financial institutions had been basically competed. Positive effects of reforming measures in capital market were revealed. Remarkable results were achieved in the comprehensive treatment of securities companies. The number of different kinds of insurance institutions continued to grow. And the services were consistently broadened. Financial institutions' risk control ability and sense of compliance had improved, as well as the overall operating status. The strength for future development had been enhanced. Regarding to the international financial crisis, however, the external environment for financial institutions worsened, and thus unveiled the problems of homogeneity in products and single profit mode. Interest rate adjustment carried out by the central bank directly resulted in narrowed interest spread. The interest spread profit mode that banking institutions widely rely on was difficult to maintain. The plummet in stock market resulted in a sharp decline in the brokerage business revenue, which accounted for 90% of the total revenue of securities companies. The competition among insurance companies concentrated on the operating strategies, as a result of low entry threshold and high homogeneity in products, which led to overheated market competition. In the whole, various financial institutions in China are lack of characterized financial products and services at present. Coordinated development and better profit mode have not yet formed. Sustainable profitability needs to be improved.

2.5 The pilot of financial holding company had achieved steady progress in all regions. The consolidated financial supervisory system needs to be further improved

The pilot of financial holding company had achieved steady progress in all regions. Cross - sector financial cooperation had been strengthened. Various cross - sector financial products and business developed rapidly. Major commercial banks were actively advocating diversified operations by setting up fund management companies, unit trusts, and financial lease companies. Treasure management, investment banking and financial derivatives developed speedily. The process of financial conglomerate operation was accelerated. Regional prospective financial holding companies had been gradually forming. Cooperation among different types of financial institutions increased promptly. Regarding to the development and innovation in financial operation mode, the prevailing financial supervisory system could not appropriately meet the needs of systematic risk management. Financial supervision is absent in the cross - sector, cross - market and cross - border financial business. Comprehensive financial supervision is needed as well as the cooperation and coordination among regional financial supervisory authorities. Regional financial authorities and governments should coordinate financial supervisory policies, establish long - term coordination mechanism of precaution against cross - sector and cross - market financial risks, and improve the monitoring and assessing system on such risks.

Chapter 2 Regional Economic Performance

In 2008, the international finance crisis, which the American subprime crisis induced, worsened further, the international economy slowed down, international financial market fiercely waved down. Facing the domestic and foreign complicated economic situations, the Central Committee of Communist Party of China (CCCPC) and the State Council continued to strengthen the macroeconomic regulation and control, regional economy achieved sustainable and stable development, the industrial structure was further improved, the fixed asset investment dropped slightly, CPI slid back. Generally speaking, the national economy maintained healthy development momentum, but there were some concerned problems in the economic performance, such as the economy decelerating significantly, the export shrinking fast, the capital market fluctuating dramatically and so on.

1. Basic situation of regional economies performance

In 2008, the domestic economy continued to maintain growing quickly, three industries developed harmoniously, and the industrial structure was further optimized. The fixed asset investment maintained growing quickly, regional consumption continuously and distinctly rose, the growth of export and import was small. The regional cooperation advanced positively, and the regional economic cooperation strengthened further.

1.1 The regional economies continued to grow quickly, and the regional imbalance reduced slightly

In 2008, the domestic economy continued to maintain rapid growth, GDP increased by 9.0% year to year hitting RMB 30.07 trillion yuan. In quarter, the growth rate of GDP amount to 10.6%, 10.1%, 9.0% and 6.8% respectively. In 2008, the local GDP of the eastern, central, western and northeastern area increased by 11.14%, 12.18%, 12.43% and 12.46% year to year, hitting RMB 17.76 trillion yuan, RMB 6.32 trillion yuan RMB 5.83 trillion yuan and RMB 2.82 trillion yuan respectively, characterized by the eastern area taking the lead in the amount, other regions developing fast (Table 1).

Table 1　GDP and its growth rate by region

Item	Eastern		Central		Western		Northeastern	
	2007	2008	2007	2008	2007	2008	2007	2008
GDP（100 million RMB Yuan）	150 895. 44	177 579. 52	51 930. 24	63 188. 06	47 361. 14	58 256. 32	23 325. 28	28 195. 66
proportion of whole country（%）	55. 17	54. 27	18. 99	19. 31	17. 32	17. 80	8. 53	8. 62
growth rate（%）	14. 19	11. 14	14. 23	12. 18	14. 44	12. 43	14. 09	12. 46

Source: Statistics Bureau of Municipality.

In 2008, the local GDP of 31 provinces (autonomous region, municipality) maintained growing quickly, but due to the international finance crisis, the growth of local GDP dropped slightly. There were 26 provinces (autonomous region, municipality) that local GDP maintained a double – digit growth. And Inner Mongolia continued to maintain the first by the growth rate of 17. 2%. Among first 15 provinces (autonomous region, municipality), 3 in the eastern area, 5 in the central area, 1 in the northeastern area, and 6 in the western area (Figure 1).

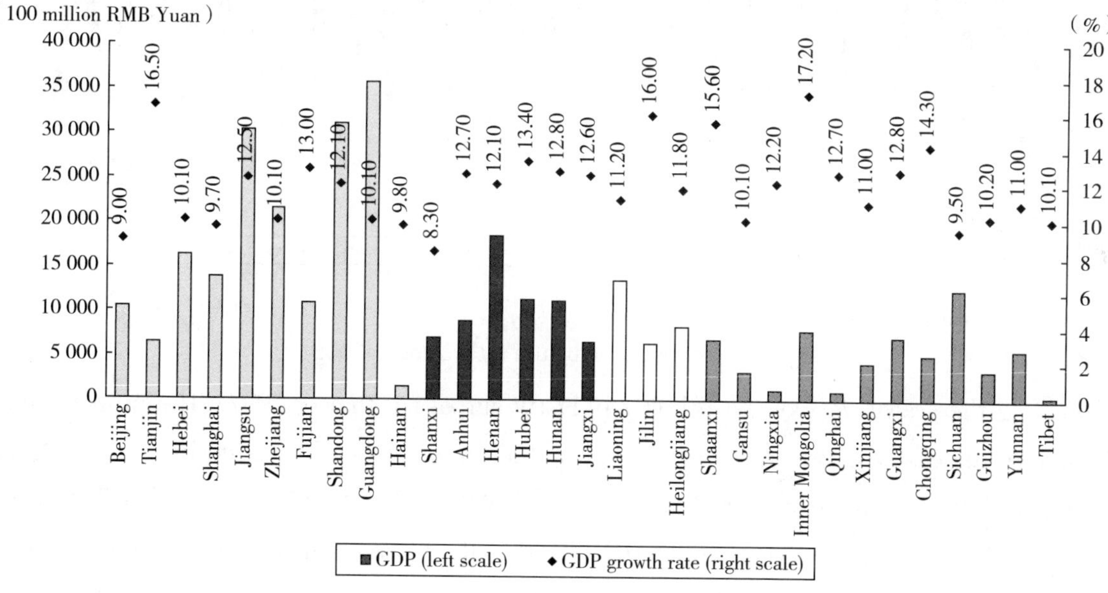

Source: Statistics Bureau of Municipality.

Figure 1　GDP and its growth rate by province, 2008

1. 2　Coordinating development of three industries and upgrading of industrial structure

In 2008, three industries continued the coordinating development, and the industrial structure further optimized. The added value of primary industry, the secondary industry and tertiary industry reached RMB 3. 4 trillion yuan, RMB 14. 62 trillion yuan and RMB 12. 05 trillion yuan respectively, increased by 5. 5%, 9. 3% and 9. 5% respectively year to year. The proportion of the secondary industry increased slightly, the proportion of three industries occupied GDP were 11.3:48.6:40.1. In industry, the overall still presented the pattern of "the secondary, the tertiary, the primary". In province (autonomous region, municipality), besides Beijing, Shanghai and Tibet presented the pattern of "the tertiary, the secondary, the primary" as well as Hainan presented the pattern of "the tertiary, the primary, the secondary", other provinces (autonomous region, municipality) presented the pattern of " the secondary, the tertiary, the primary" (Figure 2).

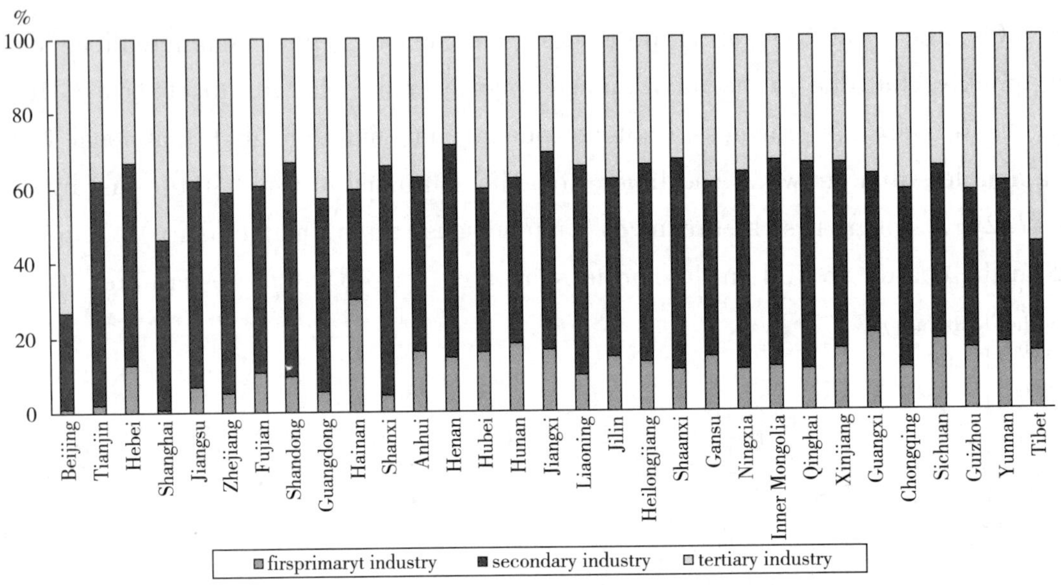

Source: Statistics Bureau of Municipality.

Figure 2 industrial structure by province, 2008

In 2008, the growth rate of the primary industry surpassed that of 2007. The primary industry added value of the eastern, central, western and northeastern regions increased by 4.50%, 5.45%, 6.41% and 7.79% year to year respectively, hitting RMB 1 214.55 billion yuan, RMB 922.72 billion yuan, RMB 906.45 billion yuan and RMB 330.78 billion yuan respectively. The growth rates of the central, western and northeastern area surpassed that of 2007. The growth rate of the secondary industry dropped slightly. The second industry added value of the eastern, central, western and northeastern area increased by 11.40%, 14.55%, 15.73% and 14.77% year to year respectively, hitting RMB 9 172.67 billion yuan, RMB 3 219.27 billion yuan, RMB 2 801.87 billion yuan and RMB 1 494.26 billion yuan respectively. The growth rate of the tertiary industry dropped slightly. The tertiary industry added value of the eastern, central, western and northeastern area increased by 11.69%, 11.42%, 12.87% and 12.86% year to year respectively, hitting RMB 7 370.74 billion yuan, RMB 2 176.83 billion yuan, RMB 2 112.16 billion yuan and RMB 994.52 billion yuan respectively. Besides northeast area, the growth rate of the tertiary industry dropped on the different degree compared to the same period last year in the other areas (Table 2) .

Table 2　growth rate of economy by sector and region

Item	Eastern		Central		Western		Northeastern	
	2007	2008	2007	2008	2007	2008	2007	2008
primary industry (%)	5. 12	4. 50	4. 04	5. 45	5. 74	6. 41	4. 70	7. 79
secondary industry (%)	15. 82	11. 40	17. 73	14. 55	18. 50	15. 73	18. 10	14. 77
tertiary industry (%)	15. 35	11. 69	13. 82	11. 42	13. 79	12. 87	11. 56	12. 86

Source: Statistics Bureau of Municipality.

1. 3　The fixed asset investment maintained rapid growth, and the growth of foreign direct investment slowed down

The fixed asset investment maintained rapid growth. In 2008, the fixed asset investment of the eastern, central, western and northeastern area increased by 19. 22% , 31. 68% , 28. 32% and 34. 89% year to year respectively, hitting RMB 7 792. 39 billion yuan, RMB 3 708. 07 billion yuan, RMB 3 693. 46 billion yuan and RMB 1 929. 38 billion yuan respectively. Except the fixed asset investment of northeastern area was faster than that of 2006 slightly, the other areas dropped a little (Figure 3).

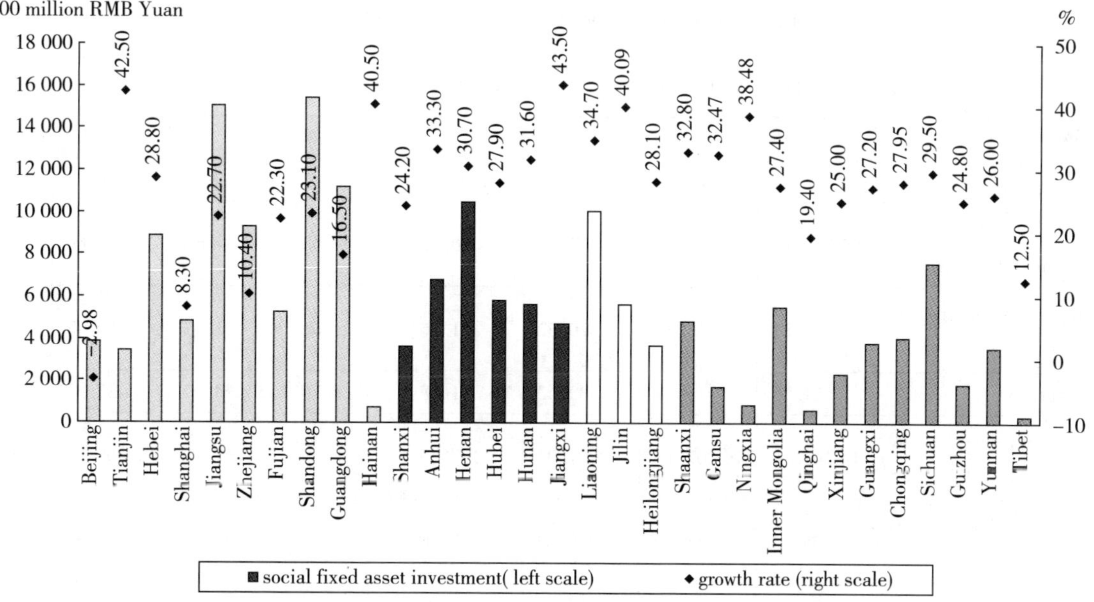

Source: Statistics Bureau of Municipality.

Figure 3　fixed asset investment and its growth rate by province, 2008

Affected by the international finance crisis, the growth rate of foreign direct investment slowed down, but the western area had actually displayed the strong rising momentum, which had the positive influence on the regional economies coordinated development. In 2008, the western area attracted foreign actual direct investment RMB 12. 42 billion yuan, increased by

51.32% year to year, and increased 19.44 percentage points. The one is higher than the national growth rate 31.41 percentage points (Figure 4).

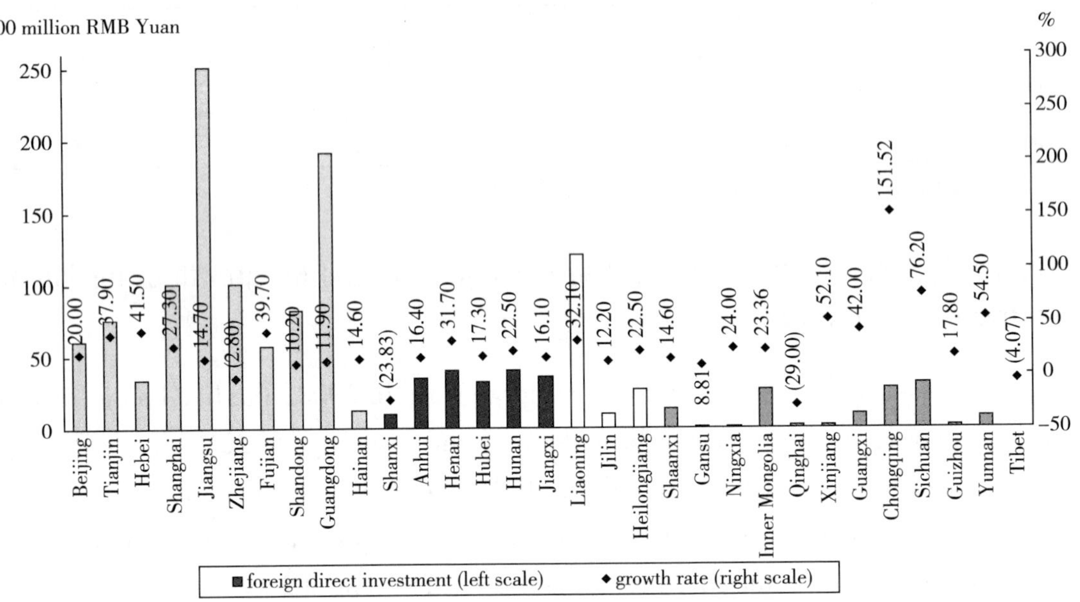

Source: Statistics Bureau of Municipality.

Figure 4 foreign direct investment and its growth rate by province, 2008

Table 3 social fixed asset investment and real estate investment by region

Item	Eastern		Central		Western		Northeastern	
	2007	2008	2007	2008	2007	2008	2007	2008
social fixed asset investment (100 million RMB Yuan)	65 358.19	77 923.91	28 173.78	37 080.72	28 769.42	36 934.56	14 302.60	19 293.80
proportion of whole country (%)	47.85	45.51	20.62	21.66	21.06	21.57	10.47	11.27
growth rate (%)	21.03	19.22	32.42	31.68	28.70	28.32	33.32	34.89
real estate investment (100 million RMB Yuan)	14 143.16	16 267.11	3 907.93	5 197.35	4 868.49	5 967.07	2 368.48	3 136.73
proportion of whole country (%)	55.93	53.22	15.45	17.00	19.25	19.52	9.37	10.26
growth rate (%)	25.52	14.99	35.00	32.99	39.60	22.81	33.53	32.42

Source: Statistics Bureau of Municipality.

The growth of real estate investment dropped quickly. In 2008, influenced by domestic and foreign economic situations, Chinese real estate market adjusted, the turnover of residential properties sales reduced, and the growth of residential properties sales price dropped. The change of real estate market lead the growth of real estate investment receded. In 2008, the real estate investment increased by 20. 91% year to year, hitting RMB 3. 06 trillion yuan. The real estate investment of the eastern, central, western and northeastern area increased by 14. 99% , 32. 99% , 22. 81% and 32. 42% year to year respectively, hitting RMB 1 626. 71 billion yuan, RMB 519. 74 billion yuan, RMB 596. 71 billion yuan and RMB 313. 67 billion yuan respectively. The growth of real estate investment in the eastern area and the western area dropped more quickly, decreased 10. 53 and 16. 79 percentage points separately compared to the same period.

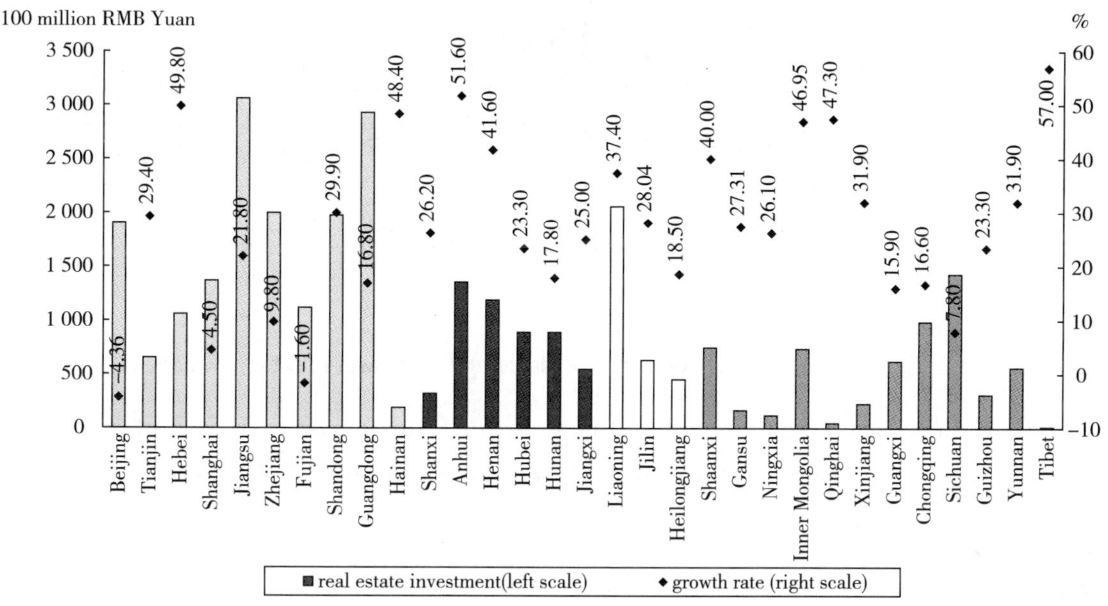

Source: Statistics Bureau of Municipality.

Figure 5 real estate investment and its growth rate by province, 2008

1. 4 Consumption grew steady in all regions, and the growth of export and import was diminished

Consumption advanced in a fast pace in all regions. In 2008, retail sales of consumption products increased by 21. 33% , 23. 19% , 22. 31% and 22. 49% year to year respectively in the eastern, central, western and northeastern area, hitting RMB 6 053. 99 billion yuan, RMB 2 215. 29 billion yuan, RMB 1 923. 91 billion yuan and RMB 1 024. 04 billion yuan, and increased 4. 24, 4. 85, 4. 33 and 4. 89 percentage points separately compared to the same period (Figure 6).

The growth of export and import dropped slightly in all regions. International finance crisis had the most straightforward impact on the export and import. In 2008, the export and import increased by 14. 25% , 33. 55% , 35. 85% and 24. 82% respectively in the eastern, central,

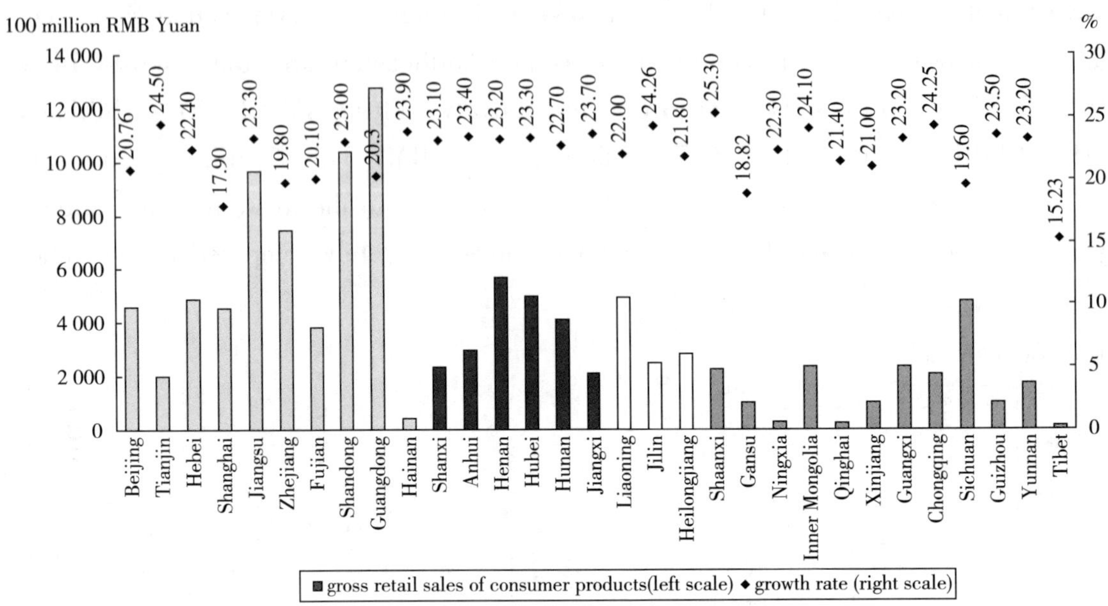

Source: Statistics Bureau of Municipality.

Figure 6 gross retail sales of consumer products and its growth rate by province, 2008

western and northeastern area, hereinto, the growth of the export and import dropped more quickly in the eastern and the western area, decreased 8.30 and 14.74 percentage points year to year respectively (Figure 7).

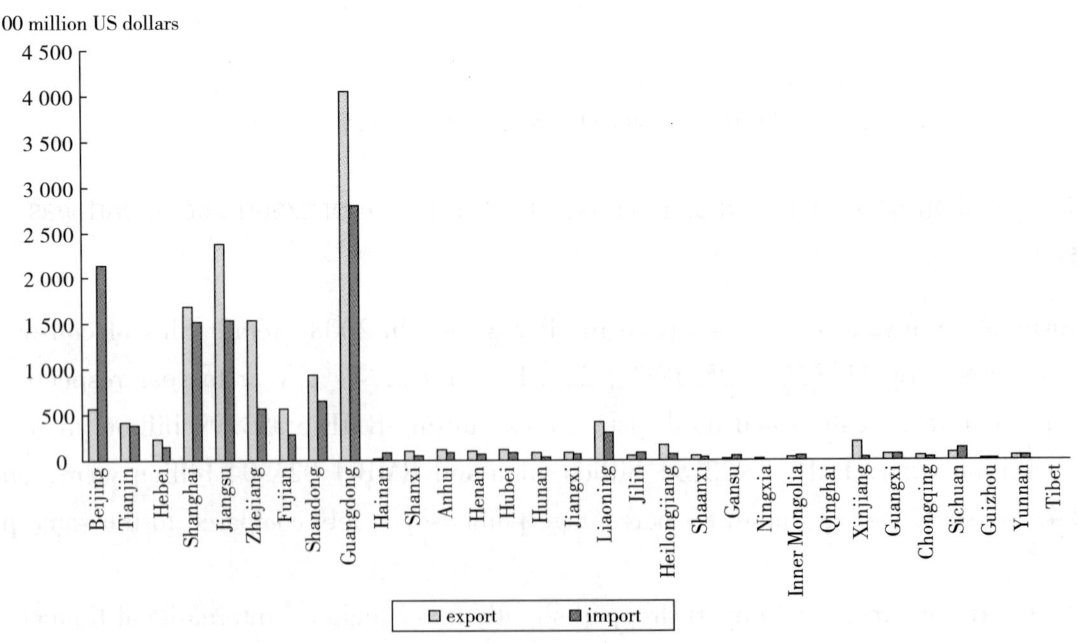

Source: Statistics Bureau of Municipality.

Figure 7 export and import by province, 2008

1.5 The growth of resident consumption price slowed down, and the income maintained a quick gain

The growth of resident consumption price index slowed down. In 2008, the CPI increased by 5.9% (Figure 8), hereinto the price of food rose by 14.3%. The resident income level maintained a quick gain. In 2008, the disposable income per capita of rural households reached RMB 4 761 yuan, and deducted the rise in price factor, increased by 8.0% year to year actually, and the proportion of the family food consumption expenditure accounted for the household consumption was 43.7%. The disposable income per capita of urban households rose by 8.4% actually, hitting RMB 15 781 yuan, and the proportion of the family food consumption expenditure accounted for the household consumption gross was 37.9%.

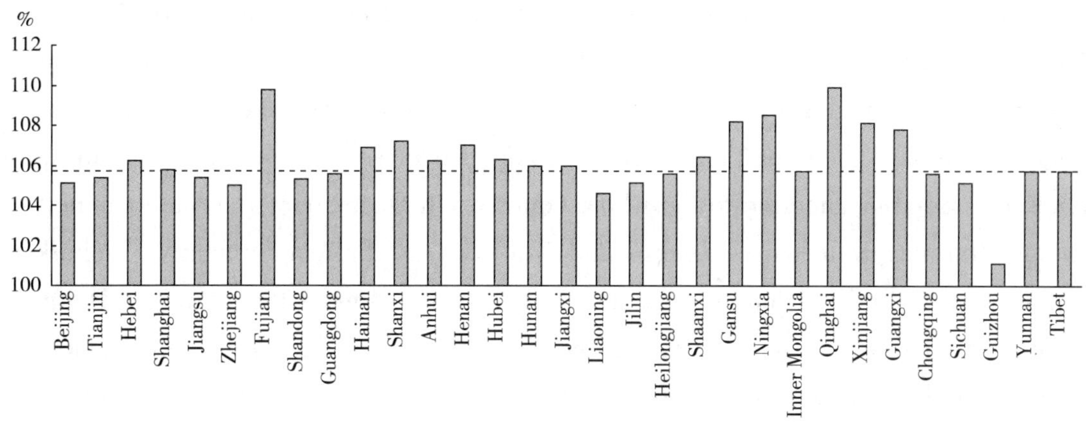

Source: Statistics Bureau of Municipality.

Figure 8 CPI by province, 2008

1.6 The national energy conservation policy was carried out positively and made the remarkable progress in all regions

In 2008, national energy consumption in the whole year totaled 2.85 billion tons standard coals, growing 4.0%. The coal consumption increased by 3.0%, hitting 2.74 billion tons. The crude oil consumption increased by 5.1%, hitting 0.36 billion tons. The natural gas consumption increased by 10.1%, hitting 80.7 billion cubic meters. The electric power consumption increased by 5.6%, hitting 3.45 trillion kilowatt - hours. The national per RMB 10 thousand yuan GDP energy consumption dropped by 4.59%.

1.7 Regional cooperation advanced positively, regional economies developed further harmoniously

In 2008, regional industries took their advantage so that division of work is more and more distinct indicating that our country regional economic structure was having the positive change, and the regional development coordination was strengthening. In January, the State Council implemented the Economic Zone by Guangxi Gulf of Tonkin Development Project, Gulf of Tonkin became the fourth important coastal economic region which integrated the national development strategy officially after the Zhujiang Delta, the Yangtze Delta, the Link Bohai Sea Economic Cycle. In September, the State Council appeared About to Further Advance Instruction Opinion which the Yangtze Delta Area Reform and Open Policy and Economic Society Developed, expanded the Yangtze Delta Area to two provinces and a city from the original 16 cities, and will request its presentation to speed up the regional integration process, and advance toward to be the important international gateway of the Asian and Pacific Area and a world - class urban cluster goal which have the strong international competitiveness, and strengthened and promoted the service and radiation function to the whole country. In December, the State Council considered through Zhujiang Delta Area Reform and Development Project Summary, embarked from the national strategy and the long - term development, to promote the Zhujiang Delta Area to advance innovational advantage, and to further display radiation lead role and the advance exemplary role to the whole country. In 2008, the Wuhan City Circle and the Changzhutang Urban Cluster which took chance of constructing the national two social synthesis coordinated reforms pilot area which was resource conservation and environment friendly, started to look for the way to be Chinese characteristic new industrialization, the agriculture modernization with the Chinese characteristic urbanization. The "9 +2" extensive Zhujiang Delta Area cooperation and the economic zone by the west bank of the channel also gradually to advance.

2. Noteworthy issues in the regional economies operation

In 2008, the international finance situation worsened suddenly, the international financial market fluctuated dramtically, the growth of global economic slowed down obviously, and the uncertainty element increased in the international economy environment. The US, Euro zone and Japan fell into the decline, and the growth of emerging market economy slowed down. The whole world inflationary pressure alleviated and the deflation risk synchronization increased. Due to the influence, the domestic economy operation was also presented some prominent contradictions and problems.

2.1 The external economic and financial developmental environment tended to be complex, the uncertainty in various local economy sustained development was enhanced

The uncertainty of international financial crisis influenced the growth of export. The economy has the obvious characteristic of export orientation in the eastern area. In 2008, the growth of industry and export of coastal provinces and cities in the eastern area slowed down, to be lower than the national average level. Some manufacturing firms were bogged down because of the affects of international financial crisis. The risk of economic downward enlarged in the eastern area. The economic downward of coastal provinces and cities in the eastern area possibly has the tremendous influence to the national economy. The central, western and northeastern area is the main resources producing areas in our country. In the second half of 2008, following with the international bulk commodity price's sudden sliding down, the domestic resource product price also had receded, and then affected the profit of the raw material production enterprise, possibly would affect the growth of economy in the central, western and northeastern area. Presently, the stage of economic development of the central, western and northeastern area as well as the build – up effect by the preliminary region policy advancement caused the economical downward scope and the duration to be well controlled, but must be vigilant to the influence of the financial crisis to be further intensifying.

2.2 The regional cooperation obtained great advancement, but the coordinated of regional overall plan still had the insufficiency

In 2008, the regional economic cooperation obtained great advancement. The national single market was establishing gradually, two big essential factors which contained the labor force and the fund realized to be mobile in the whole country basically, and the regional interaction mechanism was also gradually consummating. Development of the western region, promotion of northeastern old industrial base, and the rise of central area had already made the big progress. The cooperation between various regions was becoming close day by day, and the barrier is being broken, and the problem and contradiction about market segmentation also obtained the enormous alleviation. But to be worth paying attention, the institutional and constitutive contradiction which restricted national economy healthy development for a long time still existed, and the regional development disparity between cities and countryside was still in the expansion, the regional coordination to productive forces layout still had the insufficiency. This will certainly affect various local comparison superiority displaying.

First, the physical geography and historical difference have brought the challenge for the regional coordinated development. In recent years, the growth of economic development in central, west and northeast area sped up, but looking from the absolute value, the disparity between these regions and the eastern region was still in the expansion. Next, the administrative regionalization and the economic regionalization were inconsistent, and the difficulty of regional coordinated development was big. Chinese market economy had already developed to the certain extent, the attraction to resources from a province (autonomous region, municipality) in national and even in worldwide scale as well as the radiation to peripheral locality, more depended on essential factor flowing and the objective request of benefit related body, but the management system which the traditional administration regionalization formed in the region was various, the difficulty of coordinated development crossed regions was big. Finally, as a result of the difference of basic infrastructure construction in various areas, the industry assimilated and constructed redundantly in the low level, the resources conformity and the coordinated cooperation couldn't obtain further development, and has restricted the development of the regional economies conformity.

2.3 The asset price fluctuation was big, and enlarged the influence to related industry

Due to the influence of the international finance crisis, Chinese real estate market and capital market had also been under the varying degree impact. In 2008, the adjustment in Chinese real estate market was quite obvious; the turnover of residential properties sales dropped suddenly, the growth of residential properties sales price slowed down. In 2008, the whole country completed the residential properties sales 621 million square meters, dropped 19.7% compared with that of 2007, 70 big or medium - sized cities residential properties sales price increased by 6.5% year to year, receded 1.1 percentage points compared to that of 2007. The change of real estate market caused the real estate investment and the real estate development loan dropped down, both the newly built residential properties area and the land purchase area reduced. The capital market fluctuated largely, at the end of 2008, Composite Index dropped 65.4% and 61.8% separately compared to the end of 2007. The average P/E ratio of Shanghai and Shenzhen A - share dropped from 59 times and 72 times at the end of 2007 to 15 times and 17 times at the end of 2008 respectively.

The large fluctuation of property price would have great affects to the economic development. On the one hand, the industrial chain which the real estate industry involved was long, and the adjustment of real estate industry had possibly influence to many industries. On the other hand, the large fluctuation of stock market could affect investor's confidence, and affect the financing function of stock market, and then influence the development of capital market.

2.4 The international bulk commodity price fluctuated largely, and the influence to regional economies was big

In 2008, the international bulk commodity experienced the process that rise obviously in the beginning and receded suddenly in later period. First half of the year, the bulk commodity price stayed at a high level, created new high repeatedly. In July, the international crude price achieved the high spots of 147 US dollars per barrel, but fell to 50 US dollars below per barrel in the second half of the year. The rapid fluctuation of international bulk commodity price had affected the industrial product price and the export and import goods price. The growth of industrial product price was obvious preliminary, and receded suddenly in the later period. In August, PPI had a cumulative increase of 10.1%. Hereafter, the international bulk commodity price fell from top digit, and simultaneously domestic producing enterprise started the stock adjustment from September, and reduced purchase in raw material, and the price of main producer goods as the crude oil, the coal, the steel products and so on tobogganed. The export and import goods price rise earlier and fell later. In the first half of 2008, the international bulk commodity price rise continually, and caused the growth of imported price enhanced continually, the domestic inflationary pressure enlarged. In the second half of the year, along with the international bulk commodity price continued to fall, the imported price receded rapidly. Compared with the imported price, the fluctuation of exported price was relatively small, but had also experienced from the process from rise to fell.

The large fluctuation of international bulk commodity price had certain influence to national economy. On the one hand, China's foreign trade dependency was high, and the rising of international bulk commodity price increased the cost of the country's industry and agriculture production directly, thus brought inflationary pressure. For example, in the first half of 2008, some areas presented the gasoline, the diesel oil supply to be anxious, some places limited power consumption, brought the disturbance for the economical normal operation. On the other hand, the slump of international bulk commodity price also influenced economy development. Financial crisis promotion caused the global economic to fall into the decline, then has initiated global bulk commodity price slump. The sudden shrinking of energy terminal product demand caused the enterprises' overstock, and the enterprises faced with the pressure that the preliminary raw material cost couldn't transfer to the downstream product, the difficulty of resource flow became the present problem that numerous small and medium – sized enterprises faced with. Our country had already been clear about the direction and goal of resource product price reform, and had worked out the plan of petroleum price synthesis coordinated reform, and had established the coal and electricity price linkage mechanism, but the goal of these reforms had not completely arrived yet. Therefore, we must pay attention to the influence that the change of international bulk commodity price affected various local economies.

2.5 The demand of labor force reduced, and the employment situation was severe

Since the fourth quarter of 2008, international and domestic economy finance situation has been more and more complex, domestic economy faced to the downward risk, and domestic employment situation was severe. First, the demand of labor force reduced. The financial crisis has direct and serious impact on the labor intensive industry, the finance, real estate and resources product enterprises. The profit shrank consistently, the demand of enterprise employment labor reduced continually. Second, the backflow of overseas labor force caused the employment pressure to increase unceasingly. The major economies fell into the decline in different degrees. The labors seeking for the employment opportunity in the overseas originally returned to domestic, and then caused certain pressure for the domestic labor market. Third, the employment pressure of university graduates and migrant workers was high. The university graduates and surplus rural labor transferring to the urban had formed the new labor force supplies. In labor market, on the one hand, the labor force demand dropped unceasingly, on the other hand, the labor force supplies increased unceasingly. In 2009, along with the international finance crisis spreading further to the economic performance, the domestic employment pressure continued to expand possibly. Therefore, the employment needed to be concerned much, encouraged to develop the labor - intensive industry and service industry, explored more job opportunities, and maintained local employment in various aspects to be stable.

Chaper 3 Financial Sectors in Regional Economy

In the year of 2008, the complexity and uncertainty of China's and overseas economy and financial situations had been greatly increased. Under the leadership of the CCCPC and the State Council, China's financial sectors endured a harsh challenge. The asset scale of banking sector in all the regions continued to grow, the asset quality improved remarkably and the resilience to risks had been strengthened. The institutional infrastructures in capital markets and other renovation measures helped market confidence to recover. The comprehensive governance of securities sector achieved substantial results. The securities firms and futures companies operated prudentially. Insurance sector functioned well in the project resisting severe natural disasters and steadily dealt with the negative impacts from global financial crisis and insurance market continued to grow at a modest speed.

1. Banking sector in regional economy

Under the comprehensive influence of macro – control, banking sector in all the regions maintained steady growth. The asset size of banking sector increased rapidly, liquidity stayed at a sufficient level, the non – performance loans (NPLs) and NPL ratio both dropped and operation profit enhanced steadily. New progresses had been achieved in introducing new financial institutions and industry innovations. The overall competitiveness and resilience to negative shocks of banking sector were enhanced notably.

1.1 Overview of banking sector development in regional economy

1.1.1 Banking sector in regional economy continued to develop robustly and asset size was enlarged quickly

In 2008, the operation scale of banking sector in all the regions expanded rapidly and indicated a strong development trend. The total assets of banking sector in eastern region reached RMB 34.82 trillion yuan, an increase of 11.84% year to year and accounting for 60.67% of their total in China; the total liabilities of banking sector stood at RMB 33.78 trillion yuan, an increase of 26.06% year to year and accounting for 61.32% of their total in China. The total assets of banking sector in central region reached RMB 8.69 trillion yuan, an increase of 24.58% year to year and accounting for 15.14% of their total in China; the total liabilities of banking sector in central region stood at RMB 8. 46 trillion yuan, a year to year increase of 23. 87% and accounting for 15. 35% of their total in China. The total assets of banking sector in western region reached RMB 9. 52 trillion yuan, a year to year increase of 28. 71% and accounting for 16. 58% of their total in China; the total liabilities of banking sector in western region stood at RMB 8. 59 trillion yuan, increasing 23. 91% year to year and accounting for 15. 60% of their total in China. The total assets of banking sector in northeastern region reached RMB 4. 37 trillion yuan, a year to year increase of 22. 97% and accounting for 7. 61% of their total in China; the total liabilities of banking sector in notheastern region stood at RMB 4. 26 trillion yuan, increasing 22. 01% year to year and accounting for 7. 73% of the total in China.

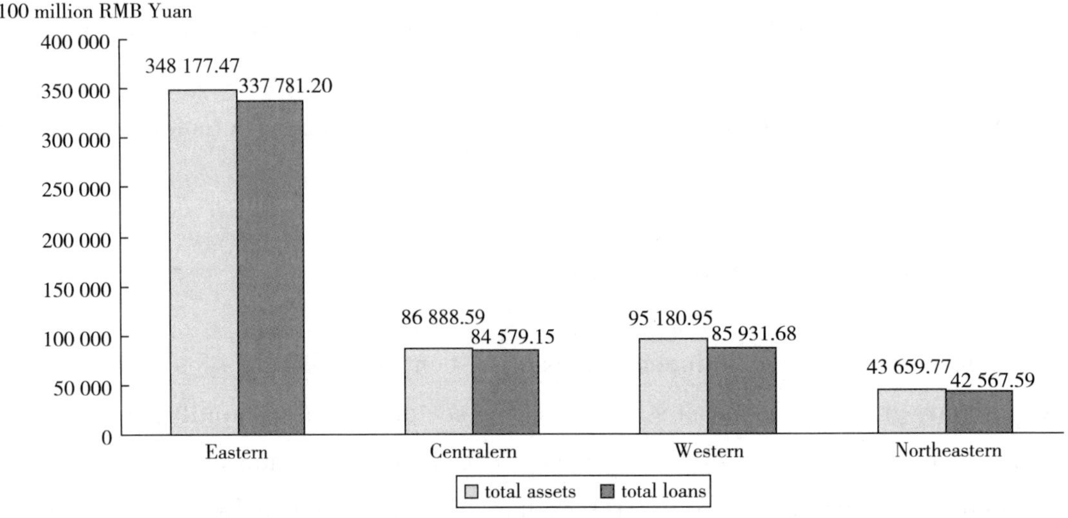

Source: People's Bank of China (PBC).

Figure 9 bank institution assets and loans by region, 2008

From geographic distribution, the assets of banking sector in eastern region accounted for 60% of that of the nationwide, including the headquarters of the biggest four state - owned commercial banks, joint - stock commercial banks and operating branches of most foreign - funded banks. But in 2008, the growth of total assets of banking sector in eastern region dropped 2. 18% year to year and its percentage in the whole banking sector also decreased 1. 44% year to year. The assets size of banking sector in western region grew fastest in all the four regions of the country and its percentage in the whole banking sector increased 0. 95% year to year. In 2008, the asset size of banking sector rose more than 10% in all the provinces. Chongqing, Tibet and Inner Mongolia, the provinces ranked top three, achieved year to year increases of 36. 98%, 35. 83% and 35. 41% respectively in the assets scale.

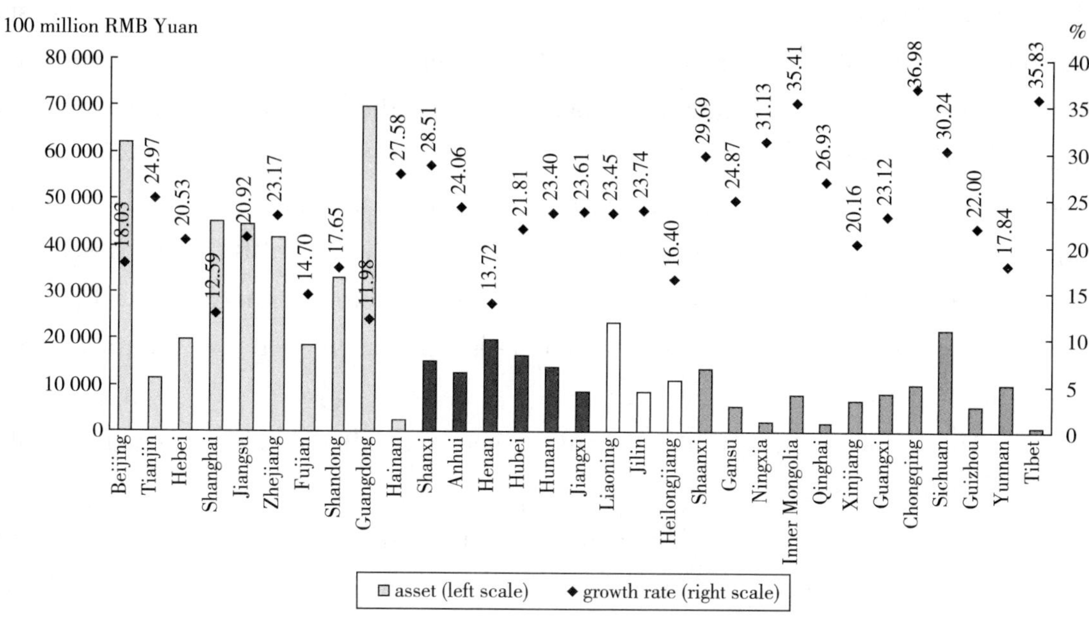

Source: PBC.

Figure 10　bank institution asset and its growth rate by province, 2008

1.1.2　The asset quality of banking sector in all the regions improved remarkably and the risk prevention capability enhanced greatly

In 2008, with financial reconstructing and risk control strengthening further, the NPLs and NPL ratio in major commercial banks both dropped persistently. As of end of 2007, outstanding NPLs in eastern, central, western and northeastern area reached RMB 577.87 billion yuan, RMB 394.56 billion yuan, RMB 326.49 billion yuan and RMB 226.2 billion yuan, and NPL ratios are 3.16%, 8.97%, 6.27% and 10.36% respectively. The outstanding NPLs in northeastern region reduced RMB 123.19 billion yuan and NPL ratio dropped most in all the four regions from 17.96 to 10.36. The new NPLs in all the regions dropped substantially. In a word, the NPL ratio of banking institutions in all the regions plunged notably and asset quality enhanced remarkably.

Table 4　non – performing loan by region

Item	Eastern		Central		Western		Northeastern	
	2007	2008	2007	2008	2007	2008	2007	2008
non – performing loan (100 million RMB Yuan)	8 130.08	5 778.65	5 785.02	3 945.60	4 279.55	3 264.86	3 493.88	2 261.96
non – performing loan rate (%)	5.10	3.16	14.71	8.97	9.77	6.27	17.96	10.36
new added non – performing loan (100 million RMB Yuan)	–76.62	–2 423.47	20.69	–1 887.34	611.25	–825.92	10.97	–1 367.74

Source: PBC.

The capital adequacy of commercial banks in all the regions kept rising and the sustainability of these banks enhanced greatly. Since CBRC released *The Rules on Capital Adequacy Ratios of Commercial Banks*, the number of banks meeting the regulatory requirement of capital adequacy and the percentage of these banks in the total asset portfolios of banking sector both increased remarkably. As of year end of 2008, the capital adequacy ratio of 193 commercial banks stood above 8% , meeting the regulatory rules required by CBRC. The assets of these banks accounted for 99. 5% of the asset portfolio of the whole banking sector. The loan loss provision gap of banking sector in all the regions reduced year by year and the provision coverage ratios enhanced greatly.

1. 1. 3 The overall cash position of banking sector in all the regions remained sufficient and the profitability improved further

In 2008, the People's Bank of China timely adjusted the direction, emphasis and tension of money policy, continuing strengthened liquidity management of banking system. Under the influence of the falling of bank deposit reserve ratio and the steady growth of deposit, the cash position of banking sector in all the regions rose increasingly and liquidity remained sufficient.

In 2008, the profits of banking institutions in all the regions grew comparatively fast and profitability continued to be improved. The booked profits of banking institutions in eastern, central, western and northeastern area reached RMB 509. 4 billion yuan, RMB 97. 5 billion yuan, RMB 124. 3 billion yuan and RMB 36. 95 billion yuan respectively. According to the indicators such as ROE and ROA, China's state – owned commercial banks and joint – stock commercial banks after stock reform had been in line with the leading international banks. In 2008, intermediary business of banking sector in all the regions accounted for more parts in total revenue and business structure had been further improved. Revenue from bank cards, financial consultancy, bank guarantee and business undertaking grew fastly, but revenue from intermediary business relating with the capital market rose slowly.

1. 1. 4 Growth of deposits in banking sector accelerated and loan rose steadily

Influenced by the turmoil of capital market and less risk tolerance of residences, deposits in commercial banks grew relatively fast and characterized by the trend for fixed – term deposits. Deposit balances of commercial banks in eastern, central, western and northeastern regions amounted to RMB 2 761 trillion yuan, RMB 701 trillion yuan, RMB 782 trillion yuan and RMB 341 trillion yuan, increasing by 18. 78% , 21. 78% , 27. 15% and 19. 22% respectively. Since the September of 2008, based on the changes of domestic and global economy and in according to the decision of central government, People's Bank of China timely adjusted the direction of monetary policies, abandoned the credit constraints of commercial banks set at the beginning of the year and strengthened financial support for economic development. In 2008, all loans of

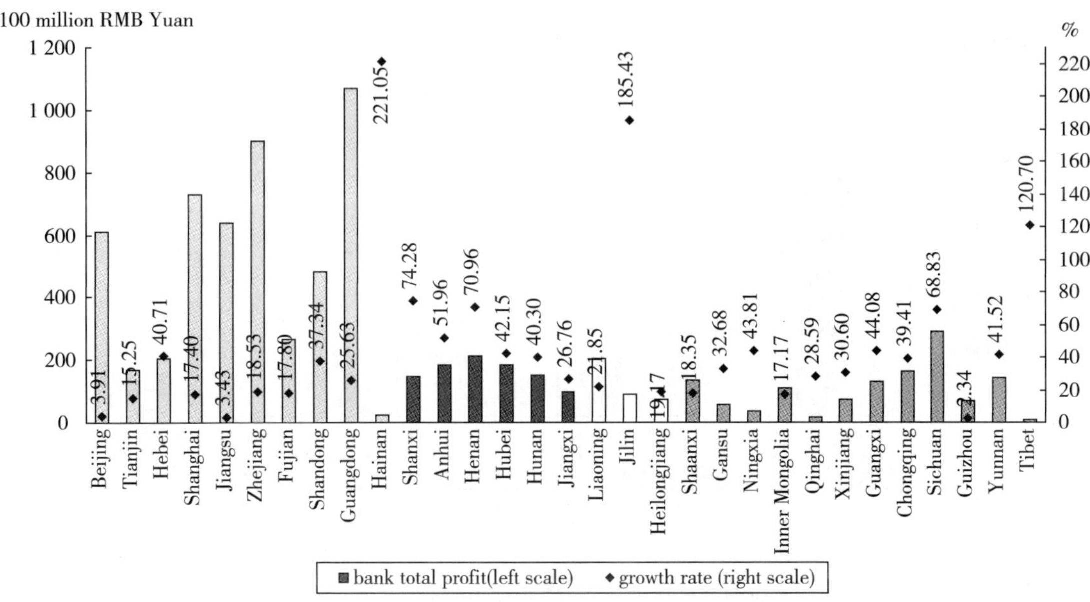

Source: PBC.

Figure 11 bank total profit and its growth rate by province, 2008

banking sector kept rising continuously. As of year end of 2008, the balances of loan denominated in domestic currencies of banking institutions in eastern, central, western and northeastern regions totaled RMB 1 831 trillion yuan, RMB 440 trillion yuan, RMB 521 trillion yuan and RMB 218 trillion Yuan respectively. The effects of financial support for regional economic development became more obviously. The growth of deposits and loans denominated in domestic and foreign currencies in central, western and northeastern regions surpassed or reached the average level of China. The loans in western region increased by 18. 89% , higher than the average and providing robust financial support for economic development of the western region.

In recent years, with higher percentages of demand deposit and medium and long term loan in total saving deposit and loan portfolio, term structure mismatch caused by the nature of banking business had been generally improved. As of year end of 2008, the outstanding medium and long term loan of eastern, central, western and northeastern regions reached RMB 9. 30 trillion yuan, RMB 2. 19 trillion yuan, RMB 3. 11 trillion yuan and RMB 1. 05 trillion yuan, with an increase of 17. 47% , 18. 40% , 21. 22% and 14. 51% respectively. New medium and long term loans in eastern, central, western and northeastern region accounted for 54. 70% , 52. 63% , 63. 44% and 44. 46% of total new lending denominated in domestic currency in 2008 respectively, down from a year earlier. Due to lack of bond investment vehicles and high pressure of capital allocation and profit growth, the issue of commercial papers characterized by good liquidity and capital turnover grew remarkably.

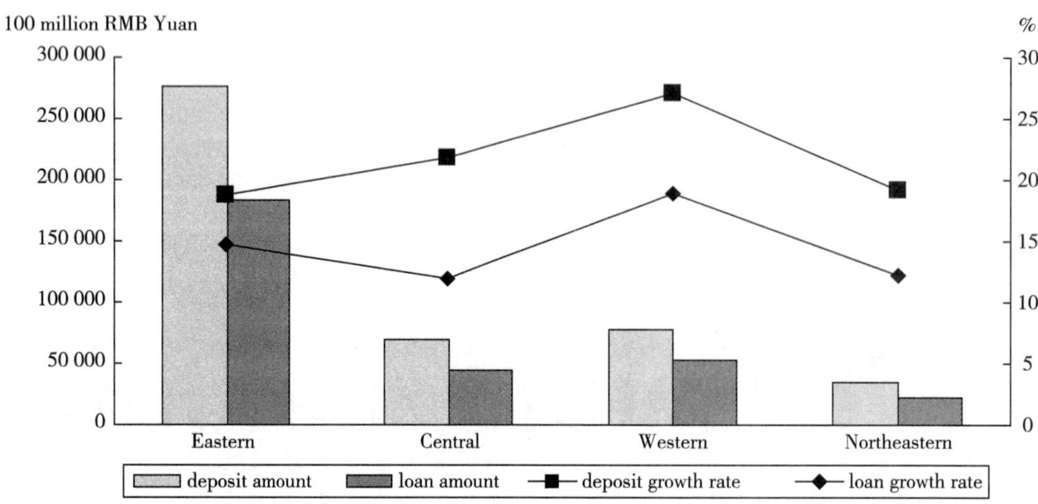

Source: PBC.

Figure 12 deposit and loan with its growth rate by region, 2008

Table 5 bank institution medium and long term loan by region

Item	Eastern		Central		Western		Northeastern	
	2007	2008	2007	2008	2007	2008	2007	2008
medium and long term loan (100 million RMB Yuan)	79 136.36	92 960.83	18 475.11	21 873.89	25 647.51	31 090.94	9 176.32	10 507.72
growth rate (%)	20.86	17.47	21.37	18.40	24.41	21.22	20.43	14.51
medium and long term loan rate (%)	49.59	50.77	46.99	49.72	58.53	59.69	47.17	48.13

Source: PBC.

1.1.5 Banking sector made great efforts on financial innovation and financing problems of the small and medium enterprises were further mitigated

To assist the development of the small and medium enterprises (SMEs) and mitigate financing problems of the small and medium enterprises, banking institutions made great efforts on the innovation of credit business and created new products such as stocking mortgage loan, accounts receivable loan, packaging loan, policy loan and supporting loan for outside investment to support the diversified credit demands of SMEs. Banking institutions positively operated the intermediary business such as cash management, remitting and etc., expanded the scales of financial services targeting at SMEs. They also innovated the retail financial services and credit management models for SMEs, drafted new rules on credit rating and management of SMEs and streamlined the efficiency of services for SMEs. For instance, banking institutions of the city of Jiuquan, Gansu province, offered stocking mortgage loan to cotton purchasing enterprises and effectively satisfied the demand for capital of these enterprises. As of year end of 2008, 61 cotton purchasing enterprises obtained credit supports, representing 82.42% of the total, which robustly supported the manufacture and operation of cotton production industry. Six commercial banks including China Construction Bank, Bank of Huaxia and China Merchants Bank worked closely with some taxation bureaus to develop the collateral loan of export tax refund and relieve the capital pressure of trade companies.

1.1.6 The reform of banking sector in all the regions further deepened and financial support for agriculture industry were reinforced

The reform and reconstruction of the state - owned commercial banks were steadily pushed forward. At present, the reform of the stated - owned commercial banks was completed principally and achieved remarkable results. The reform of China Development Bank and Agricultural Bank of China had been fully implemented and made significant progresses. In the context of global financial crisis, central government decidedly started the reform and injected 20 billion US dollars and 19 billion US dollars to China Development Bank and Agricultural Bank of China respectively. At present, China Development Bank had successfully transformed to a joint - stock commercial bank, Agricultural Bank of China had accomplished the financial reconstruction of stock reform. Agricultural Bank of China Limited was officially established on Jan. 16 of 2009. The Export - Import Bank of China and Agricultural Development Bank of China continued to deepen internal reform and reinforce the infrastructure of risk management and internal control, steadily operated innovative businesses and created condition for comprehensive reform. The reform of large state - owned commercial bank promoted the rising of service quality and competitiveness of banking sector and laid solid foundation for steady operation of economy and financial stability.

The reform of other banking institutions continued to be implemented. The proactive expansion and operating cross regions of city commercial banks made remarkable progress. The city commercial banks started to expand from original areas and operate in other cities. Shanghai branch of Bank of Jiangsu, Shanghai branch of Bank of Nanjing, Nanjing branch of Bank of Ningbo and etc., officially opened in 2008. The foreign - funded financial institutions accelerated to build up new branches in eastern region. For instance, Morgan Stanley bought the stoke of Hangzhou Industrial and Commercial Trust Company and Zhuhai City Commercial Bank signed a framework agreement with its strategic investors.

The financial support for the development of agriculture was reinforced. In 2008, a multi - level rural financial service system was established principally and banking institutions in all the regions functioned importantly in the construction of new rural areas and servicing the issues concerned to the agriculture, the rural and the farmers. As of year end of 2008, the reform of rural credit cooperatives had achieved a significant progress and periodic results. The historical burden of rural credit cooperatives was effectively solved and asset quality improved remarkably. Since made profit in 2004, the first time in nearly ten years, rural credit cooperatives increasingly enhanced their profitability and earned a net profit of RMB 54.5 billion yuan, up RMB 9.2 billion yuan over a year earlier. The reform of property system of rural credit cooperatives had accomplished. The rural commercial banks and rural cooperative banks rooted from rural credit cooperatives reached 22 and 163 seperately. The legal entities in rural or urban areas totaled 1 966. The pilot program of new type of rural financial institutions achieved remarkable results. As of year end of 2008, 105 new types of rural financial institutions were approved to open, including 89 country banks, 6 loan companies, 10 rural mutual cooperatives. 77 rural financial institutions out of its total were established in the towns and villages of central and western area with low coverage of banking network and low financial competition. Through directly setting the operating business or expanding financial services in those areas, rural financial institutions greatly enhanced the supply of financial services in rural areas and notably improved the financial services situation in 38 towns previously having no any site of financial institutions. The shareholder's equities, outstanding loans and accumulated disbursed loans of 105 opening new types of rural financial institutions reached RMB 4.04 billion yuan, RMB 2.79 billion yuan and RMB 3.97 billion yuan respectively. The 96.8% of loans were disbursed to small enterprises in rural areas and peasants. The purposes of attracting urban capital to rural areas, remaining rural capital at rural areas and motivating rural financial markets had been achieved principally.

1.2 Noteworthy issues in the development of banking sector in regional economy

1.2.1 Pay close attention to the further influence of global financial crisis on the operation of banking institutions in regional economy

Generally, the influence of global financial crisis has deteriorated dramatically since September of 2008 is limited. The major reason is that in recent years, China caught the good chance to accelerate the reform of domestic financial industry and strengthen the competitive edges and sustainability of banking sector. The asset quality and anti – risk ability of banking sector have been improved remarkably. Meanwhile, the opening – up of banking sector in China still remained at a low level and the clients that banking institutions served and markets they operated their business are mainly limited in China. The overseas assets holding by the domestic financial institutions only represented a small part of the total assets of these banks. Therefore, the overall risk could be under the control. However, the current global financial crisis is still undergoing. The turbulence of global economic and financial situation had negative impact on domestic economy and inevitably produced much more pressure on the operation of banking institutions in all the regions.

First, the global financial crisis could deteriorate further and the potential inflation caused by easy monetary policy in major advanced economies would have impact on the operation of economy and financial system. The exchange risk and credit risk of overseas securities assets holding by some domestic financial institutions would increase and the losses caused by revaluation would climb.

Second, the downturn of macro economy would lead to high level of market risk and reduce the profitability of banking institutions in all the regions. Since September of 2008, People's Bank of China had cut the benchmark for interest rate of loans five times and bank reserve rate four times. The interest rate spread between medium and long term deposit and loan had been narrowed remarkably. Banking institutions were faced with a rising capital cost in the situation of the deposit characterized with a fixed trend and the profits of banking institutions were eroded significantly. The profitability of banking sector in all the regions had decreased by a large margin since October of 2008 and dropped over the months. The falling of profits of banking sector has suddenly accelerated since the fourth quarter of 2008. The local banking institutions having weak innovation capability and mainly counting on interest revenue would be hit by the narrowing spread between deposit and lending rates.

1.2.2 Banking sector in all the regions faced harsh challenges from economic growth slowdown

Since the fourth quarter of 2008, economic growth in all the regions had slowed down. Several macro economic indicators and the indicators of banking sector such as the growth of deposit and loan, revenues from intermediary business and profits plunged in varying degrees. Commercial banks confronted increasing pressure from the quality of outstanding loans and the turnaround of NPLs. Eastern region, a region in China with the largest export - oriented economy, had a high dependent on export industry. Many import and export oriented companies encounted difficulties in operation and emergent accidents such as stopping production and suspending a business increased, which caused risks to transfer to the financial system. The dropping of profit would directly influence the asset quality of banking institutions.

Due to the slowdown of economic growth, banking sector continued to concentrate the credit portfolio on large clients and industries with competitive edge. The distribution of lending of banking instititutions in eastern region mainly focused on the industries such as manufacturing, real estate, transportation, urban infrastructure and renting and commercial services. The lending of banking institutions in central and western region mainly concentrated on the industries such as coal, concrete, steel, nonferrous metal and chemistry. The leading of banking institutions in the northeastern region concentrated on the industries such as equipment manufacturing, petroleum and chemical, steel, energy and food. These industries related primarily with the macro eocnomy and easily influenced by economic shrinking. The further concertration of lending of banking institutions in these industries would directly erode asset quality and enhanced the client or industry concentration risks. Under current policies, moderate monetary policy, the policies of financial supporting for economic growth and social responsibility of banking institutions all motivated banks to ease credit control and implement the policy of having protection and having pressure. The potential risk exposure and larger difficulties in strategy and management had brought great challenge to the sustainable and steady development.

1. 2. 3 Foreign funded financial institutions faced more difficulties in liquidity management

Since China's banking sector opened up to the outside world, the operating scale of foreign funded banks continued to enlarge and maintained diversified profile of business and products. As of year end of 2008, the total assets of foreign funded banks reached RMB 1 344. 8 billion yuan, an increase of 7. 4% year to year. The profits totaled RMB 11. 9 billion yuan, increasing by 96. 12% year to year. The capital adequency ratio reached 17. 98%. In the context of global financial crisis, some foreign funded banks slowed their growth in China. Because the foreign funded banks were highly dependent on interbank borrowing, the liquidity of some foreign funded banks encountered large difficulties in managing liquidity when the business of interbank capital transfer got into scrapes in 2008. To cope with this situation, financial regulators proactively coordinated to solve the financing problem of some banks and built up the supervison cooperation mechanism of foreign funded banks and small and medium banks. People's Bank of China innovated new facilities to provide emergent liquidity support for banks.

1. 2. 4 Fluctuation of asset prices directly influenced the asset quality of banks

In 2008, real estate markets in all the regions of China continued to remain the trend of downturn. The cities where the prices of house selling dropped comparing with the previous same period increased over the months and jumped from 4 in April of 2008 to December. of 2008. For one thing, under this circumstance, the default risk of property development lendings in commercial banks continued to rise and eroded the quality of lendings in real estate sector and related industries. For another, collateral value of the houses in some lendings plunged remarkably and collateral properties and cash flows could not cover credit risk of the lendings. The second sources of repayment were not steady. Taking a city in eastern area as example, as of year end of 2008, the lendings collateralized with real estate represented one third of the total porfolio or 40% of that in domestic funded banks. Besides, off – budget revenues derived from land transfer had been always one of the important sources of fiscal revenue. When land prices plunged with the falling of the prices of real estate, the dropping of the disposable revenues of local governments could be able to enlarge the credit risk of some lendings with government guarantee. If the trend of the falling real estate prices continued in 2009, the credit risk of real estate industry would be manifested and cause more default events in some real estate lendings and falling value of collateral property.

Influenced by the turmoil of capital markets in 2008, the risk tolerance and assets allocation of domestic residences and enterprises changed notably comparing with the previous years. The linkage between capital markets and the balance sheets of commercial banks underwent a dramatic increase. The influence of huge fluctuation of capital markets on commercial banks was expressed as the growth of fixed deposit, rising capital cost and changing of intermediary business income. First, wealth management products linked with capital market and equity funds made huge losses, the investment return of residences dropped, the selling of wealth management products and funds was hit and the revenue of banking intermediary business plunged remarkably. Second, the investment risk of bond was unfolded. Motivated by the expectation of cutting interest rates, bond market boomed since the third quarter of 2008. The sharp rise of investors and the appearance of high yield bonds enhanced the speculation and fluctuation in the market. The fixed income securities holding by more city commercial banks rose remarkably and potential risks were increasingly unfolded.

1.2.5 Development of personal banking business of commercial banks deserves attention

The intermediary business had been the focused area of banking institutions in the recent years. Besides that state – owned commercial banks had new break in the business of international trading settlement, comprehensive operation and investment banking, personal banking had become a remarkable part in the development of intermediary business of commercial banks. However, in the context of gloomy domestic and international capital markets, many personal banking products occorred losses and some even lost 65% of the principle. A series of problems were exposed in the huge losses of personal banking products and funds. First, the disputes over personal banking products and investment linked insurance business rose remarkably. And many consumers even united as a group through Internet and disputed, which had caused improper social influences. Second, the sales of investment linked insurance products through bank insurance channel existed management defects. When commercial banks were selling insurance products, they did not conduct a comprehensive assessment to clients' risk tolerance and clearly explain the potential risks linked with products, which would possibly mislead investors to make inappropriate decisions. Third, the emergency treatment mechanisms in the personal banking business field need to be improved. When confronted with the disputes over the losses of personal banking products and investment linked insurance, some banks lack of well – established emergency warning system ruined their reputations for the improper social influences.

2. Securities sector in regional economy

Under the impacts of international financial crisis and the shrinking profit of listed companies, stock markets plunged in 2008. Market turnover and financing activities reduced remarkably. The assets and revenues of securities institutions in all the regions decreased. The legal infrastructure and sustainability of capital markets were further strengthened.

2.1 Overview of securities sector development in regional economy

2.1.1 Stock markets plunged and futures markets developed fastly

Stock markets plunged. As of year end of 2008, Shanghai composite index and Shenzhen compenent index closed at 1 800.8 and 6 485.5, down 65.4% and 63.7% over a year earlier respectively. The annual turnover of Shanghai and Shenzhen stock market in 2008 totaled RMB 2 671 trillion yuan, decreasing by RMB 1 934 trillion yuan year to year; the average market turnover amounted RMB 108.6 billion yuan, down 43% over a year earlier. Financing activities in capital markets decreased remarkably. In 2008, listed companies financed RMB 339.6 billion yuan through domestic capital markets, decreasing by RMB 394.7 billion yuan year to year. Among them, 75 IPO activities through A – shares markets financed RMB 106.6 billion yuan, decreasing by RMB 348.7 billion yuan year to year. Refinancing activities including share allotment, public additional share issue, designated additional share issue, and right issue in A – shares markets financed RMB 133.2 billion yuan, decreasing by RMB 104.6 billion yuan year to year. Listed companies convertible bond, equity warrant bond and corporate bond financed RMB 99.8 billion yuan, increasing by RMB 58.7 billion yuan. The amount of new opening of investor accounts climbed steadily. As of year end of 2008, A – shares accounts in Shanghai and Shenzhen markets totaled RMB 121.24 million yuan, B – shares accounts totaled RMB 2.40 million yuan and fund accounts totaled RMB 28.34 million yuan respectively, an increase of RMB 10.71 million yuan, RMB 0.06 million yuan, and RMB 2.34 million yuan year to year and 9.69%, 2.58% and 9.02% year to year respectively.

Futures markets developed fastly. In 2008, the turnover of futures markets in China totaled RMB 1.36 billion yuan, up 87% over a year earlier. Accumulated turnover reached RMB 7 190 trillion yuan, an increase of 76% year to year. Refined sugar, copper, soy bean, beans dregs and natural rubber were traded actively. The new launched gold futures developed steadily and turnover of 2008 amounted to RMB 149 trillion yuan.

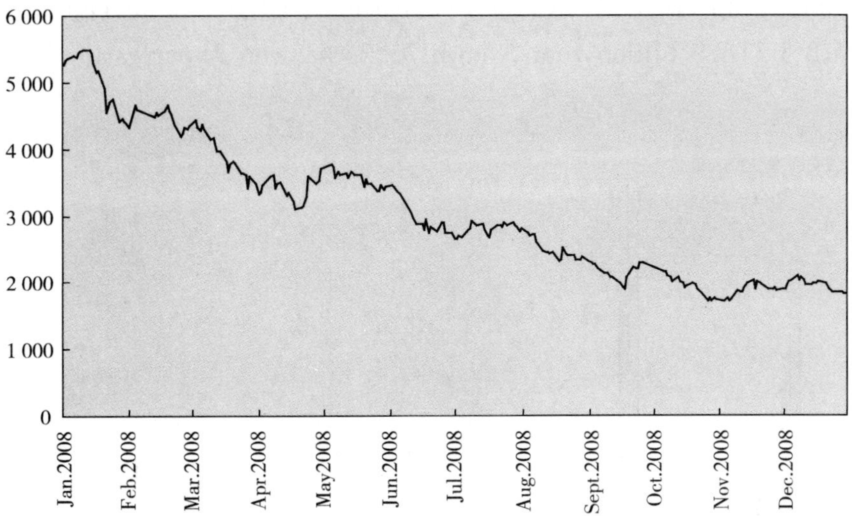

Source: Wind information.

Figure 13 Shanghai composite index in 2008

2.1.2 Assets and revenues of securities institutions reduced dramastically

As of year end of 2008, securities institutions in eastern, central, western and northeastern regions totaled 71, 12, 18 and 6 respectively, fund management companies reached 64, zero, 3 and zero respectively, futures brokerage companies totaled 113, 21, 19 and 18 respectively.

Table 6 number of security institutions by region

Item	Eastern		Central		Western		Northeastern	
	2007	2008	2007	2008	2007	2008	2007	2008
securities companies	70	71	11	12	19	18	6	6
fund management companies	62	64	0	0	3	3	0	0
future brokerage companies	114	113	21	21	19	19	21	18

Source: CSRC.

As of year end of 2008, the asset of securites institutions in eastern, central, western and northeastern regions totaled RMB 986.8 billion yuan, RMB 75.0 billion yuan, RMB 79.3 billion yuan and RMB 19.2 billion yuan, down 33.12%, 36.58%, 29.32% and 30.05% over a year earlier respectively. Impacted by the gloomy stock market, the revenue of securities institutions decreased remarkably. The revenue of eastern, central, western and northeastern regions reduced by 55.60%, 59.33%, 44.88% and 43.45% over a year earlier respectively. The securities institutions in central region experienced the fastest shrinking in all the regions. The new funds established by fund management companies increased modestly, but the initial capital raised by new funds shrinked dramastically. In 2008, 24 new funds established in capital markets of China, up 26.32% over a year earlier, but the intial capital raised by these funds totaled RMB 5 316.9 billion yuan, down 76.33% over a year earlier.

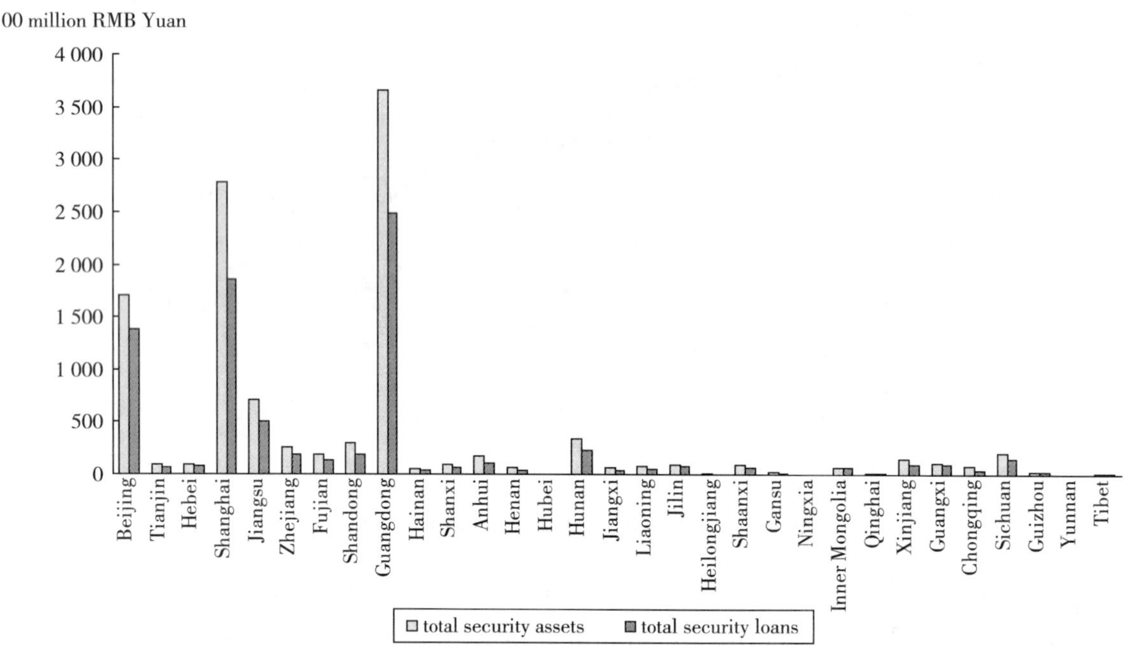

Source: CSRC.

Figure 14 total assets and loans of security institution by province, 2008

2.1.3 Legal infrastructure of capital markets was strengthened and surpervison to listed companies was reinforced

In 2008, the legislation of capital market had been strengthened; legal infrastructure of securities and futures had been further improved and administration work according to law had been steadily pushed forward. New rules released by China Securities Regulatory Commission such as *Regulation on the Supervision and Administration of Securities Companies* and *Regulation on the Risk Disposal of Securities Companies* further established the foundermental infrastructure of securities regulation. With the amendment of new rule, *Measures for the Risk Control Indexes of Securities Companies*, the net capital – oriented risk regulation system was improved and business risks of securities companies were effectively controlled and watched. Through completed the work of amendment and disclosure of 7 rules and 41 normative documents such as the *Securities and Futures Act*, the legal infrastructures of securities and futures sector were further improved and laid solid foundation for the standard operation of capital markets. The release of the notice on the relevant issues concerning the suppression of illegal securities activities continued to complete the legal system to suppress the illegal securities activities.

In 2008, the supervision of listed companies was reinforced and corporate governance of listed companies was well enhanced. In the special campaign to strengthen the corporate governance of listed companies, the subsidiaries of China Securities Regulatory Commission carried out on – site surveillances in 1 072 listed companies and completed joint inspection to 327 listed companies and 64 audit agencies. The campaign deepened the mechanisms of securities inspection and administrative sanction, devoted efforts to investigate and prosecute major cases, enhanced the exposure of the cases and reinforced the transparency and social influence of case investigation. In 2008, 106 cases entered into the process of investigation and prosecution, 118 cases were completed and 157 cases were unofficially investigated. The efficiency of inspection was rised notably and the processes of investigation and reviewing were shortened remarkably. Rate of cases settled rose from 44% to 68% and execution rate of administrative penalty climbed from 25% to 78%.

2.1.4 Direct financing respented less in the total and bond market continued to develop

The scale of direct financing remained at a high level but declined from 2007. As of year end of 2008, direct financing including equity, enterprise bond and listed corporate bond totaled RMB 121 trillion yuan, accounting for 20% of the total of financing in China and drop 4.7 percentage point over a year earlier. The development of capital market, especially bond market reinforced the financing function of capital market and improved the financing structure, which will not only benefit to enlarge the scale of China's capital markets and provide more investment channels for investors, but also mean much for improving the structure of direct financing market and alleviate the negative impacts of financial risks under the current economic environment. In 2008, bond market continued to develop fastly. The scale of bond market reached RMB 2 810 billion yuan, an increase of 17.5% over a year earlier. Corporate bond market developed fastly. The issue of medium term financing bills enriched the categories of fixed income securities. In 2008, corporate bond market financed RMB 872.3 billion yuan, an increase of 354.2 billion yuan and 68% over a year earlier. Among them, enterprise bond financed RMB 236.7 billion yuan, increasing by 38% year to year; corporate bond issued by listed companies financed RMB 28.8 billion yuan, increasing by 157% year to year; medium term financing bill financed RMB 173.7 billion yuan.

2.1.5 The structure of listed companies in all the regions had been improved and Mergers and Acquisitions achieved new progress

As of year end of 2008, the companies listing in domestic capital market of eastern, central, western and northeastern region totaled 954, 195, 270 and 115 respectively. The shareholders of listed companies showed more flexibility in the increase of shares. The controlling shareholders in 125 listed companies executed the increase of shares with RMB 3.97 billion yuan and 2 companies executed buyback. The mergers and acquisitions of listed companies achieved new progress. The securities regulator promulgated new rules such as *Measures for Administration of the Restructuring of Major Assets in Listed Companies*, *Administrative Measures for the Financial Consultancy Business in the Merger, Acquisition and Reorganization of Listed Companies*. Through mergers and acqusitions, the controlling shareholders had injected high quality assets to 171 listed companies and increase the EPS of these companies by 75% over a year earlier, which had helped to improve the quality of listed companies to some extent.

2. 2 Northworthy issues in the development of security sector in regional economy

2. 2. 1 Stock market plunged remarkably and internal stability mechanisms of capital markets need to be reinforced

Under the influence by multi – factors, stock market plunged remarkably. As of year end of 2008, CSI 300 Index closed at 1 817. 72, dropped by 65. 95% year to year. First, stock prices returned to their intrinsic value. The valuation of A share was overestimated in 2007 and many stocks had deviated from the prices supported by their foundation. Value regression had formed an important factor to explain the downturn of capital markets in 2008. Second, influenced by global financial crisis, listed companies underwent huge asset losses caused by inventory falling prices and the write – off of long term equity investment. Meanwhile, in the context of global financial crisis, the decreasing demands in cyclical industries and the drop of prices led to the plunge of profit of listed companies. The turbulence of stock market reflected the capital markets of China with the characters of the emerging and transition markets. The lack of internal stability mechanisms in stock market indicated that foundermental infrastructure of the capital makets needs to be reinforced. Therefore, improving the pricing mechanism and self – adjustment of market could help to avoid the huge fluctuation of stock market.

2. 2. 2 Effects of the comprehensive governance of security companies were manifested but business model was single

The effects of the comprehensive governance of security companies were manifested. In 2008, although stock market plunged remarkably, the foundermental infrastructure such as third – party custody system was improved further. The systemic risks caused by use of customers' transaction settlement funds or trust asset for other purposes were well avoided.

As of year end of 2008, the unaudited financial statements of 107 security companies showed that the total assets reached RMB 120 trillion yuan, down 29. 4% over a year earlier, and net profit totaled RMB 48. 2 billion yuan, down 63. 5% over a year earlier. Based on the analysis of the sources of revenue, brokerage business still contributed most, representing over 90%, and the contribution of other business was quite below. The sustainability of the business model of security companies characterized by buyer – side business need to be further improved.

2.2.3 Open-ended funds dealt well with redemption and liquidity risks deserved more attention

Open-ended funds had constructed the major power of fund industry of China. The liquidity of open-ended funds is a critical factor to guarantee capital market to function effectively. So the liquidity of open-ended funds has significant meaning to the healthy and steady development of fund industry and stock market. In the context of the turmoil capital markets, open-ended fund sold stocks to cope with redemption. The percentage of cash in the portfolios of equity funds rose notably from 10.8% in the fourth quarter of 2007 to 12.3% in the fourth quarter of 2008. Hybrid funds lifted the percentage of cash and bond in the total portfolios from 10.3 % to 11.5% and from 12.4% to 26.5% respectively. The changes helped funds to avoid the losses caused by liquidity problem in a stock market downturn.

Liquidity risk is the most frequent risk in the operation of open-ended funds. Due to the periodic and immature characters of stock market, the mechanisms and infrastructures coping with liquidity risk were insufficient, which to some extent enlarged the possible losses caused by liquidity risk. As the uncertainty of global and domestic financial condition increased, the huge fluctuation of stock market could be able to suffer a large scale of redemption. Therefore, the liquidity risk still threatens open-ended funds and deserves much attention.

2.2.4 Relationships between innovation and risk control in fund industry deserve attention, motivation and constraint mechanisms need to be further improved

After experiencing a high speed development period, the fund industry of China entered into a comparatively steady development period. Currently, the fund industry has confronted a critical opportunity. The global financial crisis means both challenge and opportunity for domestic fund industry. Fund companies need to grap the opportunity to transform homogenized competition to diversified competition and maintain a balance between financial innovation and risk control. For one thing, fund companies need to steadily push the progress of financial innovation. Fund industry, now an important power to motivate the development of China's financial markets and financial innovations, confronted a challenge that the innovation of the fund products stayed at a low level. Clearly, the financial innovation is always the power driving the fund industry to develop sustainably and should not be set back for financial crisis. Supported by proper risk control and external environment, financial innovation will definitely face great opportunities. For another, it is urgent to build up the motivation and constraint mechanisms of fund industry. Currently, the insufficiency of motivation and constraint mechanisms in fund industry has greatly challenged the future development of fund industry. Therefore, it is time to proactively explore the corporate governance based on investors' capital and reinforce the related internal regulatory system. Fund companies need to restore the investors' confidence to their investment expertises and seek new opportunities from crisis with well watching of risks.

2.2.5 Pressure of post – IPO stock sales on stock markets deserves attention

The solution of the share separation in China's stock market would streamline the institutional system of stock market and corporate governance of listed companies and manifest the real demand – supply relationship and market pricing mechanism, which would benefit to the improvement of investment environment and accelerate the continous and healthy development of capital market. However, the big sales of post – IPO stock in a short period would produce a huge pressure on capital markets. First, the lockup of post – IPO stock would possibly step into submit in a short period. According to the statistics from Wind, pressue of post – IPO stock sales on stock market would enlarge in the future two years. The value of post – IPO stock in 2009 would be higher than that in 2008. The sales of large amount of post – IPO stocks will bring a great influency on capital supply of the market. If the sales of post – IPO stock were concentrated in a short time, the supply of capital in the market and market liquidity would fluctuate dramatically and speculation activities would be motivated. Second, in a long term, the sales of post – IPO stock would not produce a principal influence on the demand and supply relationship of the market. However, the current stock market was staying in a balanced or weak situation. The sales of post – IPO stock could possible produce negative impacts on stock market. The principal function of stock market is the allocation of resources and the dropping of the market would erode the safty of capital. To alleviate the pressure from the sales of post IPO stock, it is urgent to diversify the trading measures of large transactions, provide additional financing chances and regulate the sale behaviors of post – IPO stock. From the perspectives of demand and supply relationship in the market, it needs to encourage more investors to enter into stock market and increase the supply of capital.

3. Insurance sector in regional economy

In 2008, insurance sector had performed proactively against two serious natural disasters, and steadily dealt with the negative impacts of international financial crisis. Impressive progress had been made in all the aspects of insurance sector. Since 2007, insurance sector developed steadily, business operation had been expanded continuously, regional insurance markets developed with more coordinative style, market disciplines had been establishing and potential business risks were well watched. Insurance sector played more and more active roles in social security and showed decent trends combining industry development and service – oriented principles.

3.1 Insurance sector in regional economy

3.1.1 Adapting to the changes of macro economy, insurance sector in regional economy underwent steady and comparatively fast development

In 2008, international economic situation started to deteriorate sharply and domestic economy confronted much more difficulties. The CPC Central Committee and the State Council made timely and resolute adjustments to the right direction, focus, intensity and pace of macro control. In the context of the changing economic situation and adjusted macro policies, insurance sector of all the regions responded promptly and generally maintained a decent development trend. In 2008, the number of insurance institutions in all the regions was on the increase and the group of marketing staffs was enlarged increasingly. As of year end of 2008, insurance institutions in China numbered 130, up 11 over a year earlier. The number of the branches of insurance institutions in eastern, central, western and northeastern regions had reached 497, 201, 257 and 118, up 58, 47, 49 and 29 over a year earliers respectively. The insurance intermediary institutions in China totaled 2 445, with an annual increase of 114. Insurance salesmen amounted 2.63 million, up 619 thousand over a year earlier. As of year end of 2008, the total assets of eatern, central, western and northeastern regions amounted to RMB 112.14 trillion yuan, RMB 31.2 trillion yuan, RMB 23.1 trillion yuan and RMB 10.31 trillion yuan, increasing by 21.28%, 29.63%, 28.01%, 32.05% year to year respectively. The function of insurance sector in regional ecomonic development had been increasingly promoted.

3.1.2 The premium in all the regions had been increasing and the gaps between different regions had been reduced

By year end of 2008, the premium of insurance sector from eatern, central, western and northeastern regions had totaled RMB 531.37 billion yuan, RMB 187.74 billion yuan, RMB 173.19 billion yuan and RMB 84.62 billion yuan, and represented a year to year increase of 31.74%, 54.54%, 45.17% and 46.47%, up 7.21, 28.62, 15.32 and 31.44 percentage points year to year respectively. The growth rate of premium from central region, the fastest one among all the regions, greatly surpassed the eastern region. The rapid development of insurance sector in central, western and northeastern regions means significantly for improving the uncoordination status existing between different regions. The percentage of the premium from central, western and northeastern regions in the total of China increased by 1.91, 0.73 and 0.43 percentage point year to year respectively, and the same indicator in eastern region dropped 3.07 over a year earlier. The difference among regions shrinked in 2008. From revenue structure, the personal insurance rose notably. The premium of personal insurance from eastern, central, western and northeastern regions totaled RMB 399.68 billion yuan, RMB 151.98 billion yuan,

RMB 126. 76 billion yuan and RMB 66. 96 billion yuan, increasing by 38. 48%, 64. 67%, 56. 89% and 58. 37% year to year and accounting for 74. 65%, 80. 96%, 73. 19% and 79. 12% of total premium in 2008 respectively. The property insurance grew comparatively slow. The premium from property insurance in eastern, central, western and northeastern regions reached RMB 134. 68 billion yuan, RMB 35. 75 billion yuan, RMB 46. 44 billion yuan and RMB 17. 67 billion yuan, increasing by 15. 10%, 22. 91%, 21. 40% and 14. 00% year to year and reprenting 25. 35%, 19. 04%, 26. 81% and 20. 88% of the total premium of four regions respectively.

Table 7 premium income of insurance companies by region

Item	Eastern		Central		Western		Northeastern	
	2007	2008	2007	2008	2007	2008	2007	2008
premium income (100 million RMB Yuan)	4 033. 58	5 313. 66	1 214. 82	1 877. 35	1 193. 01	1 731. 89	577. 77	846. 24
growth rate (%)	24. 53	31. 74	25. 92	54. 54	29. 85	45. 17	15. 03	46. 47
proportion of whole country (%)	57. 47	54. 39	17. 31	19. 22	17. 00	17. 73	8. 23	8. 66

Source: CIRC.

Table 8 premium income of insurance companies by category and region

Item	Eastern		Central		Western		Northeastern	
	2007	2008	2007	2008	2007	2008	2007	2008
life insurance premium (100 million RMB Yuan)	2 864. 52	3 966. 84	922. 93	1 519. 81	807. 96	1 267. 60	422. 80	669. 59
growth rate (%)	22. 18	38. 48	24. 19	64. 67	25. 13	56. 89	9. 06	58. 37
proportion of all premium (%)	71. 00	74. 65	76. 04	80. 96	67. 87	73. 19	73. 18	79. 12
property insurance premium (100 million RMB Yuan)	1 170. 16	1 346. 80	290. 89	357. 54	382. 51	464. 38	154. 98	176. 67
growth rate (%)	30. 81	15. 10	35. 80	22. 91	43. 24	21. 40	35. 37	14. 00
proportion of all premium (%)	29. 00	25. 35	23. 96	19. 04	32. 13	26. 81	26. 82	20. 88

Source: CIRC.

3. 1. 3 The insurance indemnity function of insurance sector in all the regions had been strengthening

In 2008, the indemnity or insurance money paid by insurance sector of eastern, central, western and northeastern regions reached RMB 161. 46 billion yuan, RMB 52. 82 billion yuan, RMB 50. 41 billion yuan and RMB 31. 14 billion yuan, up 29. 33%, 36. 40%, 29. 48% and 27. 51% over a year earlier respectively. Among them, the indemnity of property insurance in four regions totaled RMB 79. 90 billion yuan, RMB 23. 35 billion yuan, RMB 27. 32 billion yuan and RMB 11. 51 billion yuan, increasing by 36. 32%, 48. 86%, 42. 97% and 17. 71% year to year respectively. The indemnity or insurance money paid by personal insurance amounted RMB 81. 55 billion yuan, RMB 29. 46 billion yuan, RMB 23. 10 billion yuan and RMB 19. 63 billion yuan, an increase of 23. 11%, 27. 93%, 16. 48% and 31. 41% year to year respectively. In 2008, insurance sector in all the regions played an active role in fighting with natual disasters and taking social responsibility. After the disaster of snow storm and frozen rain in south China and the May 12 earthquake in Wenchuan, insurance sector seriously implemented the requirements addressed by the CPC Central Committee and the State Council and fully committed to the fight with natural disasters and the reconstruction projects after earthquake through exerting the indemnity function of insurance business. The regulation agency of insurance sector timely activated the emergency precaution plan and disclosed the official documents such as the Notice on Reinforcing the Insurance Industry's Work of Responding to the Earthquake Disaster to direct the related works. Under the policy of opening green channels and special matter with especially management, insurance institutions proactively arranged insurance money and accelerated the process of insurance indemnity with high service quality. Insurance sector paid RMB 5. 5 billion yuan and RMB 1. 0 billion yuan for the indemnity of the disasters of snow storm and frozen rain in south China and May 12 earthquake in Wenchuan respectively, which played an active role in stabilizing the people living in disaster areas and supporting the reconstruction projects after earthquake.

Table 9　expenditure on insurance claims and payments by region

Item	Eastern		Central		Western		Northeastern	
	2007	2008	2007	2008	2007	2008	2007	2008
expenditure on claims and payments (100 million RMB yuan)	1 248. 42	1 614. 64	387. 20	528. 16	389. 34	504. 13	244. 22	311. 41
growth rate (%)	48. 15	29. 33	77. 61	36. 40	60. 01	29. 48	88. 60	27. 51
proportion of whole country (%)	55. 02	54. 58	17. 06	17. 85	17. 16	17. 04	10. 76	10. 53

Source: CIRC.

3. 1. 4　Insurance penetration and insurance density of all the regions had been increasing with business expansion in focused fields deepened

In 2008, the insurance penetration of eastern, central, western and northeastern regions reached 2. 99% , 2. 97% , 2. 97% and 3. 00% , growing by 0. 32, 0. 63, 0. 45 and 0. 52 percentage point year to year respectively. Insurance density of eastern, central, western and northeastern regions amounted RMB 1 108. 22 yuan per capita, RMB 508. 27 yuan per capita, RMB 471. 17 yuan per capita and RMB 778. 22 yuan per capita, increasing by RMB 257. 90 yuan, RMB 171. 91 yuan, RMB 143. 94 yuan and RMB 242. 54 yuan respectively. The coverage of insurance sector in regional economy had been extending, some focused fields had been strengthened and the capability servering harmonious society had been enhancing. First, agricultural insurance made a new breakthrough. Policy – based agricultural insurance pilot projects funded by central government had been expanded from 6 provinces to 16 provinces and Xinjiang Production and Construction Corps. The operating network built by national insurance companies and boutique insurance companies had started to establish and the business of agricultural insurance had covered the nationwide market. In 2008, the premium from agricultural insurance reached RMB 11. 07 billion yuan, an increase of 107% year to year. The farmers who had participated agricultural insurance pilot projects totaled 90. 16 millions and the payment of agricultural insurance claim amounted RMB 6. 9 billion yuan. Second, personal insurance business was actively promoted in rural areas. As of year end of 2008, the project, the pilot small sum personal insurance in rural areas which included 9 provinces generated the premium of RMB 42. 12 million yuan and its coverage had benefitted more than 2. 39 million rural people. The pilot project effectively enhanced the sustainability of rural people for the negative impacts of accident harm and diseases. Third, the service fields of liability insurance had been greatly extended. Liability insurance business in the fields such as campus, transportation, travel, quality control and construction had been operated extensively and the liability insurance pilot in environment pollution field had started to develop. As of year end of 2008, the premium of liability insurance reached RMB 8. 17 billion yuan, an increase of 22. 7% year to year. Fourth, employer's pension business developed fastly. 99% of enterprises chose pension insurance companies as the trustees of their employer's pension projects and over 50% employer's pension projects were directly managed by insurance institutions. As of year end of 2008, the premium from employer's pension business, trust assets and investment management assets of pension insurance companies totaled RMB 20. 55 billion yuan, RMB 47. 36 billion yuan and RMB 37. 74 billion yuan, and up 104% , 464% and 373% over the year earlier respectively. Fifth, insurance sector provided insurance services for Beijing 2008 Olympic Game. Insurance sector successfully provided insurance services for all the matches, participants and properties of Beijing 2008 Olympic Game and effectively supported the operation of the game.

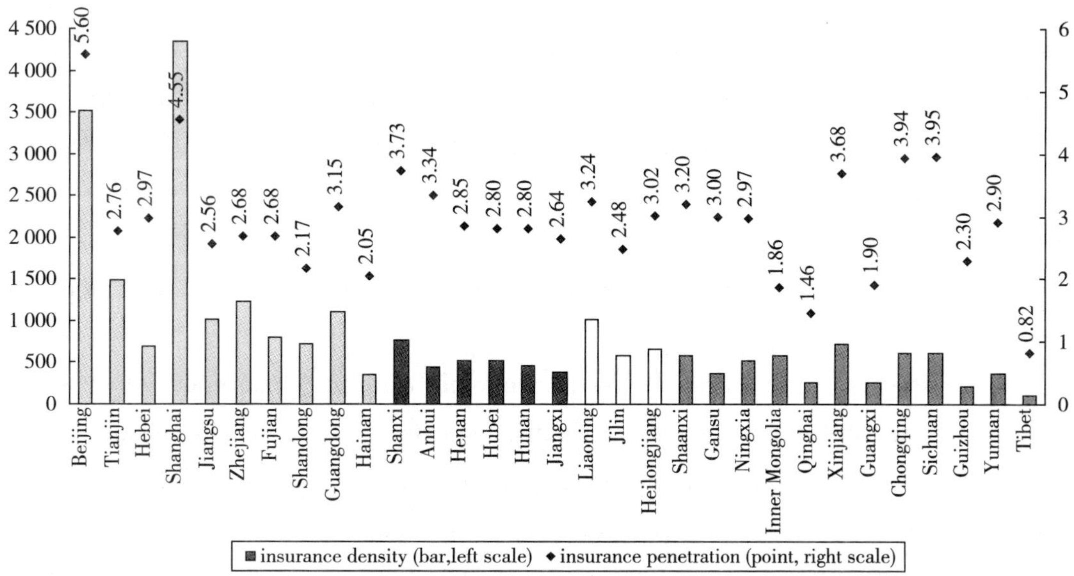

Source: CIRC.

Figure 15 insurance penetration and density by province, 2008

3.2 Specific Issues on Regional Insurance Development

3.2.1 Direct influence of financial tsunami on China's Insurance sector was relatively little, while adverse effects, coming with the spread of crisis, on insurance sector in all regions should be given attention to

In 2008, the direct influence of financial tsunami on the insurance sector in China was relatively little. However, the impact and influence was likely to expand, since the crisis had not yet reached its bottom at the moment. The financial tsunami was the most severe crisis since the great recession in last century. It started in developed economies and transmitted to the emerging markets, and expanded from virtual economy to real economy. As a highly opened and market oriented industry, the insurance sector might be hurt by adverse effects coming with the spreading of the crisis, which should be given close attention to. The first impact should be noted is trans - border transmission of risk. It mainly refers to the new risk exposure of multinational insurance groups, which might transmit the risk to domestic insurance market through insolvency of local operational institutions or equity participants. The second impact is the transmission of crisis of financial confidence. The financial tsunami had affected, in some developed countries, the public's confidence in financial sector. If such trend continued or even transmitted to the domestic financial market, it might affect the confidence of customers for the insurance sector in China, and therefore arouse decline in demands for insurance policies, increase in cancellation and other problems. The third impact is the increased difficulties in overseas investment. Influenced by the tsunami, when insurance institutions invest overseas, the choices for investment areas and products were shrinking, and the risks increased. The fourth impact is that international reinsurance was in a hard time. Because of the financial tsunami, as well as the fact that natural disasters taking place frequently in 2008, international reinsurance market had raised the conditions and prices, so domestic insurance companies were facing growing pressure on international reinsurance.

3.2.2 Greater economic down going pressure might affect the development of insurance sectors in all regions

More difficulties occurred in the domestic economic running. Insurance sector was encountered with challenges and uncertainties from many aspects. Under the circumstance that the financial tsunami continues to expand and the apparent decelerating of global economy, the down going pressure on China's economy was enlarged, which had affect, to some extent, on the insurance sector. In terms of underwriting business, given the facts that some enterprises had difficulty in operation, employment was rigorous, and growth rate of household income was slowing down, these factors might result in a decline in the enterprises' and residents' willingness of buying and paying capability of insurance products. If the yield of investment – style insurance product was lower than customers' expected return, it might enlarge the instability of insurance development. In terms of insurance investment, given the fact that the stock market was in a downturn and return of bond market was also decreased sharply, with increasing insurance asset scale and fund balance, it was more difficult to manage asset – liability matching. And the insurance asset was facing the risk of low efficient allocation and mismatch. It was hard to maintain or raise investment return. Moreover, insurance companies might also be facing difficulties in increase of capital. Under the circumstance that economic and financial situation was unstable, as well as the profitability of some enterprises was decreased, it is harder for insurance companies to go listing and financing from the market. The willingness and capacity of enterprises to make equity investment or continue to overweight the stock were also affected.

3.2.3 Market subjects in all regions are developing rapidly; however, competitiveness remains to be improved

In recent years, along with the deepening of reform and opening – up in insurance sector, the number of insurance institutions is growing eventually, as well as the senior management and employees. Specifically, reform in share holding system of the insurance companies had positive achievements, which realized transformation in corporate governance and management, eventually set up relatively formal corporate governance framework, and increased development power of the insurance market subjects. However, the large gap in insurance companies' competitiveness should be noticed, in terms of modern corporate system. The first is the weakness in management. The governance structures in some companies were deficient. There were problems in behaviors of board, shareholders and decision – making process. A complete risk control mechanism and a scientific operation decision – making mechanism had not yet been set up. The internal control system in some companies was deficient that the parent company couldn't take effective control on the subsidiaries. Behaviors of branches and employees couldn't be well restricted by regulations. Implementation of schemes was weak, and some regulations and policies were not carried out. The events such as disobeying orders and violating prohibitions happen from time to time. The second is the low effectiveness of development. Some companies were overdependent on opening up branches, and expanding through high cost, high input, and high consumption approaches. The profitability was low. Some other companies were over dependent their operational profits on investing, which resulted in no profits for underwriting business. Some companies in minority had been running in loss for a relatively long period of time. The third is weakness in innovative ability. Some companies didn't make improvements in innovation, lacking of innovative professionals, and made little innovation in key fields, critical section and core technology. It was represented as lack of innovation in products, lots of insurance products introduced from abroad, less developed in accordance with China's real needs, rich in quantity of products but poor in marketability, and strong consubstantial trend.

3.2.4 Composition of property insurance premium had been gradually optimized and financing – type life insurance products grew too fast

In terms of business structure, the contents of property insurance, such as agricultural insurance, guarantee insurance, liability insurance, grew fast. However, because of the increase factor (the implementation of vehicle compulsory insurance two years ago) for vehicle insurance had been gradually not as effective as before, the increase in such business had slowed down. Premium income of vehicle insurance took up 69.6% of total premium of property insurance companies, less 1.5% compared to that of 2007. The composition had been eventually optimized. What needed to be noted was that, along with development of domestic capital market, the growth of financing – type products was too fast in life insurance premium income of all regions, far higher than the growth rate of other insurance business. Meanwhile the proportion of income of such business takes in total life insurance premium income had increased sharply. The problem of overdeveloped in financing – type business occurred, and deviated from the risk protection function of insurance. Premium income of life insurance increases by 49.2% in a year, and all the increases are contributed by financing – type products, in specific, share insurance premium, universal insurance premium had increased by 71% and 71.5% respectively, and yet ordinary life insurance premium decreased by 1.9%. The return of financing – type insurance products was easy to be influenced by capital market. Continuous going down of capital market price might make adverse influence on the sale of such products, and resulted in risk of drastic fluctuations in insurance sector development. Moreover, extremely specific companies had sold some predetermined profit financing products. The down – regulating in capital market recently had brought large financial pressure on the companies.

3.2.5 Insurance market system has been established, but the industry risk should be given attention to

In recent years, the growth of insurance sector in all regions is relatively fast. New insurance institutions have been set up successively. Some new insurance business emerges. Insurance intermediary market and reinsurance market develop steadily. The using of insurance fund have been broadened. Capacity in managing capital is improving. Initially, multi – form of organization, multi – ownership form, relatively complete functional and reasonable insurance market have been established. However, some conflicts and problems in the running of insurance market still exist. The first is that the consciousness of compliance operation is weak, repeated emergence of violation against laws and regulations which had disturbed the market order. The second is that the vicious competition is common. Some insurance institutions are lack of competition measure, and doing business by vicious competition and unfair transaction, such as high commission charges, high restitutions, other than product innovation or service improvement. In the aspect of property insurance, according to the statistics of PICC Property and Casualty Company Limited, during 2003—2007, average rate of premium had declined from 0.26‰ to 0.19‰, in which liability insurance premium rate decreased by 47.8%, cargo insurance premium rate decreased by 35.5%. In the aspect of life insurance, some companies pay the bank over 4% commission fees in bank – insurance business so as to attract more premiums. Excessive price competition might affect the insurance sector by the risk of under pricing, which can result in insufficient provisions, and thus cause insolvency of the company. Such phenomenon goes against the healthy development of insurance sector. The third is the serious contradiction in structural conflicts. In terms of property insurance, it is still overdependent on vehicle insurance and traditional enterprise property insurance business. Non – vehicle insurance business develops slowly. The demands of social and economical development for risk protection products are not satisfied. In terms of life insurance, it puts more weight on the development of invest – type products than protection – type products. The scale of business had increased sharply, and yet the embedded value is not enhanced.

3.2.6 The service ability of insurance sector in all regions had gradually improved, but still had large gaps

In 2008, insurance regulatory authorities issued several countermeasures to enhance the internal control of insurance companies, and reinforced market rectify and supervisory power. As an effect of such approach, insurance market order in all regions had obviously been improved. Some long existing problems troubling insurance development, such as misleading sales in life insurance, exaggeration of return level, separating group life insurance, destroying short – term policies, hiding important information, had been reduced significantly. Some events, such as insurance sales person fabricating policy for fraud, or making promise of high return, had been handled timely and carefully. The image of whole insurance sector of credibility had been gradually improved. In reply to the demands of economical and social development, as well as the demands of the masses, insurance sector in all regions had given full play to the functions of financial compensation, accommodation of fund, and social risk management. They had made positive effects in the aspects of coping with disasters and accidents, serving new rural construction, perfecting social security system, and anticipating in social risk management. With the proceeding of construction of overall well – off society, risk protection demands of the masses increases continuously, this calls for greater effort of the insurance sector. Compared to the needs of economical and social development, the present level and service ability of insurance sector still had a large gap to fill. The first is that the gap in the service extension, presented as the coverage is not wide enough. The rate of insurance covering in prevailing business is low. Products and services that the masses most wanted still cannot be provided. The second is that the gap in the depth of service, which refers to the low level of insurance protection. It cannot provide full increment service for the insured. The third is that the gap in service quality, which refers to the incompletely solved problems as misleading sales and difficult to claim. It is still an arduous task to constructing credibility. The service of insurance sector should be improved, or it will become a key factor that constrains its rapid and stable development.

Chapter 4 Region – classified Financial Stability Status

During the recent years, economies and industrial structures in all regions had made positive changes. Regional economic and financial development becomes more conforming. However, because of natural characteristic differences, there are different features across regions in economic development, industrial structure, the asset quality of the financial institution, financial infrastructure and financial environment, etc. Thus it is important to strengthen the analysis and assessment on differentiated financial running features and potential risks across regions, and adopt corresponding countermeasures in regards to the practical situation of the regional characteristics and financial development.

1. Eastern Region

In 2008, in reply to the national macroeconomic control and serious of growth ensuring, domestic demands expanding and structure adjusting policies issued by local governments, overall economic and financial running in the eastern region continued to be stable. Regional economic aggregates kept growing fast. Industrial structure had been further improved. Consumption also grew smoothly but fast. Quality of economic development continued to level – up. Asset quality of banking sector had been improved and the capability in handling risk had been enhanced. The number of securities institutions increased. Comprehensive governance on the sector had been effective. The overall strength of insurance sector had gradually been improved, with its business structure optimized. Trading in financial market was active. Financial derivatives and other financial innovations had been developed under risk control. Achievements had been made in financial infrastructures, such as payment system, credit system and anti – money laundering system etc. Local governments had been more supportive to the development of financial sector, and therefore better and better environment had been in place.

1.1 Three industries continue to develop rapidly and harmoniously, however, enterprises' profit declined and loss enlarged

In 2008, the national macroeconomic control policy had been actively implemented in the eastern region, which outlives the severity of financial tsunami, and maintains a rapid and harmonious development. In the eastern region, a year aggregate output of RMB 17.76 trillion yuan had been realized, increased by 11.14%, 2.14% higher than that of the whole nation. Calculated on the basis of permanent population, GDP per capita excesses 5 400 US dollars. The economic trend is consistent with that of the whole nation, representing as a posture of smoothing by quarter. Specifically, the primary industry grew steadily, achieved an increase of RMB 1.21 trillion yuan, increased 4.5% compared to the same period of the previous year. The secondary industry was forcefully supportive, achieved an increase of RMB 9.17 trillion yuan, increased 11.40% compared to that of the same period last year. The tertiary industry accelerated in its development, achieved an increase of RMB 7.37 trillion yuan, increased 11.69% compared to that of the same period last year. The structure of three industries had been further optimized, and reached a ratio of 6.84:51.65:41.51. The proportion of the primary industry dropped 0.14%, while that of the tertiary industry increased by 0.31%.

In 2008, growth rate of industrial production in the eastern region slowed down. Designed size industrial enterprises in the eastern region had realized a profit of RMB 1 448.4 billion yuan, declined by 2.75% year to year. Especially, starting from the second half of 2008, growth rate of enterprises' profit in the eastern region had been declining continuously. With the deficit increased, losing enterprises were not optimistic on the operating benefit. In terms of provinces, only Shandong province achieved a rapid year to year growth rate of 13.29%. Growth rates in Tianjin, Hebei and Jiangsu provinces had slowed down, increasing of 0.5%, 6.5% and 3.8% year to year respectively. The growth rates in other six provinces declined, and the deficit of enterprises was enlarged. Affected by the existence of international financial crisis, slowing - down global economy, and shrinking external demands, greater operational pressure fell on foreign related enterprises in the eastern region. Probably, there is higher risk in the loans lent to these enterprises, which should be concerned. In terms of industry, nonmetal mineral products manufacturing, garments, shoes and hats manufacturing, plastic products manufacturing, metal products and special purpose equipments manufacturing were facing comparatively larger deficit. The increasing speed of production and sales declined in these enterprises. Inventory went up. Costs on raw material and manpower increased. Thus the profit dropped and financial strain occurred. The number of enterprises in difficulty increased. Especially, export - oriented and low value - added SMEs were facing greater difficulties. Widen in deficit and tying - up of liquidity must affect enterprises' ability to repay loans, thus enlarge the risk of threatening the safety of storage credit assets in such enterprises.

1.2 Inflationary pressure had been lightened, consumption keeps growing fast, increase in export slows down, and foreign trade is in a rigorous situation

In 2008, consumption, production and investment price in the eastern region had a distribution of high at beginning and low in later periods. Taking Jiangsu province as an example, consumer price index (CPI) went up continuously on the base of 105.6% at the beginning of 2008, and reached its highest point at 107.6% in April. From April on, CPI declined by month, and dropped to 101.4% in December. It dropped 6.2% in nine months. Price index for raw materials, fuels, and power declined from 122.8% in July to 98.2% in December. Ex-factory price index of industrial products decreased from 106.9% in July to 96.7% in December. Meanwhile, consumption kept growing fast. The total retail sales of consumer goods had a year to year increase of 21.33%, level with the national growth rate, and increased by 4.24%. Increasing speed in consumption is higher than those of investment and export. The pulling function to economic growth had been further enhanced.

In the first half of 2008, Renminbi appreciated, export rebate policy was adjusted, labor force cost increased, import price for raw materials raised sharply. In the second half, economic slowdown happened both domestically and internationally, external demands decreases. Affected by the listed factors, gross import and export of the eastern region in 2008 is 2.25 trillion US dollars, a year to year rise of 14.25%, including 15.99% rise in export, dropped sharply than the same period of last year at 7.02%. In terms of province, the export growth in Hebei province increased 8.7% compared to that of the same period of last year. The export increasing speed in Hainan, Beijing, Jiangsu, Shanghai and Guangdong declined 24.9%, 11.53%, 10.1%, 9% and 8.1% respectively. Regarding to the recent situation, European and American countries that are the major exporting target countries of the eastern region had been caught in economic recession, and cannot get off from the impact of the financial crisis. The decreased demands of these countries will make direct impact on the foreign trade export in this region. There are great difficulties in stabilizing the increase in foreign trade, and more uncertainties lie in the economic growth. Under this situation, the contribution of foreign related economy to the eastern region economy is lowered. The dependence on foreign trade in this region also declined. The weight of import and export in GDP dropped from 12.84% in 2007 to 12.69% in 2008. Moreover, real foreign direct investment in this region in 2008 is 96.68 US dollars billion, a year to year rise of 16.34%, growth rate declined by 2.38% compared to that of last year. The inflow of foreign capital continues to grow, however, the growth rate starts to decline.

1.3 Fixed assets investment grows steadily, and downgoing might be seen in real estate market

In 2008, gross fixed assets investment in the eastern region was RMB 7.79 trillion yuan, increased by 19.22%, the amount of increase exceeded RMB 100 million yuan. Constructions on major projects sped up. The status of constructing areas of large projects and progress of implementation was better than those in previous years. Pillar industries as aerospace, petrochemical, equipment manufacturing, electronic information, biopharmaceutical, new energy and material, light industry and textile, defense science and technology had been growing cultivated and strengthened. New economic growth points were formed, which support forcefully future economic development. Regarding to the source of funds of fixed assets investment, supports from domestic loans and state investments were strengthened. The policy of expanding domestic demands had achieved preliminary success.

The supply – demand relationship in real estate market reversed in 2008. Growth in Real estate developing investments, area of apartment sales, and sales volume decreased. Commercial housing vacant areas increased sharply. Increasing speed in personal housing loan fell back. More investors preferred to ride on fence. Signal of market down going adjustment occurred. As monitored in 2008, whole year real estate investment, commercial housing areas of sales, new constructing areas of commercial housing and completed areas of commercial housing in Beijing declined by 4.4%, 38.6%, 8.6% and 11.5% respectively. The whole year commercial housing sales areas and sales volume in Zhejiang province decreased by 36.6% and 30.9% respectively, and the housing vacant areas increased by 12.5%, up 4.9% compared to those of last year. Accumulative real estate developing investment in Guangdong province increased by a year to year rate of 16.8%, fellback of 19.2% compared to that of last year. The growth rates (yoy) of commercial housing sales areas and sales volume decreased by 22.4% and 21.4% respectively. The personal housing loan balance increased 5% on a year to year base; however, new loans were only 17% of those of the same period last year. Investment in real estate development in Fujian province decreased by 1.6%, commercial housing sales areas, sales volume decreased by 36.6% and 40% respectively, while vacant areas increased by 22.4%. The slowdown in real estate development market had influenced every links in the industry, especially the impact on the loan quality in related areas.

1.4 Deposit and loan increased relatively fast. Effectiveness of bank operation had been continuously enhanced and trend of credit concentration became obvious

In 2008, Renminbi deposit in all accounts in the eastern region banking institutions was rising steadily. Saving deposits reflow substantially in the form of time deposits. While other deposits were increasing dramatically, deposits by enterprises fell back relatively seriously, especially the demands deposits. Loans in all accounts made by banking institutions in the first half of 2008 increased smoothly, while ejection of loans in the second half was obviously sped up, and all account Renminbi loans increased substantially. In 2008, deposit balance in all accounts in the eastern region financial institutions increased by 18.78% on a year to year base.

In terms of province, Hainan, Hebei, Zhejiang, Shandong, Jiangsu and Tianjin achieved growth rates of 25. 51% , 23. 29% , 22. 10% , 21. 76% , 21. 46% and 19. 84% respectively, all higher than the average level of the eastern region. The eastern region loans in all accounts had a year to year growth rate of 14. 74%. In terms of province, Tianjin, Zhejiang, Fujian, Shandong, Beijing and Jiangsu achieved year to year growth rates of 20. 13% , 18. 85% , 17. 40% , 17. 04% , 16. 70% and 16. 40% respectively, all higher than the average level of eastern region. The gross book profit of banking institutions in the region increased 18. 61% (yoy), in terms of province, the increasing speed of banking institutions' profit in Hainan, Hebei, Shandong, Jiangsu and Guangdong exceeded average level in the eastern region. One main reason for the increase in profit is the expanding of loan scale. In terms of profit composition, intermediate business income increased rapidly. The income structure of banking institutions continues to improve. Increase in the intermediate business income is result from the increase in proxy business for insurance, entrusted loans, and guarantee and commitment business, especially the substantial growth in the income from guarantee and commitment business.

In the down going cycle of economy, there are more uncertainties in the domestic and global economy. Declining external demands result in the emergence of greater credit risk for some industries. However, over – concentrated placement of credit assets, as a result of profit tendency of banking funds, enlarges the potential risk in credit assets of banking institutions. One event is that bank credit concentrates on large accounts. According to the investigation, by the end of 2008, banking sector in Tianjin had 1 329 large accounts that are either credited or given loans above RMB 50 million yuan, 53 added compared to that of last year. Loan balance of large accounts is RMB 445. 33 billion yuan, up RMB 63. 13 billion compared to that of the beginning of 2008. Large account loans in major banking institutions takes up 77% of all loans, and 92. 42% new loans are lent to large accounts. According to other statistics, by the end of December 2008, the proportion of large accounts credited or lent over RMB 50 million yuan is 70% , up 1. 34% compared to that of the beginning of 2008, taking up 80. 82% of annual increment. Moreover, by the end of 2008, the loan balance of ten largest loan accounts in Hainan province is RMB 70. 01 billion yuan, increased 35. 15% (yoy), taking up 50. 16% of the total loan balance in banking institutions of the province, up 8. 43% (yoy). Another matter is that the industrial risk goes up. Survey shows that the textile and clothing industries, as the traditional pillar industries in the Zhejiang province, had experienced relatively significant shocks in 2008, related to slowdown in external demands, appreciation of Renminbi, down – regulation on export rebate rate, and up going cost of raw materials. The ability of repayment of industries had been weakened in Fujian province, such as steel, petrochemical, building material, automobiles, textile, chemical fiber and export – oriented processing manufacturing industries. A trend of duel – direction credit risk transmission between small and large enterprises, as well as between downstream and upstream industries is observed. Downgrading pressure on loan quality increases. Clothing and steel industries in Jiangsu province are also largely influenced.

1.5 The overall quality of banking assets is favorable, while the bounce of non – performing loan emerges

In 2008, overall asset quality of banking institutions in the eastern region is favorable, and non – performing loan keeps decreasing in both balance and ratio. In specific, non – performing loan balance is RMB 577.865 billion yuan, down by 28.92% compared to that of the previous year. Non – performing loan ratio is 3.16%, decreased 1.94% compared to that of the previous year, which is at the relatively low level. In terms of province, except for the non – performing ratios in Hebei and Shandong are slightly exceeded the regulatory standard of 5%, other eight provinces or municipality cities are all below the line.

From the second half of 2008, down going pressure on domestic and global economies had been aggravated. Downturn in macro economy will certainly enlarge the credit risk of banks. Regarding to international experience, quality degradation of bank assets usually lags behind the downturn in economy. Expected credit risk cost will perform in an up – going trend. Moreover, the base number of banking non – performing loan balance in 2007 is relatively small, so the probability increases that banks will be enduring the bounce of non – performing loans and potential credit asset risk. In 2008, the non – performing loan in banking institutions in Jiangsu proyince continues to decline both in balance and ratio, but is affected by the changes in macroeconomic running. By the end of December, the NPL balance in almost half of major banking institutions in the province increased compared to that of the beginning of 2008. In 1/3 of the major banking institutions, NPL ratios increased. Special noticeable loans in banking institutions in Beijing rise greatly in the fourth quarter of 2008, which result in a significant year to year increase in the special noticeable loan balance at the end of 2008. Such increase brings up the pressure on the emergence of new NPL. For the new NPL in 2008, RMB 2.559 billion yuan was added in the banking institutions in Fujian province, including RMB 4.697 billion yuan added in the fourth quarter; special noticeable loans in the province increased RMB 18.689 billion yuan in one year, including RMB 19.404 billion yuan increment in the fourth quarter; the number and amount of overdue and NPLs generated from large accounts credited or with loans over RMB 50 million yuan increased (all numbers are adjusted to exclude the data of Agricultural Bank of China because of its peeling – off NPLs). In the banking institutions in Zhejiang province, real NPL ratio is 1.78%, up 0.6% compared to that of the previous year. In specific, the increment of NPLs starts in September. Monthly new NPLs from September to December are RMB 1.062 billion yuan, RMB 1.835 billion yuan, RMB 780 million yuan and RMB 8.534 billion yuan respectively.

1.6 Insurance business develops steadily and rapidly, but cancellation of insurance in life insurance companies needs to be noticed

In 2008, insurance sector in the eastern region had been developing steadily and rapidly, with an increase of 31.74% (yoy) in premium income. In terms of province, in Hebei, Guangdong, Jiangsu, Fujian and Hainan, increments in premium income exceed the average level of the eastern region, and reach 44.65%, 39.00%, 34.47%, 33.74% and 32.82% respectively. Meanwhile, the permeability of insurance into economic life had been increasing. Firstly, the insurance density is aggravating stably. In terms of province, except Hebei, Shandong and Hainan, the insurance densities in Shanghai, Beijing, Tianjin, Zhejiang, Guangdong, Jiangsu and Fujian had surpass the national average of RMB 737 yuan per capita, reach RMB 4 352 yuan per capita, RMB 3 521 yuan per capita, RMB 1 493.38 yuan per capita, RMB 1 233.23 yuan per capita, RMB 1 109.58 yuan per capita, RMB 1 010 yuan per capita and RMB 803 yuan per capita respectively. Secondly, insurance intensity had also been improved. According to statistics, the insurance intensity in the eastern region in 2008 is 2.99%, up 0.32 compared to that of the previous year. In terms of province, except the insurance intensity in Tianjin dropped 0.25% (yoy), the insurance intensities in other nine provinces or municipality cities had been all improved.

In 2008, the cancellation of insurance related to life insurance companies in the eastern region still needed to be noticed. The average cancellation rate was 6.51%, while the lowest rate was 3.54% in Shandong province. Analyzing on the factors that might cause increase in cancellation, besides the impact of financial crisis, the main causes were the misleading in selling, and that the returns of products were lower than expectations of customers. Some existing problems were as listed: lack of classified assessment on customers and risk tolerance, basically selling all types of products to all kinds of customers; few sales persons make simple comparisons among insurance products, deposit and government bonds, exaggerating the return of investment and giving high return expectations to customers; some insurance companies had incomplete internal control, which caused difficulties in indentify responsibility for solving problems, and with the unfavorable after sale service, troubles cannot be effectively resolved. Moreover, violations had been observed in some insurance institutions, which shorten the long term insurance, or make false underwritings in order to accomplish assignment on premium income. At the same time, some enterprises also tried to evade tax through false underwriting, and cancel the insurance after annual tax declaration, which result in a striking phenomenon of human factor cancellation of insurance.

1.7 Quantitative assessment

The financial stability statuses in four regions are assessed by applying regional financial stability quantitative model. Practically, based on the "Scheme of Regional Financial Stability Quantitative Assessment"①, in reply to the problems occurred in initial application, improvements had been made on two factors.

Firstly, in the aspect of indicator system, four indicators are deleted in accordance with data accessibility and completeness in practice, in specific, sensitivity to interest rate risk in banking sector, liquidity ratio in securities sector, solvency adequacy ratio and capital matching degree in insurance sector. An indicator which reflects the solvency of insurance sector is added, namely cancellation ratio in life insurance companies. The adjusted regional financial stability indicator system had all together 24 indicators in three levels, as shown in Table 10.

Table 10 regional financial stability assessment indicators (adjusted)

Level 1		Level 2	Level 3
macro economy		economic growth	GDP growth rate (%)
			growth rate of the tertiary industry added value (%)
		fixed assets investment	social fixed assets investment growth rate (%)
		consumption increase	growth rate of gross retail sales of consumer products (%)
		external economy	real growth rate of utilization of foreign capital (%)
		income and price indices	growth rate of total income of urban households (%)
			growth rate of per capita net income of rural households (%)
			consumer price index (CPI) (%)
		employment	registered unemployment rate in urban area (%)
		real estate market	sales price index of real estate in typical cities (%)
financial institutions	banking	adequacy of capital	capital adequacy (%)
		asset quality	non - performing loan rate (%)
		profitability	return on assets (%)
		liquidity of capital	liquidity ratio (%)
	securities	adequacy of capital	net capital adequacy rate (%)
		safety of assets	net capital loan ratio (%)
		profitability	return on assets (%)
	insurance	adequacy of capital	surrender rate in life insurance companies (%)
		safety of assets	premiums receivable rate (%)
		profitability	growth rate of premium income (%)
financial ecological environment		local legal environment	comprehensive score of legal environment questionnaire
		local public finance	local financial revenue to GDP (%)
		completeness of market system	intensity of bank services (100 million yuan/100 persons)
		completeness of credit environment	coverage rate of credit reference database (%)

① See for methodology and model in *China Regional Financial Stability Report* 2008.

Secondly, in the aspect of setting weights, in view of the current situation of imbalance in the development of banking, security and insurance sector in China, and to balance the impacts of the three sectors on financial stability, as well as to avoid the problem that overweighed banking sector stability or underweighted the stability of security and insurance sector, improvements had been made on the initial objective weights in the following measure:

Weight of Banking Sector (or Security Sector, or Insurance Sector) = 0.25 × (1 + Sector Capital Scale/ Total Capital Scale of Three Sectors) ×100%

Regarding to the result of quantitative assessment, the score for financial stability of the eastern region in 2008 is 87.7, fitted in the Stable interval①, less 2.4 points compared to that of the last year. The score indicated that under the circumstances of rapid changes in domestic and external situations, the financial stability system in eastern provinces or municipality cities had been enduring certain shock, but remain a favorable overall status. Referring to the results of the past three years (shown in Figure 16), the overall financial stability tendency of the eastern region generally maintains within certain interval, and fluctuates by small margins synchronizing the economic cycle. In specific, after a small fallback in 2007, the score for macro economy continued to drop in 2008. The down going pressure was relatively significant after the economy running at a high level. Affected by the financial crisis and dramatic shrinking in capital market, the score for security sector declined sharply compared to the previous two years. Besides, the scores for banking sector, insurance sector and financial ecological environment had been increasing steadily by years. The overall trend of improvement in financial effectiveness had not changed.

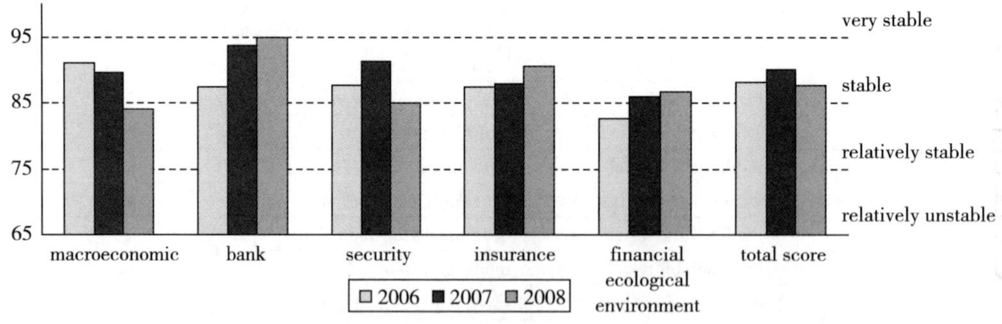

Figure 16 financial stability of the eastern region, 2006—2008

Referring to the changes in the level 3 indicators, there are 4 indicators had been improved compared to that of the last year, including 2 macroeconomic indicators, 1 banking indicator,

① The quantitative assessment classifies the results into five intervals: very stable (≥95), stable (85 ~95), relatively stable (75 ~85), relatively unstable (60 ~75) and unstable (<60).

and 1 insurance indicator; there are 5 indicators had been worse than that of the last year, including 3 macroeconomic indicators, 2 securities indicators; 15 indicators are of the same level as that of the last year, including 5 macroeconomic indicators, 3 banking indicators, 1 securities indicator, 2 insurance indicators, and 4 financial environment indicators.

In specific, in the aspect of macro economy, although the total retail sales of consumer goods keeps on with rapid growth and real estate price is adjusted, because of significant fall-back of economic growth rate, the whole society fixed assets investment slows down, fluctuation in the CPI is widened, the down - going pressure on overall economy is high. Affected by substantial callback in the capital market, the profitability of security sector slips sharply, and the foundation for prudential operation is weakened, so it gets lower score than that of the last year. Moreover, scores for banking sector, insurance sector and financial ecological environment had made inordinately progress. As a result from the decline in life insurance cancellation, the solvency of insurance institutions had been improved, so the score is much higher than that of 2007.

In 2008, the overall score for the eastern region is 3. 5 points higher than the national average, and the comparative strength is shown in security sector, insurance sector and financial ecological environment (Figure 17).

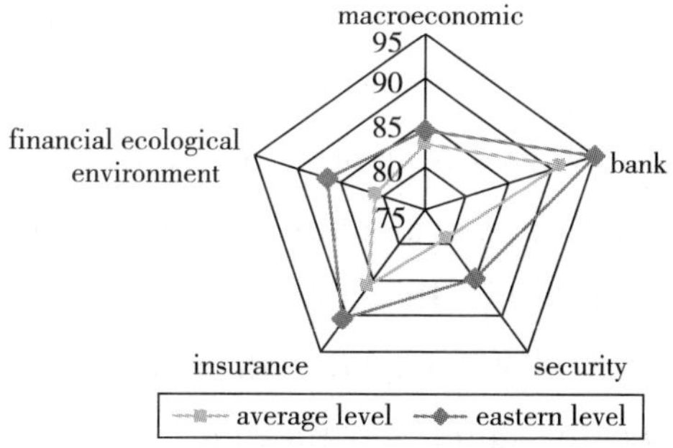

Figure 17 financial stability of the eastern region compared with the average level in 2008

2. Central Region

Along with the rising strategy in central region, the location advantage of the region had been further reflected, and the ability in receiving technologies from eastern and coastal areas, and transmitting capital and industries had been strengthened. In 2008, the central region went through natural disasters such as heavy snow in south and floods, as well as the changing economic situation, and kept the economy in the region increasing smoothly and rapidly. The aggregate outputs of Hunan province and Hubei province both exceeded 1 trillion yuan. Covering the main grain producing area, the central region had been making great contribution to the harvest for many consecutive years. Pushing forward the development of key urban agglomerations, Wuhan City Circle and Changsha – Zhuzhou – Xiangtan agglomeration had been national experimental zones of comprehensive coordinated reform in resource – saving and environment – friendly society. Financial sector in the central region kept on favorable running condition. Banking sector had sufficient liquidity. NPLs declined in both balance and ratio. The security sector adapted to the external environment. Listed companies and companies to be listed had become the core power to the regional economic growth. Insurance market scale had realized a historical leap, and the overall strength of the industry had been enhanced. The overall service and competitiveness of financial sector had been further improved, which establish a firm foundation for the healthy running of central regional economy and financial stability. However, the deep impacts on the regional economic and financial development by financial crisis and down going pressure on macro economy should be given attention to.

2.1 Regional economy maintains smooth and rapid development. Traditional resource advantages and economic growth mode meet with challenges

From 2004 when the rising strategy of the central region was put forward, the urbanization and industrialization process had been sped up. The central region had been in rapid growth period, and had an obvious higher increment than that of the eastern region. Even under the influence of financial crisis, the six provinces in central region never fall back in their growth rate of local total output compared vertically, but maintain a steady developing trend. Regarding to the growth rate of local total output in 2008, the central region had a growth rate higher than the nation's 9%, and higher than that of the export – dependent eastern coastal areas. Economic growth in the central region depends mainly on the pulling force of investment targeting at domestic demands expansion. In 2008, fixed assets investment in the central region had increased by 31.68%, including 43% of Jiangxi province, which is the greatest growth nationwide. Further expansion in consuming demands and strengthening the pulling effect of consumption on economic growth had significant importance to the central region. The central region is the hinterland of consuming market of China. Large population in the rural area assures the condition for further expanding consuming demands. The region is facing an opportunity given by accelerating rural consumption.

Along with the transmission of financial crisis and external shocks from coastal areas to inland areas, some deep level conflicts in the economic development of the central region, such as long – existing unreasonable industrial structure, extensive growth pattern. The sustainable development is to be tested. And there is pressure on the economic transition. Firstly, homogeneous competition and industrial structure duplication in the region are obviously observed. The development of industrial system is at a relatively low level, and the industrial structure is not being completely reasonable, represented as primary industry had been overweighed while the other two industries are underweighted. Regarding to the secondary industry, the proportion of raw materials and fundamental industries are relatively large, as well as the traditional industries and industries with low added value. Secondly, the traditional element advantages tend to weaken. Sufficient land resources, abundant working force supplies, low cost of production elements had always been the advantages of the central region in its economic growth and attracting investment. However, along with the changes in the supply – demands relationship of traditional elements, the advantages of the region had been continuously weakening. And the region is facing greater challenges in accelerating its development. Thirdly, the growth pattern is relatively extensive. There are large number of high energy consuming industries and enterprises, which rely much on energy, electric power and transportation. In the era of implementing scientific outlook on development, protecting environment and saving energy had become hard index on the local economic development. The traditional pattern of realizing high speed increase through damaging the environment or over – consuming resources cannot be sustainable. In order to accelerate development, the central region had to transform its economic growth mode quick enough. And it should be adhere to new path of industrialization, shifting from economic growth overdependence on funds, resources and environmental inputs, to reliance on improving labor quality and technology.

2.2 Efficiency in social resources allocation had been enhanced. Impacts of financial crisis on regional economic development are emerging

Given the upgoing trend of production factors and comprehensive business costs in the eastern coastal areas, industrial transfer procedure speeds up, industries are shifting from the eastern coastal region to the central and western regions. The central region, with sufficient supply in production factors, relatively low comprehensive costs, strong industrial matching ability, location advantages, has become the first choice of targets in industrial and capital transfer. Great amount of funds are flowing in. The central region is on its speeding stage of development in urbanization and industrialization. The proportion of agriculture is falling, while that of industry is going up. Resources of production factors flow to modern industrial departments at an accelerating speed. Output rates on per unit input increase significantly. Meanwhile, the marketization process in the central region is speeding up. With rapid development in non – public economy sector, more and more private enterprises participant in equity or take control on the state – owned enterprises. Production factors resources are gradually heading for the non – public department. The efficiency in allocating social resources has been enhanced. Moreover, economic internationalization in the central region had also been making progress. A few enterprises are allocating resources on the global base, which make full use of domestic and external resources and markets.

The impacts of financial crisis are penetrating to the real economy. Besides shocks on export – oriented industries, the price fall in raw materials as steel, nonferrous metal, petroleum and coal, had made serious impacts on the local economy. A high proportion is taken by the resource – based industries in the central region. Steel, coal, electric power, nonferrous metal and other resource – based industries had long being the leading ones. However, given that the prices of major materials dropped sharply because of the financial tsunami, these pillar industries are facing operational difficulties, with increasing deficit. Industrial production and efficiency in some provinces are facing great downgoing pressure. Taking Shanxi province as an example, in 2008, industrial growth slowed down obviously, especially starting in the fourth quarter, the adding value of industrial economic growth had been experiencing negative growth for three consecutive months. Designed size enterprises in the province complete totally industrial added value of RMB 150. 96 billion yuan, increased only by 6. 5% (yoy). The position of the province in increase amplitude ranking dropped from the 16th place to the 29th place nationwide. The superior industries in the central region, such as energy and raw materials, are developing too quickly in the recent cycle of bull market of resource commodities, and are now in need of adjustment in productive excess and structure.

2. 3 Financial sector is more supportive to the development of agricultural economy. However, the situation of agricultural production and income increase of farmers is not optimistic

Innovation pilot projects in rural – oriented financial products and services had been actively carried out. Banking institutions in the region had put forward a series of financial serving products tailored for the demands of farmers, the rural area and agriculture, and services had been reinforced. By the end of 2008, the central region had issued a cumulative amount of RMB 313. 361 billion yuan loans, increased RMB 27. 005 billion yuan, up by 9. 43% (yoy). Agricultural loans take up 10. 18% of all loan accounts. In specific, rural credit cooperatives had been more supportive to the agriculture related loans after reform, and issued a yearly amount of RMB 294. 616 billion yuan, taking up 94. 02% of total loans issued by banking institutions to agriculture. The petty loan balance in the Post Savings Bank of China had reached RMB 9. 132 billion yuan by the end of 2008, which becomes another effective approach to resolve the problems of credit shortage in rural areas and loan – applying tension of farmers. The

Agricultural Bank of China had been making efforts in constructing long term mechanism to serve the farmers, rural area and agriculture, and it had carried out new loan business with farmers.

Covering main grain producing areas in China, the proportion of agricultural population in the central region is comparably large. The problems relating to farmers, rural area and agriculture are more notable than those of the eastern region. Traditional farming and cultivation are major forms of production in the central regional rural areas. Household operational income takes up high proportion in the total farmer income. From the winter of last year, damage to wheat by drought in massive areas is getting worse. Drought defense is in a grave situation, and agricultural production had been affected. Meanwhile, influenced by both domestic and external economic situations, prices of subsidiary agricultural products and end products plummeted, and the prices of agricultural production means increased, so the comparative agricultural profit declined and continuous increase in farmers' income met more difficulties. Rural migrant workers are facing severe employment situation. Provinces in the central region are mostly the origin of labor service export. Profits of some eastern and coastal enterprises decrease, and result in early returning home of migrant worker. This also enlarges the hardness of continuously increasing farmers' income.

2.4 Steady progress had been made to the reform of local small and medium sized corporate financial institutions, but large gaps still exist in the risk control system and level

In 2008, the central region had strengthened the supporting force to the reform in local small and medium size financial institutions. Wuhan Commercial Bank in Hubei province was renamed to Hankou Bank and realized multi - regional operation. Seven urban commercial banks had been established in Henan province. Commercial banks of Zhuzhou, Xiangtan, Hengyang and Yueyang in Hunan province and Shaoyang urban credit cooperatives were actively reorganizing to form provincial across - regional local banks. Some commercial banks in Jiangxi province had transformed to share - holding limited companies, with a disruptive progress in cross - regional development. Construction of rural cooperative banks and rural commercial banks was carried out steadily. Some had already started operating. The application of transforming Wuhan rural credit cooperatives to rural commercial bank had been approved by the State Council. The founding of rural banking had achieved breakthrough. In 2008, each province in the region had one or two rural banks opened.

Generally, the local small and medium sized corporate financial institutions in the central region, especially the rural credit cooperatives, are still relatively weak in the overall resistance to risk. Specifically, there are problems as insufficiency in overall provision, the negative capital adequacy rate, unfavorable asset quality, and liquidity shortage in some cooperatives. Taking a place in the region as an example, the occurrence of financial law – breaking cases in the local rural cooperative financial institutions had taken up 62. 5% of the total cases in Hunan province, and the implicated sum of money takes up 90. 87% of the total provincial proportion. There are six cases involving an amount of over 1 million yuan, accounted for a total number of RMB 26. 11 million yuan, and all happened within rural cooperative financial institutions. Compared to other banking financial institutions, local small and medium size corporate financial institutions are weak in risk control framework, risk management technique and risk managing professionals. Moreover, the growth in such institutions had surpassed that of the others in the same business, which might arise hidden danger of risk. The upward pressure on credit risks result from local economic downturn should also be noted. Private financing eases the funding demands pressure on bank credit of small and medium private enterprises and agriculture related loans, while it is also hard to control because of its distributed organizations and random in management system. In recent years, the illegal funding activities have been in active in some provinces in the central region, which affects and disturbs normal economic and financial order. Some had been transmitting to regular financing system, and jeopardize the local financial safety and stability. Therefore, monitoring and guiding on the private financing should be strengthened, so as to prevent the happening of financial fraud, illegal fund raising and other activities that do harm to the benefit of our people.

2. 5 The overall strength of the insurance sector had been enhanced, but there are still some problems notable in the process of rapid development

In 2008, the insurance market in the central region kept growing in high speed. Historical leap had been made in the market scale. The overall strength of the industry had been enhanced. By the end of 2008, insurance premium income in the region had achieved RMB 187. 735 billion yuan, up by 54. 54% (yoy), and 15. 41% higher than the national average, including premium income from life insurance of RMB 151. 981 billion yuan, up by 64. 67% (yoy), and RMB 35. 754 billion yuan from property insurance, up by 22. 91% (yoy). The intensiveness and extensiveness of insurance had both been widened. The insurance intensity and density in the region had achieved 2. 97% and RMB 508. 27 yuan per capita respectively. Given the rapid increase in premium income, insurance sector becomes more and more important in promoting economic growth and improving social security system. In 2008, the total payment of insurance indemnity in the central region was RMB 52. 816 billion yuan, up by 36. 40%, including RMB 29. 463 billion yuan to life insurance (up by 27. 39%, yoy), and RMB 23. 353 billion yuan (up by 48. 86%, yoy). The insuring extent had been raised up, and the insurance gave a forceful support to the reconstruction after earthquake. The support by insurance sector to key project constructions contributed to found base for rapid growth in local economy.

While the local insurance market and insurance sector are experiencing vigorous development, deep level conflicts and problems also emerge, such as extensive development mode, unreasonable market structure, enlarged pressure on supervising resource allocation. Firstly, the number of market entities grows fast in recent years, and market order and standard degree need to be improved. In specific, unfair competition, such as high commission fee and high remission, commonly exists. Misleading sales, difficulties in settlement of claim do harm to the benefit of consumers. Underwriting profit is relatively low because of products consubstantial competition, and the profitability of the whole industry is relatively weak. Secondly, the market structure is unreasonable, the overall sustainable development ability of the industry needs to be enforced. Branches of insurance companies leak in innovation of product development, key areas, critical links and core technology, especially in localized products tailored to local market demands. The severe problem of low level duplicating competition in market results in non - effective coverage of the insurance function in social security. Thirdly, market supervision becomes more difficult. Supervision absence of the insurance regulatory institutions at the prefectural level, and the growing difficulties in market risk identification, prediction and control increase the hardness of improve supervisory pertinence and effectiveness. Regarding to the practice, some problem becomes severe, such as abnormal cancellation of life insurance, misleading in intermediaries, illegal fund raising, and risk of insecurity of fund caused by diversion and encroachment, which call for further optimization on supervisory resource allocation.

2.6 Quantitative assessment

Regarding to the result of quantitative assessment, the score for financial stability of the central region in 2008 is 79.8, fitted in the relatively stable interval, less 2.5 points compared to that of the previous year. The score indicates that under the circumstances of financial crisis, the overall financial stability status of the central region is weakened. Referring to the results of the past three years (shown in Figure 18), the overall financial stability tendency of the central region generally maintains within certain interval. In specific, the score for macro economy had been declining for two consecutive years. The score for banking sector remains at a relatively stable level, and rise by small margin compared to that of 2008. Affected by many factors, the score for security sector declined obviously compared to that of the previous two years. The insurance sector keeps in a relatively unstable level in 2008, after decreasing in 2007. The score for financial ecological environment presents a trend of improving, though the score remains relatively low.

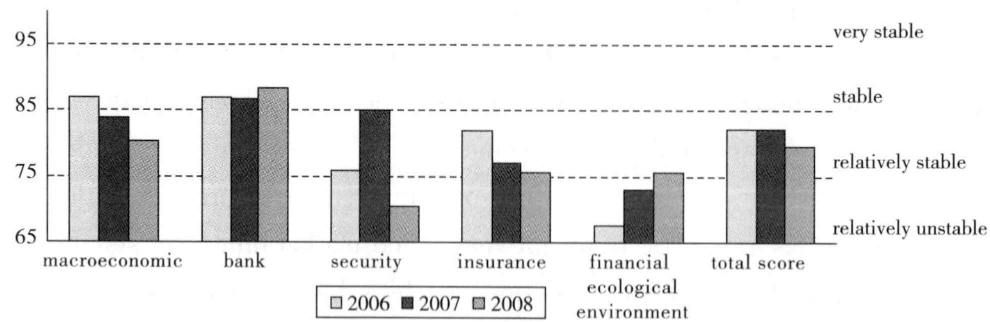

Figure 18 financial stability of the central region, 2006—2008

Referring to the changes in the level 3 indicators, there are 6 indicators had been improved compared to that of the last year, including 1 macroeconomic indicator, 2 banking indicators, 1 insurance indicator and 2 financial ecological environment indicators; there are 9 indicators had been worse than that of the last year, including 5 macroeconomic indicators, 2 security indicators and 2 insurance indicators; 9 indicators are of the same level as that of the last year, including 4 macroeconomic indicators, 2 banking indicators, 1 security indicator and 2 financial environment indicators.

In specific, real growth rate of foreign capital utilization decreases sharply, as a result of slowing down in the development of the tertiary industry. The increment of resident income of urban and rural areas slows down. Consumer price fluctuate widely, high at the beginning of the year and low at the end of the year, which affected the scoring of macro economy. The increase in banking indicators benefits from improvement in the quality and profit of banking institutions, interpreted by the decrease in NPL ratio and increase in return on assets. In the aspect of security sector, decline in the indicators as net capital adequacy, return on assets is observed compared to that of the last year. Thus the score for security sector drops dramatically. The insurance sector develops relatively fast. Receivable premium rate is lower than that of the last year. Over speeding in the growth of premium income arouses certain pressure on sustainable development of the industry. There is a bouncing effect in the cancellation rate of life insurance companies in some areas. The financial ecological environment had been improving year by year. Banking service density and coverage of credit enquiring database increase compared to that of the last year.

In 2008, the overall score for the central region is 4.4 points lower than the national average. The status of macro economy, banking sector and financial ecological environment is approaching to the national average (Figure 19). But weakness is still shown in security sector, insurance sector, which calls for improvement.

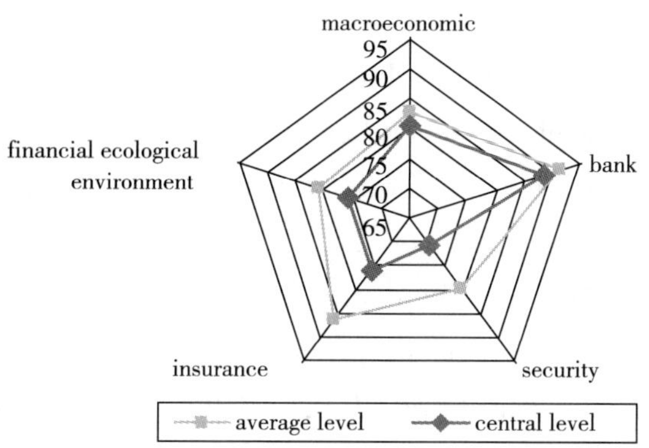

Figure 19 financial stability of the central region compared with average level in 2008

3. Western Region

Under the circumstances of dramatically changes in domestic and global economy, and with major adjustments made to the domestic macro policy, the 12 areas including provinces, autonomous regions and municipality cities had made great efforts to overcome the adverse impacts brought by natural disasters and the financial tsunami, using local advantages, keeping the national economy grow in high speed, and eventually narrow down the gaps between the region and the developed areas. Fundamentals of economy remains basically unchanged, though affected by the financial crisis, which leads to the slowdown in western region industrial production growth, fallback of increase rate of investment from high level, deceleration in foreign trade, and the down going of economic profit of enterprises. The financial sector develops healthily and smoothly, with the soundness of the financial system gradually strengthened. Scale of banking sector continues expanding, operational profit keeps on rising, and the asset quality improves noticeably. The restructuring process in local corporate banking financial institutions speeds up. New rural financial pilot project have made breakthrough progress, and banking service have been improved. The capital adequacies of security companies are enhanced, and the financing structure had been further optimized, despite decrease in profit level. Insurance sector is developing rapidly and steadily, enlarging its severing area, transforming development pattern, together with the improvement in market order.

3.1 The overall economy maintained fast growth, while affected by grief natural disasters, the downward pressure of economy increased

In 2008, the western economy kept smooth growth at a high level. The GDP of the year was RMB 58 256.32 billion yuan, an increase of 12.43% over the previous year, down by

2. 01 percentage points, accounting for 17. 80% of national total, up by 0. 49 percentage point. In terms of growth by sectors, the value added of the primary industry was RMB 9 064. 51 billion yuan, up by 6. 41%; that of the secondary industry was RMB 28 018. 56 billion yuan, up by 15. 73%; and that of the tertiary industry was RMB 21 121. 55 billion yuan, up by 12. 87%. Furthermore, the growth rate of the secondary and tertiary industry ranked first in four regions, in which Inner Mongolia Autonomous Region, and Shaanxi, Chongqing, Guangxi and Qinghai Province ranked top ten of all provinces. Moreover, Inner Mongolia Autonomous Region increased of 17. 2% and maintained first in whole nation seven years in a row.

Affected by regional natural disasters and other unexpected events, including May 12 Sichuan Earthquake, snow and ice storm at the beginning of the year and March 14 riots in Lahsa, some provinces witnessed that investment slowed down, consuming expectations trailed off, imports and exports grew slowly, and real estate market maintained at a low level. Most western provinces had suffered different degrees by the impacts of unexpected events. Accordingly, the downward pressure of economics increased, that made some pressures on local financial system.

May 12 Earthquake resulted in a great impact on the economic development and financial stability of some affected regions, including Sichuan, Gansu, Shaanxi provinces and Chongqing, etc. For instance, Sichuan province witnessed a clear slowdown in economy. Its growth rate of local GDP decreased 4. 70 percentage points than that of 2007, the declining extent of which ranked second in all provinces in China. The earthquake caused a great loss to the financial systems of Sichuan, Gansu and Shaanxi provinces. In 51 earthquake stricken regions, a total of 3 410 financial services sectors, including 2 105 bank sectors, 33 security sectors and 1 272 insurance sectors were severely damaged, meanwhile 46 agencies of PBC, CBRC, CSRC and CIRC were destroyed to some extent. The earthquake also exacerbated some centers of urban real estate market adjustment, where the volume of housing loans grew slowly, qualities of both mortgagees and loans deteriorated.

Tibet Autonomous Region had taken effective measures to fight against the sharply fall of private investment and weaken consuming expectation since March 14 event. However, due to the over - expected impact both from the event and the international financial crisis, the will of capital investments at home and abroad weakened, while some capital even divested. In 2008, the total value of foreign direct investment of Tibet Autonomous Region decreased by 4. 07%, down by 62. 9 percentage point than that of 2007. Lack of consumer confidence in local residents negatively impacted growth. Therefore, the downward pressure of its economy increased.

3. 2 As resource - based industries were stricken by the international financial crisis, industrial production slowed down with a drop of profits made by enterprises in the fourth quarter

Western economy relies on some raw and processed materials industries, such as pressing of non – ferrous metals, petroleum, manufacturing of raw chemical materials and chemical products, most of which are in the top of the product chain and the bottom of the value – allocation chain. With the international financial crisis continuously spreading, the domestic environment sharply changed, and raw material prices showed the pattern of rise and down which severely impacted on resource – based industries. In the first half of 2008, product price rose slowly than raw price, while in the second half of the year, the sharply fall of raw price resulted in devaluation of storage and shrinking of the profit. The western economy witnessed extensive development mode problems, such as short product chain, low value – added, poor science and technology content and low bid, etc. Consequently, except for Sichuan province, industrial produce and sale rate in 11 regions showed a downward shift.

Since the fourth quarter, the number of loss – making main industrial enterprises had increased. Some main enterprises overstocked and less produced, which had a severe deficit. In Shaanxi province, of the industrial enterprises above designated size, the growth rate of main income in the fourth quarter dropped by 10. 20 percentage points than that of the third quarter, composite index of industrial economic efficiency descended by 6. 88 percentage points, profit decreased by 27. 60 percentage points, loss reached RMB 136. 96 billion yuan, as nearly thrice of that in 2007. In Ningxia Hui Autonomous Region, the value added of the industrial enterprises above the designated size was up by 11. 9%, 5. 2 percentage points lower than that in 2007. In some key energy consumption enterprises, the loss is particularly serious. Industrial development witnessed unwonted difficulties in these years. In Inner Mongolia Autonomous Region, the number of loss – making enterprises of the industrial enterprises above designated size reached 646, up by 41 than that of 2007, accounting for 17. 9% of all; the loss was RMB 57. 74 billion yuan, up by 154. 5% than that of 2007; the enterprises off production or about to off production went up by 25% of all. Especially, the loss of large enterprises and rural industrial enterprises was much more critical.

In some enterprises, production was shrunken and profit declined, which uncertainly resulted in low capital turnover efficiency and insolvency. Therefore, close attention should be paid to the risk spreading from economy to financial system.

3. 3 The size of banking assets expanded unprecedentedly, deposits and loans grew fast, and the term mismatch problem got released to some extent

In 2008, bank institutions in the western region made great efforts to maintain fast growth both in scale and quality against the changing macroeconomic situation. By reinforcing the construction of internal system and management mechanism, the total assets increased smoothly, financial status improved persistently, the capability to keep away and resist risk advanced. By the end of 2008, the total assets denominated in domestic and foreign currencies of domestic and foreign – funded banks had reached RMB 95 180. 95 billion yuan, with a increase of 28. 71% year to year, up by 7. 98 percentage points than that of the previous year, which became the fast increasing area in China. When capital market and real estate market sustained low level, capitals reflow to bank system, part disaster finance fund assembled, deposits grow rapidly, and the liquidity of capitals was abundant. By the end of 2008, the deposits had reached RMB 78 172. 82 billion yuan, increasing by 27. 15% year to year; the loans had reached RMB 52 091. 45 billion yuan, increasing by 18. 89%. The western region had become the area of fast growth of deposits and loans in China for three years in a row.

In terms of structure, both deposits from residents and enterprises showed a fixed deposits trend. In 2008, the value added of fixed deposits of the western region reached RMB 3 839. 54 billion yuan, 3. 81 times of that in 2007, accounting for 24. 21% of deposits increased. Although the interest rate of deposits dropped distinguishably in the second half of the year, the rapid growth of the deposits and the decreasing proportion of current deposits brought the ascending cost of bank capital. Affected by the economic environment, banks are likely to experience a low interest rate period, and are need to control costs and develop new business. As term of loans is concerned, bill financial industry grew rapidly. By the end of 2008, the total value of bill finance in the western region had reached RMB 2 332. 00 billion yuan, up by 46. 60% year to year. The increase of bill finance (mostly part is the discount) is good to improve the liquidity of assets, reduce the flow risk of balance sheet, and optimize the term structure.

3. 4 New – type rural financial institutions continued to be enriched and financial services intensified efforts, but the ability of small and medium sized rural financial institutions to resist risks still needs to be improved

A group of new – type rural financial institutions had grown in strength to establish perfect rural financial service system, to improve the rural financial service functions, to support the three dimensional rural issues, small businesses and the county's economic development. By the end of 2008, as a new – type rural financial institutions in the pilot provinces, Inner Mongolia Autonomous Region had established six institutions, such as Baotou City Huinong Contractor Loans Company, Baotou City Huinong Rural Town Bank, Ordos City Darat Development Rural Town Bank, Chifeng Keqi Agricultural Town Bank and other two rural credit union funds. These institutions had been operating in good conditions, carrying out successful business which played a positive role for the local rural economic development and prosperity of the rural financial market. Shaanxi Province also achieved a breakthrough in the new – type rural financial pilot work. Baoji Qishan Shuofeng Village Bank and Shaanxi Luonan Sun Village Bank had been formed consecutively since 2008. The establishment of village banks in Shaanxi Province enriched the structure of rural financial markets, which promoted further developing of the rural financial system. Yunnan Province had also established three village banks, such as Yuxi City Hongta District Xinghe Village Bank, Wenshan City Minfeng Village Bank and Zhaotong City Zhaoyangfudian Village Banks, and established 10 micro – credit institutions in the three cities, which accelerated the pace of formation of the new – type rural financial institutions such as village banks.

The growth of new – type rural financial institutions and the set up of the micro – credit institutions play important roles in the aspects such as improving the rural financial services system and broadening the financing channels. However, as these bodies are still young, public reliability and cognition are not enough, development of rural financial institutions still face great difficulties. In the situation of a marked decline of domestic real economy and the continuing impact of the crisis abroad, the capital adequacy ratio, provision for doubtful debts and other indicators of the rural small and medium sized financial institutions were still at a low level. The higher concentration of bank loans, the larger stock of non – performing loans, and the weaker ability to resist the market risk all made the situation of risk prevention and control of cases increasingly serious. In Inner Mongolia Autonomous Region, by the end of 2008, rural cooperative financial institutions in the region's banking sector loans accounted for only 11. 77% of total loans, but the non – performing loans accounted for 23. 84% of the banks' total non – performing loans. The balance of suspicious loans and losses reached 55. 91% of the two types of loans in the region's financial institutions, accounting for 82. 36% of the balance of non – performing loans in the region's rural cooperative financial institutions. It is very difficult to utilize these two types of loans and is expected to be a higher proportion of losses. As the macro – economic trend becomes more and more down, it rebounded with higher pressure.

3. 5 Insurance sector made breakthroughs in key business fields, but the ability to service still need to be improved. Catastrophe risk system is urgent to be established

In 2008, the strength of the western insurance sector was further enhanced, market system was gradually improved, the overall continuously maintained a fast growth tendency. The premium reached RMB 1 731. 89 billion yuan all the year, an increase of 45. 17% year to year, up by 15. 31 percentage points. The fields of insurance service were widened constantly, and breakthroughs were made in key business fields. Firstly, new progress was made in rural insurance works. The coverage of categories in pig – breeding insurance, milch cow insurance and crop insurance was further enhanced, and premium of agriculture insurance increased significantly, which effectively ensured the stability of provision of primary products. Secondly, some fields of liability insurance, such as school insurance, transportation insurance, tour insurance and medical insurance further developed. Thirdly, the business in health care insurance and retirement insurance grow rapidly, which is helpful to improve people's livelihood and assist the disadvantaged group.

However, the current insurance in the western region is still relatively low, insurance coverage is still limited, insurance functions are not yet brought into full play. In particular, the proportion of compensation to the losses of natural calamities is very small, and the ability of insurance to serve economic and social development needs to be strengthened. For example, in April 2008, Xinjiang Uygur Autonomous Region witnessed several natural calamities, such as hurricane, sandstorm, low temperature, rainstorm and freeze, affecting more than 5 million people in 40 countries of 14 cities in the autonomous region. The direct economic losses in lumber, livestock and agriculture area reached RMB 50 billion yuan. Although the compensation from insurance institutions achieved more than RMB 100 million yuan, the proportion to the total losses was still low, only 2%. Take Sichuan Province for another example, its insurance sector had received effective cases of the earthquake more than 22.2 million, 22.1 million of which were closed; effective case close rate reached 99.4%. But the accumulative claimed paid or prepaid reached RMB 7.24 billion yuan, only accounting for 47.07% of all expected. The compensation work of main categories was basically done, while some more complex compensation for enterprises or projects was not completed yet. Since catastrophe risk system has not been formed, the categories for calamities are still in short, and public awareness to insure against disaster is weak, the coverage of insurance is still too low. Especially in rural regions, most of the losses are not claimed paid, and the function of supporting and compensating is not fully exerted. As the earthquake has given an impetus to relevant sectors to explore the measure to resist and divert catastrophe risk, establishing the catastrophe risk system has become extremely important and urgent.

3.6 The financial legislation environment was relatively poor, and the institutional improvement of case management is to be strengthened

Compared to other regions, the financial legislation environment of the western region was in an inferior position. According to a questionnaire – based survey on legislation environment, the average score of 12 western regions in 2008 was 68.94, up by 1.31 points than that of 2007, but was still lower than the average score of the whole nation by 3.2 points. Many regions witnessed insufficient case control, unsound internal control systems and higher incidence of financial cases. The ability to guard against operating risk needs to be strengthened. Take some western provinces for example, in 2008, there were 29 cases in rural cooperative finance institutions, up by 10 cases year to year; the case – related amount reached RMB 1. 11 billion yuan, increased RMB 0. 96 billion yuan year to year, the risk – related amount reached RMB 0. 90 billion yuan, up by RMB 0. 78 billion yuan year to year. These cases reflected the problems, such as incomplete internal control system, lack of compliance construction, staff weak risk awareness and non – standard operation, etc. Hence, the western region needs to promote the system of case control, enhance the awareness to prevent operation risk and establish some rules and regulations including case preventing system, evaluation system and accountability systems, which could prevent the operation risk efficiently.

3. 7 Quantitative Assessment

According to the quantitative assessment results, the total score of financial stability of the western region in 2008 was 84. 2, in relatively stable interval, up by 2. 3 points than that of the previous year. This result showed that with the sharply variations of macroeconomic and financial situation home and abroad, and natural disasters in succession in region, the western region still improved its financial stability and promoted its financial system's coordination ability. From results of the past three years (Figure 20), the total score of the western region kept an upward trend year by year. In details, since economic system had defended the impact from financial crises and unexpected events, the macroeconomic score maintained the same level as that in the previous year; after two years' surge, the bank score upgraded from relatively unstable interval to relatively stable interval; the security sector remained at a lower level was the same as the national capital market, and the score declined than that of the previous year; the insurance score made a big breakthrough in 2008; after the setback in 2007, the financial ecological environment score increased remarkably, but the overall level is still inadequate.

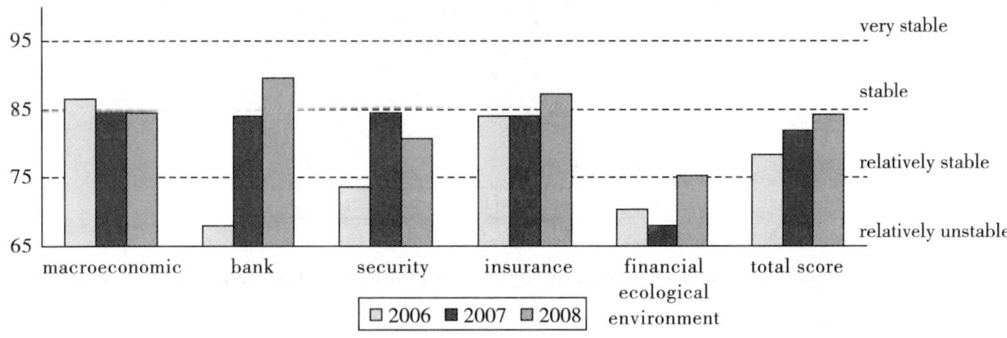

Figure 20 financial stability of the western region, 2006—2008

From the changes of specific indicators, there were 10 indicators (including 2 macroeconomic indicators, 3 bank indicators, 1 security indicator, 2 insurance indicators and 2 financial ecological indicators) better than those of the previous year, 6 indicators (including 4 macroeconomic indicators, 1 security indicator and 1 insurance indicator) worse than those of the previous year, and 9 indicators (including 4 macroeconomic indicators, 2 bank indicators, 1 insurance indicator and 2 financial ecological indicators) unchanged.

Specifically, in spite of the slowdown of economic growth, slight drop of the income of urban and rural household and the fluctuated consumer price index, the economic growth fell back after an overheated growth in 2007, the demands for investment and consume increased rapidly and the price of real estate was well controlled. So the macroeconomic score was just the same level as that of 2007. As bank sector was concerned, the capital adequacy ratio rose, the quality of assets was improved greatly, the non – performing loan ratio dropped continuously, the liquidity was adequate, the overall stability was strengthened. As security sector was concerned, although net capital adequacy ratio increased, the asset profit ratio declined greatly. Therefore, the score was lower than that of the previous year. In insurance sector, the fast increase of the insurance premiums was not good to sustained growth, but both of the surrender rates of life insurance and the premium receivable ratio dropped. As a result, the overall sector was improved than before. The increase of the financial ecological environment score was mainly thanks to the better legislation environment and the greater financial density.

In 2008, the western region was nearly equal to the average level of the whole county, up by 0. 1 scores. Besides, it had closed to or exceeded the average level in macroeconomic, bank, security and insurance sector (Figure 21). However, there was still a large inferiority in financial ecological environment, which needs to be greatly improved from now on.

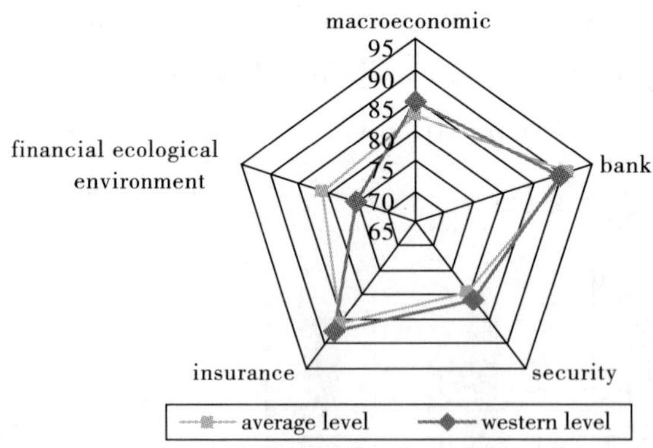

Figure 21 financial stability of the western region compared with the average level in 2008

4. Northeastern Region

In 2008, the northeastern region sincerely implemented the central government's macroeconomic management policies in line with the Scientific Outlook on Development, making great efforts to adjust and upgrade the industrial structure. Thus regional economy kept growing rapidly, while the industrial structure still needed to be upgraded. The foreign trade increased relatively fast, and foreign investment rose further. The bank institutions maintained steady development momentum. Close attention should be paid to the rebounded of non – performing loan. Policy agricultural insurance and rural small life insurance made a progress, while the unbalanced business structure needs to be taken note of.

4.1 Regional economy kept growing rapidly, while the industrial structure needed to be upgraded

In 2008, the northeastern region realized a total added value of RMB 28 195.66 billion yuan, increased by 12.46% year to year, 3.46 percentage points higher than the level of the whole country. The growth rate of GDP of Liaoning, Jilin and Heilongjiang provinces were 11.2%, 16.0% and 11.8% respectively, higher than the level of the whole country by 2.2, 7.0 and 2.8 percentage points. The industrial structure was adjusted from 12.4:51.4:36.2 in 2007 to 11.7:53.0:35.3 in 2008. The added values of three sectors were RMB 3 307.80 billion yuan, RMB 14 942.63 billion yuan and RMB 9 945.23 billion yuan respectively.

Firstly, the agriculture continuously kept an uptrend development. The grain output went up and reached a new high, by 89.25 million ton, 6.71 million ton more than that of the previous year, accounting for 16.9% of the whole country's output. Specifically speaking, the grain output of Liaoning Province reached 18.60 million ton, up by 0.25 million ton than that of the previous year, which got a historically new high; the output of Jilin Province reached 28.40 million ton, more than that of the previous year by 3.86 million ton, up by 15.7% year to year, 10.3 percentage points higher than the growth rate of the whole country; the output of Heilongjiang Province reached 42.25 million ton, more than that of the previous year by 2.60 million ton, up by 6.5% year to year, 1.1 percentage points higher than the growth rate of the whole country.

Secondly, the secondary industry rose gradually. Although the growth rate slowed down in the second half of the year, the overall industry of northeastern region continued to grow relatively fast. The added value of the industrial enterprises above designated size in Liaoning, Jinlin and Heilongjiang provinces were RMB 6 603 billion yuan, RMB 2 491 billion yuan and RMB 3 445 billion yuan, up by 17.5%, 18.6% and 13.1% year to year respectively. In 2008, the industry of northeastern region got more convergent. The value added of industrial enterprises in equipment manufacture, metallurgy, petrifaction and processing of food from agricultural products in Liaoning Province accounted 87.6% of all. The value added of industrial enterprises in vehicle manufacture, petrifaction and food processing in Jilin Province accounted 60.2% of all. The value added of industrial enterprises in energy production, petrifaction, equipment manufacture and food processing in Heilongjiang Province accounted for 89.2% of all.

Thirdly, the tertiary industry continued to grow rapidly and realized a total added value of RMB 9 945.23 billion yuan, increased by 12.86%. Therein, the added value of the tertiary industry of Liaoning, Jilin and Heilongjiang provinces were RMB 4 647.5 billion yuan, RMB 2 442.7 billion yuan and RMB 2 845 billion yuan, up by 11.2%, 16.7% and 12.4% year to year, higher than the whole country's growth rate by 1.2, 6.7 and 2.4 percentage points respectively. The gross scale of the tertiary industry enlarged, and the overall level enhanced. Service outsourcing developed quickly. Dalian, Harbin and Daqing were regarded as service outsourcing demonstrated cities. In Liaoning Province, soft outsourcing grew rapidly, of which operating revenue reached RMB 4.65 billion yuan, up by 75%. Soft outsourcing in Jilin Province was still good. Business to Japan and South Korea increased relatively rapidly, which extended to the occident market. Heilongjiang Province had over 70 new service outsourcing and soft research enterprises, more than 40 thousand workers, and had total operating revenue of RMB 80 billion yuan, up by 54% year to year. In 2008, the northeastern region realized total tour revenue of RMB 2 751.3 billion yuan, up by 31.9% year to year. The added value of tour industry of Liaoning, Jilin and Heilongjiang provinces were RMB 1 741.5 billion yuan, RMB 450.8 billion yuan and RMB 559 billion yuan, increased by 33.2%, 28.7% and 30.2% year to year respectively.

In 2008, the proportion of the secondary industry of the northeastern region rose by 1.56 percentage points than that of the previous year, while the proportion of the tertiary descended by 0.92 percentage point. The mainstay industries of Liaoning Province, such as equipment manufacture, metallurgy and petrifaction, realized investment in fixed assets of RMB 2 620.8 billion yuan, accounting for 55% of all industrial investment in the province. The investment in vehicle manufacture, petrifaction and food processing from agricultural products in Liaoning Province was RMB 866 billion yuan, 31% of all industrial investment in the province. The investment in equipment manufacture, petrifaction, energy production and food processing in Heilongjiang Province was RMB 1 194.3 billion yuan, accounted for 82% of all industrial investment in the province. Nowadays, the northeastern region witnessed a situation: new industry that high technology standed for developed slowly; the proportion of heavy industry was too high; economic development relied on heavy industry too much; the investment in mainstay industries was the majority to promote the industrial investment; the industrial structure problem still needed to be upgraded. Besides, the convergence of investment in fixed assets played a positive role to industrial upgrade, but too much investment to the secondary sector was not good for the further optimization of the industrial construction, and the competition of regional development should be enhanced more.

4.2 Foreign trade increased while the foreign investment slowed down

In 2008, the total export and import value of the northeastern region was 1 086.61 billion US dollars, accounting for 4.23% of the total value in the whole country, increased by 24.82% year to year, 7.2 percentage points higher than the growth rate of the whole country. Specifically speaking, the export value was 633.92 billion US dollars, up by 23.26% year to year; the import value was 452.69 billion US dollars, up by 27.10% year to year. The actual utilized foreign capital was 175.8 billion US dollars, up by 30.7% year to year, of which Liaoning, Jilin and Heilongjiang provinces were 120.2 billion US dollars, 30.1 billion US dollars and 25.5 billion US dollars, up by 32.1%, 12.2% and 22.5% respectively. The number of approved contractual foreign direct investment projects over 10 million US dollars amounted to 672. Therein, 616 were from Liaoning Province, 29 from Jilin Province, and 27 from Heilongjiang Province. The international financial crisis impacted relatively severely on the economic development of the northeast region. Although foreign direct investment capital of the three northeastern provinces grew faster than the average level of the whole country, all growth rates dropped compared to the previous year. Under the circumstance of the financial crisis, raw material prices fluctuated and labor cost ascending, attention should be paid to the adjustment of the foreign side in the construction of factories and expand production in China.

4.3 Energy saving and emissions reduction was promoted successfully, but it was still an arduous task

The energy consumption per unit of domestic gross product of northeast region declined further, the action of energy saving and emission reduction had made great achievements. In 2008, the energy consumption per ten thousand units of domestic gross product of Liaoning Province was 1.635 ton standard coal, down by 4% year to year; 285 small steel or cement enterprises, and 477 paper making or printing and dyeing enterprises were closed; the chemical oxygen demand and the discharge amount of sulfur dioxide were dropped by 6.97% and 8.36%, and the emission reduction rate of them ranked the third and the fifth in the whole country respectively. The energy consumption per ten thousand units of domestic gross product of Jilin Province was 1.45 ton standard coal, down by 4.5% year to year; 21 kinds of energy saving technologies and products had been promoted and 91 industrial energy saving projects had been completed and put into use; the chemical oxygen demand and the discharge amount of sulfur dioxide decreased by 3. 38% and 3. 91% respectively. In Heilongjiang Province, the energy consumption per ten thousand units of domestic gross product was 1. 29 ton standard coal, down by 4. 3% year to year; the new centralized heating in cities at or above the country level was 2. 4 million square meters, the percentage of which reached 45% ; the control of polluted water, exhaust gas and waste were tightened; the chemical oxygen demand and the discharge amount of sulfur dioxide declined by 1. 08% and 0. 93%. As the old industrial bases, the northeastern region witnessed the problems that the proportion of heavy industry was relatively high and the construction of energy consumption was unreasonable. Although the energy saving and emission reduction work had been accomplished in 2008, pushing the work forwards was still a rough assignment in the future.

4. 4 The bank institutions developed rapidly while the rebounce of non – performing loan needed to be prevented

The regional financial industry was much more capable to support the economy development. By the end of 2008, the total deposits denominated in domestic and foreign currencies of domestic and foreign – funded banks in the northeastern region had reached RMB 3. 41 trillion yuan, and the total loans had reached RMB 2. 18 trillion yuan. The difference between deposits and loans was RMB 1. 23 trillion yuan, increased by RMB 3 119. 62 billion yuan, 34. 06% year to year. Therein, the total deposits of Liaoning, Jilin and Heilongjiang provinces were RMB 18 778. 40 billion yuan, RMB 6 254. 98 billion yuan and RMB 9 077. 50 billion yuan, increased by 19. 8% , 18. 5% and 18. 5% respectively; the total loans of the three were RMB 12 348. 40 billion yuan, RMB 4 891. 01 billion yuan and RMB 4 593. 50 billion yuan, increased by 19. 4% , 17. 6% and 16. 0% respectively. There were totally 27 foreign – funded banks founded in the three provinces, of which 23 in Liaoning Province, 1 in Jilin Province and 3 in Heilongjiang Province. Influenced by a number of factors, such as the low of capital market, savings of residents maintained growing fast, while deposits from enterprises and government institutions slowed down, the deposits overall showed a fixed tendency. At the end of 2008, when the country adopted the planning to pull the domestic demand, the loans accelerated to grow up. Under the appropriately easier monetary policy, financial institutions should establish and consummate the credit risk alert system to detect, control and defuse potential risks in time, and guard against the rebounce of non – performing loan.

4. 5 Policy agricultural insurance and rural small life insurance achieved new progress, while the problem of the unbalance of business structure needed to be paid attention

The insurance sector improved steadily. In 2008, the insurance market in the northeastern region developed relatively fast, both of the structure of market and business were optimized, and the insurance function played an active role. The policy agricultural insurance grew further. The rural small life insurance and enterprise pension experimental unit achieved a big progress. Liaoning province realized an accumulative value of annual net profit in 2008 of RMB 328. 7 billion yuan, increased by 45. 4% year to year. In Jilin province, where there were 3 new insurance institutions in 2008, the total assets value was RMB 374. 21 billion yuan, up by 20. 9% year to year, and the accumulative value of annual net Profit was increased by 36. 08% year to year, up by 7. 19 percentage points than that of the previous year. Four new insurance companies engaged in Heilongjiang province, which made the number of insurance companies reach 29; the value of annual net profits was RMB 251. 2 billion yuan, increased 61. 5% year to year; of all regions in China, the scale of the premium ranked the 15th and the growth rate of it ranked the second, when the increase was much more than the level of the whole nation.

The policy agricultural insurance was promoted steadily. In 2008, the number of the policy agricultural insurance experimental countries in Jilin Province reached 45, 18 more than that of the previous year. The number of the farm household covered by the insurance reached 2. 21 million, accounting for 56% of the whole farm households in Jilin Province. The total value of annual net profit was RMB 6. 51 billion yuan. In particular, the net profit of crop farming and breed aquatics reached RMB 6. 1 billion yuan and RMB 0. 41 billion yuan respectively. The expenditure of policy agricultural insurance claims and payments reached RMB 2. 82 billion yuan. In particular, the expenditure of crop farming and breed aquatics reached RMB 2. 04 billion yuan and RMB 0. 78 billion yuan. The policy agricultural insurance in Heilongjiang Province developed further. The total value of annual net profit was RMB 13. 8 billion yuan, increased 312. 1% year to year, accounting for 15. 7% of the whole nation. And the expenditure on insurance claims and payments reached RMB 10. 6 billion yuan. The policy agricultural insurance ensures the steady and sustained agricultural development, and strengthens the boorish ability to resist against natural calamity, good to protect the farmer's production activity and realize the stability of rural society.

The work on rural small life insurance experimental units made a new progress. In 2008, the Heilongjiang Branches of China Life Insurance Co., Ltd., Taikang Life Insurance Co., Ltd. and New China Life Insurance Co., Ltd. threw themselves into promoting rural small life insurance experimental work. Therefore, the rural small life insurance realized premium of RMB 3. 05 million yuan, 228 thousand people and 238 whole villages were covered with insurance.

There were still three noteworthy issues in the rapid development of insurance sector. First of all, the structure of insurance business still lost its balance, and the content of insurance was still not abundant. Secondly, the surrender rates of some categories, especially life insurance products, were still too high to have a risk, which would be easily magnified under the circumstance of current financial crisis. Once had large – scale surrenders, the well – balanced operation of insurance company would be destroyed, furthermore, chain reactions would be engendered in the trade. Thirdly, melon – cutting insurance in some companies would be at term, thus liquidity risk deserves attentions.

4.6 Quantitative Assessment

According to the quantitative assessment results, the total score of financial stability of the northeastern region in 2008 was 84.9, close to stable interval, up by 4.3 points than that of the previous year. This result showed that the financial stability made a relatively big advancement. From results of the past three years (Figure 22), the financial stability system of the northeast ranged from relatively unstable state to stable state gradually after two years' sustained improvements. In particular, successfully resisting against the impacts from home and board, the macroeconomic score maintained the same level as that in the previous year; after a drop in 2007 and then a surge in 2008, the stability of bank sector improved somewhat; while a rose in 2007, the security score in 2008 turned around to the level in 2006; besides, both of the insurance sector and financial ecological environment kept an upwards trend year by year, the scores of which lied in the stable intervals.

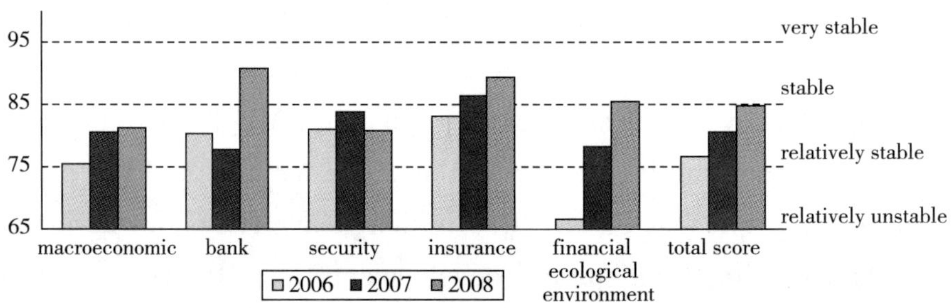

Figure 22 financial stability of the northeastern region, 2006—2008

From the changes of specific indicators, there were 10 indicators (including 3 macroeconomic indicators, 3 bank indicators, 2 insurance indicators and 2 financial ecological indicators) better than those of the previous year, 2 indicators (including 1 bank indicator and 1 security indicator) worse than those of the previous year, and 12 indicators (including 7 macroeconomic indicators, 2 security indicators, 1 insurance indicator and 2 financial ecological indicators) unchanged.

Specifically, as the macroeconomic factor was concerned, the growth rate of GDP fell back to a feasible interval after an overheated growth in 2007, the urban registered unemployment rate declined, the price of real estate kept stably, and then the total score increased slightly. After a low in 2007, the bank score increased remarkably in 2008 for both of the core capital adequacy rate and the asset profit ration growing up and the non – performing loan dropping, but the liquidity rate declined significantly, which deserve attention. The decrease of the security score was owing to the greatly dropped asset profit ratio, and the security institutions were influenced by sustained lowness of the capital market. As insurance sector is concerned, thanks to the increasing insurance premiums and decreasing surrender rate, the score was growing up. The increase of the financial ecological environment score was mainly for the advanced credit environment, indicated such as the promoted financial density and the higher coverage of the credit reference system, etc.

In 2008, the northeastern region was slightly higher than the average level of the whole county by 0. 8 scores, and made a prominent progress than the previous year. Therein, the scores of macroeconomic, bank and security sectors closed to the average level. Besides, there was superiority somewhat in insurance sector and financial ecological environment (Figure 23).

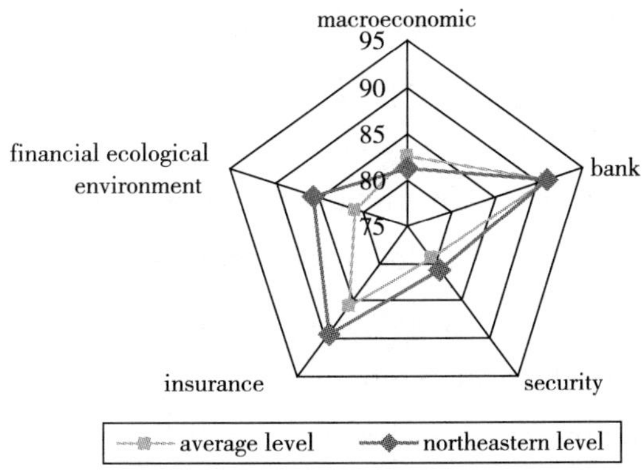

Figure 23 financial stability of the northeastern region compared with average level in 2008

Chapter 5 Overall Assessment and Infrastructure Construction

1. Overall Assessment

In 2008, the US subprime lending crisis brought to the financial crisis suffered steady deterioration, which resulted in a global international financial crisis. The scope of the crisis had ranged from abroad to home, from financial field to the real economy, from the eastern region to the central and western regions. Impacted by a series of domestic natural calamities and international financial crisis, the economy still maintained relatively rapid rising by region, the regional economic structure continuously optimized. Both of the investment demand and consumer demand kept rapid growth, while the import and export set back. The residents consumption price kept stable, and a good grain harvest was brought for five years on end. The profits of enterprises increased, fiscal revenues of local governments kept sustained growth, and the residents' income grew up; therefore, the solvency of local government and the risk response ability of residents were promoted further. Based on good macroeconomic environment by region, the financial reform and opening - up advanced step by step, and financial innovations continuously strengthened. There was a steady improvement in overall financial industry by region. The asset scale of bank sector sustained growth, while non - performing loan rate slightly dropped; security and futures institutions were performed well; the assets of the insurance sector enlarged to some degree. Each of the domestic financial markets was going well and the direct financial instruments for debts were progressing rapidly. To be faced up with the international crisis positively, basic institutional construction of financial industry and the control of risk needed to be enforced; the capacity of emergency and the safety of information system construction should be strengthened further; the basic financial services needed to be completed continuously; the regional financial stability would be further improved.

By the second half of 2008, with the rapid spread of the international financial crisis and unsolved contradictions and problems underlying in the economic development, the downtrend pressure of economy by region had increased, and the external operation environment of the financial institutions had changed. Each region witnessed some same problems in economic and financial development: a series of economic indicators fell back, and the pressure to keep the rapid growth rate increased; the export sledded backwards, and some export enterprises were in hot water; in raw material trades, the prices of major products fell, the production and efficiency of the industry descended, some industrial trades encountered difficult operation, and the losses increased; impacted by the declined income prospects and the weak fortune effectiveness, the growth of the consumer market sledded down; employment situation became much austere, in particular, the agricultural production and the sharing increased of farmers were not optimistic; the adjustment of real estate market influenced on the economic growth. The credit risk of bank sector rose to some degree, the growth of profit sustained slowdown, and the steady development of bank institutions were faced up with a big challenge; the stock market sledded down remarkably, the loss coverage and loss amount of financial products of commercial banks grew up, the risks of the trade relevancy and well - being issues highlighted, and the performance of listed company decreased universally; the proportion of investment products in some insurance companies were much high, financial products grew too fast while traditional indemnificatory products developed relatively slowly; some insurance business fields witnessed phenomenon of over competition of prices, digressive rate of return on investment and the decreasing trade profits; the solvency of some insurance companies were insufficient, etc.

Besides, there were some differences in the mode and level of economic and financial development, the financial industry and the financial resource, the financial ecological environment by region, which resulted in the different risk factors to the regional financial stability. In the eastern region, when the international financial crisis overspread and the pressure of domestic economy downturn gradually increased, the eastern region shall pay more attention to the drop of profits of enterprises, the enlargement of the loss coverage, the slowness of the export growth, the austerity of the foreign trade, the downward risk of the real estate market and the increase of the surrender cases in life insurance. In the central region, with the accelerated step of urbanization and industrialization, both of the traditional resourceful advantages and economic growth mode encountered challenges. The impact from international financial crisis to regional economic development stood out, and the agricultural production and the sharing increased of farmers were gloomy somewhat. In the western region, the resource - based industries were stricken by the international financial crisis, the capability of small and medium sized rural financial institutions to resist risks still needs to be improved, the financial legislation environment was relatively poor, and the institutional improvement of case management needed to be strengthened. In the northeastern region, the economic development was still relied on the secondary industry, the growth of fixed - asset investment was fast and the investment structure was still concentrated (Figure 24).

From the overall scores of quantities assessment by region, in 2008, the eastern region kept ahead by a relatively distinct superiority, the northeastern region ranked secondary, the western region stood thirdly, while the central region ranked last and needed to be promoted further.

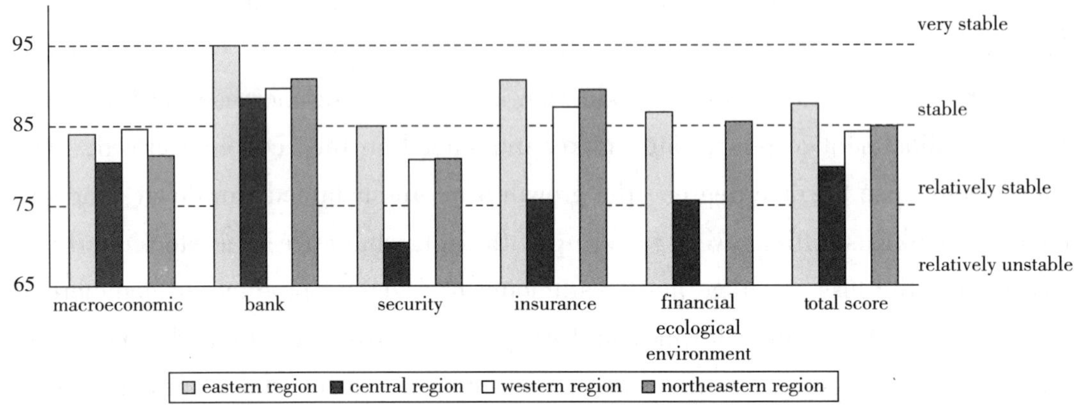

Figure 24 results of four regions in 2008

Specifically, the order of macroeconomic scores from high to low was the western region, the eastern region, the northeastern region and the central region; the order of bank sector from high to low was the eastern region, the northeastern region, the western region and the central region; the order of security sector from high to low was the eastern region, the western region, the northeastern region and the central region; the order of insurance sector from high to low was the eastern region, the northeastern region, the western region and the central region; and the order of financial ecological environment from high to low was the eastern region, the northeastern region, the central region and the western region.

2. Infrastructure Construction

In 2009, under the circumstance of the weakened external demands and the accelerated adjustment of global economy, the uncertain factors of economy will increase, and domestic regions will be faced up with more austere external surroundings. However, as a whole, the long - term trend and the advantages of economic development of our country will not changed. Meanwhile, the macroeconomic management policies play an active role, economy in four regions are expected to keep a steady and relatively rapid growth. Each region need to accelerate the structure adjustment and reform centralized with the expand of consumer demands, promote the conversion of the economic growth mode, bring up the qualities of regional economic and financial developments, restrain the unhealthy and unstable factors in the economy, set up and optimize the long - term mechanism for the maintenance of financial stability.

2.1 Focus on the development of the international financial crisis, and strengthen monitoring and forecasting for regional financial risk

For the moment, the international financial crisis is overspreading, and the impacts on regional economy of our country keep enlarging. The economy of the eastern region of the highest export – oriented degree and marketability has stricken relatively severely. With the lower export – oriented degree, other regions have been impacted relatively slightly and slowly. In particular, the impacts from crisis to central and western regions are mainly in three points: the drop of the export of primary products, the decline of the efficiency of resource – based industries and its relevant industries, and the direct impact from the eastern littoral region. Thus relevant departments shall focus on the risk and pressure the economic and financial system faced with, carry out policies of financial industry promoting the development of the economy and exert the positive play of financial industry in keeping growth, enlarging inner demands and adjusting the financial structure. Close attentions to the new situation and new issues in economic and financial running. Research on the evolution path and transition mechanism of the international financial crisis, analyze its influence on regional economy and financial industry, and investigate the measure and policies dealt with it as soon as possible. Speed up the establishment of monitoring and forecasting system for financial risk, construct the assessment frame of regional financial stability, make a full use of the coordination mechanism for regional financial stability work, and optimize the sharing mechanism of financial monitoring information. According to the changes of economic and financial situation home and abroad, close attentions to the fluctuated risk of capital price, the credit risk of enterprises, the risk from illegal financing activities and other possible risks. Focus on capital cash of regional medium and small financial institutions, keep the probable liquidity risk away, and consummate the risk emergency preplans. Enforce the forecasting work on the changes of insurance companies' solvency, and try to take different measure to improve solvency and release the pressure on insolvency.

2.2 Endeavor to adjust the economic development mode and promote regional coordinated economic growth

Under current instance that adverse influence from international economic environment to China is overspreading and the risk from the slowdown of economic growth obviously is increasing, regional coordinated growth becomes more urgent. The relevant sectors by region shall sincerely implement the central macroeconomic management policies in line with the positive fiscal policy and moderate monetary policy, enlarge the investment in fields of people's livelihood, accelerate the construction of modern industrial system, and upgrade the economic growth impetus by optimizing the industrial structure. Quicken the conversion of economic mode from external oriented to paying equal attention to the internal and external demands. Inspire enterprises with researching on scientific innovation in the industrial guidance. As the financial crisis has also brought opportunities to the industrial merger, efforts should be made to promote the industrial upgrade, accelerate the development of modern service industry and improve advanced manufacturing in the round.

To promote the smooth and coordinate regional economic development, it is necessary to exert much more guidance and impulses of regional programming to optimize the regional distributing. In the central government's economic work conference of 2008, it was pointed out that attach most importance to reducing the difference of regional development and optimizing the productivity layout, and adjust the regional structure. The macro policies of regional development by region, such as the western development, the traditional industrial base in northeastern revitalization, the central growing up and the eastern lead in development, should be implemented sequentially. Accelerate the rational flow and grads diversion of production essentials. Stable and optimize the western development policy, strengthen infrastructure construction and ecological environment protection, increase supporting from the littoral to the west, assist the resource – based advantage translating to the industrial advantage, reinforce the development construction in key western regions, accelerate the reconstruciton of the earthquake stricken regions, enhance the infrastructure construction, such as border calvados and ports, and advance the opening – up level. The traditional industrial base in northeast region should deepen the reform further, strengthen the regional innovation construction, prosper the manufacture industry and promote resourceless economic revolution. As main grain production base of our country, the central region shall carry out national policies, consolidate the status of the energy raw material base, the modern equipment and high – tech industry base and the synthetical traffic and transport hinge, and develop its preponderant and characteristic industries.

2.3 Sincerely implement the moderate monetary policy, and enhance the financial support to economic development

Under current international financial crisis, in line with the central government's requirements of keeping growth, enlarging inner demands and adjusting structure, sincerely implement the moderate monetary policy, lead the financial institutions to optimize the credit capital direction positively, and increase the financial support to regional economic development. Support financial institutions of credit investment in fields as the people's livelihood project, main project construction, medium and small sized enterprises, the three dimentional rural issues, consuming, energy saving and waste reducing, scientific innovation, merger and acquisition, regional development in coordination, etc. Focus on the reconstruction of financial support and service work after calamity. Encourage the bank institutions to make great efforts to probe into diversified consumer credit categories, support the development of consuming credit businesss, and actively open up the rural consuming credit market. Strengthen the support to the medium and small sized enterprises in the growing, technology innovative and labor – based fields. Promote further the credit coverage of medium and small sized enterprises, and exert the function of employment enlargement by credit supporting. Explore and establish diversified and multi – layered credit sponsor system for medium and small sized enterprises, widen the financial channels for enterprises, and gradually promote the direct financing capital rate.

2.4 Deepen the local corporation financial institution reform, and strengthen the support to rural medium and small sized financial institutions

When continuously advance and deepen the state – owned banks reform, efforts should be made to reinforce the performance of local corporation financial institution reform. Increase the capital strength of local medium and small sized financial institution, and establish the capital sustained complementarities mechanism by increasing capital, enlarging share and IPO. Solve the historical risk and promote the capability to resist risk by helping the local corporation clear and dispose the non – performing assets and implementing the favor revenue policies. Energetically import strategically investors, modern management experience, advanced technology and human resource to local financial institutions, to upgrade the kernel local financial industry and promote the competition.

Accelerate rural financial reform, and consummate rural financial system. Strive for more rural financial policies, take effective measure, enhance the level of rural financial service, and provide new socialist countryside with powerful financial support. Ensure that new deposits of bank institution in county are mainly used to local loans, and try to realize the bank capital refluencing to the countryside. Reform the property right system of rural credit union, increase the number of experimental unit of new rural financial institution, and establish small loan institutions. Endeavor to lead enterprises to issue short term financing ticket, metaphase bill and enterprise aggregate debt insure, assist enterprises qualified to be listed, and research on unlisted companies' shareholding transactions. Meanwhile, enforce the liquidity risk monitoring for the rural medium and small sized financial institution, and insure the nonoccurrence of regional risk and systemic risk. Accomplish the work of synchrony monitoring, inspecting and disposition for momentous risks, establish and consummate the emergency preplan, and keep away the systemic risk faithfully.

2.5 Efforts should be made to promote the adjustment in financing structure and develop multi – layered capital market system

The over centralized financial risk to bank system is easily brought to a systemic risk. However, to develop the direct financing and improve the financing structure could ameliorate the situation that enterprise financing over relies on the bank system. It is an important task for the development of financial sector of our country to expand direct financing, optimize financing structure and establish multi – layered capital market system. Firstly, establish a multi – layered capital market system. Strengthen the construction of regional medium and small sized bank system, and bring the functions of local financial institutions into full play to support the growth of the local economy. Secondly, explore and establish the second board and regional small capital market, and try to develop enterprise bond market, long term bill market, short term financing ticket and metaphase bill issue. Centralized with supporting the financing of medium and small sized enterprises, advance the independent innovation capability, and fortify the resource in support for prelisted companies assorted with local government. Thirdly, catch the opportunity in the lower of the capital market, and endeavor to promote the merge and acquisition of the market. Support listed companies to take part in the trade conformity and upgrade. Fourthly, induct civilian finance to develop healthily, encourage civilian capital to be openly, legally and standard operated. Absorb civilian capital into village and small town bank, small loan company and shareholding investment funds, and bring the functions of civilian capital into full play to support economic development.

2.6 Promote financial innovation zealously, and strengthen the financial risk management capability

Financial innovation is the internal force to drive financial development and an important measure to safeguard the soundness and stability of financial industry. The advancement of regional financial innovation and synthetical operation is mostly subject to factors, such as the social consciousness to financial innovations, the risk management of financial institutions, the experience and qualification of manager and the coordination effectiveness among supervision authorities. To encourage financial innovation, three points should be focused on. Firstly, try to construct a favorable environment for financial innovation. Induct local financial institutions to innovating financial product and financial service mode in view of the local economic practicality, establish the financial innovation mechanism in line with the market demand, optimize the company management structure of financial institutions, and ensure the institutions' legality of operation. Secondly, accelerate the talents training. Cultivate professional talents with practical operation experience, and constitute employment and inspiration mechanism in line with the requirement of modern financial enterprise system. Thirdly, endeavor to reinforce the financial management and supervision. Establish modern financial supervision system in principle with prudent supervision, and promote the cooperation and coordination among regional financial supervision authorities. Financial supervision authorities and government department should assort with supervision policies, found and consummate the monitoring and assessment system for cross – sector financial risk.

2.7 Strengthen risk instructions to investors, and continuously optimize regional financial ecological environment

Efforts should be made to improve the financial infrastructure and financial ecological environment construction, and guarantee the regional finance with soundly circulation. Strengthen the investors' risk instructions, promote public ability to judge and identify the financial business and financial risk, and cultivate the correct cognition to venture loss. Enhance proper propagandize of financial institutions for the financial products, research and sell financial products in line with the investor's risk endurance. Promote the lawmaking for civilian financing, standardize civilian debit and credit, and increase the striking strength to illegal financial activities in order to safeguard the order of local financial market. Advance the prudent monitoring, and construct fair, impartial, competitive and well – ordered market surrounding and market order. Strengthen the cooperation for financial stability and financial supervision. Earnestly establish the long term mechanism for risk monitoring, prevention and disposition.

《中国区域金融稳定报告（2009）》

分 报 告

北京市金融稳定报告摘要

2008年，北京市经济总量继续保持较快增长，产业结构进一步优化，消费呈现平稳较快增长，经济发展质量持续提高，为北京市金融平稳运行创造了良好的外部环境。量化评价结果显示，综合评价得分比上年下降5.40分，在连续4年保持上升态势后，首次出现下降，但仍处于稳定区域。具体来看，银行业资产质量继续改善，抵御风险能力有所提高；证券业机构数量有所增加，综合治理工作取得成效；保险业整体实力有所增强，业务结构得到优化；金融市场交易活跃，金融衍生品交易活跃；支付、征信、反洗钱等金融基础设施建设取得新成效，地方政府对金融业发展的支持力度继续加大，金融业发展环境持续改善。同时，金融业的稳健运行也有力地促进了北京市经济的持续、健康发展。

一、区域经济运行与金融稳定

2008年，北京市经济继续保持较快增长，产业结构进一步优化，经济发展质量继续提高，为北京市金融的平稳运行提供了良好的经济环境。

（一）经济发展良好为北京市金融稳健运行提供了有利的外部环境

1. 经济总量继续保持较快增长。2008年，北京市地区生产总值达到10 488亿元，比上年增长9%，增幅比上年回落3.3个百分点。按常住人口计算，人均GDP达到63 029元（按年均汇率折合9 075美元），首次突破9 000美元，比上年增长5.2%。全年地方财政收入1 837.3亿元，地方财政支出1 956亿元，分别比上年增长23.1%和18.6%。

2. 产业结构继续优化。2008年，北京市三次产业增加值比例由上年的1.1:27.5:71.4变化为1.1:25.7:73.2，第三产业占地区生产总值的比重持续上升，但增幅有所回落。在第三产业中，现代服务业对区域经济的主导作用增加明显，占地区生产总值的比重达到51.1%，比上年增长12.9%。生产性服务业和文化创意产业继续保持在服务业中的主导地位。信息服务、商务服务、科技服务等知识密集型服务业继续保持引领态势。

3. 消费呈现平稳较快增长态势。2008年，北京市社会消费品零售额同比增长20.8%，扣除价格因素后实际增长15.7%，同比提高0.6个百分点。消费增速为10年来最高，人均消费额居全国首位。汽车业仍是拉动消费的龙头，餐饮、服装销售、金银珠宝、医药保健品等行业保持强劲增势，由奥运会带动的体育娱乐用品销售成为新亮点。

4. 经济发展质量继续提高。2008年，北京市围绕绿色奥运大力推广节能环保新技术、新产品，实施节能减排目标考核、监测，开展节能减排迎奥运等全民节能行动，节能降耗成果显著，单位能耗和污染排放进一步降低。全市万元 GDP 水耗按可比价格计算比上年下降 6.9%，万元 GDP 能耗比上年下降 6.29%。万元 GDP 能耗、水耗和化学需氧量、二氧化硫排放量等调控目标全面实现。

（二）区域经济运行中仍存在不利于金融稳定的因素

1. 投资增速放缓，结构有所调整。2008 年，北京市完成全社会固定资产投资 3 848.5 亿元，同比下降 3%。季度间投资出现较大波动，第一、第二季度投资增长基本正常，第三季度受奥运期间控制施工政策影响投资出现负增长，第四季度在“保增长、扩内需”政策带动下投资增长稳步回升。奥运后中央投资出现高峰后的回落，对北京市投资增长的支撑作用减弱。在三大产业中，第一产业投资快速增长，第二产业投资出现大幅下滑，第三产业投资基本稳定。房地产开发投资出现 5 年来的首次负增长，基础设施投资保持平稳。

2. 进出口开始出现下行趋势。2008 年，北京市进出口总值同比增长 40.8%，增幅提高 18.8 个百分点，增速是 2001 年以来的最高水平。但是受国内外需求减少的影响，第四季度进出口下行趋势十分明显，导致全年出口增速出现下滑。2008 年进出口贸易总体呈现进口增速明显快于出口增速的局面，贸易逆差显著增加，加工贸易出口增速大幅回落。

3. 工业生产增速放缓，企业利润下降。2008 年，北京市规模以上工业企业增加值同比增速为 2%，增幅比上年回落 11.4 个百分点。受产品成本上升、国内外经济下滑、外部需求减弱等因素影响，多数行业生产减速，作为重点行业的通信电子设备制造业增速下滑明显，企业经营难度加大。1 ~ 11月北京市规模以上工业企业实现利润 478.8 亿元，比上年同期下降 15%，增幅比上年回落 84.3 个百分点。工业经济效益综合指数比上年下降 19.6 个百分点。

4. 房地产投资减少，销售下降。2008 年，北京市房地产市场呈现投资减少、销售下滑、房价盘整下行的态势。全年房地产开发投资 1 908.74 亿元，比上年下降 4.4%。全年商品房销售面积为 1 335.4万平方米，同比下降 38.6%。其中，现房销售面积 383.3 万平方米，期房销售面积 952.1 万平方米，同比分别下降 31.4% 和 41.1%。全年商品房新开工面积为 2 337.2 万平方米，同比下降 8.6%；商品房竣工面积为 2 558.0 万平方米，同比下降 11.5%。

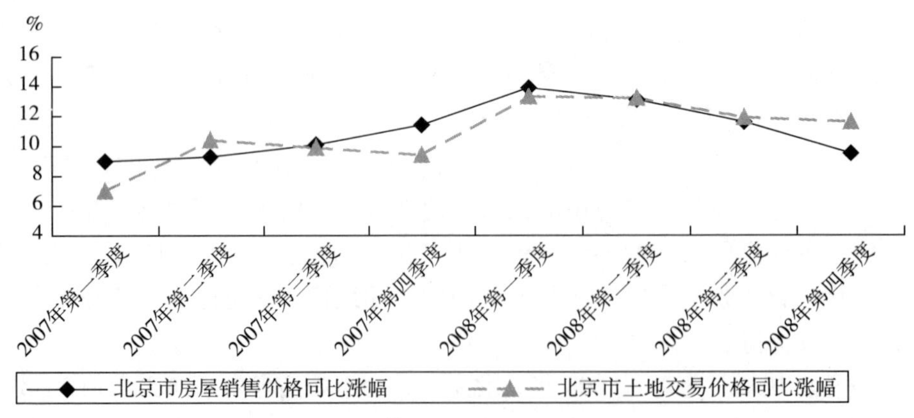

图 1　北京市房屋销售价格指数变动趋势

二、金融业与金融稳定

2008 年，北京市金融业实现增加值 1 493. 6 亿元，占全市 GDP 的 14. 2%，占比较上年有所提高。金融总体运行稳健，金融机构总体实力继续增强，抵御风险能力有所提高。

（一）银行业：整体运行平稳，抵御风险能力进一步提高

1. 银行业总体运行平稳，受经济波动影响较小。

（1）资产规模保持快速增长，法人银行资本充足情况良好。2008 年，北京市银行业金融机构① 资产规模持续快速增长，年末资产总额 61 939. 12 亿元，增幅为 18. 03%。本外币各项贷款余额 23 010. 7亿元，按可比口径计算，同比增长 16. 7%，增速比上年同期提高 3. 3 个百分点；本外币各项存款余额 43 980. 7 亿元，同比增长 16. 7%。北京市两家中资法人银行资产规模继续保持了较快增长的态势。年末，北京银行资产总额增幅为 17. 98%，比上年下降 16. 02 个百分点；北京农村商业银行资产总额增幅为 24. 55%，比上年提高 4. 14 个百分点。

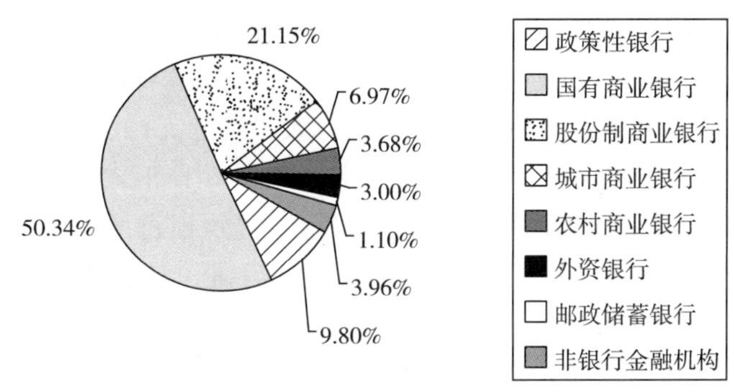

图 2　2008 年末北京市各类型银行业机构资产占比图

2008 年，北京市中外资法人银行资本充足情况保持良好，中资法人银行核心资本充足率略有降低。年末，北京银行和北京农村商业银行资本充足率分别为 20. 20% 和 10. 63%，分别比上年下降 0. 49 个和提高 2. 02 个百分点；核心资本充足率分别为 16. 96% 和 7. 11%，分别比上年下降 1. 06 个和 1. 42 个百分点。

（2）资产质量继续改善，贷款损失准备充足。2008 年，北京市银行业金融机构不良贷款继续实现“双降”，不良贷款余额和不良贷款率均为历史最低水平。年末，银行业金融机构不良贷款余额比年初下降 170. 24 亿元，不良贷款比率比年初下降 1. 10 个百分点。

2008 年，北京市银行业金融机构贷款损失准备充足，贷款损失准备充足率和拨备覆盖率大幅提高。年末，银行业贷款损失准备充足率 132. 58%，拨备覆盖率 114. 96%，分别比上年提高 90. 30 个和 71. 67 个百分点。由于经济进入下行区间的风险不断加大，不良贷款存在着较大的反弹压力，商业银行按照监管部门的要求加大了贷款损失准备的提取力度。

（3）部分银行利润增速有所放缓，中间业务收入占比有所提高。2008 年，受贷款损失准备大幅

① 银行业金融机构包括：政策性银行、国有商业银行、股份制商业银行、城市商业银行、农村商业银行、外资银行、邮政储蓄银行、非银行金融机构。

提高影响，北京市银行业金融机构利润下滑较为明显，增幅仅为3.91%，资产利润率为1.07%。2008年，北京市银行业金融机构拓展非利息业务能力继续提高。年末，银行业金融机构中间业务收入同比增长37.70%，中间业务收入比率达到12.39%，其中国有商业银行中间业务收入比率明显高于其他类型银行业金融机构。

（4）流动性状况总体呈现平稳宽松态势。2008年，北京市银行业金融机构存贷款比例为54.42%，比上年上升了1.16个百分点，总体保持稳定。从全年来看，银行业金融机构存贷款比例呈逐季小幅下降态势，表明全行业流动性逐渐宽松。外资银行存贷款比例大幅下降，外资法人银行北京分行平均存贷款比例已经降至75%以下。

从法人银行情况来看，流动性风险指标保持良好，下半年流动性比例上升明显。两家中资法人银行各项流动性风险监测指标均保持在合理水平，存贷比、核心负债依存度和中长期贷款比率均保持在稳定状态。受存款准备金率调整及金融市场整体流动性变化影响，流动性比例下半年明显上升。

（5）银行业改革继续深化，市场主体继续丰富。2008年，工商银行北京市分行、中国银行北京市分行、建设银行北京市分行和交通银行北京市分行继续深化股份制改革，在转换经营理念、整合业务流程、完善内控机制等方面均取得了显著成效。农业银行北京市分行继续推进股份制改革进程，不断加大对“三农”和县域经济的扶持力度，不良资产的剥离全面完成。

2008年，辖内法人银行继续在外地增设分支机构，并积极参与设立村镇银行。其中：北京银行新增异地分行3家，异地支行4家，香港代表处1家，天津空港支行已经取得监管部门开业批复。北京农村商业银行发起设立的青岛即墨北农商村镇银行于11月6日正式开业。

2008年，多家银行业金融机构落户北京。大连银行、杭州银行两家异地城市商业银行北京分行开业。工商银行私人银行部北京分部、首都机场财务公司开业。法国兴业银行和韩国新韩银行两家外资法人银行开业，辖内外资法人银行增至6家。北京银行发起设立的北京延庆村镇银行于12月10日正式开业。香港上海汇丰银行全资发起设立的北京密云汇丰村镇银行已经取得监管部门开业批复。

2. 银行业稳健运行需要关注的几个问题。

（1）经济下行周期中信用风险增加，不良贷款反弹压力较大。在国内外宏观经济环境发生剧烈变化的背景下，北京市经济虽然全年仍然保持了较快的增长态势，但下半年以来进入下行周期的风险加大，工业生产持续下滑，企业投资意愿减弱。8～11月，北京市规模以上工业企业单月增加值连续4个月出现负增长，第四季度贷款总体需求扩散指数较上季度下降29.9。如果经济运行进入下行周期，一方面会导致对新增贷款的需求不足，另一方面会增加存量贷款的违约风险，银行业不良贷款反弹的压力将会加大。

（2）法人银行在宏观经济政策调整背景下的利率和汇率风险突出。在我国经济运行面临诸多不确定性因素，全球经济复苏尚需时日的情况下，人民银行将根据宏观经济的需要，适度运用利率、存款准备金率等货币政策工具，引导货币供应量平稳增长，并继续完善人民币汇率形成机制，增强汇率弹性。以债券为主的投资已经成为中资法人银行资产的重要组成部分，市场利率的变动将对其资产净值产生明显影响。2008年，外资法人银行累计外汇敞口头寸比例比上年有所提高，外资法人银行面临较大的汇率风险。

（3）外资法人银行流动性风险仍然存在。由于对同业拆入资金的依赖性较强，吸纳人民币存款能力有限，外资银行多项流动性风险指标表现不容乐观。受国际金融危机影响，中资银行压缩对外资银行拆借额度，部分外资法人银行一度出现资金拆入难度加大、融资困难的局面。由于国际金融危机蔓延仍在持续，国际金融市场的振荡加剧，国际金融机构受到波及的可能性仍然较大，外资法人银行在国内同业拆借市场上面临的形势仍然严峻，流动性紧张局面短期内难有实质性改善。

（4）规模扩张和不良贷款反弹双重压力下中资法人银行资本充足风险可能显现。2008 年，北京市辖内中资法人银行风险资产的增速明显快于核心资本增速和资本净额增速。在风险资产增速偏快的同时，区域经济下行风险加大，不良贷款存在着较大的反弹压力。辖内中资法人银行资本充足率均呈连年下降态势。在风险资产快速扩张和不良贷款反弹的双重压力下，如果没有及时的外部资金补充，中资法人银行的资本充足率指标有可能继续下降，导致抵御风险的能力降低。

（5）融资格局多元化和资本市场波动对银行业稳健经营提出新要求。2008 年，银行间债券市场融资量增加较多，短期融资券、中期票据、委托贷款和委托投资成为企业融资的重要形式，银行业金融机构也推出了“项目贷款＋理财”等方式的结构性融资方案，以满足不同企业客户的融资需求。这些业务可以增加银行的非利息收入，有助于维系银行与客户之间的业务关系，但也使传统的信贷业务向表外业务转移，对银行的稳健经营提出了新要求。

2008 年，资本市场的剧烈波动也对银行业的经营产生了一定的影响，一方面是储蓄存款的稳定性发生了变化，由于居民在短期内将储蓄转化为投资和消费的潜在需求仍然强烈，新增定期储蓄存款大部分集中于一年期及以内存款。另一方面，股票市场的下跌也使得代理基金、投连险销售手续费收入有所下降，对商业银行的中间业务收入和利润造成不利影响，甚至为安抚理财产品客户，个别商业银行经营受到了一定的影响。

（二）证券业：盈利水平大幅下滑，市场融资功能降低

1. 证券行业发展放缓，风险防范取得实效。

（1）机构数量有所增加，财务状况明显下滑。2008 年末，北京市正常经营的法人证券公司有 15 家，各地证券公司在京营业部有 183 家，分别比上年增加 2 家和 9 家。法人证券公司资产总额比上年下降 27.83%。扣除客户资产后资产总额和净资产分别比上年增长 21.33% 和 1.37%。受证券市场行情下跌和暂停 IPO 影响，证券公司各项利润指标全面下降，全年营业收入比上年下降 5 成以上，其中，经纪业务手续费收入和证券承销收入分别比上年下降 56.67% 和 64.10%。净利润比上年下降 55.55%，证券公司盈利模式单一问题仍未明显改善。

（2）基金份额有所增加，净值大幅缩水。2008 年末，北京市基金管理公司有 12 家，管理基金 100 只，其中封闭式基金 8 只，开放式基金 92 只。年末管理基金份额规模合计 7 285.48 亿份，比上年增长 24.33%。基金管理公司 QDII 份额规模 552.05 亿份，年末资产净值 268.35 亿元。全年新发基金 20 只，比上年增加 4 只，发行规模明显降低。基金管理净值比上年下降 30.37%。新发基金首次募集规模 503.59 亿份，比上年下降 73.51%。

（3）期货市场交易活跃，盈利能力仍需提高。截至 2008 年年末，北京市期货经纪公司资产总额和净资产分别比上年增加 32.04% 和 21.38%。虽然股指期货尚未推出，但受国际市场大宗商品行情影响，期货市场交易活跃性大幅提高，全年代理交易比上年增长 70.87%，年末保证金余额比上年增长 35.09%。虽然交易额增长较多，但期货公司全年实现利润比上年有所下降，表明其盈利能力仍然需要提高。

（4）客户交易结算资金第三方存管全部完成，证券公司综合治理取得成效。北京市证券公司的第三方存管和账户规范工作有序推进，证券公司细化账户管理制度及监控流程、提升技术手段，建

立了有效的账户规范管理长效机制。2008 年，辖内证券公司均已完成客户交易结算资金实施第三方存管工作，有效抑制了券商挪用客户资金的行为。为巩固近年提高上市公司质量取得的成果，保护上市公司和广大投资者合法权益不受侵害，北京市启动了辖内上市公司“清欠、治理”专项工作，取得了一定成果。

2. 证券业发展过程中需要关注的问题。

（1）证券公司盈利渠道单一问题不容忽视。2008 年，北京市证券公司经纪业务手续费收入和证券发行收入占到全部营业收入的 82.95%，受证券市场大幅下跌影响，营业收入及利润下降幅度均超过 50%，虽然未出现大面积亏损，但是证券公司盈利模式单一、收入增长与资本市场行情相关性较高等问题仍然明显。从证券公司的经营利润来看，经纪业务、证券发行和自营投资仍是主要的利润来源。经纪、承销、自营三大业务比重大，创新业务如企业并购、重组、项目融资等策略性服务业务欠缺，延伸性业务如资产管理、投资咨询、金融衍生工具的创新也比较少或基本没有开展，证券公司业务范围趋同，经营缺乏具有鲜明特色的市场定位。

（2）基金管理公司风险需要关注。股票市场下跌，基金净值缩水 3 成以上，北京市基金管理公司面临的压力也在逐渐加大，其中公司治理结构、投资管理、风险控制、薪金管理等方面的问题依然存在。基金经理水平不一、流动性大等问题也较为突出。近年基金公司为扩张规模大量发行新基金，造成人才紧缺，一些缺少实际基金管理工作经验的人员被推到了基金经理的岗位，带来了一定风险。2008 年，北京市基金经理新任和离任人数较上年增加较多，不利于基金公司的长期发展。同时，随着年底行情的回升，个别开放式基金可能面临着因大额赎回而导致的流动性风险。

（三）保险业：行业整体实力增强，经营风险加大

1. 整体实力有所增强，业务结构得到优化。

（1）机构数量和总资产增加，业务平稳较快增长。截至 2008 年年底，保险分公司和在京经营业务的总公司共 77 家，比 2007 年年末增加 8 家，全国 73.3% 的保险公司在京设有分公司或经营业务。保险公司总资产比上年增长 16%。保险业务平稳增长，全年实现原保险保费收入（以下简称保费收入）585.9 亿元，同比增长 17.7%。其中产险公司保费收入 137.7 亿元，同比增长 20.5%；寿险公司保费收入 448.2 亿元，同比增长 16.8%。

（2）产品种类增加，结构有所优化。产险方面，全年车险业务实现保费收入同比增长 11.3%，增幅较上年下降 18.1 个百分点。非车险全年保费收入同比增长 42.1%，增幅基本与上年持平。货运险保费增速由上半年的 55.3% 下降至 30.3%。受奥运期间建设项目停工影响，工程险全年增速 17.4%，低于上半年 70.1 个百分点。政策性农业保险、责任险分别增长 2.3 倍和 41.1%。寿险方面，截至 2008 年底，寿险公司在售产品数量有所增加。普通寿险和分红寿险业务保费收入增长 32.6%，转变了前两年持续负增长的态势。寿险新单期交保费同比增长 25.2%，新单期交占比 20.2%，同比提高 1.5 个百分点。

（3）保险作用进一步发挥，保障功能继续增强。2008 年，全行业累计赔付支出同比增长 39.6%，为居民养老和健康积累准备金比年初增长 14.9%。为南方雨雪冰冻灾害和“512”地震灾害支付保险赔款。2008 年，政策性农业保险参保农户 16.4 万户（次），赔款支出 1.9 亿元，受益农户达 7.9 万户（次）。政策性农业保险已覆盖全市主要农业资源的 30% 以上，提前两年实现了北京市提出的“十一五”农业保险发展规划目标。医疗责任保险、校方责任险等各类责任保险全年实现责任险保费收入同比增长 40.9%。出口信用保险累计支持北京市一般贸易出口同比增长 2.7%，支持项目出口同比增长 68%。

2. 保险业发展中仍存在的问题。

（1）赔付支出和经营成本持续攀升，各项支出仍然较高。2008 年，产险公司赔付支出同比增长 36.4%，寿险公司赔付支出同比增长 41.5%，低于上年 48.9 个百分点。2008 年，北京市保险业业务及管理费用同比增长 27.3%，手续费及佣金支出同比增长 21.7%，增速均高于保费收入增长幅度。

（2）寿险业务增长具有较高的依赖性和脆弱性。

一是受资本市场影响投资型业务大起大落。2008 年，资本市场大幅调整，投资型产品增速骤降，其中投连险保费收入同比下降 12.5%，投连险和万能险保费收入在寿险保费收入的占比下降到 45.9%。个别公司以投资型产品为主，受影响程度较深。

二是寿险公司对银保渠道的依赖性逐步加大。2008 年，寿险公司银保渠道业务占比达 50.7%。银保渠道对寿险公司业务的影响力日益增大，银行政策的调整左右着部分公司的业务发展。

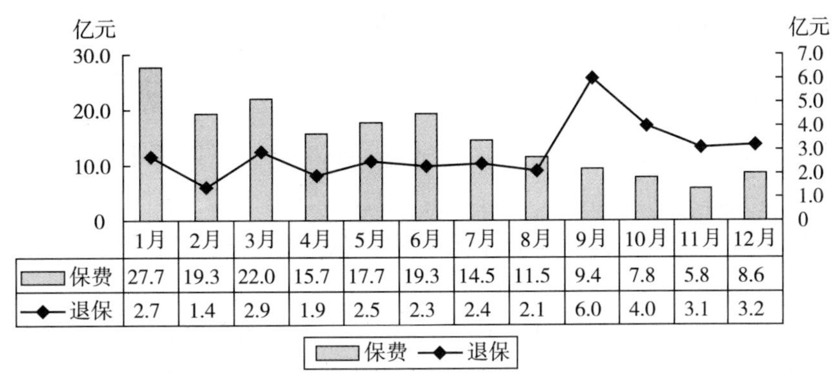

	1月	2月	3月	4月	5月	6月	7月	8月	9月	10月	11月	12月
保费	27.7	19.3	22.0	15.7	17.7	19.3	14.5	11.5	9.4	7.8	5.8	8.6
退保	2.7	1.4	2.9	1.9	2.5	2.3	2.4	2.1	6.0	4.0	3.1	3.2

图 3　2008 年北京投连险和万能险保费及退保情况

（3）退保风险依然存在，现金流充足情况值得关注。2008 年，寿险公司共支付退保金同比下降 1.3%。退保的主要原因是误导销售和保险产品投资收益低于客户预期。另外，部分公司退保率持续居高，存在流动性风险。2008 年，个别公司收不抵支，退保金已超过保费收入，出现负现金流。

三、金融市场运行与金融稳定

2008 年，北京市金融市场总体运行平稳，资金的跨市场流动更加频繁，配置效率不断提高，为首都金融的稳健运行提供了良好的市场环境。

（一）金融市场交易活跃，融资结构出现调整

1. 货币市场资金充裕，资金融出机构增多。2008 年，北京辖区[①]同业拆借和债券回购累计成交 69.8 万亿元，金融机构通过同业拆借和债券回购净融出资金 16.4 万亿元。全年回购加权平均利率最

① 各政策性银行、国有商业银行总行及北京市分行、各股份制商业银行总行及在京营业机构、北京银行、北京农村商业银行、各外资银行北京分行，中国邮政储蓄银行，在京各证券公司、财务公司、信托投资公司、基金管理公司、保险公司、资产管理公司。下同。

高点为4.1196%，最低点为0.9754%，波幅314.42个基点。2008年，国有商业银行、政策性银行和其他中资商业银行是资金净融出机构，外资银行和非银行金融机构是资金净融入机构，外资银行在资金来源上仍对中资银行具有依赖性。

2. 资本市场出现萎缩，融资功能受到限制。受股票市场持续下跌影响，2008年末北京市法人证券公司客户交易结算资金余额大幅下降47.9%，同期市场交易额也有较大萎缩，同比下降35.9%。2008年北京市境内上市公司在A股市场共筹资1 020.1亿元，比上年减少2 000.3亿元。

3. 外汇和黄金市场快速发展，金融衍生品交易活跃。2008年，北京市金融机构外汇即期和掉期交易同比增长分别为92.4%和26.5%；远期交易同比下降27.9%。黄金市场全年宽幅振荡，累计黄金交易量同比增长162.8%。2008年末，北京市银行类金融机构金融衍生品名义本金本外币合计6 435.8亿元，为上年的2.6倍。期权、互换衍生品名义本金大幅增长，股权及信用衍生品稳步发展。

4. 企业债券市场发展迅速，社会融资结构继续改善。2008年，北京市企业债券市场融资规模大幅增长，使全市非金融企业直接融资比例达到61.7%的历史最高水平。债券市场发展对金融机构贷款和股票市场融资产生了明显的替代效应，新的融资格局正在形成。

（二）金融市场运行中的风险值得关注

1. 资金跨市场流动频繁，市场波动溢出效应显现。2008年，受股票市场低迷影响，大量资金流向债券市场，增加了债券市场的波动性，银行间债券市场净价总指数全年涨幅为10.58%。股票市场持续低迷还引发大量资金回流到银行体系，金融机构存款迅猛增长，负债管理难度加大，并对信贷市场形成冲击。

2. 货币政策效果显现，利率风险应予关注。2008年货币政策前紧后松，受此影响货币市场利率也呈现先升后降的阶段性特征。利率走势的快速转向对金融机构管理利率风险的能力是一种考验，金融机构必须适时提高利率定价的灵敏度、精细度，制定相应的利率风险管理策略。

3. 风险跨市场传播显现，交叉性金融业务成为主要传播渠道。2008年，北京市银行业中间业务市场与保险市场均出现结构性调整，市场风险增大。2008年，受国内外市场波动加大影响，一些银行的基金代销收入大幅下降，业务利润急剧下滑，非保本个人理财产品出现大面积浮亏，业务风险增大。

2008年，资本市场的大幅调整不但使保险市场上的投资型产品增速从2007年的167%骤降至4.32%，还引发相关险种退保激增，个别保险公司业务萎缩严重。这说明，交叉性金融业务的发展已经使资本市场波动对保险市场具有了不可忽视的影响。

四、金融基础设施与金融稳定

2008年，北京市金融基础设施建设稳步推进，支付环境继续优化，社会信用体系建设取得新成效，反洗钱力度加大，金融业发展环境不断改善，为确保北京金融体系的稳健运行提供了有力保障。

（一）支付清算系统更加完善，支付环境继续优化

北京支付清算系统基础作用越来越突出，有效加速了社会资金周转。2008年，北京大额支付系统处理业务日均达10.16万笔，日均清算资金达1.85万亿元；小额支付系统日均达5.85万笔，金额

日均达 50.95 亿元；影像交换系统处理业务日均 4 909 笔，金额日均达 2.49 亿元；同城票据清算系统日均处理业务达 15.13 万笔，金额日均达 243.40 亿元，票据抵用率高达 98.5%。银行卡 POS 机刷卡交易日均 60 万笔，日均金额 8.47 亿元。北京城市处理中心核心生产设备成功更新，消除了系统运行风险隐患，提高了业务处理能力。北京市银行卡生产系统和通讯网络也进行了升级改造，系统的技术性能和安全稳定性得到提高。

（二）征信系统日益完善，社会信用体系建设取得新成效

2008 年，企业征信系统已涵盖在京企事业单位 10 万余户，实现各中外资商业银行和其他金融机构共享查询，企业征信系统成为各金融机构企业贷款信息的共享平台和贷款决策的必要参考。与市质监局、市环保局、市地税局、市国土资源局等部门加强合作，就企业质量信誉评价、行政执法相关信息以及环保不达标信息的共享事宜达成共识，拟订接口规范，起草了相关共享合作协议。

（三）反洗钱系统继续完善，系统建设稳步推进

反洗钱非现场监管信息报送系统更加完善。在金融机构填报设置适当增加便捷操作功能，增设一些汇总功能，提高了系统的分析能力，极大地方便了统计工作，为非现场监管分析提供了有力的数据支持和技术保障。反洗钱制度建设稳步推进。截至 2008 年年末，北京共有 321 家金融机构已经建立或修订了反洗钱内控制度，约 70% 的金融机构已经搭建了反洗钱内控制度体系，各金融机构的反洗钱领导团队涵盖了可能发生洗钱风险的各部门。

（四）金融发展政策体系进一步完善，金融环境得到优化

金融发展政策体系进一步完善。市政府出台了《关于促进首都金融业发展的意见》，明确了首都金融业发展的指导思想和发展定位，并对金融发展环境、空间布局、人才聚集和市场体系建设等方面提出 10 项具体措施。严厉打击外汇违法违规行为，维护首都金融秩序，进一步净化了首都金融市场环境。

五、总体评估和政策建议

（一）总体评估和定量评价

2008 年，在国内外宏观经济环境发生较大变化的情况下，北京市区域经济运行保持了平稳较快的增长态势，银行业规模和效益稳步增长，证券业和保险业经营情况保持稳定，金融市场和金融基础设施运行良好。但是部分工业和投资指标出现下滑、银行业不良贷款反弹压力剧增、证券业盈利压力较大、保险业成本居高不下等风险值得关注。

中国人民银行营业管理部利用定量评估模型对北京市 2008 年金融稳定状况进行了综合评价。从量化评估的结果看，北京市 2008 年金融稳定状况综合评价得分为 80.36 分，比上年下降了 5.40 分。北京市金融稳定状况得分在保持多年上升态势后出现下降，表明北京市金融稳定状况在一定程度上受到了国内外经济金融环境变化的影响，但总体评分仍在 80 分以上，处于稳定区间。与 2007 年相比，在选取的 29 项评价指标中，有 8 项指标得到改善，12 项指标基本保持稳定，9 项指

标有所恶化。具体来看，在15项金融运行指标中，4项指标得到改善，9项指标保持稳定，2项指标有所恶化。在13项经济运行指标中，4项指标有所改善，2项指标保持稳定，7项指标恶化。其中，全社会固定资产投资增速、工业部门利润增速、主营业务收入增长率、资产负债率、居民消费价格指数、原材料、燃料、动力购进价格指数等指标均出现恶化。另外，金融生态中的社会融资结构比例指标保持稳定。

表1　2008年北京市金融稳定评估指标变化情况

一级分类	二级分类	指标数量	变化个数		
			改善	稳定	恶化
金融运行指标	银行业指标	7	1	6	0
	证券业指标	3	1	1	1
	保险业指标	3	1	2	0
	金融市场运行指标	2	1	0	1
	金融运行指标合计	15	4	9	2
经济运行指标	区域经济运行指标	6	2	1	3
	企业部门指标	3	0	0	3
	房地产部门指标	3	2	0	1
	住户部门指标	1	0	1	0
	经济运行指标合计	13	4	2	7
金融生态指标	融资结构指标	1	0	1	0
合 计		29	8	12	9

（二）政策建议

1. 促进内需、推动创新和结构调整相结合，保证北京市经济平稳较快发展。应促进投资较快增长，优化投资结构，提高投资效益。同时，应通过多种手段努力提高居民收入，努力扩大消费需求，巩固拉动经济增长的动力。北京市还应抓住国内外经济调整的机遇，推动自主创新和结构调整，提升产业竞争力，促进生产性服务业、文化创意产业和总部经济的更好发展，保证北京市经济平稳较快发展，与北京市金融稳健运行形成良性互动。

2. 密切关注金融危机对辖内金融机构的影响。国际金融危机尚未结束，国际金融形势还存在着较大的不确定性，一方面要采取相应措施降低外部需求对实体经济造成的冲击，并防止实体经济的经营风险向金融机构扩散，另一方面也要关注国际金融机构和金融市场动荡给辖内金融机构带来的影响。

3. 完善金融协调和跨市场风险预警机制。交叉性金融业务的发展日趋深入，各金融市场的联动性增强，风险的传播更加迅速，影响更加广泛，应加强金融管理部门之间的协调机制和跨市场风险预警机制。这一方面可以促进合理的跨市场金融产品创新，另一方面可以防范金融风险的放大，保持促进金融创新与系统性风险防范的平衡。

4. 促进货币信贷合理增长与优化信贷投向、提高风险识别水平并举。在国内外经济形势发生较大变化的背景下，企业和金融市场交易对手的违约风险加大。人民银行在运用多种工具促进货币信贷合理平稳增长，引导金融机构积极支持经济增长的同时，也要注意引导信贷资金投向的优化，督促金融机构提高风险识别水平，保证金融业持续稳健运行。

总　纂：蒋万进
统　稿：修长新
执　笔：林晓东　齐　川　贾彦龙　张耀丹　马凌霄
其他参与写作人员：魏海滨　王　栋　刘丽萍　刘　宁
赵　强　刘　江　尹　潇　刘丽洪

天津市金融稳定报告摘要

2008年，天津市经济持续快速健康发展，产业结构进一步优化升级，内需拉动作用持续强劲，财政收入和居民收入稳步增长，呈现出“增长强劲，结构改善，效益提高”的态势。滨海新区龙头带动作用明显增强，产业传导、技术扩散、服务辐射、创新示范功能逐步显现，为金融稳定创造了良好的环境。天津市金融在改革、创新中稳步发展，银行、证券、保险金融机构不断发展壮大，金融业整体实力和经营效益明显提高，现代化支付清算体系高效、稳定运行，征信系统覆盖面进一步拓宽，反洗钱体系逐步健全，金融体系抵御风险能力进一步提升，金融体系的稳定性继续增强。滨海新区金融改革创新试点取得新突破。

一、经济运行与金融稳定

（一）经济持续快速增长，为天津市金融稳定运行提供了有利环境

2008年，天津市全年完成生产总值6 354.4亿元，同比增长16.5%，连续6年增速超过14%，为1985年以来的最高点。人均地区生产总值达到7 800美元。外贸出口422.3亿元，同比增长10.7%；实际利用外资76.0亿元，同比增长37.9%。全年主要经济指标好于全国平均水平。滨海新区开发开放加速推进，对全市经济的带动作用明显，实现生产总值3 102.2亿元，同比增长23.1%，占全市的49%，占比提高2个百分点。

1. 产业结构优化升级，工业对经济的支撑作用更加稳固。2008年，天津市第一、第二、第三产业同比分别增长3.1%、18.2%和14.7%，占全市GDP的比重分别为1.9%、60.1%、38.0%。农业生产基本稳定，粮食总产量148.9万吨，创9年来最好水平。工业生产增长迅猛，全年规模以上工业企业完成增加值3 520.7亿元，同比增长21.0%，增速比全国平均水平高8.1个百分点。其中电器机械及器材制造业和通用设备制造业加快发展，增加值分别增长48.1%和34.6%。服务业增长加快，批发零售、金融和其他服务业增长加速，分别增长15.4%、16.4%和19.6%。其中，金融业成为服务业增长的新亮点，首次超过交通运输业成为第三产业中仅次于批发和零售业的第二大行业。

2. 内需拉动持续强劲，发展后劲进一步增强。重大项目建设明显加快。全市固定资产投资增速比上年提高13.4个百分点。大项目开工面积和实施进度明显好于往年，全市总投资10亿元以上的在建项目123个。航空航天、石油化工、装备制造、电子信息、生物制药、新能源新材料、轻工纺织、国防科技等优势支柱产业培育壮大，形成了一批新的经济增长点，为今后经济发展提供了有力支撑。消费需求持续旺盛。全年天津市社会消费品零售总额为2 000.3亿元，增长24.5%，增幅比上年提高6.3个百分点，名义增长幅度居全国第2位，为1997年以来最好水平。消费结构有新变化。

全年限额以上企业石油及制品类、金属材料类销售额分别增长33.9%和25.1%。全年旅游外汇收入增长28%，创1995年以来的最快增速。

3. 财政收入和居民收入大幅增加，经济发展质量稳步提高。2008年，全年财政收入完成1 489.9亿元，增长23.7%。2008年，城市居民人均可支配收入达到19 422.5元，增长18.7%，创1997年以来新高；农村居民人均纯收入9 670元，增长10.5%，增速较上年同期提高0.3个百分点。1～11月份规模以上工业企业经济效益综合指数295.17，比上年提高30.9个百分点。节能降耗保持全国先进水平，万元生产总值单位综合能耗下降4.9%，规模以上工业增加值单位能耗下降11%，二氧化硫和化学需氧量排放分别下降1%，经济增长继续向资源节约型和环保型转变。

（二）经济运行中需要关注的方面

天津市经济持续快速健康发展为天津市金融稳定奠定了良好基础，但国际金融危机和天津市经济发展中的一些问题和矛盾对金融稳定的潜在影响值得关注。

一是发展中的结构性矛盾。直接融资和间接融资比例失调，间接融资占比过大。2008年天津市直接融资只占全社会融资额的10%，低于全国平均水平10个百分点，企业对银行信贷的依赖加深。2008年天津市投资对经济增长的贡献率为76%，远高于消费和净出口对经济增长的贡献水平。这种投资拉动型经济发展模式容易导致部分行业过热和经济周期的波动，造成金融机构资金来源与运用的不匹配，给金融机构带来流动性风险隐患。

二是对外贸易下降对经济发展的影响。天津市作为中国金融改革创新的前沿和对外依存度较高的地区，与各经济体之间的联系日益密切，占天津市出口份额30%以上的美欧等主要发达国家或地区经济陷入衰退，其需求萎缩将进一步影响天津市外贸出口。同时，未来一两年内来自欧美等国的直接投资将会有较大程度的下降。在出口受阻、直接投资减少的情况下，需密切关注对外贸易下滑对天津市金融稳定可能产生的影响。

三是企业效益下滑对金融机构信贷资产的影响。受国际金融危机、世界经济增长放缓、外部需求增长趋弱的影响，天津市涉外企业经营压力加大，部分企业甚至面临生存危机，银行投放在这些企业的贷款可能面临较大风险，应当引起关注。

二、金融业与金融稳定

2008年，天津市多元化的金融组织体系进一步健全，金融业资产、质量、效益稳步提高，盈利能力和抗风险能力不断提升，金融体系的稳定性不断增强。

（一）银行业稳健性增强，发展中存在的问题值得关注

截至2008年年末，天津市共有银行业金融机构66家，天津市银行业本外币各项贷款余额7 689亿元，同比增长19.3%；存款余额9 954亿元，同比增长20.8%。

1. 银行机构稳健性评估。

（1）中资商业银行流动性状况充裕，存贷差逐季扩大。2008年，天津市中资银行类金融机构存贷比月均79.4%，较2007年略有下降；存贷差资金规模逐季上升，月均1 862.0亿元。法人银行业金融机构中，渤海银行和农村金融机构的存贷比较高，天津银行相对较低。2008年12月末，天津银

行的存贷比为46.5%。2008年，天津市中资金融机构月均超额储备率为1.76%，比2007年略有下降；法人银行金融机构的月均超额准备金率与2007年相比均有所下降；股份制商业银行的月均超额准备金率为5.81%，比上年提高2.37个百分点。

（2）法人银行金融机构资本充足，抗风险能力进一步增强。2008年年末，天津银行、渤海银行、滨海农村商业银行资本充足率分别为11.38%、13.3%、20.6%，全部达到监管标准；渤海银行贷款损失准备金余额3.7亿元，比年初增加1.87亿元，贷款拨备覆盖率为172.26%，比年初提高69.66个百分点；天津银行贷款损失准备金余额16.49亿元，比年初增加5.4亿元，贷款拨备覆盖率为274.12%，比年初提高100.39个百分点；农村合作银行贷款损失准备金余额19.95亿元，比年初增加6.09亿元，贷款拨备覆盖率为21.71%，比年初提高8.22个百分点。

（3）不良贷款实现“双降”，资产质量不断提高。全市银行业金融机构不良贷款率持续下降，资产质量和信用风险管控水平有所改善。由于农行剥离不良贷款123亿元，不良贷款大幅下降。截至2008年12月末，全市银行业金融机构不良贷款余额为227亿元，比年初下降131亿元；不良贷款率2.87%，比年初下降2.56个百分点。

（4）经营效益大幅增长，盈利结构持续改善。2008年，天津市银行类金融机构实现净利润168亿元，比上年同期增加36.2亿元，同比增长27.5%。其中，股份制商业银行和农村金融机构利润增长较快，分别增长78.4%和110.4%。贷款规模增加、净利差扩大是利润同比多增的主要原因。从利润构成看，贷款利息净收入同比增加72.5亿元，手续费净收入同比增加15.4亿元。天津市银行业在效益稳步增长的同时，盈利结构持续改善。2008年，天津市银行业金融机构中间业务收入41.9亿元，同比增加16.4亿元；中间业务收入占全部业务收入的比重由2007年的4%提高到2008年的10.4%。

2. 银行业发展中需要关注的问题。

（1）房地产开发企业资金链紧张带来的金融风险。一方面，开发商回款速度明显放缓，房地产投资却呈较高增速。2008年天津市房屋销售面积和销售额同比下降24.0个和16.2个百分点。另一方面，房地产开发贷款增长放缓。2008年全市房地产开发贷款仅增加112.9亿元，同比少增124亿元，特别是下半年，房地产开发贷款仅增加13.8亿元。虽然房地产贷款不良率低于各项贷款不良率，但在施工面积快速增加、销售面积及销售金额迅速回落、贷款增速持续放缓，使资金来源高度依赖银行贷款的房地产企业的资金链条明显绷紧的情况下，房地产信贷质量仍应高度关注。

（2）信贷集中趋势更为明显。截至2008年年末，全市银行业共有授信或贷款5 000万元以上的大客户1 329个，比年初增加53个；大客户贷款余额4 453.3亿元，比年初增加631.3亿元；大客户户均贷款3.35亿元，比年初增加0.35亿元。主要银行机构大客户贷款占其各项贷款余额的77.0%，主要银行机构本年新增贷款也有92.42%投向了大客户。信贷投放过于集中，增加了银行金融机构的经营风险和期限风险隐患。

（3）小企业融资困难，信贷风险上升。2008年以来，天津市银行业小企业贷款业务全面下滑。截至12月末，全市小企业贷款余额139.07亿元，比年初减少110.63亿元，其中不良贷款28.55亿元，比年初减少44.79亿元。2008年以来国内外经济形势的波动，导致了市场的剧烈变动，从而影响了相当一部分小企业的经营状况，小企业资金链偏紧，经营风险加剧。

（4）银行业利润高速增长的势头可能会放缓。一是存款增长结构已经由2006年以来的活期化迅速向定期化转变，银行付息成本增加；二是2008年9月16日贷款利率单边下调，与存款定期化的共同作用，银行业利差开始缩小；三是资本市场继续调整、基金销售低迷不振等，不利于银行中间业务的拓展和中间业务收入的增加；四是在宏观经济增长放缓的背景下，银行业为应对贷款的可能损失而增加各项准备的计提、不良资产的核销等也将影响银行业利润的增长。

（二）证券业保持平稳，基金赎回压力增大

截至2008年年末，天津市共有证券公司1家，基金管理公司1家，证券营业部73家，证券资信评级机构1家，证券投资咨询机构2家，期货公司6家，期货营业部12家，上市公司28家。

1. 证券业稳健性评估。

（1）渤海证券公司经营平稳，公司治理结构继续完善。截至2008年年末，渤海证券公司资产总额92.9亿元；净资产22.9亿元，同比减少6.6%；净资本16.9亿元；客户保证金余额54.7亿元；全年营业收入7.0亿元，同比减少61.5%。2008年，渤海证券继续加大公司基础制度建设的力度，建立了账户规范的长效机制和三层风险管理体系，完善了以净资本为核心的实时动态监控机制，搭建了合规管理体系。

（2）基金管理公司规模扩大，突破发展瓶颈。2008年，天弘基金管理公司进一步完善公司治理结构，规范基金的销售行为，突破发展瓶颈，发行了2只基金产品——天弘永利债券型证券投资基金和天弘永定价值成长股票型基金。截至2008年年末，天弘基金管理公司总资产8 164.4万元，净资产7 116.6万元。旗下的3只基金产品总份额69.4亿元，基金净值33.9亿元。全年营业收入7 010.2万元。

（3）上市公司融资情况良好，股份制改革顺利推进。截至2008年年末，天津市28家上市公司总股本334亿元，股票总市值2 068亿元。全年上市公司累计融资91亿元，其中A股融资额85亿元，发行公司债6亿元。2008年12月，天津磁卡的临时股东大会通过了其股改方案。截至2008年年末，天津还有两家上市公司未进行股权分置改革。

（4）期货市场运行稳定，抗风险能力增强。截至2008年12月末，天津市6家期货公司资产总额10.14亿元，净资产3.21亿元，保证金余额6.51亿元。代理交易量871.29万手，同比增长2%；代理交易额3 765.65亿元。期货营业部从2007年的7家增加到12家。3家期货交易所在津设立的期货交割库增加到18家。期货公司通过增资扩股、资产重组，优化股权结构，公司资产质量进一步提升。

2. 证券期货业发展中值得关注的问题。

（1）基金管理公司规模小，基金赎回压力加大。2008年，天弘基金管理公司管理的基金规模虽然有所扩大，但按公司规模的行业排名，仍居全国下游。由于公司的规模小，相应的管理费收入少，行业竞争力明显不足。进入2009年以来，证券市场的行情有转暖的趋势，预计投资者可能会借此时机大量赎回，使基金公司面临较大的赎回压力，不利于基金公司的正常运作。

（2）期货居间人的管理有待规范。期货居间人是我国期货市场发展衍生的产物，它对期货市场的宣传、期货交易的扩大、期货功能的发挥起到了一定的积极作用，同时也在发展过程中积累了很多问题。期货居间人独立于期货公司，独自承担因居间关系产生的法律责任，他们主要通过手续费返还获得收益。但在国内期货市场还不成熟的环境下，期货居间人缺乏必要的自律和监管，容易引发违规操作及恶意欺诈等一系列问题。

（3）期货品种创新不足。近几年，我国商品期货品种的上市速度加快，但与成熟的市场相比，品种的丰富程度和创新能力仍显不足。截至 2008 年年末，我国期货市场的交易品种有 17 个，而此时，全球已有数千个期货交易品种。在新兴市场中，韩国的股指期货、期权市场发展迅速，近几年来成交量居全球第一；印度目前的交易品种也约 100 个。相比之下，我国的期货品种在创新方面发展缓慢。

（三）保险业规模稳步扩大，法人机构偿付能力有待加强

1. 保险业基本情况。

（1）保险机构数量不断增加。2008 年全市新增保险分公司 7 家、保险专业中介机构 12 家，日本爱和谊保险公司天津分公司获得保监会批准改建为爱和谊财产保险（中国）有限公司。截至 2008 年年末，全市共有各级各类保险机构 578 家，其中法人机构 4 家、分公司 35 家、支公司及营销服务部 452 个，各类专业中介机构 87 家，兼业代理机构 3 077 家，基本形成了多元化的市场竞争格局和覆盖城乡的服务网络。

（2）保险资产规模不断扩大。截至 2008 年年末，全市保险公司总资产为 427. 1 亿元，同比增长 20. 96%。其中，产险公司资产总额为 46. 1 亿元，同比增长 28. 9%；寿险公司资产总额为 381. 0 亿元，同比增长 20. 1%。保险密度达到 1 493. 4 元/人，同比增长 10. 3%；保险深度 2. 8%，同比下降 0. 25 个百分点。

（3）保费收入持续增长。2008 年全市共实现保费收入 175. 6 亿元，同比增长 16. 4%，保费规模列全国第 20 位。其中，财产险实现保费收入 41. 8 亿元，占保费总收入的 23. 8%，同比增长 18. 1%；人身险保费收入 133. 8 亿元，占保费总收入的 76. 2%，同比增长 15. 9%。在人身险中，寿险实现保费收入 118. 7 亿元，同比增长 15. 5%；健康险和意外伤害险分别实现保费收入 12. 6 亿元和 2. 5 亿元，同比分别增长 21. 9% 和 4. 1%。

（4）赔款给付快速上升。2008 年，全市保险公司累计支付各类赔款和给付 51. 02 亿元，同比增长 23. 42%。其中，财产险赔款支出 20. 99 亿元，同比增长 22. 60%；寿险给付支出 26. 08 亿元，同比增长 23. 37%；健康险和意外伤害险赔款支出共计 3. 95 亿元，同比增长 28. 25%。

（5）监管能力进一步改善和加强。2008 年，保险监管部门面对国内外复杂的经济环境，适时调整监管方向，因地制宜制定监管方法和措施，把防范风险作为监管的重中之重，积极寻求政府支持，采取措施化解投连险退保风险，并建立退保情况和重大退保投诉情况报告制度；针对保险公司利用虚挂应收保费进行不正当竞争现象，推行见费出单制度；对市场反映突出的重点机构和重点领域进行排查，规范整顿市场秩序，使监管的针对性和有效性得到提高，监管能力不断加强。

2. 保险业稳健性评估。

（1）财产险业务增长模式更趋均衡，发展质量提高。2008 年非车险业务发展较快，过度依赖车险带动财产险的业务增长模式有所改变。非车险全年实现保费收入 15. 24 亿元，同比增长 28. 30%，高于全国 23. 51% 的增速，对全市财产险增长的贡献度达到 52. 50%。市政府支持的农业保险、责任保险、科技保险等重点领域均快速发展，其中得到市政府财政补贴支持的以种养两业为主的农业保险更是实现了井喷式发展，全年实现保费收入 2 031. 66 万元，同比增长 278. 59%。

（2）车险市场集中度继续下降，有助于提高竞争力。2008 年，以渤海财险、安邦财险以及阳光财险为代表的中小保险公司通过在车险市场的发展实现了市场份额的逐步提高，改变了原来由人保股份、平安财险以及太保财险三家传统公司占有超过 70% 车险市场的格局。车险市场集中度持续下降，有助于提高竞争力。

（3）法人机构偿付能力充足。除新改建公司爱和谊财产保险外，天津市其余三家保险法人机构2008年第四季度末偿付能力充足率均高于150%的监管指标，属于正常类公司。其中：恒安标准人寿保险偿付能力充足率为382.31%，光大永明人寿保险充足率为359%，渤海财产保险充足率为296.62%。

3. 改革发展中需要关注的问题。

（1）法人机构偿付能力充足率有下降趋势。受金融危机的影响，保险机构一方面产品销售有效需求不足，另一方面投资收益缩减，这些都会直接影响到法人机构的偿付能力。各保险法人机构要推进改革创新，增强自身实力，切实防范偿付能力不足的风险。

（2）投连险市场“跳水”，保险公司面临经营压力。2008年，受资本市场低迷影响，投连险收益率受到较大冲击。据不完全统计，各家保险公司的投连险账户普遍缩水逾10%，有的甚至缩水45%。出于对投连险回报收益的担忧，不少投资者转向购买其他品种，也有不少投资者选择了退保。这给很多保险公司的经营造成了巨大的压力，尤其是外资寿险公司，2008年保费收入都出现了不同程度的下滑。

（3）寿险销售误导问题有所抬头，保险营销业务透明度有待提高。2008年保险业的投诉主要集中在销售误导上，尤其是银保渠道销售的寿险产品。存在的问题主要是：缺少对客户群分类评估和客户风险承受能力评估，基本是向所有客户营销所有类型的产品；少数保险营销员把保险产品和储蓄、国债等进行简单比较，夸大产品的投资收益水平，给客户以高收益的心理预期；一些保险公司内部管理不到位，出现问题责任难以区分；售后服务跟不上，问题得不到有效解决。

（四）滨海新区金融改革创新试点进展情况

2008年3月，国务院批复并原则同意天津市滨海新区综合配套改革试验的总体方案（国函［2008］26号）。近年来，天津市金融改革和创新积极推进，取得新成效，主要表现在：

1. 直接融资改革在某些方面取得新突破。继设立了我国第一只契约型人民币产业投资基金——总规模为200亿元的渤海产业投资基金、第一家股权投资基金协会——天津股权投资基金协会、我国最大的创业风险政府引导基金——天津滨海新区创业风险投资引导基金后，2008年8月，天津市又获准筹建总规模为200亿元的第二只产业投资基金——船舶产业投资基金，成为国家批准设立产业投资基金最多的试点城市。目前，天津市已有218家创业风险投资基金和私募股权投资基金。

2. 外汇管理改革向深层推进。一是在保证出口收结汇联网核查政策有效性前提下，对部分企业试行出口收结汇事后监管核查方案，增加企业预收货款可收汇额，促进了贸易便利化；二是开展了服务贸易非现场监管试点，对境内机构异常交易进行核查；三是启动了滨海新区部分试点企业向境外关联企业和境外投资企业放款，以及外汇资金投资境外资本市场改革和新区企业开办离岸金融账户集中管理境外资金试点；四是在渤海银行实施了结售汇综合头寸正负区间管理；五是放宽了个人持有境外上市公司股权管理。

3. 金融业综合经营改革取得重要进展。跨业经营方面，设立了我国第一家由商业银行投资组建的创新型金融租赁公司——工银金融租赁有限公司。银行通过设立金融租赁公司扩大业务范围，使金融资本和产业资本相结合，这是我国大型商业银行综合经营的历史性突破。在金融控股公司方面，成立了金融控股公司——天津市泰达国际控股（集团）有限公司。

4. 多种所有制金融企业改革进一步发展。2007 年 12 月，在天津塘沽农村合作银行、天津大港农村合作银行和天津市汉沽区农村信用合作联社改制重建的基础上，由 15 家企业共同发起设立的新型商业银行——天津市滨海农村商业银行股份有限公司成立。2008 年 8 月，成立了由天津银行和蓟县企业作为主要发起人的全国投资最大的村镇银行——天津市蓟县村镇银行。

5. 对外开放步伐进一步加快。总部金融机构加快在全国设立分支机构。渤海银行、天津银行、渤海财险、光大永明、恒安标准人寿等设立分行和分公司的步伐明显加快。各大金融机构纷纷入驻滨海新区。设立了工银、民生金融租赁公司、摩托罗拉、天津港、中石化财务公司；爱和谊保险公司天津设立法人机构，天津排放权交易所、天津股权交易所、滨海国际股权交易所先后成立并正式挂牌运营。

6. 保险业改革有所发展与规范。2008 年天津市政府印发了《关于推进天津滨海新区保险改革试验区发展的意见》（津政办发［2008］85 号），加快推进天津保险业发展。保险服务体系建设、保险企业改革创新进一步发展，保险业开放和监管水平进一步提高。

三、金融市场与金融稳定

2008 年，天津市金融市场总体呈现健康发展态势，货币市场交易活跃、票据市场交易增长快速，外汇市场、黄金市场加速增长。

（一）金融市场健康平稳运行

1. 货币市场交易活跃，债券市场增速放缓。2008 年，天津市银行间同业拆借市场共完成信用拆借 1 037 笔，成交量金额合计 4 413.51 亿元，同比增长 7 倍。其中：拆入金额为 4 286.75 亿元，同比增长 7.9 倍；拆出金额为 126.76 亿元，同比增长 1.5 倍；拆入拆出相抵后，净拆入资金 4 159.99 亿元，较好地满足了金融机构对短期资金的需要。债券交易量稳步提高，同比增长 23.9%，但远低于上年同期水平。

2. 票据市场规模快速增长，市场利率迅速回落。2008 年，天津市各金融机构商业汇票年累计发生额同比增长 33.86%，票据贴现年累计发生额为 1 543.55 亿元，比同期增长 24.14%，总体呈现银行承兑汇票业务和票据贴现业务双增长的局面。票据市场利率明显下降，较上年同期下降 300 多个基点。

3. 黄金市场增长较快，市场价格波动剧烈。2008 年，天津市各金融机构实物黄金成交5 413.62 千克、金额为 10.70 亿元；纸黄金交易成交 26 210.93 千克、金额为 50.88 亿元。交易量和成交金额均较上年出现巨幅增长。2008 年初，受美国次贷危机和美元疲软等因素影响，国际金价持续走高。年中，受美联储为抑制通胀而不再加息的预期影响，美元走强，国际黄金现货价格出现回落。但随后由次贷危机引发的金融危机进一步恶化，全球经济逐渐衰退，投资者为规避风险，资金大量涌入现货市场，推动黄金价格迅速上涨，导致全年市场价格波动剧烈。

4. 外汇市场扩展加速，中资机构成为交易主体。2008 年，天津跨境收支 1 076.83 亿美元，同比增长 10%。银行结售汇总额 604.92 亿美元，同比增长 29.1%，低于上年同期 8.2 个百分点。结售汇顺差 34.08 亿美元，同比下降 47.7%。天津银行间即期外汇市场交易全部为询价交易，累计成交外汇折合64.90亿美元，同比增长69.5%。中资机构成为市场交易主体，累计成交量56.61亿美元，占交易总量的87.2%，同比增长114.2%。

（二）金融市场运行中需要关注的问题

1. 市场资金价格走低，银行间市场流动性过剩对市场利率影响明显。2008年，受年初信贷规模控制、“从紧”宏观调控措施不断出台、金融机构对经济前景不乐观、银行惜贷等因素影响，银行间市场流动性过剩，资金价格较上年出现下滑，环比连续走跌。

2. 境内资金购汇流出迹象明显，短期跨境资金流动值得关注。2008年下半年以来，天津市经常项目售付汇增长较快。下半年，货物贸易项下累计售汇112.3亿美元，同比增长44.1%；服务贸易项下专有权利使用费和特许费累计售汇3.44亿美元，同比增长91.1%；投资收益项下累计售汇20.86亿美元，同比增长15.8%。同时，外资企业出现多笔超过100万美元以上大额提前偿还外债的情况，共计6 623.4万美元，同比增长81.3%。资金外流的苗头已开始显现，应加强短期跨境资金流动监测，将资金大规模集中汇出防患于未然。

3. 人民币升值速度放缓，市场对人民币汇率预期出现分化。2008年上半年，人民币升值幅度高达6.1%，下半年升值速度明显放缓，10月份以后在6.83元人民币/美元徘徊了近两个月，11月底开始呈现下行迹象，12月初对美元出现较大贬值，2日汇率中间价为1美元兑6.8527元人民币，中旬以后继续升值态势，18日汇率中间价达到1美元兑6.8322元人民币，下旬则平稳回落，年末收于1美元兑6.8346元人民币。人民币汇率的大幅波动说明市场对人民币汇率预期发生分化，汇率避险也不能单纯考虑人民币升值的风险，需采取灵活的方式规避汇率风险。

四、金融基础设施与金融稳定

2008年，天津市支付清算体系高效、稳定运行，征信系统建设取得新突破，反洗钱体系逐步健全，促进了金融业的稳健运行，在维护金融体系安全方面发挥了积极作用。

（一）现代化支付清算体系高效、稳定运行

2008年，人民银行天津分行在积极推进天津市支付体系建设工作的同时，在拓展支付清算业务、完善基础制度建设、支付清算风险管理等方面作了大量工作，有力地支持了天津经济金融的发展，为金融稳定运行提供了切实、有效的基础服务。

1. 支付系统建设不断完善。天津市支付清算体系建设加速推进，先后开通了集中代收代付系统和小额支付系统办理银行本票业务，中央银行会计集中核算系统和中央银行会计事后监督子系统顺利升级。组织推广支票圈存业务，开通小额支付系统办理银行本票业务。制定并组织演练了《中国人民银行天津分行支付清算系统危机处置预案演练方案》，提高了各银行业务和技术人员应对和处置突发事件的能力，促进了现代化支付清算体系安全稳定运行。

2. 支付清算业务量稳步增长。2008年支付体系各系统持续安全稳定运行，业务处理量稳步提高。现代化支付系统、支票影像交换系统、同城票据清算系统、商业银行行内系统及银行卡系统日均共处理支付业务73.95万笔，清算资金870.32亿元。各系统业务量情况如表1所示。

表1　2005～2008年天津市支付系统业务量统计表　　单位：万笔、亿元

系统名称	年份	2005	2006	2007	2008
大额支付系统	日均笔数	1.64	2.02	2.38	2.88
	日均金额	202.58	327.9	557.28	676.12
小额支付系统	日均笔数	0.15	0.52	1.05	1.92
	日均金额	0.59	0.9	1.91	6.85
支票影像交换系统	日均笔数			0.11	0.27
	日均金额			0.55	1.39
同城票据清算系统	日均笔数	6.70	6.47	6.40	6.13
	日均金额	81.58	78.06	85.35	86.15
商业银行行内系统	日均笔数	1.69	3.34	5.59	7.44
	日均金额	47.21	69.34	95.43	94
银行卡系统	日均笔数	21.54	31.06	40.14	55.31
	日均金额	1.47	2.60	3.57	5.81

数据来源：中国人民银行天津分行。

（二）征信体系建设取得新突破

征信体系建设是社会信用建设的核心内容，对维护金融稳定，改善信用环境发挥着重要作用。2008年，天津市征信体系建设取得新突破，以中小企业信用档案建设为核心的中小企业信用体系建设取得良好成效，在防范风险、改善信用环境方面作用明显。征信系统覆盖面进一步拓宽，应用更为广泛。

截至2008年年末，企业和个人征信系统已分别为天津市近7万户企业和840万个自然人建立了信用档案，累计为政府部门、金融机构、企业及个人提供信用报告查询服务363万次。未贷款中小企业信用档案库系统共采集录入10.6万户企业信息，金融机构利用中小企业信用档案发展潜在客户，已累计为144户中小企业提供信贷资金支持55.6亿元。

（三）反洗钱体系逐步健全

2008年，人民银行天津分行深入贯彻落实《反洗钱法》及配套规章，继续完善反洗钱协调机制，不断提高反洗钱监管水平，有效预防和打击了洗钱犯罪活动。

1. 反洗钱协调机制进一步完善。为进一步加强天津市反洗钱联席会议制度建设，形成反洗钱工作合力。人民银行天津分行组织召开了2008年金融监管机构反洗钱工作协调会议，通报反洗钱金融监管及金融机构反洗钱工作存在的问题，研究新形势下开展反洗钱监管工作的举措。完善了《天津市反洗钱工作联席会议制度》，并由天津市政府批转至天津市各区县政府、各局委和各直属单位执行。

2. 反洗钱监管工作进一步加强。一是金融机构继续建立健全反洗钱组织体系，建立了由机构主要负责人或分管负责人为组长的反洗钱工作领导小组，明确了成员职责，根据人员变动情况及时调整组成人员。目前天津市金融机构共有专、兼职反洗钱（反恐融资）管理人员4 332人。二是按照反洗钱法律法规的要求，金融机构制定和完善了反洗钱内控制度；部分在津金融机构总部根

据要求，开展了洗钱风险等级的划分工作。三是逐步完善了客户身份识别和客户身份资料及交易记录保存操作规程，加强了客户身份的识别，特别是大额现金存取业务、网上金融业务、电话金融业务、代理业务等高风险领域的客户身份识别工作得到了加强。四是贯彻落实大额和可疑交易报告制度。总部注册在津的金融机构均已实现了大额交易报告和可疑交易报告的“总对总”联网报送。

3. 可疑资金交易调查有序进行，“天网行动”和“雷霆行动”专项行动取得明显成效。2008 年，人民银行天津分行对可疑资金交易的调查有序开展。天津市金融机构配合人民银行的反洗钱调查工作，协查次数达 108 次，涉及可疑交易线索 48 起。在两个专项行动活动中，通过主动发现涉嫌洗钱犯罪线索向公安机关报案和协助司法机关等调查犯罪线索，成功调查了 5 起涉嫌洗钱犯罪案件，涉案金额 2.5 亿元人民币，有效打击了洗钱犯罪活动。

五、总体评估与政策建议

（一）总体评估

2008 年，我们对天津市金融稳定评估模型进行了较大幅度的修订和完善，调整了金融业和金融环境风险监测指标，更有针对性地选取重点行业进行分析评估；优化评估的技术方法，科学设置指标阈值和临界区间，增强评价体系的科学性和可预测性。评估中选取三大类、三个级别指标，确定金融稳定、比较稳定、基本稳定、较不稳定、不稳定等五种状态，分别对应得分区间为金融稳定［80 100］、比较稳定［60 80］、基本稳定［40 60］、较不稳定［20 40］、不稳定［0 20］。金融稳定值越高，表示金融稳定状态越好。

综合评估结果显示，2008 年天津市金融总体稳定。天津市金融稳定性总体得分为 81.9 分，比上年上升了 3.5 分，较上年金融体系的稳定性明显增强。从影响金融稳定的各种因素来看，天津经济又好又快发展，金融业稳定运行的基础进一步夯实。工行、建行、中行和交行等银行天津分支机构改革不断向纵深推进，经营业绩稳步提升。农业银行天津市分行不良资产剥离使天津市银行业不良资产大幅下降，渤海银行、天津银行和天津农村金融机构经营管理水平和风险管理水平提高到新台阶，银行业稳定性继续增强；保险业、房地产业在上年向好的基础上继续改善；证券业净资本负债率上升，资产利润下降，证券公司经营业绩下滑值得关注。企业部门利润下滑较快，企业亏损率偏高，资产利润率偏低，应重点关注。

（二）政策建议

1. 进一步调整优化产业结构，促进产业结构升级。一是加快工业结构调整，大力发展航空航天、石油化工、装备制造、电子信息、生物医药、新能源新材料等优势产业，改造提升轻工纺织等传统产业，壮大国防科技等战略性产业，形成以高新技术产业为先导、先进制造业为支撑、装备制造业为核心、国家战略产业为依托的新型工业体系。二是进一步提高服务业的层次、规模和水平。要以提高企业经济效益为重点，加强企业管理，降低生产经营成本，加快产品结构调整，把握市场需求，挖掘市场潜力，开拓市场空间，加大新产品开发力度，促进产品优化升级，培育消费热点，提高产品市场占有率。三是着力优化信贷结构，严格执行贷款条件，控制对高耗能、高污染企业的贷款，加大对农业、中小企业、自主创新、节能环保等方面的贷款力度；在期限结构上，要做到短长期分配合理，避免短存长贷造成流动性风险。

2. 大力支持发展金融市场，充分发挥金融市场在资源配置中的重要作用。建立发达的金融市场，现阶段要尽快把资本市场做强做大，推动直接融资产品创新，扩大直接融资比例，优化融资结构。一是要积极推动天津优质企业上市规模，提高上市公司质量，增加股市供给，满足投资者需求。支持建立各类机构投资者，促进资本市场健康发展，减轻银行压力，分散金融风险。二是要调整银行组织结构，在增强大银行竞争力的同时，重视发展天津市地方中小银行，放宽农村银行类金融机构进入，发展村镇银行、贷款公司和各类合作性金融组织，满足中小企业和农民贷款需求。三是要推动建立全国性非上市公众公司股权交易市场，使优质非上市企业获得充足的资金支持。同时，发展和完善资金拆借市场、票据市场、外汇市场，积极支持建设多层次的金融市场体系。

3. 积极推动金融机构改革创新，增强金融机构核心竞争力。一是继续推动地方法人金融机构完善法人治理结构、健全内控制度，以优化资产结构、提高资本充足率、增强服务能力、防范金融风险为主线，引导中小金融机构贷款合理增长，防范中小金融机构发生流动性风险。二是密切关注国有商业银行分支机构股份制改革进展情况，加强对改革中存在的重点问题的分析研究，准确评估改革成效，总结改革经验；深入调查研究国家开发银行和农业发展银行在津分支机构的业务发展、内部经营管理及改革情况、内部风险控制状况等。三是通过财税优惠政策或减免税收等途径，加强对金融机构、机制、产品等方面创新的奖励，积极推动金融机构不断深化体制、机制改革，提高核心竞争力。

4. 不断加大金融监管力度，进一步推动金融生态环境的改善。一是要着力增强监管方式的科学性、针对性、有效性和前瞻性，不断完善监管体制和手段，着力提高监管水平，积极化解和防范金融风险。针对多元化的市场体系，既要尽量遵守统一市场规则和监管标准，注重公平和效率，又要充分考虑现阶段不同类型机构的风险特点，实行区别对待和分类监管，建立正向激励的监管导向和优胜劣汰的市场机制。二是要抓紧研究对交叉性金融业务的监管规则和标准，提高监管的协调性，督促金融机构加强金融风险管理和内控机制建设，防范跨行业、跨市场金融风险发生。三是要进一步加强金融安全知识宣传教育，注意运用不同载体，扩大传播范围，把金融安全知识教育和投资者宣传教育、打击非法集资、非法证券教育和诚信教育结合起来，针对不同对象采取行之有效的方式，切实提高社会公众的金融风险意识、金融法规意识和诚信意识。

总　纂：陈志强
统　稿：夏江山
执　笔：夏江山　陈　斐　刘　丹
其他参与写作人员：冯　怿　刘丹丹　杨冬梅　杨庆芳
张　磊　张　健　陆　杨　周凤兰
周中明　钟　辉　柳　勇　徐　力
甄洪祥　冀志芳

河北省金融稳定报告摘要

2008年，在经受了金融危机等多重严峻考验，克服多种不利影响后，河北省经济总体保持了平稳较快发展。金融业灵活应变，顺势发展，强管理增效益，拓业务稳经营，盈利能力和抵御风险能力进一步提高，金融生态环境继续改观，既有力地支持了地方经济发展，又有效地夯实了金融业基础，金融体系健康稳定。

一、河北省金融体系健康稳定

（一）经济基本面较好，综合实力提升，增速回落

2008年，生产总值实现16 189亿元，增长10.1%，高于全国平均水平1.1个百分点。经济增速从第三季度以来逐季回落，全年同比回落2.7个百分点。粮食生产连续5年获得丰收，全年粮食总产量达2 905.8万吨，增长2.3%，为1999年以来最高水平。农业产业化经营水平稳步提高，产业化经营率达到55%以上。工业经济增速明显放缓，全年全部工业增加值完成7 967.6亿元，增长11.2%，增速比上年回落4.1个百分点。其中规模以上工业增速回落5.4个百分点。社会消费品零售总额实现4 880.4亿元，同比加快5.1个百分点。出口增速大幅下降，全年出口总值增长41.3%，但第四季度却加速下滑，呈现负增长，由第三季度的增长31.5%下降到第四季度的－37.2%。全年完成固定资产投资8 870.8亿元，增长28.8%，增速比上年同期加快3.3个百分点。2008年全部财政收入1 821亿元，比上年增长19.7%，同比回落5.8个百分点。规模以上工业企业利润总额1 291亿元，增长6.5%（2007年40.4%）。城镇居民和农村居民收入增速此增彼减。全年城镇居民人均可支配收入达13 441.1元，连续4年增长13%以上；农民人均纯收入4 795元，增速同比下降1.2个百分点。

（二）银行业业绩斐然，信贷助推效果显著

2008年，全省银行业金融机构本外币存款余额17 844.8亿元，居全国第9位；比年初增加3 370.5亿元，同比多增1 575.6亿元，增长23.3%。本外币贷款余额9 506.74亿元，按可比口径计算实际新增1 395亿元，增长16.4%。全年贷款投入增量、增速创5年来新高，有效发挥了金融支持和服务地方经济的重要作用。资产规模继续扩大，实力增强，金融服务体系日臻完善。2008年末，本外币资产总额19 630.75亿元（不含邮储），增长24.30%；本外币负债总额19 192.79亿元，增长24.60%。

全年新增股份制银行机构14家（含5家筹建），包括上海浦东发展银行、渤海银行、兴业银

行来河北省设立的分支机构，打破了河北省7年来没有股份制商业银行分支机构设立的局面。

2008年，河北省银行业金融机构累计实现账面利润204.09亿元，同比增盈59.03亿元，增盈幅度达40.69%，资产利润率高达1.72%。中间业务收入创历史新高，实现收入60.2亿元，同比增加13.9亿元，占全部营业收入的比例为10.96%。资本充足率和拨备覆盖率提升，抗风险能力明显增强。河北省银行业法人机构资本充足率为1.47%，同比提高2.48个百分点。各项减值准备129.39亿元，拨备缺口211.67亿元，减少24.4亿元；拨备覆盖率19.79%。贷款结构优化，不良贷款余额和比率分别下降28.53%和5.82个百分点，可疑类和损失类贷款下降明显。银行业核心竞争力和整体抗风险能力进一步增强。

（三）证券业规范发展，市场主体出现积极变化

1. 上市公司业绩增长。克服市场和宏观环境波动的不利影响，全省36家上市公司保持了业绩增长态势。截至2008年年底，36家上市公司共有总股本244.59亿元，总市值1 388.65亿元；实现主营业务收入1 622.19亿元，增长49.73%；净利润101亿元，增长100.29%；每股收益0.42元，增长70.82%。

2. 证券公司盈利较好。截至2008年年底，全省证券投资资金账户181万户，增加13.8%；全年实现证券交易额9 116.61亿元，下降21.62%；营业收入23.31亿元，下降26.63%；净利润13.54亿元，下降20.49%。河北省财达证券经纪有限责任公司注册资本增至14.17亿元，公司净资产22.41亿元，净资本19.85亿元，分别增长了47.9%和49.9%；实现证券交易额4 488亿元，居行业排名第30位；营业收入12.33亿元，利润总额7.59亿元。

3. 期货市场发展较快。截至2008年年底，期货公司累计代理交易量968.07万手，增长181.99%；代理交易额4 533.74亿元，增长149.66%；手续费收入4 052.45万元，增长95.74%；净利润略有下降。期货公司整体实力增强。

（四）保险业发展迅速，保障和服务作用突出

1. 保险市场体系不断完善。2008年，新增3家省级分支机构，省级保险公司达到35家，另有保险专业中介法人机构98家、保险兼业代理机构3 075家，从业人员近20万人。

2. 保险业整体实力进一步增强。2008年，河北省保险业资产总额达到795.86亿元，增长26.2%。保险业总资产占金融业总资产的比重为3.88%。

3. 保险业务平稳较快发展。2008年，河北省保险业累计实现原保险保费收入480.59亿元，增长44.65%，超过全国平均增幅5.59个百分点，继续保持了全国领先水平，也大大高于同期河北省国民生产总值的增速。

4. 保险保障功能和服务作用进一步发挥。2008年，河北省保险深度为2.97%，保险密度达到689.91元/人，同比增加209.91元/人，保险渗透力进一步增强。累计承担风险总额5.54万亿元，增长51.77%。累计赔款与给付支出147.68亿元，增长44.22%。

（五）金融基础设施建设成效显著，金融生态环境继续改善

河北省政府历来重视金融工作，新一届政府更是高度关注金融、重视金融稳定工作，多次听取金融部门汇报，研究出台一系列推动金融改革创新、促进金融稳定发展的政策措施，行政司法

环境更为优化。2008 年，全省信用信息体系逐步完善，信用评级和中介机构得到规范和壮大，征信宣传和诚信教育全面开展，社会信用体系建设步伐向前推进；支付系统日臻高效安全，农民工银行卡等特色服务全面开通，奥运支付环境建设任务圆满完成；反假币和反洗钱力度加大，宣传教育、检查指导和个案侦破等工作成效显著，人民币流通市场进一步净化；金融监管有效性逐步提高，市场秩序更加规范；金融稳定协调机制运转良好，整体合力进一步发挥。逐步健全的金融基础设施和良好的金融生态环境为经济平稳运行和金融体系安全提供了保障。

二、维护河北省金融稳定需关注的问题

在河北省金融体系稳健性增强的同时，由于世界经济增长减速、外部环境复杂多变对河北省经济金融的负面影响逐步扩大，加之经济发展的周期性调整和内在矛盾等因素的叠加影响，使河北省金融稳定整体形势更为复杂和严峻，应予以高度关注。

（一）国际金融危机对河北经济造成一定影响

2008 年，由于国际金融危机的不断蔓延和全球经济增长放缓，国内市场的恐慌情绪加重，一定程度上影响了河北省经济的平稳运行，多个行业受到冲击。

钢铁业：河北钢铁行业市场低迷。特别是进入 8 月份以后，钢铁市场急剧变化，钢铁生产经营面临严峻挑战。全省主要钢铁产品产量大幅度回落，钢铁生产持续萎缩趋势明显，邯郸市钢铁行业增加值大幅回落，生铁、粗钢、钢材产量均为负增长。

石化行业：在金融风暴波及全球的大背景下，河北省石化行业产品出口受阻，内需不足，石化工业受到强烈冲击，许多石化企业效益普遍下滑，行业发展出现阶段性障碍。受 2008 年高油价和成品油价格倒挂影响，1 ~10 月份河北省三大炼油企业实际亏损已达 82.63 亿元，同比增亏 4.3 倍，占全行业亏损总额的 90.62%。

纺织行业：河北省纺织企业多以棉纺、纱纺等初级产品加工为主，且约有 2/3 的产品直接出口或间接出口。受美国次贷危机、消费紧缩的影响，河北省纺织行业仅 2008 年第一季度亏损额就增长了 60%，多数小型纺织企业“接单”量下降 50% 多，有的企业甚至第一季度出现“零订单”，产品大量积压、库存增加。目前大型纺织企业处于“零利润”、“半亏损”状态，中小纺织企业已进入“死亡期”。另外，河北纺织企业生产的多为中低档产品，议价能力差。在人民币升值、原材料上涨的夹击下，人民币每升值 1 个百分点，河北纺织企业利润则下降 2 ~6 个百分点，目前河北纺织行业平均利润率在零以下。

中小企业及民营企业：自 2007 年第四季度以来，河北省中小企业各项指标持续下滑，亏损企业比例不断上升，企业发展面临困境，融资困难仍是当前制约中小企业发展的首要因素。同时资金紧张状况开始在民营及关联企业间快速传递，河北省民营企业资金回笼速度放慢。

（二）经济下行压力加大

2008 年，河北省经济波动较大，前高后低，生产总值增长居全国位次下降。投资后劲不足，部分行业投资增速明显放缓，影响经济的可持续增长。规模以上工业增速大幅回落，企业经营困难，效益滑坡，抵御市场风险能力减弱。产业结构偏重，产品链条偏短，技术层次偏低，对资源能源依

赖较强，应对经济环境变化的能力不足。区域经济关联度不高，缺乏聚合优势和规模效益。融资结构仍待改善，债券融资比例仍偏低，影响融资规模和信贷风险的分散。这些问题如不能及时解决，经济可能陷入周期性调整，影响实体经济的可持续发展，导致金融机构不良资产的比率上升，保持金融稳定的潜在压力加大。

（三）金融业维护稳定的压力增加

尽管 2008 年河北省的金融业经受住了严峻形势的考验，保持了良好的经营业绩，但全球金融危机的蔓延和扩散也对河北省的金融业产生了很大冲击。因实体经济效益滑坡向银行业转移风险的不确定性因素增加，因银行理财产品收益差强人意，银行业面临的信誉危机和法律风险增加；因高风险上市公司较多、证券期货公司发展较慢，证券业整体抗风险能力受到影响；因增长方式粗放、业务结构不尽合理、代理保险良莠不齐、业务违规和非正常退保时有发生，保险业面临一定经营风险。部分风险具有传递和蔓延性，应特别防范由个别事件的单一风险演变成行业性、系统性风险。

（四）金融业与经济发展的匹配程度有待继续提高

尽管河北省金融业取得了长足进步，但与河北 GDP 大省及经济和社会发展状况还有不相称的方面。银行业机构存贷比 53.3%，低于全国平均水平，储蓄投资效率偏低；银行机构种类和数量偏少，金融服务层次和效能仍待提高。证券业市场总量较小，市场主体数量较少，上市公司经营管理水平和信息披露质量尚待提高，后备资源不足，证券期货公司竞争力不强。保险业快速发展但服务领域偏窄，保险保障和社会管理效能仍需提高。上述问题如长期存在，不仅影响金融机构的良性经营和稳健运行，还将制约金融对经济的支持力度。

（五）非法金融活动有所抬头，社会风险隐患应予关注

受股市、楼市价格波动较大、投资渠道受限的影响，一些非法集资、非法证券等非法金融活动有所抬头，发案数量、涉案金额、受害群众人数均有所上升，存在较大的金融安全问题和社会风险隐患。一旦出现风险，不仅直接损害公众利益，还可能引起社会恐慌和信用危机。

（六）新兴金融组织的快速发展与监管的协调性有待提高

2008 年，村镇银行、小额贷款公司等新兴金融组织快速发展，及时为中小企业和“三农”提供了资金支持，但存在监管与发展不相协调，客户融资成本较高，违约风险增加，风险拨备不足，抗风险能力不强，从业人员准入门槛较低和法人治理结构不完善，操作风险和道德风险不容忽视等问题，如不及时解决，不但影响自身的可持续发展，还可能影响金融和社会稳定。

（七）金融生态环境仍需进一步优化

农村金融基础设施亟待改善，非现金支付工具有待推广；社会信用体系建设步伐应进一步加快；中介和信用担保机构需在发展中规范；社会公众投资风险意识需进一步增强。这些环节和问题，应引起高度重视。

三、对河北省金融稳定状况的定量评估及对10家城市商业银行的压力测试

（一）河北省金融稳定状况的定量评估

评估方法简介：对河北省金融稳定状况的定量评估，沿用2007年构建的指标体系，选取宏观经济、银行业、证券业、保险业4个板块和22个量化指标构建河北省金融稳定评价指标体系，通过问卷调查、层次分析法对各指标赋权，并对2007年标准化方法进行调整，再参考上海总部区域金融稳定评估方案东部地区的阈值标准并结合河北省实际情况对指标进行标准化处理，最后得到评估体系的综合得分。

金融稳定定量评估结果分析：

表1　2005～2008年金融稳定定量评估各系统得分表

年份	2005	2006	2007	2008
宏观经济	0.24	0.26	0.30	0.27
银行业	0.14	0.17	0.23	0.24
证券业	0.08	0.12	0.14	0.12
保险业	0.03	0.05	0.06	0.06

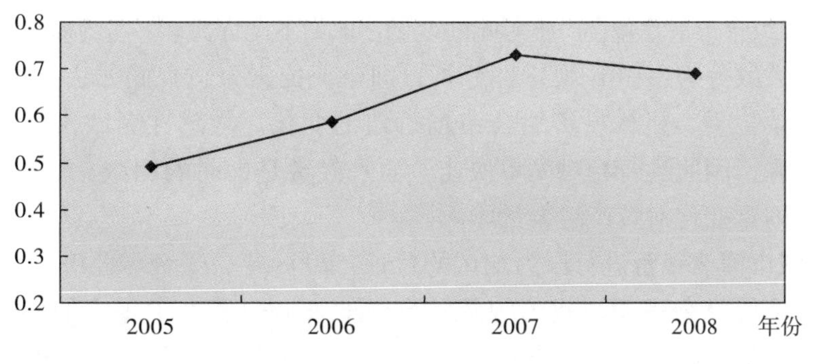

图1　河北省金融稳定定量评估综合得分

从分层评估数据看：宏观经济环境从2005年到2007年持续好转，2008年情况有所变化；银行业综合得分从2005年到2008年稳步上升，这主要得益于银行业资产结构逐步调整，资产利润率逐年提高，资产质量持续改善，盈利能力逐步增强，说明银行业整体运行稳健，抵御外部风险的能力较强；受美国次贷危机的影响，证券业2008年综合得分有所下降；虽然次贷危机对保险业也有一定冲击，但河北省保险业整体运行良好，2005年以来综合评分基本呈现上升的趋势。

总体看：2005年到2007年，河北省综合评价值稳步提高，说明河北省金融稳定状况日益改善，金融体系稳定性不断增强。2008年综合评价值有所下降，这主要是美国次贷危机蔓延以及所引起的国际金融危机对河北省的金融稳定状况造成一定的负面影响，但整体影响不大。

（二）对河北省10家城市商业银行的压力测试

压力测试介绍：国际货币基金组织认为压力测试就是评估金融体系承受“罕见但是仍然可能”

的宏观经济或金融市场波动冲击能力的一系列方法与过程。

实施一次压力测试一般需要以下几个步骤：

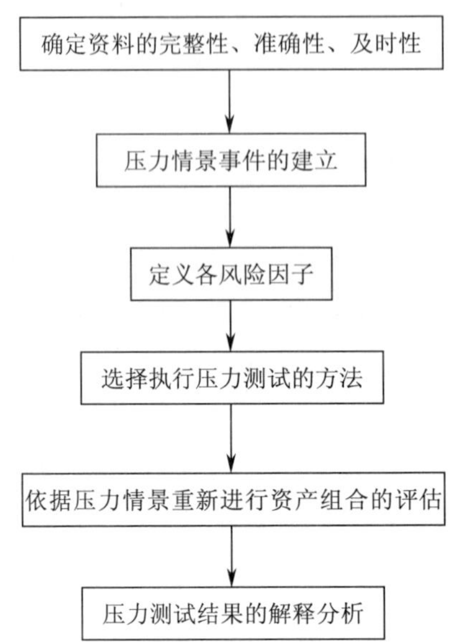

其中压力情景事件是指一些可能对银行的资产质量、盈利及资本充足性等产生重要影响的不利条件，它往往由金融机构通过分析历史上的不利事件产生，或由相关专家根据经验假设产生，比如本国经济衰退等；风险因子是对资产组合未来收益会产生影响的变量，比如不良贷款率、违约损失率等。

压力测试的方法大致分为：（1）敏感性分析，即单一因素分析。此方法主要是想通过观察当风险参数瞬间变化一个单位量，机构投资组合市场价值的变化。敏感性测试仅需指定风险参数变化，而无须确定冲击的来源，因此运行相对简单快速，而且经常是即时的测试。（2）情景分析，即多因素分析，同时考虑多因素变化对资产组合的影响。

对河北省 10 家城市商业银行进行压力测试的背景：2008 年，受全球经济、金融危机影响，世界经济增长减速，外部环境复杂多变，我国的经济金融的发展也受到了一定的冲击。在这种形势下，我国采取了适度宽松的货币政策，连续下调利率、存款准备金，从而更好地应对国际金融危机，保持我国经济金融持续健康发展。但是自 2009 年以来，全国经济金融形势仍不容乐观。就河北省来说，进入 2009 年以来，经济下行的压力进一步加大。到 2 月末，河北省停产、半停产企业近 2.3 万家。河北省钢铁、房地产、纺织等支柱行业市场低迷，企业经营不景气，资金链紧张，特别是金融危机后续影响的不确定性，使这些行业的经营风险进一步加大。实体经济下行的影响必将逐渐转移至银行业资产质量上来，银行业不良贷款反弹压力加大，抗风险能力减弱。在这一背景下，我们假定利率下调、不良贷款增加、汇率变动等情景，尝试对河北省银行业法人金融机构展开压力测试，以此来判断其面临风险的承受能力。

我们以河北省 10 家地方商业银行为例，通过对利率变动、汇率变动以及信用风险对河北省城市商业银行进行了不同因素冲击下的压力测试。压力测试结果表明：目前，在可预见的事件发生概率范围内，利率下调、汇率变动给银行业带来的冲击不大，河北省银行业面临的主要风险为信用风险。为此，我们着重就不良贷款率分别上升 5 个百分点和 15 个百分点，测试信用风险给河北省地方商业银行带来的冲击。

信用风险压力测试通常从评估信贷资产质量开始。测量信贷资产质量有很多方法，我们以资本充足率来衡量。为了计算方便，我们假设以下情况：一是根据巴塞尔协议的要求，对次级贷款、可疑贷款和损失类贷款分别提取 20%、50% 和 100% 的准备金。二是各商业银行的拨备刚好覆盖其原来的不良贷款损失。三是资本增减额等于风险加权资产增减额。四是假定新增的不良贷款均为 1 年期的，并且预期损失只有利息损失。测试顺序是：以 2008 年的资本充足率为基准情景，先后测试不良贷款率提高 5 个百分点和 15 个百分点对资本充足率的影响。

经过测试，不良贷款率提高 5 个百分点对河北省银行业法人金融机构的影响不大，受冲击后，除邯郸市商业银行资本充足率为 7.66%，稍低于巴塞尔协议 8% 的监管标准外，其他几家商业银行资本充足率均高于 8%，这说明河北省银行业法人金融机构整体运行稳健、资本充足，对外部冲击有较强的抵御能力。

进一步测试不良贷款率提高 15 个百分点对资本充足率的影响（见表2）。将冲击前后的资本充足率作一对比（见图2），从图2 中可以更清楚地看出：在冲击前，河北省这 10 家城市商业银行资本充足性良好，全部都在 10% 以上；充足性最好的为承德市城市商业银行，资本充足率高达 17.16%。但如果不良贷款突然增加 15 个百分点，无论从总体来说，还是单独对各个商业银行来说，都造成了很大的影响。受冲击最大的沧州市商业银行，资本充足率下降了 8.73 个百分点，冲击后，其资本充足率仅为 5.62%，低于巴塞尔协议的监管标准；其次是邯郸市商业银行，资本充足率下降了 8.34 个百分点，冲击后的资本充足率仅为 1.93%，远远低于巴塞尔协议的监管标准。因此在当前经济下滑压力变大，特别是金融危机后续影响的不确定性使一些行业的经营风险进一步加大的情况下，银行业的信用风险尤其是不良贷款激增需要引起各城市商业银行相关风险管理部门的重视。

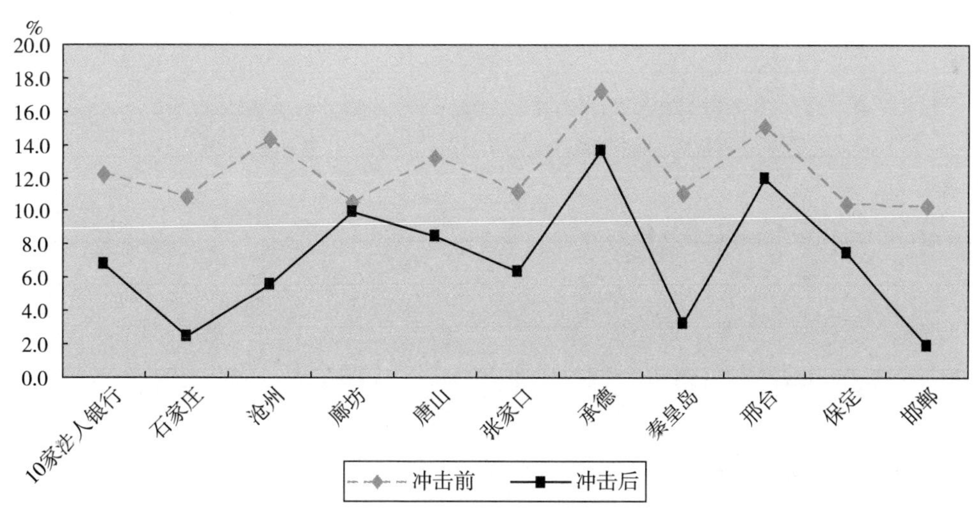

图2　河北省10家城市商业银行受冲击前后资本充足率变化图

由于条件有限，本次压力测试还存在一些不完善的地方：一是本次测试仅考察了河北省法人银行业金融机构在受到不良贷款突然增加这一异常冲击后，其所对应的风险暴露情况及适应能力。尽管不良贷款增加是银行业金融机构信用风险的一个很重要方面，但是仅考虑这单一因素使测试结果受到一定的局限性，因此我们对压力测试的结果应持谨慎态度，只能作为制定决策的一个参考；二是压力测试最大的挑战是识别金融机构之间的联系，由于条件所限，本次压力测试没有进一步考虑商业银行之间的相互影响；三是从维护金融稳定的角度出发，我们更应该关注多种风险因素（如利率、汇率等）同时变化时，整个金融体系的受压情况，从而度量整个金融体系的脆弱性。

表2　河北省城市商业银行信贷风险压力测试表　　单位：百万元、%

	10家法人银行	石家庄	沧州	廊坊	唐山	张家口	承德	秦皇岛	邢台	保定	邯郸
贷款总额	57 252.3	19 664.9	5 818.4	970.0	6 339.8	6 540.9	4 149.1	3 973.0	3 590.9	1 608.5	4 596.8
不良贷款（NPLS）	1 457.0	575.6	106.5	75.2	267.5	63.7	104.4	54.3	55.5	104.6	49.5
不良贷款率	2.5	2.9	1.8	1.4	4.2	1.0	2.5	1.4	1.6	6.5	1.1
次级贷款	784.5	208.3	37.1	61.2	158.7	56.6	100.2	9.6	50.7	90.9	11.3
可疑贷款	595.4	319.4	57.3	8.2	106.1	4.4	4.2	41.2	4.8	13.8	36.0
损失贷款	77.0	47.9	12.1	5.9	2.8	2.7	0.0	3.5	0.0	0.0	2.3
资本	7 474.3	1 818.4	684.0	970.0	934.3	655.9	700.8	434.6	619.9	233.7	422.7
风险加权资产（RWA）	62 273.6	16 810.0	4 765.4	9 283.8	7 103.5	5 843.6	4 083.2	3 928.4	4 096.7	2 246.7	4 112.4
资本充足率（CAR）	12.0	10.8	14.4	10.5	13.2	11.2	17.2	11.1	15.1	10.4	10.3
冲击：不良贷款增长	假定不良贷款增加15个百分点										
新增不良贷款	8 587.8	2 949.7	872.8	145.5	951.0	981.1	622.4	596.0	538.6	241.3	689.5
不良贷款准备金率											
次级贷款	0.2										
可疑贷款	0.5										
损失贷款	1.0										
新增准备金	3 133.8	1 277.4	394.6	42.9	311.2	249.7	132.0	285.9	121.7	57.8	313.3
利息损失	456.0	156.6	46.3	7.7	50.5	52.1	33.0	31.6	28.6	12.8	36.6
冲击后资本	3 884.5	384.4	243.1	919.4	572.6	354.1	535.7	117.1	469.6	163.1	72.7
对RWA的影响/对资本的影响											
冲击后的RWA	58 683.8	15 375.9	4 324.4	9 233.2	6 741.8	5 541.8	3 918.1	3 610.8	3 946.4	2 176.1	3 762.5
重击后的CAR	6.6	2.5	5.6	10.0	8.5	6.4	13.7	3.2	11.9	7.5	1.9
资本充足率变化	-5.4	-8.3	-8.7	-0.5	-4.7	-4.8	-3.5	-7.8	-3.2	-2.9	-8.3

四、大力推动河北省金融业持续健康发展

金融是经济的核心，金融稳定关系到经济稳定、政治稳定、社会稳定。因此要继续深入贯彻落实科学发展观，积极应对宏观经济、市场环境的变化和国家政策的调整，正确处理改革发展与维护稳定的关系，实现金融业可持续发展，支持经济又好又快发展。

（一）立足“调结构，扩内需”，保持经济发展活力和动力

要扩大投资规模与优化投资结构并举，在抓好重大项目建设的同时，严格控制“两高”和产能过剩行业投资，提高投资效率。要增收入与促消费并举，增加居民特别是中低收入人群的收入，发展服务性、热点和大宗消费，挖掘和释放消费潜力，增强需求拉动作用。要规模经营与扶持民营并举，发展一批大型企业和企业集团，提高产业集中度和抗风险能力，同时推动民营企业发展，壮大市场主体，增加就业。要产业结构调整与节能减排并举，加快发展服务业，培育装备制造等新支柱产业和优势产业，促进三次产业协调发展，推动区域合作，打造冀东、冀中南地区经济区等新的经济增长极，实现聚合优势和规模效益。要上市融资与发行债券并举，推动河北钢铁和冀中能源整体上市，加快企业上市步伐，积极开展短期融资券等传统债券发行，探索高收益债券和中小企业集合债券等新型债券发行，不断扩大直接融资规模，分散和缓解银行体系的风险，促进河北省经济的又好又快发展。

（二）着眼长期健康发展的大局，做大做强金融产业

银行业要发挥主渠道作用，全面落实适度宽松的货币政策和国家关于金融促进经济发展的政策措施，加大对“三农”、重点工程、中小企业、自主创新领域的信贷支持力度，不断提高存贷比。要完善金融组织体系，大力引进股份制和外资银行，多种途径壮大城市商业银行，发展农村商业银行和合作银行，规范发展村镇银行、小额贷款公司等新型金融组织，满足多层次的金融需求。证券、期货公司要坚持基础性主导业务，形成牢固稳健的盈利模式。要不断提高上市公司质量，推动公司并购和资产重组，实现产业升级。推动高成长企业备战创业板和重点企业发行上市，开展证券机构升级改造，引进省外期货机构，千方百计增加市场参与主体数量，提高直接融资和市场交易总量，解决 GDP 大省与资本市场小省的矛盾。要大力发展产业投资等其他投融资机构，探索上市保荐、股票自营、委托理财等业务品种，扩大投融资规模。保险业要大力发展风险保障型及长期储蓄型业务，增强保险的风险管理和保障功能。完善增长方式和管理模式，拓展业务领域和盈利空间，提高保险密度和保险深度。要规范市场秩序，合理开发保险资源，保护消费者利益。各行业多措并举，推动河北省金融业与经济发展的良性互动和相得益彰。

（三）积极推动改革创新，不断提升金融业风险管理水平

银行业要继续深化改革，积极创新，实现贷款组合多元化，增强经营稳定性，抵御经济周期性变化；改进风险管理模式，实现主动选择风险和积极安排风险；创新差异化定价机制，提高中间业务创收比例，科学规划银行理财等业务，实现速度和效益、规模与质量相统一，防范集中兑付风险和周期性风险；运用逆经济周期思维，提足拨备，核销坏账，防范系统性金融风险。证券、期货公

司要在有效控制风险的前提下开展经营方式、业务产品、组织体系和激励约束机制的创新，增强核心竞争力；落实合规管理制度，减少违规风险和损失，不断增强市场竞争力和抗风险能力。保险业要加强债券投资信用风险评估，合理配置各类债券，提高保险资金运用水平；健全风险控制机制，加强对投资型保险产品的管理，制定防范化解退保风险实施预案，防范行业风险，维护金融和社会稳定。

（四）营造良好的金融生态环境，为经济金融发展提供有力支撑

深入贯彻落实河北省政府《关于加强金融生态环境建设的指导意见》，通过行政、经济和市场手段推动金融生态环境建设。坚持依法行政，建设服务型政府，进一步提高行政效率。继续优化司法环境，进一步提高金融案件胜诉执行率，严厉打击逃废金融债务行为，维护金融机构的合法权益。加快支付清算体系向农村地区的延伸，推广一卡通等非现金支付工具。加强社会信用环境建设，壮大和规范信用中介机构，依托征信系统打造一体化社会信用信息平台。防范和打击非法集资、洗钱、贩卖假币等金融违法犯罪活动，净化金融市场，维护正常金融秩序。继续探索建立金融监管协调机制，加强监管信息沟通和资源共享，逐步构建起金融稳定长效机制，为地方经济金融发展打造安全稳定的金融生态环境。

总　纂：刘通午
统　稿：文洪武　张军辉
执　笔：张海燕　杨辉平　林红家　陈　芳　靳凤菊　白　倩　冯　蕴
其他参与写作人员：高宏业　李孟起　黄艳霞　杜彦尊　赵学东
范宪忠　王丽英　杨　冀　李　鹏　张国坤
杨克兢　肖正午　李建立　苏　烨

山西省金融稳定报告摘要

2008年是极不平凡的一年。在国内外经济金融复杂多变形势下，山西省经济增长放缓，进出口总额增速大幅下滑，但投资结构和经济结构进一步优化，居民收入稳步提高，经济运行质量有所提高，区域金融稳定的经济基础较为牢固。金融改革稳步推进，农业银行和农村信用社改革进展顺利，小额贷款公司发展迅速，银行业在严峻经济形势及宏观调控的背景下，实现了规模、质量和效益的全面改善。证券公司盈利水平明显下降，但风险控制能力和经营范围仍得到有效提高和拓展，上市公司专项治理取得成效，其业绩较为稳定。保险业继续保持较快增长势头，市场体系不断完善，覆盖面不断拓展。支付结算体系运行良好，征信系统建设步伐加快，反洗钱工作向纵深发展，金融生态环境初步改善。但在国际金融危机、经济下行和不确定性因素增多的情况下，受产业结构、经济增长方式等制约，山西省经济增长压力较大，煤焦等主导产业一年中经历冰火两重天并波及银行信贷；节能减排难度加大并对地方中小金融机构信用风险影响较大；银行业金融机构盈利能力和信贷质量面临考验，不良贷款反弹压力不容忽视；在较为严峻的发展环境下，证券和保险业的结构不合理问题暴露得比较明显。总之，在影响因素增多且更为复杂的情况下，2008年山西省金融体系仍总体保持稳定。

一、区域经济运行与金融稳定

2008年，在复杂的国际国内经济金融形势下，山西省国民经济发展总体表现为“经济保持增长、结构趋于优化、效益稳步提高、民生继续改善”的运行态势，为应对各种不确定因素、保障区域金融稳定奠定了基础。但是，重型化产业结构、粗放型经济增长方式等根本性问题尚未解决，在经济下行和不确定性因素明显增加的情况下，山西省经济面临压力加大。

（一）经济增速下降，但结构和质量有所改善

经济增长放缓，全年增速回落。2008年，山西省完成生产总值6 938.7亿元，增长8.3%，低于全国平均水平0.7个百分点，比上年回落5.9个百分点。全年季度增速差幅逐渐扩大，1~4季度增速分别为12.5%、12.6%、11.6%、8.3%，呈现前高后低的运行特点。

三次产业稳步发展，价格涨幅扩大。2008年，山西省第一、第二、第三产业增加值分别完成302.5亿元、4 265.8亿元和2 370.5亿元，分别增长2.5%、7.4%和10.6%，第三产业增速快于全国第三产业增速1.1个百分点，高于本省生产总值增速2.3个百分点。全年居民消费价格上涨7.2%，涨幅较上年扩大2.6个百分点。其中，食品价格累计上涨17.9%，成为推动物价上涨最直接的因素。

各项收入继续增长，节能减排取得成效。2008 年，山西省实现财政收入 1 518.0 亿元，增长 26.5%；城市居民人均可支配收入 13 119.1 元，增长 13.4%；农民人均纯收入 4 097.2 元，增长 11.8%；全年规模以上工业实现利税 1 362.67 亿元，增长 21.8%，增幅同比回落 16 个百分点。山西省 70% 以上的焦化企业完成了焦炉煤气全脱硫，11 个重点城市市区均完成污水处理厂建设任务，省控 1 015 家重点工业污染源实现全面达标。

投资消费保持增长，结构更趋合理。全年全社会固定资产投资完成 3 635.1 亿元，增长 24.2%，比上年回落 1.9 个百分点；房地产开发投资 326.7 亿元，增长 26.2%，比上年提高 2.1 个百分点，但低于上半年增速。全年实现社会消费品零售总额 2 356.5 亿元，增长 23.1%，比上年加快 4.5 个百分点。消费增速与投资增速的差幅由上年的 7.5 个百分点缩小为 1.1 个百分点。

进出口总额增速下滑，贸易顺差进一步扩大。2008 年，山西省进出口总额 143.9 亿美元，增长 24.4%，增速同比回落 50.2 个百分点。其中出口 92.4 亿美元，进口 51.4 亿美元，分别增长 41.5% 和 2.1%。贸易顺差 41 亿美元，同比增加 26.1 亿美元。外商实际直接投资 27.3 亿美元，增长 21%。2008 年山西省银行结汇收入 94.1 亿美元，同比增长 20%；售汇支出 48.7 亿美元，同比增长 25.4%，但增幅自 6 月起逐渐减缓。年末贸易结售汇顺差与进出口顺差趋于平衡。

房地产市场发展稳中趋降，整体平稳。2008 年，山西省商品房销售额同比增长 3%，比上年同期下降 22.9%；房地产贷款余额 220.48 亿元，同比下降 13.9%；房地产开发贷款和购房贷款同比降幅相当。

（二）经济运行中需关注的问题

1. 国内外经济金融形势变化对山西经济的影响。受粗放型、偏重型产业结构制约和国际金融危机影响，2008 年第三季度以来，山西省经济增长明显放缓。一是主要原材料产品市场需求下降，价格下跌、产量下降，煤焦、钢铁、冶金、电力等主导行业销售大幅回落，亏损增加，工业增加值出现负增长。二是中小企业受到较大冲击，一大批企业停产半停产，约 10% 的中小企业停产倒闭。三是随着国际市场上能源出口产品价格下跌和原材料进口价格上涨，涉外实体经济增势随之减缓。2008 年 12 月份，山西省进出口增幅继续呈现负增长态势，单月进出口下降 45.4%。同时，扩大内需政策在促进经济平稳较快增长的同时，可能使高污染、高耗能等落后产业重新抬头，减缓产业结构和经济结构调整步伐。

2. 经济下行使金融机构盈利能力和信贷质量面临考验。一是盈利能力。在目前银行收入主要来源于利息收入的情况下，宏观经济下行带来有效贷款需求减少，加之下半年基准利率调整对金融机构利息收入的影响将在 2009 年逐步显现，银行盈利压力较大，尤其是中小银行机构将面临更为严峻的贷款增长压力。二是行业和企业风险向信用风险转化。行业经营形势严峻、企业盈利空间减小或亏损使其还本付息难度加大，违约风险增加。地方中小银行由于中小企业贷款比重较高，相对来说面临较高的信用风险。

3. 节能减排对山西省经济金融的影响。一是降低 GDP 和财政收入增长率。山西省煤炭、焦炭、化工、电力、冶金、建材六大重污染行业也是传统支柱产业，提供 60% 左右的财政收入。节能减排特别是淘汰落后产能直接影响当地的经济增长和财政收入。鉴于产业结构特点，节能减排还会对固定资产投资、居民收入等带来较大影响。二是增加银行信贷风险。截至 2008 年 12 月末，上述六大行业银行贷款占贷款总量的 45%。按照保守测算，淘汰落后产能形成的不良贷款占 2008 年六大行业不良贷款的77.12%，影响行业不良贷款比例约3个百分点。三是加大民间融资风险。山西省民间融资较为活跃，按照保守测算，淘汰落后产能涉及民间融资占民间融资总量的6%。随着民间借贷“中介人”的出现，借贷行为由“一对一”关系演变为“多对多”关系，一旦出现资金链断裂，将引发多重借贷人之间的纠纷，加之民间融资法律地位不明确，容易影响社会稳定。四是突显政策风险。随着2007年以来环保力度的加大，区域限批、流域限批、停产整顿、淘汰落后产能、调整出口退税等政策频繁出台，资源能源型产业面临较大的政策风险。

4. 外资流出对山西省外资项目发展的不利影响。2008年，山西省外汇资金流出主要发生在外商投资企业投资资金、投资收益、贸易信贷-预付货款等三项内容中，资金流出增速较2007年提高52.6%，且以收益流出为主。同时，外资企业停产、撤资现象也已经显现。如辖内某市有3家涉及焦化、化工等行业的大型外资项目暂停建设，涉及注册资本和已签约外债贷款占在建外资企业的21.4%，项目资金处于极度紧张状态。

二、金融业与金融稳定

2008年国内外经济金融经受着严峻考验。山西省金融业积极贯彻落实国家宏观调控政策，银行业在政策调整中不断提高经营和风险管理能力，农业银行和农村信用社改革稳步推进，小额信贷组织发展迅速。证券公司经营范围不断拓展，抗风险能力得到提高，上市公司专项治理取得成效。保险业市场主体持续增加，“三农”保险实现突破，保持平稳较快发展势头。

（一）银行业

1. 银行业改革和发展状况。

（1）资产负债规模扩大，地方银行机构资产和贷款占比有限。截至2008年末，山西省金融机构本外币资产总额为13 862.95亿元，同比增长29.26%；负债总额为13 595.82亿元，同比增长28.84%。城市商业银行资产和贷款占比分别为4.75%、5.06%，农村合作金融机构资产和贷款占比分别为18.51%、20.87%。

（2）存款快速增长、稳定性增强，贷款投放加快、重点突出。截至2008年末，山西省金融机构本外币各项存款余额12 827.6亿元，增长26.93%，同比多增1 264.23亿元。其中，定期储蓄存款4 972.6亿元，增长32.95%，同比多增888.2亿元；本外币各项贷款余额6 041.89亿元，增长13.92%，增速快于第三季度末3.85个百分点，重点投向扩大内需、节能减排和新农村建设等领域。票据融资大幅回升。截至2008年末金融机构累计签发承兑汇票同比增加962.57亿元，央行承兑汇票利率第四季度达到全年最低值3.74%，资金供求趋缓。

（3）不良贷款整体实现“双降”，经营效益大幅提升。2008年末，山西省银行业金融机构不良贷款余额660.64亿元，比年初减少193.65亿元；不良贷款比例10.94%，比年初下降4.59个百分点；实现账面利润147.4亿元，同比增长72.28%。

（4）金融改革稳步推进。农村信用社改革成效明显，农业银行改革有序进行，2家村镇银行顺利开业。小额贷款公司发展迅速，截至2008年末，共设立57家小额贷款公司，比2007年增加55家。

2. 银行业运行需关注的问题。

（1）不良贷款反弹，新增信贷风险可能集聚。2008 年山西省不良贷款余额减少的主要原因是农行剥离 210 亿元不良贷款，若剔除剥离因素不良贷款实际反弹。其中，地方法人银行机构（包括城市商业银行、农村信用社、农村合作银行）不良贷款余额和不良贷款比例在 2008 年下半年均出现反弹。随着经济增长速度的放缓，银行业机构存量贷款不良率上升压力将进一步增大。

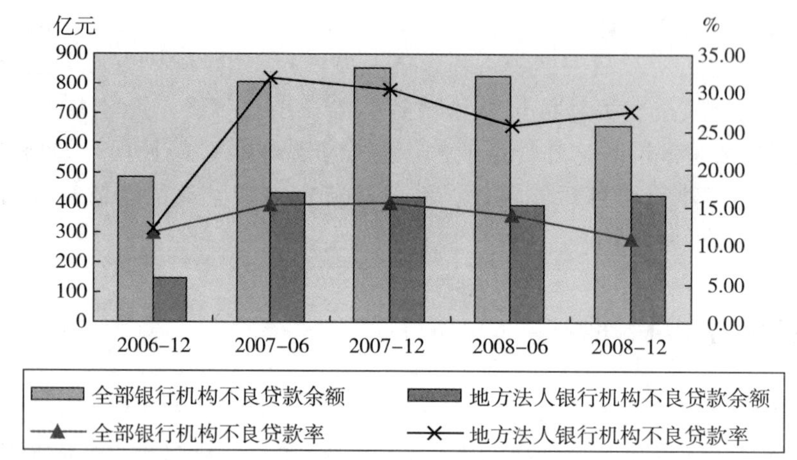

注：2007 年以来农村信用社贷款质量为五级分类。

数据来源：山西银监局。

图 1　山西省银行机构不良贷款余额和占比

随着适度宽松货币政策和扩大内需等政策措施的实施，信贷快速扩张，蕴藏较大的风险隐患：一是贷款集中风险。在扩大内需的经济刺激计划公布后，各银行热衷于基建项目，对于小企业、“三农”等都非常审慎，信贷集中和结构失衡问题需要给予关注。二是信用风险。在较为宽松的信贷环境中，由决策风险和通过增量来解决不良贷款率问题所引发的信用风险隐患较大，各银行应处理好信贷投放保增长与防风险的关系。

（2）贷款集中风险依旧，风险管理较弱。山西省贷款客户集中度高，而且由于同业竞争和信息不畅，存在多头重复授信和关联交易。截至 2008 年年末，山西省 14 家主要银行 5 000 万元以上授信或贷款大客户 700 多户，贷款合计占主要银行贷款总量的 83%；获 2 家以上银行授信或贷款的大客户超过 220 户，授信额度和贷款余额占全部大客户的比重均超过 60%。

（3）贷款中长期化趋势明显，后期风险不容忽视。2008 年以来，山西省金融机构中长期贷款增速一直高于贷款总量增速和短期贷款增速，增速差距基本呈不断扩大趋势。同时，中长期贷款占比不断上升，每月占比均高于 2006 年以来的水平。虽然 2008 年银行业存款定期化趋势明显，在人民银行不断降低利率、银行净息差收窄的条件下，中长期贷款对于提高银行盈利能力作用明显。但中长期贷款增速过快、占比过高使银行机构面临以下问题：一是贷款集中问题。中长期贷款过快增长，主要受政府扩大内需、增加基建等项目投资的刺激，对有限投资项目和产业的竞争必然加大贷款行业和客户集中的风险。二是流动性压力。如果说 2008 年中长期贷款的迅速增长与存款定期化存在较为合理的匹配，但目前中长期贷款占比已经较高且第四季度增势强劲，在政府投资意愿刺激下，银行中长期贷款可能进一步扩张，这将加大银行流动性风险。三是违约风险。中长期贷款的快速增长一定程度上能够掩饰风险，使风险后移。在投资与消费失衡的情况下，继续加大固定资产投资可能

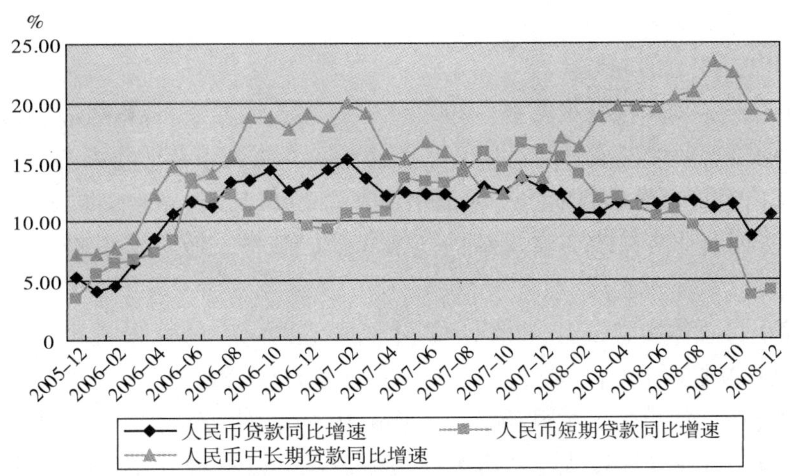

数据来源：中国人民银行太原中心支行。

图2　山西省金融机构贷款增速

引发重复建设等问题，未来坏账的风险较高。

（4）管控能力有限，操作风险突出。由于基层机构主要负责人缺乏监督、制度形同虚设、检查监督流于形式等原因，2008 年 9 月份以来，山西省银行案件和违规问题集中暴露，农业银行和农村信用社尤为突出。

（二）证券业

证券市场在宏观经济、货币政策、国际经济金融形势等综合作用下，股市震荡下行，行业整体业务大幅下降，山西省证券业也受到不同程度的影响，但上市公司专项治理仍取得成效，证券公司账户和合规管理体系稳步推进。

1. 证券业改革和发展现状。

（1）证券交易锐减，经营机构盈利大幅下降。截至 2008 年年末，山西省投资者开户数 108.98 万户，同比增长仅为 6.99%；证券交易额 6 380 亿元，同比下降 42.23%；客户保证金 90.05 亿元，同比下降 83.94%。辖内 2 家法人证券机构实现营业收入 10.59 亿元，同比下降 51.11%；实现净利润 3.8 亿元，同比下降 62.71%。

（2）证券公司风险控制较好，经营实力提高。2008 年年末，2 家法人证券公司净资本及相关风险控制指标均高于标准值，净资产和净资本略有增加，表明其有足够的流动性来抵御潜在风险，保证客户资产的安全。面对严峻的市场形势，山西证券有限责任公司作为山西省最大的证券公司，仍取得多项业务资格，并与德意志银行组建合资证券公司，持股 66.7%。

（3）市场融资有限，市值大幅缩水。截至 2008 年年末，山西省共有境内上市公司 27 家，占沪深上市公司总数的 1.66%；上市公司累计直接融资 487.08 亿元，其中 2008 年直接融资为 48.37 亿元，全部为再融资；上市公司总股本 273.48 亿股，总市值 2 387.37 亿元，居全国第 10 位，但市值缩水幅度较大，达 68.38%。

（4）期货公司规模扩大，期货市场健康发展。与股票市场的低迷形成鲜明对比，2008 年期货市场蓬勃发展。2008 年年末，山西省 5 家期货经纪公司资产总额达 8.39 亿元，同比增长 41.82%；投资者开户数 1.74 万户，增长 46.4%；代理交易额 2.94 万亿元，增长 84.91%；手续费净收入

13 724.85万元，增长77.22%。

2. 证券业运行中需注意的问题。

（1）收入结构单一，周期性特征明显。2008年2家法人证券公司营业收入大幅下降，与2007年股市爆发式增长下的显著业绩形成鲜明对比，其中经纪业务收入占营业收入的比例分别为88.91%和89.88%。在国际国内经济金融形势依然严峻的情况下，2009年股市行情难以很快实现突破性转变，证券机构需要进一步创新业务，改变收入结构，拓宽投行业务，延伸业务链，提高抵御风险能力和竞争能力。

（2）净资本偏小，总体实力较弱。在以净资本为核心的风险监管体制下，无论是传统业务还是创新业务，都要求更加雄厚的资本金支持，但目前山西省证券公司的净资本规模普遍偏小。

（3）上市公司行业结构单一，抗风险能力不强。山西省27家境内上市公司中有10家为煤焦企业，容易受宏观环境、行业景气和节能减排等政策的影响，依靠自身经营规避或抵抗周期性下滑的能力较低。2008年下半年，尤其是9月份后，山西煤炭、焦炭、钢材等价格显著回落，行业盈利能力受到严峻考验。2009年经济形势依然严峻，行业还难以迅速全面提升景气，上市公司经营压力较大。

（4）上市公司发展有限，直接融资水平较低。山西省上市公司数量少、融资水平低。2008年山西省上市公司数量居全国第23位，落后山西GDP在全国排名5个位次，而且有12家上市公司上市后未进行再融资。2008年股票融资占新增人民币贷款的比例仅为6.41%；直接融资额为151.37亿元，比上年减少16.32亿元，直接融资占比为20.07%。

（三）保险业

面对2008年严峻的经营环境，山西省保险业继续保持平稳较快发展态势，保费规模继续扩大，赔付支出相对平稳，市场秩序不断规范，市场格局呈现多元化趋势。

1. 保险业发展和运行状况。

（1）保费规模不断增长，寿险公司结构占比有所上升。2008年年末，山西省保险业实现原保险保费收入（以下简称保费）260.89亿元，同比增长44.65%。车险业务直接带动产险公司业务的较快发展，而银行邮政代理渠道业务的大幅增长拉动寿险公司业务的快速发展，产、寿险保费规模比例为24:76，寿险公司结构占比有所上升。2002年以来山西省保险密度均高于全国平均水平，保险深度不断接近并于2008年超过全国平均水平。2008年末保险密度769元/人，保险深度3.73%。

（2）经营主体不断增加，市场格局日渐多元化。2008年年末，山西省共有保险公司省级分公司28家，比上年年末增加5家；中煤保险公司顺利开业，实现了山西省保险法人机构零的突破；地市机构延伸速度加快，保险中介持续发展，初步形成了法人机构与分支机构并存，综合经营和专业经营互补，保险公司与中介机构协作的多元化市场体系。

（3）市场集中度下降，竞争性有所增强。2008年年末，产险市场中业务量最大的人保和太保两家公司市场份额为67.73%，比上年末下降3.77个百分点；寿险市场中业务量最大的国寿股份和太保寿险两家公司市场份额为72.03%，下降6.84个百分点。

（4）"三农"保险实现突破，经济补偿作用进一步发挥。2008年，山西省政策性能繁母猪、小麦保险，玉米、烟叶和林木火灾保险以及农房、农机具、小额信贷保险等都取得了新进展。特别是2008年9月农村小额人身保险试点在山西启动，截至年末，业务已覆盖205个行政村，为30多万农民提供了保险保障，承担风险 40 亿元。2008 年年末，山西省共计发生赔款给付支出 73.58 亿元，同比增长 40.06%。

2. 保险业发展中值得关注的问题。

（1）寿险公司高度依赖银邮渠道趸缴投资型产品。2008 年，山西省寿险市场银邮渠道的趸缴投资型产品占比达 96%，有进一步强化的趋势。万能险和投连险虽然在 2008 年下半年发展趋缓，但分红险扭转上年低迷发展态势大幅增长，上述三险种保费规模结构占比高达 77.5%，而普通型寿险、长期健康险等保障类产品难见起色，健康险和意外险发展加快但占比有限。在资本市场低迷、利率进入下行通道、投资型产品预期收益下降，以及 2009 年更为严峻的经济形势下，这种不合理的业务结构将很难保证行业平稳健康发展。

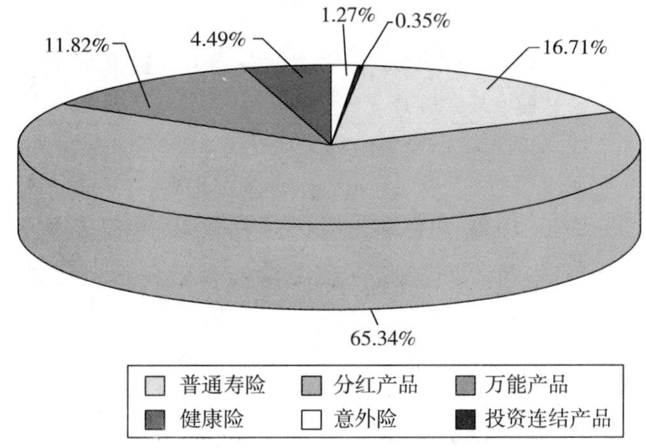

数据来源：山西保监局。

图 3　山西省寿险公司主要险种结构

（2）产险公司车险占比过高。2008 年山西省车险业务不降反升，结构占比达 80.12%，同比上升 1.16 个百分点，个别公司车险占比甚至高达 90% 以上。山西省以煤、焦、冶金等为支柱产业决定了车险业务的主导地位，但也使其容易受产业政策、环保政策及煤炭行业发展状况的影响。随着山西产业结构调整的进一步深入，山西省车险及产险业务面临较大压力。

（3）寿险公司退保率明显提高。2008 年末寿险公司退保率达 7.62%，高于上年 4.79 个百分点，也远高于全国平均水平。导致退保增加的主要因素是销售误导及产品收益低于消费者预期。

（4）保费区域分布仍不均衡。山西省下辖 11 个地级市，区域发展趋向协调，保费规模较小的 3 个市保险发展速度较快，远高于全省平均发展速度。但是，保费区域分布仍然不平衡，2008 年年末，保费规模最大的 3 个市保费收入占比 43.23%，其中省会太原占比达 23.49%，而保费规模小的 3 个市保费占比为 15.37%，保费规模最小的市占比仅为 3.87%。

（5）合规和服务意识不强，保险市场秩序仍需规范。一些保险机构竞争手段较为单一，存在不正当价格竞争，扰乱了市场秩序；一些保险机构在销售、理赔环节存在服务不到位的问题，存在销售误导等现象，消费者利益保护需要进一步加强。

三、金融基础设施与金融稳定

2008 年，山西省支付清算系统运行良好，业务量、业务种类及参与主体稳步增加；征信系统建

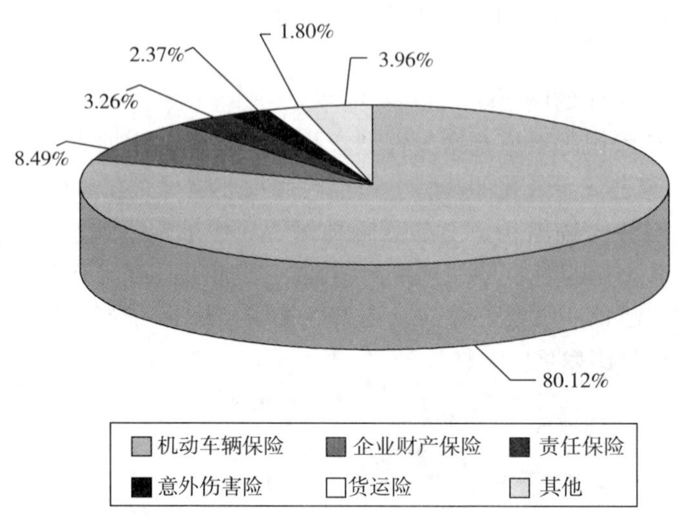

数据来源：山西保监局。

图4　山西省产险公司主要险种结构

设步伐加快，系统覆盖率、信息容量不断提高，系统功能有效发挥；反洗钱工作创新和规范并重，向纵深发展；金融生态环境持续改善。

（一）支付清算体系建设稳步推进

业务种类、参与主体逐步丰富。2008 年，山西省小额支付系统银行本票业务顺利开通，7 个市的农村信用联社以直接参与者身份加入现代化支付系统开办业务，省邮政储蓄银行 107 个机构通过支付系统办理结算业务。全面推进银行卡产业发展，近 2 000 个省级预算单位推广施行公务卡制度，并在 4 个市的市级预算单位启动公务卡试点工作；全面开通农民工银行卡特色服务。

风险防范手段不断加强。2008 年，全面完成人民银行县（市）支行会计核算业务上收工作，有效防范了核算风险；与有关部门联合开展整治银行卡犯罪专项活动，进一步改善了银行卡受理环境；强化支付清算纪律管理，查询查复率显著提高，全年未发现异常支付、违规操作等问题。

支付系统业务量稳步增长。2008 年支付系统共处理业务 1. 1 亿笔，金额 17. 8 万亿元，分别同比增长 59. 7% 和 37. 1%。支票影像交换系统业务取得较大发展，全年共发生业务 5 195 笔、2. 03 亿元，分别同比增长 343. 4%、135. 7%，但存在全国性业务少、退票率高等问题。

（二）征信系统建设步伐加快

征信系统数据范围不断扩大，信息容量不断扩增。截至 2008 年年末，企业征信系统共收录山西省企业和其他经济组织 18 万户、信贷业务余额 5 988 亿元，个人征信系统收录 1 101 万个自然人的基本信息、信贷余额 355 亿元；中小企业信用档案建设圆满完成，共为 5. 46 万户中小企业建立电子信用档案，并对近 4 万户企业档案进行了更新；成功将公积金账户信息、企业拖欠工资等 10 项非银行信息接入征信系统，截至年末，有 110 万个人公积金账户信息和 2 万余条企业公积金信息相继入库；收录 116 户环境污染企业信息、太原 33 户“不守信用债务人”信息、阳泉市安全监督管理局 7 户关闭煤矿企业信息以及晋中市工商、质检、运管等 60 多条奖励信息，扩大了系统信息覆盖范围。

征信系统应用功能不断增强。一是金融机构通过查询系统进行信贷审查。据 2008 年第三季度典型调查，通过查询企业征信系统，15 家金融机构共拒绝有潜在风险的信贷业务申请 649 笔，涉及金额 9.15 亿元；14 家商业银行拒绝个人贷款申请 1 507 笔，涉及金额 4.71 亿元。二是中小企业依据中小企业信息库获得信贷支持。据统计，3 551 户中小企业由此取得银行授信意向，586 户获得银行贷款，累计贷款 136.62 亿元。三是社会公众对征信系统的认知度和使用率显著提高，信用意识得到增强。

（三）反洗钱工作向纵深发展

2008 年，山西省进一步夯实制度基础，开发并试点金融机构反洗钱工作评估系统，反洗钱工作规范化发展。全年对 363 家银、证、保金融机构履行反洗钱义务情况进行了现场检查；针对保险公司在反洗钱非现场监管信息报送过程中存在的漏报、错报等问题进行了约见谈话；认真落实“天网行动”和“雷霆行动”两个专项行动，全年共收到金融机构报告的重点可疑交易线索 17 份，组织反洗钱调查 20 项，深入金融机构调查 62 次，向公安机关报案 6 起，移送案件 2 起。

四、总体评估与政策建议

（一）总体评估

结合山西省经济金融运行实际，利用专家调查、层次分析等技术方法，对山西省金融稳定状况进行了综合评价。按照实际调查权重计算，2008 年山西省稳定状况比 2007 年下降一个等级，但仍保持基本稳定。2008 年山西省经济金融面临的不稳定和不确定因素明显增多：煤焦等主导产业价格波动剧烈、经营形势困难且前景不明朗，经济增长和节能减排压力不断加大，金融业的经济基础稳定性下降；在经济增速放缓和扩大内需等背景下，银行业不良贷款反弹压力较大、新增贷款风险不容忽视，地方中小金融机构的盈利能力和信贷质量尤其受到严峻考验；股市低迷、居民收入增长幅度下降、企业资金紧张等使证券和保险业发展环境不容乐观，抗风险能力亟待提高。

（二）政策建议

1. 抓住时机，加快转变经济发展方式。主要依赖能源原材料的粗放型经济增长方式，使山西省在 2008 年复杂多变经济金融形势下遭受了较大影响，主导产业经营形势严峻，经济增长速度显著放缓，加之节能减排等行业政策的影响，金融机构盈利能力和信贷质量面临较大挑战。应抓住经济增速放缓这一时机，以节能减排为突破口和切入点，加快调整和优化升级产业结构、改造传统产业、促进循环经济、推进生态文明建设，转变经济发展方式，实现经济金融的持续、稳定、健康发展。

2. 加强风险管理，实现保增长和防风险并重。银行业在增加信贷投放、支持经济发展的同时，要进一步提高风险识别和管理能力，提高抵御风险的能力。一是密切关注宏观经济形势变化，及时分析和掌握经济运行中出现的新情况新问题，增强前瞻性和预见性。二是把好项目审批关，加强贷款管理，严格执行国家产业政策、区域经济政策和建设规划等，保证决策的科学性和有效性。三是科学调整信贷投向和结构，创新产品服务，进一步改进小企业和农村金融服务，降低贷款集中度；创造条件，提高拨备和资本的充足性，严格执行风险集中度标准，提高资产质量和抗风险能力。四是加强对一些受国际金融危机、经济下行影响较大的行业及相关产业链贷款风险的监测，确保经济下行趋势中信贷资产质量稳定。

3. 推进改革进程，提高地方法人金融机构的综合实力。继续稳步推进各类金融机构改革，改善公司治理结构和内部控制机制；进一步强化金融风险意识，深化案件整理，有针对性地加强和改进风险监管，注重防范流动性风险；银行机构要主动加强金融服务与政府工作和企业经营的沟通衔接，加大支农信贷投入，强化内控管理，最大限度防范信用风险、操作风险等。以组建晋商银行为重点，大力培育区域性金融机构，壮大地方金融实力，提高抵御各种风险的能力。

4. 加强市场研究，及时防范化解跨市场风险，促进证券市场快速发展。研究把握资本市场、货币市场、保险市场、外汇市场、期货市场之间的互动关系，及时发现风险苗头，充分利用市场的正效应，促进山西省经济金融的健康快速发展。推动多类型企业上市，不断改善上市公司行业结构，增强抵御行业风险的能力；大力发展债券融资，积极支持上市公司发行与重点项目、基础设施、民生工程、生态环境建设等相关的各类债券，优化投融资结构；推动企业积极上市，实现中小板零的突破；抓住和利用创业板推出契机，做好上市后备资源培育和改制工作；鼓励支持优质上市公司增发、配股，扩大融资规模。

5. 加强投资者风险教育，改善金融生态环境。提高社会公众对金融交易和金融风险的识别力和判断力，培养其对风险损失的正确理解和认识，树立正确的风险意识。加强金融机构对金融产品的正确宣传，创设并销售与投资者风险承受能力相适应的产品。

总　纂：毛金明　朱新春
统　稿：孟来亮
执　笔：任桂花　张晓红
其他参与写作人员：王　军　何　畅　李坚强　和培培　席　鹏　高　鹤
赵俊源　马　丽　吴云峰　刘　飞　任　磊

内蒙古自治区金融稳定报告摘要

2008年，内蒙古自治区认真贯彻落实科学发展观和宏观调控政策，积极应对复杂多变的经济金融形势，努力转变发展方式，经济总量增长继续领先全国，经济结构调整步伐加快，质量效益明显提高。固定资产投资平稳增长，消费需求继续保持旺盛，对外贸易进一步扩大。经济的快速发展为金融平稳高效运行奠定了坚实基础。全区金融市场运行平稳，金融基础设施建设成效显著。银行业金融机构稳健运行，改革不断推进，经营规模逐步扩大，存贷款增量创历史新高，抵御风险能力进一步增强；证券经营机构效益大幅下降，资本市场风险因素增加；保险业保持了健康快速发展势头，金融支持经济力度明显加大。总体看，全区经济金融发展的协调性进一步增强。在国家扩大内需、拉动经济增长政策的指导下，内蒙古自治区经济发展面临新的机遇。同时，面对国际金融危机的冲击和影响，发展的不确定因素显著增多，产生金融风险的内外部因素依然不容忽视，维护金融稳定的任务仍十分艰巨。

一、区域经济运行与金融稳定

2008年，内蒙古自治区（以下简称“全区”或“我区”）经济保持又好又快发展态势，经济增长速度继续领先全国，经济结构调整步伐加快，质量效益明显提高。经济快速发展为金融平稳高效运行奠定了坚实基础。同时，受国际金融危机的冲击，经济发展中存在的一些问题需要引起关注。

（一）经济运行情况及主要特点

1. 经济总量继续保持快速增长，经济结构不断完善。2008年，全区生产总值完成7 761.80亿元，按可比价格计算，比上年增长（以下简称“增长”）17.20%，增速下降1.80个百分点，增速连续7年保持全国第1位。人均地区生产总值4 638美元，增长40.55%。经济总量全国排名第16位，进入全国中列；人均地区生产总值全国排名第8位，进入全国前列。

三次产业结构明显变化。2008年全区第二产业比重继续提高，第一、第三产业比重有不同程度下降。第一产业增加值906.98亿元，增长7.5%；第二产业增加值4 271.03亿元，增长20.5%；第三产业增加值2 583.79亿元，增长15.5%。三次产业结构比例由上年的13:51.2:35.8调整为11.8:54:34.2，三次产业对经济增长的贡献率由上年的4.1%、64.3%和31.6%调整为5%、61.4%和33.6%。提高第三产业比重成为我区下一步调整优化产业结构的重点。

农牧业生产形势良好，生产基础条件得到有效改善。2008年，全区粮食产量420亿斤，创历史最高纪录，实现改革开放以来首次连续5年增产。畜牧业生产稳步发展，全区牧业年度牲畜总头数10 677.2万头（只），养殖业向提质增效和规模化、集约化方向发展。

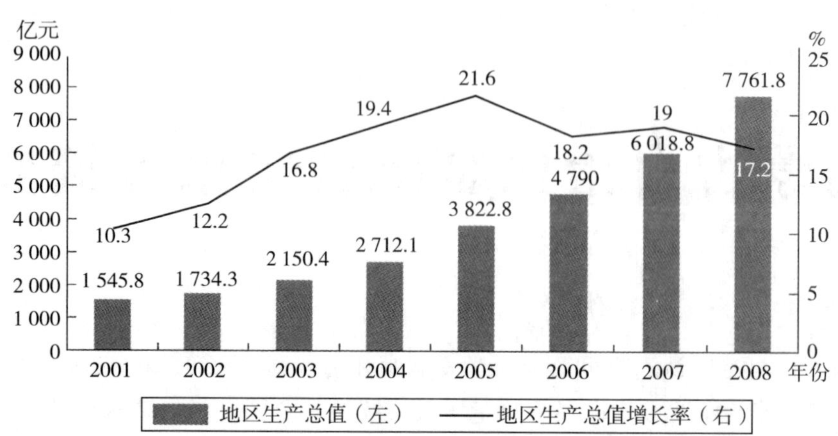

数据来源：内蒙古统计年鉴、内蒙古统计局。

图1　2001 ~2008 年内蒙古自治区生产总值及其增长率变化图

工业生产增长明显趋缓，主导作用依然保持。受全球性金融危机和我国经济下行影响，2008 年第四季度特别是后两个月全区工业生产增长出现明显回落，直接拉低了全年的工业增速。2008 年，全区规模以上工业企业完成增加值 3 450. 25 亿元，增长 24. 5%，增速回落 5. 5 个百分点，但仍在全国各省区市中排第 1 位。重工业依然是全区工业增长的主要拉动力量。一是总量份额大，二是增长速度较快。2008 年，全区规模以上重工业完成增加值 2 830. 43 亿元，占全部规模以上工业增加值的 82. 04%，增长 26. 9%，比全部规模以上工业增加值增速高 2. 4 个百分点。从主要行业看，受全国经济运行中各种困难不断增加的影响，能源类、采矿类和装备制造类行业生产增长乏力，市场需求相对萎缩，但仍保持增长势头。煤炭开采和洗选业、黑色金属冶炼和电力、热力的生产和供应业等资源能源类行业仍是全区工业增长的主要贡献行业，在全区规模以上工业增加值总量排第 3 位。在节能减排方面，2008 年我区污染物总量减排效果明显，减排指标连续两年实现了“双降”，环境质量得到了有效改善。

第三产业保持平稳增长。全区服务业完成增加值增长 15. 5%。其中交通运输、批发零售、住宿餐饮三大行业增长率都有明显提高；金融保险等现代服务业加快发展，产值占比逐步提高。服务业对增加地方财政收入、维护稳定和扩大就业发挥了积极作用。

收入方面，财政收入稳定增长，企业利润增长放缓，居民收入稳步增加。2008 年，全区完成地方财政总收入 1 107. 31 亿元，增长 32. 5%，其中地方财政一般预算收入完成 650. 64 亿元，增长 32. 1%，增速高于全国平均水平 8. 4 个百分点，在全国 31 个省区市中排第 4 位，在西部 12 个省区市中排第 2 位。财政收入的增长为实施积极的财政政策打下了坚实基础。企业利润增长放缓，经济效益有所回落。由于工业增速下滑以及部分产品价格大幅下降等因素，前 11 个月，全区规模以上工业企业实现利润总额 614. 68 亿元，增长 40. 7%，增速比上年同期低 23. 1 个百分点，但比同期全国平均增速高 35. 8 个百分点。城乡居民收入实现双增长，农牧民收入增幅快于城镇居民。2008 年，全区城镇居民人均可支配收入 14 431 元，增长 16. 6%，增速回落 2. 9 个百分点；农牧民人均纯收入 4 656 元，增长 17. 8%，增速比城镇居民人均可支配收入高 1. 2 个百分点，增速回落 0. 5 个百分点。

支出方面，固定资产投资平稳增长，增速回落，消费需求继续保持旺盛。2008 年，全区完成全社会固定资产投资额 5 596. 44 亿元，增长 27. 1%。其中 50 万元以上项目固定资产投资额5 516. 04亿元，增长27.4%，增速均回落2.2个百分点。第一产业的投资增长67%，明显快于第二产业30.1%和第三产业21.2%的增长速度。消费需求保持旺盛。全区社会消费品零售总额2 363.33亿元，增长24.1%，增速加快4.7个百分点。

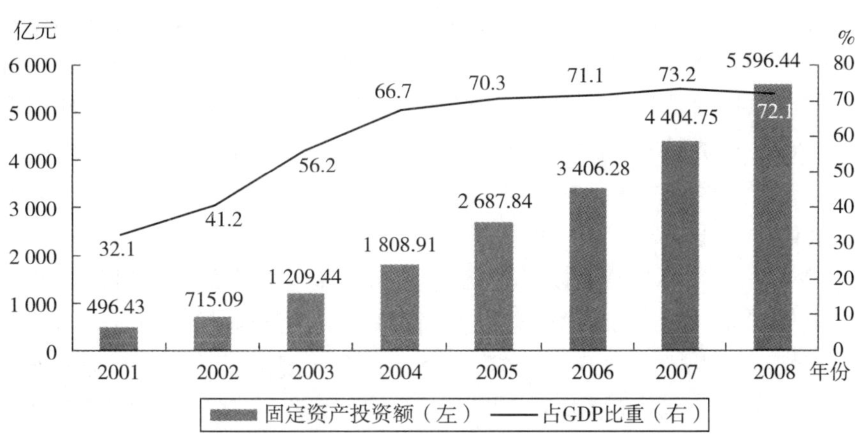

数据来源：内蒙古统计年鉴、内蒙古统计局。

图2 2001～2008年内蒙古自治区固定资产投资及其占GDP比重图

2. 消费领域价格涨幅回落明显，生产领域价格涨幅处于偏高区间，通胀压力减弱。从消费领域看，2008年，全区居民消费价格指数（CPI）涨幅5.7%。其中，城市上涨5.4%，农村牧区上涨6.3%。前11个月，全区居民消费价格涨幅6.3%，与全国平均涨幅基本持平。12月份，全区居民消费价格涨幅0.4%，涨幅同比回落7.1个百分点，消费价格涨幅回落明显。从生产领域看，价格涨幅处于偏高的区间内，涨幅均在两位数以上；从月份走势看，前8个月持续上升，后4个月呈回落趋势。全年工业品出厂价格指数（PPI）涨幅和原材料、燃料、动力购进价格指数涨幅分别达12.5%和11.7%。

3. 涉外经济总体仍保持较快发展态势，进出口增幅均有所回落。2008年，全区外贸（海关）进出口总额89.33亿美元，增长15.40%，低于全国平均增速2.4个百分点，增幅回落14.8个百分点，占全国进出口总额的0.35%。其中，进口53.54亿美元，增长11.60%，增幅回落14.5个百分点；出口35.79亿美元，增长21.60%，增幅回落16个百分点；进出口贸易逆差17.75亿美元，减少0.75亿美元。受国际经济金融环境影响，下半年外贸出口增速放缓，进口有所下降。但由于我区经济对外贸易依存度较低，外需减少的压力对我区的影响相对较小。

边境小额贸易37.70亿美元，占外贸进出口额的42.20%，增长25.5%，增幅回落5.11个百分点。对俄蒙贸易进口高于出口，保持逆差格局不变。

利用外资较为稳定。全年共批准设立外商投资企业125家，实际利用外资26.51亿美元，增长11.01%，增速下降10.27个百分点。

4. 房地产投资保持平稳增长，成为带动全区经济增长的重要行业之一。2008年，全区房地产开发投资额736.08亿元，增长47%，高于全社会固定资产投资增速19.9个百分点。房地产资金来源以企业自筹资金为主，占到81.9%。受全国整体房市形势的波及，全区商品房销售增长下滑明显。2008年，全区商品房销售面积2 141.01万平方米，增长2.6%，增速回落45个百分点；销售额527.98亿元，增长12.9%。经济适用房销售面积227.2万平方米，增长14.7%；销售额37.21亿元，增长43.1%。经济适用房的建设与销售明显快于商品房的建设与销售。

（二）经济发展中需要关注的几个问题

1. 经济增长下行压力明显加大。从主要经济指标增长的数据看，工业、投资、消费、进出口、财政等增长速度均有不同程度的回落。由于工业增长下滑，企业经济效益也受到影响，使得全区财政收入增长出现了一定的回落。从消费看，前 8 个月 CPI 涨幅偏高，影响了部分居民的即期消费；后 4 个月 CPI 有所回落，特别是后两个月份，国家启动扩大内需的政策，对恢复市场信心和消费者信心产生一定作用，社会消费品零售额呈加快增长趋势。从投资看，增速趋缓。虽然国家第四季度增加了 1 000 亿的投资，但落实在我区的项目还未上马动工。从进出口来看，由于国际需求减弱和经济增长明显放缓，我区的进出口额增长也出现了回落。

2. 经济增速下滑可能导致不良贷款反弹，信贷增速下降。随着金融危机的影响由一般加工业转向能源、原材料等重化工业，我区的煤炭、电力、钢铁等主导产业受到冲击，工业经济增速下滑，亏损企业增加，亏损情况较为严重。2008 年前 11 个月，全区规模以上亏损企业 646 个，比上年同期增加 41 个，亏损面 17. 9%；全区规模以上亏损企业亏损额 57. 74 亿元，增长 154. 5%，增速比上年同期提高 157. 7 个百分点。停产、半停产企业已占全部规模以上工业企业的 25%，其中，大型企业和农村工业企业亏损较为严重，亏损企业亏损额同比增长均超过 10 倍。由于部分企业财务状况恶化，还贷能力和还贷意愿降低，银行业金融机构关注类贷款增加明显，贷款质量下迁压力进一步增大。年末，全区银行业金融机构关注类贷款 416. 76 亿元，增长 34. 49%。由于本轮金融危机尚未见底，如果经济继续下滑，企业效益和偿债能力持续下降，信贷需求有可能回落。在经济形势不明朗的情况下，商业银行不良贷款率可能反弹，并出现惜贷现象，导致贷款增速减缓。

3. 经济结构调整步伐加快，但仍较为缓慢。从三次产业结构看，第一产业和第三产业所占比重出现下降，产业结构仍呈“二、三、一”格局。从城乡结构看，全区的城镇化虽在稳步推进，但城乡经济社会发展一体化进程较为缓慢，城乡居民收入差距日益扩大。从地区结构看，盟市间区域经济发展不平衡问题相对突出。

4. 投资对经济的拉动效应可能有所减弱。我区经济发展的主要特点是投资拉动和资源开发，投资在拉动地区经济增长中发挥着重要作用。2004 ~ 2008 年，全社会固定资产投资平均增长率 35. 85%，全社会固定资产投资额占地区生产总值比重由 2004 年的 66. 70% 上升至 2008 年的 72. 10%。从目前情况看，尽管投资仍是拉动地区经济增长的主力军，但若投资占地区生产总值比重过高，进一步增加投资的空间将很有限。当前国家实行的扩大内需和西部大开发战略，对我区煤炭、电力、交通等行业投资较大，基础设施明显改善，部分行业投资已接近饱和。本轮投资继续将资金集中于投资饱和的产业和企业，投资对经济的拉动将呈现边际递减趋势。

5. 节能降耗形势不容乐观，完成节能任务依然艰巨。2008 年，全区节能降耗形势没有明显好转，一些行业耗能依然偏高，万元 GDP 能耗和排污量仍高于全国平均水平。我区工业经济结构重型化、资源化，产品初级化特征明显，造成污染物新增排放量增长较快。我区二氧化硫的排放达标率 76%，在全国排第 20 位；化学需氧量的达标排放率 68%，在全国排第 22 位，均低于全国平均水平。在国家和我区实施扩大内需，拉动经济增长的政策下，面临巨大的污染物新增问题，减排形势十分严峻。

二、金融市场运行与金融稳定

2008 年，全区金融市场运行平稳，同业拆借市场成员有所扩大，但业务大幅下降；债券市场交易活跃，交易量快速增长；企业短期融资券发行稳步推进；票据业务稳步增长；黄金市场发展缓慢。

（一）金融市场运行基本情况及特点

同业拆借市场主体增加，交易平淡。2008 年，全区新增 2 家地方城市商业银行和 1 家农村商业银行为全国银行间同业拆借市场成员。截至年末，全区共有 11 家全国银行间同业拆借市场成员，其中只有包商银行和恒泰证券有限责任公司发生了同业拆借业务，全年在全国银行间同业拆借市场累计交易 20 笔，累计成交量 64.71 亿元，增长 94.91%。同业拆借网下融资参与的主体仍为区内农村信用联社。2008 年拆出拆入发生额 3.7 亿元，下降 76.83%，网下融资业务出现大幅下降。

债券市场交易活跃，交易量快速增长。2008 年，全区通过银行间债券市场累计实现交易额 8 537.87亿元，增长 156%。质押式回购交易成为债券市场的主流，买断式回购交易明显缩小，现券交易活跃。债券回购市场利率上半年呈上涨趋势，下半年呈下跌态势，并且地区间、市场成员间业务发展不平衡。

企业发行短期融资券稳步推进。自 2005 年人民银行出台《短期融资券管理办法》以来，全区共有 6 家企业发行了 9 期短期融资券，累计发行总额 119 亿元，已经到期兑付 50 亿元，目前企业短期融资券余额 69 亿元。

票据市场运行平稳，票据贴现增速趋缓。2008 年，全区银行累计签发银行承兑汇票 975.13 亿元，增长 26.72%；商业银行累计办理贴现 868.62 亿元，下降 17.85%。

黄金市场业务发展滞后，市场主体单一。目前，区内上海黄金交易所成员只有 1 家企业（内蒙古乾坤金银精炼股份有限公司）。2008 年，该企业在黄金交易所实现自营交易 115.04 公斤，交易金额 2.19 亿元，增长 16.5%；实现代理交易 830.72 公斤，交易金额 25.01 亿元，增长 48.62%。商业银行均未取得上级行授权，无法成为黄金交易所会员，造成黄金市场投资功能欠缺。

（二）金融市场运行中存在的问题

1. 农村信用社同业借款业务监管政策不够明确。目前，我区农村信用联社规避政策，在全区法人信用社之间大量开展同业借款业务。农村信用社法人之间主要采取同业借款方式调剂资金余缺，期限以 9 个月为主，最长期限 12 个月，平均利率高于全国银行间同业拆借市场利率约 0.44 个百分点，这直接导致同业拆借网下融资业务大幅下降。由于农村信用社同业借款至今未纳入人民银行金融市场监管范围，可操作性的相关政策不够明确，增加了人民银行的监管难度。

2. 市场化程度较低，业务发展滞后。我区属经济欠发达省区，经济总量小。地方性一级法人金融机构大部分为农村信用联社，由于资产质量、人员素质、内部管理等方面的制约，符合条件成为全国银行间市场成员的机构较少。从长远发展看，难以适应金融市场发展的需要，不利于实施较为灵活的经营策略。

三、金融业与金融稳定

（一）内蒙古自治区银行业稳定性评估

1. 银行业稳健性评估。

（1）银行业发展指标评估。2008 年，全区银行业金融机构认真贯彻落实国家各项金融政策，合理把握信贷投放的重点、力度和节奏，信贷总量不断扩大，信贷结构逐步改善，有效促进了经济发展和结构调整。

截至 2008 年年末，全区银行业金融机构资产总额 8 015.89 亿元，增长 31.96%；负债总额 7 807.67亿元，增长 32.60%；实现利润 111.15 亿元，增长 25.72%；不良贷款余额和不良率分别为 279.22 亿元和 6.12%，下降 126.33 亿元（包括农业银行剥离不良贷款 119.38 亿元）和 4.55 个百分点。人民币各项存款余额 6 341.03 亿元，增长 28.01%，增速上升 5.29 个百分点；人民币各项贷款余额 4 527.86 亿元，增长 23.32%，增速上升 5.77 个百分点。

表 1　2008 年内蒙古自治区银行业二级分行及以上中资银行机构人员统计表

机构类别	机构数（家）	人员数（人）	资产总额（亿元）	法人机构（家）
政策性银行	14	707	1 070.32	0
国有商业银行	56	10 917	4 023.01	0
股份制银行	4	441	446.32	0
城市商业银行	7	1 103	942.6	4
农村合作金融机构	89	4 545	1 191.94	181
农村新型金融机构	7	102	—	7
信托投资公司	2	171	23.61	2
资产管理公司	3	186	—	0
邮政储蓄	13	756	318.08	0
合计	195	18 928	8 015.89	194

说明：1. 地方法人银行机构：城市商业银行、农村合作机构（统计到县级法人联社）；不包括股份制商业银行。

2. 农村合作金融机构包括农村信用社、农村商业银行、农村合作银行。

3. 农村新型金融机构包括贷款公司、农村资金互助社和村镇银行。

数据来源：人民银行呼和浩特中心支行。

①储蓄存款和企业存款保持快速增长，定期存款占比上升。2008 年，受资本市场深幅调整、经济下滑以及居民预期收入下降等因素的影响和下半年 CPI 的持续回落，居民储蓄意愿增强。年末，全区人民币储蓄存款余额 3 211.66 亿元，增长 26.35%；人民币企业存款余额 1 752.62 亿元，增长 28.44%。人民币新增存款呈明显的定期化特征，新增定期存款（包括企业定期存款和定期储蓄存款）456.16 亿元，同比多增 428.24 亿元，占比由上年末的 3.04% 上升至 32.89%，银行资金来源的稳定性进一步增强。

②各项贷款快速增长，投放呈“U”形走势。2008 年前 10 个月，全区贷款增速保持在 15% ~17% 之间。后两个月，银行业金融机构积极落实适度宽松的货币政策，贷款增速明显回升。年末贷款增速攀升至 23.32%，比前 3 个季度分别上升 6.63 个、7.78 和 7.85 个百分点。后两个月新增贷款 197.01 亿元，占全年新增贷款的 22.42%。从贷款的季度投放看，投放量呈“U”形走势。

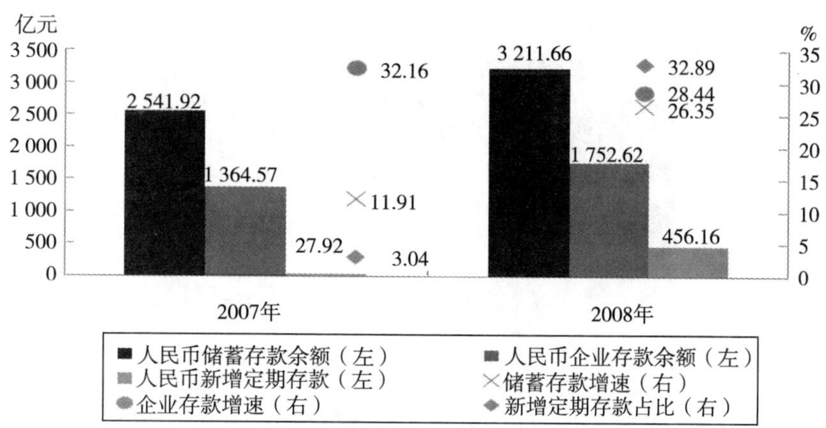

数据来源：人民银行呼和浩特中心支行。

图3　2007 年和 2008 年内蒙古自治区银行业金融机构人民币存款增长变化图

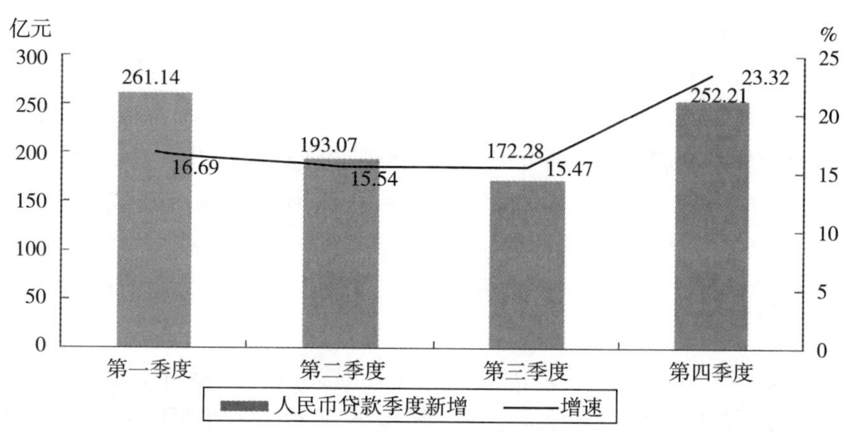

数据来源：人民银行呼和浩特中心支行。

图4　2008 年内蒙古自治区银行业金融机构人民币贷款季度增长变化图

③贷款期限、机构分布发生新变化。2008 年年末，分期限看，新增流动资金贷款（包括短期贷款和票据融资）344.03 亿元，占比由上年年末的 27.77% 上升至 39.15%；新增中长期贷款 534.27 亿元，占比由上年年末的 72.16% 下降至 60.80%。分机构看，新增贷款主要集中在辖内政策性银行、国有银行和农村合作金融机构，其增加额 693.75 亿元，占辖内银行业金融机构全部贷款增加额 878.72 亿元的 78.95%。

④信贷投放行业集中度高，新增贷款继续向能源、电力、基础设施建设等行业集中。2008 年年末，全区银行业金融机构新增采矿业贷款 133.98 亿元，占比 17.63%；新增制造业贷款 94.06 亿元，占比 12.37%；新增能源、交通、水利、环境建设和公共设施建设贷款 232.84 亿元，占比 30.63%。三项合计占比 60% 以上。

⑤盈利能力逐步增强，中间业务收入快速增长。2008 年，全区银行业金融机构实现盈利 111.15 亿元，增长 25.72%，增速下降 48.38 个百分点。中间业务收入快速增长。除代理基金、推出各种理财产品外，各类银行代理保险的保费收入占各类保险公司保费收入的比重逐步扩大；城市商业银行

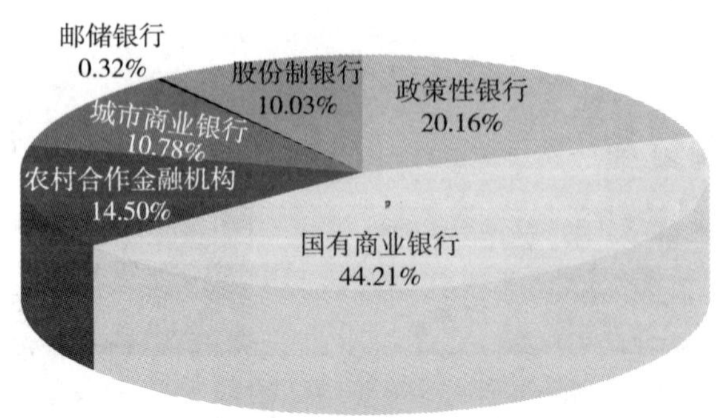

数据来源：内蒙古银监局。

图5　2008 年内蒙古自治区银行业金融机构新增贷款占比图

债券投资业务在其业务经营中所占比重逐步增加。资产配置的变化，对辖内银行业金融机构改善业务结构，有效分散风险和增加收益起到了一定的积极作用。

（2）银行业稳健指标评估。

①法人机构资本充足状况不断改善，部分机构偏低。2008 年年末，辖内法人银行业金融机构平均资本充足率 9.59%，提升 2.24 个百分点。其中，4 家城市商业银行平均资本充足率 11.36%，提升 0.44 个百分点，全部达到监管要求；平均贷款损失准备充足率 143.46%，提高 50.07 个百分点；平均拨备覆盖率 179.53%，提高 79.61 个百分点，全部符合监管标准。农村合作金融机构平均资本充足率、平均贷款损失准备充足率、平均拨备覆盖率分别为 6.52%、72.7% 和 41.2%，分别上升 3.71 个、28.8 个和 17.62 个百分点，与监管标准尚有差距。全区 93 家县级农村中小金融机构中，有 45 家资本充足率达标，达标率 48.38%，上升 21.50 个百分点；有 15 家资本充足率为负数，占比 16.12%，下降 10.76 个百分点。

②客户授信集中度风险依然偏高，关联交易风险日渐突出。2008 年，我区主要银行业金融机构贷款 5 000 万元以上的大客户 594 家，贷款余额 2 665.78 亿元，增加 530 亿元，占辖内银行业金融机构各项贷款增加额的 60.23%。贷款 5 000 万元以上的大客户中，有 154 家客户对 257 家关联企业进行大额贷款担保，担保金额 802.95 亿元。目前担保贷款中形成逾期的 7.39 亿元，其中 75.72% 的逾期贷款已经超过 360 天，形成一定的风险隐患。

③农村信用社不良贷款整体居于高位，不良贷款余额和占比在全区各类银行业金融机构中仍然居于前列。2008 年年末，辖区农村合作金融机构各项贷款余额 537.23 亿元，仅占全区银行业金融机构贷款总额的 11.77%，但不良贷款余额 66.56 亿元，占全区银行业金融机构不良贷款总额的 23.84%。不良贷款率 12.39%，高于全区平均不良贷款率 6.27 个百分点。可疑和损失类贷款余额 54.82 亿元，占全区银行业金融机构两类贷款余额的 55.91%，占全区农村合作金融机构不良贷款余额的 82.36%。上述两类贷款盘活难度大，预计损失比例高，随着宏观经济下行趋势日益显现，反弹压力进一步加大。

（3）其他经营风险。

①理财产品可能带来声誉风险。2008 年，辖内主要银行业金融机构累计销售个人理财产品近 200 亿元。受经济下行以及资本市场持续低迷的影响，商业银行个人理财产品快速发展积累的潜在风险开始暴露，以股票为主要投资标的的理财产品均出现不同程度亏损。部分商业银行基金代销业务不规范，潜在风险值得关注。

②农村合作金融机构操作风险突出。2008 年，辖区农村合作金融机构大案要案频发，案件治理工作形势严峻。截至 2008 年年末，共发生各类案件 29 起，比上年增加 10 起，涉案金额 1.11 亿元，比上年增加 0.96 亿元；涉案风险金额 0.90 亿元，比上年增加 0.78 亿元。

③三聚氰胺事件对金融机构贷款安全构成潜在风险。三聚氰胺事件发生后，伊利、蒙牛等企业一度出现停产整顿、产品滞销、资金极度紧张的严峻形势。截至 12 月末，伊利在辖内主要银行业金融机构贷款余额 23.8 亿元，比 9 月末增加 13.05 亿元。蒙牛乳业在辖内主要银行业金融机构贷款余额 12 亿元，均为第四季度新增。受市场信心的影响，两大企业生产、销售恢复正常还需时日。金融机构在支持乳品企业走出困境的同时，应灵活调整授信额度，适度掌握信贷节奏，防控信贷风险。

2. 银行业监管评估。2008 年，银行业监管工作在推进新型农村金融机构试点、非现场和现场检查及机构、业务、高管市场准入和属地联动监管方面取得积极成效。非现场检查持续性增强，动态监测效果明显，风险早期预警系统得到充分运用；现场检查程序逐步规范，质量不断提高。对违反行政许可事项进行了处罚，树立了监管权威。在打击银行业金融机构违法犯罪行为、案件查防工作方面取得显著成效。全年共查处各类陈案 24 起，占全部案件的 80%，成功堵截了诈骗、抢劫、盗窃等各类案件 16 起。

（二）内蒙古自治区证券业稳定性评估

1. 证券业稳健性评估。截至 2008 年年末，全区证券公司客户开户数 47.14 万户，增加 20.35%。25 家证券营业部全年证券交易额 2 527.8 亿元，减少 33.27%；客户资产 164 亿元，减少 50%；累计实现利润总额 4.3 亿元，减少 38.28%。25 家证券营业部中有 24 家实现盈利。全区 2 家法人证券公司由于上年年末自营持股比例较高，实现净利润 -245 万元。

2008 年，全区 19 家境内上市公司总市值 820.19 亿元，下降 69.61%。全区企业通过资本市场（发行股票、短期融资券和企业债券）融资 145.3 亿元，增长 14.50%。

表 2　2008 年内蒙古自治区证券业基本情况表

项目	数量
法人证券公司	2 家
法人基金公司	0 家
法人期货公司	1 家
国内上市公司	19 家
企业发行股票筹资	64 亿元
其中：A 股筹资	57.2 亿元
H 股筹资	6.8 亿元
国内债券筹资	81 亿元
其中：企业债券筹资	20 亿元
短期融资券筹资	61 亿元

数据来源：内蒙古证监局、人民银行呼和浩特中心支行。

当前我区证券与资本市场发展需关注的几个方面：一是资本市场规模偏小，服务经济作用有限。截至 2008 年年末，全区 19 家境内上市公司占同期全国境内上市公司总家数的 1.18%，市值总额占全区 2008 年 GDP 的 10.57%。上市公司家数少，规模小，业绩分化较为明显，直接融资对经济建设的参与度较低。全区证券经营机构只有 2 家，期货公司 1 家，规模也相对较小。二是市场主体质量不高，部分公司经营困难。部分上市公司受市场因素影响大，抗风险能力弱，产业规模优势不足，财务负担重。辖区2008年度业绩预亏的公司有5家，且亏损幅度较大，主要原因是受近期国际国内经济金融形势影响，一些行业原材料大幅上涨、产品销售不畅、价格下降等所致。三是证券公司主要盈利来源于经纪业务，盈利模式单一，核心竞争力不强。四是市场安全隐患增多。2007年度以来市场行情波动，由于对投资者的风险提示不足，许多投资者缺乏证券投资的基础和基本的风险意识，造成股市动荡时期投资者损失较大，股民资产缩水，增加了市场的不稳定因素，不利于维护金融和社会稳定。

2. 证券监管评估。2008年，我区证券监管在深化公司治理、促进上市公司规范运作、强化合规监管、推动经营机构规范发展方面取得积极成效，规范了上市公司控股股东及实际控制人行为，建立了防治大股东占用上市公司资金的长效机制，规范了上市公司的信息披露，督促2家法人证券公司完成客户保证金第三方存管和账户规范工作。证券监管效果明显，作用良好。

（三）内蒙古自治区保险业稳定性分析

1. 保险业稳健性评估。2008年，全区保险业发展迈上新台阶。保费收入141.35亿元，增长44.6%，高于全国平均增速5.54个百分点，保费总规模居全国第25位。其中财产险保费收入53.59亿元，增长43.47%，保费规模居全国第18位，进入全国中等行列，增速排名全国第1位，比全国平均增速高26个百分点。机动车辆保险、农业保险、企财险三大险种是财产险业务增长的主要动力，增长贡献率分别为49.81%、40.6%和6.38%。人身险保费收入87.75亿元，增长45.31%，其中寿险保费收入79.15亿元，增长47.93%，占人身险保费的90%。保险深度1.86%，保险密度585元，分别增长0.24个百分点和179元，行业综合实力进一步增强。

全区共有保险公司省级分公司25家，其中财产险公司13家，人身险公司12家，地市级中心支公司171家（含16家筹建），支公司及支公司以下营业机构1 454家（含20家筹建），专业保险中介法人机构56家，兼业代理机构3 253家；保险营销员54 159人。全区保险公司资产总计243.25亿元，增长26.23%；负债总计286.10亿元，增长29.73%。

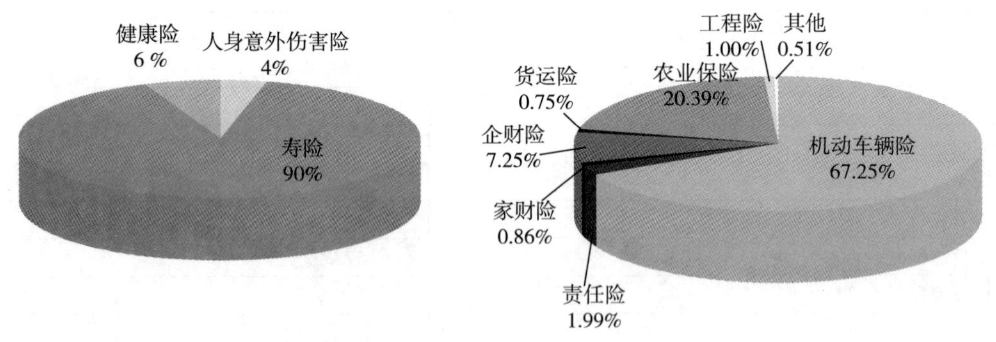

数据来源：内蒙古保监局。

图6 2008年内蒙古自治区人身险业务、财产险业务保费收入险种构成图

截至2008年年末，在12家人身险公司中，中国人寿市场份额下降9.2个百分点，平安寿险市场份额下降2.22个百分点，其余公司市场份额不同程度提高，新华人寿等2004年以来开业的新公司市场份额合计占比接近50%。在13家财产险公司中，人保财险市场份额已降至50%以下，下降8.2个百分点，中华联合等2004年以来开业的新公司市场份额合计占比已接近50%。市场主体多元化程度不断提高，市场竞争日趋激烈。

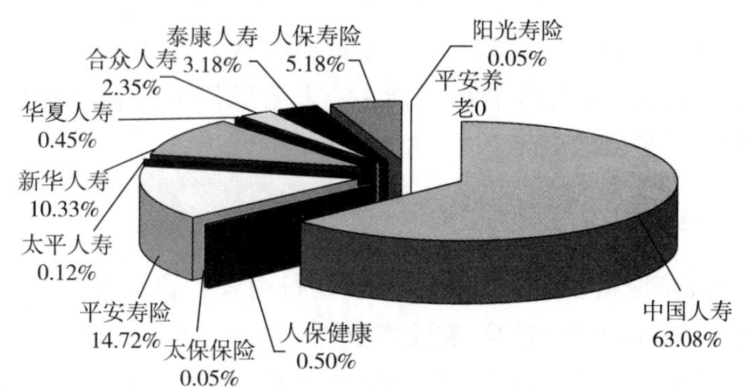

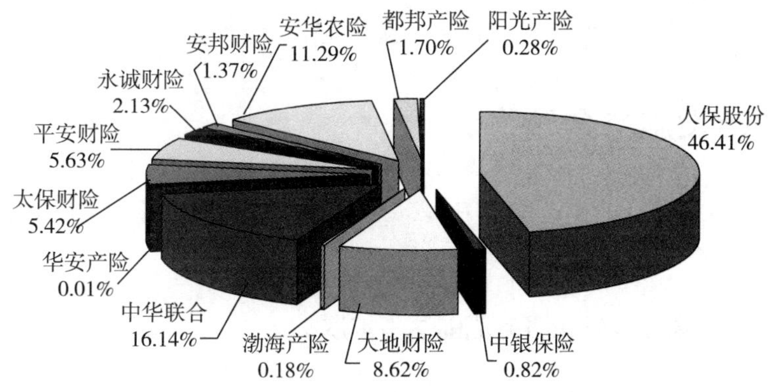

数据来源：内蒙古保监局。

图7 2008年内蒙古自治区人身险公司、财产险公司市场份额图

保险业服务经济社会取得新成效。2008年，全区保险业累计赔款和给付43.52亿元，增长35.09%。农业保险取得新进展，全年实现保费收入10.93亿元，增长154.19%；赔款支出5.7亿元，增长70.3%。其中政策性种植业保险共承保农作物4 500余万亩，提供风险保障100多亿元，实现保费收入10亿元；政策性养殖保险承保奶牛16.1万头，能繁母猪近40万头，共提供风险保障11.9亿元，实现保费收入0.88亿元。商业奶牛、肉牛、生猪、西红柿、马铃薯、油葵等险种也取得积极进展，共实现保费收入504.66万元，为农业发展提供风险保障得到有效落实。

我区保险公司在次贷危机中受影响较小，保险资产价格没有出现剧烈波动，全区无巨灾保险事件发生，保险公司盈利面和盈利水平均有较大幅度提高。当前我区保险市场发展中需要关注的问题是：在人身险方面，三大险种发展显现差异，寿险、健康险呈现持续高速发展态势。主体不断增加，市场竞争加剧，费率不断降低，成为阻碍意外险市场快速发展的不利因素。此外，受经济金融危机和资本市场低迷影响，万能、投连产品退保大幅增加，全年退保金超过1亿元，增长159%。受金融危机影响，与实体经济高度相关的财产险业务发展已经显现减速增长的苗头，保费收入的高速增长在8月末达到顶峰后逐月小幅下降，12月末保费增速较8月末回落近20个百分点。

2. 保险监管评估。2008年，全区保险监管工作取得新进展。在监管制度建设方面，实施了财产险车险“见费出单”制度和车船税代收代缴“见税出单”制度，有效防范和控制应收保费风险及“虚挂应收保费”等违法行为。在监管方式和监管力度方面，加强了高管人员任职审核管理，根据地区经济社会发展速度、市场容量、机构规范程度等情况，严格市场准入。年内对部分偿付能力不足的机构采取了停止机构批设的监管措施，对部分问题严重的机构做出了撤换高管的处罚，对部分违法违规、管控不严的保险代理机构予以撤销，进一步整顿和规范市场秩序。但同时，监管制度不健全，其规范化、标准化程度较低，现场监管覆盖面小，监管效果不明显等问题仍然存在，规范保险市场运行，防范机构风险的任务依然艰巨。

（四）内蒙古自治区金融业改革与发展情况

2008 年，全区金融业改革取得新进展。中国农业银行内蒙古自治区分行股份制改革进展顺利，剥离不良资产 119.38 亿元。全区农村信用社完成产权改革总体目标的91%。新型农村金融机构经营状况良好，业务开展比较顺利；小肥羊餐饮股份公司在香港交易所主板上市，募集资金 6.8 亿元；4 家期货机构积极筹备入驻我区开办期货服务；区内优势农牧业产业化龙头企业积极参与的、在我区设立地方性农牧业保险公司的工作，已经进入申请发起设立阶段。

四、金融基础设施与金融稳定

2008 年，我区金融基础设施建设成效显著，对金融发展的促进和支持作用日益加强，维护辖区正常金融秩序和金融安全的作用得到有效发挥。

（一）支付体系平稳高效运行，服务范围逐步扩展

2008 年，我区支付体系基础设施建设不断加强，应急运行及时安全可靠，支付体系继续保持平稳高效运行。全年核查银行账户、信贷征信、支付结算、反洗钱等各类业务 308.14 万笔，为落实银行账户实名制，改善信用环境、执法环境和反腐倡廉工作提供了有效手段。

截至 2008 年年底，全区累计发行银行卡 1 997.8 万张，增长 30.75%，规模化的银行卡受理网络正在逐步形成。2008 年 10 月 29 日，全区开通了农牧民工银行卡特色服务业务。2008 年，我区持卡消费额占社会消费品零售总额比重 14.4%，同比增加 4.9 个百分点。

（二）征信系统建设进展顺利，信用环境逐步改善

2008 年，我区企业和个人征信系统建设工作进展顺利，系统防范风险的作用得到充分发挥，应用范围得到进一步扩展。目前企业和个人征信系统已经覆盖了我区所有金融机构。

截至 2008 年年末，企业征信系统为 9 万多户企业建立了信用档案，入库各类信贷业务余额 4 590 亿元，月均查询 1.5 万次。个人征信系统为 1 290 多万个自然人建立了信用档案。其中，240 多万人与银行发生信贷关系。个人信用报告查询量呈稳定增长态势，全区月均查询 6.5 万次。企业和个人征信系统的社会影响和应用范围不断扩大，个人信用报告在多部门得到应用，其防范信贷风险、惩戒违法失信行为、引导社会信用环境建设的作用得到有效发挥。

（三）反洗钱工作机制逐步健全，反洗钱调查和案件协查力度加大

2008 年，我区反洗钱协调合作机制进一步健全完善，协调合作力度进一步加大，作用继续得到发挥。人民银行与公安、检察等部门的反洗钱合作机制日趋常态化、规范化；金融机构对反洗钱工

作的重视程度不断提高，客户身份识别和交易记录保存制度得到有效落实，大额和可疑交易系统建设报送体系不断完善。

反洗钱调查和案件协查力度不断加大。2008 年，全区共对 16 起案件线索进行了反洗钱调查，开展案件调查 21 次，涉及金额 17.41 亿元。反洗钱调查起数、次数、涉案金额均有大幅增长。

（四）反假货币工作积极推进，宣传力度进一步加大

2008 年，全区各金融机构和公安机关共收缴各类假人民币 13.45 万张，面额合计 990.36 万元，收缴张数和面额合计分别增长 24.2% 和 23.9%。其中收缴冠字号码“HD”的假人民币8 219张，冠字号码“HB”的假人民币 8 260 张，两项合计占收缴假人民币总量的 12.25%。但目前假币犯罪日趋复杂，域外流入假币追溯和打击广大农牧区假币犯罪困难较大，反假形势仍不容乐观。

反假货币宣传力度不断加大。2008 年全区共建立城市社区反假宣传站 198 个，农村牧区反假宣传站（点）4 473 个。截至 2008 年年末，农村牧区反假宣传站（点）覆盖比例已达到 75.5%。

（五）金融稳定协调机制建设继续推进

2008 年，我区人民银行继续组织银行、证券、保险等监管部门和政府金融办，依据《内蒙古自治区金融稳定工作信息交流与共享制度》规定，根据维护金融稳定的工作需要，积极发挥金融稳定协调机制交流平台的作用，初步实现了人民银行与政府及有关部门、金融监管部门的信息交流，为履行中央银行维护金融稳定职能创造了条件。目前信息交流渠道不够畅通、相互之间的沟通不够密切成为协调机制运行中存在的主要问题。

五、总体评估与政策建议

（一）总体评估

2008 年，我区经济继续保持健康发展，金融业改革不断深化，区域经济金融运行平稳，金融风险得到有效控制和化解，金融基础设施不断完善，风险防范能力进一步提高，区域金融稳定性进一步增强。但同时，金融市场发展滞后，银行业金融机构信用风险、流动性风险问题依然突出；农村合作金融机构不良贷款居高不下，资本充足状况仍未达标，法人治理和内控制度建设不到位等问题仍然存在；证券市场风险因素增加，直接融资对经济的参与度较低，证券经营机构竞争力不强；保险业险种发展不均衡，部分产品退保明显。面对复杂的国际国内经济金融环境，我区的金融稳定面临一定挑战。

运用区域金融稳定定量评估模型，对我区 2007 年和 2008 年的区域金融稳定状况进行定量评估。从量化结果来看，2008 年我区金融稳定综合评价指数有所增加，表明区域金融稳定状况总体继续趋好，金融体系稳定性不断增加，抵御风险能力有所提高。其中，除证券业得分有微小减少外，宏观经济、银行业、保险业和金融生态环境对区域金融稳定的贡献率都是正向的，反映出我区金融体系的内在协调性进一步上升。

从结构层次来看，宏观经济综合评价指数的上升主要得益于地区经济的快速发展、投资的持续增长以及城镇居民可支配收入的增长，而房地产销售价格指数的变动在较大程度上削弱了宏观经济对区域金融稳定的贡献。在金融机构方面，金融业综合评价指数的上升主要得益于银行业得分的大幅上升和保险业得分

的小幅增加，证券业得分则出现微小下降。其中银行业评价指标中，反映资产规模、资本充足情况和信用风险的指标值都不同程度地有所改善，从而使银行业的评估得分上升；保险业的保费收入增长率指标和资产规模指标都较上年表现良好，从而使其评估分值上升；证券业得分则受净资本负债率的大幅上升以及资产利润率的下降而出现微小减少。在金融生态环境方面，区域金融生态环境综合评价指数的上升表明我区金融稳定的软实力有所增强，这主要归因于银行服务密度的增大。

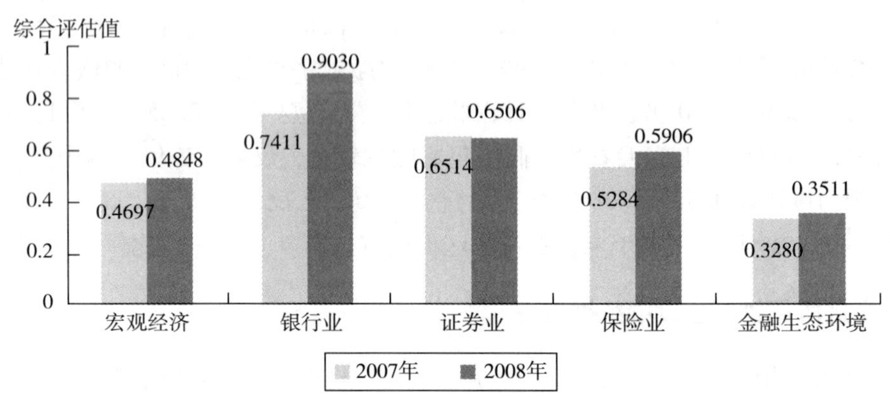

数据来源：根据内蒙古自治区银监局、证监局、保监局、内蒙古统计局、人民银行呼和浩特中心支行资料计算。

图 8　2007、2008 年内蒙古自治区金融稳定综合评估值图

表 3　2007 年和 2008 年内蒙古自治区金融稳定综合评估值表

年份	2007	2008	模块	2007	2008	模块	2007	2008
总体评估	0. 6191	0. 7221	宏观经济	0. 4697	0. 4848			
			金融机构	0. 7292	0. 8835	银行业	0. 7411	0. 9030
						证券业	0. 6514	0. 6506
						保险业	0. 5284	0. 5906
			金融生态环境	0. 3280	0. 3511			

表 4　2008 年内蒙古自治区区域金融稳定评价指标及变动情况表

指标分类	变动情况	评价指标	变动情况		
			改善	稳定	恶化
宏观经济	↑	地区生产总值增长率	✓		
		第三产业增加值增长率		✓	
		全社会固定资产投资增长率	✓		
		社会消费品零售总额增长率		✓	
		实际利用外资增长率		✓	
		城镇居民可支配收入增长率	✓		
		农村人均纯收入增长率	✓		
		居民消费价格指数		✓	
		城镇登记失业率		✓	
		典型城市房地产销售价格指数			✓

续表

指标分类		变动情况	评价指标	变动情况		
				改善	稳定	恶化
金融机构	银行业	↑	核心资本充足率	✓		
			不良贷款率	✓		
			资产利润率		✓	
			流动比率		✓	
			银行业金融机构资产总额	✓		
			二级分行以上中资银行机构数量	✓		
	证券业	↓	净资本充足率	✓		
			净资本负债率			✓
			资产利润率			✓
			证券法人机构资产总额	✓		
			证券业金融机构数量	✓		
	保险业	↑	应收保费率		✓	
			保费收入增长率	✓		
			保险业分公司以上机构资产总额		✓	
			分公司以上保险公司数量	✓		
金融生态环境		↑	法治环境调查综合得分		✓	
			地方财政收入占 GDP 比重	✓		
			银行服务密度	✓		
			征信数据库覆盖率		✓	

说明：“↑”、“↓”分别表示好转和恶化。

数据来源：根据内蒙古自治区银监局、证监局、保监局、内蒙古统计局、人民银行呼和浩特中心支行资料计算。

（二）政策建议

1. 发挥金融稳定协调机制作用，将防范金融风险放在突出位置。当前国际金融危机持续恶化对我区经济金融运行产生了明显影响。辖区各级人民银行要充分发挥“一行三局”金融稳定协调机制作用，加强与政府及金融监管部门的联系与沟通，共同关注银行业金融机构特别是地方性金融机构的潜在风险，监测其资金来源和运用情况，查找风险点和风险源，及早发现及时应对；关注并监测法人证券、期货公司的经营风险和突发事件；要关注保险市场产品定价、新型产品大规模退保以及银邮代理渠道过快增长带来的潜在风险。同时，要关注金融危机对我区支柱产业和行业的影响，努力扩大监管信息共享范围，将防范系统性风险放在突出位置，共同维护地区金融稳定。

2. 贯彻落实适度宽松的货币政策，加强与财政政策和产业政策的协调配合。在当前金融危机背景下，银行业金融机构要抓住扩大内需的机遇，及时调整优化信贷结构，促进信贷政策和国家宏观经济政策、产业政策的协调与衔接；增加对优势特色产业的信贷投入，促其实现产业升级，进一步增强盈利能力和核心竞争力。要按照“区别对待、有保有压”的信贷原则，完善贷款审批审查制度，严格控制对高耗能、高污染和产能过剩项目的贷款，防范信贷风险，优化信贷资源。同时，要合理把握信贷投放进度，均衡摆布信贷资金期限与结构，把风险评估与防范措施落实到位，将信用风险防控和保持充足流动性放在突出位置。

3. 扩大消费信贷市场，有针对性地培育和巩固消费信贷增长点。银行业金融机构要努力探索多元化的消费信贷品种，支持消费信贷业务发展，加大对自住型和改善型住房消费信贷的支持力度。同时抓住“家电下乡”、“农机下乡”的有利时机，积极拓展农村消费信贷市场，加快推动经济增长由主要依靠投资拉动向依靠投资和消费双向拉动转变。

4. 加大对中小企业扶持力度，完善中小企业金融服务。银行业金融机构要加大对成长型、技术创新型和劳动密集型中小企业的扶持力度，进一步提高中小企业贷款覆盖率。通过信贷支持，发挥中小企业对扩大就业的辐射拉动作用。要探索构建多元化、多层次的中小企业信用担保体系，扩大债券发行规模，鼓励有发展前景、业务经营好、资信优良的中小企业，在银行间市场探索发行中小企业集合债券，拓宽企业融资渠道，逐步提高直接融资的比重。

5. 防范信贷风险，保持稳健经营。在适度宽松的货币政策下，银行业金融机构仍要注重风险的防范，严控不良贷款反弹和新增不良贷款；及时跟踪监测各项政策效应及市场走势，适时调整资产结构，积极应对有关存款准备金率、信贷政策调整以及股市、房价波动对经营带来的各种影响。在目前盈利状况相对较好的情况下，加大拨备力度，提高风险拨备覆盖率，增强可持续发展能力。

6. 充分发挥金融市场作用，积极拓宽金融机构融资渠道

要鼓励符合条件的地方法人金融机构加入全国银行间同业拆借市场和银行间债券市场，通过银行间市场进行资金融通。支持城市商业银行等金融机构发行次级债，提高资本充足率，加大对企业的信贷支持。

7. 推动金融生态环境建设，为金融稳健运行创造良好的信用环境

要关注民间借贷活动，加强对小额贷款公司和担保公司的监测，防范金融风险。以人民银行征信系统为基础，加强对企业、个人信用评估评级体系建设，加大非银行信用信息采集力度，扩大信用体系建设范围，增强全社会信用意识。

总　纂：冯国平
统　稿：赵建国
执　笔：乔海滨
参与写作人员：康晓梅　赵建国　贾冬梅　郭　研

辽宁省金融稳定报告摘要

2008年，辽宁省经济克服了国际金融危机和国内经济减速的不利影响，继续保持又好又快发展。金融稳健运行的外部经济环境持续改善；金融体系受国际金融危机的直接冲击较小，保持了健康平稳运行，整体竞争实力和抗风险能力明显提高；金融市场体系的价格发现和风险规避功能充分发挥；金融基础设施建设快速发展。经济与金融的良性互动局面初步形成。

一、经济运行与金融稳定

（一）区域经济运行质量较好，维护金融稳定的外部经济环境持续改善

1. 经济发展继续保持较快速度。2008 年，辽宁省以科学发展观统领社会经济发展全局，认真贯彻落实国家宏观调控政策，经济持续健康发展。地区生产总值达到 13 461.6 亿元，比上年增长 13.1%（见图 1），连续第 7 年保持两位数增长，增速高于实施东北地区等老工业基地振兴战略以来的平均水平，也高于我国东部地区的平均增长速度。人均生产总值 31 259 元，按可比价格计算，比上年增长 12.5%。

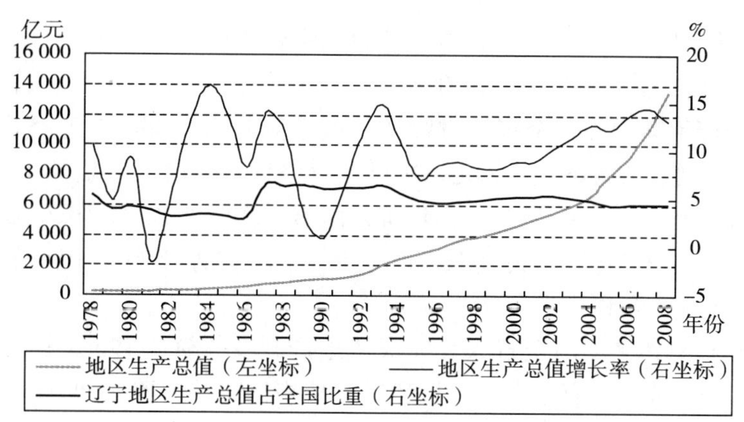

数据来源：辽宁省统计局。

图 1　辽宁省地区生产总值及其增长率

2. 经济发展协调性不断增强。老工业基地振兴措施效果明显，三次产业比重由同期的 10.7:52.9:36.4调整为 9.7:55.8:34.5。第一产业实现增加值 1 302 亿元，增长 6.3%。第二产业对经济的拉动作用继续增强，贡献率上升 6 个百分点；全年实现增加值 7 512.2 亿元，增长 15.5%。其中装备制造业继续引领发展，占规模以上工业增加值的 28.7%。第三产业全年实现增加值4 647.5亿

元，比上年增长 11.2%，增速同比上升 0.9 个百分点。

3. 三大需求增长旺盛。固定资产投资高位运行，投资重点突出。全年全社会固定资产投资10 016.3亿元，比上年增长 34.7%，连续 5 年增幅保持在 30% 以上。居民消费需求日益多元化并继续优化升级。全年社会消费品零售总额 4 917.5 亿元，比上年增长 22%（见图 2），增幅创 10 年新高。对外贸易稳定增长。全年进出口总额 724.4 亿美元，比上年增长 21.8%。出口产品结构继续优化。装备制造业、石化工业、冶金工业、建材工业和农产品工业实现出口交货分别增长 15.8%、0.7%、18.0%、22.1 和 12.3%。实际利用外资成果显著。全年实际利用外商直接投资达到 120.2 亿美元，增长 32.1%。

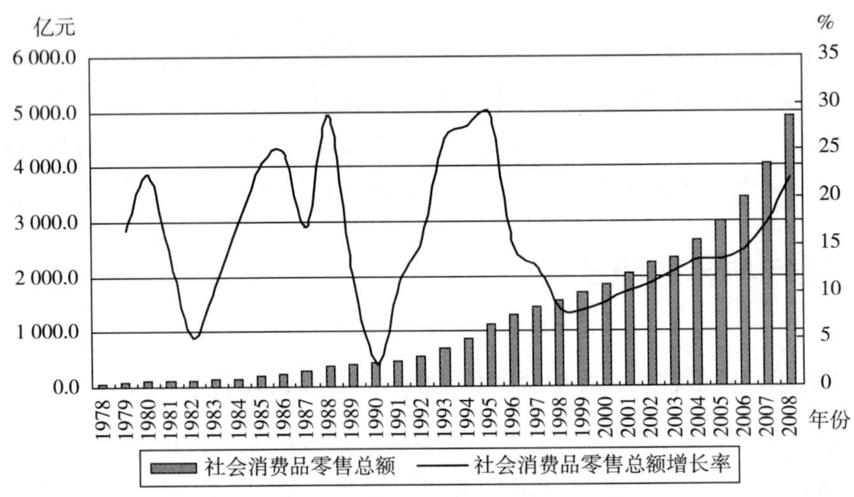

数据来源：辽宁省统计局。

图 2 社会消费品零售总额及其增长率

4. 居民消费价格涨幅回落。2008 年居民消费价格指数涨幅为 4.6%，同比回落 0.5 个百分点，全年波动幅度较大（见图 3）。原材料、燃料、动力购进价格同比上涨 11.5%，比 2007 年高 6.7 个百分点；工业品出厂价格上涨 10.9%，比 2007 年高 6.5 个百分点。

5. 非金融部门资产不断增加。全年地方财政一般预算收入 1 356.1 亿元，比上年增长 25.2%。规模以上工业企业完成增加值 6 603.1 亿元，按可比价格计算，比上年增长 17.5%。城镇居民人均可支配收入 14 393 元，比上年增长 17%，扣除价格因素，实际增长 12.1%；农民人均纯收入 5 576 元，增长 16.8%，扣除价格因素，实际增长 10%，比全国平均水平高 2 个百分点。城镇登记失业率为 3.8%，首次低于全国平均水平。

6. 房地产市场运行总体平稳。全省累计完成房地产开发投资 2 196.5 亿元，同比增长 37.4%，比上年同期提高 6.3 个百分点。商品房销售量和销售价格仍维持上涨态势，同比分别上涨 12.8% 和 4.9%，但增速明显下降，较上年同期分别下降 30.7 个和 20.7 个百分点。

（二）区域经济运行中需要关注的问题

1. 经济下行压力加大。国际金融危机从金融领域向实体经济蔓延，世界经济增长趋缓，辽宁省经济金融的稳定发展受到外部环境变化的冲击。尽管第四季度以来，国家实施了积极的财政政策和适度宽松的货币政策，但辽宁省 2008 年经济增长速度同比仍下降 1.4 个百分点。经济下行压力加大，金融稳定运行的外部环境不容乐观。

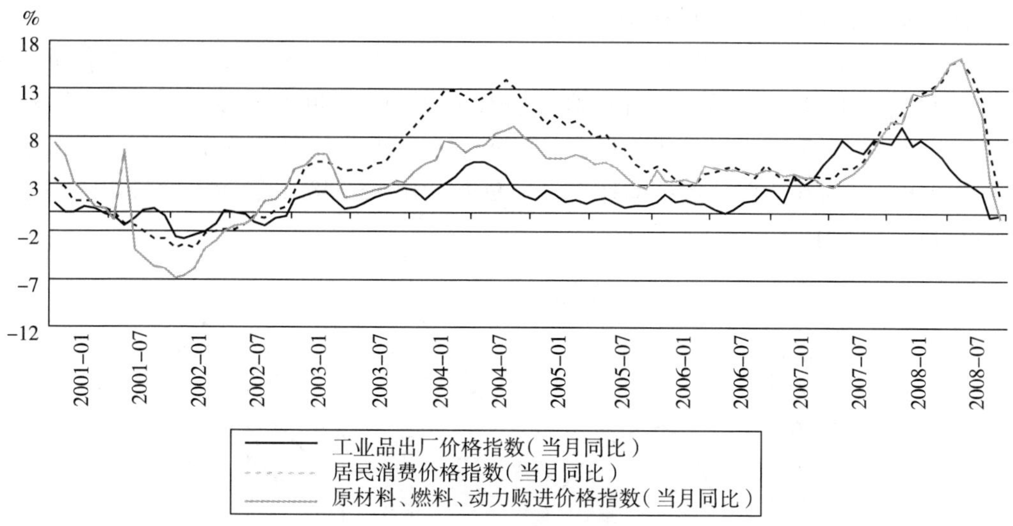

数据来源：辽宁省统计局。

图3 主要价格指数变化趋势

2. 经济发展模式亟待转变。辽宁省经济增长的投资拉动型模式没有发生根本性转变。全省固定资产投资较上年增长 34.7%，增速提高 4 个百分点。大量生产性投资导致的产能增加与消费需求不足之间存在矛盾，导致生产过剩和企业亏损，进而导致收入增长缓慢和消费低迷，并对辽宁省经济金融的平稳运行产生不利影响。

3. 外汇资金流出风险上升。虽然辽宁省国际收支和结售汇保持了双顺差，但增幅趋缓。2008 年，净流入增幅低于上年同期 68.07 个百分点；净结汇增幅低于上年同期 52.63 个百分点。随着国际和国内经济形势的变化，伴随着外资流入的放缓，资本流出的风险增加，势必加剧辽宁省的经济波动。

4. 就业和居民收入增长形势严峻。辽宁省规模以上工业企业利润总额同比下降 34.0%，亏损企业个数增加 11.2%，亏损企业亏损额增加 46.3%。经济低迷、企业业务萎缩、利润下降甚至亏损导致企业用工需求明显下降。与此同时，新毕业大学生和农村富余劳动力向城镇转移的规模不断扩大，将对就业和居民收入持续增长产生影响。

5. 重点行业经营出现明显困难。受国际金融危机影响，辽宁部分重点行业亏损严重。其中，石油化工、炼焦及核燃料加工业亏损严重，亏损额比上年增加 257 亿元。钢铁、汽车等行业的一些重点企业生产经营也出现了近几年少有的困难，订货合同减少，开工生产不足，企业效益下滑。黑色金属冶炼及压延加工业和汽车制造业利润分别比上年减少 78.2 亿元和 12.3 亿元。重点行业的持续低迷将会从就业、从业人员收入水平、上下游产业生产等方面影响辽宁省经济的稳定增长和金融环境的稳定。

二、金融业与金融稳定

（一）银行业

2008 年，辽宁省银行业实现稳步发展，银行业改革进一步深化，资产规模继续扩大，资产质量进一步改善，盈利大幅增长，抗风险能力不断提升。

1. 银行业整体竞争实力和抗风险能力显著提高。

（1）银行业规模稳步增长。2008 年年末，辽宁省银行业资产总额 23 627.41 亿元，同比增长 23.45%；负债总额 23 007.17 亿元，同比提高 22.6%；机构营业网点 8 423 个，比上年减少 190 个；从业人员由 2007 年的 13.7 万人增至 14.9 万人。银行业本外币各项存款余额 18 778.4 亿元，增长 19.8%，增速同比提高 8.6 个百分点；本外币各项贷款余额 12 348.4 亿元，增长 19.4%，增速同比提高 5.6 个百分点（见图 4）。

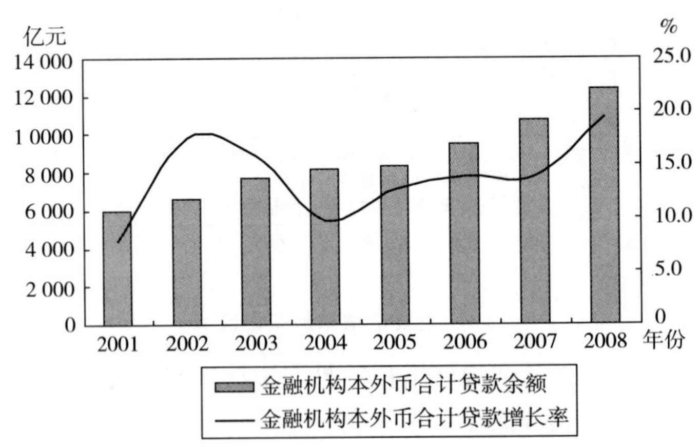

数据来源：中国人民银行沈阳分行。

图 4　辽宁省银行业金融机构本外币贷款趋势变化图

（2）不良贷款实现“双降”。2008 年年末，辽宁省银行业不良贷款余额比年初减少 609.14 亿元；不良贷款率 7.21%，同比下降 6.77%，首次降至 10% 以内，为历史最低水平。

（3）地方法人金融机构流动性较为充裕①。2008 年年末，辽宁省城市商业银行、农村信用社、城市信用社、农村合作银行超额存款准备金率分别为 4.25%、7.07%、11.41%、5.08%。地方法人金融机构流动比率为 54.32%，同比提高 8.9%，资金的流动性不断增强。

（4）盈利水平大幅提高。2008 年，辽宁省银行业实现本外币利润 225 亿元，比上年增加 59 亿元，同比增长 35.6%，连续 5 年实现全行业整体盈利，连续 4 年盈利增幅超过 30%。

2. 银行业体制和机制改革继续深入。银行业改革进一步深化，法人治理结构逐步健全，抗风险能力不断提升。一是农行辽宁省分行股改相关工作取得重大进展，完成不良贷款处置的前期准备。二是农村信用社产权制度和管理体制改革继续推进。全省 69 家农村信用社县（市）级联社（不含大连）中 1 家成立辽宁葫芦岛连山农村合作银行，64 家联社完成了以县（市）为单位统一法人社开业。三是城市商业银行跨区域经营取得进展。目前，锦州银行天津分行已开业，营口银行沈阳分行的申报正在待批中，盛京银行已在辽中县、新民县、康平县设立支行。四是辖内外资银行陆续开展人民币业务。韩亚银行沈阳分行、大华银行沈阳分行开办了对除中国境内公民以外客户的人民币业务。

① 本部分内容不包含大连的情况。

3. 银行业发展需要关注的问题。

（1）融资结构仍不合理，风险过度集中在银行体系。2008 年，辽宁省企业直接融资比例较上年大幅下降 11.4%。辽宁省经济发展中融资结构不够合理，企业融资高度依赖银行贷款的状况还未从根本上得到改观。在经济增长速度放缓、主要工业品产量加速下滑和进出口增长萎缩的情况下，部分行业出现整体亏损，企业还款能力下降，银行资产质量面临考验。

（2）法人机构抗风险能力弱，化解风险工作仍需推动。一是农村合作金融机构财务包袱沉重。2008 年末，全省农村合作金融机构亏损挂账 68.46 亿元，拨备缺口 111.27 亿元。二是城市商业银行抗风险能力依然脆弱。部分城市商业银行对地方基础设施建设贷款投放较多，贷款集中度居高不下，实现资本充足率的持续达标压力较大。

（3）内控制度不完善，银行业合规风险管理仍需加强。在银行体系流动性过剩、开放竞争等压力日益增大的背景下，金融机构案件防控工作的基础还很脆弱，部分银行机构的案件风险隐患依然较大，大案要案时有发生，银行业合规风险管理水平仍需继续提高。

（4）跨市场交叉性金融风险呈上升趋势。跨市场交叉性金融业务的长足发展，极易导致风险在不同市场间传播。辽宁省寿险市场上与资本市场关联性较强的投资型产品增长较快，在资本市场剧烈震荡的情况下，保户利益受到损失，加之销售误导问题的存在，已在一定范围内引发了群访群诉等事件，影响金融稳定和社会稳定。

（二）证券业

2008 年，辽宁省资本市场改革不断深化，资本市场基础性制度建设进一步加强，上市公司资产质量明显提高，证券公司运作进一步规范，期货公司快速发展，投资者风险意识显著增强，市场风险得到有效防范和化解。

1. 证券业发展状况良好。2008 年年末，辽宁省共有境内上市公司 34 家，总股本 259.92 亿股，市价总值 1 400.40 亿元；共有证券公司 2 家，证券营业部 113 家，证券服务部 34 家，证券投资咨询公司 1 家；2008 年全年证券交易额实现 20 587 亿元（含大连）；共有期货经纪公司 3 家，期货营业部 8 家，全年实现代理交易额 4 723.25 亿元。

辽宁省上市公司运作规范水平和经营业绩明显提高，整体业绩仍延续了 2007 年以来的增长态势。2008 年上半年辽宁省 34 家公司实现净利润 84.80 亿元，较上年同期增长了 18.87%。

2. 证券业基础性制度建设进一步加强。2008 年，辽宁省各证券公司能够切实贯彻中国证监会《证券公司监督管理条例》，着力对投资者账户管理、网上交易安全和经纪业务活动进行规范，从源头上杜绝违法违规现象的发生。期货公司完善内控制度管理，加大对期货保证金等重要指标的监控力度，完善开户流程和风险管理制度，不仅防范了市场风险，也为股指期货的推出打下了良好的基础。

3. 证券业发展需要关注的问题。

（1）次贷危机对资本市场造成的风险隐患值得关注。2008 年，资本市场受国际金融危机以及国内严重自然灾害冲击等多重因素的综合影响，各种风险和潜在隐患逐渐显现，市场波动幅度加大，抗风险能力面临巨大考验，风险隐患不容忽视。

（2）中小投资者抗风险能力较弱，民生风险不容忽视。2008 年，证券市场中个人投资者数量快速增长，但部分个人投资者风险意识淡薄，投资结构不合理，风险承担能力差，当市场行情发生剧烈变化时，中小投资者成为最直接的风险承担者。由于中小投资者的投资行为和收益结果与民生紧密相关，因此这种民生风险不容忽视。

（三）保险业

2008年，辽宁省保险市场运行良好，财产险业务保持增长，承保效益不断提升，薄弱领域有所增强；人身险业务平稳较快发展。

1. 保险业稳健运行。2008年年末，辽宁省共有保险经营主体39家，其中，财产险18家，寿险21家。另有保险专业中介机构120家。2008年全省累计实现原保险保费收入328.7亿元，同比增长45.4%；共发生赔付支出98.5亿元，同比增长17%。共实现承保利润－2.85亿元。保险密度为1 010.73元/人，同比增长41%；保险深度为3.2%，同比提高0.4个百分点。全省保险业总资产达607.1亿元，同比增长26.6%。

辽宁省财产险公司共实现原保险保费收入70.9亿元，同比增长12.1%。业务规模呈现高开低走、增速逐月放缓态势。赔付水平控制在正常范围内，累计赔付支出42.7亿元，同比增长1.9%。综合赔付率降至70.3%，同比下降17个百分点。全省共实现承保利润－3.4亿元，比上年同期减亏8.4亿元。

辽宁省寿险公司业务规模持续增长，增速趋于平稳，累计实现原保险保费收入257.8亿元，同比增长58.4%。分红寿险（占总保费的50.2%）、万能险（占总保费的25.2%）和投连险（占总保费的5.3%）的增长直接拉动全年寿险业务的持续上升；普通寿险（占总保费的9.8%）持续低迷；投资型产品增速明显放缓。全省人身险公司共支付赔款与给付55.8亿元，同比增长31.8%；简单赔付率为21.6%，同比下降4.4个百分点。

2. 保险业务领域不断拓展。一是农业保险发展实现新突破。全省农业保险实现保费收入1.23亿元，创历史新高。种植业保险和日光温室大棚保险被省政府纳入财政补贴范围。二是责任保险服务领域不断拓宽。2008年末，实现保费收入2.2亿元，同比增长10.4%。三是农村治安保险业务稳步推进。在全省24个试点乡镇承保93.7万户，累计实现保费收入1 873万元。四是科技保险试点开始实施。辽宁保监局与省科技厅联合发文启动科技保险试点工作。五是企业年金业务较快发展。各专业养老保险公司累计管理企业年金资产到账基金规模达28.9亿元。

3. 保险业发展需要关注的问题。

（1）财产险业务增长点单一，各险种发展不平衡。财产险业务的发展过度依赖车险，全省车险保费贡献率高达80%。而企财险发展委靡不振，货运险、工程险、责任险等分散型业务未能及时弥补上年交强险遗留的增长空间；农业险、健康险虽然增幅较大，但基数较小，贡献率较低。这种情况长期存在，很难使财产险业务从根本上摆脱亏损局面。

（2）寿险行业依赖性较强，业务结构不合理。寿险渠道和险种发展过于单一，业务发展具有很强的脆弱性，容易出现大幅波动。一是寿险市场高速发展主要依赖于银保业务，银保业务高速发展主要依赖于资本市场收益和银行方面推动，不利于市场的稳健发展；二是投资型业务占比过高，过度强调投资理财功能，弱化了保险保障功能；三是期限结构不合理，期趸比率下降较快。

三、金融市场与金融稳定

2008年，辽宁省金融市场运行平稳，同业拆借和债券交易剧增；票据承兑、贴现、转贴现快速增长，市场利率走低；黄金市场交易活跃，外汇市场即期交易和远期交易一升一降。金融市场的稳健发展，提高了金融资源配置效率。

（一）金融市场功能充分发挥

1. 银行间拆借市场交易量成倍增长，网下融资急剧萎缩。2008 年，全省金融机构在全国银行间市场累计拆借资金 567 亿元，增长 2.2 倍。交易以拆入为主，净拆入 530 亿元；6 家城市商业银行拆借资金占拆借总量的 93%。网下融资趋于萎缩，只有 23 家成员进行网下同业拆借，比上年减少 19 家。

2. 债券市场交易活跃，记账式国债柜台交易平淡。2008 年，全省债券市场成员在银行间债券市场的交易总量为 41 776 亿元，同比增长 233.7%。其中现券交易 21 656 亿元，同比增长 10.4 倍，占债券交易总量的 51.1%。记账式国债柜台业务平淡，交易量仅为 4 亿元。

3. 票据业务持续发展，贴现利率和转贴现利率高位回落。2008 年全省累计承兑商业汇票3 078亿元，同比增长 21%；累计办理贴现及转贴现 11 384 亿元，同比增长 27.7%。截至 2008 年年末，全省商业汇票余额 1 368 亿元，同比增长 28.4%；贴现余额 1 200 亿元，同比增长 181%。票据贴现余额呈现逐月上升态势，票据市场利率出现下跌走势。

4. 黄金市场交投活跃。2008 年，全省金融机构、金交所会员机构自营和代理黄金交易 55.83 亿元，同比增长 2.6 倍。个人账户本币金累计交易 31 904 千克、金额 60.13 亿元，同比分别增长 1.8 倍、2 倍；外币金累计交易 85 958 盎司、金额 0.75 亿美元，同比分别增长 24.19%、56.25%。

5. 外汇市场即期交易快速增长，远期和外币对交易明显减少。2008 年，全省银行间外汇市场即期交易 58.29 亿美元，同比增长 101.6%。远期外汇交易等新的外汇交易方式业务萎缩，全年远期外汇交易 1 700 万美元，同比下降 61.47%；外币对交易 1 084 万美元，同比下降 82.7%。

6. 民间融资较为活跃，利率有所下降。2008 年，辽宁省民间融资总规模约为 573 亿元，同比增长 17.34%。融资利率先升后降，第四季度样本民间融资加权平均利率回落至 15.47%，下降 3.03 个百分点。

（二）金融市场运行与发展中存在的问题

1. 债券交易量过快增长的同时风险增加。一是债券交易增长过快，交易过于集中，使风险集聚。二是金融危机影响继续加深，企业发展形势严峻，债券的信用风险需要关注。三是波段操作增多，在提高收益水平的同时，操作风险随之增大。

2. 票据利率风险和操作风险逐渐加大。一是地方性中小金融机构资金实力弱，人员素质不高，对市场利率走向难以把握，潜藏较大利率风险。二是票据贴现业务办理速度不断加快，先贴现后查询现象增多，极易引发操作风险和道德风险。

3. 金融机构借助外汇市场规避风险意识不高。目前，外汇市场交易主体变化不明显，新的外汇交易方式仍未形成规模，远期和外币对交易萎缩，金融机构借助外汇市场规避风险的意识不高。

四、金融基础设施与金融稳定

2008 年，辽宁省金融基础设施建设快速发展，支付结算体系进一步完善，法律环境逐步改善，反洗钱监管体系全面升级，征信体系建设稳步推进，金融生态环境建设取得新进展。

（一）支付结算体系

1. 辽宁省支付结算体系现状。2008 年，辽宁省支付结算体系建设进一步完善。大额支付系统、小额支付系统、支票影像交换系统安全稳定运行。银行卡受理环境进一步改善，社会公众持卡消费意识日益增强。截至2008 年末，全省人均银行卡1.66 张；持卡消费占社会消费品零售总额的比重达到20%。支付风险管理稳步推进，继续开展“支付结算风险防范年”活动；开展以“科技奥运、时尚支付”为主题的宣传活动，为沈阳作为奥运赛事城市提供了安全、高效、便捷的支付环境。

2. 支付结算体系建设中需要关注的问题。一是农村地区金融机构网点少，服务水平低，大部分未接入支票影像交换系统，不利于非现金支付工具在农村地区的全面普及。二是随着农民工银行卡、公务卡的推广，县域银行卡受理环境亟待改善。

（二）法律环境

1. 辽宁省法律环境现状。2008 年，辽宁省法律制度逐步健全，立法工作取得新成效，省政府提请省人大审议地方性法规草案以及制定政府规章22 件。有效履行层级监督职能，全年共受理行政复议案件116 件。全省法院受理各类案件47.1 万件，结案率93.1%。执法力度不断加大，共执行各类案件10.22 万件，执行标的173 亿元；清理执行积案5 491 件，执结率81.99%。通过加大执法力度，恶意逃废债行为得到有效遏制。

2. 法律环境建设需要关注的问题。一是金融风险补偿机制缺失，存款保险制度尚未建立，难以依法保障存款人利益。二是物权担保配套制度不健全，金融行业经营风险依然较高。三是金融债权纠纷案件诉讼成本高、执行难、受偿率不高的现象依然存在，金融维权工作任重道远。

（三）反洗钱机制

1. 辽宁省反洗钱现状。2008 年，辽宁省积极推进反洗钱监管体系升级建设，多项工作实现新突破。一是构建评估指标体系，为实施具体评估措施制定了参照依据。二是推进反洗钱信息网络建设，网络覆盖银、证、保三大金融行业。三是发挥非现场监管作用，依据非现场监管信息评估结果，及时对金融机构提出风险预警。四是组织建立反恐融资长效机制，充分发挥反洗钱协调机制作用，严厉打击地下钱庄违法犯罪活动，有效地维护了区域金融安全和正常的金融秩序。

2. 反洗钱工作需要关注的问题。一是反洗钱基础数据统计分析薄弱，基础数据统计不全面、口径不尽合理，数据分析滞后。二是地下钱庄洗钱活动呈现出金额逐渐增大、手段日益隐蔽的特征。

（四）征信体系

1. 辽宁省征信体系现状。征信系统建设稳步推进，征信系统信息采集范围和应用范围不断扩大，数据质量和信息查询使用率进一步提高。2008 年，企业征信系统和个人征信系统分别收录27.66 万户企业和758 万人的信用信息，涉及信贷余额分别为13 696 亿元和1 916 亿元；各金融机构对企业征信系统的查询达76.02 万次，对个人征信系统的查询222.49 万次；累计建立中小企业信用档案2.84 万户，比上年增长35.74%；农村信用社累计征集425 万户农户信用档案，对326 万户农户进行了初步评价，农户信用评价结果已成为“十星级”文明户、“信用乡村”创建评比的重要依据。信用评级业务大幅增加，信用评级市场日益规范，在规避商业银行信贷风险中的作用愈加突出。

2. 征信体系建设需要关注的问题。一是人民银行实施征信行业监管缺乏法律保障。二是社会信用体系建设缺乏统一规划，各部门尚未形成建设信用体系的合力。三是非银行信息采集主要依靠口头沟通协调，部分数据报送单位信用信息共享尚未实现制度化，不利于非银行信息采集持续开展。

（五）金融生态环境

1. 辽宁省金融生态环境现状。2008 年，辽宁省努力推进社会信用体系制度建设，制定发布了《辽宁省社会信用体系发展规划（2008—2012 年）》，建立东北三省一区社会信用体系建设合作机制，强化金融生态环境建设对地区经济发展的推动作用，引导金融机构加大对经济薄弱环节的支持力度。一是大胆进行信贷业务创新，引导辖内金融机构开展林权抵押贷款、沿海滩涂抵押贷款、土地使用权抵押贷款等信贷产品创新业务；二是稳步推进中小企业信用体系建设试点，加大对中小企业融资的支持。金融生态环境建设向农村延伸，全省农户信用电子档案指标涵盖个人征信、五级分类和农户信用评价所需的全部信息。

2. 金融生态环境建设需要关注的问题。一是政府主导作用有待进一步加强，全省投资软环境与经济发达地区相比仍有很大差距。二是社会信用基础比较薄弱，大规模采集非银行信用信息存在一定困难，信用信息共享渠道需要扩展，信息质量有待提高。

五、总体评估与政策建议

（一）总体评估

2008 年，仍然采用层次分析法和专家评价法相结合的多指标综合评价法，从宏观经济、金融机构和金融生态环境等三方面对辽宁省的金融稳定状况进行定量评估。经过计算，2008 年辽宁省金融稳定状况综合得分为 72. 1 分，较上年的 75. 5 分下降 3. 4 分，稳定状况良好，属 B 类地区。辽宁省金融稳定状况出现下滑的主要原因，一是受国际金融危机影响，企业生产经营面临困难，地区生产总值增长率下降；二是宏观调控政策效果显现，房地产销售价格涨幅下滑，销售额同比增速大幅下降，房地产业对国民经济增长的贡献率下降。

总体上看，辽宁省的金融稳定综合得分仍然偏低，主要原因是：固定资产投资偏高；银行业不良贷款率虽然有所下降，但整体资产质量仍然较差；金融市场体系不完善。

（二）政策建议

1. 抓住机遇，促进经济平稳健康增长。认真落实国务院关于促进经济发展的各项政策措施，密切监测国际金融危机的发展动态，高度关注国内经济金融的变化情况，科学判断，积极应对，千方百计解决辽宁省经济运行中遇到的各种困难和问题，加快重大工业项目和产业集群的建设，加快基础设施建设和公共设施建设，加快对外开放步伐，推动辽宁省经济又好又快发展。

2. 优化资源配置，推进产业结构调整。重点解决辽宁省经济发展模式不合理的问题，加快推进产业结构升级。一是深入推进农业结构战略性调整，大力发展优势特色农业；二是加大对重点行业的支持力度，推动企业逐步建立核心技术、关键技术和自主品牌；三是加快发展服务业，提高服务业在产业结构中的比重，并以此拉动就业。

3. 调整信贷结构，防范信贷风险。引导金融机构抓住经济结构调整的有利契机，优化信贷结构。一是坚持有保有压的原则，对经济增长见效快、发展前景好、利于环境改善的工程给予扶持；对产能落后及“双高”行业和企业的信贷规模要坚决控制；二是加大风险防范力度，特别是在当前适度宽松的货币政策下，应建立和完善信贷风险预警体系，防范大规模信贷投放所引发的不良贷款反弹现象。

4. 完善法人治理结构，提升风险管控能力。深化地方法人金融机构经营管理体制改革，完善法人治理结构，夯实发展基础。一是加快城市商业银行的改组改造，支持经营管理能力较强、效益较好的城市商业银行实现跨区域经营。二是深化农村信用社改革，提高其风险控制能力，加强责任追究力度，确保内控制度有效执行。

5. 加强投资者教育，维护金融市场稳定。广泛开展金融知识普及活动，帮助民众增强法律意识和风险防范意识。引导金融机构继续以风险提示为核心，重点突出新市场、新业务、新产品的风险教育；建立投资者教育长效机制，保证金融市场平稳健康发展。

总　纂：李立君　薛　静
统　稿：王庆国　刘　涛
执　笔：刘　涛　由　华　许　胜　王大川
金庆鹏　纪瑞朴　李贵德　李冠楠
其他参与写作人员：（以姓氏笔画为序）
于松涛　王玉平　王占军　邢　宏　刘　芳
刘　萍　刘建伟　李士涛　李　东　李璐娟
肖岩峰　张冰莹　陈立兴　程可心　高　晶
高　霞

吉林省金融稳定报告摘要

2008年，面对国内外经济金融剧烈变化等不利形势，吉林省各经济金融部门坚持落实科学发展观，认真贯彻国家各项宏观调控政策，区域经济金融实现平稳发展。全省产业结构逐步优化，社会消费快速增长，居民收入稳定增加，物价涨幅得到控制。银行业资产质量改善，盈利能力提高；证券业平稳运行，资本市场融资功能继续发挥；保险市场获得较快发展，社会保障功能进一步提高。金融市场和金融基础设施建设进一步完善。在金融系统稳健性不断增强的同时，应当重点关注由于国际金融危机冲击宏观经济而对金融业造成的不利影响。

一、区域经济运行与金融稳定

（一）经济保持较快发展，加强了金融稳定基础

1. 经济总量实现较快增长。吉林省经济尽管受到国际金融危机和国内宏观形势转变的不利影响，但总体上保持了较为稳定的增长趋势，为金融业的稳健发展与深入改革提供了较好的基础环境。由于对外依存度较低，内在发展动力不断增强的特点，吉林省地区生产总值在2008年仍保持了16%的增长速度（见图1），增速连续3年保持15%以上的较高水平，人均地区生产总值突破2万元，成为当年全国发展速度较快的省份之一。

全省三次产业比重由上年的15.6∶45.7∶38.7调整为14.3∶47.7∶38，三次产业增速分别为9.5%、17.2%和16.7%。第二、第三产业实现较快发展，第二产业在经济结构中所占比重进一步提高。

2. 需求旺盛，投资维持高位，消费拉动经济作用增强。从需求层面看，较高的固定资产投资与消费需求增速是拉动经济增长的主要动力。2008年，全省全社会固定资产投资完成5 608.2亿元，增幅连续4年保持40%以上，增速始终保持位居全国前列。其中，城镇工业投资达2 571.65亿元，增速达到48.2%，对固定资产投资总量增长的贡献度达62%，仍然是投资增长的主要动力。房地产开发投资快速降温，增长27.6%，增速比上年下降29.9个百分点。

全年社会消费品零售总额2 484.26亿元，增长24.3%，增幅同比提高5个百分点，创近15年来新高，消费对经济增长的拉动作用进一步提高。从消费品种看，食品、汽车、石油及制品类等热点商品始终保持较快的增长态势。从城乡结构看，县域地区消费增长强于城市消费，县及县以下消费品零售额增长24.6%，增速比上年提升8.7个百分点，超过城市消费0.4个百分点。

3. 对外经济平稳增长，逆差增幅明显。2008年吉林省外贸进出口总额同比增长29.5%，增幅同比低0.6个百分点。其中，出口增长23.7%，进口增长33%，进出口逆差同比增长47%，增幅较为明显。但受金融危机影响，在第二季度以后进出口量开始出现下滑趋势。同时，引进外资增速放缓，

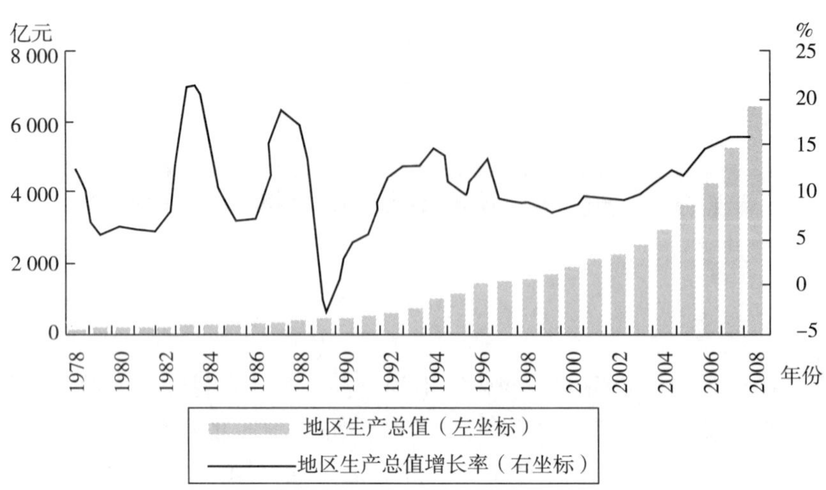

数据来源：吉林省统计局。

图1 1978－2008年吉林省地区生产总值及其增长率

全年实际利用外资30.1亿美元，同比增长32.5%；外商直接投资9.9亿美元，同比增长12.2%，增幅出现不同程度回落（见图2）。

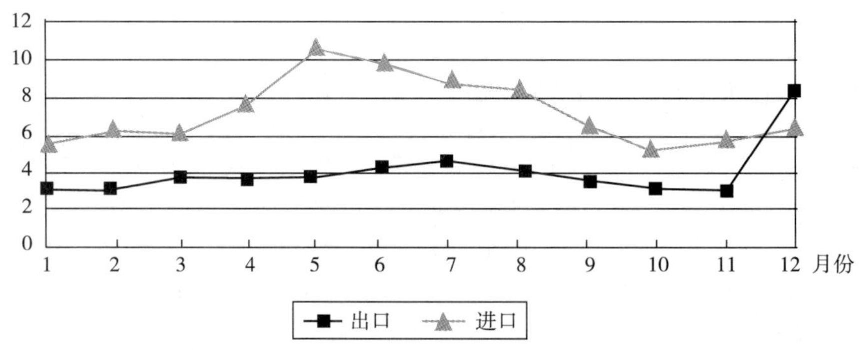

数据来源：吉林省统计局。

图2 2008年吉林省进出口趋势图

（二）财政调控能力增强，居民收入水平提高，企业利润减少

财政调控能力增强。2008年，全省地方级财政收入、一般预算全口径财政收入、财政支出分别达到422.8亿元、845.2亿元、1 180.1亿元，分别增长31.8%、30.2%、33.5%，为增强政府调控能力，提高公共服务水平创造了有利条件。

农民收入大幅增加。全年城镇居民人均可支配收入12 829元，同比增长13.7%；农民人均现金收入7 416元，同比增长34.1%，增幅比上年大幅提升16.8个百分点。居民收入的稳定增长提高了居民的支付能力，为带动消费实现较快增长提供了基础，尤其是农民收入的大幅增加对拉动农村地区消费尤其显著。但值得关注的是，第四季度末全省城镇登记失业率4.2%，企业效益下降和外出务工人员返乡将可能继续加大就业压力。

受经济形势转弱影响，企业盈利下降和资金流阻滞的问题逐渐显现。2008年，全省规模以上工业企业盈亏相抵后实现利润353.8亿元，同比净下降17.86%，而上年同期为增长102.98%。亏损企业亏损额达196.64亿元，同比增幅高达460.02%。年末全省两项资金占用余额达到956.7亿元，比上年同期增长18.2%，而且全省企业存款同比少增加115.6亿元。部分企业支付能力下降，偿债能力减弱，潜在的信用风险升高。

（三）居民消费价格回落明显，生产者价格结构性上涨

1. 居民消费价格在食品价格回落的作用下，逐步趋于平稳。2008年，从6月份开始，在粮食、猪肉价格逐渐回稳的影响下，食品类价格明显下调，价格指数比全年最高点回落8.9个百分点，成为稳定物价的主导因素。12月份当月CPI出现零增长，至65个月以来的最低点（见图3）。全年CPI指数105.1，比年内最高点回落2.4个百分点。

2. 受前三个季度石油、钢材、农副产品等价格上涨影响，生产资料价格涨幅结构性提高。其中，原材料燃料动力购进价格、工业品出厂价格分别同比增长11.29%和4.92%，涨幅分别比上年提高6.1个和2.2个百分点。农业生产资料价格更是大幅上涨，增长27.3%，全年涨幅为13年来最高。生产资料价格的上涨，导致在下半年产成品价格涨幅回落的情况下生产部门面临较大的成本压力。

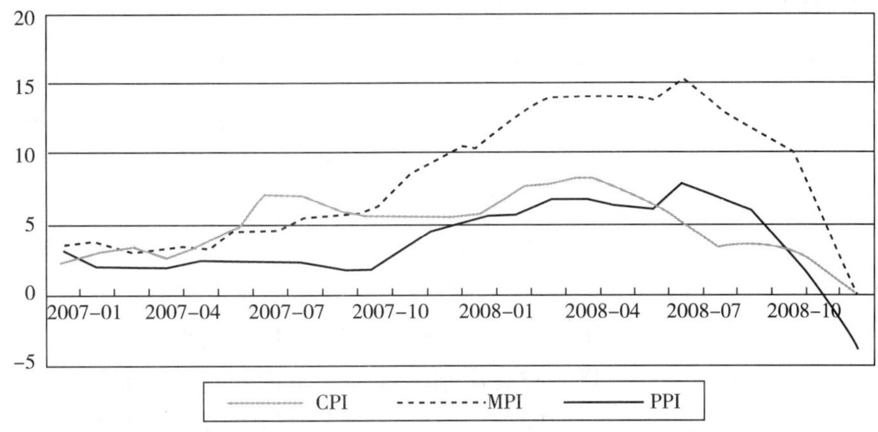

数据来源：吉林省统计局。

图3 2007～2008年吉林省物价指数走势图

（四）主要产业产量增长，但效益受到冲击

1. 农业实现增收。2008年，全省农业在粮食播种面积仅增长1.3%的情况下，克服农资价格上涨压力，实现粮食产量568亿斤，增长15.7%。粮食生产获得特大丰收，主要经济作物总产量也大幅增长，从而带动全省农业产业化的加速发展。农产品加工实现增加值399.5亿元，增长34%，粮食实际加工能力占粮食产量的50%以上。全省农业综合生产能力进一步提高，现代农业得到大力发展。

2. 工业生产增长速度放缓，效益水平大幅下降。全年工业生产仍保持18.6%的较高增速，但经济效益水平大幅下降17.9%，成本费用利润率同比回落3.1个百分点。

下半年以来，吉林省工业增长出现放缓趋势，随着生产成本上升，产品价格下跌，销量萎缩，工业企业不得不采取减产限产措施，效益受到明显影响。12月份，全省停产企业数由11月份的575户猛增至858户，占全部规模以上工业企业的19.5%，全省工业增加值增长9%，为近40个月来的

最低水平。其中，重工业增加值仅增长 8.1%，比 11 月份回落 4.5 个百分点。发电量及钢材、汽车等主要产品产量 12 月份均出现 30 个月以来罕见的连续负增长，分别净下降 4.1%、17.7% 和 50.2%。

3. 房地产业增长趋缓。2008 年下半年以来，房地产市场出现降温。房地产企业投资热情逐渐减退，在房地产投资增速逐月回落的同时，房地产开发企业购置土地面积和完成开发土地面积分别同比下降了 29% 和 46%。房屋施工面积和竣工面积的增幅分别比上年下降 23.9% 和 16.9%。商品房销售面积增长 6.6%，增幅同比回落 7.2 个百分点。长春市房屋销售价格同比上涨 3%，增幅比上年回落 7 个百分点。近年来中心城市房价持续上涨趋势减弱。

二、金融业与金融稳定

2008 年，吉林省金融业发展取得显著成果。银行业各项改革继续深入，抗风险能力增强；证券业融资功能继续发挥；保险业实现快速增长。

（一）银行业分析

随着吉林省银行业改革的不断深入，银行业规模快速增长，截至 2008 年年末，资产总额达到 8 761.4亿元，比上年年末增加 1 681.2 亿元。银行业实力的不断增强有力提高了其支持经济发展及抵御风险的能力。

1. 银行业改革取得重大突破。农业银行吉林省分行股份制改革进展顺利，“面向三农”改革试点工作有序推进，并于年末实施了不良资产剥离。地方四家法人城市信用社合并进入吉林银行工作圆满完成。农村合作金融机构改革继续深入，九台农村商业银行成立开业，长春市农村信用合作社联合营业部也在筹建农村商业银行；邮政储蓄银行完成了分支机构组建工作，并推出小额农贷业务；新型农村金融机构试点进展顺利，信贷支农力度不断加强。引进外资、外埠机构取得明显进展，分别有中油财务有限公司、韩亚银行、招商银行、民生银行、中信银行等金融机构设立或正在筹建在长春的分支机构。

2. 存贷款大幅增加，对地方经济的支持力度加大。2008 年吉林省银行业金融机构本外币各项存款余额大幅增长 18.5%，增幅同比提高 12.1 个百分点，增速创历史新高，银行机构经营资金明显增加。第四季度货币政策适度宽松之后，银行机构在流动性和信贷投放能力上逐渐增强。截至年末，吉林省银行业金融机构本外币各项贷款余额按可比口径计算（下同），同比增长 17.6%，增幅同比提高 6.4 个百分点；比年初增加 766.9 亿元，同比多增 327.4 亿元。其中，11 月和 12 月两个月新增各项贷款占全年新增额的 38%。新增贷款主要用于农副产品收购、公路交通、电力、汽车、土地储备、城市基础设施建设，棚户区改造等项目建设。

3. 信贷资产质量明显改善。农业银行股份制改革从省级分行剥离不良贷款后，吉林省银行业金融机构不良贷款余额比年初大幅减少，不良贷款率比年初下降 8.2 个百分点。剔除农业银行不良贷款剥离因素，全省银行业不良贷款余额比年初净减少 44.6 亿元，不良贷款比例比年初下降 4.29 个百分点。金融机构基本实现不良贷款余额与比例的“双下降”。

4. 经营效益大幅度提高。随着改革的不断推进，经营管理水平的不断提高，吉林省银行业金融机构连续 3 年来整体效益水平逐年提高。2008 年全省银行业金融机构累计实现利润同比增长 59.7 亿元。其中：政策性银行、国有大型银行、股份制商业银行、地方金融机构利润同比分别增长 10.3 亿元、34.5 亿元、1.05 亿元和 13.9 亿元。

5. 银行业总体抵御风险能力增强。2008 年末，吉林银行完成吸收合并四家城市信用社工作后，资本充足率明显高于 8%；农村合作金融机构资本充足率也比上年同期提高 5.66 个百分点。辖内银行业贷款损失准备比年初增加 11.5 亿元，贷款损失准备充足率比年初提高 23 个百分点；拨备覆盖率较年初提高 8.1 个百分点。

虽然 2008 年银行业保持了良好的发展态势，但不良贷款反弹压力大、农村合作金融机构资产质量差、房地产市场不确定性等潜在风险还应给予密切关注。尤其是进入 11 月份之后，随着国家 4 万亿启动内需投资计划的陆续出台，银行机构贷款也随之大幅增加。由于新增投资项目仍集中于基础设施建设、水利、电力等原本贷款就较为集中的部门。应注意防范因项目仓促上马、审贷不严而埋下风险隐患。

（二）证券业分析

1. 企业上市和融资工作取得新进展。截至 2008 年底，吉林省共有上市公司 34 家。一汽启明信息成功上市，吉电股份、苏宁环球顺利完成定向增发，新募集资金 14.34 亿元，注入优质资产 54 亿元，企业融资结构进一步改善。上市公司并购重组继续推进，兰宝信息、石砚纸业、中油化建等公司的重组工作取得积极进展。辖区有 4 家上市公司的控股股东进行增持，增强了投资者对吉林板块上市公司的信心。

2. 法人证券机构平稳发展。截至 2008 年末，辖区有证券公司 2 家。东北证券作为上市公司业绩得到长足发展，在全国共有 46 家营业部，其中省内有 22 家；省外营业部主要分布于北京、上海、深圳等大城市。长财证券在全国共有 10 家营业部，其中省内 8 家。虽然受国际国内经济金融大环境影响，证券公司增长有所放缓，但 2008 年总体上仍取得了较好经济效益，整体盈利。

3. 证券期货交易有所萎缩。2008 年，受股市连续下跌影响，证券市场交易呈萎缩趋势。辖区市场证券交易额 6 900 亿元，证券经营机构管理客户资产 447.9 亿元，同比分别下降 34% 和 53% 。辖区期货市场全年成交 1 368 万手，成交金额 7 138 亿元，同比分别增长 18.09%、34.58%。

近两年来吉林省证券业取得了长足发展，资本市场资源配置功能得到发挥，但目前在发展中仍存在一些困难，上市公司和证券期货经营机构规模较小，对经济发展的拉动作用有限；上市公司后备力量不足，可上市资源较少；证券市场持续低迷，证券机构的资产质量、流动性和盈利能力受到影响。

（三）保险业分析

1. 保险市场主体不断健全，保障功能日益增强。2008 年吉林省各保险公司新增分支机构 176 家，其中新增省级分公司 3 家。辖内保险业总资产 374.21 亿元，同比增长 20.9%。各保险公司从业人员达 8.1 万人，比上年增加 0.86 万人。随着保险市场主体的增加，保险的功能作用也不断增强。一是承担风险的能力不断提高。2008 年，各公司承担风险总额共计 24 854.38 亿元，同比增加 33.81%。二是发挥补偿功能，支持地方经济。全省累计赔款支出 52.98 亿元，同比增长 18.83%，简单赔付率 33.34%。三是保险业渗透经济社会程度不断提高。随着保险业的快速发展，保险覆盖面逐步扩大。保险密度达到 582 元/人，同比增加 35%；保险深度 2.48%，比上年同期增加 0.25 个百分点。

2. 保费收入规模增速创新高，保险公司资金来源稳定。与保险业承保规模快速增长相对应，全省保险业保费收入连续快速增长。全年累计实现保费收入同比增长36.08%，比上年同期增幅高7.19个百分点，保费收入增速创下近年来的新高。其中，财产险公司实现保费收入33.52亿元，同比增长1.63%；人身险公司保费收入125.40亿元，同比增长49.63%，高出全国同期增幅1.37个百分点。人身险公司保费收入增速明显高于财产险公司，对拉动全省保费收入快速增长起到主要作用。

3. 政策性农业保险扎实推进，在维护农业生产平稳发展方面发挥了不可替代的作用。2008年，安华农险和人保公司在推广吉林省政策性农业保险业务过程中坚持“政府引导、市场运作”原则，政策性农业保险覆盖面增加到45个县（市、区），参保农户221万户次，保费收入6.51亿元。种植业保费收入6.1亿元，承保面积3 007万亩；养殖业保费收入0.41亿元，承保能繁母猪42万头。2008年，政策性农业保险赔款支出2.82亿元，受益农户4.4万户次。农业政策性保险保障了农业生产的平稳持续发展，增强了农民抵御自然灾害的能力，有利于实现农村社会稳定，保护农民的生产积极性。

在保险业快速发展的同时，仍需关注几方面问题：一是保险业规模相对较小。保费收入规模在全国排名处于中下游位置，与发达地区差距较大。二是产寿险市场结构发展仍不平衡，人身险发展迅猛，但财产险发展缓慢，而在财产险市场中车险占比较高。三是产险公司应收保费率趋高，不利于保险业健康发展。

三、金融市场与金融稳定

2008年，吉林省金融市场在解决金融机构流动性需求，丰富金融机构投资渠道，优化金融资源配置方面发挥出的作用越来越显著；金融机构参与市场交易程度不断加深。

1. 同业拆借市场资金净流出，利率走低。2008年辖内拆借市场拆借资金需求整体降低。市场流动性呈宽松态势，由前3年的资金净流入变为净流出，拆入资金同比下降60%，拆出资金大幅增加，达到2007年的9.8倍。利率水平也逐渐回落，资金价格趋向合理。同业拆借市场资金流向的转变，一方面说明辖区金融机构短期头寸较为宽松，流动性较好，同时也反映了部分金融机构流动性风险管理意识加强，限定拆借资金仅用于弥补短期头寸，避免用拆借资金做长期业务（见图4）。

2. 债券交易市场交易量创历史新高。由于债券融资业务有债券做担保、安全性和流动性都较高、融资价格相对较低的特点，现券交易和债券回购市场逐渐取代拆借市场，成为辖区金融机构投融资业务的重要领域。

2008年，吉林省现券交易全年累计成交3 990.18亿元，创历史新高，累计净卖出债券133.5亿元。现券买入加权收益率4.57%，比上年上升0.83个百分点；卖出加权收益率4.52%，比上年上升0.82个百分点。银行间债券质押式回购市场交易量大幅增长，全年累计成交4 183.2亿元，同比增长1.2倍。吉林银行和农村信用社进行了买断式回购交易，增加了新的业务种类（见图5）。

3. 外汇交易结售汇总量较快增长，逆差大幅增加。2008年，吉林省银行结售汇总额144.7亿美元，增幅35.1%，比上年加快15.8个百分点。其中，因全省贸易逆差大幅增加、出国务工人员结汇减少、外商投资增速放缓等原因，结汇增长速度明显低于售汇。银行结汇仅增长12.4%，而售汇增长54.8%；结售汇逆差进一步扩大，达到33.6亿美元，同比增长311.4%。

同时，吉林银行在2008年成功加入全国银行间外汇市场，成为目前吉林省唯一一家具有全国银行间外汇市场成员资格的地方法人金融机构，外汇服务能力进一步提高。

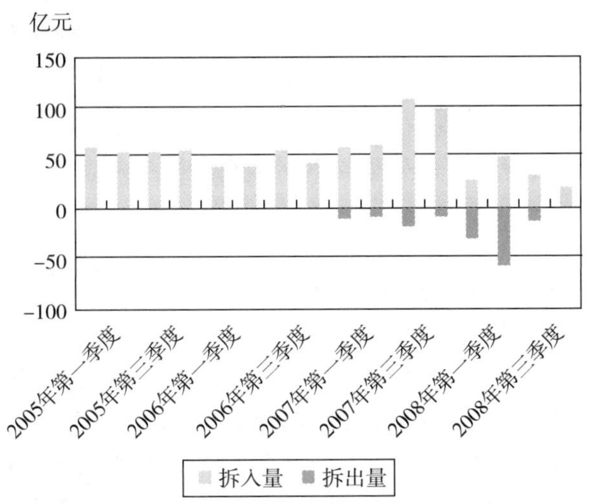

数据来源：中国人民银行长春中心支行。

图4　2005～2008年吉林省全国银行间拆借市场交易量变化图

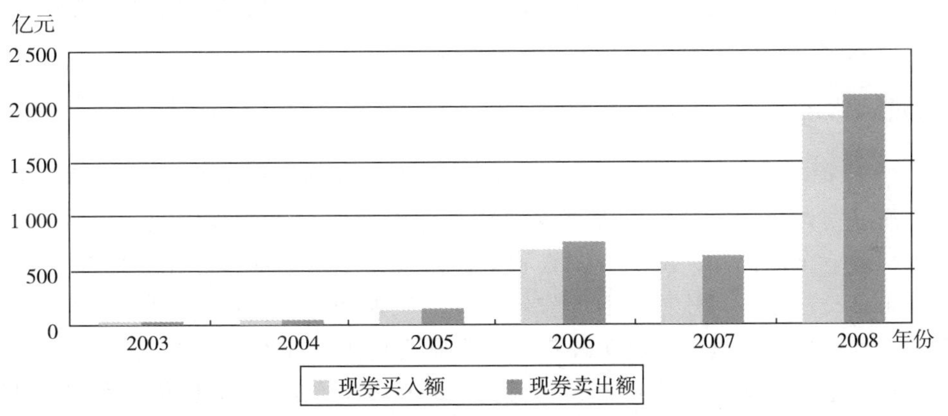

数据来源：中国人民银行长春中心支行。

图5　吉林省现券成交量变化图

4. 票据市场迅速发展，支持企业融资力度加大。2008年，吉林省票据业务较快发展，票据承兑总量320.7亿元，同比增长24.6%；承兑余额达155.9亿元，同比增长20.6%。贴现余额216.02亿元，同比增加84.1亿元，贴现余额占短期贷款余额9.4%，累计贴现2 249.1亿元，同比增长1.16倍。票据融资对中小企业短期融资起到重要作用。

四、金融基础设施与金融稳定

（一）支付体系建设

2008年，吉林省支付结算系统安全、高效、平稳运行，非现金支付工具应用逐步推广，农村地区支付结算环境得到有效改善，支付体系监管工作不断加强。

大、小额支付系统业务量显著增加，作为经济资金“大动脉”的重要作用日益明显。全年共处理支付业务774 万笔，累计金额76 252 亿元，同比分别增加13. 82% 和14. 86% 。其中，大额支付系统处理业务534 万笔，金额75 819 亿元，同比分别增长了20. 81% 和74. 17% ；小额支付系统处理业务240 万笔，同比增长了0. 84% ，金额433 亿元，同比下降了96. 59% ；全国支票影像交换系统提出笔数213 笔，金额1 408. 23 万元；接收笔数102 笔，金额947. 72 万元。

（二）征信体系建设

2008 年，吉林省征信数据库覆盖面进一步扩大，信息量更为丰富，有力推进了吉林省信用体系建设。截至2008 年12 月末，全国企业、个人信用信息基础数据库收录吉林省企事业单位25 万户、自然人1 415 万人，全省金融机构全年共查询近150 万次。非银行信息采集力度进一步加大。2008 年共向征信系统报送电信、公积金、拖欠工资、法院诉讼、环保、养路费、房产抵押、企业奖励、企业处罚等15 大类500 余万条非银行信息，进一步丰富了企业和个人的信用记录。大力开展中小企业信用体系建设工作，全省共为35 239 户中小企业建立了信用档案，3 215 户中小企业取得银行授信意向，598 户企业得到银行授信，授信金额101. 3 亿元，省内金融机构对中小企业档案数据库查询量不断上升。积极培育资信评级市场发展，全省完成企业主体评级574 户，贷款余额86. 1 亿元。区域信用体系建设的不断加强，为提高社会信用意识，帮助银行等金融机构防范信用风险，提高贷款投放效率，改善区域金融生态环境起到积极的推动作用。

（三）反洗钱体系建设

2008 年，吉林省进一步加大反洗钱监管力度，加强反洗钱信息系统建设，积极开展反洗钱宣传培训，完善反洗钱协调机制，在全面提高反洗钱工作方面取得进一步成效。反洗钱监管在银行业、证券期货业和保险业全面铺开，反洗钱调查和案件协查力度继续加大。充分发挥可疑支付交易报告员和信息员在可疑交易分析与核查方面的作用，及时发现和掌握洗钱犯罪的线索，并依法移交公安部门。反洗钱专项行动成效显著，成功破获延边张雁飞地下钱庄案，涉案金额近亿元。2008 年吉林省共收集、上报外汇可疑交易18 943 笔，金额为1 531 367 万美元；人民币可疑交易492 214 笔，金额为75 451 亿元，有力地打击了洗钱犯罪，维护了金融运行的正常秩序。

五、总体评估和政策建议

（一）总体评估

2008 年，吉林省金融系统在国民经济实现较快发展的大环境下保持了良好的发展势头。金融改革成果显著，主要金融机构实力增强，抗风险能力提高，金融市场建设稳步推进，金融基础设施不断完善，金融系统稳健性整体加强。而在未来的发展中应当密切关注和解决的问题是：随着国际金融危机影响的继续扩大，经济下滑导致银行业资产质量和盈利水平下降的压力逐渐增大；直接融资比例过低现象仍然较为突出，资本市场融资作用有待继续发挥；社会信用环境仍需改善。

（二）政策建议

1. 贯彻落实宏观调控政策，加大金融支持力度，保持经济平稳较快的发展。认真执行“保增长”、“促内需”的政策，调整信贷投向，优化贷款结构，扩大直接融资规模，为有利于产业结构升级和提振内需增长的企业和项目提供融资支持。同时，在有效保证资产质量的前提下，积极增加对中小企业和“三农”经济的金融服务力度。发挥金融业资源配置功能，提高经济增长质量，促进内需健康增长。

2. 加快金融改革和创新，提高金融系统的运作效率。推进吉林银行到省外设立分行，实现跨区经营。发展风险投资。积极引进域外金融机构和机构投资者。落实县域内银行业金融机构新吸收存款主要用于当地发放贷款的政策，努力实现银行资金回流农村。进一步改革农村信用社产权制度。扩大新型农村金融机构试点，建立小额贷款公司。开展农民宅基地和住房、自有林地抵押贷款试点。积极引导企业发行短期融资券、中期票据、企业集合债，支持有条件企业上市直接融资，探索非上市公司股权交易。搞好农业保险试点工作。

3. 扩大风险监测的范围，加快推进金融风险监测系统建设。密切关注金融危机动态，加强对辖内金融风险的分析研究。在充分利用已有统计资源的前提下，加强“一行三局”联席会议制度和信息共享机制的建设，强化与政府有关部门的沟通、协调，加强与金融机构之间的直接联系，扩大风险监测和防范的范围，将交叉性金融业务和可能受冲击的实体企业纳入到吉林省风险监测体系中。做好风险应急准备，对发现的风险苗头，及时采取应对措施，将危害控制在最小。

4. 加强金融生态环境建设，打造“诚信吉林”。大力推进社会信用体系建设，在依法保护银行债权、防止逃废银行债务、处置抵贷资产、合法有序进行破产清算等方面营造有利环境，为金融业改革发展创造良好的条件。

总　纂：周振海
统　稿：王春生
执　笔：刘洪飞　于立志　刘　健
其他参与写作人员：（以姓氏笔画为序）
王　锐　王春萍　白云峰　刘大为　刘　镇
任建春　朱慧玲　李红梅　李柏秋　陈　岩
邵志高　吴　越　赵　峰　赵新欣　唐　欣

黑龙江省金融稳定报告摘要

2008年，黑龙江省认真贯彻落实国家宏观调控政策，积极应对国内外复杂经济形势，经济保持平稳增长，粮食生产再获丰收，工业经济保持较快增长，节能减排取得明显成效，投资结构逐步改善，对外贸易首次突破200亿美元，地方财政收支同步增长，城乡居民收入显著提高，消费品市场繁荣。金融业运行平稳，银行业金融机构资产规模不断扩大，经营效益提升，存贷款大幅增加；证券公司运作进一步规范，上市公司资产质量有所改善；保险市场运行良好，功能作用进一步发挥；资本市场稳定发展，金融生态环境建设效果明显。

一、经济运行与金融稳定

2008年，在美国次贷危机演变为国际金融危机并向实体经济蔓延、全球经济发展趋缓的不利情况下，黑龙江省积极采取有效措施，着力解决经济社会发展中的突出矛盾和问题，经济运行保持平稳。全年实现地区生产总值8 310亿元，比上年增长11.8%；人均地区生产总值21 727元，增长11.7%。

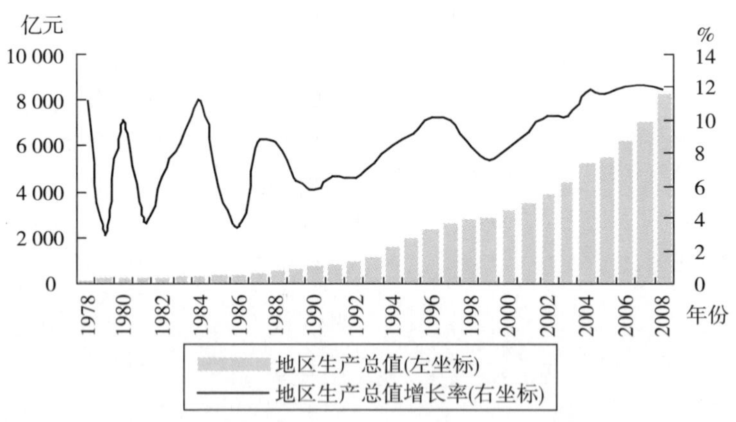

数据来源：《黑龙江统计年鉴》，《黑龙江统计月报》。

图1 1978~2008年黑龙江省地区生产总值及其增长率

（一）经济运行情况及主要特点

1. 第一、第二、第三产业稳步发展，经济发展布局进一步优化。2008年，全省第一、第二、第三产业分别实现增加值1 089.1亿元、4 365.9亿元和2 855亿元，分别增长8.2%、12.1%和12.4%。三次产业构成为13.1∶52.5∶34.4。第一、第二、第三产业对GDP增长的贡献率分别为

7.8%、55.7%和36.5%。

新农村建设迈出新步伐，粮食产量再创新高；2008年，黑龙江省粮食总产量达845亿斤，创历史新高；规划并启动千亿斤粮食产能工程。新农村建设成绩显著。第一批“百乡千村”试点工作全面完成，新建成农村道路2.5万公里，新解决92万农村人口饮水安全问题。

工业经济速度、质量、效益同步提升，节能减排取得明显成效。2008年，全省规模以上工业实现增加值3 444.8亿元，增长13.4%。四大主导产业支撑作用突出。全年装备、石化、能源和食品等四大主导产业实现工业总产值6 540.9亿元，占规模以上工业的89.1%。全省万元GDP能耗继续下降，完成了全年下降4.5%的目标，其中，规模以上万元工业增加值能耗下降6.6%。

第三产业发展速度加快，旅游业发展势头良好。2008年，第三产业实现增加值2 855亿元，增长12.4%。以旅游、金融、物流、服务外包等为代表的现代服务业不断发展壮大。全年实现旅游业总收入563亿元，增长31%，冰雪特色旅游持续升温。

2. 投资结构逐步改善，基础设施建设规模扩大。2008年，黑龙江省注重优化投资结构，全年完成社会固定资产投资3 669.3亿元，增长28.1%，增幅与上年持平。资金主要投向公路、铁路等大规模交通基础设施及水利设施建设。装备、石化、能源、食品等四大支柱产业投资增长比全省平均水平高4.8个百分点。

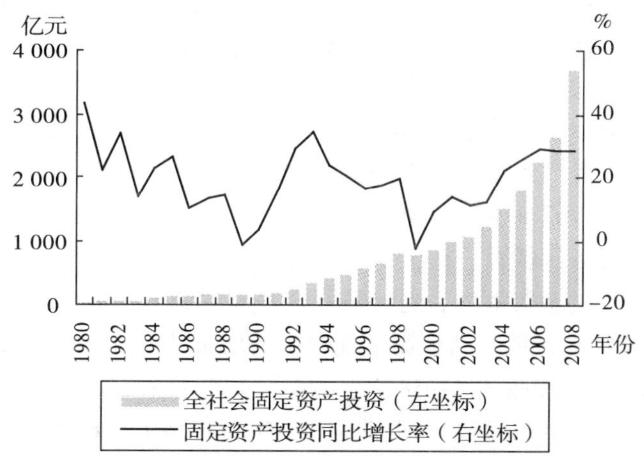

数据来源：黑龙江省统计局。

图2 1980~2008年黑龙江省固定资产投资及其增长率

3. 进出口总额创历史最好水平，实际利用外资稳步增长。2008年，全省对外贸易首次突破200亿美元，累计实现进出口总额229亿美元，增长32.4%。进出口总额在全国31个省（市）中继续列第11位。其中，出口总额165.7亿美元，增长35.1%；进口总额63.2亿美元，增长25.7%。累计贸易顺差102.5亿美元。

2008年，实际利用外资额26.5亿美元，增长22.5%。资金主要投向制造业及电力、燃气、水等基础设施，资金大部分来源于香港地区。

专栏　卢布现钞兑换业务试点工作稳步推进

2007 年 12 月 29 日，经国家外汇管理局批准，中国银行黑河分行和哈尔滨银行分别在黑河口岸和哈尔滨市同时对外挂牌公布人民币对卢布现钞汇率，在全国率先试点开办卢布现钞兑换业务。该业务开展以来，两家银行独立定价、自行管理头寸，业务运行平稳。2008 年，哈尔滨银行和中国银行黑河分行共办理卢布现钞兑换业务 4 122 笔，9 600 万卢布，折合 340 万美元。其中，卢布现钞结汇 3 092 笔，金额 5 446 万卢布，折合 190 万美元；售汇1 030笔，金额 4 154 万卢布，折合 150 万美元。

俄罗斯阿穆尔州商业银行于 2003 年 4 月开办了人民币现钞兑换业务，综合考虑市场人民币现钞的供求状况、周围商业银行确定的人民币买入和卖出汇率以及俄联邦中央银行的官方汇率。由于所经营人民币现钞主要来自中俄两国过境人员跨境携带，所以兑换数量并不多，且存量也较少。

全省卢布兑换业务兑入笔数多但单笔兑换金额小、兑出笔数少但单笔兑换金额大，这体现了卢布兑换业务的客户结构特点。兑入业务主要是入境旅游、小额购物或出境回国人员剩余卢布款兑换，所以兑换金额较小，兑换人员基数较大。而兑出业务由于在俄罗斯境内兑换卢布比在我国兑换卢布的成本要高，所以出境旅游人员售汇的金额及需求量相对较大。

4. 地方财政收支同步增长，调节保障作用进一步增强。2008 年，受原油、煤炭等原材料均价上涨、固定资产投资规模扩大等因素影响，全省增值税、营业税、企业所得税等主体税种收入平稳增长。全年实现地方财政收入 767.1 亿元，增长 32.4%；地方财政支出 1 717.7 亿元，增长 29.6%。财政支出重点向一般公共服务、教育、社会保障和就业、农林水等方面倾斜，充分体现了“保运行、保稳定、保民生、促发展”的政策取向，对经济社会发展的调节保障作用进一步增强。

5. 城乡居民收入显著提高，消费品市场呈现较快的增长势头。2008 年，城乡居民收入水平显著提高，全省城镇居民人均可支配收入 11 581 元，增长 13%；农村居民人均纯收入 4 856 元，增长 17.5%。社会消费品零售额总量和增幅再创新高，呈现高开高走、稳中有升的发展态势。全年实现消费品零售总额 2 838.6 亿元，增长 21.8%，增幅提高 5.1 个百分点，扣除物价上涨因素实际增长 15.1%（见图 3）。

6. 物价水平“前高后低”，总体趋势平稳。2008 年，虽然年初受上年翘尾等因素影响，物价水平创出近年来新高，但随着国际金融危机影响的日益扩大，原材料价格迅速回落，物价水平呈“前高后低”走势。全省居民消费价格总指数 105.6，4 月份达到最高点，从 5 月份开始迅速回落，其中食品价格回落较快，居住价格保持稳定。原材料、燃料、动力购进价格、工业品出厂价格累计涨幅较大，从第四季度开始，涨幅明显回落；农业生产资料价格水平从年初开始持续上涨，涨幅逐步加快，年末趋于平稳。

7. 重点行业分析。房地产市场和房地产金融状况。2008 年，房地产开发投资增速下降，全省房地产开发投资增长 18.5%，增速降低 0.5 个百分点；房屋销售增速持续走低，全省商品房销售面积增速呈不断回落的走势，全年销售商品房下降 12.3%；房价涨幅逐月下降，全省商品房平均销售价上涨 13.3%，涨幅逐月回落；房地产信贷走低，全省金融机构本外币房地产贷款余额 329.5 亿元，降低 7.6%，其中，房地产开发贷款降幅达到 33%。

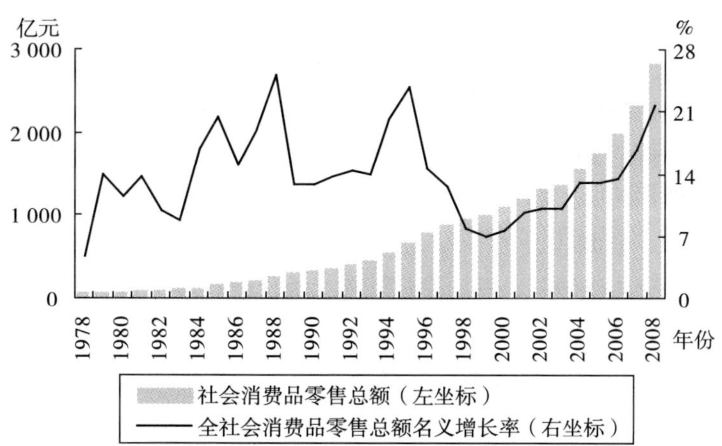

数据来源：《黑龙江统计年鉴》，《黑龙江统计月报》。

图3　1978～2008年黑龙江省社会消费品零售总额及增长状况

出口企业经营状况。2008年，企业出口总值为165.7亿美元，比上年增长35.1%。从出口地区结构看，主要以对俄贸易为主，其次是日、韩等亚洲地区，欧美所占份额较小；从贸易方式来看，以一般贸易为主，边境小额贸易为辅；从企业性质看，私营企业起主导作用，占全省外贸七成以上；从主要商品看，服装及衣着附件、机电产品、鞋类等传统商品出口保持相对稳定。

（二）经济运行中需要关注的问题

一是经济发展中的深层次矛盾有待进一步解决。经济发展缺乏足够的动力和活力，结构性矛盾没有得到很好解决，经济发展方式没有根本性转变，以高新技术产业为代表的新兴产业发展缓慢，重工业比重过高。二是国际金融危机对全省经济发展的影响呈加重趋势，外贸进出口、直接融资、利用外资、房地产等相关领域和行业都不同程度地受到影响，尤其是工业，已从最初的原油、焦炭、原煤、钢铁等行业，逐步传导到装备制造、食品等其他行业，造成部分主导产品市场萎缩。

二、金融业与金融稳定

（一）银行业

1. 银行业发展概况。经营规模稳步增长。2008年年末，黑龙江省银行业金融机构资产总额11 271亿元，同比增长16.4%；负债总额11 055亿元，增长16.7%；实现利润74亿元，增盈28.4亿元，增长62.1%。

存款增幅提高。2008年年末，全省银行业金融机构各项存款余额9 077.5亿元，比上年同期增长18.5%，增幅同比提高9.6个百分点。存款增长呈现两个特点：一是受股票和房地产市场不断下行的影响，居民投资意愿下降，储蓄存款持续回流。二是定期存款增长明显。定期存款余额4 263亿元，比年初增加927.1亿元，占全部存款的比重由年初的51.1%提高到55.2%。

贷款增速加快。2008年末，剔除农行不良贷款剥离因素，全省银行业金融机构各项贷款余额4 593.5亿元，同比增长16%，提高8.5个百分点，创11年来增幅新高。新增贷款主要投向新农村建设、中小企业、交通运输等基础设施，压缩了受国际金融危机影响较大的建筑行业贷款。

现金投放大幅增加。2008年年末，全省金融机构累计实现现金收支分别为25 663.5亿元和25 812.7亿元，分别下降2.2%和1.7%；收支轧差净投放现金149.3亿元，同比多投放113.6亿元。

不良贷款比例大幅下降。2008年年末，银行业金融机构不良贷款余额671.5亿元，较年初减少477.1亿元；不良贷款率14.6%，较年初下降11.9个百分点。主要原因是农行剥离不良资产464.9亿元，其中不良贷款431.2亿元。

2. 银行业改革不断深入，对外开放取得新突破。商业银行改革深入推进。2008年，农业银行黑龙江省分行完成了第二次不良资产剥离，邮政储蓄银行在黑龙江省的13家二级分行、818家支行挂牌营业，哈尔滨银行、大庆市商业银行实现跨区域经营，七台河单一法人社组建城市商业银行的各项准备工作进展顺利。

农村合作金融机构改革取得新进展。2008年，全省81家农村信用社县级联社中，1家已组建农村合作银行，其余80家县级联社全部完成了以县级为单位的统一法人社组建工作；专项中央银行票据兑付共通过77家，获得兑付票据金额52.9亿元，分别占全省县级联社总数和专项票据发行总额的97.5%和97.6%。牡丹江远东村镇银行、大庆润生村镇银行相继挂牌成立，支农力量进一步增强。

积极引进股份制银行和外资银行。2008年，兴业银行、中信银行哈尔滨分行陆续挂牌成立；韩国国民银行哈尔滨分行的成立，填补了黑龙江省外资银行营业性机构的空白；奥地利中央合作银行哈尔滨代表处正式设立；韩亚银行（中国）有限公司哈尔滨分行获准筹建。

3. 银行业发展需要关注的问题。部分行业贷款风险突出，房地产行业贷款风险显现，外贸行业信用风险扩大；受国际金融危机影响，实体经济效益下滑，部分企业财务状况恶化，还贷能力降低，银行信用风险上升，不良贷款反弹压力加大。

（二）证券业

1. 证券业发展概况。2008年年末，黑龙江省共有境内上市公司26家，累计直接融资197亿元，总股本134.4亿股，总市值848亿元；证券公司1家，证券营业部71家，服务部46家，证券投资者163.7万户；期货公司5家（其中停业1家），营业部10家（其中停业1家）。证券经营机构总成交额10 005.2亿元，同比下降33%。期货交易量2 098万手，增长14.4%；交易额9 508亿元，增长36.8%。

上市公司法人治理结构日趋完善，股权分置改革进入尾声。2008年，全省共有4家公司完成并购重组，27家较成熟的拟上市公司中2家公司的申报材料已被证监会受理。股权分置改革基本结束，2008年年末，上市公司已有20家完成股改，2家进入股改程序，4家尚未进入股改程序。

证券公司经营趋于规范，业务范围逐步扩大。2008年，唯一的法人证券公司江海证券公司完成了账户清理工作，完善了合规管理体系；积极拓展业务范围，申请基金代销资格；增资扩股工作取得进展，面向老股东的配股增资已结束，面向新股东的募股工作正在进行中。

期货公司重组增资顺利进行，外埠期货公司进入辖区。2008年，黑龙江省2家期货公司实现了股权变更，1家期货公司扩充了资本金，1家期货公司准备重组增资，4家外埠期货公司设立了营业部。外埠期货公司的进入，有利于辖区期货市场形成良性竞争，提高了期货经营机构规范运作水平。

2. 证券业发展需要关注的问题。近年来，黑龙江省境内上市公司的数量有减无增，部分上市公司持续盈利能力不强，缺乏发展后劲，上市公司总体质量不高。

（三）保险业

1. 保险业发展概况。2008 年，黑龙江省新进入 4 家保险公司，保险市场主体达到 29 家。实现原保险保费收入 251. 2 亿元，同比增长 61. 5%，规模保费在全国排名第 15 位，增速排名第 2 位。全省共发生赔付支出 103 亿元，增长 25. 4%。保险深度 3%，增长 0. 8 个百分点；保险密度 656. 9 元/人，增加 247. 9 元/人。

寿险业务稳步发展。2008 年年末，黑龙江省共有寿险经营主体 14 家。人身险原保险保费收入 203. 3 亿元，同比增长 67. 5%；赔付支出 70. 2 亿元，增长 5. 2%。万能产品对寿险业务的拉动作用最为突出，保费收入 49. 7 亿元，增长 235. 6%。

财产险业务保持较快发展势头。2008 年年末，黑龙江省共有财产险经营主体 15 家。在农业保险快速发展的推动下，财产险原保险保费收入 48 亿元，同比增长 40. 1%；赔付支出 32. 9 亿元，增长 111. 9%。

农业保险实现突破。2008 年，黑龙江省被列为农业保险中央财政补贴试点省份，农业保险实现保费收入 13. 8 亿元，同比增长 312. 1%，占全国农业保险保费收入的 15. 7%。全年农业保险共赔付 10. 6 亿元。

农村小额人身保险试点工作取得新进展。2008 年，中国人寿、泰康人寿、新华人寿黑龙江省分公司积极开展农村小额人身保险试点工作。农村小额人身险实现保费收入 305 万元，累计承保 22. 8 万人，共有 238 个村整村投保。

2. 保险业发展需要关注的问题。有关国计民生的保险业务仍需加快发展，市地农民养老保险、新农合医疗保险等方面还没有实质性突破；通过银行代理渠道销售的投资理财型保险产品面临潜在风险。

三、金融市场与金融稳定

（一）金融市场运行情况

融资总量快速增长。2008 年，黑龙江省金融机构融资总量 760. 9 亿元，同比增长 127. 8%。企业融资仍以间接融资为主，间接融资金额 713. 9 亿元，占全部融资额的 93. 8%；直接融资金额 47 亿元，占全部融资额的 6. 2%。仅有 5 家企业参与了直接融资，主要集中在建筑、医药和商业。有 2 家企业发行短期融资券 12 亿元。

同业拆借交易呈下降趋势。自 2008 年第三季度以来，货币政策趋于宽松，同业拆借市场成员的资金充裕，交易量呈下降趋势。2008 年年末，同业拆借市场交易总量 135. 5 亿元，同比减少 88. 5 亿元，下降 39%。

银行间市场债券交易规模不断扩大。2008 年，黑龙江省银行间债券市场成员债券投资以稳健为主，在保证流动性和安全性的基础上，更加注重收益性。银行间债券市场交易总量 31 144 亿元，同比增加 18 054. 6 亿元，增长 137%。城市商业银行是债券交易的主要力量。

票据市场继续保持增长势头。2008 年，黑龙江省金融机构累计签发承兑汇票 519. 8 亿元，同比多签发 103. 8 亿元，增长 25%；累计办理票据贴现 2 373. 6 亿元，增加 783. 3 亿元，增长 49. 3%。企业的短期融资需求票据化趋势日益明显。

外汇市场业务稳步发展。外汇市场成员充分发挥地方性银行的优势，加强对客户的营销和服务，结售汇量增加。2008 年，黑龙江省银行间外汇市场交易量 34 235 万美元，增长 37.3%。

黄金市场业务发展迅猛。2008 年，黑龙江省各商业银行黄金业务发展迅猛，业务量不断攀升。2008 年年末，各商业银行黄金交易量 13 105 公斤，其中：纸黄金交易 827 公斤，增长 850.6%；实物黄金交易 12 278 公斤，增长 198.9%。

（二）金融市场运行需要关注的问题

市场参与主体单一，黑龙江省仅有 2 家银行间外汇市场会员行，市场竞争力明显不足；交易品种单一，目前在票据市场实际的交易中以银行承兑汇票为主，不利于引导企业扩大票据融资，阻碍了票据市场的进一步拓展。

四、金融基础设施与金融稳定

（一）支付清算体系

2008 年，黑龙江省支付清算体系建设稳步开展，支付系统整体效率和安全程度明显提高。全省共有现代化支付系统直接参与者 45 家，增加 2 家；间接参与者 1 730 家，增加 255 家。2008 年，大额支付系统共发生业务 576 万笔，金额 11.7 万亿元，同比分别增长 21.6%、44.6%。小额支付系统共发生业务 324.9 万笔，金额 584.5 亿元。同城清算资金 2.1 万亿元，增长 7.7%。电子商务客户、其他单位客户和个人客户分别发展到 5.4 万个、2.5 万个和 364.8 万个，分别增长 27.4%、82.5%、40.8%；电子银行交易笔数 6 336.9 万笔，交易金额 2.2 万亿元。

（二）征信体系

征信体系社会作用日益显著。2008 年年末，企业征信系统共收录企业借款人 11 万户，已涵盖了全省与金融机构有信贷业务关系的企业和经济组织。个人征信系统共收录自然人数 1 042 万人，收录各商业银行信贷业务账户 518 万个，收录个人结算账户信息 4 518 万条。系统查询的涵盖面、查询量和查得率逐月上升。2008 年各商业银行通过个人征信系统查询个人信用报告 146 万笔。2008 年，采集 2.4 万户中小企业信息进入企业信用信息基础数据库中小企业信用档案。农村信用体系建设试点工作范围进一步扩大，试点地区已为 8.1 万户农户建立了电子信用档案。

（三）反洗钱工作

2008 年，在加大对银行业金融机构监管力度的基础上，重点对证券、保险业金融机构履行反洗钱职责情况进行了现场检查，进一步拓宽反洗钱监管范围；创新非现场监管手段，试点开发了反洗钱非现场监管与同城自动清算系统信息的实时比对程序，及时监测可疑交易行为；分层次、分领域、多渠道开展反洗钱宣传培训，扩大了反洗钱工作社会影响力；加强与公安部门沟通合作，配合公安机关查办了 1 件非法集资诈骗案件，共开展反洗钱调查 54 次，移送公安机关立案侦查 2 起。

（四）金融法制环境建设

全省金融法制环境发展态势良好，维护金融债权的司法环境有所改观。2008 年，全省共受理合同纠纷、权属、侵权纠纷等各类民商事案件 21.3 万件；新受理执行案件结案 5.2 万件，执结标的总金额为 86.8 亿元，执行率为 88.9%。其中，权属、侵权纠纷案件执结标的金额为 7.1 亿元，执结率为 89.7%；合同纠纷案件执结标的金额为 75.7 亿元，执结率为 88.3%。金融债权纠纷案件诉讼成本高、执行难、受偿率低的现象仍然存在。

（五）金融生态环境建设

近年来，为给金融业健康发展创造良好环境，黑龙江省以“诚信龙江”建设为突破口，积极开展信用体系建设工作。省委、省政府出台了《关于改善金融生态环境 促进经济金融和谐发展的意见》等一系列政策措施。各部门通力合作完成了《企业信用平台建设方案》、《企业质量诚信等级评价体系实施方案》。在已经建立并运行的“龙江信用网”的基础上，完成了全省信息资源整合，联合征信平台运作良好。“诚信龙江”建设系列工作取得了长足进展，金融生态环境发生了较大的改变。

（六）审慎监管情况

银行业监管。2008 年，黑龙江省银行业监管机构实施监审联动，进一步提升现场检查质效；加强系统建设，强化非现场预警；强化制度执行和违规处罚，科学有效地做好案件防控和专项治理工作。

证券业监管。2008 年，黑龙江省证券业监管机构结合辖区实际，完善辖区监管责任制，提高监管工作效率和质量；做好各项专项检查，防范风险隐患；多方联动，严厉打击非法证券活动。

保险业监管。2008 年，黑龙江省保险业监管机构健全监管制度，加强了现场检查，针对银行渠道代理业务、内控管理、保险中介机构与保险公司业务合作情况进行检查，规范了市场竞争行为。

五、总体评估与政策建议

（一）总体评估

1. 总体情况。2008 年，黑龙江省地区生产总值继续保持两位数增长，经济效益综合指数大幅度提高；消费和固定资产投资成为拉动经济发展的强力引擎；地方财政收支同步增长，城乡居民收入稳步提高。金融业运行平稳，银行业金融机构经营效益有所好转，证券市场继续平稳发展，保险事业发展较快。金融稳定定量评价分值由 2007 年的 53.2 分增至 2008 年的 64.6 分，增加 11.4 分，增长 21.5%，增幅同比提高 16.7 个百分点。

2. 评估方法与手段。《黑龙江省金融稳定监测评估系统》运用综合层次分析方法，将 62 项基础指标（三级）分为 10 大类二级指标（经济总量、产业结构、集约化水平、可持续发展能力、经济开放度、城乡居民生活水平、银行业资源水平、证券保险业资源水平、银行业风险抵补能力、银行业盈利能力），经济发展水平、金融资源水平两类一级指标，分三个层次加权综合计算金融稳定定量评价分值；采用专家调查、层次分析、构建各类各层次指标的判断矩阵、纲化处理后进行一致性检验等方法确定各类各层次指标权重。

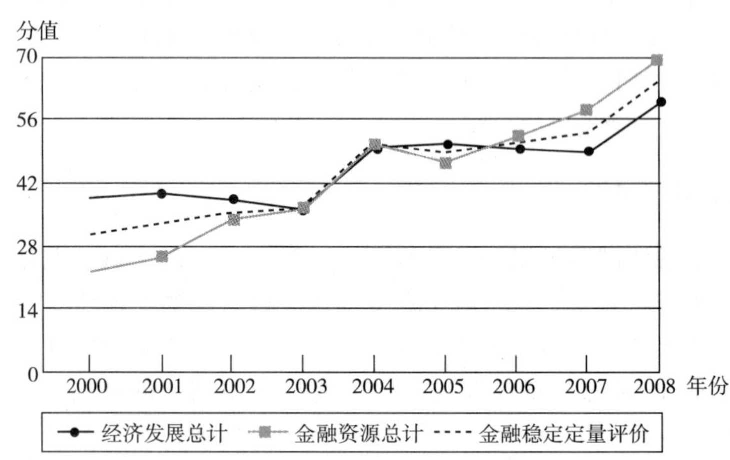

数据来源：黑龙江省金融稳定监测评估系统。

图4　2000～2008年黑龙江省金融稳定评价图

（二）政策建议

1. 贯彻国家“扩内需、保增长、调结构、上水平”政策，防止经济惯性回落甚至过快下滑。面对当前国内外经济不利因素增多的新情况，要进一步落实国家各项方针政策，努力促进全省经济平稳较快发展。一是重视消费市场的培育，改善消费环境，提高城乡居民收入，促进居民扩大消费。二是支持重点项目建设，优化投资结构，加大对交通运输、装备制造、新能源等国家战略性主导产业的投资力度。强化第一产业优势，提升第二产业竞争力，做大第三产业规模，大力推进结构调整升级。

2. 拓宽渠道融资，支持地方经济可持续发展。一方面，金融机构要充分利用国家对“三农”、老工业基地改造大力扶持的政策，加大对“三农”经济及老工业基地建设、节能环保等企业和项目的投入。另一方面，建立股票融资、民间融资、吸引外商投资等多元化、多渠道的融资体制，改善目前企业融资结构，多方解决企业资金紧张问题。

3. 继续深化金融机构改革，增强发展能力。提高银行业金融机构整体经营能力。一是继续推进国有商业银行改革，加强和改进内部控制和风险管理；二是鼓励城市商业银行加快发展，增强资本实力；三是稳步推进农村信用社产权制度改革，逐步完善农村金融服务体系；四是加强金融机构创新能力，稳步提升持续发展能力和核心竞争力。

巩固证券公司和上市公司综合治理成果，逐步化解潜在的风险隐患。推动保险业健康快速发展，提高服务质量，做好市场定位和产品创新工作，密切关注保险业潜在的风险隐患。

4. 进一步改善信用环境，确保金融业稳健运行。各部门在维护社会信用环境中要明确责任，积极理顺银企关系，督促市场行为主体履约守信，形成各部门共同参与的社会信用维护体系，维护金融稳定和金融资产安全。金融部门要充分发挥整体优势，加强各金融机构之间的合作，建立对破坏社会信用行为的联合制裁体系。

总　纂：刘希忠
统　稿：关立群　刘首民
执　笔：李　丹
其他参与写作人员：卢　刚　孙丽颖　刘祥贵　刘　恕　孙　磊　别丹丹
杜志文　周　锐　姜天怡　杨　捷　高　扬　贾　丽
蔡志力　薄　岩

上海市金融稳定报告摘要

2008年是近年来上海市经济发展较为困难的一年。面对国际金融海啸，在党中央、国务院的正确领导下，上海市坚决贯彻落实中央各项经济决策，以科学发展观为指导，积极应对国际金融风险对上海市金融业和实体经济的冲击，保持了上海市经济平稳增长态势。上海市金融体系经受住国际金融危机的冲击，继续保持稳定。

一、经济与金融环境

随着下半年以来国际经济金融环境急转直下，上海市作为我国经济开放前沿城市和国内金融市场聚集地，受到的影响更为直接，经济增速有所回落。全年生产总值比上年增长9.7%，地方财政收入比上年增长13.3%。总体来看，上海市经济整体保持了平稳较快发展态势。

（一）上海市经济金融运行总体平稳

1. 上海市经济继续保持平稳增长。国民经济保持平稳较快发展。全年实现上海市生产总值（GDP）13 698.15亿元，按可比价格计算，同比增长9.7%。

2. 经济结构不断优化，第二、第三产业协调发展。2008年上海市第一产业增加值111.8亿元，增长0.7%；第二产业增加值6 235.92亿元，增长8.2%；第三产业增加值7 350.43亿元，增长11.3%。第三产业增加值占全市生产总值的比重为53.7%，比上年提高1.8个百分点。

3. 消费成为上海市经济增长的新亮点。2008年上海市销售总额、社会消费品零售总额分别突破2.6万亿元、4 530亿元，同比增长31.4%和17.9%；消费增速高于全市GDP增速，高于投资、出口增速，对经济增长的拉动作用进一步增强。全年居民消费价格总水平比上年上涨5.8%，全年工业品出厂价格水平比上年上涨2.2%，全年房屋销售价格水平比上年上涨5.9%。

4. 利用外资形势良好，进出口受到较大冲击。全年批准外商直接投资合同项目3 748项，比上年下降10.9%。第三产业利用外资加快增长。全年第三产业吸收外商直接投资实际到位金额68.35亿美元，比上年增长28.6%，占全市实际利用外资的比重达到67.8%。至年末，在上海市投资的国家和地区已达138个。总部经济不断扩大。年内新增跨国公司地区总部40家、投资性公司13家、外资研发中心30家。“走出去”战略加快实施。全年新批对外投资项目104项，投资总额7.08亿美元。

外贸出口保持较快增长。全年关区进出口商品总额6 065.57亿美元，比上年增长16.3%。全年外贸进出口总额3 221.38亿美元，比上年增长13.8%，增幅回落10个百分点。11月份以来，上海市出口同比出现回落，而且回落速度逐渐扩大，预计上海市出口增速下降趋势短期内难以缓解。

5. 财政和居民可支配收入不断增加。财政收入平稳增长。全年地方财政收入 2 382. 34 亿元，比上年增长 13. 3%。2008 年，上海市城乡居民收入保持平稳较快增长。根据上海市统计局抽样调查，城市居民家庭人均年可支配收入 26 675 元，比上年增长 12. 9%；农村居民家庭人均年可支配收入 11 385元，增长 11. 4%。

6. 固定资产投资结构继续优化。2008 年，上海市完成全社会固定资产投资总额 4 829. 46 亿元，比上年增长 8. 3%。从投资主体看，国有经济投资 2 295. 75 亿元，比上年增长 29%，占全社会固定资产投资总额的比重为 47. 5%；集体经济投资 104. 86 亿元，下降 13. 7%，所占比重为 2. 2%；股份制经济投资 1 026. 67 亿元，下降 12. 2%，所占比重为 21. 3%；外商及港澳台投资 748. 13 亿元，增长 5. 2%，所占比重为 15. 5%。

7. 金融机构集聚进一步加强。2008 年，上海市全年实现金融业增加值 1 442. 6 亿元，比上年增长 15%。至 2008 年年末，上海市有银行业机构 124 家，保险业机构 101 家[①]，证券业机构 94 家。金融机构加快集聚。2008 年新增各类金融机构 82 家，其中银行业机构 12 家，保险业机构 44 家。在沪经营性外资金融机构达到 165 家，其中 2008 年新增 14 家。在沪经营的外资银行及财务公司（不含外资银行同城支行）93 家，其中获准经营人民币业务的 57 家。

8. 金融市场交易量表现不一。2008 年，通过上海证券交易所筹资 3 294. 91 亿元，比上年下降 53. 5%。至年末，上海证券交易所上市证券数 1 184 只。上海期货交易所成交金额 28. 87 万亿元，比上年增长 24. 8%。银行间同业拆借市场成交金额 110. 79 万亿元，比上年增长 55. 4%。上海黄金交易所成交金额 8 995. 48 亿元，比上年增长 1. 7 倍。上海钻石交易所成交金额 13. 07 亿美元，比上年增长 30. 5%。

（二）经济金融运行中需要关注的问题

1. 关注上海市经济增长。上海市是个外向型经济城市，2008 年上海市外贸进出口总额比上年增长 13. 8%，增幅回落 10 个百分点。其中，出口增长 17. 7%，增幅回落 9 个百分点。2008 年 10 月份到 12 月份上海市出口增长速度同比分别为 19%、-1. 1%、-5. 7%。上海市经济增长速度一直高于全国平均水平约 2 个百分点，但是 2008 年上海市经济增长速度和全国平均水平持平。需要关注上海市出口的负增长和 GDP 增长的压力。

2. 关注上海市短期资本流动。一方面，中国是目前国际上最具有投资价值的经济体，因而吸引大量的国际资本的流入，特别是受到国际金融危机影响的全球资本；另一方面，受到国际金融危机的影响，很多跨国机构需要筹措资金弥补损失或收缩业务范围。若这些机构出售或撤回在华投资，会导致资金从国内流出。2008 年上海市外汇收支增速明显放缓，结售汇顺差缩小，外汇形势出现更多的不确定性。外汇流动方向的不确定性增加对经济产生冲击的可能，宏观经济政策操作难度增加。因此，2009 年需要严密监测外汇资金的流向。

3. 关注上海市外资机构股权变动。在国际金融危机冲击之下，许多在上海市有不同程度、不同形式投资的著名国外金融机构母公司面临困难。如果在沪机构的国外母公司出售其在沪机构资产，将引起国内外资机构股权变动。在极端情况下，可能对外资机构行业信心造成冲击，形成上海金融市场的不稳定因素。

① 不包括保险中介机构。

4. 关注上海市私人投资的增长。为了保持经济增长速度，国家出台了经济刺激计划，依靠政府投资来拉动经济增长，保持就业水平。但是政府投资同时也使用了大量的信贷资源和市场资源。提高政府投资信用的同时抑制了民间私人资本投资的吸引力。而民间私人投资部门的增长始终是经济增长最具有活力、最持久的组成部分。应该尽量避免政府投资对私人投资的挤出效应，除保障民生的项目外，政府投资项目的选择应该有利于我国经济结构调整、产业升级和经济增长方式的转变，以发挥政府投资对社会投资和经济增长的拉动作用。

二、金融业运行

2008 年，上海市银行业机构数量不断增加，资产、负债总量增长适度，不良贷款率、不良贷款余额连续 7 年“双降”，资本充足率和拨备覆盖率不断提高，盈利结构不断改善，盈利水平继续提高。证券期货机构经营效益随市场调整有所回落，公司治理及内部控制进一步加强，对外开放程度不断提升，业务创新发展迅速，市场融资功能得到巩固。保险业平稳发展，市场主体数量稳步增加，但部分产险公司亏损严重，外资保险公司市场份额有所下降，保险业保险资金投资收益率略有降低。

（一）银行业抵御风险的能力不断增强

2008 年，上海市银行业在复杂的国际国内环境下，认真落实科学发展观，不断推进改革创新，发展跃上新台阶，抵御风险的能力不断增强。

1. 银行机构数量不断增加。截至 2008 年年末，上海市银行业所辖营业性金融机构达3 167家，外资银行营业性机构 164 家、非银行金融机构 26 家，商业银行营运中心 43 家。新增分行级以上银行业金融机构 13 家，其中，股份制银行分行 2 家，外资法人银行分行及外国银行分行 9 家。此外，还有 3 家外资银行的子行正在筹建。机构的类型不断丰富。新成立私人银行业务部 1 家，村镇银行正获准筹备，邮政储蓄银行改革取得新的进展。

2. 资产、负债总量增长适度。截至 2008 年年末，上海市中外资银行业本外币各项存款余额为 3. 56 万亿元，同比增长 17. 4%；本外币各项贷款余额为 2. 42 万亿元，同比增长 11. 3%。上海市银行业金融机构资产总额突破 5 万亿元，同比增长 11. 1%。

3. 不良贷款率、不良贷款余额连续 7 年“双降”。截至 2008 年年末，上海市银行业不良贷款余额为 355. 6 亿元，比年初减少 107 亿元；不良贷款率为 1. 47%，比年初下降 0. 66 个百分点。

4. 资本充足率、拨备覆盖率不断提高。截至 2008 年年末，上海市银行业金融机构已计提贷款损失专项准备 319. 9 亿元，超过应提准备金 138. 1 亿元，贷款准备金充足率达到 175. 9%，比年初上升 94. 9 个百分点。贷款拨备覆盖率由年初的 70. 03% 上升到 118%。三家法人银行拨备覆盖率达到 162. 7%。上海市银行业整体风险抵御能力进一步提高。

5. 盈利结构不断优化，盈利水平继续提高。2008 年，上海市银行业金融机构实现账面利润 811. 5 亿元，同比增长 26. 7%。盈利结构持续改善，中间业务收入占比为 12. 2%，较年初增加 0. 94 个百分点；成本收入占比为 27. 3%，比年初下降 0. 95 个百分点。

6. 存款增速较快，存款定期化特征明显增强。2008 年年末，上海市中外资金融机构本外币各项存款大幅增加，新增本外币各项存款 5 255. 7 亿元，同比多增 1 303. 8 亿元。受资本市场持续低迷以及市场利率下行预期等因素的影响，居民储蓄存款定期化意愿趋强。2008 年，全市中外资金融机构本外币定期储蓄存款增加 2 369. 8 亿元，同比多增 2 859. 8 亿元。年末，本外币定期储蓄存款余额占比达 70. 8%，同比上升 4. 5 个百分点。

7. 上海市银行业发展应该关注的方面。

第一，关注经济下行过程中的风险暴露。一是关注房地产信贷风险。一方面，2008 年，居民购房意愿大幅下滑，房地产市场交易量降至 2004 年以来最低水平。全年上海市新建商品房和存量房销售面积分别为 2 296 万平方米和 1 413 万平方米，同比分别下降 37. 9% 和 29. 1%。另一方面，房地产商资金趋紧。据统计，2008 年 1～12 月，房地产企业开发投资资金来源同比减少 17. 3%。二是关注土地储备类贷款的风险问题。2008 年，上海市土地市场持续低迷，土地流拍现象较多，在一定程度上影响了贷款质量。

第二，关注贷款集中过高的问题。截至 2008 年年末，5 000 万元以上授信或贷款的大客户贷款余额占比达 70%，比年初上升 1. 34 个百分点，全年增量占比达到 80. 82%。上海市中资银行新增制造业，交通、仓储和邮政，租赁和商务服务业，批发和零售业，水利环境和公共设施五大行业本外币贷款 1 496. 3 亿元，占中资银行新增本外币贷款的六成多。

第三，关注上海市银行业可能出现的操作风险。受经济金融环境影响，企业整体经营状况下滑，银行面临的欺诈、违规操作的概率上升。

第四，关注宏观调控下银行盈利的后续增长。2008 年，尽管上海市银行业盈利水平保持增长，但增速下滑较快。2008 年下半年货币政策取向改变后，客户普遍要求贷款利率下浮。此外，由于市场对利率下行预期较强，存款定期化态势加剧，也提高了商业银行的资金成本。随着金融改革的继续深化，利率市场化将继续推进，存贷利差缩小是大势所趋，商业银行存贷利差收入增长可能继续放缓。

第五，关注上海市外资银行发展面临的挑战。受国际金融危机的影响，2008 年外资银行各项业务发展放缓。2008 年，上海市外资银行资产总额增长 13. 2%，增速同比下降 35. 3 个百分点。部分外资银行流动性面临一定压力。

第六，关注国际金融风险给上海市银行业带来的市场风险。一是 2008 年 9 月以来，全球银行业市场流动性极度紧张。二是汇率波动幅度加大，市场对人民币汇率走势判断分歧明显，加剧了银行汇率风险管理方面的难度。三是与境外市场挂钩的理财产品负收益，特别是 QDII 业务和非保本的结构性理财产品出现亏损，引发的投诉和纠纷明显增多。上海市是我国改革开放的前沿，聚集了各类外资金融机构，预计上述风险因素将长期存在，对相关风险应保持高度关注。

（二）证券业总体情况良好

2008 年，受国内外经济金融多方面因素的冲击和影响，证券期货市场运行出现较大波动，上海证券业经营环境和市场状况面临较大挑战。面对挑战，上海证券期货经营机构积极应对，强化风险管理和内部控制，实现稳健经营，努力开拓创新业务，推进了全行业的规范发展。

1. 证券期货机构受市场调整影响，但总体情况良好。2008 年，上海市 15 家证券公司中有 10 家实现盈利，共实现营业收入 283 亿元，净利润 117 亿元。截至 2008 年年底，上海 30 家基金公司共管理基金 8 400 亿份，同比增长约 30%；管理资产净值达 6 205 亿元，同比下滑 36%，但上海市基金管理公司管理资产规模在全国基金业中的占比较上年提高 2 个百分点，达 32%。截至 2008 年年底，上海市期货公司总资产和净资产分别为 93. 3 亿元和 22. 5 亿元，比年初增长 24. 6% 和 12. 5%。

2. 证券期货业对外开放程度不断提升，业务创新发展迅速。2008 年，在证券市场低迷的情况下，上海市共新增外资证券经营机构和代表处 12 家。截至 2008 年年底，上海市共有外资证券、基金、期货法人机构 24 家，占全国同类机构总数的 57%；外资代表处 74 家，占全国同类机构总数的 54%。2008 年，上海市证券业创新发展取得新进展。上海市证券公司中有 6 家获得期货 IB 业务资格，5 家获得 QDII 业务资格，5 家获得直接投资业务资格，1 家获得银行间市场利率互换业务资格。基金公司中有 11 家获得专户理财业务资格，7 家获得 QDII 业务资格。期货公司在备战金融期货方面也取得了积极进展，25 家公司中已有 18 家取得金融期货业务资格，其中，全面结算会员资格 2 家，交易结算会员资格 13 家。

3. 整体资产①流动性有明显改善，客户证券结算保证金安全性有更强的制度保障。从流动资产比例（流动资产/总资产）指标看，上海市 8 家大中型证券公司的流动资产比率为 94.79%，与 2005 年的 88.63% 的水平相比有显著的提高。随着第三方存管业务在上海市证券业全面推广，经纪业务客户证券结算保证金的安全性在制度上有了保证，证券公司道德风险进一步降低，从而强化了全行业的经营稳健性。

4. 资本杠杆倍数大幅降低，风险承受能力增强。2008 年，上海市 8 家大中型证券公司的负债比率（负债/资产 ×100%）为 67.13%。与 2007 年的 65.32% 相比略有上升，但仍维持在较低的水平上，反映出各家证券公司资产负债结构仍保持较为稳健的水平。8 家大中型证券公司的资本杠杆倍数（总资产/股东权益）为 3.09 倍，与 2007 年的 5.66 倍相比大幅度下降。总资产中股东权益比例上升意味着各家证券公司对在当前运营规模下的风险承受能力进一步增强。

5. 上海市证券业发展中需要关注的方面。

第一，关注证券投资者权益保护。在证券市场低迷的情况下，仍有少部分证券经营机构对投资者的服务意识不强、服务方式单一，服务内容不够全面，未能满足投资者多元化的服务需求，尤其是部分经营机构在客户服务中忽视、忽略中小投资者的正常需求。部分证券经营机构对投资者教育工作和重视程度不够，片面强调开拓市场、招揽客户，而投资者教育工作未做细做实。进一步强化投资者合法权益保护，维护投资者信心，是上海证券业深化发展的重要基础。

第二，关注开放式证券投资基金的赎回风险。与封闭式基金相比，开放式基金面临基金投资者大量赎回带来的流动性风险。目前，国际国内经济金融运行中不确定因素仍然很多，证券市场的大幅波动有可能继续带来基金赎回压力，并引发基金业流动性风险，需要加以关注。

第三，关注期货市场交易风险。2008 年，受国际金融市场动荡和经济大幅衰退影响，国际商品期货价格出现剧烈波动，并严重影响到我国期货市场，增加了期货市场的交易风险。目前国内期货交易所对连续 3 个交易日跌停且单边无连续报价的交易品种采取强制平仓的制度，该制度的严格执行一定程度上有助于降低期货市场的交易风险。但一段时期内可能引发国际商品期货市场剧烈波动的不确定性因素仍然存在，我国期货市场仍存在较大的交易风险，尤其是国内长假休市不交易制度带来的短期风险积累与释放可能加剧市场波动，需要加以关注。

（三）保险业发挥维护社会经济稳定的作用

2008 年，上海市保险业平稳发展，有效发挥了维护社会经济稳定的作用。市场主体数量稳步增

① 出于数据可比性需要，我们选择上海市 8 家大中型证券公司（申银万国、国泰君安、海通证券、光大证券、东方证券、中银国际、上海证券、德邦证券）作为上海证券机构稳健性评估的主体。这 8 家证券公司总资产占上海 15 家证券公司总资产的 90% 以上，基本代表上海证券机构的总体情况。

加，外资保险公司市场份额有所下降。农业保险快速发展。车险“见费出单”管理制度的实施促使车险市场逐步规范。保险法人机构总资产稳步增长，保险资金投资收益下降，总体运行较为稳健。

1. 保险业平稳发展，发挥维护社会经济稳定的作用。2008 年上海市保险业平稳发展，全年保费收入累计 600.06 亿元，同比增加 117.43 亿元，增幅为 24.33%。其中，产险、寿险分别增长 11.24%和 28.86%。产寿险公司保费收入比例为 23:77，差距较 2007 年进一步拉大。保险深度 4.55%，保险密度 4 352 元/人①。2008 年，上海市保险业全年赔付支出累计 184.09 亿元，同比增加 44.28 亿元，增幅为 31.67%。面对重大自然灾害，上海市保险公司积极赔付，有效发挥了维护社会经济稳定的作用。上海保险业对年初的雨雪冰冻灾害全年赔款总额达到 6.8 亿元，对“512”汶川地震灾害、上海本地发生的几起重大事故造成的经济损失，都进行了及时赔付。

2. 市场主体数量稳步增加，外资保险公司市场份额下降。截至 2008 年年底，上海市共有 96 家保险公司，较上年增加 5 家，市场主体数量稳步增加。中外资保险公司竞争激烈，外资保险公司全年保费收入累计 102.01 亿元，同比减少 15.46%；市场份额由 2007 年的 25% 下降为 17%。由于中外资人寿保险公司业务结构不同，多数外资寿险公司以投连险业务为主。2007 年资本市场的繁荣给外资寿险公司带来快速增长，而 2008 年资本市场持续低迷，投连险销售较为困难，外资寿险公司的保费收入大幅缩水。另外，国际金融危机爆发后，外资保险公司在华业务也受到一定程度的影响。

3. 总资产规模略有增长。截至 2008 年年底，法人注册地在上海市的保险公司共有 37 家。其中，财产保险公司 14 家，人寿保险公司 16 家，养老险保险公司 3 家，健康保险公司 2 家，再保险公司 1 家，保险集团公司 1 家；中资保险公司 17 家，外资保险公司 20 家。另外，还有 5 家资产管理公司。2008 年，上海法人保险公司②及保险资产管理公司总资产共计 4 313.20 亿元，同比增长 8.84%。

4. 保险资金投资收益大幅降低。截至 2008 年年底，上海市法人保险公司保险资金运用余额 3 605.92亿元，同比增长 6.26%。2008 年，受国内经济环境的影响，保险资金寻求更稳妥的投资方式。股票投资和证券投资基金占比下降明显，由 2007 年的 23.53% 降至 2008 年的 9.95%；银行存款和债券投资占比有所回升，占保险资金运用余额的 87.64%。2008 年，上海法人保险公司保险资金投资平均收益率 2.51%，较 2007 年下降 11 个百分点。

5. 偿付能力充足率有所下降，但仍维持较高水平。中国保监会于 2008 年 7 月发布《保险公司偿付能力管理规定》规定，保险公司应当具有与其风险和业务规模相适应的资本，确保偿付能力充足率不低于 100%，并根据保险公司偿付能力状况将保险公司分为三类③，实施分类监管。上海 37 家法人保险公司偿付能力充足率情况良好，2 家产险公司偿付能力充足率不足，1 家寿险公司和 1 家产险公司偿付能力充足率低于 150%，其余均高于 150%。偿付能力充足率虽然较 2007 年有所下降，但仍维持在较高水平。

6. 需要关注的问题。

第一，关注利率不断下调可能给寿险公司带来的“利差损”问题。保险资金投资以固定收益类资产为主，持续降息可能会导致保险资金投资收益降低，再加上 2008 年资本市场持续低迷，保险资

① 保险深度以 2008 年 GDP 预计数 13 359 亿元计算，保险密度以 2008 年年底户籍人口预计数 1 378.86 万人计算。

② 上海法人保险机构稳健性评估数据来自人民银行上海总部对上海法人保险机构的调研，包括法人注册地在上海的保险机构全国分支机构汇总数据，不含太平洋保险（集团）股份有限公司和东方人寿保险股份有限公司数据。下同。

③ 不足类公司：指偿付能力充足率低于 100% 的保险公司；充足Ⅰ类公司，指偿付能力充足率在 100% 到 150% 之间的保险公司；充足Ⅱ类公司，指偿付能力充足率高于 150% 的保险公司。

金投资收益率可能会低于传统寿险产品的预定利率上限 2.5%。若长期保持低利率，寿险公司可能会面临以前年度利差损尚未弥补而出现新的利差损的情况，给其经营带来一定风险。

第二，关注综合成本率过高给产险公司带来的亏损问题。目前我国产险市场仍处在初级阶段，车险占据了过半份额，产险公司为了寻求扩大规模，导致车险市场竞争激烈。另外，保险中介机构无序竞争，使得手续费用率一再攀升。作为衡量产险公司盈利能力的主要标准之一，综合成本率居高不下是产险承保利润亏损的重要原因。2008 年，上海市法人产险公司平均费用率 46.5%，赔付率 57.13%，综合成本率高达 103.63%。再加上投资利润降低，产险整体亏损状况短期内难以扭转。

第三，关注经济金融形势变动对保险资金投资收益的影响。随着市场竞争日益激烈，保险公司的承保利润下降，保险公司的盈利更多依靠保险资金运用。随着保费收入的增长和保险资金投资渠道进一步拓宽，经济金融形势变动对投资收益的影响逐步增大，这给保险公司资金运用带来了巨大的挑战，对其投资管理能力提出严峻的考验。在全球金融危机的冲击下，要重点关注新投资渠道和工具可能带来的风险。

第四，关注保险业务渠道发展失衡对保险业发展的影响。2008 年，上海市法人寿险公司通过银保渠道实现保费收入将近 500 亿元，约占寿险保费收入的 57%，较 2007 年提高 10 个百分点。虽然寿险公司通过银保渠道获得了高额的保费收入，但也为此付出了高额的手续费。2008 年，上海市法人产险公司通过中介渠道实现保费收入超过 300 亿元，约占产险保费收入的 61%，较 2007 年提高 5 个百分点。渠道发展失衡对保险业长远发展不利，容易使保险公司形成对业务渠道的依赖，也容易引起市场行为不规范和恶性竞争。

第五，关注投连险退保问题。2008 年资本市场回落，上海市法人寿险公司投连险保费收入下降 51%；退保率升至 13%，远高于 2007 年的 6%。虽然外资寿险公司在 2008 年调整了业务结构，但投连险仍占其业务的 30% 左右。面对 2009 年不确定的投资环境，寿险公司，尤其是外资寿险公司投连险退保问题值得重点关注。

第六，关注国际金融危机对上海保险业的影响。国际金融危机对保险业的冲击和影响可能会加深。应重点关注跨国金融保险集团风险跨境传递、金融信任危机传导、保险公司境外投资难度加大、国际分保困难等问题对上海保险业的影响。

三、金融基础设施建设

2008 年，上海市支付清算体系建设不断推进，征信系统建设取得新进展，反洗钱机制进一步健全，在促进金融业的稳健运行、维护金融体系安全方面发挥了积极作用。

（一）支付体系建设不断推进

以支付清算系统为重要组成部分的支付体系是金融稳定运行的重要基础。2008 年，中国人民银行上海总部从上海国际金融中心建设和长江三角洲地区金融协调发展的现实需要出发，在支付工具创新、支付系统管理、银行卡业务拓展、奥运支付环境、结算监管与服务完善等方面做了大量的工作，继续保持地区支付、清算系统的良好运行态势，为地区金融稳定提供了切实、有效的基础服务。

（二）征信体系建设不断完善

人民银行上海总部积极推动全国统一的企业和个人征信系统建设，稳步推进评级工作的市场化进程，大力提高征信系统服务水平，不断完善上海市征信体系建设，改善金融生态环境，促进上海国际金融中心建设进程。

（三）反洗钱监测水平不断提高

全面强化反恐融资工作，努力提高反恐融资工作有效性。健全反洗钱工作协调机制，全面加强反洗钱跨部门合作，深入推动金融领域的反洗钱工作。进一步加强非现场监管，提高反洗钱监测分析水平。精心组织认真准备，确保 FATF 上海评估工作的顺利完成。

总　纂：凌　涛
统　稿：杜要忠　储幼阳　谢　斌　杨明奇　张雅楠　顾　颖
执　笔：储幼阳　谢　斌　杨明奇　张雅楠　顾　颖
其他参与写作人员：（以姓氏笔画为序）
叶　芳　司　巍　张　勇　施一扬
郭　芳　颜永嘉　魏晓华

江苏省金融稳定报告摘要

2008年，江苏省经济总体保持了平稳较快发展，产业结构进一步优化，投资稳中略升，消费保持较快增长，外贸进出口、利用外资规模保持平稳增长，通胀压力明显减缓。金融业在改革、创新中稳步发展，多元化的金融组织体系进一步健全，金融机构整体实力、资产质量和经营效益稳步提高，抗风险能力不断提升。现代化支付清算体系高效、稳定运行，支付结算服务水平不断提高，征信系统覆盖面进一步拓宽，征信管理信息日益丰富，反洗钱体系逐步健全，金融生态环境建设逐步深化，金融基础设施建设不断完善，金融体系运行保持稳定态势。

一、宏观经济

为应对复杂多变的国内外经济金融形势，保持经济又好又快发展，防范和化解金融风险，2008年11月份国家对财政政策和货币政策进行重大调整，由稳健的财政政策和从紧的货币政策转为积极的财政政策和适度宽松的货币政策，并出台扩大内需10项措施。12月份国务院发布金融“国九条”、国务院办公厅下发《关于当前金融促进经济发展的若干意见》（三十条）。同时，国家制定并出台了一系列重要的经济金融政策和法律法规，进一步加强和完善宏观调控。这些政策和措施对江苏省当前和今后一段时期的经济金融稳定与发展产生深远影响。

2008年，江苏省经济经受了严峻考验，全年经济保持平稳增长态势，投资稳中略升，消费保持较快增长，外贸进出口、利用外资规模保持平稳增长，通胀压力减缓。全年地区生产总值30 312.61亿元，增长12.3%。全省全社会固定资产投资完成15 061.54亿元，同比增长22.7%，增幅比上年同期提高0.9个百分点；全省实现社会消费品零售总额9 661.40亿元，同比增长23.3%，增幅比上年同期提高5个百分点；全省外贸进出口总额3 922.68亿美元，同比增长12.2%；实际利用外资251.2亿美元，同比增长14.7%，连续6年保持全国龙头地位。

二、非金融部门

（一）企业

人民银行南京分行监测的592户工业企业财务数据显示，随着经济下滑和需求萎缩，企业盈利水平下降，成本上升较快，但偿付能力仍较强，企业营运能力仍处于较高水平。

（二）居民

2008年，江苏省城镇居民人均可支配收入18 680元，同比增长14.1%。居民负债水平下降，年末，全省居民户负债占居民金融资产的比例为 27.09%，同比下降 4.19 个百分点。2008 年沪深股市深度下挫，居民部门股票、基金投资经受了较大损失，拥有股票基金的家庭资产受到股市波动的影响。

三、金融业

（一）银行业

2008 年，江苏省银行业金融机构人民币各项存款稳步攀升，储蓄存款以定期形式大量回流，在其他存款大幅增加的同时，企业存款尤其是活期存款回落幅度较大；上半年江苏省银行业金融机构人民币各项贷款增加平稳，下半年贷款投放节奏明显加快，全年人民币各项贷款大幅增长。年末，全省银行业金融机构人民币各项存款余额为 37 017.48 亿元，比年初增加 6 567.54 亿元，同比多增 1 976.60亿元；人民币各项贷款余额为 26 160.72 亿元，比年初增加 4 311.21 亿元，同比多增 704.14 亿元。年末人民币贷款余额同比增长 19.5%（按可比口径），明显高于同期水平。

2008 年，全省银行业金融机构本外币业务共实现利润 786.43 亿元，同比增长 27.42%。年末，全省银行业金融机构不良贷款余额、不良贷款率比年初减少 197.92 亿元、下降 1.3 个百分点。农村合作金融机构（含农村信用社、农村商业银行、农村合作银行）五级分类不良贷款余额、不良贷款率分别比年初减少 32.07 亿元和下降 2.57 个百分点。

（二）证券业

2008 年，江苏省证券期货业继续保持良好的发展势头，证券期货市场基础性制度不断完善，证券行业发展的基础不断夯实，辖区证券公司已全面实施了合规管理制度，建立了风险控制指标动态监控机制。证券期货交易市场秩序稳定。

证券业继续保持稳步发展。全省共有证券公司 6 家，证券营业部 210 家，服务部 57 家。国联证券、东吴证券、南京证券和东海证券增资扩股先后获得中国证监会的批准，并已相继完成增资扩股工作，资本总额增加 24.09 亿元，净资本增加 41.02 亿元，同比分别增长 25.48% 和 27.62%。

期货业实现跨越式发展。江苏辖区 11 家期货公司注册资本为 7.46 亿元，比上年同期的 5.81 亿元增加 28%。其中，有 3 家公司注册资本过亿元，比上年增加 1 家。期货公司盈利能力不断增强，全年全省期货公司手续费收入 4.63 亿元，同比增长 42%，利润总额达到 8 318.31 万元，同比增长 14.04%。两项指标均达到历史最好水平。

（三）保险业

江苏省保险市场呈现快速发展趋势，全年实现保费收入 775.4 亿元。其中财产保险公司实现保费收入 181.11 亿元，同比增长 15.28%；人身险公司实现保费收入 594.29 亿元，同比增长 41.66%。全省累计赔款和给付支出 267.21 亿元，同比增长 42.54%。其中财产险赔款支出 121.19 亿元，同比增长 41.14%；人身险赔款和给付 146.02 亿元，同比增长 43.73%。外资公司实现保费收入 26.49 亿元，同比增长 63.49%，市场份额达到 3.4%。

四、金融改革与创新

（一）银行业

2008 年，江苏省地方法人银行业金融机构综合竞争力进一步壮大。一是城市商业银行积极扩张。江苏银行泰州分行、上海分行已正式开业，江苏银行深圳分行获准筹建；南京银行上海分行、无锡分行正式开业，南京银行北京分行获准筹建；江苏省长江城市信用社成功改制为城市商业银行。二是农村中小金融机构进一步做大做强。江苏省有 1 家农村商业银行、5 家农村合作银行获准开业，截至 2008 年年末共有 10 家农村商业银行和 21 家农村合作银行。三是村镇银行、小额贷款公司等新型组织发展迅猛。江苏省新型农村金融机构试点地区已由 2007 年的 2 个增加到 6 个，其中沭阳东吴、金坛常农商、宜兴阳羡、东海张农商等 4 家村镇银行已获准开业。年末，江苏省已有 13 个市 54 个县（市、区）获准参加农村小额贷款组织试点，有 23 家农村小额贷款公司相继获准开业。预计到 2009 年年底，江苏省将有 100 家左右农村小额贷款公司挂牌营运。另外，江苏省还有各类农民资金互助组织 60 余家，分布在盐城、连云港和徐州等地，其中盐城地区 2008 年就成立 37 家。四是非银行金融机构发展取得新的成果。江苏省新增加了国联集团、红豆集团两家财务公司，由中国东方资产管理公司、江苏银行股份有限公司、徐州工程机械集团有限公司发起的东方金融租赁有限责任公司（暂定名）也正式进入筹建阶段。苏州信托成功引进苏格兰皇家银行和联想控股作为战略投资者；江苏金融租赁有限公司与南京银行签订了股权认购及战略合作协议，已上报银监会审批。

2008 年，中外资金融机构也纷纷加快了在江苏设立分支机构的步伐。新设立了 5 家股份制商业银行分行、4 家经济紧密区支行和 20 家股份制商业银行县域支行；省外银行业机构也纷纷来江苏发展：宁波银行南京分行、浙商银行南京分行正式开业，徽商银行南京分行、宁波银行苏州分行、浙江稠州商业银行南京分行获准筹建；外资银行的数量进一步增加：新韩银行无锡分行获准开业，大新银行镇江分行获准筹建，至年底江苏省辖内共有 13 家外资银行分行，10 家外资银行支行。

农业银行江苏省分行股份制改革取得阶段性成果。一是不良资产尽职调查、档案资料整理以及责任认定与处理工作已基本结束；二是配合德勤公司完成了全行 2005 ~ 2007 年度业务经营审计，启动了以 2008 年 6 月 30 日为基准日的审计评估工作；三是人力资源综合改革有序进行，加快建立人岗适配的岗位管理体系；四是专门成立了服务“三农”和委托处置剥离不良资产的准事业部。截至 2008 年年底，农行江苏省分行已完成了对德勤外部审计确认拟剥离不良资产的内部剥离。

1 月 20 日，邮政储蓄银行江苏省分行挂牌成立，此后，其 13 家二级分行和 51 家一级支行相继全部挂牌开业，二级支行挂牌工作也基本完成。

（二）证券业

2008 年，江苏省证券期货市场基础性制度不断完善。《证券公司监督管理条例》等一系列基础制度进一步深入落实，证券行业发展的基础不断夯实。江苏省证券市场账户历史遗留问题得到积极稳妥解决。辖区 6 家证券公司在账户规范工作中有 5 家提前完成，另 1 家也按时完成，辖区账户整体规范率达到 98.82%。证券公司合规管理制度和风险控制指标动态管理机制建设有序推进。2008 年，辖区证券公司已全面实施了合规管理制度、全面建立了风险控制指标动态监控机制。江苏省期货公司新开户的客户全部实现实名制，老客户中的活跃户有99%以上达到了实名制要求。

华泰证券顺利完成股份制改造，国联证券、东吴证券、南京证券和东海证券增资扩股先后获得中国证监会的批准，并已相继完成增资扩股工作。在证券公司分类评审中，江苏省有4家公司获得A类，2家公司获得B类。华泰证券由2007年A级升至AA级，东吴证券由2007年的BB级升至A级。

2008年，华泰证券、东海证券和南京证券相继开展资产管理业务后，推出创新的资产管理产品。其中华泰证券的“华泰资金鼎”伞形集合资产管理计划是国内券商首只创新型伞形结构集合资产管理计划。

华泰证券还成功获得了直投业务资格，成立了直投业务子公司。积极参与创新型投资交易方式，上交所固定收益证券综合电子平台一级交易商业务不断扩大，稳步开展权证做市和即时交易、ETF套利及日内交易，获得了中远航运权证一级交易商资格和上海证券交易所大宗交易合格投资者资格，获得了股指期货IB业务资格。推进融资融券业务筹备和资格申报工作，完善了业务流程和相关制度，形成以“紫金理财”为主品牌，包含“好基汇”、“紫金理财大讲堂”、“紫金快车道”等若干子品牌的理财产品体系。

（三）保险业

2008年，江苏省法人保险机构组建取得新的进展，已有紫金财产保险公司和乐爱金财产保险（中国）有限公司两家获得保监会的筹建批准。

在政策性农业保险方面，试点覆盖面不断巩固扩大。截至2008年年底，全省政策性农业保险签单保费收入及农险基金为10.66亿元，比2007年翻一番。承保主要种植业品种三麦、水稻共承保5 862万亩，承保面为91%；承保能繁母猪200万头，承保面基本实现100%。全省还新增了奶牛保险等新险种，部分地市扩大了生猪、肉鸡、桑蚕等地方性险种承保面。政策性农业保险为全省提供了约199亿元风险保障，支付赔款3.38亿元，约195万户次农民从中受益。此外，江苏还在全国率先开展政策性农机保险试点。截至12月底，全省承保兼用型拖拉机、联合收割机4 867台次，保费收入约68万元。

环保责任保险取得重要突破。2008年江苏省保监局等四个部门联合下发了《关于积极推进船舶污染责任保险实施工作的通知》，自2008年11月1日起，要求在江苏水域内航行、停泊和作业的油船、化学品船必须投保船舶污染责任保险，并确定苏州市先行试点。

高危行业雇主责任保险顺利试点。2008年，高危行业雇主责任保险首先在无锡市开展。无锡市政府和有关部门下发了《关于实行企业安全生产风险管理的通知》，制定了《无锡市企业安全生产责任保险实施办法》，明确了“企业可自主选择存储安全生产风险抵押金或者参加安全生产责任保险”。

五、金融基础设施

（一）金融生态环境

随着金融业在社会经济发展中地位的不断上升，金融生态环境越来越成为各地区吸引金融资本、增强经济竞争力、促进社会和谐发展的重要因素。为进一步改善江苏省金融生态环境，2008年，江苏省以金融生态县的创建为抓手，推动金融生态环境建设进一步向基层延伸。为进一步完善江苏省金融生态县创建考核办法，出台了《创建考核评比办法（试行）》；完成了首批17家金融生态试点县的考核评定，启动了第二批22家金融生态试点县创建工作；大力推进农村金融改革，提高县域金融的服务功能；做好金融投资者教育工作，确保金融生态县创建工作长效开展。为进一步改善全省金融投资环境，增加投资者的理财知识，提高投资者的风险意识和自我保护能力，出台了《江苏省金融投资者教育工作指引》。

（二）支付体系

支付体系建设日臻完善，系统运行稳定。一是在积极加强与金融机构沟通交流的同时，进一步强化对金融机构的监督管理，规范金融机构支付结算行为，积极推动支付业务健康稳步发展。全省支付系统新业务推广力度、支票影像业务、查询查复率等各项指标均居全国前列。二是进一步拓展完善支付系统功能，推进辖内支付系统建设。5月8日小额支付系统银行本票业务正式上线运行，业务量和成功率稳步攀升。11月18日，江苏省集中代收付系统正式上线运行。三是全面实施农村地区支付结算“快通工程”，改善农村地区支付结算环境。推进了农村地区支付清算基础设施建设，提高了农村地区资金清算效率。截至11月底，全省农村地区金融机构网点数量较上年底增加了78家。大力发展银行卡业务，努力改善农村地区银行卡受理市场环境。截至2008年11月底，农村地区ATM和POS机具的布放分别较2007年新增了1 852台和6 696台。

（三）征信体系

不断完善征信体系建设，稳步推进信用评级工作。一是探索建立征信市场管理制度框架，着力提升信用评级市场监管效力，使全省的监管工作更规范、更具操作性；积极落实信用评级专家组评审制度，完善评级机构市场准入机制，开展对评级机构质量评审、执业行为、违约率检验等情况的动态考核，建立市场退出机制，不断提高评级业务人员素质。二是积极推进信用评级试点工作，着力培育信用评级市场需求，确定了联合信用管理有限公司江苏分公司等5家信用评级机构开展信用担保机构信用评级的资质，完成了240家信用担保机构的信用评级工作。三是探索建立长效工作机制，着力发挥中小企业信用档案的信用评价效用。积极与地方政府及当地工商、质检、税务等部门沟通联系，通过共享其企业基本信息、财务信息等数据，加大对中小企业信息采集更新的力度。四是开展农村信用体系建设试点工作，着力推进建立农户信用评价体系建设，研发了基于FICO模型的开放式农户信用评价体系。五是加快征信信息采集与核查，着力提升征信系统服务水平。

（四）反洗钱体系

加强反洗钱工作，努力构建非现场监管指标体系，积极探索反洗钱监管工作新路，进一步提高反洗钱工作的有效性。认真组织开展了反洗钱现场检查，在强化对银行业金融机构反洗钱现场检查的基础上，稳步推进对证券、保险业金融机构的反洗钱现场检查。针对金融机构在反洗钱内控制度建设、客户身份识别和大额、可疑交易报告等方面存在的问题，严格依法进行。通过对金融机构履行反洗钱义务情况进行总体评估，全面掌握辖区各金融机构履行反洗钱义务的状况，并对金融机构实施差别化监管，为开展反洗钱现场检查提供导向。深入开展反洗钱专项行动，不断提高打击洗钱及相关犯罪活动的有效性。积极拓宽反洗钱合作领域，全面提升反洗钱协作层次。与海关、检察院签署了《共同预防、遏制和打击涉嫌洗钱等违法犯罪活动的合作备忘录》，深化了反洗钱合作层次，提升了反洗钱合作水平。

六、前景展望与政策建议

2008年以来，美国次贷危机引发的国际金融危机还在蔓延，全球经济衰退风险继续加大。考虑到金融危机对实体经济的巨大影响，全球经济复苏的步伐将会十分艰难，预计2009年全球经济将进入大幅下滑阶段。

展望2009年，江苏省经济金融发展面临的矛盾更加复杂，风险因素也在增加：经济回落中外贸出口增长速度继续降低、企业经营困难加剧、房地产市场下行压力加大，导致银行业资产质量存在下行风险；在传统经营模式尚未发生明显变化的情况下，商业银行盈利水平可能有所下降；回落的宏观经济和不利的市场环境加大证券行业的运行风险；各类投资理财产品收益不佳或严重亏损可能引发突发群体性事件；保险公司保险需求下降、寿险退保、产险亏损可能导致保险业偿付风险等。

为维护江苏省经济、金融的长期健康稳定运行，在当前及今后一段时间里：一是要认真执行适度宽松货币政策，引导信贷结构持续优化，改善企业特别是中小企业的融资环境，推动地方政府出台财税优惠政策，引导产业调整、升级，促进经济增长方式转变。紧密结合当前经济金融形势，明确重点扶持对象，有针对性地巩固和培育信贷增长点，并以此带动其他行业的有效信贷投入，千方百计支持经济增长。二是促进消费增长和消费结构升级步伐，稳定投资、出口增长。保持房地产市场稳定健康发展，发挥房地产在扩大内需中的积极作用。对符合规划和政策要求的房地产开发项目予以必要的信贷支持，防止房地产投资因资金紧张大幅回落。三是进一步强化系统性风险监测、防范，切实维护辖区金融稳定。四是积极培育、引导省内优秀企业通过上市发行股票、企业债券等方式融资，改善融资结构，发挥资本市场的资源配置功能。

总　纂：刘兴亚
统　稿：崔　健　刘　念
执　笔：刘　玄　马军伟　汪秋湘　周晓刚　何　敏
其他参与写作人员：陈　实　谢　宁　戴国海　王海慧　张海蔚
宋卫琳　严仕锋　周晨阳　王　允　许朝霞

浙江省金融稳定报告摘要

2008年，浙江省认真执行中央各项宏观调控政策，积极应对经济运行中出现的各种矛盾和困难，克服雨雪冰冻等自然灾害影响，着力保增长、调结构、促和谐。浙江省经济运行总体仍处于较快增长区间，结构调整和发展方式转变取得积极进展，社会保持稳定。金融业整体发展平稳。银行业机构资本充足水平继续提高，风险抵御能力增强，同时加快改革开放步伐，增强竞争实力，依然保持了较好的发展势头。证券公司合规建设初见成效，拟上市公司数量快速增加。保险业平稳发展，市场体系逐步完善，充分发挥补偿功能。金融市场运行平稳，金融基础设施建设继续推进，金融生态环境优化，为区域金融稳定奠定了较好的基础。

总体上，2008年浙江省金融稳定状况较好。但是，国际金融危机的持续影响、主要经济体经济增长波动加剧和国内经济增长放缓，地区经济运行、金融业发展和金融基础设施建设中存在的种种不足，都对区域金融稳定构成了潜在威胁。因此，下一步要着力采取各项措施，努力克服金融危机的不利影响。要加大对内需的刺激力度，适当扩大投资规模，并加快经济发展方式的转变，改善经济运行基础；继续推动金融业改革创新，提高金融机构风险防范意识；加强金融基础设施建设，优化金融生态环境。

一、经济运行与金融稳定

2008年，面对复杂多变的国内外经济形势，浙江省经济努力克服各种困难，仍保持较快增长。全年实现地区生产总值21 486.9亿元，增长10.1%，增速回落4.6个百分点，按常住人口计算，人均生产总值超过6 000美元。经济在下行压力加大的过程中也传递出加快调整的信号，并呈现出一些积极变化。

（一）浙江省经济运行概况

1. 三大产业协调发展。2008年，浙江省第一、第二、第三产业增加值分别增长3.9%、9.4%和11.8%，第一产业增加值增幅比上年提高1.6个百分点，第二、第三产业增加值增幅分别回落6.1个和3.6个百分点。三次产业比例由上年的5.3:54.0:40.7变为5.1:53.9:41。

2. 三大需求较为均衡，投资出现降温。2008年，浙江省全社会固定资产投资增长10.4%，增幅回落0.5个百分点。限额以上投资增长10.6%，增幅回落0.2个百分点。消费稳步增长。社会消费品零售总额增长19.8%，扣除价格因素，实际增长12.7%，名义和实际增幅分别比上年提高3.1个和0.3个百分点。出口增速回落。2008年浙江省出口增长20.3%，出口增幅扣除人民币升值因素增长9.9%，增幅回落11.4个百分点。

3. 经济结构有所优化，工业内部结构得到优化。装备制造业成为拉动工业增长的重要动力，行业增加值增长11.3%，比规模以上工业平均增幅高1.2个百分点。投资结构继续改善。2008年，限额以上固定投资中，工业投资增长8.5%，其中制造业投资增长12.4%，增幅回落1.2个百分点。高耗能行业投资增幅大幅回落。第三产业投资增长12.3%，分别比第一、第二产业增幅高3.8个和3.5个百分点。出口产品结构优化。机电产品出口继续保持较快增长，增幅22.5%，占出口比重为44.1%。船舶出口增长迅猛，增长85.4%，已成为浙江第5大出口商品。

4. 物价涨幅回落明显。2008年，居民消费价格冲高回落，全年上涨5%；居民消费价格指数涨幅逐月回落，12月首次出现下降，下降0.4%。工业品出厂价格和原材料购进价格分别上涨4.3%和10.6%，其中，11个、12月份工业品出厂价格同比下降0.4%和2.4%，是自2003年8月以来的首次下降；12月份原材料购进价格同比下降2.4%，是自2002年11月以来的首次下降。

5. 房屋销售价格有所回落。浙江省房屋销售价格比上年上涨7.4%，月度同比涨幅从年初的12.4%回落到12月份的0.9%，10月份开始房价环比下降，是近年来的首次下降。

（二）经济运行中值得关注的问题

1. 经济下行压力加大，企业经营困难加剧。2008年浙江省地区生产总值增长10.1%，增速回落4.6个百分点，较全国2.4%的回落幅度明显偏高。特别是进入下半年后，工业生产和效益增幅回落加速甚至负增长。全年规模以上工业企业实现利润下降11.7%，亏损面比上年扩大6.8个百分点，亏损额上升1.76倍。

2. 外贸出口困难，外商直接投资下滑。2008年前10个月，浙江省进出口基本保持一定增长，但增幅逐步回落。进入10月份后，进出口形势急转直下，11月进出口分别下降25.6%和2.5%，为1999年1月份以来首次出现双降。扣除人民币升值因素，全年出口仅增长9.9%，增幅回落11.4个百分点。2008年，浙江省新批外商直接投资企业家数、合同外资、实际外资金额分别减少36.3%、12.6%、2.8%，资本金流入和结汇分别比上年下降21.7%和11.2%。

3. 居民收支增速偏低，就业形势渐趋严峻。扣除价格因素，2008年，城镇居民人均可支配收入实际增长5.4%，农村居民人均纯收入实际增长6.2%，分别为1999年和2000年以来的新低。消费支出增长也随之减缓。城镇和农村居民人均消费支出实际增幅分别为2.7%和4.3%。2008年，规模以上工业企业从业人员平均人数比上年减少0.97%，规模以下工业企业和个体工业单位户均从业人数比上年分别减少10.5%和2.6%。

4. 财政收入增幅回落，地方财政压力加大。2008年，地方财政收入月度增幅基本呈走低态势，从上半年的增长20%以上到11个、12月份同比下降7.1%和6.4%，全年累计增幅比上年回落9.9个百分点。增值税、营业税、企业所得税、个人所得税等四大主体税种增幅普遍回落，增幅分别比上年回落9.3个、12个、24.1个和13.7个百分点。

二、金融业与金融稳定

（一）银行业与金融稳定

1. 浙江省银行业总体发展情况。

（1）资本充足水平提高，抗风险能力进一步增强。2008年，浙江省法人银行机构资本充足率和贷款损失准备充足率继续提高。年末，各类银行机构的资本充足率均在8%以上，其中城市商业银行为12%，农村合作金融机构达12.3%。从贷款损失准备充足率来看，城市商业银行为172.3%，比年初下降6.4个百分点；农村合作金融机构为142.6%，比年初上升34.1个百分点。

（2）盈利能力不断增强，收入结构有所改善。2008 年，浙江省银行机构共实现税前利润 901 亿元，增加 141 亿元，盈利能力进一步增强。中间业务收入快速增加，共实现收入 184.2 亿元，增长 60%。中间业务收入的增加主要由于代理保险、委托贷款以及担保承诺业务收入大幅增加，特别是担保承诺业务收入大幅增加 175%。银行机构的收入来源结构继续改善，中间业务占比较上年提高 0.4 个百分点。

（3）资产质量总体良好，不良贷款反弹苗头有所显现。2008 年第三季度后，浙江省银行业不良贷款呈加速暴露态势，但总体上，浙江省银行机构的资产质量依然良好。2008 年末，浙江省银行业机构五级分类不良贷款率 1.58%，比年初上升 0.4 个百分点。若考虑农业银行不良贷款剥离因素，实际不良贷款率 1.78%，比年初上升 0.6 个百分点。

（4）改革创新稳步推进，网点布局进一步完善。2008 年浙江省银行机构积极有序地推进改革与创新，金融组织体系建设继续加强。一是农村金融改革取得新成果。两级法人农村信用联社深化改革工作全面完成；农村合作金融机构跨区域投资入股试点顺利实施。二是其他银行业金融机构改革继续推进。浙商银行进一步加大了拓展国内市场的步伐；城市商业银行跨区域经营取得明显进展；股份制商业银行进一步向县域延伸；北京银行、平安银行和 3 家外资银行在浙江设立分支机构；杭州工商信托引进摩根士丹利投资入股；邮储银行完成分支机构组建开业。三是金融创新有效推进。法人银行机构债券顺利发行，浙商银行成为全国首家发行小企业信贷资产支持证券的银行；农村合作金融机构在推行集体土地抵押贷款业务等方面取得了突破。

2. 浙江省银行业运行中需关注的主要风险因素。

（1）信用风险加速暴露，风险控制难度加大。一是行业性风险不断加大，外需的持续减弱导致纺织、服装、船舶修造等外向型行业信用风险加大。二是各类客户风险暴露，如集团客户风险、中小企业的信用风险、部分行业的企业风险尤为突出。三是多渠道的风险传递加大了银行风险控制难度，省外投资风险向省内传递、大企业风险向小企业传递、企业间的相互担保导致的风险传递和蔓延、非正规金融风险向正规金融传递、经济领域风险向银行业传递、国外风险向国内传递。

（2）市场利率下行，传统银行经营模式面临严峻挑战。一是利率调整直接导致利差收窄，二是不良贷款反弹使得利润高增长的基础松动，三是中间业务收入增长放缓影响收益结构调整。

（3）资产价格波动剧烈可能引发的金融风险。从目前情况看，国内资本市场走向尚不明朗，受国际、国内经济基本面影响，短期内难以改观，大量资金深陷其中；房地产业也处于重要关口，由于成交量缩减、流动性降低，整个市场面临较大压力。值得注意的是，由于大量资金涉足股市、房市，如果资产价格大幅下挫，长期低迷，不仅会给实体经济带来冲击，同时也会导致微观主体财富缩水、负债率升高，部分企业和个人可能资不抵债，从而引发金融风险。

（4）考核机制偏差，内部管理能力滞后于业务发展。目前，各家银行为快速占领业务市场，争取到尽可能多的高端客户，都下达了专项指标考核和利益激励措施，考核激励力度大，利益驱动明显。有的银行给客户经理下达专项指标，将个人绩效考核和收入挂钩，导致客户经理在利益驱动下过度迎合客户需求，放松业务办理条件。此外，由于重业务拓展轻内部管理，一些银行在实施跨区域经营后，缺乏相应的内部管理架构，导致实际运作不畅。

（二）证券业与金融稳定

1. 浙江省证券业运行状况。

（1）证券发行交易活跃。一是股票发行上市活跃。全年浙江省新增境内上市公司 11 家，IPO 融资总额47.72亿元；12家上市公司进行了再融资，募集资金108.18亿元。二是证券市场交易规模下降。全年浙江省217家证券营业部代理交易金额7.03万亿元，减少23.74%，但仍占全国交易总额的10.95%，仅次于广东和上海。三是期货市场交易规模稳定增长。全年浙江91家期货经营机构代理交易金额11.73万亿元，增长70.25%，占全国交易额的16.31%，位居全国第一。四是投资者队伍不断壮大。年末，浙江证券投资者开户数增长14.96%；期货投资者开户数增长50%。

（2）上市公司整体经营状况良好。一是上市公司经营业绩增长放缓。从前三个季度报表的数据看，60%上市公司的经营业绩已经出现下滑，8家上市公司出现亏损。二是上市公司经营分化现象明显。前三个季度，8家上市公司亏损，123家盈利的上市公司中，盈利水平居前10位的上市公司实现的净利润占净利润总额的55%。三是部分上市公司抗风险能力较强。这类公司大多具有良好的业务发展能力，或为行业龙头，或拥有自身的品牌优势，或对市场反应敏感。四是拟上市公司快速增加。2008年年末，浙江省进入辅导期的企业104家，已报会待审核企业38家，已过会待发行企业3家，拟上市公司数量增长50%。

（3）证券经营机构传统、创新业务两手抓。2008年年末，浙江省共有证券公司3家，证券营业部217家，证券服务部82家，证券投资咨询机构5家，全年新增证券经营机构11家。证券经营机构数次于广东、上海，位居全国第三。2008年省内3家证券公司均建立了符合自身实际的、从公司总部到下属所有营业部的、上下一体的合规管理制度，合规建设初见成效，提高了抗风险能力，为业务的规范发展、公司的稳健运行奠定了基础。

（4）期货经营机构抗风险能力增强。浙江省期货经营家数、客户权益、代理交易规模、资本实力和盈利能力一直位居全国前列。2008年，通过期货开户实名制、期货电子账单自动登录系统试点、期货交易风险动态监控等各项基础性制度的建立和完善，期货市场健康稳定发展的基础进一步夯实。期货公司风险管理水平不断提高，整体资产状况明显改善，资产流动性强，变现能力良好。

2. 浙江省证券业运行中需关注的主要问题。

（1）上市公司方面需要关注的问题。一是上市公司规模偏小。2008年浙江省上市公司平均股本规模为全国平均水平的24.64%。二是股东质押上市公司股权增多，可能影响公司的稳定和持续性发展。三是上市公司大股东变相占用公司资金现象有所抬头。四是直接融资比例不高，2008年仅为9.1%。五是上市公司产业和区域发展不均衡。传统产业上市公司占80%以上，杭州、宁波、温州三地集中了68%的上市公司。

（2）证券公司方面需关注的主要问题。一是证券机构合规管理工作不到位；二是违规营销行为时有发生；三是市场恶意竞争仍然存在；四是信息安全仍然存在隐患；五是高管人员整体素质有待提高；六是投资者权益保护不力。

（3）非法证券期货活动应引起关注。2008年，浙江省内一些机构以“投资、理财、咨询”等名义从事非法证券期货业务活动，干扰了正常的金融秩序，极易引发社会不稳定，需高度警惕。

（三）保险业与金融稳定

1. 保险业发展概况。

（1）市场体系逐步完善，行业竞争实力不断增强。2008年，浙江省新增市场主体9家，浙江省地方国有资本发起的浙商财产保险公司获准筹建。保险总分公司、中介机构、行业社团共同繁荣发展的保险市场体系进一步完善。保险业资产规模持续扩大，保险业竞争实力不断增强。

（2）保费收入继续增长，产品创新步伐加快。2008 年，浙江省实现保险保费收入 576.33 亿元，增长 30.41%。其中，财产险保险保费收入 203.39 亿元，增长 15.91%；人身险保险保费收入 372.95 亿元，增长 39.96%。

（3）充分发挥补偿功能，支持地方经济发展。2008 年，浙江省保险业发生赔付支出 212.99 亿元，增长 22.65%。在抗击 2008 年年初雪灾、杭州地铁塌陷事故等重大突发事件中，各保险机构主动简化理赔程序，自觉履行合同约定，共计支付雪灾赔款 11 亿余元，预付地铁事故赔款 1 000 余万元。2008 年出口信用保险报损有所增加，中国出口信用保险公司浙江分公司（不含宁波）全年共接到出口项下报损案件 489 起，总金额达到 8 658 万美元。

（4）全面开展政策性农业保险工作，积极发展“三农”保险。一是不断深化政策性农业保险试点，重点做好“一扩一增”工作；二是继续完善政策性农房保险制度，健全服务网络建设，制定理赔仲裁办法，建立快速理赔机制，推动农房保险业务进一步扩面；三是加快完善农村保险保障体系，巩固参与新农合管理的第三方模式，深入推进计划生育保险，探索开展外出务工人员保险，多层次、广覆盖的新型农村风险防范体系初步建成。

2. 浙江省保险业运行中需关注的主要问题。

（1）寿险公司退保率居高不下。2008 年，浙江省寿险公司退保率高出全国平均水平 1.86 个百分点，比上年同期提高了 1.04 个百分点。其中投资型寿险产品退保金占总退保金的 86.35%，比其保费收入占比高 10.95 个百分点。

（2）偿付能力有所降低。因投资收益下滑，直接影响到各公司的投资收益，而保费规模持续增加，导致实际资本减少，降低了偿付能力充足率。年初以来的雪灾等灾害直接导致财险公司赔付增加，也降低了偿付能力充足率。

（3）防范化解利差损风险的难度逐步加大。持续降息意味着存款利息收入下降和债券投资到期收益走低，加之资本市场和股票投资在短时期内难见起色，保险利差将进一步收窄，10 年前困扰寿险市场的“利差损”现象，将可能再次显现，危及保险企业偿付能力。

三、金融市场与金融稳定

2008 年，浙江省金融市场参与主体继续增加，同业拆借和债券交易持续放量，票据承兑业务发展平稳，银行间外汇市场上即期和掉期交易量大幅增长，债券融资规模继续扩大。

（一）浙江省金融市场参与主体持续增加

2008 年末，浙江省共有全国银行间债券市场成员 89 家，其中新增 9 家；银行间同业拆借市场成员 47 家，其中，新增 13 家；银行间外汇市场成员 23 家，并有 3 家上海黄金交易所综合类会员，同时，省内已有 9 家上海黄金交易所金融类会员的分支机构开展了各类黄金业务。

（二）同业拆借市场交易继续放量

2008 年，浙江省金融机构场内外同业拆借累计成交量增长 91.5%，依然保持快速增长势头。从同业拆借业务资金流向看，浙江省市场成员在拆借市场上以融入资金为主。以场内拆借为例，浙江省市场成员 2008 年从全国银行间同业拆借市场累计净拆入资金为 1 351.4 亿元。

（三）票据承兑业务增速趋缓，贴现业务量增价跌

2008 年末，浙江省金融机构银行承兑汇票承兑余额比年初新增 1 842.4 亿元，多增 591.2 亿元。但是从 6 月份开始，浙江省的银行承兑汇票业务发展速度明显趋缓，7 月份和 9 月份甚至出现了承兑余额环比下降的现象。票据贴现业务结束了近一年的下行趋势并走稳，浙江省各金融机构通过快速调整直贴利率、加强营销力度及积极转贴现等方式，做大票据贴现业务，贴现余额逐月上升势头十分明显。全年浙江金融机构票据贴现余额增幅高达 110.8%。

（四）债券发行规模增长，交易品种增加

2008 年，浙江省债券发行规模继续保持快速增长。共有 21 家机构在市场上公开发行各类债券 243.96 亿元，增长 31.1%，其中，16 家企业发行短期融资券 188 亿元，增长 37.2%。同时债券发行种类也有所增加。除短期融资券、企业债券等原有品种外，2008 年浙江省有 1 家企业首次发行了公司债券 14 亿元；杭州银行成功发行了次级债券 10 亿元，浙商银行发行了 6.96 亿元的全国首单中小企业资产支持证券。

（五）银行间外汇实际交易大幅增长，外汇掉期业务发展迅速

2008 年，浙江省市场成员在银行间外汇市场的交易量为 713.1 亿美元，增加 581.4 亿美元，增幅达 341.6%。其中，浙江省市场成员在银行间即期外汇累计买入外汇 277.3 亿美元，累计卖出外汇 378.0 亿美元，即期市场外汇净卖出金额为 100.7 亿美元。2008 年外汇衍生产品交易累计交易额增长 11 倍，其中外汇掉期交易占 99.6%。

（六）民间借贷总量增长，借贷利率先扬后抑

2008 年浙江省民间借贷量总体增长较快，全省 240 个监测点发生借贷金额比上年增长 7.24%。总量增长呈前快后缓态势。民间借贷利率总体先扬后抑，上半年利率快速攀升，但从第三季度开始，受人民银行五次下调人民币贷款基准利率、小额贷款公司和村镇银行逐步开业以及企业资金需求有所下降等因素影响，利率水平总体呈现下降态势。第四季度，浙江省监测点的平均借贷利率同比下降 0.96 个百分点，环比下降 1.57 个百分点。

四、外汇资金流出入与金融稳定

2008 年下半年以来，随着国内外经济金融不确定因素的增加，外汇持续流入和结汇的压力有所减缓，售汇和流出的资金规模有所扩大，外汇资金流出入总体较为稳定。2008 年浙江省外汇流出入主要有以下特点：一是货物贸易净流入和净结汇继续占主导地位，但贸易顺收顺差形势下半年以来发生转变；二是外商直接投资资本金结汇率仍然维持高位，但流入和结汇的规模下半年以来出现下滑；三是个人净流入和净结汇整体保持较大规模，但下半年以来结汇放缓、购汇攀升趋势明显；四是外汇贷差缩减、短债规模回落，负债外币化的趋势下半年以来明显缓解；五是远期结售汇合同履约规模成倍增长，但下半年以来远期结汇签约规模大幅萎缩；六是人民币对美元汇率趋向稳定，但名义和实际有效汇率升值幅度较大。

当前，国际金融危机对我国经济的传导主要是通过外需减少，使我国出口受阻，在产能过剩的背景下，企业之间竞争更加激烈，一部分企业面临停产倒闭，继而影响就业和社会稳定。作为一个典型的外向型、加工型省份，浙江省首当其冲，加上原材料、劳动力、土地等要素成本上升，人民币汇率升值等加剧了企业经营困难，浙江经济发展面临前所未有的严峻形势。浙江省经济增速明显回落，对外经济对浙江省整体经济的拉动作用有所减弱。

企业出口的下降导致宏观经济变化，对外汇资金流出入的影响较大，主要体现在三个层面：一是人民币汇率可能产生大幅波动。2008 年下半年以来，人民币对美元呈现窄幅波动，但对欧元、日元、英镑等币种波动性加大，未来汇率波动可能更加剧烈和难以预测，涉汇主体的汇率风险敞口加大。二是外汇管理与货币政策的协调性可能降低。当前，外汇占款在货币投放中的比重波动性较大，货币政策既要考虑外部平衡的需要，又要考虑内部平衡的需要，调控的结构性难度加大，独立性可能降低。三是外汇资金流出入的趋势不明朗。随着国际金融危机影响的不断蔓延，企业对外贸易投资行为正发生转变，相应贸易和资本性质资金流的规模和流向可能发生变化。

五、金融基础设施建设与金融稳定

（一）支付体系建设

一是各类支付清算系统安全、稳定运行。支付系统的覆盖范围不断扩大，同城票据交换系统运行正常，全国支票影像交换系统退票率不断降低。二是非现金支付工具得到进一步应用。成功上线运行小额支付系统银行本票业务和小额支付系统三省一市银行汇票业务，银行卡业务得到进一步发展。三是支付体系监督管理进一步加强。制定并下发《浙江省支付结算工作通报制度》，加强对支付系统直接参与者的管理，组织对部分银行机构支票影像交换业务进行了现场检查，加强银行结算账户管理，进一步严格支票信用管理。

目前，支付体系仍存在支付产品供给尚未较好满足公众日益增长的支付服务需求、中央银行服务功能的增强与管理手段的弱化不相适应、一些支付结算新业务有待于规范管理等问题。

（二）征信体系建设

一是征信系统建设取得显著成效。征信系统覆盖面不断扩大，系统数据质量明显提高，征信系统信息采集范围进一步拓宽。二是征信系统作用进一步发挥，日渐成为浙江省金融机构防范信贷风险的重要工具。征信系统服务范围进一步扩大，司法部门、政府部门、金融监管机构对企业和个人信用报告的需求日益增加。三是中小企业和农村信用体系建设深入推进。中小企业信息征集工作取得新进展，逐步推进农村信用体系建设，改善了农村信用环境。四是征信市场规范有序发展。巩固和扩大借款企业信用评级市场，有效防范了信用风险。先行开展商业承兑汇票信用评级试点，取得了预期效果。制定并印发了浙江省中小企业信用担保机构信用评级管理办法，确保浙江省担保机构信用评级工作规范有序发展。加大征信市场管理力度，建立和完善征信业务报告制度。

当前浙江省征信体系还存在征信法律法规建设滞后、协调合作机制亟待强化、征信系统有待完善等问题。

（三）反洗钱体系建设

一是深入推进反洗钱专项行动，反洗钱工作取得明显突破。2008 年在浙江省范围内继续深入开展打击地下钱庄和推动洗钱定罪活动。加强可疑交易分析调查，重点开展对辖内可疑交易报告情况的宏观分析和重点线索分析，深入排查案件线索，对重点案件和重点线索落实专人主办和督办，加大调查力度，发现了一批价值较高的案件线索。二是配合奥运年做好反恐融资工作，积极稳妥处置义乌“哈瓦拉”汇款机构。三是强化反洗钱监管指导，进一步夯实金融系统反洗钱防线。加大反洗钱现场检查力度，强化对地方法人银行机构、重点地区银行机构和证券保险机构的现场检查，调动了金融机构履行反洗钱法律义务的主动性和积极性。四是深化反洗钱合作，加大多部门反洗钱合力。主动密切与执法、司法机关合作关系，有力推动了重点案件进程。

目前反洗钱工作中还存在着反洗钱法及配套规章有待进一步完善、跨地区反洗钱调查协作需继续加强、反洗钱监管的有效性仍有待提高等不足。

（四）货币发行体系建设

一是发行基金调拨体系进一步完善。监测、分析预测体系有效运行，保证了发行基金投放预测准确率。跨行政区划就近调拨发行基金网络高效运转，大大减少了调运风险。商业银行间现金调剂网络有序运转，实现了共赢。二是保障硬币合理需求能力进一步提升。探索建设硬币回笼长效机制，“提升金融服务，激活沉淀硬币”活动成效明显。加大硬币调运量、科学调整券别结构，提升了服务水平。三是反假货币长效机制建设进一步深化。反假货币网络不断拓展，反假货币网络建设不断规范。

当前货币发行工作还存在现金分析预测难度加大、调拨管理难度加大、反假货币工作向纵深发展难度加大等困难。

六、总体评估与建议

（一）总体评估

2008 年，浙江省克服种种不利因素影响，经济总体保持平稳增长，为金融业发展和区域金融稳定创造了平稳的宏观经济环境。金融业改革发展继续推进，银行业信贷投放较快增长，盈利水平提高，风险防范能力增强；证券业合规建设初见成效，风险控制手段逐步完善；保险业充分发挥补偿功能，保障了社会经济平稳发展。区域金融市场运行平稳，金融基础设施建设不断完善，金融生态环境持续优化。

（二）政策建议

1. 应对金融危机，切实保障经济稳定增长。

一是扩大政府投资规模，拉动社会投资。配合浙江省各项经济增长政策，加快保障性安居、农林水利、基础设施、民生、生态环保、自主创新等六个方面重点项目建设。

二是鼓励社会消费，加大内需对经济增长的推动力。一方面增加财政补助规模，完善就业机制，多渠道促进城乡居民收入增长，提高国内市场购买能力；另一方面要扩大财政对医疗、教育、社会保障等公共服务领域的投入，建立健全保障和改善民生的长效机制，为居民解除后顾之忧，增强消费信心。

三是促进政企合力，积极推动企业出口增长。政府部门应该加大对企业出口的财政政策支持，尽量减轻企业的负担，鼓励企业在困难时期树立信心，切实促进出口增长。同时，政府和企业应合力从过去单纯依靠低廉价格竞争来拉动增长转变为更多地依靠科技进步、研发设计、节能减排、品牌质量和综合服务占领市场，进一步提高浙江企业、浙江产品的出口竞争力。

2. 推动金融业改革发展，努力防范潜在金融风险。

一是银行机构要加快改革步伐。农业银行应扎实推进其在浙分支机构完善风险控制体系和县域事业部制管理体制改革；农业发展银行要强化内部管理，做好全面改革的各项准备工作，农村合作金融机构要进一步巩固和深化改革成果，确保农信社信贷支农能力；在加强监管、防范风险的前提下，加快推进发展小额贷款公司、村镇银行等多种形式的新型农村金融组织；鼓励和支持金融机构创新农村金融产品、改进金融服务。

二是证券公司要努力做强做大。省内各证券公司应积极吸纳民营资本进入证券行业，增强资本实力，并在此基础上不断扩大业务规模，提升自身的业务竞争力。同时，各证券公司要深入分析自身的比较优势和劣势，紧密结合浙江省民营经济发达和小企业融资需求旺盛的特点，确定市场定位和发展战略，加快业务创新步伐，实行差异化、特色化经营，将业务做精做细，拓宽业务渠道和收入来源，增强自身的抗风险能力，提高服务水平，在市场上逐步形成自己的核心竞争力。

三是保险业要继续加强诚信建设。诚信建设是保险业发展的根本，浙江省保险业应继续切实推进保险行业诚信建设。要积极培育以诚信为精髓的企业文化，加强对高管人员的监管和信用教育；大力普及信用知识，提高从业人员的整体素质和职业操守水平；以信息建设为基础，完善保险业信息披露制度，引入社会舆论的监督力量；以强化惩戒为保障，建立和完善保险营销员和中介从业人员的诚信档案，有效发挥法律和市场对失信行为的双重惩戒作用，努力提高保险行业整体形象。

3. 推进金融服务现代化，进一步提升金融服务水平。

一是加快推进支付体系建设。按照总行统一部署推广上线电子商业汇票系统，大力推广应用非现金支付工具，继续加强支付系统参与者管理，加强支付清算和账户管理监督检查，切实维护支付清算纪律，保障支付系统安全高效运行。

二是完善征信体系建设。规范金融机构征信数据报送，进一步提高征信系统数据质量。促进借款企业和银行间债券市场信用评级规范发展，有序推进担保机构和商业承兑汇票信用评级试点工作。加快中小企业信用体系和农村信用体系建设，扎实推进中小企业和农户信用档案的征集工作。积极与相关部门协商信息采集办法，努力拓展非银行信用信息采集范围。

三是提高反洗钱监管的有效性。完善反洗钱法及配套规章，赋予人民银行县级机构适当的监管权限，并进一步明确证券保险业大额交易和可疑交易报告要求；强化跨区域反洗钱调查协作机制，提高跨区域反洗钱调查的效率和质量；应落实审慎监管和风险监管，进一步强化反洗钱分类监管，提高现场检查和非现场监管的有效性。

总　纂：赵　军
统　稿：楼　航　施向华
执　笔：王　舒　牛秀起　刘占稳　芦华征　陈　怡
赵　勇　洪　昊　胡卫华　胡小军　施向华
盛文军　潘晓斌

安徽省金融稳定报告摘要

2008年，安徽省经济保持平稳较快发展的基本态势，呈现经济增长较快、价格回稳、结构优化、民生改善的特征；金融运行的宏观经济环境总体改善，金融体系整体运行稳健。银行业机构资产规模和盈利水平较大幅度增长，不良贷款实现双降，流动性水平渐趋宽松，防范和化解风险能力增强；直接融资渐趋多元化，证券期货机构主要风险控制指标符合监管标准，证券基础性制度建设进一步完善，一些长期影响市场稳定的矛盾和风险得到有效控制；保险业市场体系逐渐健全，保费收入保持快速增长，保险业的社会渗透力进一步增强。但随着金融危机对实体经济影响的渐次加深，金融稳健运行环境渐趋复杂，在今后一段时间内对金融机构的间接影响程度可能会进一步加深，金融运行过程中不确定、不稳定因素可能增多。

一、经济运行与金融稳定

2008年，安徽省经济整体稳健运行、较快增长的基本趋势没有改变；但第三季度以后，受国际金融危机效应外溢、全球经济增长放缓和宏观调控滞后效应等多种因素叠加影响，经济增长速度出现了高位小幅回调、非金融部门收入增速趋缓、债务负担水平增加等新情况。全年全省实现生产总值8 874.2亿元，按可比价格计算同比增长12.7%，增幅比上年回落1.2个百分点，但仍高于全国同期水平3.7个百分点。

（一）经济总体稳定较快增长为金融发展提供良好的宏观环境

1. 消费需求快速增长，城乡市场结构优化。2008年，社会消费品零售总额2 965.5亿元，增幅比上年提高5个百分点；城乡消费品零售额增幅差距由上年的2.9个百分点缩小为0.7个百分点。

2. 投资增速高位回调。全年全社会固定资产投资6 788.9亿元，同比增长34.3%；其中，民间投资和外商及港澳台商投资之和占总投资的比重为61%，对全省投资增长贡献率达到76.3%。

3. 外贸保持较快增长，次贷危机国际传导效应显现，出口结构渐趋多元化。全年进出口总额204.4亿美元，同比增长28.3%，增幅回落1.8个百分点。其中，民营企业出口增长41.7%，同比提高7.8个百分点，占全部出口的42.4%；出口企业对亚洲和非洲出口同比分别多增14%和19.1%；全省外贸依存度15.87%，同比下降0.55个百分点。

（二）金融危机对区域经济影响的不确定性增加

1. 企业自主投资意愿减弱，对经济增长贡献度可能持续降低。全年固定资产投资的施工项目数、完成投资额和资金来源合计额分别增长17.4%、34.3%和33.3%，比上半年增幅下降了19.6个、

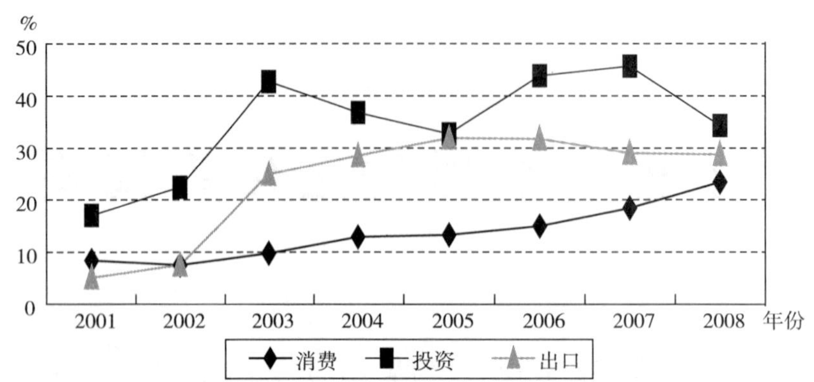

数据来源：安徽省统计年鉴和安徽省经济统计月报。

图1　安徽省经济发展的三大需求增速变化趋势

11.2个和13.8个百分点。在经济下行压力增大、原材料价格不可预期波动和消费市场下滑等因素导致企业盈利预期下降的环境下，企业家信心骤然下跌，生产规模收缩和新项目投资观望情绪较浓。

2. 金融危机对重点行业与骨干企业经营发展的影响显著。（1）经济增长放缓，房地产和汽车等下游行业需求急剧减少，导致钢铁行业需求增速大幅回落；加之成本高企等因素影响，钢铁行业未来一段时间内的生产经营、盈利状况不容乐观。（2）煤炭价格整体回落，行业需求增速回落；而随着国内煤炭行业开采效率和安全、环保问题的重视程度日渐提高，单位原煤开采成本可能进入快速上升阶段。（3）电力企业由于煤电价差相对变化导致亏损严重，随煤炭价格下降，亏损可能出现缓和；但因煤电定价的体制性等多方面因素影响，电力企业可能将进入一段微利时期。（4）汽车行业产量增长速度明显放缓，市场竞争更趋激烈，金融危机影响程度可能会进一步加深。（5）石化企业面临着大部分产品市场萎缩、价格大幅下跌、资金压力加大、经营决策困难等问题；加之原油合同协议价格较高，导致石油化工行业亏损严重，产量增幅明显下降，未来经营状况取决于经济复苏的节奏。（6）水泥行业出口受阻，受原有产能过剩、原辅材料成本大幅增加以及第四季度新建项目工程减少的影响，水泥行业市场需求将有所减少，市场竞争加剧。（7）在政策和市场双重因素的影响下，2008年全省房地产市场进行了部分调整。主要表现为投资增速滑坡，市场交易萎缩，企业资金偏紧，市场观望气氛较浓。预计房地产市场将继续维持适度调整趋势。

3. 劳动就业等民生问题形势趋于严峻。金融危机对全省劳动就业影响主要体现在：农民靠务工和农产品价格两条主要持续增收渠道难度增加；全省经济增长放缓，新建项目工程增幅减少，新增就业机会可能相对减少。2008年全省新开工项目增长13%，同比少增5%。财政收入增速下降，财政缺口较快增大，未来省级层面宏观调控能力下降，解决民生问题财政难度增大。

（三）区域经济内在薄弱环节对金融稳定的影响

1. 关注承接产业转移、工业结构调整与区域生态环境协调发展。安徽省正处于重化工业加速发展期，钢铁、有色、煤炭、电力、石油化工、建材等重点能耗行业是全省重点支柱产业。以资源能耗型产业为主的经济结构易形成发展路径依赖，加快工业发展与降低能耗之间的矛盾客观存在且日益突出。欠发达地区的重工业比重高，高能耗产业依赖度大，需要尽快转变发展方式，把过高的资源、原材料消耗降下来；在承接产业转移过程中确立经济与生态环境相协调的可持续发展目标，使得区域经济在总量快速扩张的同时，经济发展质量和水平得到实质性提升。

2. 非金融部门的偿债能力需加强关注。2008年，全省经济在稳定较快增长的同时，运行质量进一步提高。地方财政收支保持快速增长，政府部门偿债能力增强，但政府财政缺口趋于扩大。非金融企业收入水平稳定增长，成本支出显著增加，债务负担有所加重；居民收入增长趋缓，支出明显增加，住户部门债务水平提高。

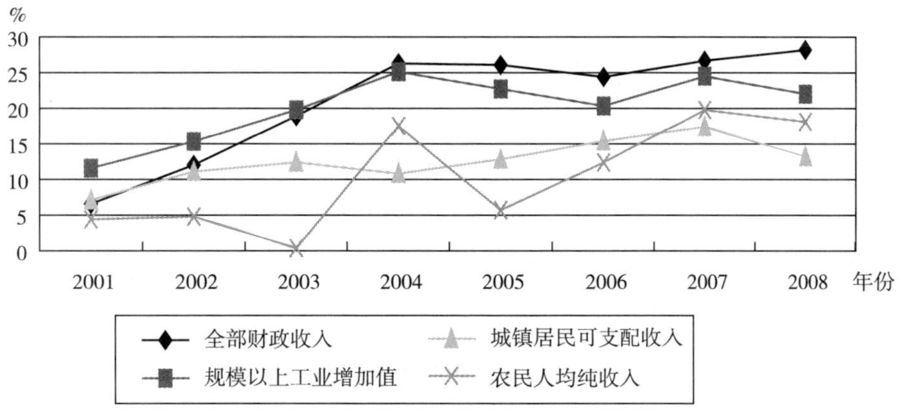

数据来源：安徽省统计年鉴和安徽省经济统计月报。

图2 安徽省经济增长质量趋势

政府部门。(1) 地方财政收入增幅呈前高后低、逐步回落态势，财政增收压力趋增。全年地方财政收入同比增长33.3%，增幅比上半年回落3.6个百分点；全年增值税、营业税和企业所得税分别增长17.5%、30.1%和33.6%，同比分别少增1.6%、3.1%和1.9%。(2) 财政增支因素显著增多，收支缺口扩大，地方财政收支平衡率较低。2008年全省财政支出1 597.87亿元，同比增长28.7%。年末安徽省财政缺口率①达10.12%。

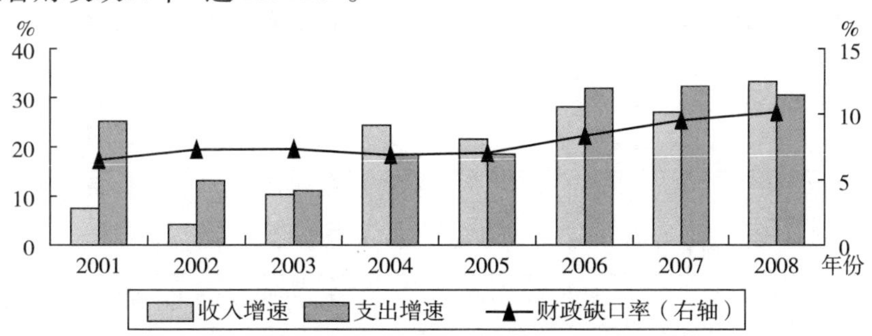

数据来源：安徽省统计年鉴和安徽省经济统计月报。

图3 安徽省地方财政收支增速与财政缺口率趋势

非金融企业部门。受国际金融危机冲击影响，工业生产增速放缓，工业经济稳健运行压力加大。全年工业经济运行呈现前高后低走势。2008年，全省规模以上工业实现增加值增长22%，增幅同比回落2.5个百分点。(1) 企业效益基本稳定，但收入成长能力减弱。2008年，工业产品销售产销率累计为97.7%，同比下降0.4个百分点；规模以上工业企业经济效益综合指数209，同比提高18.3个百分点；企业主营业务收入增长30.3%，实现利润同比下降0.2%。1~12月份，规模以上工业企

① 财政缺口率 = (财政支出 - 地方财政收入) /GDP × 100%。

业亏损面21.5%，同比提高1.6个百分点；亏损企业亏损额增长109.9%，同比提高122.9个百分点。

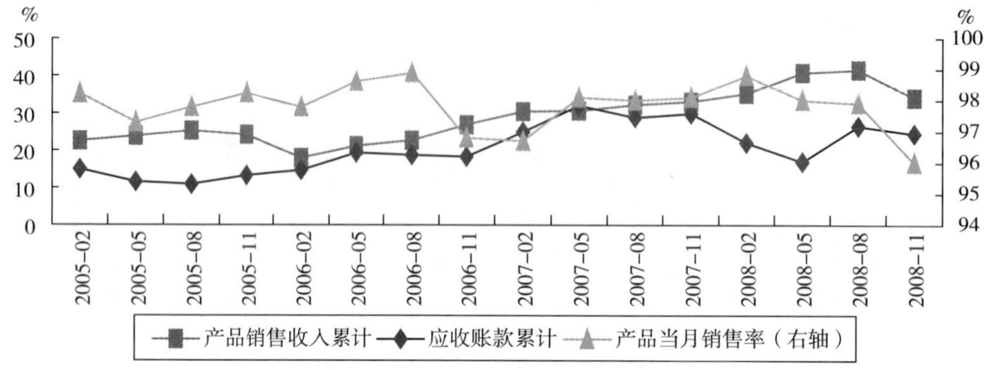

数据来源：安徽省统计年鉴和安徽省经济统计月报。

图4　安徽省工业企业效益指标增长率

（2）受经济下行影响，企业应收账款和产成品存货增速较快以及原材料、劳动力价格上涨导致企业生产成本大幅上升，加剧了企业流动资金困难。12月末，第二产业逾期30天以内贷款占同期限总逾期贷款比例较6月末提高21.32个百分点；小型企业逾期贷款占比提高。

（3）工业企业资产管理能力稳步提升。总资产贡献率呈现逐年增长态势，流动性资产周转加快，两项指标分别为11%和2.7次；在固定资产投资保持较快速度增长背景下，工业企业资产负债比率逐步上升，债务负担有所加重。1~12月份企业资产负债率为63.07%，比年初提高0.07%。

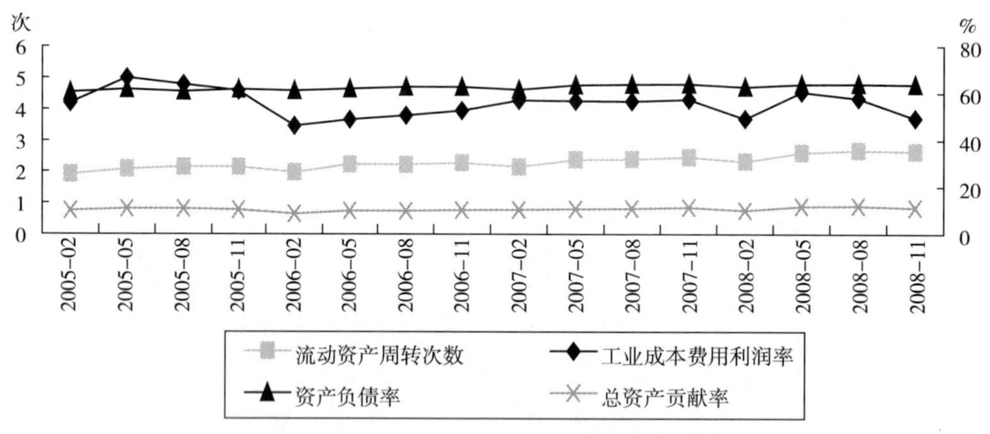

数据来源：中经统计数据库。

图5　安徽省工业企业负债水平和管理能力变化趋势

住户部门。（1）居民收入持续增加，但增速趋缓，制约住户部门收入快速增长的不确定性因素增多。城镇居民可支配收入增长13.2%，其中财产性收入同比增长17.7%，增幅比上年回落50.8%；农村人均纯收入增长18.1%，其中工资性收入增长18.2%，同比回落5.9个百分点。（2）受生活必需品价格快速增长及未来收入预期影响，城乡居民生活必需品消费支出大幅增加，恩格尔系数上升。2008年全省城镇和农村居民家庭恩格尔系数分别为41%和44.3%，同比分别上升1.3个和1个百分点。（3）个人消费类贷款快速增长，居民债务水平提高。2008年末，全省个人消费贷款余额815.9亿元，比年初增长32.8%，高于城镇居民可支配收入增速19.6个百分点。个人债务增长的新特点是信用卡透支，比年初增长 86.4%，信用卡和汽车信贷不良率呈现上升倾向。

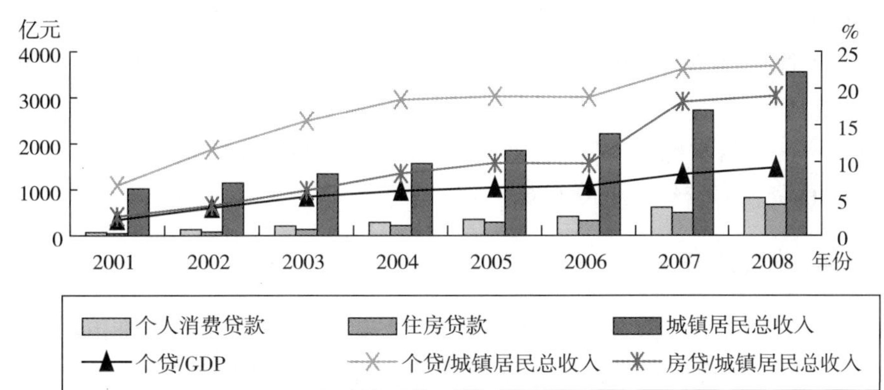

数据来源：安徽省统计年鉴和安徽省经济统计月报。

图 6　安徽省城镇居民部门债务负担水平趋势

二、银行业与金融稳定

尽管面临复杂多变的外部经营环境，在全省经济高位快速发展的有利基础上，安徽省信贷市场平稳发展，银行业机构经营稳健，但风险环节和风险传递路径仍趋于多样化。2009 年银行业机构风险变化趋势需要高度关注。

（一）银行业平稳运行快速发展

1. 资产规模稳步增长，盈利水平保持高位快速增长。年末银行业金融机构资产总额12 749.98亿元，同比增长 24.12%，增速同比提高 2.63 个百分点。2008 年，全省银行业金融机构实现盈利 183.62 亿元，同比增长 62.79%，增速同比提高 18.24 个百分点。

2. 存款保持较快稳定增长，存款主体结构和期限结构变化显著，资金来源的稳定性增强。年末，全省金融机构本外币存款余额同比增长 22.4%。从存款类别分析，储蓄存款保持快速增长，企事业单位存款增速在下半年逐月下降，资金来源结构有所改变但波动性较小。12 月末，全省人民币储蓄存款和企事业单位存款余额同比分别增长 24.2% 和 19.1%，增幅同比分别上升 12.7 个和 -6.8 个百分点。从存款期限分析，人民币存款定期化增长趋势比较明显，对存款总量增长的拉动作用明显，存款稳定性总体增强。年末，全省银行业机构的企业定期存款和储蓄定期存款增量占全部人民币存款增量的 58.63%，占比同比上升 34.03 个百分点。

3. 贷款增长相对平稳，贷款中长期化态势显著；企业短期资金呈现需求加大、波动性强的特征。12 月末，全省金融机构人民币各项贷款余额 6 948.7 亿元，同比增长 20%，增幅同比上升 2.3 个百分点。贷款结构相对稳定但存在向第三产业转移趋势。贷款长期化态势明显，短期贷款及票据融资变化波动性较大。人民币中长期贷款余额同比增速 28.3%，增幅较上年同期提高 2 个百分点，增量贷款占报告期内新增总贷款的 66.01%。乡镇、私营等中小企业贷款改善显著。企业征信系统数据显示，12 月末，中小企业贷款余额比年初增长 22.17%。

4. 银行业机构流动性由上半年的偏紧转向下半年的相对宽松局面。2008 年末，全省本外币存贷款余额比率67.68%，增量存贷款比率63.60%，分别比年初下降了4.53个和6.91个百分点；全省金融机构的备付金率达到6.4%，总体流动性充足。12月末，银行业法人机构平均存贷比、存款准备金率、备付金率分别为71.6%、19.9%、9.23%，增幅同比分别上升2.04个、1.05、2.24个百分点。

5. 银行业机构不良贷款实现“双降”。2008年末，全省银行业金融机构不良贷款余额较年初减少337.93亿元；不良贷款率较年初下降6.62个百分点。

（二）银行业运行的稳健性分析

1. 宏观经济环境的外部冲击导致资金运用难度增大。（1）工业企业增加值增长持续减弱，工业生产逐步减缓，固定资产投资项目个数增长逐月降低，对未来信贷需求增长影响显著。新开工项目数增速由上半年的37.3%回落到年末的13.0%；投资资金来源增长乏力，年末全省投资资金来源总额增幅比上半年回落13.2个百分点，比上年同期回落8.7个百分点。（2）信贷投放受宏观经济形势影响较大。12月末，制造业、交通运输仓储邮政业、批发零售业和个人贷款余额占比分别为18.41%、10.82%、11.96%和15.15%。由于全省“两高一剩”型企业占制造业比重较高，受国家产业政策调整、房地产市场低迷以及城镇家庭可支配收入增速减缓的影响，未来信贷增长趋势可能趋弱。（3）金融监管具有一定顺周期性行为，监管部门可能以调增拨备覆盖率等形式约束银行，增加了银行经营的外部不确定性因素。（4）金融业将加快对内开放的步伐，银行业的竞争程度增加。

2. 资产价格波动对银行信贷资产质量、存款稳定性、盈利结构的变化等产生不确定影响。在全球金融市场动荡格局之下，股票价格震荡下行，一线城市房地产价格逐步走低，二线城市房地产价格面临价格下行压力，股市及房市的风险很可能会传递到银行体系。尽管个人房贷普遍存在30%的首付款，理论上银行可以承担房价下跌30%的风险。但实际上，如果银行放贷时存在一些违规或违法行为，那么银行的风险承担能力就达不到30%。在资产价格持续下行波动的情况下，投资浮动将影响企业和个人偿债能力，并将风险转移到银行体系。

3. 制约银行盈利持续增长因素增多，银行风险抵补能力下降。（1）银行业机构盈利模式相对单一，主要依赖于息差收入，资产利润率虽有较大程度的改善，但总体相对较低，各机构间盈利能力差异较大。2008年年末，全省银行业机构平均资产利润率为1.44%。（2）中间业务虽然在2008年发展势头较好，中间业务收入对利润的贡献度也在增大，但是还处于相当不稳定状态。（3）银行机构加大拨备提取，净利润进一步下降。年末，银行机构各项准备余额比年初增长41.64%，高于同期贷款增速21.84个百分点。（4）新业务处于市场扩张和产品导入期，因执行新巴塞尔协议的要求，信息系统建设投入力度将加快，成本收入比持续大幅改善的难度较大。

4. 存量信贷资产信用风险有所显现，经济下行时期的风险管理面临严峻考验。（1）存量信贷信用风险开始暴露，不良资产反弹压力加重，信用亲周期性现象凸显，未来银行资产质量风险可能上升。12月末，全省5家银行机构不良贷款余额增加，3家银行不良贷款率呈上升态势；全省关注类和可疑类贷款向下迁徙率较高，涉农金融机构贷款质量向下迁徙压力最大。其风险点主要表现在：企业资金链紧张易致逾期和违约；在宏观调控背景下，银行需重点关注对经济周期敏感、生产成本高、产品附加值低等易产生逾期和违约的信贷客户；产业升级和经济结构调整对存量信贷质量形成考验；行业不景气导致系统性风险加大。在房地产市场价量回落、资金缺口不断加大的情况下，房贷比例较高的银行，逾期贷款和关注类贷款存在上升压力。（2）信贷资源配置非均衡性发展，信用风险趋于集中。信贷资源区域分布集中度明显提高，经济总量大、发展速度快的地区得到倾斜，一定程度上挤压了经济欠发达地区项目资金的使用，拉大区域间经济差异水平，同时信贷资金的区域集中可能加大资金运用风险。截至年末，合肥和芜湖两市合计新增贷款673.6亿元，占全省新增贷款的55.64%。信用风险向大集团、大客户集中，不良贷款存在向下迁徙倾向。年末，全省银行业机构大客户贷款余额占全省各项贷款比重的65.88%，比年初提高5.01个百分点；大客户贷款质量的预警数增多。预计随着过去盈利时积累的现金储备逐渐耗尽，2009年企业集团客户的预警数可能进一步增加。少数行业不良贷款余额占比和不良贷款率较高。农、林、牧、渔业固定资产投资快速增长，但年内贷款增量和年末贷款余额占总量比例相对较低，不良贷款余额占全省不良贷款余额比例以及不良贷款率却维持较高水平；制造业固定资产投资维持较快速度增长，贷款余额占全部贷款余额比例、不良贷款占全部不良贷款比值以及不良贷款率均同时呈现下降态势；批发零售行业不良贷款比率、不良贷款余额占全部行业余额的比例均在28%以上。

5. 机构风险管理意识亟需提高，资产负债期限结构不够合理，资产负债重新定价的不对称性使得银行内在价值随利率变动而变化。12月末，人民币中长期贷款同比增速高于短期贷款及票据融资，同比增速近15.5个百分点，贷款长期化趋势进一步增强。中长期贷款余额占全部金融机构人民币贷款余额的比重为52.15%，同比提高5.84个百分点。在存款来源中，定期存款余额占到45.23%，同比上升3.04个百分点。如果考虑到定期存款中相当部分的期限在一年以下，资产负债期限结构的不对称就更为突出。

6. 在利率和汇率形成机制的市场化改革背景下银行面临市场风险凸现。（1）影响银行市场风险因素增多。银行业机构的存贷比逐步缩小，存款定期化比例提高，经济下行期银行期限错配和利率风险增加；随着利率市场化改革的逐步深化，商业银行的长期利差将趋于收窄，来自资产定价的挑战增大；由于银行体系流动性宽裕，银行间市场利率较低，但中长期内利率仍存在上行压力，银行不断增加的、与利率敏感度较高的流动性资产和理财等业务面临较大的市场风险；随着金融创新的深化，市场相关风险传染性增强；商业银行对市场风险管控意识不强、人才缺乏、控制手段和能力不强，缺乏运用风险管理模型识别和计量的能力。（2）全球外汇市场的急剧波动导致汇率市场风险显著增加。2008年，全省居民外汇储蓄存款增速出现负增长，企业外汇存款增速较快，企业活期存款占比高，而银行外汇贷存比虽然从6月末的167.81%开始逐步下降，但在年末仍然高达97.48%，货币错配问题凸显；商业银行发行的境外理财产品普遍面临汇率风险；进出口企业汇率风险管理意识加强，远期结售汇业务的主体增多、交易方式多样化，商业银行作为交易对手对汇率敞口头寸的风险管理难度进一步增加。

7. 部分机构操作风险防范能力较弱，操作风险管理水平需进一步提高。虽然全省银行业机构发案数、涉案金额和风险金额同比均有所下降，但农村合作金融机构的百万元以上的案件风险金额同比有所上升。

三、证券业与金融稳定

2008年，安徽省资本市场保持稳健运行，直接融资渐趋多元化，证券期货机构主要风险控制指标符合监管标准，证券基础性制度建设进一步完善；非法证券行为得到遏制，一些长期影响安徽省市场稳定的矛盾和风险得到有效化解和控制。

（一）证券业基本运行情况

1. 弱势市场环境下，投资者信心不足，证券期货业经营机构盈利水平下降显著。全年证券业实现营业收入 18.69 亿元，同比下降了 41.58%，其中经纪业务收入和利息收入分别下降了 42.41% 和 43.63%；全行业（省内营业部）累计实现利润总额 13.23 亿元，同比下降 31.79%。年末，辖内 3 家法人期货经纪公司的开户数、客户保证金余额、累计代理交易额同比分别增长 87.95%、44.52%、37.83%，资产规模和盈利水平同比分别下降了 2.48% 和 59.30%。

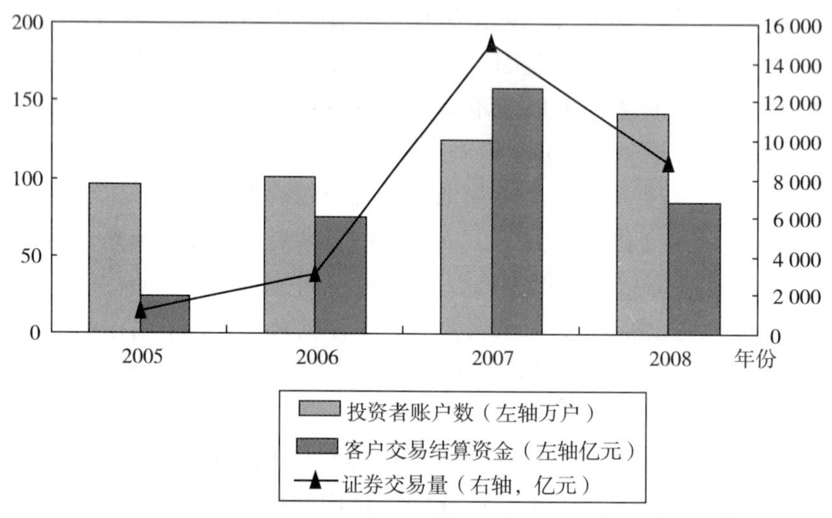

数据来源：安徽证监局。

图7　安徽省证券市场发展趋势

2. 直接融资结构趋向多元化。2008 年，全省共实现直接融资 278 亿元，同比增长 12.1%。其中，从资本市场募集资金 176.5 亿元，发行短期融资券 77.5 亿元，企业债券 24 亿元；新增上市公司 3 家，辖区资产证券化率下降至 22.47%，同比降低了 47.68 个百分点。

（二）证券市场基础设施建设稳步推进，市场主体的风险控制能力增强

1. 证券期货公司风险控制基础性工作加强，合规性风险逐步下降。年末，国元证券在机构分类监管中保持了 A 类 A 级，华安证券被评为 B 类 B 级，上升了两个级别。通过持续加强 3 家法人期货公司的客户保证金和净资本风险监管、推进开户实名制工作、加强对期货公司信息系统安全状况检查和期货日常监管，期货经营机构风险防控能力有效提升。

2. 通过加强全省上市企业的公司治理和防范风险机制建设，通过公司治理专项活动和规范关联交易活动，没有发现存在大股东及关联方违规占用资金的情形，促进了上市公司质量的提高；科大创新、飞亚股份、ST 科苑公司通过并购重组，实现良性运转，提高了公司质量。

（三）证券期货业经营稳健性评估

2008 年，证券期货业经营机构面临震荡波动的国内外金融市场环境，其市场风险显著上升，但因为业务结构等因素约束，经营机构风险总体状态变化相对平稳。证券、期货公司的主要风险监管指标波动性较小，符合监管标准。利用相关风险控制指标的压力测试结果表明，各证券、期货公司

风险程度处于可控、可测、可承受状态。

1. 证券公司利润下降幅度较大，主营业务收入结构亟待调整，成本管理与市场风险控制需加强。2008 年，在资本市场低迷震荡下行背景下，两家证券公司均在不同程度上降低自营业务比率，其自营股票规模大幅降低。证券公司主营业务收入结构亟待调整，业务创新能力不足。在市场调整背景下，受实体经济下滑、交易量低位徘徊等不利因素影响，经纪业务和自营业务收入快速下降导致经营利润下降较快。

2. 期货公司净资本增加，风险变化相对平稳，但期货公司主要从事代理业务，盈利渠道单一，其特性限制了资本扩张能力及其利润创造能力，资本实力相对较弱，缺乏核心竞争力。管理能力与风险防控手段不足等问题需要加强关注。

3. 上市公司整体质量需进一步提升，盈利能力亟待增强。全省 55 家上市公司分布总体上以制造业为主，利润集中于少数公司；投资收益、营业外利润、公允价值变动收益等非主营收益对净利润的影响不容忽视。

4. 市场稳定的运行环境存在着违规风险易发、打非和维稳压力较大等问题，需高度警惕非法证券在辖区证券市场的传播。

四、保险业与金融稳定

2008 年，安徽省保险经营主体增长较快，保险业的社会渗透力进一步增强，但保险业结构性失衡、盈利能力较弱和市场秩序亟待规范等问题应予关注。

（一）保险业运行基本情况

2008 年末，全省有保险公司法人机构 1 家，省级分支机构 35 家，其中专业健康险公司、养老险公司、农险公司、信用险公司、外资保险机构各 1 家。全年实现保费收入 296. 54 亿元，同比增长 46. 95%。其中，财产险和人身险保费收入同比分别增长 23. 78%、54. 92%。全年实现农业保险保费收入 3. 08 亿元，同比增长 4. 76 倍；赔付支出累计为 1. 05 亿元，同比增长 14. 6 倍。保险深度和密度同比分别提高 0. 59 个百分点和 113 元。

（二）保险业稳健性分析

1. 保险公司赔偿与给付增长率明显高于保费增长率，未来面临较大的偿付压力。由于发生了雨雪冰冻灾害、肠道病毒 EV71 感染疫情及特大暴雨袭击等重大灾害和突发事件，全年累计赔款与给付支出增速高于保费收入增速 14 个百分点。其中，寿险公司赔款与给付支出增长主要集中于满期给付和年金给付业务；财险综合赔付率和车险赔付率分别由上年同期的 69. 66%、62. 52% 上升至 78. 66%、78. 96%。

2. 保费粗放型增长方式短期内难有改观，盈利模式亟需转变。财产险方面，应收保费率、综合费用率和综合赔付率增加；寿险公司亏损进一步加剧，退保风险增多。截至 12 月底，寿险公司净亏损额由上年同期的 17. 7 亿元扩大为 34. 2 亿元。

3. 行业发展结构性不平衡问题仍较突出。尽管保险市场主体增多，保费收入呈现较快发展态势，但保险市场的经营主体盈利能力、险种结构以及销售渠道结构失衡格局没有有效改变。保险业利润

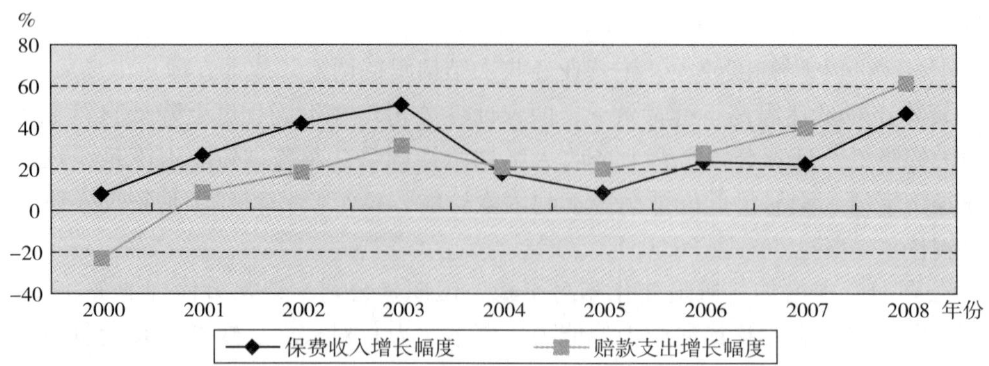

数据来源：安徽保监局。

图8 2000～2008年安徽省保费收入与赔款支出增速比较

水平主要集中在财、寿险少数公司；在险种分布上，受汽车销售萧条和业务转型的影响，车险保费收入增速放缓，但车险在财产险中占比仍然较高，而理财类险种在寿险业务中比重较高，保险保障功能需进一步提升；在销售渠道上，银邮代理渠道占比达到57.50%以上。在体制不够完善、服务不到位、技术能力相对薄弱的发展初级阶段，保险公司多采取鼓励提高保费收入的激励机制，保费规模的不断膨胀可能会掩盖产品结构的不合理，最终有可能影响保险公司的偿付能力。

4. 保险业信用建设力度有待加强，信任缺失或将成为保险业隐含的重要风险。保险市场中保单条款的通俗化、标准化不够；部分财险公司重承保、轻理赔，导致保险分支机构的理赔人员数量和素质均无法满足高质量的理赔服务需求，理赔难情况依旧存在；保险诚信体系和保险信用评价体系尚不健全。

五、金融市场与金融稳定

2008年，安徽省经济主体积极主动参与金融市场，呈现健康快速发展的态势。截至2008年年底，辖内金融市场累计成交量23 468.71亿元（含同业拆借市场、回购市场、债券市场、黄金市场），同比增长79.7%；市场融资功能不断增强，直接融资额相当于同期人民币新增贷款的23.71%。

（一）运行基本情况

1. 货币市场交易期限较短，地方法人金融机构是交易的主体，资金流向上主要为净拆入。2008年，安徽省金融机构在货币市场累计交易结算10 451.19亿元，同比增长45.62%；净融入资金7 854.27亿元，同比增长24.26%；参与银行间同业拆借市场交易品种以1天和7天等短期拆借为主，交易量分别占全部拆借的72.1%和25.71%；参与隔夜回购和7天回购全国银行间债券市场交易量分别占交易结算总量的44.64%和43.38%；法人金融机构同业拆借市场交易量分别占拆借总量的77.98%和22%。

2. 债券市场存量规模稳步增长，债券资产品种与期限结构不断优化。年末，辖内金融机构持有债券存量规模为345.81亿元，比年初增长35.9%；国债、企业债存量资产比重同比降低了4.48%和1.85%，央票、政策性金融债存量资产占比保持平稳，短期融资券、次级债存量资产占比分别增加了5.17%和1.46%，新增了中期票据和资产支持证券；3年期以下债券的存量占比增加了6.03个百分点，5年期以上债券存量的占比降低了5.14个百分点。

3. 民间借贷市场成为正规金融体系的有效补充。全省625个民间借贷监测样本点显示，2008年民间借贷笔数和金额同比增长3.59%、15.33%；加权平均利率10.94%，同比上升0.79个百分点；年内季度同比增幅分别为0.62%、21.99%、42.34%和34.85%；季度借贷利率分别为11.34%、10.82%、10.88%和10.81%，第二、第三季度加权平均利率低于农村金融机构；信用方式借贷额占总量的88.84%，其信用贷款利率低于其他方式贷款利率；借贷用途以生产经营为主，其借贷占比88.14%，投资和家用消费分别占比6.94%和3.10%；借贷期限多为半年以上，融资期限在6~12月占42.84%，1年以上占38.51%、6个月以内占18.65%，长期借贷利率低于短期；借贷主体主要为企业与个人、个人与个人，共占86.72%，个人间融资笔数多、金额小、利率高，企业间借贷笔数少、金额大、利率低。

4. 外汇市场基本延续上年的发展态势，涉外收支规模及银行结售汇规模继续扩大。但受复杂多变的国内外经济形势影响，全省外汇收支逐月呈现出前期略有增长、后期迅速下降的态势和全年外汇总规模扩大、净流入和净结汇并存的基本格局。2008年，安徽省跨境外汇收入、跨境外汇支出和顺差同比分别增长21.9%、28.3%、7.3%；银行结售汇同比增长35.2%，增速同比下降4.4个百分点，结售汇顺差同比下降1.39%。

（二）存在的问题

1. 鉴于当前经济前景尚不明朗，在银行体系流动性充裕的背景下，债券收益率在一段时期内总体将维持低位；同时，由于利率的非市场化导致债券市场中长期债券收益率曲线过于平坦，在相对较低利率市场环境下，辖内金融机构持有的债券在未来升息周期开始后都积聚着较大的利率风险。

2. 在金融危机和经济下滑背景下，受贸易形势变化、人民币贬值预期等因素综合影响，外汇收支顺差可能有转向风险，应予积极关注。

3. 外资流入行业集中度高，增幅下降明显，减持上市公司股份现象值得关注。2008年月度外资流入额及其增幅整体呈下降趋势，其中有7个月外资流入出现负增长；外资流入制造业和房地产业占比分别为62%和16%，增幅下降趋势明显。

4. 民间借贷市场亟需政策规范和引导。

六、金融基础设施与金融稳定

（一）金融基础设施安全、稳健运行

1. 现代化支付系统基础设施进一步完善，支付系统安全、稳定运行，支付清算效率稳步提高。2008年，安徽省大额支付系统共处理往来账笔数和金额同比分别增长32%和43%；小额支付系统共处理支付交易笔数同比增长35.64%、金额下降71%；支付系统各直接参与者按时登录率99.77%，同比提高0.16%；全年大、小额支付系统按时查复率为99.96%、99.42%；大、小额支付系统和支票影像系统故障事件为零。

2. 征信系统运行平稳，覆盖面和使用率不断提高。年末，安徽省实现了个人公积金信息的连续报送，部分市实现了企业公积金信息、企业法院诉讼信息、个人诉讼信息、企业税务信息、个人税

务信息、企业环保信息连续报送；截至年底，全省查询量为163.15万次，月均查询量接近14万次，同比增长45%；系统信息真实率达100%，系统信息完整率达91%，系统信息及时率达88%。

3. 反洗钱工作机制进一步健全，反洗钱监管工作在银行业、证券期货业和保险业全面展开，反洗钱制度建设不断完善，可疑交易线索发现、移交，反洗钱调查和案件协查工作取得显著成效。全年人民银行反洗钱部门对辖内166家金融机构开展了现场检查；反洗钱可疑交易报送主体由银行业、证券业和保险业拓展到信托、财务公司等6类公司。

4. 反假货币工作基础夯实，反假货币网络建设继续推进，制贩假币活动得到有效遏制。全省186个社区、280个乡（镇）、4 284个百人以上的村建立了反假货币工作站；全年收缴的人民币假币金额同比下降了18.29%。

5. 信用及金融司法环境继续改善。年末，金融机构不良信用记录客户占比、企业贷款违约率、A级以上客户违约率和个人贷款违约率同比分别下降了13.59个、1.67个、6.13个和14.77个百分点；企业逃废债金额占不良贷款比例0.63%，连续3年呈下降态势；贷款起诉率和胜诉率同比分别提高1.33个和23.45个百分点；金融涉诉案件诉讼费用率同比下降5.39个百分点。

（二）脆弱性评估

1. 银行业机构支付业务收费定价标准不一。由于监管缺位以及趋利机制的驱动，银行机构存在上调支付业务费用价格，转嫁增加了客户支付结算成本，不利于非现金结算工具推广使用。

2. 征信系统非银行信息采集工作缺乏法律支撑。大量非银行信息存在于银行体系之外，没有法律法规为征信活动提供直接的依据和许可，信息归集后的共享若没有立法的突破，信息披露的风险加大。

3. 金融机构防御性反洗钱信息报送质量问题日渐突出。金融机构需加强对可疑交易的主观判断识别，提高资金监测分析能力；非银行业金融机构反洗钱工作受人员配置、信息识别共享机制等方面因素影响推进状态不平衡。

4. 反假组织体系建设需加强硬性约束机制和激励机制建设。

5. 经济主体维护自身信用意识不足，农村信用体系建设是薄弱环节。

七、政策建议

综合经济金融稳健性评估内容，下述方面可能对维护区域金融稳健提出新挑战：

1. 宏观经济方面，关注政府投资拉动的持续效应以及区域性经济政策和产业政策对经济结构的影响，保增长经济政策、产业转移政策、环境约束下的产业集群城市可持续发展战略之间短期矛盾冲突可能进一步突出；城镇居民和农民的就业形势趋于严峻，收入预期不容乐观，将逐步影响到即期边际消费倾向，消费需求高增长趋势可能面临较大幅度的调整；国际金融危机对全省外向型企业、重点骨干企业和部分行业的影响加重，对其营运资金流动性和盈利水平可能形成重大冲击，并进一步影响到信贷资金安全；随着经济增长的放缓、企业生产销售降低以及民生工程支出进一步增加，地方政府调控手段、工具和能力可能有限，财政缺口和政府承担的隐性债务将进一步增加。

2. 金融业方面，随着国家“保增长”政策的逐步落实，银行信贷规模将会出现新一轮扩张，应持续关注银行经历本轮经济周期调整的适应能力与风险抵补能力；地方金融体系改革与规划方向需进一步明确，农村金融改革的金融基础设施建设有待加强，农村信用社票据兑付后需加快推进治理结构和管理体制变革，完善风险防控程序和制度，探索巩固农村信用社改革成果的长效机制；鉴于新型农村金融机构准入门槛较低、法人治理结构不完善、内控机制不健全及经营者整体素质不高等先天缺陷，面临着融资渠道窄、盈利难以及盈利周期长、汇兑结算难等成长困境，需加强对其流动性风险监测，密切关注其合规性经营风险。在区域金融业综合经营试点过程中，银行、证券、保险综合经营业务中交叉性风险跨市场传递的可能性增加，地方法人金融机构股权投资较快增长导致区域内金融机构关联性增加，需防范综合经营可能引发的系统性影响。在证券市场价、量持续下行和投行业务发展受限的形势下，辖内证券公司营业利润有可能继续下降，未来在以金融创新为证券公司盈利增长点的趋势下，省内证券公司盈利模式单一等薄弱环节将进一步突显，经营形势不容乐观。保险业的保险保障功能逐步体现，但保险业务在销售渠道、险种结构、地区结构、市场占有率方面的非均衡发展问题仍然突出，部分险种业务增长波动性和赔付压力较大。经济下行周期背景下的金融生态环境可能趋于恶化，非法集资、非法证券、假保单、假币等影响金融运行秩序的活动可能增多。

根据区域经济金融发展现状和综合评估结果，提出以下建议：

1. 贯彻国家保增长、调结构、促消费的宏观调控政策，支持工业结构升级和服务业发展，促进区域经济结构调整和增长方式转变；统筹协调区域经济发展，扶持经济欠发达地区、县域和农村经济发展，引导金融资源合理协调配置。

2. 发展多种形式融资方式，改善融资结构；加快担保体系建设，引导并规范民间融资、信托、租赁、典当行业的融资作用，提升经济运行活力。

3. 加大金融创新力度，改善盈利结构，提高金融服务质量。

4. 优化信贷结构，促进信贷资源均衡配置，减少信贷集中风险。

5. 加快推进农村金融市场建设，促进服务地方经济的金融机构主体多元化，加强对新型农村金融机构、准金融机构以及提供农村信贷服务的各类组织机构的日常监管与监测。

6. 强化金融监管协调和信息共享机制建设，完善跨行业、跨市场金融风险的监测、评估、预警与化解系统。

总　纂：陈洪波
统　稿：季　军　孙　韦　鲁玉祥
执　笔：陈洪波　季　军　孙　韦　鲁玉祥　孟凡征　陈红斌
汪守宏　方雄鹰　王安坤　刘　燕　张晓萍　陈寿国
许　焱　孔令中　董晓翔　杨　敬

福建省金融稳定报告摘要

2008 年世界经济金融形势复杂多变，福建省经济外向度较大，发展承受较大压力，持续较快增长面临新的严峻挑战。在一系列保增长、扩内需、调结构宏观调控政策措施综合作用下，2008 年福建省经济社会发展总体持续提升、协调有效。全省金融业采取灵活有力措施，保持金融体系总体稳定；银行业改革深入推进，服务体系不断完善，支持海峡西岸经济建设力度加大；证券业历史遗留风险处置基本完成，机构质量平稳提升，市场规范逐步完善；保险业市场主体和保费收入快速增长，抗风险能力逐步增强，市场环境持续优化；金融基础设施进一步完善，为维护金融业稳健运行打下良好基础。

一、区域经济运行与金融稳定

2008 年全省生产总值首次破万亿元大关，继续保持两位数增长速度，财政收入和城乡居民收入稳步增长，投资增幅回落，房地产市场周期性调整，内需平稳增长，外贸增幅回落，物价波动幅度较大。闽台经济金融交流合作取得历史性突破，两岸“三通”和金融合作取得实质性进展。但受金融危机影响全省经济增长趋缓，外向型经济面临挑战。

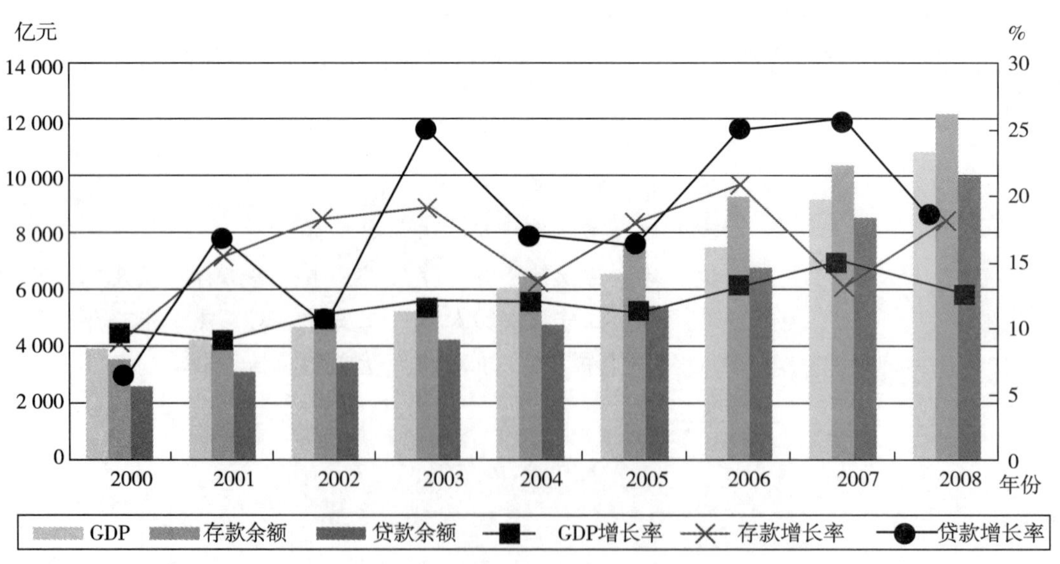

图 1　福建省生产总值、存款余额、贷款余额和增长情况波动图

（一）经济保持持续增长

2008 年福建省生产总值达 1.08 万亿元，增长 13.0%，高出全国平均水平 4 个百分点。全社会固定资产投资 5 286.82 亿元，增长 22.3%。房地产开发投资增幅降至历史新低，下降 1.6%。社会消费品零售总额 3 828.04 亿元，实际增长 13.6%。外贸进出口总额 848.32 亿美元，增长 13.9%，低于上年 4.9 个百分点。受国际金融危机等因素影响，11 月份福建省进出口由增转降，出口降幅近 10%，12 月份进出口增速下降 12.3%。消费、生产、投资价格呈前高后低走势。居民消费价格月度同比涨幅自 5 月份持续回落，全年上涨 4.6%，较上年回落 0.6 个百分点；原材料、燃料、动力购进价格上涨 10.2%，工业品出厂价格上涨 2.7%，固定资产投资价格上涨 2.2%。财政总收入 1 516 亿元，增长 18.2%，其中，地方级财政收入 833.28 亿元，增长 19.1%；财政支出 1 133.79 亿元，增长 24.5%。城乡居民收入稳步增长。扣除物价因素后，城镇居民人均可支配收入和农民人均纯收入分别增长 10.81% 和 8.3%。

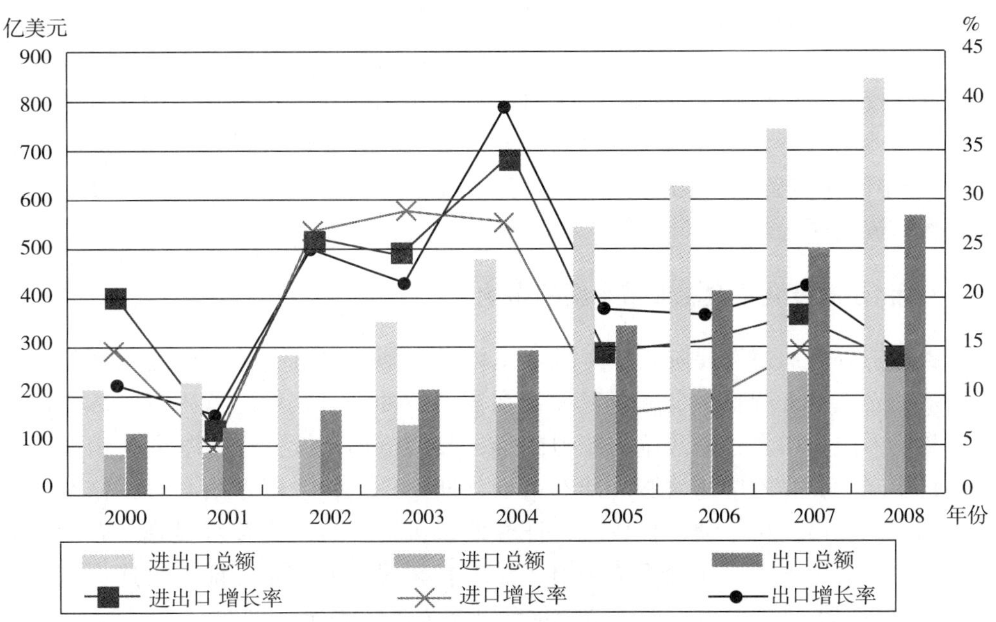

图 2 福建省进出口波动情况图

（二）闽台经济金融交流合作取得历史性突破

2008 年福建省提出“努力把海峡西岸经济区建设成为科学发展的先行区、两岸人民交流合作的先行区”的要求，把握两岸关系重大积极变化带来的新机遇，推动闽台区域经济金融合作向纵深发展。

两岸“三通”取得历史性突破。闽台海运直航、直接通邮和空运直航正式启动。福州、厦门、泉州等口岸共 10 艘船舶参与海峡两岸海上直航首航；福州至台北客运包机首航成功，成为继厦门后省内又一两岸空中直航点；福州、厦门邮政局成为两岸直接通邮封发局，福州成为大陆唯一水陆路总包互换局；两岸邮政电子双向汇款业务正式开通。福建省居民可通过邮政储蓄银行直接向台湾邮政进行电子汇款。目前，全省邮储所有办理国际汇款业务的 337 个网点均开通两岸汇款服务。

对台贸易再创新高。目前台湾是福建省对外贸易的最大进口来源地，全年闽台贸易额72.6亿美元，增长5.1%。其中，自台湾进口59.3亿美元，增长1.9%，对台湾出口13.3亿美元，增长22.9%。对台小额贸易进出口额7 815万美元，增长22.3%。厦门大嶝、东山铜陵、晋江深沪、宁德三沙获准增设为4个对台小额贸易扩大开放试点口岸。

区位优势明显。福建沿海地区与台湾地区的两门、两马、泉金等航线已成为两岸直接往来最便捷的黄金通道。全年闽台“小三通”航线往来旅客104.7万人次，增长34.6%。“小三通”累计总客流量372.7万人次，年均增长率82.9%。全年海上客运直航船公司共运送旅客94.76万人次，增长31%；货运直航船公司共运载货物81.47万吨，增长34%。两岸“三通”后，全省有8个港口对台开放，是大陆对台直航港口最多的省份，在航程、航时、运费上优势明显。

台商投资规模大幅提升。按历史可比口径统计，2008年全省合同利用台资15.08亿美元，增长53.2%；实际利用台资14.96亿美元，增长54.2%。至年底全省投资总额千万美元以上的台资企业（含第三地转投）近600家，1亿美元以上台资项目20多项。

金融合作取得实质性进展。2008年6月，厦门市商业银行与战略投资者富邦银行（香港）有限公司及其他5家投资者签订相关入股协议，11月获中国银监会正式批准，台湾富邦成为首家通过第三地投资大陆银行业的台湾金融机构。由台湾人寿与厦门建发股份有限公司合资成立的君龙人寿也于2008年9月经中国保监会批准，改写了福建省一直以来没有法人保险公司的历史，这将推动两岸和闽台保险合作交流的深入。

（三）宏观经济运行变化给金融业带来新的影响

近几年全省经济处于加速发展阶段，金融业总体发展形势良好，盈利能力不断得到提升；但随着经济增速回落，宏观经济调整对金融业发展带来较大的冲击。企业经营困难，影响商业银行业务结构，不良贷款反弹压力增大，提升盈利能力困难；股票市场持续低迷，基金代销和理财产品销售大幅下降，银行中间业务收入增速放缓。证券市场预期不稳定，投资者信心有待恢复，维护市场稳定运行的难度加大；上市公司业绩增长放缓，证券期货机构经营压力逐步显现。企业、居民购买保险产品的意愿和支付能力下降；保险投资理财产品增长减慢，尤其是万能、投连保险热度减退，且投资型保险产品收益率低于消费者预期，造成保险业务发展不稳定性增加。

二、金融业与金融稳定

2008年福建省金融发展与改革稳步推进，支持经济建设力度加大。但金融危机对实体经济的影响正逐渐向金融业传递，银行信贷资产质量存在向下迁徙压力，特别是房地产信贷风险值得关注；券商可持续发展问题、盈利模式、创新业务管理能力等值得关注，需要重视市场大幅调整引发民生问题；保险业财产险公司继续亏损，人身险公司结构性矛盾突出，投资型保险退保增长迅速等影响和制约保险业稳健发展的问题仍然存在；银证保跨业经营特别是交叉性理财业务的风险仍不容忽视。

（一）银行业稳定评估

2008年末，全省银行业资产和负债总额分别达到18 552亿元和17 799亿元，分别增长14.7%和

14.67%。其中，本外币各项存款12 172.08亿元，增长17.35%，比全国平均水平低1.95个百分点；本外币各项贷款9 891.69亿元（剔除农行剥离不良贷款因素，本外币各项贷款余额10 005.69亿元），增长17.4%，比全国平均水平低0.55个百分点。年末存贷比81.27%，比全国平均水平高14.36个百分点；经营效益继续提高，税后利润增长17.8%。不良贷款保持“双降”，资产质量持续改善。银行业改革稳步推进。农业银行福建省分行被其总行选定为“三农”事业部改革4个试点分行之一；农村信用社专项中央银行票据兑付工作进展顺利，年末专项中央银行票据兑付金额占全部额度的88.6%；邮政储蓄银行省分行及设区市分行挂牌开业，邮政储蓄业务进一步拓展；创新型农村金融机构实现突破，建瓯村镇银行、永安村镇银行顺利开业；对外开放稳步扩大，香港上海汇丰银行全资组建新型农村金融机构，联华信托公司成功引进澳大利亚国民银行作为境外战略投资者，台湾富邦金控参股厦门市商业银行获监管部门批准。

1. 银行业稳健性评估。

（1）法人银行运行更加稳健，但对境外投资风险的管理能力仍显不足。2008年，全省法人商业银行资本充足率全部达标。农村合作金融机构的资本充足率达标面比年初上升24.3个百分点；资产减值准备充足率达标面比年初上升21.4个百分点；历年挂账亏损全部消化。但银行在“走出去”过程中，对境外投资风险的认识和管理能力尚未跟上。

（2）风险管控能力及信贷资产质量持续提高，但案件反弹压力仍应引起关注。2008年，全省不良贷款继续保持“双降”，不良贷款余额减少88.41亿元，不良贷款率2.11%，下降1.38个百分点。从机构类别看，政策性银行、国有商业银行和农村合作金融机构不良贷款率逐季下降，特别是农村合作金融机构贷款质量有较大改善。全年没有发生百万元以上的案件，案件数量和涉案金额实现“双降”，但涉案事件亟需密切关注。

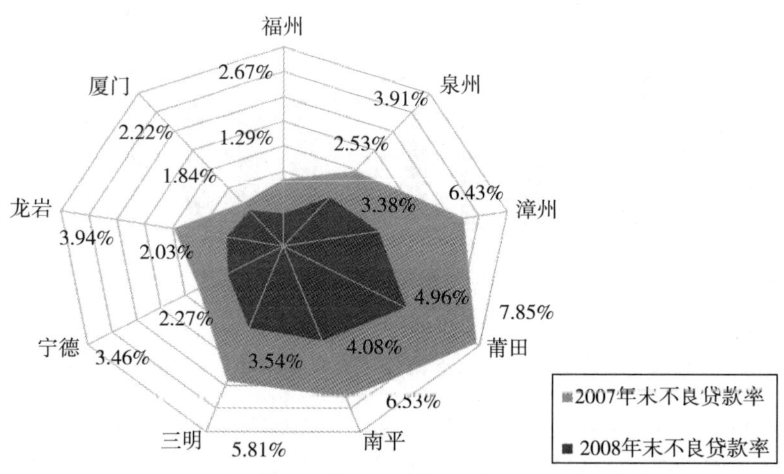

图3 福建省各设区市不良贷款率雷达图

（3）经营业绩保持增长，但盈利压力明显上升。2008年，全省银行业税后利润增长17.82%；资产净利润率为1.18%，净利差率为3.11%，净利息收入比率为86.14%。从盈利能力看，贷款利息收入仍是带动营业收入增加的主导因素，但由于经营环境不利因素增多，银行业机构净利润增幅明显回落。中间业务在收入结构中的贡献度下滑，中间业务收入比率从第一季度的14.91%下滑到第三季度的12.38%。同时，信用风险上升导致损失拨备增加，全年计提拨备85.63亿元，大大超过上年水平；而营业成本收入比率仍维持在较高水平，使得资产净利润率由第一季度的0.44%下滑到第四季度的0.05%。

（4）整体拨备水平大幅提升，但中小法人金融机构风险抵补能力仍有待提高。2008年，银行业金融机构加大对贷款风险的损失准备金计提力度，风险抵补能力得到很大程度改善。辖内银行业金融机构贷款损失准备金余额153.76亿元，贷款损失准备充足率达150.52%，拨备覆盖率达93.17%，比年初上升64.37个百分点。从中小法人金融机构来看，除农村信用社外的法人机构贷款损失准备充足率都在100%以上，但拨备覆盖率多数介于47%～78%之间，与商业银行分支机构差距较大。特别是农村法人金融机构需在拨备达标的基础上进一步优化风险资产抵补性指标。

2. 银行业运行中需要关注的问题。

（1）金融危机对实体经济的影响仍在持续，信贷风险存在上升压力。2008年，全省规模以上工业增加值增速下滑4.8个百分点；全省规模以上工业企业利润出现负增长，增幅大幅下滑48个百分点；钢铁、石化、建材、汽车、纺织、化纤以及外向型加工制造业面临市场需求下滑和库存成本高的冲击较大，还款能力受到影响，信用风险呈现从小企业向大企业、从下游向上游行业双向传导的趋势，贷款质量向下迁徙的压力增大。剔除农业银行不良贷款剥离因素，全省银行业机构不良贷款新增25.59亿元，关注类贷款全年新增186.89亿元；授信或贷款额在5 000万元以上大客户的不良贷款和逾期贷款户数和金额均出现“双升”。此外，福建省民间金融比较活跃，受金融危机影响民间非法金融活动风险可能加快暴露，可能演化为银行信贷风险。

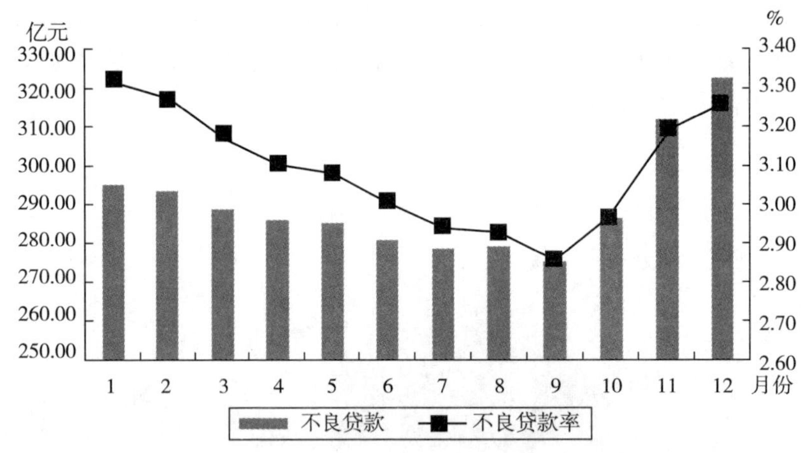

图4　2008年福建省全省金融机构不良贷款（率）时序图（剔除农业银行剥离因素）

（2）房地产市场尚未企稳，房地产信贷潜藏风险。2008年房地产市场持续疲软，资金回笼减缓。全年全省完成房地产投资1 114.22亿元，增幅回落45.4个百分点，房价涨幅逐月回落，房地产贷款质量下行压力增大。年末房地产贷款（不含厦门）不良率为1.46%；其中，房产开发贷款不良贷款余额比年初增加10.24亿元，增幅达192.48%，不良贷款率连续4个季度上升。土地使用权和在建工程等抵押品也面临着较大的估值下滑和变现风险；年末银行土地储备贷款（不含厦门）不良率上升6.13个百分点。此外，由于房价下跌，按揭贷款与抵押品价值的比率存在上升趋势，个人住房贷款有可能步入违约风险高发期。

（3）信用卡业务发展重数量轻管理，潜在风险不容忽视。部分银行业机构在信用卡业务管理上存在轻客户素质的不良营销倾向，睡眠卡比例较高，逾期透支金额增加较快。同时，受资金紧张的影响，部分持卡人尤其是一些中小企业主通过虚假交易非法套现，导致银行信用卡业务风险明显加大。此外，投诉处理机制不健全，易引发客户不满。

（4）信息系统建设滞后，风险管控水平有待提升。近年来银行业发展特别是中小法人银行业务规模及复杂程度不断提升，但信息系统运行内控制度滞后于项目建设，部分银行未制定与业务发展相适应的科技风险管理规划，没有充分落实建设科技安全监控、风险管理监督、审计部门审计要求。部分银行网络线路缺乏双运营商备份机制，中断营业的事件时有发生。有的银行关键信息系统研发过度依赖外包公司，项目建成后没有完成核心技术的交接，投产运行未能跟进安全生产监控。一些银行关键岗位人员流动过大，造成操作风险。

（二）证券业稳定评估

2008 年福建省证券业继续保持安全健康发展的势头。资本市场自我管理和约束机制逐步完善，市场健康运行与持续发展的内在基础逐渐夯实，市场发展水平和服务海峡西岸经济社会发展的能力提升。

表 1　福建省证券市场发展指标

指标名称	2008 年	2007 年
股票交易额（亿元）	23 151. 11	33 828. 64
证券化比率（%）	22. 51	53. 75
直接融资比率（%）	13. 58	12. 04
投资者开户数（万户）	256. 58	267. 37
上市公司数量（家）	56	50

1. 证券业稳健性评估。2008 年福建省券商经营状况正常，在市场行情剧烈震荡、市场交易量大幅萎缩的情况下，法人券商均实现盈利，资产流动性较好，净资本略有增加，抗风险能力有所提高，各项指标达到监管标准。兴业证券与广发华福证券公司被评为 A 类 A 级券商，同时还分别被评为“创新类”和“规范类”券商。各职能部门积极引导和督促市场主体主动履行社会责任，通过发布《福建省上市公司、证券期货经营机构、证券期货服务机构社会责任指引》、加强社会责任培训、持续督导企业履行社会责任等一系列举措切实提高企业践行社会责任能力。2008 年 7 月，闽发证券历时近 4 年的行政清算工作圆满结束，正式启动破产清算程序，破产清算的资产接收、债权申报等各项工作平稳推进。同时，原天同、南方证券福州营业部机构名义个人债风险也全面化解。此外，ST 中福、ST 新智、S＊ST 实达通过债务重组、注入资产或资产置换等方式解决历史遗留问题，并顺利完成股改，并恢复上市，S＊ST 三农、SST 闽闽东的资产重组工作有序进展，有望重获发展的新机。

2. 证券业运行中需要关注的问题。

（1）资本市场发展质量与发展规模仍有提升空间。2008 年福建省成功利用境内外两个资本市场开展直接融资，直接融资募集资金 405. 4 亿元。但市场发育水平较低，规模和质量与福建省经济战略地位不相称，截至 2008 年年末，福建省上市公司仅 56 家，市值 2 445. 28 亿元，分别占全国的 3. 27%、0. 17%。证券化率和直接融资比率较低，需紧紧抓住发展多层次资本市场的重大机遇，大力推进优质企业加快改制上市步伐，通过主板、中小企业板、创业板以及债券融资等多渠道、多形式提高直接融资比例，为海峡西岸经济建设提供资金支持。

（2）投资者结构有待完善。近年来，随着机构投资者特别是证券投资基金的快速发展，福建省投资者结构有所改善。但与成熟市场相比，福建省资本市场的投资者结构还不合理，机构投资者规模偏小，发展不平衡。个人投资者尤其是中小投资者更偏重于持有交易小盘股、低价股和高市盈率股票，持股时间较短、交易较为频繁，短期投资特征较为明显，不利于资本市场长期持续健康发展。据兴业证券、广发华福证券、厦门证券3家法人证券公司统计，至年末3家券商机构投资者开户数和交易额分别仅占其投资者总量和交易总额的0.5%、2.15%。因此，一方面个人投资者价值投资、长期投资的理念仍然有待加强；另一方面机构投资者群体还需培育。

（3）上市公司业绩增速回落不容忽视。全省56家上市公司上半年净利润增速下降14.65个百分点，加权平均每股收益增速下降104.71个百分点。上市公司之间经营状况差异显著，利润增长主要依靠兴业银行带动，其利润增幅达79.63%，占总额的52.87%。剔除兴业银行与2008年新上市的6家公司，其余上市公司利润仅增长35.13%，远低于59.17%的平均增长率。这表明福建省相当部分上市公司经营状况一般，盈利能力有所下降。

（4）券商可持续发展问题应予关注。随着2008年《证券公司监督管理条例》及《证券公司风险控制指标管理办法》的颁布，明确了以净资本为核心的发展机制，从12月起净资本采用更为严格的计算方式，券商净资本会出现一定幅度下降（据兴业证券按新方式测算净资本下降12.11%）。福建省券商规模偏小，净资本不足，一些业务经营受限，与大券商相比处于明显劣势。随着我国证券市场的发展，以资金与人才两种资源为中心的竞争将更加激烈。而上述两类资源有向规模大、盈利能力强、风险管理水平高的券商集中的趋势，因此公司业务规模偏小或将成为制约我省券商未来发展的瓶颈。

（5）传统盈利模式仍未改变。在市场深幅调整的情况下，券商的各项业务全面受挫。券商的自营业务遭受重创成为拖累券商业绩的最大因素。2008年，3家券商的“投资收益”和“公允价值变动收益”合计亏损4.96亿元，而上年同期两项合计盈利23.19亿元。券商的收入结构和利润构成显示，3家券商的经纪业务手续费收入超过了营业总收入，可见2008年券商的利润来源基本依托经纪业务，这种高度依赖“靠天吃饭”的盈利模式抵御系统性风险的能力和熨平市场周期波动的能力较低。

（三）保险业稳定评估

2008年，福建省共新增保险公司主体11家，保险公司主体数量达40家。其中，财产险公司19家、人身险公司21家。保险专业中介机构主体89家，增加9家。各保险公司积极向下延伸，保险公司分支机构达494家，营销服务部达1 691家。保费收入快速增长，累计实现保费收入290.7亿元，居全国第14位，增长33.7%，增幅上升9个百分点；财产险和人身险保费收入分别增长16.1%与41.5%。资产规模平稳增长，抗风险能力逐步增强。全省保险业总资产年末达556亿元，增长23.5%，其中，保险公司总资产555亿元，增长23.6%；专业中介机构总资产1.1亿元，下降7.6%。

保险业的稳健发展有力地推动了福建省社会经济发展与改善。一是对社会经济生活的渗透率不断提高。保险深度达2.68%，上升0.28个百分点；保险密度达806元/人，增长32%；人均保险消费支出占城镇居民可支配收入的比例达4.5%，上升0.6个百分点。二是政策导向作用明显。出口信用保险福建分公司加大对全省出口业务的保障力度和融资支持，累计实现保费收入1.5亿元，增长

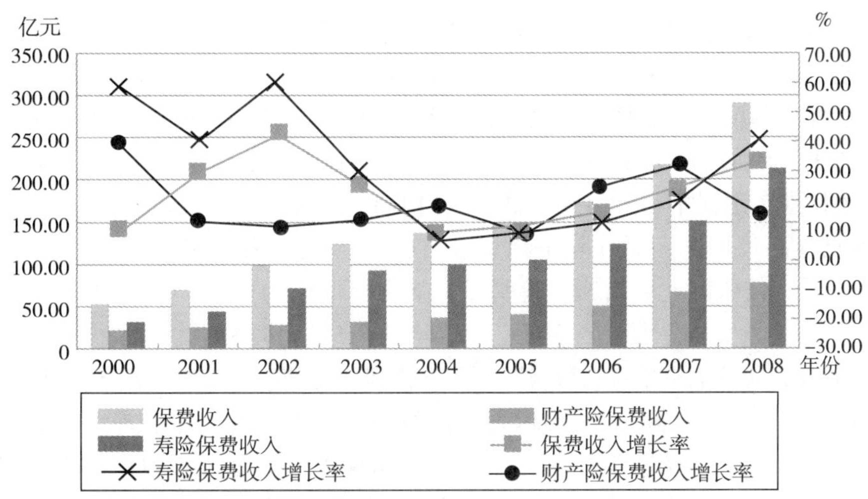

图 5 福建省保险公司保费收入波动图

30.6%，为229.8亿元的出口贸易提供了收汇保障和融资支持，出口渗透率达8%。尤其是在金融危机影响面前，出口信用保险公司积极发挥专业优势，帮助企业挽回损失，赔款支出增长1.8倍。三是风险保障能力不断增强。全省保险业累计承担风险总额10.2万亿元，增长71.9%；人身险累计赔款给付43亿元，增长28.1%；财产险累计赔款支出47.1亿元，增长33.5%。四是对新农村建设服务功能增强。农业保险累计实现保费收入7 062万元，增长31.7%；累计赔款支出4 290万元，增长93.7%。政策性涉农保险试点范围不断扩大。全省（不含厦门）5个试点险种共承担风险保障金额812亿元，累计保费收入超过8 400万元，累计赔款超过3 600万元。

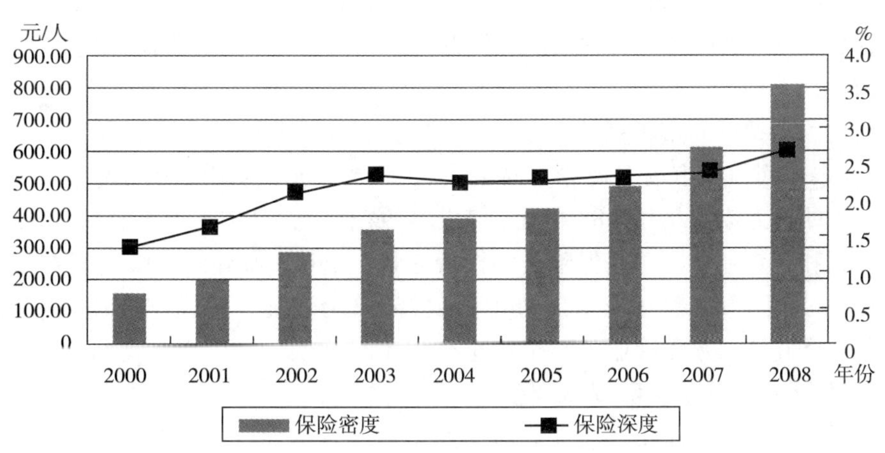

图 6 福建省保险业保险密度、保险深度波动图

1. 保险业稳健性评估。

（1）财产险业务结构逐步调整。2008年，全省财产险业务累计实现保费收入77.3亿元，增长16.1%。累计赔款支出47.1亿元，增长33.5%。一是车险业务增速放缓，全年累计实现保费收入58.2亿元，增长16.5%；累计赔款支出36.9亿元，增长34.9%。二是非车险业务较快增长。非车险业务累计实现保费收入19.1亿元，增长14.9%，非车险占财产险保费的比重为24.7%。

（2）寿险市场结构调整。全年寿险业务累计实现保费收入186.1亿元，增长43.8%。前8个月寿险保费增幅为67.5%，后4个月为0.6%，与前期相比下降66.9个百分点。一是寿险业务结构有所改善。新单期缴比重上升明显，后4个月寿险新单期缴率比前8个月上升11.2个百分点。二是投资型产品增速回落。万能保险月度保费增速由前期的增长2.6倍转为后期的负增长9.5%。投连保险月度保费由第一季度平均为1.1亿元下降为全年的5 174万元。分红保险新单期缴比重升至26.6%。三是退保率明显下降。全年寿险业务退保率为13.1%，低于全国1个百分点。

（3）健康险增速高位回落，意外险平稳增长。健康险业务累计实现保费收入20.4亿元，增长36.5%。从趋势上看，健康险业务增速回落明显，下半年增速为10.3%，与上半年63.4%的增幅相比大幅下降。意外险业务实现保费收入6.9亿元，增长7.9%，增幅总体保持平稳。

2. 保险业运行中需要关注的问题。财产险公司盈利能力堪忧。2008年全省财产险公司亏损2.8亿元，市场主体呈现出“公司越新、亏损越大”的特点，亏损险种集中在车险、企财险、健康险等主要险种。人身险公司业务结构有待优化。人身险公司偏重于银邮渠道投资型业务的发展，保障型产品比重过低，投资型业务比重、银保渠道占公司保费比重均过大，人身险公司结构调整任重道远。受股票市场走势持续低迷及8月份寿险“软着陆”政策出台影响，万能、投连保险热度减退，销售高增长势头明显回落，退保有所增加，退保率分别增长31.1%和85.9%。

（四）金融综合经营评估

1. 基本情况。

（1）委托理财业务。一是银行理财业务。全省共有17家商业银行开展理财业务（不含厦门），全年累计发售理财产品3 145只，其中人民币理财产品2 419只，外币理财产品726只，累计募集资金1 087.27亿元人民币、2.21亿美元，累计实现理财产品业务收入1.49亿元。二是证券理财业务。3家法人证券公司均未发行集合理财产品，兴业证券开展定向资产管理业务募集资金0.96亿元。三是保险投资理财型保险产品业务。全省投连险保费收入6.2亿元，分红寿险保费收入113.9亿元，万能险保费收入33亿元。

（2）证券公司参与银行间市场交易。证券公司在银行间同业拆借市场拆入资金15.9亿元，占市场总量0.2%；在银行间债券市场上现券交易买入552.65亿元，卖出561.8亿元，分别占市场总量7.23%、6.03%；回购交易买入181.88亿元，卖出4.94亿元，分别占市场总量1.08%、0.05%。

（3）资金存款和托管业务。一是保险公司银行存款。至年末福建省保险公司在全省工行、农行、中行、建行及交行的人民币存款10亿元，外币存款369.3万美元，协议存款13.5亿元人民币。二是证券客户交易结算资金第三方存管业务。至年末全省工行、农行、中行、建行及交行开立第三方存管的账户有132.75万户，资金余额97.89亿元①。

（4）股票质押贷款。受资本市场波动影响，股票质押贷款面临风险较大，各商业银行对此项业务开展均十分谨慎。据调查，2008年全省工行、农行、中行、建行及交行中仅有建行开展股票质押贷款1笔，贷款余额1亿元。

（5）金融产品交叉销售。工行、农行、中行、建行及交行在闽分支机构共代销基金325.76亿

① 农业银行第三方存管业务实施总对总模式，即客户交易结算资金存款归集到客户所开立证券账户的证券公司总部所在地农业银行所开立的证券公司保证金账户，因此农行福建省分行数据仅含福建省3个本地券商归集的客户交易结算资金账户数与账户余额。

元，手续费收入4.12亿元；代销保险53.68亿元，手续费收入1.83亿元。全省银邮渠道累计实现保费收入79.5亿元，增长1.4倍。

2. 金融综合经营运行中需要关注的问题。

（1）市场联动风险不容忽视。银行信贷资金通过交叉性金融工具与资本市场发生关联，资本市场的风险通过业务关系转移传递给银行，可能形成较大的风险隐患。证券公司进入银行同业拆借市场是市场风险传递的一个主要途径，在目前股市低迷情况下，如果证券公司采用循环拆借、化短为长的方式，将拆借资金用于长期投资或挪用，则可能使风险跨越市场传递至资金的融出方，加大拆借市场的系统性风险。股票质押贷款业务也可能传递风险，当股票市值缩水或低于质押贷款担保额时，证券公司的流动性风险将传递到银行。

（2）理财业务风险凸现。由于挂钩股票、基金、债券等理财产品增多，资本市场、货币市场价格波动对理财产品的冲击加大。一些理财产品投资于境内外资本市场，有些与利率、汇率、商品指数以及国际市场黄金、石油等价格挂钩，在金融危机背景下，将面临较大风险。部分银行在理财产品业务营销管理上，未能很好履行详尽信息披露和告知义务，导致客户投诉数量增加。

（3）交叉性业务使银行声誉风险上升。证券、保险等金融机构在争夺个人理财业务上，大多选择与银行进行合作，以此提高信用等级，给客户安全感。银行出于自身业务发展的需要，也争取与这些机构合作，发挥自身在网点和客户方面的优势，为基金、保险等机构提供托管和代销业务。但在代理过程中，许多投资者误以为购买的就是银行自身的产品，或者简单认定在银行办理的业务银行就应负责，一旦出现损失或纠纷，投资者都将直接诉诸银行。

三、金融市场运行与金融稳定

2008年尽管面临国内外经济金融形势复杂多变等诸多不确定不稳定因素的挑战，福建省金融市场仍保持总体运行平稳，金融机构资金较为充裕，市场交易活跃。

（一）金融市场运行状况

货币市场成交量继续增长。银行间拆借市场和债券市场交易活跃，全省同业拆借、债券回购、现券交易三项成交总额57 060.56亿元，增长14.91%。短期融资券规模缩小，企业实际发行融资17.4亿元，下降79.77%，6家企业到期兑付资金86亿元。票据市场融资总量快速上升，融资余额增长49.71%，贴现和转贴现利率快速下滑。外汇收支继续保持净流入与净结汇发展态势。受国内外经济环境变化影响，外贸及外汇收支顺差大幅增长态势得到缓解，净结汇增长出现“拐点”，6~12月同比下降21.8%；全省银行远期净结汇121.86亿美元，增长1.9倍。但由于人民币升值预期减弱，企业与个人结汇意愿下降，上半年已签订远期结汇合约的客户出现亏损，下半年远期结汇大幅下降，远期售汇比上半年大幅增长。黄金市场交易量迅速增长。全年省内会员单位[1]在上海黄金交易所成交总量282 333.2公斤，增长164.18%，增幅比上年提高16.59个百分点。中行、工行和建行在闽机构共办理个人纸黄金交易业务137.72亿元，增长128.24%。全省黄金期货（不含厦门）成交金额141 952.83万元，合约数量7 717手。

① 包括兴业银行、紫金矿业集团股份有限公司、福州福辉珠宝有限公司。

表 2　2008 年福建省金融市场基本情况表　　单位：亿元、亿美元、%

类型　项目	成交额	增长
货币市场		
1. 同业拆借	14 196. 53	30. 75
2. 债券回购	25 905. 76	-2. 56
3. 票据市场	4 540. 6	26. 23
债券市场		
1. 银行间现券交易	16 957. 27	32. 20
2. 债券代理	68. 69	-55. 14
资本市场		
1. 股票交易	23 151. 11	-31. 56
外汇市场		
1. 结汇	607. 63	20. 24
2. 售汇	251. 15	54. 1
3. 净结汇	356. 48	4. 12
黄金市场		
1. 商业银行纸黄金交易	137. 72	128. 24
2. 黄金期货	14. 20①	

数据来源：人民银行福州中心支行。

（二）金融市场运行中需要关注的问题

1. 金融市场主体单一，票据市场有待进一步规范。地方法人金融机构对金融市场参与度低。2008 年福建省参与全国银行间同业拆借市场的机构仍为 8 家，参与银行间债券市场的 12 家，分别占全省法人金融机构总数的 9. 09% 和 13. 64%。商业信用发展滞后。在现有票据市场交易中，银行承兑汇票所占比重较高，商业承兑汇票发展缓慢。受金融危机的影响，银行放贷意愿不高，把开拓票据业务作为重要手段，使票据市场竞争不规范的现象增加。如采取放宽承兑条件、降低审查门槛、减少保证金比例等方式争揽客户，导致票据一级市场潜在风险加大，年末银行票据承兑垫款 2. 6 亿元，比年初增加 1. 54 亿元。同时电子交易平台建设滞后，当前经营方式下票据的流通大部分表现为票据实物的转移，既增加了经营成本，也给犯罪分子提供了可乘之机，容易产生风险。

2. 黄金市场运行存在不确定因素，警惕非法黄金期货交易风险。一是当前国内黄金理财方式丰富，除投资实物黄金外，还有账户黄金、纸黄金、黄金期货和黄金 T + D 等投资方式。但影响黄金市场波动的因素很多，随着全球经济的衰退，黄金消费需求可能走低，制约金价上涨空间，同时美元汇率的不确定性也对金价波动存在影响。二是一些不法分子的欺诈，福州、厦门、泉州、龙岩、三明等地已出现不法公司以投资“黄金期货”名义进行的非法经营活动。

① 数据不含厦门。

四、金融基础设施与金融稳定

（一）支付体系

2008年福建省支付体系建设平稳推进，支付工具应用进一步丰富，支付服务效率和质量不断提升，城乡一体的支付服务网络初步形成。人民银行福州中心支行制订了《计算机信息系统分类风险管理办法》、《福建省人民币银行结算账户分类管理指导意见》和《境内外币支付系统危机处置预案》，按季评估各重要系统的运行维护及风险情况，确定结算账户相应的风险等级，对高风险账户实施重点管理和监控。支付效率进一步提高、环境不断改善。一是大、小额支付系统运行稳定，业务稳健增长。2008年全省大、小额支付系统共处理业务笔数和金额分别增长24.16%和24.4%。二是非现金结算进一步推广，公众非现金结算意识显著增强。2008年全省各类非现金结算业务增长10.91%；电子支付业务增长36%；银行卡刷卡消费金额1 575.6亿元，占社会消费品零售总额的比重较2007年提升7.6个百分点。三是实施新农村支付结算畅通工程，改善农村地区支付环境。通过系统设备更新、发展电子支付渠道、推动涉农款项转账支付、推广银行卡等措施，使农村地区金融机构的支付服务质量提升，城乡一体的支付服务体系初步形成。四是有效打击银行卡违法犯罪。2008年人民银行福建省各级分支机构联合公安、商业银行等部门全面开展整治银行卡违法犯罪专项行动，共立案149起，破获100起，抓获犯罪嫌疑人70名，涉案金额329.2万元，有效地打击了银行卡诈骗等违法犯罪行为，确保奥运期间银行卡支付安全。但在发展过程中仍需关注对支付风险的控制：一是新兴电子支付工具（网上银行、手机银行）的交易安全有待进一步提高；二是商业银行应加强发卡审核和信用额度管理，防止因过滥发卡而形成大量睡眠卡和潜在的信用风险；三是个别商业银行未及时调整清算资金造成临时性头寸不足，影响跨行资金的及时清算。

（二）反洗钱

2008年，福建省反洗钱工作以“推动金融机构全面履行客户身份识别和可疑交易报告等核心义务”、“为侦察机关提供情报支持和证据支持”为重点，在遏制洗钱犯罪及相关犯罪、构建和谐金融生态、维护社会经济金融稳定运行发挥了重要作用。一是积极协助侦查、破获涉嫌洗钱案件，保障社会和谐稳定。利用可疑交易报告数据查询系统的资源优势，探索“联合经营专案”等有效方式，加大案件协查力度。全年开展行政调查161起，主动发现线索并向公安机关报案19起；协助侦查、破获各类案件11起（包括百亿元大案两起）。二是完善反洗钱协作机制，维护正常的金融秩序。全年共组织对25家银行、证券（期货）、保险业金融机构的115个分支机构开展现场检查，及时发现各金融机构中存在的问题，并对11家金融机构21个分支机构进行处罚。三是建立大额现金存取监测网络，优化金融生态环境。以“搭建大额现金存取监测数据库”为平台，严格规范大额现金存取客户身份识别，强化可疑交易监测分析报告，在全省范围内加强了对现金使用环境和使用主体的监管，构建了反洗钱大额资金监测网络体系，从源头上防范利用大额现金存取进行洗钱及其他相关犯罪活动。但反洗钱相关制度建设仍有待完善：一是人民银行反洗钱组织体系建设有待完善；二是反洗钱行政执法监督制约机制有待强化；三是反洗钱义务主体履职过程中的反洗钱工作与日常业务有待协调。

（三）信用环境

2008 年，人民银行征信管理职责由“管理信贷征信业”调整为“管理征信业，推动建立社会信用体系”。为履行好征信管理新职责，人行福州中心支行加强全省企业和个人征信系统建设和应用，拓展中小企业和农村信用体系建设，深化征信宣传工作，探索信用评级，推进非银行信息采集，努力营造良好的社会信用环境。至 2008 年年末，人民银行企业征信系统收录全省企业 19.22 万户，占企业总数 74.0%，涉及人民币贷款余额 6 275.21 亿元，金融机构月均查询 18.9 万次；个人征信系统收录 2 100 多万自然人信息，占全省人口总数 60%；个人信贷账户为 1 373 万个，个人信贷余额 3 273.04 亿元，金融机构月均查询 76.9 万次。据不完全统计，金融机构应用企业征信系统否决风险信贷业务 105 笔，涉及金额 24.3 亿元人民币；应用个人征信系统否决风险信贷业务 8.67 万笔，涉及金额 33.41 亿元人民币。企业和个人征信系统在立足服务金融机构的同时，逐步向社会拓宽信息征集和信息服务领域。目前全省已实现 10 类企业和个人非银行信用信息的连续采集上报和共享使用。企业拖欠工资、环境违法、欠税、法院诉讼等非银行信息进入征信系统，作为商业银行信贷审核的参考，使违法企业的信贷需求受到限制，提高了政府相关部门行政执法水平和企业遵纪守法意识；个人信用报告应用于第二套住房贷款和存量住房贷款利率优惠政策的实施，对调控房地产市场和信贷资金投向起了积极作用。中小企业信用体系建设取得进展，融资环境逐步改善。全省共建立中小企业信用档案 5.13 万户，其中获得银行授信意向的企业 2 424 户，获得银行贷款企业 2 126 户，金额逾 110 亿元；同时尝试开展中小企业信用评价工作，引导辖内信用担保公司与有信用、成长型的中小企业开展合作，促进商业银行扩大信贷投入，缓解中小企业融资难。组织开发“福建省农户信用信息管理系统”，加快农户信用档案电子化建设步伐，采集农户信用信息，开展信用评分，供农村金融机构发放小额信贷时审贷参考，提高审贷效率和农村信贷管理水平。至年末全省已开展农户信用档案建设的县区共 79 个，占县区总数 97.5%；已建立农户信用档案 127.2 万户，占农户总数 19.5%。全省对已建立信用档案的 85.8 万户发放贷款 759.6 亿元。但征信法律制度建设有待健全，如《征信管理条例》、《企业信用信息基础数据库管理办法》等重要征信法律法规尚未出台。

（四）司法环境

2008 年福建省金融司法环境进一步改善。根据中央政法委和最高人民法院的统一部署，福建省开展了全省范围内的集中清理执行积案活动。活动从 8 月开始，至 2009 年 6 月结束。在活动中，成立了全省集中清理执行积案活动领导小组及办公室，制定了清理活动工作方案。据统计，全省法院列入集中清理范围、作为重点案件的共有 7 840 件，其中，涉及被执行人为特殊主体的 4 587 件，特困群众为申请执行人的 2 463 件，因未能执行引发重信重访的 1 288 件。活动开展以来，法院、公安、检察、工商、金融、房地产等部门积极协调配合，整体联动。如厦门建立了协助执行工作网络，市执行工作协调领导小组协调 24 家金融机构，在各商业银行的支行设立统一的查询专柜，协助法院开展执行工作。泉州市中级人民法院与人行泉州市中心支行联合发出了《关于将被执行人信息纳入征信系统，建立执行威慑机制的通知》，在全省范围内率先将被执行人信息纳入征信系统，进一步强化了执行威慑机制。

（五）金融稳定协调机制建设与应急管理

福建省金融稳定协调机制已运行 5 年，初步实现联系密切、职责明确、交流及时、沟通顺畅、合力渐强、成果显现的维护金融稳定工作局面，金融稳定联席会议平台作用进一步显现，各有关部门之间沟通协调愈加密切，金融风险研究及处置能力逐步提升。同时，在2007年初步建立省、市、县三级相对统一模式的金融稳定协调机制网络基础上，2008年积极摸索创新，与周边的浙江、广东、江西、安徽和湖南等省分别建立了多形式、多方位、全功能、开放式的边界或区域金融稳定协调合作机制，“立体式”架构初步形成，维护金融稳定合力不断增强。同时，福建各级人民银行以普及金融突发事件应急处置知识，提高应急处置能力为目的，积极组织开展了多形式、多特点的金融突事件发应急处置演练。通过各类金融突发事件应急处置的模拟演练，各有关部门处置金融突发事件的经验得到不断积累，职责和应采取的措施更加明确，处置程序更加规范高效，并进一步提升全省防范和处置金融突发事件的合力，有利于各类金融风险在初期能够得到及时有效处置，避免因风险的扩散而危及全省金融稳定。

五、总体评估和政策建议

（一）总体评估

2008年在国际经济金融环境急剧变化、国内经济增长放缓的情况下，福建经济总体上平稳较快发展，为金融业发展创造了良好的宏观环境。全省银行业资产规模保持较快增长，证券业经营机构在市场低迷背景下仍实现盈利，保险业抗风险能力逐步增强，金融基础设施不断完善，金融稳定长效机制进一步健全，金融稳定程度持续提高。2009年受国际金融危机影响，福建省经济下行压力将有所加大，银行信贷风险可能上升，理财业务引发的银行声誉风险可能进一步突显，资本市场融资功能可能弱化，保险业可能面临较大偿付压力，非法金融活动将依然存在，这些问题仍需引起高度关注。

（二）政策建议

1. 综合运用各项政策措施，积极应对国内外环境变化对福建经济金融的影响。一是调整优化产业结构，形成以高新技术产业为先导、基础产业和以先进制造业为支撑、现代服务业全面发展的产业格局。二是扩大消费需求，认真培育新的消费增长点，加大城乡基础设施建设投入，加快现代农业发展，提高农民收入，强化农村消费市场体系建设，促进农村消费比例提升。三是在特殊时期要实行“软着陆”的宏观调控政策，加大金融扶持引导外向型经济力度。四是积极破解企业融资难题，探索建立中小企业贷款补偿机制，有效发挥中小企业信用担保公司作用，帮助中小企业应对危机。支持符合条件的企业发行债券、在境内外资本市场上市，为企业发展多渠道筹集资金。五是加强风险管理，进一步完善金融机构公司治理，不断强化内部控制和风险防范机制，保持金融体系稳健运行。开展金融知识普及教育宣传活动，加强各类金融产品的风险提示和信息披露，引导和培育社会公众的金融意识。

2. 深化闽台经济金融合作，加快建设海峡两岸经济金融合作先行区。积极推进两岸互惠互利的经济金融合作，搭建有效平台，疏通交流渠道，促进闽台金融同业增加沟通，共同探讨应对国际金融危机的方法和途径。支持和帮助台资企业自主创新和转型升级、持续发展。加强两岸双向投资和产业合作，拓展领域，提高层次。争取中央更多的政策支持，允许福建省先行先试，在更宽领域、更高层次、更大范围谋求更新的交流与合作。鼓励各类台资金融机构到福建省设立机构，投资参股地方法人金融机构或创办产业投资基金；推动闽台银行业加强合作，先行建立两岸银行间双边结算和清算关系，扩大台币在福建省兑换的业务范围和区域；争取福建省金融机构在台设立机构，实现两岸金融业双向直接交流。加强两岸金融监管机构之间的资讯交流与监管合作，认真研究借鉴台湾金融控股公司的监管措施，维护两岸金融机构稳定健康运行，增强防范金融风险的能力。

3. 健全金融监管体系，形成防范化解风险合力。密切关注国际金融危机发展动态，研究风险可能的传播途径，及时对危机发展趋势及对全省的影响进行跟踪和评估。加大对金融机构的风险监测力度，高度关注金融机构流动性及资产负债变化，及时发现风险苗头，确保金融安全稳定运行。进一步完善全省金融监管体系，加强功能监管、审慎监管，加强有关部门的有效沟通与协调配合，实现多方联动，建立联合检查制度，加强金融创新领域的监管协调，密切关注跨行业、跨市场、交叉性金融工具的风险，共同防范和化解系统性金融风险。

4. 加快建设多层次资本市场体系，发挥市场资源配置功能。采取有效措施，稳定证券市场运行。完善中小企业板市场各项制度，适时推出创业板，逐步完善有机联系的多层次资本市场体系。支持有条件的企业利用资本市场开展兼并重组，促进上市公司行业整合和产业升级，减少审批环节，提升市场效率，不断提升上市公司竞争力。加快发展债券市场和产权交易市场，扩大企业发行债券规模和比重，支持发行企业债、公司债和企业短期融资券，降低企业融资成本。规范产权交易行为，健全服务体系，完善市场功能，促进形成全省统一互联的产权交易市场体系，为股权、特许经营权、预期收益权、知识产权、债券等权益通过产权市场进行交易、融资提供服务平台。

5. 完善金融稳定基础设施建设，构建金融稳定长效工作机制。积极推动建立功能完善、权责统一、运作高效的存款保险体系，完善以存款保险制度、证券投资者保护制度与保险保障制度为主的金融保障体系建设，切实维护存款者、投资者及投保人的合法权益。加强投资者金融安全教育工作，提高公众对金融交易的法制意识与风险意识。深入完善支付体系维护和管理制度，防范支付清算风险。加快社会信用体系建设，提高企业和个人的信用意识，推动形成良好的金融信用环境。积极推动民间融资立法，引导与规范民间借贷，防范民间非法金融活动风险，加大对非法金融活动的打击力度，深入开展反洗钱工作，维护地方金融市场秩序。

总　纂：吴国培
统　稿：吴成居
执　笔：徐剑波　王仁生　杨　敏　郑希元　陈　榕
沈理明　郑　平　江　颖　陈　立

江西省金融稳定报告摘要

2008年，江西省认真贯彻落实中央各项方针政策和决策部署，以学习实践科学发展观活动为契机，积极应对来自各方面的严峻挑战和考验，全省经济社会发展取得了较好成绩。经济保持平稳快速发展，工业生产持续稳步增长，农业基础地位继续巩固，固定资产投资快速增长，城乡消费市场持续旺盛，对外经济贸易形势良好。金融业发展态势良好，稳定状况进一步改善。银行业总量不断扩大，经营效益明显提升，资产质量逐步改善，机构改革稳步推进；证券期货业运行平稳，货币融资创历史最好水平；保险业进一步做大做强，保险业务平稳较快发展；金融基础施设建设稳步推进，服务社会功能不断增强。

一、宏观经济环境

（一）宏观经济发展总体情况

1. 经济保持平稳较快发展，财政综合实力不断提高。2008年，江西省生产总值达到6 480.3亿元，同比增长12.6%，连续6年实现12%以上的增长速度。三次产业增加值比重由上年16.4:51.7:31.9调整为16.4:52.7:30.9，产业结构发展协调性增强。全省财政收入突破800亿元关口，达到816.8亿元，同比增长22.8%，连续6年保持20%以上的增幅。

2. 工业生产持续稳步增长，农业基础地位继续巩固。2008年，江西省不断推进工业结构调整，扎实发展工业园区经济。全年规模以上工业企业完成增加值2 323.5亿元，同比增长21.9%；工业园区企业完成增加值1 631.4亿元，占规模以上工业70.2%。全省综合经济效益指数再创新高，达到221.8%，同比提高16.2个百分点。全省共发放粮食直补、农资综合直补、水稻良种补贴、农机购置补贴39.1亿元，同比增加18.4亿元，促进了主要农产品稳定增长。全年实现粮食总产量1 958.1万吨，亩产达364.8公斤，总产亩产连续5年创历史新高。

3. 三大需求发展形势良好，经济增长动力逐步增强。2008年，江西省全社会固定资产投资4 738.6亿元，同比增长43.5%。其中重大项目带动作用明显。全年计划总投资超10亿元的项目达114个，完成投资766.1亿元，增长40.6%。全省城镇居民人均可支配收入12 866元，增长14.7%；农民人均纯收入4 697元，增长14.6%。居民收入的快速增长促进了城乡消费市场的繁荣活跃。全年社会消费品零售总额2 082.8亿元，同比增长23.7%，增幅创近12年来历史新高。受国际金融危机、国际需求减弱的不利因素影响，全省进出口贸易增幅有所放缓，但在机电产品和高新技术产品发展的大力推动下，全年实现进出口贸易总额137.5亿美元，同比增长45.1%。在当前沿海产业加速向内地梯度转移的背景下，全省充分发挥区位优势，加大招商引资工作力度，全年实际利用外商直接投资36.0亿美元，同比增长16.1%。

（二）需要关注的方面

1. 国际金融危机影响不确定性加大。从江西省来看，由于全省经济对外依存度不高，2008年受金融危机影响不是特别明显，经济发展形势依然良好。但金融危机对经济影响有从出口、加工贸易型企业向内需、一般工业制成品企业逐步蔓延的特点，这对全省今后外汇收支、外向型经济、外商直接投资乃至于其他领域生产都会造成不利影响。2008年第四季度江西省劳动力需求指数仅为88.88%，比上年回落24.07个百分点，跌入近5年来历史低点，处于“不景气”区间。随着金融危机影响的加深，省内已有部分行业企业停产减产，加上农民工返乡和大学生就业压力，2009年全省劳动力就业形势将更加严峻。

2. 经济下行趋势逐渐显现。一是总体经济增速回落。2008年江西省生产总值增速比上年下降0.4个百分点，增幅有所放缓。随着国际金融危机影响不断加深，经济运行不确性因素增多，2009年GDP增速将进一步放缓，对实现“保增长”发展目标构成一定压力。二是工业生产增速放缓。2008年第三季度以来，全省规模以上工业增加值增速逐月回落，9～12月增速分别为22.5%、20.4%、19.8%和13.5%，其中12月份增速比上年同期回落12.4个百分点。三是工业品出厂价格水平涨幅明显下降。2008年全省工业品出厂价格涨幅从7月份最高点11.0%快速下滑至11月份-5.4%，出现自2002年10月以来第一次同比负增长；12月份继续呈现明显下滑趋势，同比下降8.4%。四是房地产投资需求减弱。2008年12月份，赣房景气指数达到99.82点，比上年下降1.38点，进入“不景气”区间。1～12月，全省房地产开发投资增长25.0%，增速比上年回落1.0个百分点；商品房销售面积下降32.7%，比上年下降49.5个百分点。经济下行压力加大，将进一步影响全省经济平稳健康快速发展的步伐。

3. 企业经营困难日趋增多。一是企业经营效益增幅明显下滑。2008年江西省规模以上工业企业主营业务收入、利润总额和利税总额同比增长34.0%、3.1%和12.8%，分别比上年回落15.5个、55.4个和30.7个百分点。二是部分行业企业亏损严重。亏损企业亏损额达到74.73亿元，同比增长169.73%，石油加工、电力行业企业仍是亏损大户。三是企业景气指数高位回落。2008年第四季度全省企业景气指数由上年140.1%的高位回落至111.8%，同比减少28.3个百分点，处于“不景气”区间。企业经营效益明显下滑容易引发银行贷款形成不良，影响全省银行体系平稳运行。

二、金融业发展与稳定状况

（一）银行业

1. 银行业运行情况。

（1）各项存款快速增长，贷款增势先抑后扬。2008年，全省存、贷款总量持续快速增长。12月末，全省银行业金融机构本外币各项存、贷款余额分别为7 261.96亿元、4 613.25亿元，分别比年初增加1 307.0亿元、758.21亿元，增长21.95%、18.62%，增速分别提高9.05个和1.90个百分点。

（2）资产质量稳步提高，经营效益明显提升。2008年，全省银行业金融机构资产质量稳步提高，不良贷款率比年初下降7.10个百分点。新计提贷款损失准备43.58亿元、其他资产减值准备

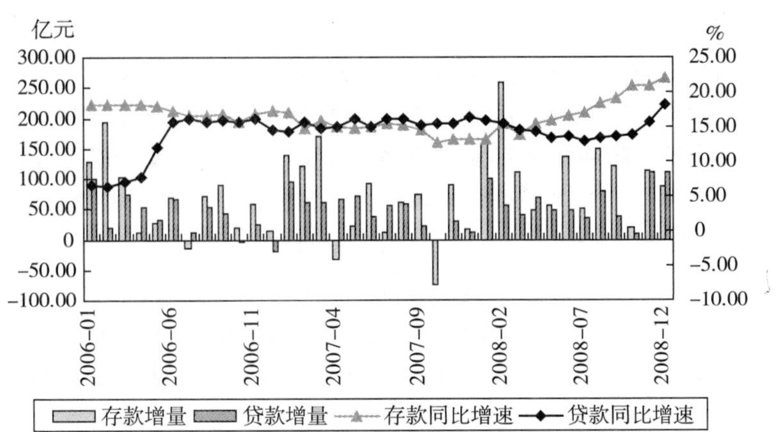

数据来源：人民银行南昌中心支行。

图1 2006年以来各月人民币各项存贷款增长情况

1.80亿元。辖内银行业金融机构累计实现税前利润98.19亿元，增长26.76%，盈利水平创历史新高。

（3）表外业务发展迅速，流动性指标保持良好。2008年，全省银行业金融机构表外和中间业务发展迅速，承诺类、担保类和衍生类业务余额分别比年初增长62.9%、27.64%和30.8%。全年实现中间业务收入25.75亿元，同比增长23.32%，占全部收入的3.12%。从报表分析，江西省中小法人银行流动性指标良好，年末流动性比例均高于50%，处于银监部门规定的25%以上的安全区域。

表1 2008年江西地方法人金融机构流动性比率 单位:%

机构＼时间	第一季度末	第二季度末	第三季度末	第四季度末
城市商业银行	46.95	44.86	50.64	56.79
农村合作金融机构	40.39	37.48	37.43	50.40
城市信用社	96.00	70.78	78.49	119.75
财务公司	77.82	57.58	62.09	95.55
信托公司	1 004.10	453.96	464.12	633.28
合 计	43.26	40.31	42.05	54.01

数据来源：江西银监局。

2. 银行业改革。

（1）机构改革稳步推进，市场主体日趋完善。农业银行江西省分行顺利完成股改准备工作。南康赣商村镇银行成功开业。农村合作金融机构改革目标基本实现，票据兑付全面完成。洪都农村商业银行筹建申请已获批准，赣州、抚州等地市13家二级法人获准筹建县级统一法人联社。南昌银行、九江银行跨区域发展取得突破性进展。渣打、大新两家外资银行成功进驻，渣打银行南昌分行顺利开业。

（2）金融创新取得突破，竞争实力稳步提升。全省银行业机构积极探索并试点了多种支持中小企业发展的信贷融资管理模式和信贷品种。江西省政府建立了省级信用担保公司，积极构建银企合作融资新机制。

（3）认真践行社会责任，积极构建和谐社会。2008 年，全省银行业金融机构在不断提高自身经营效益的同时，积极践行企业社会责任。12 月末，全省银行业金融机构下岗失业再就业贷款余额 40.24 亿元、助学贷款余额 3.41 亿元、经济适用房个人按揭贷款余额 19.49 亿元；农村信用社向 340 多万农户累计发放小额信用贷款 400 多亿元；全省银行业金融机构及金融系统广大员工为支持新农村建设、希望工程建设、抗击冰雪灾害和抗震救灾，以各种形式捐赠爱心款项累计达 3 000 余万元。

3. 需要关注的方面。

（1）信贷资产潜在风险上升。经济下行压力加大了对全省银行业金融机构信贷资产质量的影响，如部分钢铁、石化、有色金属、电力等企业已出现限产或半停产情况，开工明显不足；部分出口行业和部分劳动密集型企业订单减少，出口速度明显回落；房地产业成交量持续低迷，资金回笼压力加大。

（2）不利于风险防范的潜在因素增多。少数银行业金融机构存在放宽信贷条件的情况，放松贷款“三查”制度；部分银行业金融机构在信贷项目选择中“重强轻弱”、“求大弃小”导致贷款集中度风险上升；部分中央及地方政府投资重点项目风险把握难度大；相关配套政策落实不够到位、社会信用环境不佳。

（3）盈利水平持续提升的难度加大。出口大幅下降、经营效益下滑影响了银行信贷资产质量的提高，收息率的下降将直接降低银行盈利能力；定期储蓄存款持续较快增长导致银行资金成本增加，新增贷款中有一部分是收益更低的票据融资，致使盈利空间进一步受挤压；在利率下调特别是不对称降息的情况下，利差进一步缩小，加上商业银行对一些优势企业以及重大项目让利，致使银行机构盈利能力进一步下降。

（二）证券期货业

1. 证券期货业运行情况。

（1）股票市场持续低迷，市场交投明显萎缩。2008 年，全省证券投资者开户数量增速明显放缓。12 月末，全省累计开立资金账户 151.39 万户，增长 6.84%，同比少增 40.95 个百分点。客户保证金余额 80.46 亿元，同比下降 34.40%。全省证券成交总额 9 411.58 亿元，同比下降 36.03%。国盛证券和江南证券辖内营业部分别共成交 2 003.33 亿元、1 256.89 亿元，同比分别下降 37.82%、33.19%。

（2）证券机构规范经营，盈利水平大幅下滑。2008 年，辖区证券市场基础性制度进一步夯实，证券公司基本实现规范经营。但受股票市场持续低迷等因素影响，全省证券机构盈利水平大幅下滑。12 月末，全省各证券营业部各实现税前利润 10.87 亿元，同比下降 48.36%。国盛证券和江南证券辖内营业部各实现税前利润 2.83 亿元、1.31 亿元，同比分别下降 44.51%、50.75%。

（3）期货市场快速发展，经营效益继续提升。2008 年，全省期货市场投资者开户数 9 425 户，同比增长 65.21%；交易量和交易金额分别为 799.78 万手、4 416.90 亿元，同比分别增长 94.06%、75.73%。瑞奇期货成交 646.25 万手，交易金额 3 362.18 亿元，同比分别增长 86.97% 和 60.84%。全省期货机构实现税前利润 1 495.96 万元，同比增长 38.10%。瑞奇期货实现税前利润 1 139.69 万元，同比增长 19.09%。

（4）上市公司经营平稳，后备资源逐步增加。2008 年，全省上市公司总体呈现健康平稳运行态势，整体实力继续增强。第三季度末，全省境内上市公司实现净利润 69.21 亿元，同比增长

29.87%。后备资源方面，目前已确定重点拟上市培育企业78家，其中3家已向证监会报送申报材料，有望进一步扩大江西上市板块。

（5）直接融资较快增长，债券融资取得突破。2008年，全省直接融资总额（货币融资）162.78亿元，同比增长28.12%。通过非公开发行及增发方式融资16.85亿元，发行可转债融资134.93亿元，发行其他类债券融资9亿元。可转债融资成为全省直接融资一大亮点。

2. 需要关注的方面。

（1）证券市场规模偏小，经营机构实力不强。截至2008年年末，全省26家境内上市公司总市值为793.31亿元，占全国股票总市值0.65%，低于全省GDP占全国2.16%的比重。两家法人证券公司资本实力不强局面依旧没有改变，资本净额均呈现下降趋势。

（2）机构盈利模式单一，创新业务品种不多。2008年，全省法人证券公司盈利结构未有明显改善，公司盈利主要来自手续费收入，盈利模式较为单一。两家法人证券公司除主要开展经纪业务外，直接投资、并购咨询等新型业务受诸多因素影响拓展不够。

（三）保险业

1. 保险业运行情况。

（1）保险市场组织体系逐步完善。2008年，江西保险业先后引进阳光产险、国寿产险、渤海产险、中银保险、永诚产险和人保健康来赣设立省级保险公司，辖内省级保险公司达到25家，同比增加6家。12月末，全省保险公司资产总额达到306.81亿元，同比增长21.5%；保险从业人员超过6万人，其中营销员50 243人，营销员持证率达100%。

（2）保险业务持续快速健康发展。2008年，江西省实现保费收入171.36亿元，同比增长50.2%；保险深度2.64%，比上年提高0.55个百分点；保险密度389.5元/人，比上年增加128.5元/人。农业保险实现历史跨越发展，保费收入达到1.01亿元，同比增长74.1%，为农业发展、农民增收起到了重要作用。全省保险公司累计赔付支出57.59亿元，同比增长43.5%。冰冻灾害期间，全省保险业累计赔付资金7.42亿元，其中电力行业赔付4.20亿元。

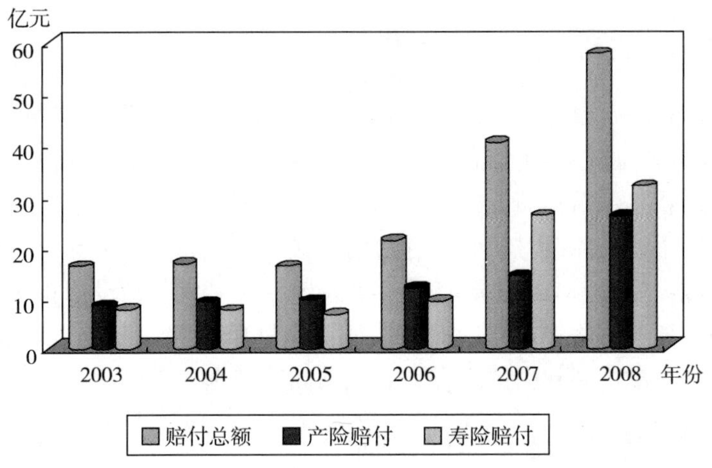

数据来源：江西保监局。

图2　2003～2008年江西省保险赔款与给付情况

2. 需要关注的方面。

（1）保险产品业务发展不够均衡。产险方面，车险业务比重过高，非车险业务发展滞后。2008年，江西省车险保费收入26.84亿元，同比增长17.1%；占产险公司保费收入比重由上年77.2%下降到76.4%，仅降低了0.8个百分点，产险业务过于集中车险的局面仍未明显改善。寿险方面，投资型险种比重过高，保障型险种发展不足。分红、万能和投资连结的投资型险种实现保费收入110.59亿元，同比增长99.8%；占寿险保费收入（按新型产品分）86.9%，比上年提高9.7个百分点。当前我国实施适度宽松的货币政策，传统险、分红险呈现利差收窄趋势，万能险在收益率持续下滑的背景下，维持预定收益水平有一定难度，这对寿险公司经营产生了较大影响。

（2）产险公司经营效益明显下滑。2008年，江西省财产保险公司经营效益明显下滑，亏损额达到5.85亿元。其主要原因在于保费收入增长放缓和理赔支出大幅增加。1～12月，全省产险保费收入增长18.4%，比上年减少12.5个百分点，其中业务量最大的车险保费收入仅增长17.1%，比上年下降14.9个百分点。受年初冰冻灾害不利影响，全省产险公司赔款支出26.85亿元，同比增长80.0%，比上年提高59.0个百分点，产险公司经营管理压力逐渐加大。

三、金融基础设施

（一）支付清算体系建设状况及需要关注的方面

大、小额支付系统和江西省同城清算系统高效稳定运行，全面满足冰灾、震灾等非日常资金的应急支付需要。省内各银行机构稳步推进行内业务系统优化升级，逐步实现行内业务系统与支付清算系统的直接连接。进一步推进非现金支付工具使用，银行本票、银行卡和农民工银行卡等特色服务业务保持快速发展势头。

需要关注的方面：银行机构业务系统升级联网改造对人员素质提出了更高的要求；支付清算体系应急管理能力有待进一步增强；农村地区支付清算环境需进一步改善。

（二）征信体系建设状况及需要关注的方面

企业和个人信用信息基础数据库日趋完善，系统数据和服务范围基本覆盖了全省银行业金融机构，实现了与建设、质监等部门信用信息共享。中小企业信用体系建设成果显著，全年有2 281户中小企业建立信用档案后获得银行信贷支持。深入开展“文明信用农户”、“文明信用村（组）”创评活动，探索建立农户信用评价体系。积极培育信用评级市场，赣州、新余和抚州试点工作全面启动。积极开展征信知识宣传，“珍爱信用记录 享受幸福人生”主题宣传活动取得圆满成功。

需要关注的方面：征信立法相对滞后，影响征信业健康发展；征信市场发育迟缓，公众信用意识有待提高；信用信息共享机制和失信联合惩戒机制尚不健全。

（三）反洗钱体系建设状况及需要关注的方面

认真履行反洗钱监管职责，强化对银行业金融机构反洗钱现场检查工作，加大对证券期货业和保险业金融机构的反洗钱监管力度，构建反洗钱非现场监管体系。建立反洗钱工作多层次组织体系，明确反洗钱岗位职责及工作程序。加大反洗钱行政调查工作力度，推进涉及洗钱及其上游犯罪案件的顺利侦破。进一步完善反洗钱协调机制，加强了横向沟通与协调。大力开展反洗钱宣传，提升反洗钱工作人员业务技能和社会公众反洗钱意识。

需要关注的方面：行政处罚条款较粗；银行业务创新未考虑反洗钱工作；现行现金管理制度不利于反洗钱工作开展；反洗钱领域需要进一步拓宽到特定非金融机构，反洗钱监管手段需不断改进和完善。

（四）反假货币体系建设状况及需要关注的方面

组织开展2008反假货币宣传月活动，极大地营造了反假货币氛围。加强了毗邻区域反假货币工作交流，探索与周边毗邻地区建立反假货币协作机制。顺利推进城乡反假货币宣传网络建设，有效提高城乡居民反假货币意识和防范假币能力。加强反假货币“三师”队伍建设，稳步推进工作试点。

需要关注的方面：犯罪分子造假手段高科技化和隐蔽化，给反假工作带来更大难度；反假币联动机制建设需进一步加强；应对突发事件的舆论引导和对外宣传机制急需建立。

（五）金融稳定制度建设状况及需要关注的方面

深入推进金融风险监测评估体系建设，认真执行地方法人银行机构风险监测分析周报制度。加强与政府相关部门、金融监管部门工作联系，稳步推进金融稳定协调机制。继续做好抚州四社市场退出后续工作，确保机构平稳退市。完善各类应急预案体系，加强应急信息沟通和工作协调。认真开展应急演练，努力提高应急实战能力。

需要关注的方面：金融风险日常监测体系需进一步完善；金融稳定协调机制需进一步加强；金融突发事件应急演练实效性需进一步提高。

四、总体评估与政策建议

（一）总体评估

2008年，江西省生产总值连续6年实现12%以上的增长速度，产业结构发展协调性增强；新型工业化扎实推进，农业基础地位进一步巩固；三大需求发展形势良好，经济增长动力逐步增强。银行资产质量稳步提高，流动性支付状况良好；证券机构稳健经营，债券融资取得突破；保险市场组织体系不断完善，农业保险实现历史性跨越发展。金融基础设施建设稳步推进，支付清算和征信系统运行稳定。全省金融体系运行总体平稳，金融稳定性进一步增强。然而，由于国际金融危机仍在蔓延，经济形势日益严峻，江西省经济金融运行中仍然存在一些影响金融稳定的不利因素值得高度关注：一是经济下行趋势逐渐明显，企业经营困难日趋增多；二是银行信贷资产潜在风险上升，继续提高盈利水平难度加大；三是证券机构盈利模式单一，上市公司后备资源质量不高；四是保险产品业务发展不够均衡，产险公司经营效益明显下滑。

为进一步做好江西省金融稳定状况定量评估分析，我们通过运用《江西省金融稳定状况评价办法》综合评价模型，得出了2008年全省金融稳定综合评价得分为72.99分，比上年增加0.74分，处于稳定的安全区域，这与我们对全省金融稳定状况的定性分析结论是相吻合的。

（二）政策建议

1. 全面贯彻落实科学发展观，促进经济平稳较快发展。一是抓好重大项目建设。加快推进重大基础设施项目建设是实现“保增长”的重要方面。要进一步加大交通运输、电力能源、农林水利和社会事业基础设施建设投入，确保2009年全社会固定资产投资增长在30%以上。二是不断扩大消费需求。要努力提高城乡居民收入，特别是增加农民和中低收入者的收入，积极培育中等收入阶层，拓展消费领域，顺利完成“扩内需”工作任务。三是调整产业经济结构。保持经济快速增长和加快经济发展模式转变的当务之急是“调结构”。要进一步深入实施产业经济“十百千亿工程”、高新技术产业化工程和高新矿产经济工程，逐步加大工业园区投入力度，推动工业经济集约化发展，走新型工业化发展道路。

2. 提高银行信贷资产质量，拓宽银行机构盈利渠道。一是关注行业发展动态。对信贷投放较为集中的行业及外向度较高行业的客户，要及时了解企业发展前景、生产销售情况、盈利能力和偿债能力，确保贷款“三查”到位，有效防范信贷风险。二是加强房地产贷款管理。一方面密切跟踪房地产信贷政策执行中出现的新情况、新问题，强化对房地产领域的风险监测和预警，防控房地产信贷风险。另一方面不断完善房地产信贷管理制度和措施，科学安排房地产贷款，积极支持有实力的房地产企业实施市场化并购重组。三是拓宽银行盈利渠道。加大产品创新力度，调整资产业务品种和期限结构，降低整体收益对利率的敏感性，增加非利息收入比重，拓宽银行机构盈利渠道。

3. 加快资本市场健康发展，努力提升上市公司质量。一是支持资本市场发展，促进机构做大做强。鼓励有实力的战略投资者和风险资本参与全省资本市场建设，支持省外知名券商和期货公司来赣设立营业网点，努力扩大全省资本市场参与主体数量。继续推动证券公司增资扩股，努力扩大全省资本市场规模。积极培育上市后备资源，扩大江西省上市板块。二是创新经营业务品种，逐步优化盈利结构。大力开展组织创新、业务创新、产品创新、管理创新和服务创新，在稳固经纪业务市场份额的基础上，研究和探索新的业务品种，满足客户多元化投资理财需求。三是提升上市公司质量，增强公司发展后劲。继续完善公司治理结构，建立健全内部控制制度，促进上市公司规范发展。

4. 加大保险产品创新力度，促进保险市场快速发展。一是明确创新发展思路。结合国家宏观经济政策和地区经济发展水平、收入水平、消费水平等实际情况，从养老保险、医疗保险、责任保险和农业保险入手，开发新型保险产品，优化保险产品结构。二是建立产品创新机制。将产品创新纳入到重点考核内容，充分发挥保险分支机构、保险行业协会和保险中介在产品创新中的作用，建立合理的激励机制。建立产品开发、人员培训、产品销售、售后服务等环节之间的合理流程，实现产品研发、产品管理和产品销售“一体化”研发模式。加强产品跟踪与反馈工作，实现根据消费者需求修正保险产品的动态管理。建立创新风险管理体系，确保风险在可控的范围内。

5. 完善金融基础设施建设，提高金融应急管理水平。一是优化支付清算环境。不断创新各类支付清算工具，提高系统运行效率，研究解决支付清算薄弱环节，组织改善农村支付清算环境。二是加大反洗钱监管力度。逐步完善反洗钱法律法规体系，努力构建反洗钱监管长效机制，加强反洗钱现场检查工作力度，有效打击洗钱及其上游犯罪。三是深入推进人民币反假货币工作。加大人民币反假宣传力度，完善城乡网络反假货币宣传体系建设，形成反假货币工作合力。四是加快征信体系建设步伐。稳步推进征信立法，加强征信数据分析监测，提高征信工作水平。加大征信知识宣传力度，增强全社会信用风险意识和社会诚信意识，积极营造良好金融生态环境。五是积极构建金融突发事件应急管理长效机制。不断完善应急体系预案，健全应急管理机制，稳定和锻炼应急队伍，增强应急演练实效性。

总　纂：吴豪声
统　稿：施玉兰　赵峰林　袁新华
执　笔：刘向东　刘　强　乐林平
其他参与写作人员：袁晋华　朱　锦　花象清　王晓峰　熊卫东
朱合洪　欧阳坚　龚文清

山东省金融稳定报告摘要

2008年，山东省区域经济呈前高后低走势，上半年经济高位运行，下半年在经济周期调整压力和国际金融危机冲击下，各项指标渐次回落。经济景气下行，社会预期转换，对金融市场和金融机构产生了不同程度的影响。总体看，由于国家宏观调控政策果断调整，有力地发挥了反向调节效应，金融体系在支持经济发展、结构优化和增长方式转变等方面发挥了积极作用。但基于业务性质不同，各金融行业变动态势差异明显。银行业体现出较强的抗风险能力，证券、保险业起伏明显，不断改善的金融基础设施对金融稳定的支撑进一步突显。下一阶段区域金融稳定状况主要取决于各地贯彻落实宏观政策措施的及时性、有效性和长效性，尤其有赖于能否尽快扭转经济下行态势。在不确定性增多的环境下，金融管理部门和金融机构须倾力协作，坚持改革创新，努力捕捉“化危为机”的契机；积极健全风险防范化解机制，致力于降低金融系统内在脆弱性，在逆境中谋求进取发展。

一、区域经济运行与金融稳定

（一）经济发展取得多方面突破

1. 经济总量迈上新台阶。区域生产总值超逾3万亿元，连续18年保持两位数增速，持续高于全国水平（见图1）。

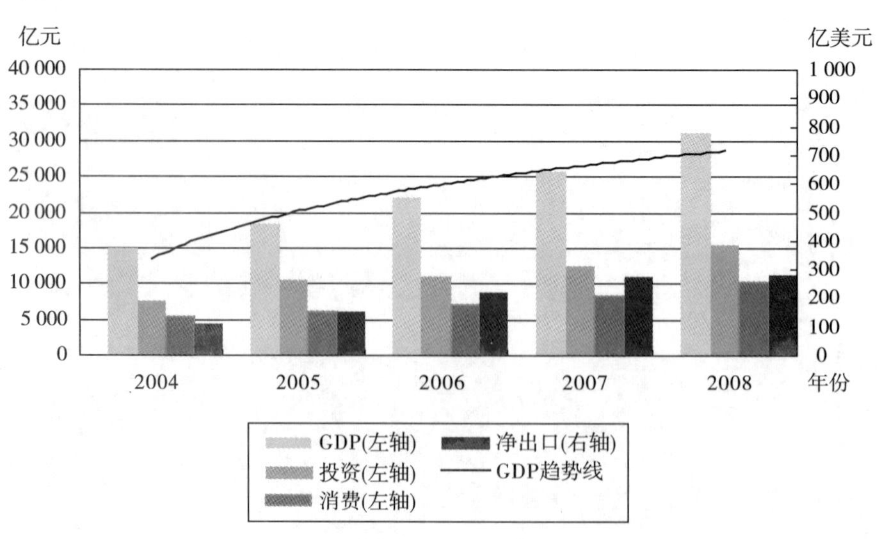

数据来源：山东省统计局。

图1 近五年GDP、投资、消费、进出口情况

2. 结构调整继续推进。第一产业增加值突破 3 000 亿元，基础稳固；第三产业增速领先第二产业 1. 9 个百分点，占比与全国的差距较上年缩小 0. 43 个百分点。

3. 消费、投资的协同拉力增强。消费持续增长，与投资增速差由 2003 年的 37. 9 个百分点缩小到 0. 1 个百分点。投资结构优化，第三产业投资加速 17. 1 个百分点。

4. 经济发展方式持续转变。7 大装备制造业增加值和利润增速超过规模以上工业平均水平 16. 1 个和 15. 1 个百分点，高新技术产业比重提高 1. 5 个百分点。万元 GDP 能耗持续下降，COD 和 SO_2 排放分别下降 5. 7% 和 7. 2% 。

5. 国民收入全面增长。地方财政收入增速继续高于 GDP 水平，税收占比提高 0. 3 个百分点；规模以上工业利润增速高于产值 1. 2 个百分点；城乡居民收入分别连续 7 年和 5 年保持两位数升势。

（二）经济发展中面对的不确定性增多

当前最主要的风险是下半年以来形成的收缩效应循产业链条传递，经济下行压力加大。经筛选 16 项重要指标建立因子体系，对 2002 年来全省经济增长综合分析显示，反映经济增长潜力的因子持续上升，反映经济增长协调性、工业经济成本和经济增长稳定性的因子呈现较大波动，且均大幅下行，表明一年来宏观经济环境变化和全球金融危机的不利影响正在扩散。但山东省经济发展资源丰富，在国家扩大内需、保增长一系列政策指引下，有能力保持平稳较快发展目标。

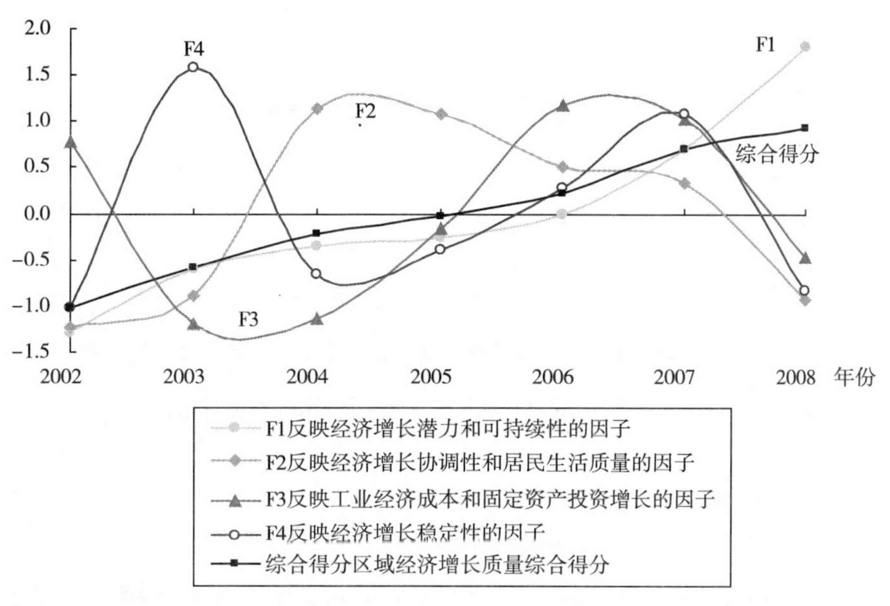

数据来源：山东省统计局。

图 2 经济增长因子分析图

目前，比较突出的问题是：

1. 企业投资意愿下降。2008 年，全省工业利润增速为 6 年来最低，亏损企业亏损额增长 3. 2 倍。377 户监测企业第四季度投资指数为 -7. 9% ，同比下降 21. 9% 。

2. 外需制约加重。全省 8 个主要出口行业贸易额和利润大幅下挫，受影响产品的范围由劳动密集型向资金技术密集型蔓延。规模以上企业出口业务增速降至7年来最低。

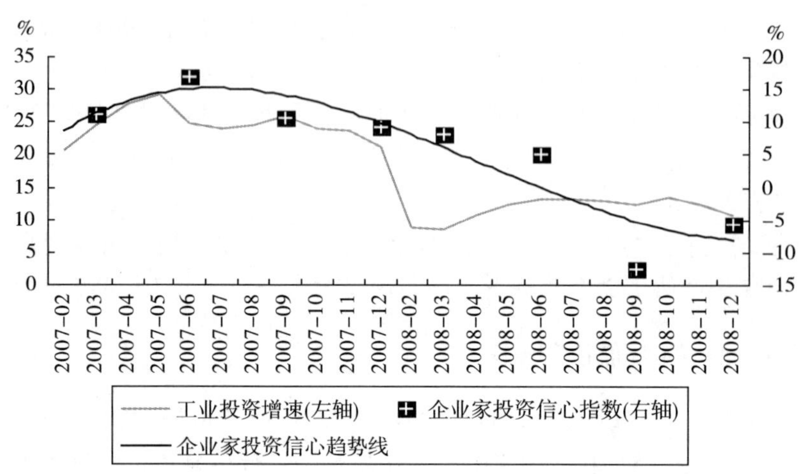

数据来源：山东省统计局，中国人民银行济南分行。

图3 全社会固定资产投资、工业投资增速，季度企业家投资信心指数

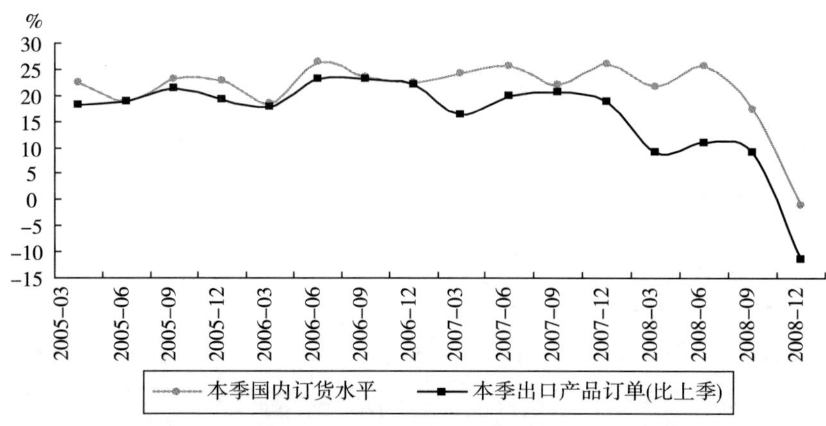

数据来源：山东省统计局，中国人民银行济南分行。

图4 国内、国际产品订单

3. 企业经营压力加大。企业投资和存货价值损失较重，资金周转减缓。全省规模以上工业企业增加值和销售收入增速均降至近7年最低点，377户监测企业第四季度资金周转指数和利息保障倍数降至5年来的最低点（见图5）。

4. 房地产市场持续低迷拖累经济增长。2008年商品房施工和销售面积增长率同比分别下降1.3个和13.8个百分点；房屋空置面积增长率提高19.6个百分点。房地产业行业关联性强，其走势对经济全局影响重大（见图6）。

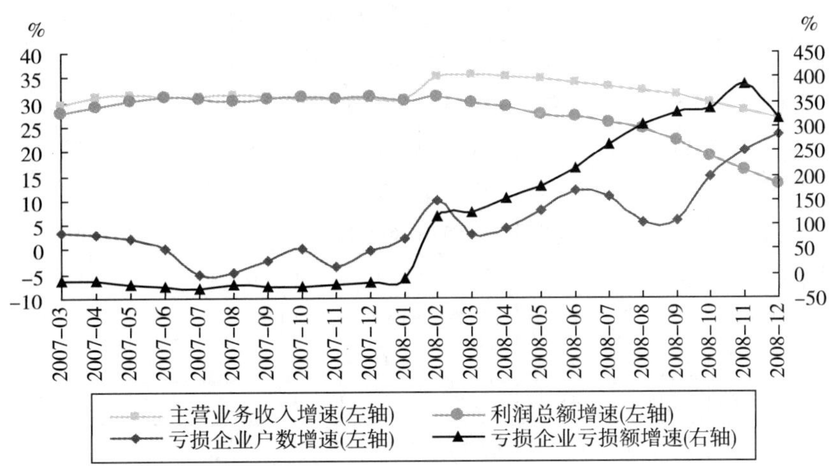

数据来源：山东省统计局。

图5　规模以上工业主营业务收入、利润总额、亏损企业户数、亏损额

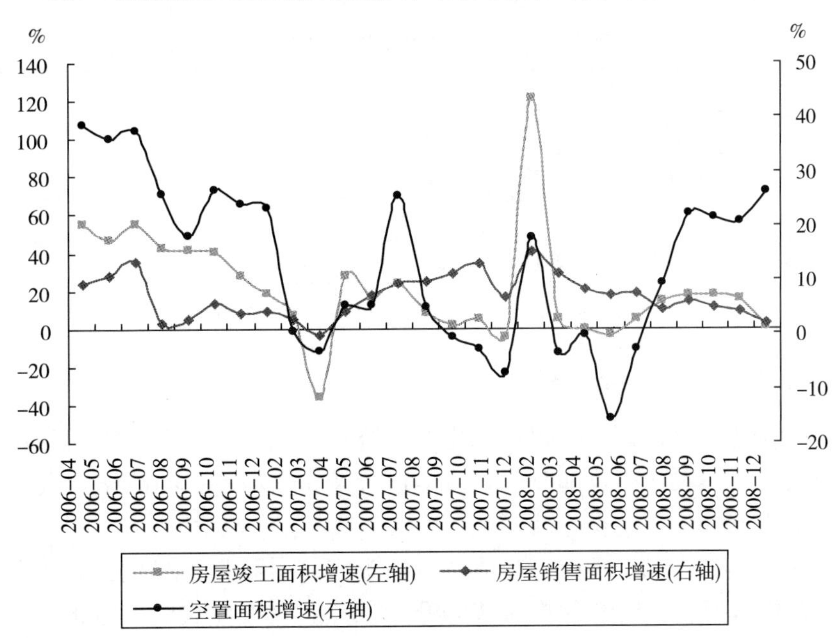

数据来源：中国人民银行济南分行。

图6　房屋竣工、销售、空置面积增速

二、金融业与金融稳定

（一）金融业发展与改革

1. 金融发展取得较好成效。银行业保持较高发展水平，对经济周期的反调节作用增强；证券业在股市大幅波动中实现盈利，期货市场交易量创历年最好水平；保险业市场潜力进一步释放，保费收入增幅比上年提高6.6个百分点。

表1　金融机构业务规模及效益状况　　单位：亿元、%

行业	项目	资产规模/业质量/盈利额增速									
		第一季度		第二季度		第三季度		第四季度		全年累计	
			同比±		同比±		同比±		同比±		同比±
银行业	存款	1 613.95	37.44	1 432.29	73.77	798.2	70.42	1 011.85	3 826.9	4 856.29	99.01
	贷款	753.53	-12.71	715.04	-3.65	673.29	100.58	824.34	880.9	2 966.2	61.60
证券业	股票基金交易额	5 773.44	24.58	4 541.39	-55.83	2 944.56	-66.34	3 580.36	-39.21	16 839.75	-43.02
	期货交易额	9 438.02	225.3	7 768.86	81.89	8 885.85	44.91	8 251.55	8.13	34 344.28	64.05
保险业	保费收入	182.06	41.98	190.68	41.25	166.7	42.08	134.24	10.79	673.95	34.39
	赔付	55.83	-2.85	45.39	43.01	48.41	34.55	48.76	4.75	198.39	15.52

数据来源：中国人民银行济南分行，山东证监局，山东保监局。

2. 金融服务继续改善。银行业向县域延伸加快，城市商业银行县域覆盖面升至42%，股份制银行新设8家县（市）机构；新型农村金融机构设立16家。金融业的服务密度和服务效率总体改善。

表2　金融业服务可得性及服务效能　　单位：个、万人、万元/人、%

行业	机构数量		从业人员		服务密度[1]		服务效率[2]	
		同期		同期		同期		同期
银行业	12 161	13 968	17.28	18.16	2.2	1.85	3.25	2.97
证券业	198	176	0.31	0.29	2.1	2.67	2.23	3.23
保险业	87	45	32.11	22.78	0.07	0.05	5.42	5.02

注：1. 银/证/保服务密度分别以贷款/总人口、证券交易量/总人口和保费收入/总人口衡量。

2. 服务效率以营业净收入衡量/营业费用。

数据来源：中国人民银行济南分行，山东证监局，山东保监局。

3. 金融改革持续推进。已改制国有银行深化经济资本管理和绩效考核机制。农行山东省分行辖区各县域支行全面推行“三农”事业部改革。恒丰银行及3家城商行与战略投资者合作；农村合作机构资格股取消进度达36.6%。

4. 金融创新活跃。信贷产品、理财产品体系日益丰富，国际业务产品创新加快。农村金融服务方面，房屋抵押、林权抵押、土地经营权流转等开始试点。政策性农业保险试点由20个县增至60个。证券公司资产证券化、集合理财等创新型业务开始起步。

（二）金融业稳健性评估

1. 银行业稳健性评估。

（1）核心稳健性指标大幅改善。

一是资本充足率大幅提高。全省法人机构资本净额增长1.3倍，资本充足率提高3.4个百分点（见图7）。

二是资产质量相对稳定。银行业机构不良贷款账面余额和不良率分别下降34.7%和4个百分点，年累计处置不良贷款832.6亿元，表外业务垫款较上年下降27.8%（见图8）。

三是盈利快速增加。全省银行业机构净利润增长36.3%，平均资产利润率较上年提高14个基点。手续费收入和投资收益占营业净收入比例提高1.1个百分点（见表3）。

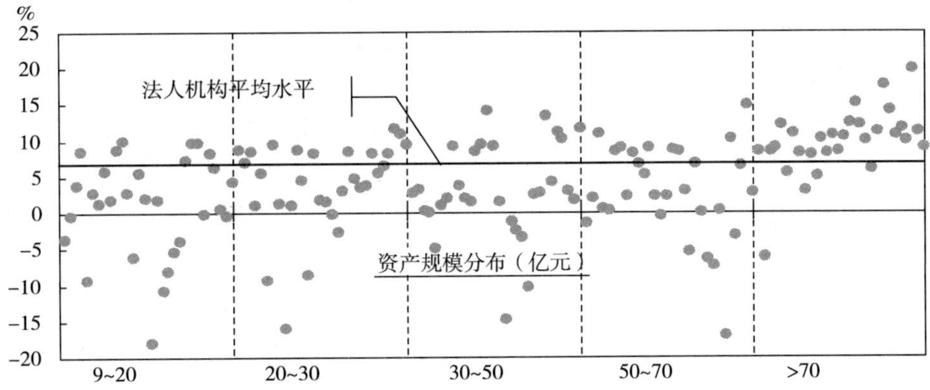

数据来源：中国人民银行济南分行。

图 7　法人银行资本充足率按资产规模分布

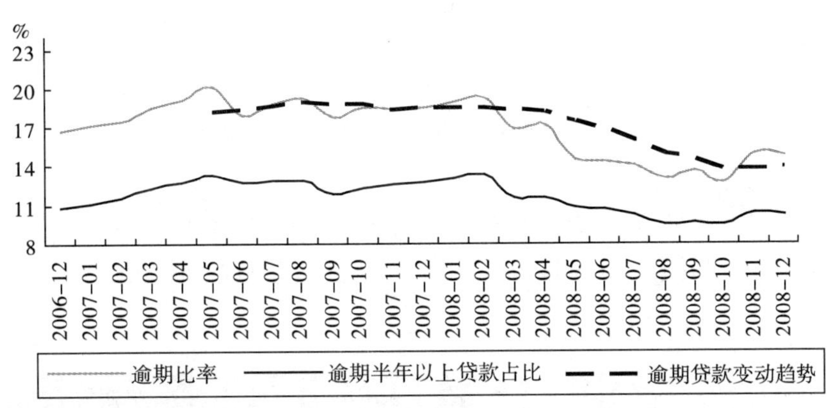

数据来源：中国人民银行济南分行。

图 8　2006 年以来贷款违约率变动趋势

表 3　银行业机构财务收支项目增长状况

单位：%

	利息净收入	中间业务收入	投资收益	营业支出
银行业机构合计	30.51	31.63	50.90	28.44
全国性银行	29.25	35.89	27.54	26.37
其中：政策性银行	37.60	12.45	-56.19	28.76
国有银行	27.61	37.46	48.73	24.59
股份制银行	31.81	29.57	-7.90	32.94
法人金融机构	32.58	6.19	54.39	31.65
其中：恒丰银行	54.77	45.75	84.86	45.46
城市商业银行	20.17	30.01	55.18	23.02
农村合作机构	35.84	-7.20	32.77	33.63

数据来源：中国人民银行济南分行。

四是拨备缺口显著缩小。专项准备缺口减少 535.4 亿元，拨备覆盖率提高 17.2 个百分点，历年亏损挂账下降 61.6%。

五是流动性渐趋宽松。第四季度以来，银行体系流动性由一度偏紧转为充裕。年末，全省法人机构简单加总的备付率为7.2%；法人机构净存放同业规模增长85%。

六是负债稳定性增强。年末法人机构核心负债率为55.2%，同比提高4.8个百分点。核心负债率的提高，支撑了机构加大长期资产配置，中长期贷款增幅高于全部贷款3.7个百分点。

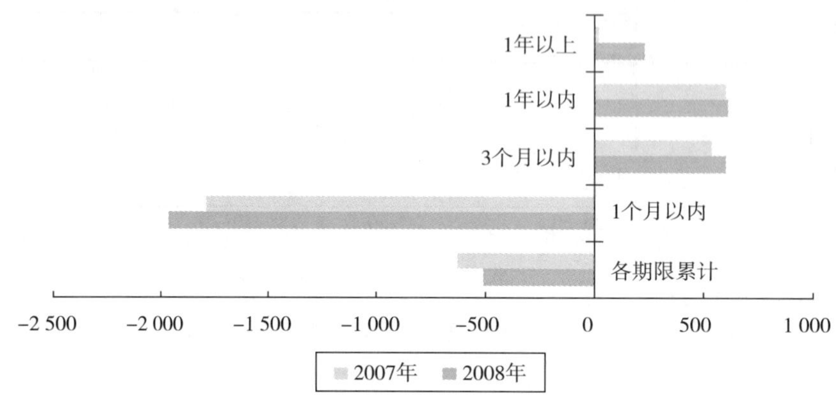

数据来源：中国人民银行济南分行。

图9 法人银行机构资产负债缺口变动状况

（2）潜在风险及脆弱性仍然突出。

一是不良资产处置难度逐渐加大，预计损失率较高。存量不良贷款中，逾期半年以上的占69.6%。五级分类中可疑和损失类贷款占比56%。不良贷款处置难度加大，现金收回比率仅为19.5%。

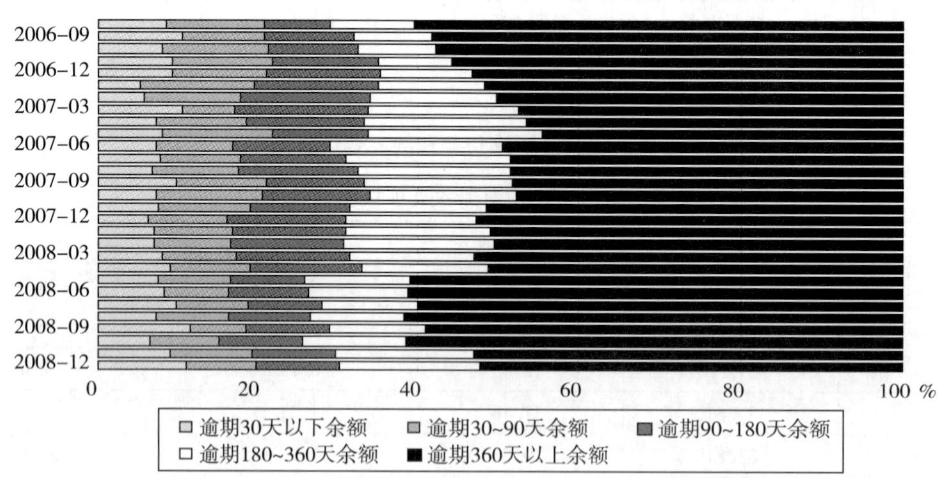

数据来源：中国人民银行济南分行。

图10 2006年以来全省逾期贷款期限结构变动态势

年末，全省不良非信贷资产187亿元，预计损失率73%。表内应收未收息增长79.4%，有10.1亿元已归入不良资产。

二是贷款质量向下迁徙率高企，行业性信贷风险突出。第四季度不良贷款率出现明显反弹，法人机构反弹1.5个百分点。全年贷款质量向下迁徙率高于向上迁徙率5.9个百分点（见图11）。一般加工业不良贷款率明显上升。下半年来，房地产业信用风险呈现升势，年末不良贷款率3.3%，其中法人机构为4.7%（见图12）。

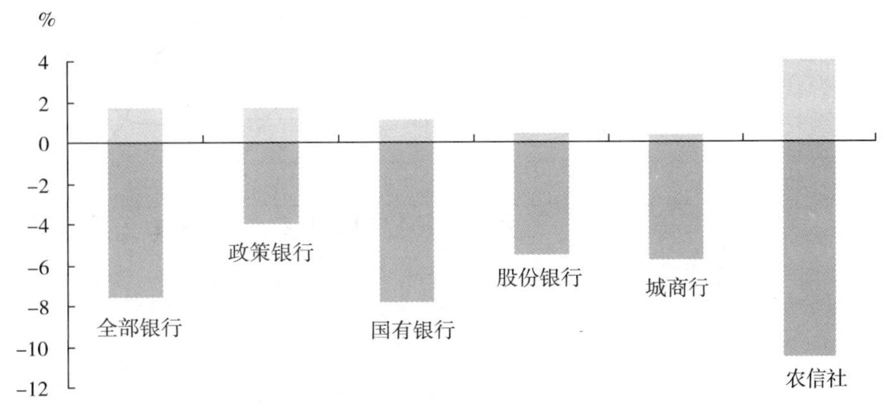

数据来源：中国人民银行济南分行。

图11　2008年各类机构贷款质量迁徙状况

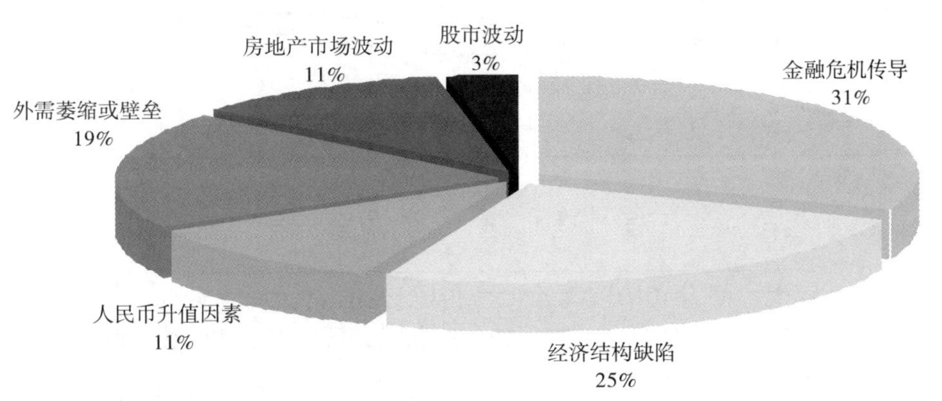

数据来源：根据126家银行机构问卷调查数据整理。

图12　银行对影响信贷资产质量的外部因素判断

三是信贷集中风险进一步积聚。政策性和股份制银行十大客户贷款占比均超过30%；农村信用社有6家机构占比20%以上。大客户预警户数比上年增加27户（见图13）。

四是利率下行冲击银行盈利。第四季度利率水平明显下降，加权平均利率同比降低0.65个百分点，78.8%的调查机构净息差减少在100个基点以上。压力测试显示，城市商业银行面临的利率风险大于农村合作机构，全省城市商业银行综合测算的利率风险敏感度为105.2%（见图14）。

五是部分中小机构脆弱性明显。农村合作机构全部授信关联度高达92.4%，仍有30家资本充足率为负值。14%的法人机构核心负债率低于40%，29.3%的机构流动性缺口率低于-10%的警戒值。高负债机构偏多，贷存比高于90%的机构有11家。

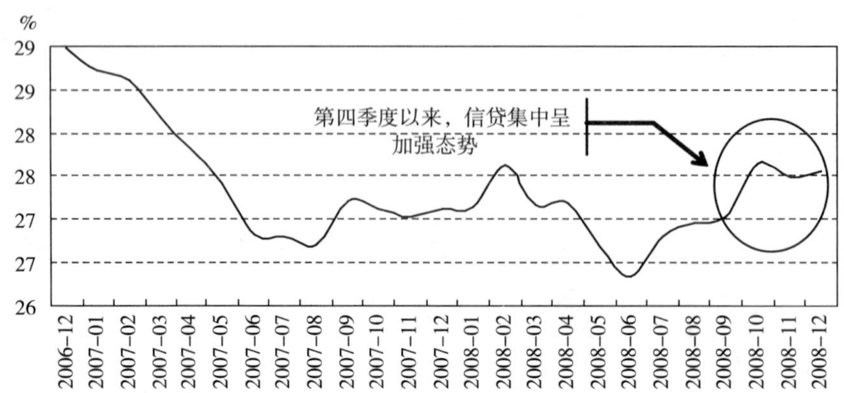

数据来源：中国人民银行济南分行。

图 13 全省前 120 大户贷款占比变动状况

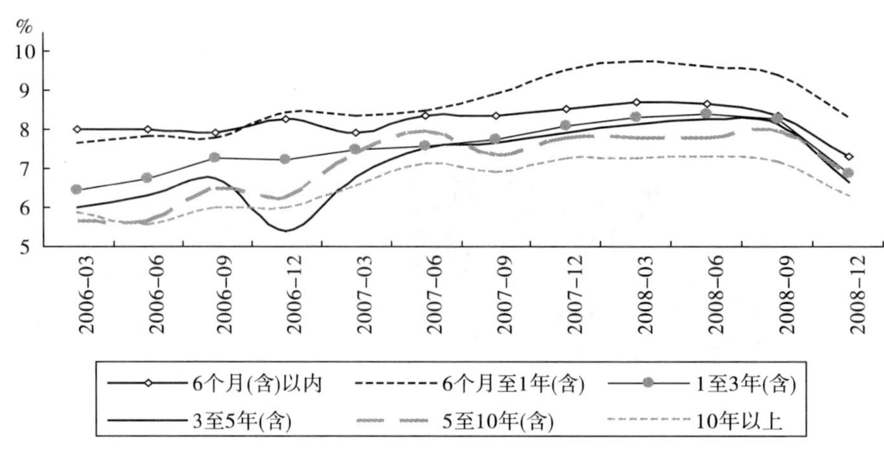

数据来源：中国人民银行济南分行。

图 14 2006 年以来各期限人民币贷款利率走势

专栏 银行业信用风险压力测试

通过对 2002 年以来各季度主要经济指标与银行贷款质量和效益进行向量自回归分析（VAR），构造冲击模型，假定宏观经济景气下行的轻度、中度和重度三种情景对信用风险（以不良贷款率 NPL 表示）进行了敏感性压力测试。脉冲响应图显示，6 项解释变量变动都会对银行不良贷款产生较大影响，且后续影响时间较长。

根据设定的场景，以 2008 年年末作为当前环境，并假定冲击指标逐季变化，以构造出的 VAR 模型来模拟未来 8 个季度的银行不良贷款率变化。结果显示，各银行机构在轻度冲击下较为稳健，法人机构依靠减值准备和核心资本可以吸收所有信贷风险；在中度和重度冲击下，各类机构的拨备缺口显著放大，拨备覆盖率分别降至 23.1% 和 15.9%，按资本扣减比例计算，城乡法人机构附属资本的扣减分别达到 32.7% 和 63.1%，资本消耗严重。

2. 证券业稳健性评估。

（1）证券业稳健经营的基础改善。

一是抗风险能力增强。法人券商净资本增长 96.5%，自营股票市值占净资产的比例下降 19.89 个百分点。齐鲁证券在全国分类评级中跨越二级，成为 31 家 A 类公司之一。

二是企业上市和后备资源培育取得进展。全年有 18 家公司 IPO，11 家公司再融资，境内融资额占全国的 2.83%，较上年提高 1.28 个百分点。后备上市企业增加 93.92%。

三是上市公司风险有效化解。辖区 96 家境内上市公司，前 3 个季度主营业务收入和净利润分别增长 10.5% 和 30.7%。8 家特别处理上市公司中，6 家已撤销退市风险警示或特别处理。9 家上市公司实施并购重组。

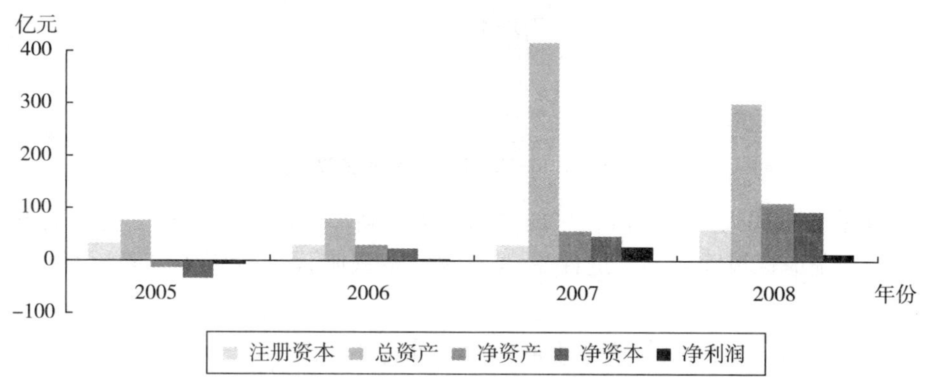

数据来源：山东证监局。

图 15　山东省证券业经营状况图

（2）证券期货业抗风险能力面临考验。

一是法人券商业务结构风险较大。齐鲁证券和中信万通证券的经纪业务占营业收入比例分别达 97.95% 和 75.15%，受市场波动影响，2008 年净利润下降 52.5%。据齐鲁证券测算，盈亏平衡点处于沪深两市成交额 500 亿元左右，市场不景气可能导致财务风险。

二是股权价值低迷风险突出。2008 年全省上市公司市值损失 5 048 亿元，股权衍生的抵押、担保融资和资本市场再融资能力下降。

三是负财富效应影响消费信心和能力。年末上证综指距离 250 日均线有 40% 的距离，据此估算全省投资者损失超过 700 亿元。

四是期货市场与现货市场规模不匹配。山东省大宗产品现货资源丰富，但辖内期货机构数量少，交割仓库数量占全国市场份额一直在 4.5% 左右徘徊。

3. 保险业稳健性评估。

2008 年，保险业整体实力增强。财险公司扭转了持续亏损局面，利润率提高 15.74 个百分点；综合费用率低于全国平均水平 2.8 个百分点。寿险业务结构优化，内涵价值较高的保障型产品及续期业务高于全国 7.9 个和 5.35 个百分点。市场集中度不断降低，人身险市场的 CR4（最大 4 家机构市场占比之和）较上年下降 5.73 个百分点。

但一些长期困扰保险市场的问题依然突出：

（1）总体发展水平偏低。保费收入占全国比重较上年下降 0.24 个百分点。虽然保险密度、深度分别提高 33.74% 和 0.24 个百分点，但仍低于全国平均水平。

（2）市场结构问题突出。财产险长期过度依赖车险业务，车险保费收入占比 78.54%，企财险增速仅为 2.79%，其他险种大幅度萎缩。投资型人身险发展迅猛，保障型产品发展不足，传统类寿险保费收入占比仅为 15.08%，投连险、万能险业务大幅上扬 49.72%。

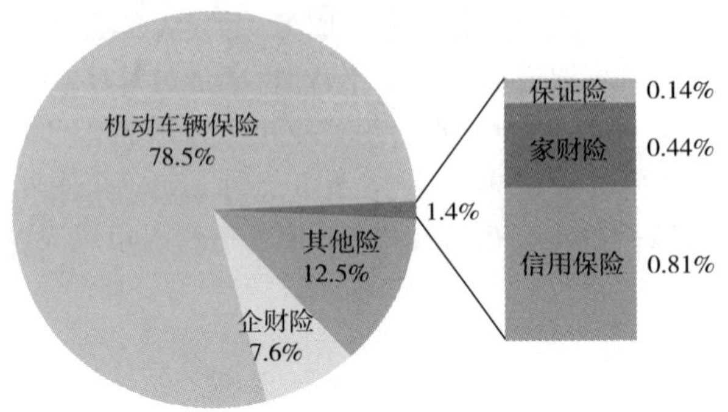

数据来源：山东保险信息网。

图 16　2008 年财险各险种保费收入图

（3）业务波动风险加大。产险市场呈现收缩苗头，新车保险、企财险、货运险下半年增势放缓。部分寿险产品非正常退保风险较高，退保率达 3.54%。银邮代理投资连结险、趸缴产品市场波动隐患较大。

（4）盈利压力上升。财险业务费率不断降低，车险和企财险平均费率分别下降 0.22 个和 0.01 个百分点。寿险预定利率偏高，目前 1 年期存款利率低于寿险保单 2.5% 的预定最低负债成本，保险投资以固定收益类资产为主，"利差损"风险加大。保险展业倚重银行代理，银行代理业务手续费从 2% ~3% 逐步上升到 7% ~8%，保险机构处于亏损边缘。

（5）声誉风险不断积累。某人寿公司销售误导引发投保人集中投诉、退保事件；赔付效率低；信贷保险业务出现理赔纠纷。

4. 金融业综合经营状况

（1）金融控股公司发展状况。2008 年，辖内 2 家金融控股公司（以下简称国际信托和莱钢集团）发展呈现以下特点：

一是金融控股架构稳定。国际信托向泰信基金公司增资，控股格局稳定。莱钢集团金融股权架构未受山东钢铁集团组建影响，对齐鲁证券控股比例下降 5.72 个百分点，仍为控股单位。

二是经营状况出现分化。国际信托 2008 年主业发展较快，并表总资产和利润大幅增长。莱钢集团年内经营波动较大，投资收益和利润总额大幅下降。

表 4　山东省国际信托公司、莱钢集团合并财务报表简表　　单位：万元、%

项目	国际信托		莱钢集团	
	本年累计	增幅	本年累计	增幅
营业收入	32 912	10.24	6 610 741	12.67
投资收益	11 982	96.88	11 886	-56.5
利润总额	25 450	86.16	147 605	-74.37
归属于母公司所有者净利润	18 306	256.98	-23 494	—
资产总额	182 180	10.50	6 432 282	3.78
负债总额	13 224	-18.29	4 481 100	4.51
归属于母公司所有者权益	154 184	8.46	852 193	5.24

数据来源：山东省国际信托公司，莱芜钢铁集团公司。

三是风险管控能力加强。国际信托实施了自营与信托业务分离。莱钢集团突出防控关联交易风险。

两家金融控股公司的主要风险点，一是监管规范缺失。现行法律法规未对金融控股公司明确界定，市场准入、业务监管缺位，分业监管的制度安排，难以约束母公司特别是实业型控股公司的行为。二是实业型控股公司负债率较高。莱钢集团负债率69.7%，贷款余额311.95亿元，增加75.69亿元。

（2）交叉性金融业务发展状况。交叉性金融业务的运行特点：一是与股票市场关联度高的业务大幅调整，证券交易第三方存管户和银行代理基金业务同比大幅下降。二是基于信托关系的理财类产品快速增长，人民币理财客户同比增长59%，销售额增长177%；投资性险种保费收入增长52.87%。三是银行间市场跨行业交易风险防范增强。银行机构向证券公司、保险及基金机构的拆借和证券回购业务均大幅下降，且期限缩短。四是资产管理类工具快速发展，22.7亿元信贷资产证券化出表；企业年金托管额较上年增长38.8%，托管企业增加24.2%（见表5）。

部分交叉性业务风险有所上升。部分增长较快的投资性产品亏损引发的投资者质疑和索赔增多。监管和风险控制体系长期缺位，不利于交叉性金融业务稳健拓展。

表5　山东省交叉性金融工具调查　　单位：万元

业务分类	工具名称	业务量	同比（+/-）%
信托理财类	银行人民币理财、银行外币理财、信托投资产品、证券公司委托理财、外汇衍生工具、万能险、分红险、投资连结险	19 178 805	113.53
银行间市场	债券市场回购、银行间市场拆借	3 223 457	28.99
资产管理类	企业年金、银行资产证券化	264 801	128.85
银保合作类	汽车履约险、个人贷款附加意外伤害险、住房贷款配套险、银保通、保单抵押贷款	1 417 835	78.09
银证合作类	证券交易结算资金第三方存管、银基通、股票质押贷款	34 092 659	-6.23

数据来源：中国人民银行济南分行。

5. 金融业监管评估。2008年，全省金融业监管效能继续提升。一是监管体系建设加快。人民银行济南分行完善了反洗钱现场检查和支付结算等制度；外管局制定了银行执行外汇管理规定情况考核办法；银监局完成了非现场监管部门分设，建立起风险早期预警系统；证监局实施股价异动和信息披露联动监管；保监局加强行业诚信测评，规范了银行代理等制度。二是执法力度加强，各监管部门加大了违规行为查处和市场环境整治力度。三是风险防范、督导成效明显，银监局督促银行业主动暴露隐性不良贷款113亿元，查处"假按揭"并纠正超比例授信等风险行为；保险业出台行业服务质量规范和票决制。

金融监管面临的突出问题，一是监管合作停留在一事一议的层面，部门间工作配合缺乏深度。二是对金融业相关的中介机构监管不足。三是对高风险机构监管不到位，部分相对脆弱法人银行的风险行为未得到及时有效控制。

三、金融市场与金融稳定

2008年，非资本金融市场资金充裕，交投活跃。市场利率先升后降宽幅波动，对市场参与者影响明显。

（一）货币市场交易剧增，风险降低

省内机构在银行间市场交易量大幅增长56.8%，其中，债券回购占比65.6%。自省外累计净融入资金1.95万亿元，增长26.4%，资金流入居全国第4位。

债券投资结构调整，固息债券占比较年初上升6个百分点。VaR实证表明，在95%的置信水平下，质押式回购存量和持有债券的最大损失为20.17亿元，比上年下降61%。

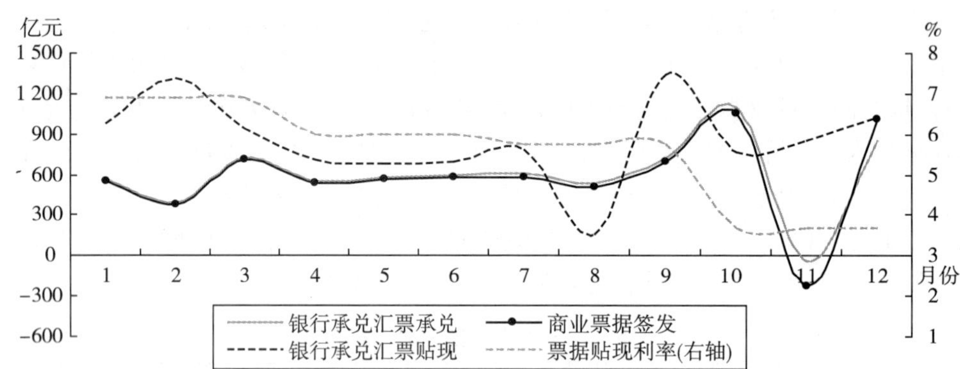

数据来源：中国人民银行济南分行，中国货币网。

图17　货币市场交易变化图

（二）票据市场活跃，收益水平下移

2008年，商业票据累计签发额增长22%，年末银行承兑、贴现余额增长35.6%和51.5%。贴现率由年初最高的近8%降至3%左右。

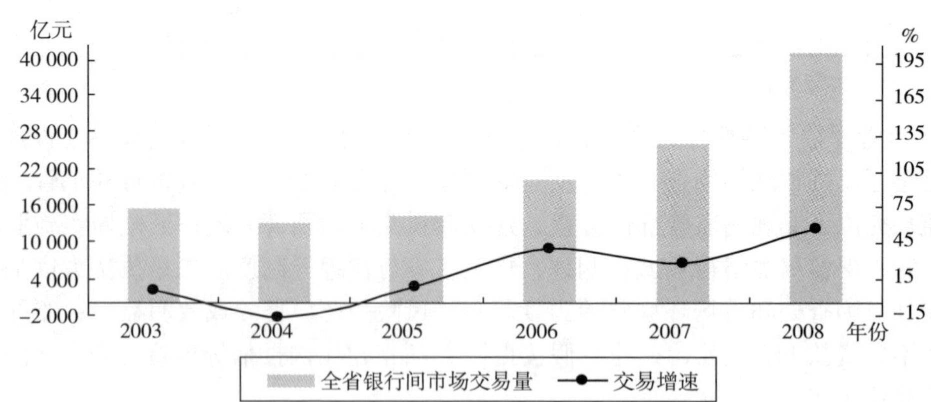

数据来源：中国人民银行济南分行。

图18　承兑汇票与商业汇票的量及利率

（三）外汇市场参与度提高，衍生业务发展缓慢

全年外汇市场会员交易62.1亿美元，增长62.6%。询价方式交易增长81%，比重升高10个百分点。远期业务增长105%，但只占交易总量的1%。外汇掉期业务处于起步阶段，其他衍生业务尚

未开展。

（四）黄金交易大幅增长，市场风险积累

全省黄金交易所11家综合类会员交易增长77%，卖出占比超过六成；自营交易增长173%，占交易总量的50.5%，同比提高17.8个百分点。商业银行纸黄金成交量和成交额分别增长2.92倍和3.24倍，投资者净买入2 945公斤，平均成交价格上升7.8%。伴随国际金融市场震荡和美元变动，金价波动风险加大。

（五）民间借贷放量扩张，利率水平攀升

年内民间借贷发生额逐季减缓，与信贷调控反向变化。3 114个监测样本全年累计借入资金增长84.37%。借贷利率持续攀升，全年加权平均利率13.23%，升高1.03个百分点。借贷违约风险有所上升。据省高级法院统计，前11个月全省借款合同纠纷超过10万件，同比上升31.9%。

（六）直接融资下降，融资方式多样化

2008年直接融资结构显著变化。2家大型企业获得中期票据发行注册资格；28家非金融公司累计运用债务融资工具筹措资金645.6亿元，居全国前列。4家商业银行累计发行次级债券17亿元。由于股票市场低迷，全年直接融资量、占比同比分别下降56.6亿元和7.2个百分点。

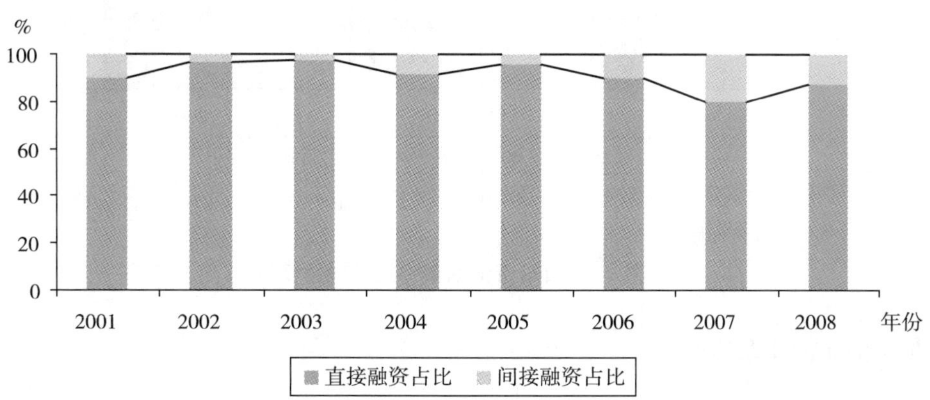

数据来源：中国人民银行济南分行。

图19　山东省非金融企业融资结构图

四、金融基础设施与金融稳定

（一）金融法律环境

2008年，金融监管、风险处置、投资者保护等金融法律制度进一步健全。金融法治环境继续改善，其中落实银行债权、依法经营、法律监督改善明显（见图20）。

金融涉诉案件司法效率提高。全年银行业机构诉讼立案和标的分别增长16.03%和30.16%。案件胜诉率和胜诉案件执行率有所提高（见图21）。

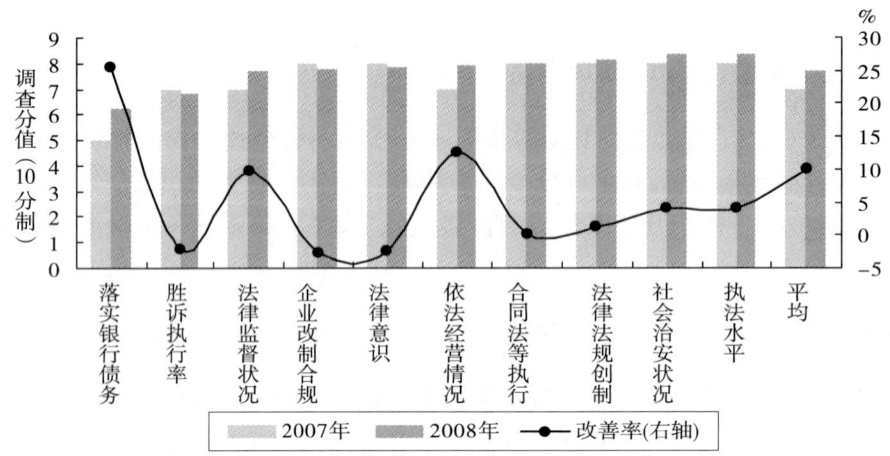

数据来源：中国人民银行济南分行。

图20　山东省法制环境综合评价调查情况

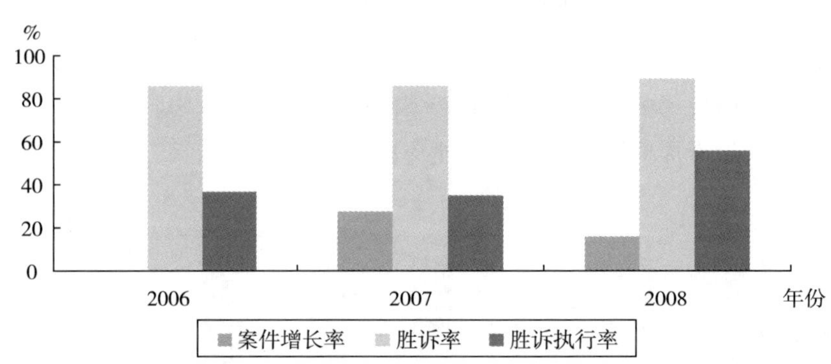

数据来源：中国人民银行济南分行。

图21　山东省金融案件司法效率情况

（二）现代化支付体系建设

全年覆盖城乡的资金流通骨干网络和公共支付平台安全高效运转。支票影像交换系统年处理业务量成倍增加，电子支付方式比重提高。单位和个人结算账户入库量同比增长13.7%和14.18%。支付体系应急备灾系统建设取得显著进展。

表6　山东省支付体系运行情况　　单位：万笔、亿元、%

	日均结算笔数			日均结算金额		
	2007年	2008年	增长率	2007年	2008年	增长率
大额支付系统	5.49	6.8	23.86	733	1 021.1	39.30
小额支付系统	3.25	5.1	56.92	1.78	8	394.44
同城票据交换系统	6.1	17.3	183.61	111.89	301.1	169.10
商业银行行内汇兑系统	28.14	39.48	40.30	222.57	358.99	61.29
银行卡跨行信息交换系统	37.57	59.26	57.73	5.44	8.77	61.21
支票影像交换系统	4.72	12.6	166.95	29.37	77	162.17

数据来源：中国人民银行济南分行。

（三）信用体系建设

1. 征信体系建设取得新进展。全年地方性金融机构数据上报及时率99%，上报数据通过率87.94%；信用信息入库户数和日均查询次数逐年提高。非银行信息采集入库取得突破。应收账款抵押登记、查询量位居全国前列。

表7　2006～2008年征信系统基本情况表　　单位：万户、亿元、万笔

项目	年份	入库户数	贷款金额	日均查询次数
企业信用信息系统	2006	34	12 248	2
	2007	38.1	14 046	1.33
	2008	44	13 931	2.51
个人信用信息系统	2006	—	2 377.9	0.55
	2007	3 343.9	3 057.5	1.5
	2008	3 710	3 799	3.3

数据来源：中国人民银行济南分行。

2. 社会信用环境持续改善。一是信用评级市场拓展。全年评级机构签定评级协议、完成评级报告同比增长86%和218%。二是农村信用体系建设成效显著。全省建立农民信用档案和评定信用农户分别同比增长15.5%和18.9%。三是中小企业信用体系建设成效显著，已加载中小企业信息9.5万户。

（四）反洗钱和反恐融资

反洗钱制度和操作规程继续完善；扩展了部门间合作联动机制。反洗钱业务管理系统和可疑交易查询系统顺利上线。各金融机构普遍健全反洗钱专门机构和工作细则，实现大额和可疑交易报告“总对总”联网报送。反洗钱主管部门向侦查机关报案、协查案件及涉案金额大幅度增长，获得“全国雷霆行动突出成果奖”。

表8　山东省反洗钱监管部门调查和协查反洗钱案件情况表　　单位：笔、万元

年度	反洗钱调查工作情况						洗钱案件协查工作情况				
	发现或接收线索个数	调查线索个数	调查次数	向侦查机关报案数	报案涉及金额	侦查机关立案数	协查案件数	协查次数	协查案件涉及金额	协助破获案件数	破案涉及金额
2007	45	42	47	6	78 773.78	5	10	10	189 300.89	0	0
2008	278	95	209	52	780 858.4	11	45	137	754 721.7	14	338 415.4

数据来源：中国人民银行济南分行。

（五）货币流通管理

1. 发行基金调拨确保了经济社会发展需要。各级人民银行不断提高分析预测水平，完善现金投放回笼管理，实现了现金供应总量和结构与社会需求规律有效吻合。据对290家金融机构营业网点（县域202家）和658家企事业单位（县域486家）监测，现金需求满足率上升17.03%，人民币整洁度提高1.61%。

2. 反假货币工作持续推进。农村反假货币网络行政村覆盖率达到100%，城市反假货币宣传工作站增加到351个，城乡反假货币义务宣传员分别达到1万和7万余名；货币真伪鉴别人员达1 170名。上百家门户网站开展反假货币宣传，浏览人次上百万。全年收缴假币量大幅增长。

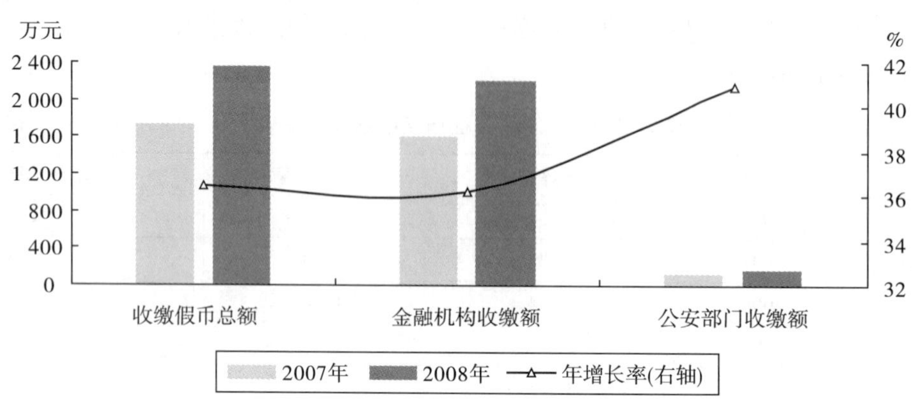

数据来源：中国人民银行济南分行。

图22　2007～2008年山东省收缴假币情况

（六）金融机构内部管理

1. 公司治理水平逐步提高。据对法人机构高管、风控人员和监管部门负责人员调查，“银行业法人机构公司治理”的综合评价为8.56分（10分制），其中“公司治理结构建立健全”、“高管人员任职情况”分值位于前两位，反映出内控水平不断改进。

2. 新会计准则逐步推行。银行业金融机构在2008年继续推行新企业会计准则，多数机构实现了和新会计准则的对接。新会计准则体现了与国际财务报告准则的趋同，引入了公允价值计量属性，规范了金融工具的确认、计量和列报，有利于银行业金融机构披露金融业务风险，提升银行业金融机构会计信息的质量和风险管理水平。

（七）金融知识培训宣传和投资者教育力度加大

一是人民银行济南分行在全国率先举办政府领导干部金融轮训班，176位分管金融工作的市（县）长全部接受了培训；组织“征信知识宣传月”活动，开展各类征信培训120次，发放宣传资料70余万份；全年开展反假货币培训和宣传7 600余次，受众10万余人次。二是金融监管部门和有关机构加强了投资者教育工作，全年开展各类风险揭示活动3万余次，受众超过1 000万人次。三是各级政府组织金融知识座谈会、普及周等活动500多场，受众15万余人次。

金融基础设施建设应关注的主要方面：

一是清算窗口“开启”管理有待规范。2008年山东辖内大额支付系统直接参与者先后出现9次清算窗口“开启”事件，反映出机构流动性管理、内部资金调度、上下协调等制度和操作存在漏洞。

二是支付体系法律制度需要进一步健全。票据业务电子化处理、银行卡当事人的权利义务关系界定和套现惩戒、消除“零点法则”在金融机构破产中的应用等具体问题，需要法律和制度确认和规范。

三是反洗钱制度落实尚不到位。部分金融机构未制定客户风险等级划分标准，对客户基本信息登记不完整、不严格；存在可疑性交易漏报、重报、虚报、防卫性报送问题；有关数据过度依赖计算机自动识别，缺乏人工分析。

四是农村信用体系建设滞后。金融部门应密切配合政府的行政主导职能，共同建立守信激励、失信惩戒机制，健全农村信用组织体系，不断适应金融支持的需要。

五、总体评估与政策建议

（一）区域金融稳定总体评估

选取31个指标运用层次分析和综合评分法量化评估显示，2008年山东省金融稳定状况综合分值为75分，比上年提高3分。这主要得益于银行业、保险业和金融基础设施改善，尤其是银行业评分大幅提高25.3%，对金融稳定的贡献度高达88.7%，反映出改革对维护行业稳健性的成效显著。保险业和金融生态环境评价值分别增长13.9%和8.4%，对金融稳定的贡献度为75.7%。区域经济和证券业评估值有所降低，其中宏观经济评分值下降4.3%，表明经济波动正在冲击金融稳定；证券业脆弱性有所呈现，评估值比上年下降6.1%。

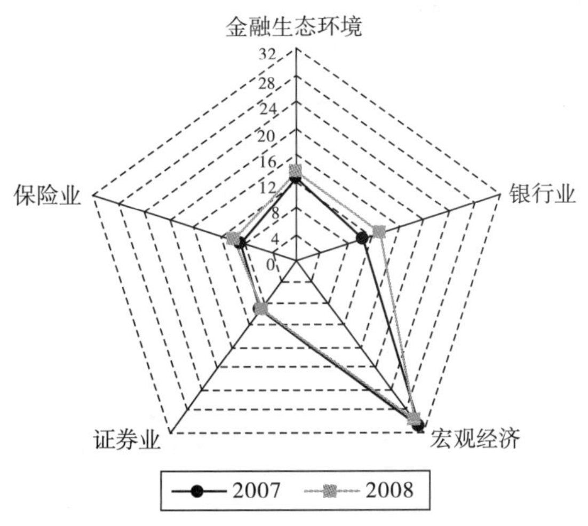

数据来源：中国人民银行济南分行。

图23 2007～2008年山东省区域金融稳定评估结构

（二）对策建议

尽管2008年金融系统总体保持了平稳运行，但随着国际金融危机继续蔓延，国内经济矛盾可能有一个继续暴露的过程，从而产生多方位持续性冲击。如果不能及时遏制经济下滑态势，不排除诱发系统性金融风险的可能性。金融稳定部门对此必须高度重视，把思想认识统一到中央对形势的判断上来，统一到一手抓好支持经济发展、一手抓好维护金融稳定，两手都要硬的理念上来，坚定信心，加大措施，完善机制，做实防范化解风险的各项准备工作。

一是大力推动金融改革。重点支持农业银行、农业发展银行和地方法人机构改革，完善内部治理和风险管控机制，不断降低金融体系内在脆弱性。探索发展农业保险的有效途径。构建服务“三农”、中小企业、县域经济等薄弱环节的金融体系，提高货币政策传导效能。

二是健全金融业管理制度。特别要认真研究金融控股公司、交叉性金融业务管理制度和实施监测的可行性方案，提高金融管理覆盖面，防范风险跨行业传递。推动健全有弹性的管理制度，引导金融机构正确处理支持经济发展与资产质量压力上升的关系，通过不断发展和优化资产结构，增强抗风险能力。

三是完善金融稳定协调合作机制。继续推进以省政府为领导的金融稳定联席会议制度的运行，加强金融管理部门、经济综合部门和政府职能部门之间信息共享和风险研判；推动完善辖区《金融突发事件应急预案》并力争展开演练，促进各部门之间深度配合，提高防范和应对风险的能力。

四是加强形势监测和风险信息收集。横向配合，上下联动，着力建立覆盖全省主要产业和重点企业的监测体系，前移观测平台，密切关注实体经济运行变化态势，及时发现风险苗头。健全金融机构重大事项、风险管理信息报告制度，继续深化法人机构流动性和资产质量定期监控，引入先进分析计量技术，结合宏观审慎分析，努力提高风险识别、评判的前瞻性。

五是促进金融创新。引导金融机构通过服务和产品创新，改善收入结构，对冲资产质量和息差波动对经营绩效的影响，在支持经济社会发展中实现自身效益增长。

六是加强对国际金融危机的研究。及时跟踪国际金融危机最新动态，分析预测其对辖区经济金融环境的影响，提出应对措施和政策建议，弱化其负面影响。

总　纂：谢　伟
统　稿：郑宇明
执　笔：于明星　付　刚　孙　军　孔　哲　王林立
其他参与写作人员：杨晓莉　孙丽华

河南省金融稳定报告摘要

2008年，河南省认真落实国家各项宏观调控政策，着力解决经济金融运行中的突出矛盾和问题，经济金融总体保持了平稳发展态势。金融业改革不断深化，金融机构整体实力进一步增强。银行业继续保持良好运行趋势，存贷款均实现了较快增长，流动性充足，不良贷款持续“双降”，盈利水平大幅提升，机构引进和改革取得新突破，整体竞争力和抵御负面冲击的能力不断提升。证券期货经营机构合规经营和风险控制能力进一步提升，上市公司规范运作，上市后备队伍持续壮大，资本市场保持稳定运行。保险业市场规模实现历史性跨越，行业整体实力显著增强，风险保障功能得以凸显，服务领域得到拓展和延伸。金融市场运行总体平稳，货币市场规模继续扩大，债券市场交易大幅增加，银行结售汇增幅明显回落。金融生态环境进一步改善，金融基础设施不断完善。金融稳定性进一步增强，为经济健康平稳运行和维护金融稳定奠定了扎实的基础。

但下半年以来，受国际金融危机快速蔓延和世界经济增长明显减速的影响，加上我国经济生活中尚未解决的深层次矛盾和问题，河南省经济运行中的困难增加，经济下行压力加大，企业经营困难增多，金融机构因外部经营环境变化所带来的压力加大，金融运行中出现的新情况和潜在风险应引起重视。

一、经济运行与金融稳定

（一）河南省经济继续保持平稳较快增长，增长方式和产业结构发生积极调整，运行质量较高，为金融稳定奠定了良好基础

2008年，河南省生产总值实现18 407.78亿元，同比增长12.1%，增速比上年回落2.5个百分点，但仍延续6年来的两位数增长态势。分季度看，各季度分别增长13.6%、13.7%、13.5%和12.1%，呈冲高回落走势。第一、第二、第三产业增加值分别为2 658.80亿元、10 477.92亿元和5 271.06亿元，分别增长5.5%、14.9%和10.2%。三次产业结构为14.5∶56.9∶28.6，第二、第三产业比重比上年提高0.3个百分点。非公有制经济增加值占生产总值的比重由上年的58.1%提高到60%左右。

1. 农业生产继续增长。2008年，河南省作为全国第一农业大省、第一粮食生产大省，加大支农、惠农、强农力度，保持农业农村发展的好形势，粮食总产量达1 073.10亿斤，比上年增长2.3%，连续3年超千亿斤，连续5年创历史新高。

2. 工业生产增长放缓，企业利润明显回落。2008年，全省规模以上工业实现增加值7 305.39亿

元，同比增长19.8%，增速比上年回落4.4个百分点；月增速方面，在持续57个月运行在20%以上增速之后，回落到20%以下（见图1）。规模以上工业企业实现利润2 179.10亿元，增长12.9%，大幅回落57.1个百分点；亏损企业亏损额为186.20亿元，增长270.1%。

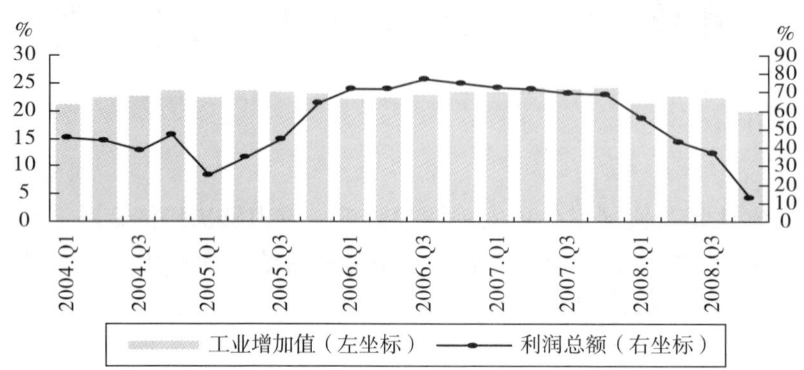

数据来源：河南省统计局。

图1 2004年以来河南省工业增加值和利润总额累计增速趋势图

3. 第三产业稳步增长。2008年，河南省制定实施了一系列鼓励和促进服务业发展的政策措施，积极支持150户服务业重点企业发展，在郑州、洛阳等5市开展了服务业综合改革试点，文化、金融、现代物流业快速发展。全年第三产业增加值增速10.2%，比上年低3.7个百分点。

4. 城镇固定资产投资继续回落。2008年，全社会固定资产投资10 469.57亿元，同比增长30.7%，增速比上年回落4.9个百分点。其中：城镇固定资产投资完成8 700.11亿元，增长31.6%，连续67个月保持30%以上增速，高出全国平均水平4.8个百分点，但同比回落4.9个百分点，继续呈现2006年下半年以来的回落态势（见图2）。

5. 社会消费品零售总额快速上涨。2008年，消费品零售总额5 662.55亿元，同比增长23.2%，增速比上年提高4.7个百分点，延续了2006年以来的升势（见图2）。当前外部需求大幅降低，拉动内需尤其是广大农村消费，对保持经济平稳较快发展具有较大的现实意义。

6. 进出口总体保持快速增长，但年末下滑幅度较大，外资利用额增速大幅回落。2008年，进出口总值175.28亿美元，同比增长37.1%，增速比上年提高7.2个百分点。年末增速下滑，尤其是出口，11月、12月出口增速分别下降7.3%和11.6%。实际利用外商直接投资40.33亿美元，增长31.7%，同比回落34.2个百分点。

7. 物价涨幅前高后低，当前回落趋势明显。2008年前几个月，物价上涨幅度较大，但伴随食品价格的回落、世界经济的衰退、国际市场商品需求的大幅降低，价格水平逐步回落（见图3）。8~12月份，CPI分别上涨6.2%、6%、5.4%、3.3%和1.7%。

8. 财政收入增幅回落，居民收入水平继续增长。2008年，地方财政一般预算收入1 009.14亿元，同比增长17.1%，增速比上年回落9.9个百分点；地方财政一般预算支出2 283.91亿元，增长22.2%，同比回落7.5个百分点。城镇居民人均可支配收入13 231元，增长8.3%；农村居民人均现金收入4 454元，增长7.2%。

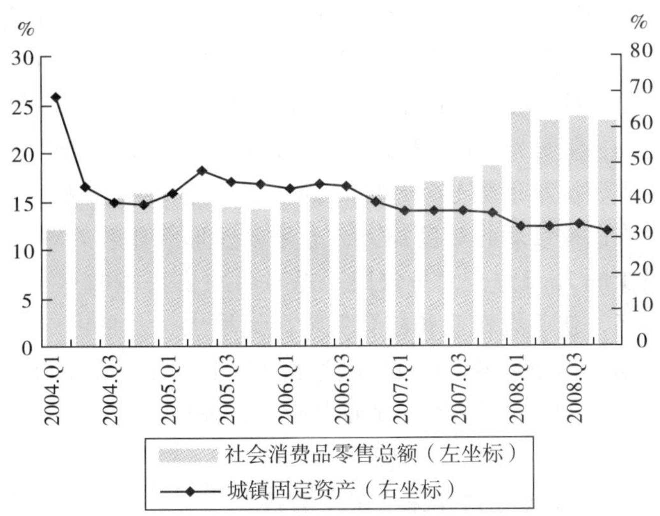

数据来源：河南省统计局。

图2　2004 年以来河南省城镇固定资产投资和社会消费品零售总额累计增速趋势图

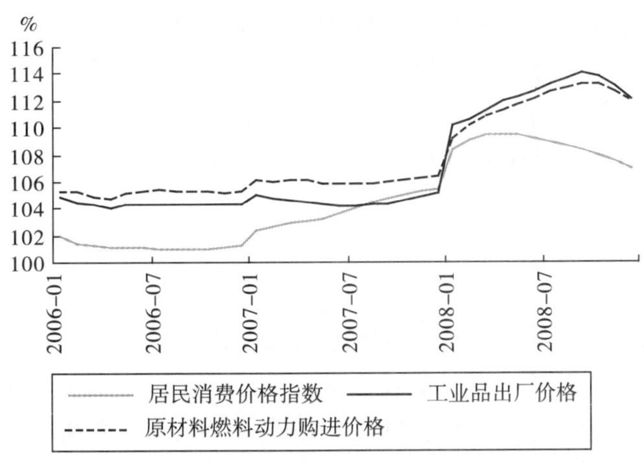

数据来源：河南省统计局。

图3　2006 年以来河南省物价累计同比增速比较图

（二）经济运行中需要关注的问题

1. 主要经济指标回落，保增长压力较大。当前国际金融危机的影响正向实体经济渗透，世界经济呈现衰退趋势，国内经济增长放缓，河南省主要经济指标大幅回落，致使金融潜在风险增加。一是工业生产和效益下滑。2008 年第四季度以来工业生产增速持续下滑，规模以上工业增加值增速由 7 月份的 23.3% 连续下滑至 12 月份的 5.3%，为 2002 年 2 月份以来月最低增速；11 月份规模以上工业企业亏损企业数量增长 11.5%，亏损额增长 3.4 倍。受此影响，8 月份之后河南省财税收入增幅出现大幅回落，12 月当月地方财政一般预算收入同比下降 29.4%。二是投资增速下滑。在市场需求不足、价格持续回落的情况下，企业投资意愿和能力下降，城镇固定资产投资增幅持续回落。城镇固定资产投资增速从 8 月份的 33.6% 持续回落到 11 月份的 26.1%；城镇新开工项目同比少增 3 161

个；新开工项目计划投资增幅同比回落 19. 6 个百分点。三是消费市场增长趋缓。受收入预期下降、财富效应减弱等因素影响，社会消费品零售总额增速从 9 月份的 24. 9% 下滑至 12 月份的 20. 6% 。住房、汽车等消费热点开始降温，前 11 个月商品房销售面积同比下降 20. 5% ，轿车销售量下降 25. 6% ，移动电话、彩电销售量分别下降 27. 8% 和 40. 5% 。四是农业生产和农民增收形势不容乐观。冬季以来小麦旱情逐步加重，抗旱形势非常严峻；部分农产品价格出现回落，农资价格同比上涨较多，农业比较收益下降，农民持续增收难度加大。五是就业形势比较严峻。全省返乡农民工人数达到 460 万人，占外出农民工的 25. 3% ，大量农民工返乡将对农民增收产生不利影响；因企业限产、停产下岗或待岗的人员增多，就业再就业和社会保障压力增大。六是出口形势不容乐观。第四季度河南省进出口企业调查显示，本季度 46. 9% 的企业出口比上季度下降，出口扩散指数为 －22. 4% ，比上季度、上年同期分别下降 34. 6 个和 55. 1 个百分点；企业出口订单扩散指数为 －30. 6% ，比上季度下降 32. 6 个百分点。

2. 产业结构不合理、增长方式粗放等深层次矛盾逐步凸显。随着国际金融危机的扩散和蔓延，长期以来河南省经济发展中存在的产业结构不合理、增长方式粗放等深层次矛盾逐步凸显，经济可持续发展面临考验，对金融稳定产生不利影响。一是产业结构失衡，第一产业占比较高、第三产业发展滞后的局面没有得到根本改观。并且第一产业发展比较落后，农业的规模化和产业化发展不足，农产品的附加值和科技含量偏低；第三产业占 GDP 的比重仅为 28. 6% ，比全国低 11. 24 个百分点。二是工业结构偏重，产品技术含量与附加值低。传统行业、高耗能行业占比依然较高，高技术行业总量太小。三是发展方式粗放。高投入、高消耗的粗放型增长方式仍未根本改变，资源、环境对经济发展的硬约束日益显现，经济结构调整的任务依然艰巨。

二、金融业与金融稳定

2008 年，河南省金融业积极采取措施应对国际金融危机，在国内宏观政策和经济金融环境变化大、变化快的情况下，认真落实宏观调控政策，稳步推进各项改革，防范和化解风险的能力增强，整体保持了健康稳定的发展态势，服务水平和竞争力进一步提升，为经济健康平稳运行和维护金融稳定奠定了扎实的基础。但国际金融危机和经济增长下滑等问题对金融体系产生的影响需要密切关注。

（一）银行业

2008 年，在宏观调控措施的综合作用下，银行业继续保持良好运行趋势，存贷款均实现了较快增长，流动性充足，不良贷款持续“双降”，盈利水平大幅提升，机构引进和改革取得新突破，整体竞争力和抵御负面冲击的能力不断提升，但资产质量存在下降的压力等问题需要关注。

1. 资产负债规模快速扩张，发展势头强劲。年末，银行业金融机构资产总额19 701. 82亿元，同比增长 13. 7% ，其中地方法人机构资产总额 5 339. 67 亿元，同比增长 23. 5% 。负债总额19 204. 21亿元，同比增长 13. 41% 。存贷款增量、增速均创 2003 年以来的年度最高水平。

各项存款 15 340. 07 亿元，比年初增加 2 670. 93 亿元，同比多增 1 607. 79 亿元，同比增长 21. 1% ，增速比上年提高 11. 9 个百分点，改变了两年来增速下降的趋势，且增速 6 年来首次高于全国。

各项贷款余额 10 439. 75 亿元，比年初增加 1 489. 06 亿元，同比多增 510. 02 亿元，同比增长 15. 4%，增速比上年提高 4. 1 个百分点，近 5 年来首次超过 GDP 增速，且超过 GDP 增速 3. 3 个百分点以上。

2. 盈利能力持续提升，银行业实力大增。2008 年，河南省银行业金融机构继续保持高增长的盈利水平。全年盈利 212. 02 亿元，同比增盈 88 亿元，增长 70. 96%，同比提高 8. 75 个百分点。增盈较多的主要原因是贷款投放规模大量增加，贷款周转速度大幅提高，银行资金使用效率明显改善。

3. 整体资金头寸充裕，流动性充足。

一是整体流动性相对宽松。年末，银行业金融机构余额存贷比 68. 1%，比上年下降 8. 1 个百分点，高于全国平均水平 1. 2 个百分点。新增存贷比为 55. 8%，比上年下降 36. 3 个百分点，低于全国平均水平 9. 1 个百分点。

二是存差持续扩大。年末，银行业金融机构存差达到 4 900. 32 亿元，比上年增加 1 873. 52 亿元；相当于各项存款余额的 12. 21%。

三是整体资金头寸仍处于较高水平。年末，银行业金融机构备付金率为 6. 7%。河南省银行家问卷调查显示，当前银行资金头寸景气指数为 16. 18%，比上季度和上年同期分别提高 5. 53 与 25 个百分点，银行业机构备付金率整体上仍处于较高水平。

4. 抗风险能力不断增强。

一是信用风险防控能力不断增强，不良贷款大幅“双降”。年末，不良贷款比年初减少 860. 36 亿元，不良贷款率下降 9. 9 个百分点。

二是表外业务增势减弱，风险程度同比明显下降。上半年，贷款规模控制推动表外业务特别是融资性表外业务快速增长，下半年随着货币政策逐步放松，表外业务增长明显放缓。年末，表外业务同比增长 11. 3%，比上年下降 2. 9 个百分点。

三是法人银行业机构资本实力增强，风险抵补能力提高。年末，17 家城市法人银行业机构资本充足率全部达标，行、社平均资本充足率 11. 1%，同比上升 2. 8 个百分点；拨备覆盖率 147. 8%，同比大幅提升 81. 4 个百分点；贷款损失准备充足率 215. 7%，同比大幅提升 99. 7 个百分点。农村信用社风险抵御能力也得到较大改善，资本充足率和拨备覆盖率同比分别上升 5. 9 个百分点和 3. 7 个百分点。

5. 金融支持农业经济发展力度不断增强。年末，银行业金融机构累计发放农业贷款 937. 17 亿元，较年初增加 105. 66 亿元，同比增长 7. 9%，农业贷款占各项贷款的比例为 13%。

6. 银行业机构建设和改革发展迈出新步伐。

一是机构种类、市场竞争和市场覆盖实现较大跨越。2008 年，引入的 1 家外资银行顺利开业（汇丰银行郑州分行），设立了两家村镇银行（栾川民丰、固始天骄村镇银行），组建了两家农村合作银行（新郑、固始农村合作银行）。同时，信阳、平顶山、鹤壁、安阳等 4 家城市商业银行挂牌开业，驻马店、三门峡、漯河等 3 家城市信用社获准筹建城市商业银行，农村信用社统一法人改革和 336 家邮政储蓄银行分支机构的组建工作稳步推进，股份制商业银行机构向省会以外城市及发达县域延伸。

二是国有商业银行股份制改革不断深化。已改制的工商银行、中国银行、建设银行和交通银行在河南省辖内的分支行积极落实各项改革措施，银行资产质量和经营效益稳步提升，实现利润占河南省银行业金融机构利润总额近 50%。农业银行河南省分行剥离不良贷款 691. 94 亿元，同时，调整资产结构和转变业务增长方式，加快推进面向“三农”试点工作，业务经营呈现出良好的增长态势。

三是政策性银行商业转型步伐进一步加快。国家开发银行河南省分行已做好股改前的准备工作；农业发展银行河南省分行不断深化内部改革，加强风险管理和内控机制建设，稳妥开办商业性新业务特别是农村商业贷款新业务。

四是农村信用社改革取得重要进展，资金支持政策正向激励效应显现。河南新郑农村合作银行、固始农村合作银行相继完成组建工作并挂牌开业；专项中央银行票据兑付工作成效显著。有 138 家县级联社（含农村合作银行，下同）、137.51 亿元专项中央银行票据成功兑付，分别占县级联社总数、票据发行总额的 95.2%、95.7%。全省农村信用社经营效益大幅度攀升，不良贷款占比下降 11.4 个百分点，实现账面利润 5.35 亿元，历年亏损挂账较年初下降 23.94 亿元，是 4 年来降幅最大的年份。河南省农村信用社已步入良性发展的轨道。

五是城市商业银行、城市信用社改革稳步推进。4 家城市信用社组建的城市商业银行正式挂牌，并优化了股权结构；郑州市商业银行首次引入市场机制溢价增资扩股；平顶山市商业银行股权结构更加合理，地方政府不再是第一大股东，初步实现民营化。

六是非银行金融机构实力进一步增强。百瑞信托公司已做好“借壳上市”的准备工作，中原信托公司制定了增资扩股方案，永煤集团对洛玻财务公司实施重组获得批准。

7. 银行业发展需要关注的方面。

一是银行业稳健发展面临巨大的挑战和困境，在决策和管理上存在较大的困难，保持稳健发展的良好局面面临巨大挑战。

二是经济增长明显放缓，银行业信用风险显著上升。关注类贷款率自 9 月起逐月上升，到 12 月底上升了 1.06 个百分点。

三是集团客户授信上升较快，潜在风险值得关注。年末，5 000 万元以上大客户数较年初增加 152 户，大客户贷款集中度整体呈上升趋势。

四是个人收入水平下降，个人消费信贷业务风险大幅上升。

五是创新业务增长过快，风险隐患较大。2008 年银行业金融机构创新业务发展迅猛，全年累计开办各类表外创新业务 1 529.97 亿元（不含城市法人机构），同比增长 23.2%。

六是农村信用社经营风险仍不容忽视。农村信用社整体拨备缺口较大，资本充足率依然为负数，不良贷款余额及比率仍处在高位，资产质量较差。

七是理财产品亏损面及亏损额增加，声誉风险上升。

（二）证券业

2008 年，在市场大幅波动、市场运行内外部环境复杂多变的市场形势下，河南省资本市场保持稳定运行，证券期货行业合规经营和风险控制能力得到进一步提升，各种证券期货违法违规行为受到严厉打击，证券业经营环境得到明显改善，上市公司的风险基本得到化解，资本市场服务经济发展、支持中部崛起的力度进一步增强。但上市公司数量少，融资方式单一等问题值得关注。

1. 积极推进企业上市融资，优化结构，公司质量进一步提高。年末，河南省境内外上市公司共 62 家，总市值 1 275 亿元，其中：境内上市公司 38 家，累计募集资金 509 亿元。安阳钢铁整体上市，平安信托入驻许继集团，风神股份等 3 家公司通过再融资向上市公司注入优质资产 40.2 亿元。

2. 证券经营机构数及开户数平稳增加，但证券交易额及营业收入大幅下滑。年末，共有证券经营机构108家，其中法人机构1家。全年新增证券经营机构4家。投资者开户数达到276.7万户，同比增长15.8%；境内证券市场交易额13 871.6亿元，同比下降39.8%；实现手续费收入28亿元，净利润15.82亿元。法人证券机构总资产73.9亿元，营业收入4.7亿元，同比分别下降29.8%和79.8%。

3. 期货业经营规模扩大，经营机构发展势头良好，期货市场稳步发展。年末，共有期货经营机构55家，其中法人机构4家，营业部51家。全年新增期货经营机构16家。全年代理交易量1.6亿手、实现交易总金额7.6万亿元、客户保证金26万亿元、手续费净收入1.8亿元、净利润6 793万元，同比分别增长114%、30%、13%、45%和84.3%，期货投资者开户数14 380户。

4. 监管力度进一步加大，市场运行的规范性得到提高，辖区上市公司的风险基本得到化解。为严厉打击各种证券期货违法违规行为，有力地维护市场正常秩序，河南省政府下发了《河南省人民政府办公厅关于成立河南省整治非法证券活动协调小组的通知》，建立了打非快速反应机制，维护了市场秩序。ST鑫安、*ST洛玻的风险得到充分揭示。

5. 证券业发展需要关注的方面。

一是证券期货经营机构综合竞争力较弱。河南现有证券机构规模偏小，仅有1家法人机构，证券业核心竞争力仍有待提高。

二是上市公司数量少，整体实力有待提升。年末，上市公司总市值占地区生产总值的7.18%，同比下降12.82个百分点，低于全国平均水平7.85个百分点，总体规模依然偏小；一批大型国有企业还没有改制上市，如省属国有控股公司中，仅有8家公司实现了上市。

（三）保险业

2008年，河南省保险业积极推进结构调整，保持了平稳健康发展的态势，市场规模实现历史性跨越，行业整体实力显著增强。但发展模式粗放等问题值得关注。

1. 资产规模不断扩大，保险深度、密度不断上升。年末，保费收入518.92亿元，同比增长60.4%，增速比上年同期提高32.1个百分点，位居全国第六，保持中西部第一。保险赔款和给付128.77亿元，同比增长27.7%。保险参与度和渗透率不断提高，保险密度526.2元/人，比上年增加198.3元，是2002年的4倍；保险深度2.85%，同比提高0.69个百分点，比2002年提高了0.84个百分点。总资产794.9亿元，同比增加193.75亿元，增长32.22%。全行业从业人员21.4万人，比年初增加2.1万人。行业整体实力显著增强，抵御风险能力不断提高。

2. 保险市场主体逐渐成熟，经营管理日趋理性，增长方式进一步转变。2008年有8家保险公司进入河南省市场，包括1家外资公司。年末共有省级保险公司40家，其中2家外资公司，分支机构4 717家，专业中介机构332家，兼业代理机构6 092家。保险业市场体系不断完善，市场活力显著增强，行业影响日益扩大，形成多种类型市场主体竞相发展的良好格局，在拓展新领域、探索新模式、创造新经验的实践中，形成了具有特色的发展道路。

从产寿险市场规模增长情况看，产险公司保费收入80.6亿元，同比增长20.5%，保费收入居全国第十位，赔款46.5亿元，同比增长33%；寿险公司保费收入438.3亿元，同比增长70.8%，保费收入居全国第五位，赔付82.3亿元，同比增长24.8%。其中保险中介机构保费收入288.2亿元，同比增长178%。

3. 保险业务全面发展，重点领域深入推进，保险功能不断彰显。2008年各险种全面快速发展，财产险、寿险、健康险、意外险市场规模分别为77.9亿元、411亿元、22.4亿元和7.7亿元，同比分别增长60.4%、72.2%、68.5%和11.6%；财产险、寿险、健康险、意外险赔款分别为45.1亿元、74.6亿元、6.5亿元和2.6亿元，同比分别增长33.1%、24.2%、47.7%和1.5%。同时，重点领域深入推进，保险功能不断彰显，促进了行业与经济社会协调发展。

4. 保险业发展需要关注的方面。

一是市场秩序方面，市场主体快速增多，监管资源配置压力不断加大。由于保险机构数量众多，总量位居全国前列，点多、线长、面广，机构之间的差异性越来越大，存在的一些问题不容忽视。

二是市场服务方面，市场结构不合理，调控难度不断加大。

三是市场监管方面，风险隐患多元化、复杂化，防范难度不断加大。随着行业发展内外部环境的变化，风险总量越来越多，风险种类、产生原因和变化方式更加复杂，风险识别、预测、评估和管控难度越来越大。

三、金融市场与金融稳定

2008年，河南省金融市场运行总体平稳，货币市场规模继续扩大，其中信用拆借同比减少，回购业务同比增加，债券市场交易大幅增加，票据业务持续增长，银行结售汇增幅明显回落，黄金和期货业务稳步发展。

（一）货币市场

年末，全省有全国银行间同业拆借市场成员12家，银行间债券市场成员72家，分别较上年新增1家、19家。

1. 同业拆借业务。2008年，同业拆出资金3.50亿元，拆入资金78.88亿元，累计成交金额82.38亿元，比上年同期减少102.72亿元。

2. 债券回购业务。2008年，债券质押式回购累计交易金额10 816亿元，同比增长60%，其中正回购9 693亿元，逆回购1 123亿元。买断式回购累计成交463亿元，同比增幅达623%。

3. 短期融资券业务。2008年，获准发行企业短期融资券6只，金额39亿元。年末，累计发行企业短期融资券11只、金额65.8亿元，持债余额39亿元。

（二）债券市场

2008年，现券累计交易金额11 731亿元，增长272%，其中城市商业银行的交易量占全部交易量的96%。年末，市场成员持债余额376.4亿元，较年初增加84.4亿元，其中国债占20.3%，政策性金融债占51.5%，中央银行票据占19.6%，其他债券占8.6%；1年以内到期的债券占15.8%，1~5年到期的债券占44.1%，5~10年到期的债券占14.5%，10年以上到期的债券占8.9%，浮动利率债券占16.7%。持债综合收益率为3.597%。

（三）票据市场

2008年，在国家加大金融对经济支持力度的政策背景下，票据贴现因其风险小、投放快，受到银行青睐。全年河南省承兑、贴现累计发生额同比增长42.5%和134.6%，重点支持了第二产业及第三产业中的优势产业的发展。其中，直贴和转贴业务均大幅增加，增幅分别达 136% 和 67%。但受市场资金宽裕、基准利率下调等因素的影响，贴现、转贴现价格持续走低。

（四）外汇市场

2008 年，对外贸易继续保持增长势头，外汇收支和结售汇依然保持增势，但增幅明显下降。一是国际收支规模继续扩大，但增幅下降。年末，河南省国际收支申报 219.66 亿美元，同比增长 24.9%，增幅较上年同期下降 20.7 个百分点；同比增加 43.8 亿美元，同比少增 11.38 亿美元。二是银行结售汇同比增长，但增幅回落。年末，河南省银行结售汇 194.73 亿美元，同比增长 28.8%，增幅同比回落 25.1 个百分点；同比增加 43.56 亿美元，同比少增 9.4 亿美元。

（五）黄金市场

2008 年，河南省上海黄金交易所会员（不含中金公司）累计买卖黄金 342.7 吨，同比增长 149%。其中买入量 137.7 吨，卖出量 205 吨；自营量 128.6 吨，代理量 214.1 吨；实际提货量 11 吨。

（六）期货市场

2008 年，郑州商品交易所商品期货累计交易金额 155 600 亿元，同比增长 163%。白糖仍是郑州商品交易所交易规模最大的品种，全年累计交易金额 118 709 亿元，同比增长 237%，占郑州商品交易所全部交易金额的 76%，连续 4 个月日均交易量位居全球第一。但从增长速度看，菜籽油成为 2008 年郑州商品交易所增长最快的交易品种，其全年交易金额同比增长 940%，均位居各交易品种之首。硬冬白小麦紧随菜籽油之后，交易金额同比增长 601%。

（七）需关注的问题

1. 市场成员名称等要素变更申请不及时存在一定风险。近年来，作为货币市场成员主力的个别地方中小金融机构，因重组或改制发生名称、法人代表人等要素变更较频繁，其在货币市场业务前台仍以原登记的要素操作，在后台则用新名称等要素处理，致使前台业务系统的交易清单与后台资金清算的账务处理不一致，使交易行为的权力义务关系从法律上不好认定，在发生纠纷时容易产生市场风险，诱发道德风险。

2. 农村信用社票据贴现业务超常增长。2008 年，农村信用社累计办理贴现 10 080 亿元，同比增长 199%。票据贴现收入已成为部分农村信用社利润的重要来源，有的甚至超过了主营业务收入。一方面，农村信用社规模较小，人员素质和技术条件有限，票据业务不太规范，大量开展票据业务存在一定的道德风险和操作风险；另一方面，由于贴现的票据大都是“非农”产业，农村信用社把票据贴现作为重要甚至主要业务来开展，影响了支农贷款的发放，偏离了农信社服务“三农”的宗旨。

3. 短期融资券的作用有待进一步挖掘发挥。短期融资券不但能降低融资成本，还可以改善融资结构，且无须抵押或担保，是企业筹集流动性资金的有效工具，对支持地方经济发展也有积极作用。但 2008 年河南省发行短期融资券仅占全国的 0.6%，且与临近省份相比存在较大差距。同时，河南省短期融资券支持的主要是平煤集团、许继电器、平高电气、神火实业、永城煤业和宇通客车等大型企业，对中小企业的支持尚未开始实施。

四、金融服务基础设施

2008 年，河南省金融服务基础设施建设稳步推进，支付环境有效改善，反洗钱工作成效明显，社会信用体系建设取得新成效，金融业发展环境不断优化，为促进河南省经济金融健康发展、维护区域金融稳定提供了重要保障。

（一）金融机构突发事件应急预案管理及演练

由于金融风险的不确定性、突发性和系统性，人民银行郑州中心支行高度重视应急预案管理及演练工作。一是制定了《河南省金融突发事件应急预案》，建立健全了金融机构突发事件应急管理组织体系，完善本辖区突发事件应急管理制度，强化其针对性和可操作性。二是积极进行应急预案演练，熟练掌握应急处置程序和流程，提高应急处置能力和管理水平，确保有效履行金融稳定职能；辖区洛阳、安阳、开封、鹤壁等市中心支行根据本辖区实际组织开展了应急演练。三是开展风险评估，加强突发事件报告、潜在风险预警、突发事件处置和相关情况报告。四是深入研究新形势下辖内金融机构特别是地方法人金融机构流动性变化，加强风险监测，高度关注金融机构潜在风险，增强对国际国内金融稳定问题分析的灵敏性。五是做好与监管部门、地方政府及有关分支行的沟通与协调，保持信息交流和沟通渠道的畅通。六是积极配合监管部门和地方政府妥善处置突发风险事件，维护辖区金融稳定。

（二）支付清算系统

2008 年，河南省支付服务基础设施进一步完善，支付清算系统运行正常，为促进河南省经济又好又快发展，维护金融稳定提供了重要支撑条件。一是顺利推广境内外币支付系统，满足了境内商品及劳务服务交易对安全、高效的外币支付服务的需求。开通小额支付系统银行本票业务，银行本票业务可以通过同城票据交换、小额支付系统进行资金清算，实现了银行本票业务的多渠道处理，丰富了县以下地区支付工具品种。二是支付及业务系统风险防范能力进一步提高。相继修订完善了中央银行会计集中核算系统、账户管理系统应急处置预案，组织河南省辖内人民银行各分支机构、银行机构开展了支付系统、中央银行会计集中核算系统、同城清算系统、账户管理系统业务应急演练，河南省辖内人民银行 112 个县支行中的 104 个县支行实现会计核算业务上收工作，减少了会计核算风险点。三是农村地区支付结算环境进一步改善。河南省农村信用社首次发行“金燕卡”，“金燕卡”及农业银行的惠农卡发卡量增长较快，河南省农民工银行卡特色服务交易量和金额继续保持全国第一。四是银行卡业务快速发展。省级 102 个一级预算单位推行公务卡改革，公务卡发卡银行由年初的 4 家增至 10 家，联合整治银行卡违法犯罪专项行动成效显著。依法开展空头支票行政处罚工作，严格支付结算纪律，稳定支付结算秩序。

（三）反洗钱监管

2008 年，人民银行郑州中心支行在反洗钱制度体系建设、反洗钱现场检查、非现场监管、反洗钱专项行动等方面都有所突破，深入推进河南省反洗钱工作再上新台阶。一是稳步推进“天网行动”与“雷霆行动”工作的深入开展，并取得圆满成功。人民银行郑州中心支行作为全国唯一在“天网行动”和“雷霆行动”中都取得重大突破的单位，荣获中国人民银行“天网行动”突出成果奖，受到人民银行总行的表彰。二是从多个层面建立起反洗钱协调机制。建立了与联席会议成员单位、金融机构、其他人民银行分支行和河南省辖内分支机构之间的反洗钱工作协调机制，调动各方力量预防和打击洗钱犯罪。三是反洗钱现场检查工作稳步推进。河南省辖内人民银行分支机构依法对986家金融机构进行了现场检查，其中：银行业金融机构314家、证券期货业金融机构4家、保险业金融机构665家、外汇指定银行3家，有效促进了金融机构反洗钱意识不断提高，形成预防洗钱活动的坚实防线。四是非现场监管措施呈现多样化。加大制度创新，提高反洗钱非现场监管工作质量，出台了《河南省反洗钱非现场监管信息填报指引》，加大对各类指标的分析力度，提升反洗钱非现场监管监测分析水平。强化科技力量，为非现场监管工作提供技术保障，组织开发了“中国人民银行反洗钱非现场监管信息系统”和《金融机构反洗钱工作评价制度》软件系统，实现了监管信息采集的电子化。同时，加强并引导金融机构加大对大额交易和可疑交易资金的监测分析力度，引导金融机构防范风险，形成预防洗钱活动的坚实防线。

（四）征信体系建设

2008年，河南省稳步推进社会信用体系建设。一是企业和个人信用信息体系建设取得进展，数据更新和数据质量明显提高。年末，企业征信系统已入库法人及其他组织26.3万户，贷款金额7 315亿元，金融机构查询网点4 224个，月均查询4.6万次；个人征信系统入库的信贷或信用卡业务账户数1 018.9万个，信贷余额为1 858亿元，4 498个查询网点，月均查询26.3万次。二是中小企业及农村信用体系建设取得一定成效。人民银行郑州中心支行加大信息采集工作力度，逐步扩大信息采集范围，督促各单位有效开展中小企业信用体系建设。截至2008年12月底，通过信息征集，为66 866户企业建立了信用档案，已取得银行授信意向的中小企业2 092户。2008年在河南省选定16个县（市）进行试点，试点县（市）人民银行县（市）支行主动加强与地方政府部门配合，组织农村信用社等农村金融机构加大对农户宣传力度，教育广大农民诚实守信，遵纪守法，重视积累自身的信用记录，提高农户信用意识，引导农户积极参与农村信用体系建设，主动报送信息。年末，累计已建立信用档案户数5 474 287个，发放贷款2 794 912户，贷款余额228亿元。

（五）金融生态环境建设

2008年，河南省紧紧围绕构建“诚信河南”、“和谐河南”，努力推动金融生态环境建设。一是河南省政府出台了《河南省金融生态环境考核评价工作实施意见（试行）》，考核评价工作由省政府统一组织，并要求各级政府、部门相互协调配合，形成合力。每年年初对上年度各市的区域金融生态环境状况进行整体评价。二是严厉打击逃废金融机构债务的行为，切实维护金融机构合法权益，营造良好金融生态环境，促进经济金融良性互动。对于恶意逃废金融债务的企业及其负责人，给予行政、经济处罚直至法律制裁；同时督促司法部门加强对金融案件的审理和执行工作。三是人民银行加强对辖区金融机构生态环境建设工作的调研力度，及时向地方政府汇报金融生态环境建设存在的问题。四是积极为金融部门营造良好外部环境，切实维护金融债权。五是推进“信用社区”建设，打造“诚信企业”、“诚信村镇”、“诚信个人”，年末，为河南省近6万企业户建立了信用档案。六是建立了与良性金融生态环境相适应的金融服务体系，为经济又好又快发展创造良好的金融生态环境。

五、总体评估与政策建议

（一）总体评估

2008 年，河南省经济保持了较快的发展速度，经济结构调整和经济增长方式转变取得了一定成效。金融业运行健康平稳，金融改革创新稳步推进，运行质量和抗风险能力有所提高。银行业继续保持良好运行趋势，流动性充足，不良贷款持续“双降”，盈利水平大幅提升；证券业适应新的外部环境，证券期货行业合规经营和风险控制能力得到进一步提升，上市公司和拟上市公司已成为中原崛起的骨干力量，资本市场保持稳定运行；保险业市场规模实现历史性跨越，行业整体实力显著增强，风险保障功能得以凸显，服务领域得到拓展和延伸。金融市场运行总体平稳，货币市场规模继续扩大，债券市场交易大幅增加，银行结售汇增幅明显回落。金融生态环境得到进一步改善，金融基础设施不断完善。金融体系较好地发挥了配置资源、分散风险和支付结算的功能。但是，经济金融运行中存在的问题不容忽视，国际金融危机对于实体经济和金融体系的冲击程度未能充分显现，其影响不可能在短时间内消除。银行业金融机构不良贷款反弹压力大、地方性金融机构抗风险能力弱；证券期货机构综合竞争力较弱、上市公司数量少；保险业发展模式粗放、市场规范程度有待提高等问题应予以关注。

2008 年，人民银行郑州中心支行根据上海总部《中国区域金融稳定定量评估方案》，采用层次分析法和专家评价法相结合的多指标综合评价方法，对河南省金融稳定状况进行了定量评估。评估结果显示，2008 年河南省金融稳定综合评价指数较上年有所增加，区域金融稳定状况总体继续趋好，且稳定状况进一步提高。

（二）政策建议

1. 地方政府（特别是省级、市级政府）要制定当地的金融发展战略，充分认识到金融产业在市场经济中的重要作用，积极为金融业创造良好的发展环境，为地方经济发展提供可持续的动力支持。

2. 加快郑州区域性金融中心建设，增强河南省金融业的聚集力、辐射力，提高河南省金融业的竞争力。

3. 继续扩大金融开放，加强国际金融合作。继续引进有实力的国际金融机构进驻河南省，同时要积极为地方性金融机构引进战略投资者提供支持，促进地方金融业内核的变化与竞争力的提高。

4. 加快农村金融改革发展，完善农村金融体系。从河南省作为全国粮食核心区的视角出发，积极争取农业金融政策，多方面采取有效措施，加强对农村的金融服务，为全国的粮食战略安全，为建设社会主义新农村提供有力的金融支持。

5. 加强国际金融危机对辖区经济金融运行带来风险的监测工作，密切关注经济下滑对金融的影响。强化金融企业内部管理，建立金融风险识别、预警和控制体系。

6. 鼓励金融创新，加快直接融资发展。支持金融企业实行创新，全面提高金融企业的服务水平和竞争力。积极推进资本市场改革开放和稳定发展，合理引导民间资金支持中小民营企业、县域经济发展，促进民间融资规范发展，提高直接融资比重。

7. 以深化金融企业改革为重点，继续推进金融改革。要继续完善法人金融机构的公司治理结构，加快转变经营机制，深化国有商业银行分支机构改革。

8. 切实加强金融调控和监管，由以行政管理为依托的监管体制向依据审慎监管原则确立的现代金融监管体系转变。加强地方政府、人民银行、监管部门的沟通和协调工作，密切关注和防范可能出现的风险。

总　纂：田文雄
统　稿：毛守义　戚兴如　王　华　郑留安
执　笔：郜丽敏
其他参与写作人员：高　鹏　郑慧霞　任远星　赵庆光　吕金旺
王　萍　于　健　仇惠敏　吕彦威　祝新伟
王乐平　尹志刚

湖北省金融稳定报告摘要

2008年，湖北省坚持以科学发展观统领全局，认真贯彻国家宏观调控政策，积极实施“中部崛起”发展战略，大力推进武汉城市圈“两型”社会建设，实现了经济平稳较快发展，全省地区生产总值首次突破万亿元。金融改革、金融调控稳步推进，金融体系继续保持稳定。同时，经济金融运行中长期积累的一些突出矛盾和问题仍然存在，国际、辖内经济金融领域又出现一些新情况、新问题，进一步做好新形势下的金融稳定工作面临新的挑战。

一、综 述

（一）金融体系继续保持稳定

国民经济保持平稳较快发展，金融稳定的外部环境良好。2008年，湖北省经济保持平稳较快发展，全省地区生产总值达11 330.4亿元，同比增长13.4%，增幅连续第五年超过10%。湖北经济正处于快速平稳增长的时期。经济发展质量提高，经济效益明显改善，节能减排成效显著，消费增速加快，城乡居民收入稳步提高，民生改善，持续发展基础更为牢固，为全省金融稳定创造了良好的外部环境。

金融机构综合实力持续增强，金融稳定的微观基础不断夯实。2008年，尽管受到国际金融危机影响，湖北金融业仍整体平稳运行。银行业金融机构资产、负债规模稳健增长，资产质量继续改善，不良贷款保持双降，法人金融机构资本充足率与拨备覆盖率大幅提升，银行业的改革开放取得了历史性突破，为银行业注入了新的动力和活力。证券业在困境中实现总体安全运行，保险市场在调整中保持稳步发展态势。

金融市场稳步发展，运行总体平稳。2008年，湖北省金融市场总体运行平稳，全省金融市场融资总量1 469.7亿元，增长10.43%。信贷市场适度增长，结构优化；货币市场融资规模进一步扩大，债券市场交易活跃，银行间外汇市场交易稳步增长，黄金业务发展平稳。

金融基础设施建设继续推进，区域环境不断优化。金融基础设施建设是维护金融稳定的基本条件和重要保障。湖北省金融基础设施发展良好，区域信用环境不断优化，现代化支付清算体系建设日益加强，金融法制环境进一步改善，反洗钱工作取得重大进展，征信体系建设不断加强，金融监管协调机制逐步建立，为维护本区域金融稳定提供了良好的外部环境和强有力的技术支撑。

武汉城市圈经济金融一体化进程加快。2008年，武汉城市圈地区生产总值达6 972.1亿元，占全省地区生产总值的61.5%，同比增长14.8%，较全省平均水平高1.4个百分点。区域经济金融一体化积极推进，行政区划限制逐步消除，资源优化配置和产业整合稳步推进。

（二）金融体系存在一些影响稳定的因素

2008年，随着国际金融危机的继续蔓延，湖北省经济金融发展面临的内外部不确定性增加。从经济基本面的不利因素看，经济结构性矛盾依然存在，由美国次贷危机演变的全球性金融危机向纵深发展，导致实体经济增速大幅下滑，对湖北省的不利影响在第四季度加快显现。企业生产经营面临的困难不断增加，部分行业和企业生产经营出现困难，一些企业开工不足，企业经济效益持续下滑，资金状况趋紧，维护区域金融稳定难度增大；同时房地产市场供需失衡带来的风险，值得我们高度关注。从金融业角度分析，影响辖区金融稳定的不利因素主要有：银行业外部环境日益严峻，经济下行、企业效益下滑增加了银行业经营压力，各类风险明显增大；资本市场融资的功能弱化，风险进一步向银行集中；金融业自身存在的结构性矛盾没有好转，银行业金融机构风险控制能力有待提高，贷款质量有向下迁徙的趋势；宏观政策调整频繁，资金需求不平衡，使得银行业面临盈利以及结构调整压力；证券业中上市公司经营受金融危机的滞后影响，非法证券活动以及期货公司的操作风险对区域金融稳定形成挑战；保险业受宏观调控的影响以及农村政策性保险存在的问题也不容忽视。

（三）采取多方举措维护辖区金融稳定

积极推动融资结构调整，大力发展多层次融资体系。社会融资结构的改善有利于经济发展与金融稳定。一是要建立多层次的金融机构体系。加强区域性中小银行体系的建设，充分发挥地方性金融机构支持本地经济增长作用。二是加快建设多层次的资本市场体系。探索建立创业板、区域性小额资本市场，为中小型高成长企业、高科技企业和新兴公司的发展寻找新的融资途径。三是创新金融产品，拓宽企业融资渠道。四是加强金融市场培育与管理，支持企业利用信托、金融租赁、风险投资、私募、股权投资、利率互换等方式进一步优化融资结构，增强融资能力。

充分发挥资本市场功能，服务于辖区经济稳定健康发展。一是适应多层次资本市场建设的形势，围绕支持中小企业融资，提高自主创新能力，配合地方政府加大拟上市公司后备资源培育力度，为在中小板和创业板上市做好资源储备。二是充分发挥资本市场融资功能，拓宽直接融资渠道。积极支持符合条件的企业发行上市，支持上市公司通过增发、配股、可转债等方式再融资。三是抓住资本市场估值水平较低的机遇，着力推进市场化的并购重组。支持上市公司参与行业整合、进行产业升级，促进上市公司加快做优做强。四是积极支持推动证券期货行业发展壮大，提高核心竞争力和盈利能力。

完善国际金融危机监测及应对工作机制，密切关注潜在金融风险。随着国际金融危机对我国实体经济影响的进一步加深，有关部门密切监测国际金融危机发展动态，研究风险的可能传播途径，及时对危机发展趋势和影响进行跟踪和评估，相关部门加强信息的交流和共享。特别是最近一段时期部分中小企业以及房地产行业经营困难加剧，资金链呈现趋紧态势，金融机构要密切关注相关行业资金链状况，加强受限行业贷款准入门槛的管理，强化对重点客户的跟踪监测，重视抵押物的有效性，控制和防范信贷风险。

加强金融基础设施建设，不断优化区域金融环境，切实保障区域金融稳定运行。要进一步提高征信管理系统的服务功能，促进湖北省信用体系建设；加大反洗钱打击力度，提高反洗钱工作水平；完善联合执法机制，提高执法力度，有效打击各类非法金融活动；大力推进审慎监管，积极完善市场基础制度建设，努力营造公平、公正、竞争、有序的市场环境和市场秩序；加强金融稳定与金融监管合作力度，切实构建风险监测、防范和风险处置的长效机制。

二、经济与金融稳定

（一）经济平稳快速增长为金融稳定创造了良好的外部环境

经济运行平稳快速，发展协调性增强。2008 年，湖北省经济保持平稳较快发展，同比增长 13.4%。第一产业增加值为 1 780 亿元，增长 6%，第二产业增加值为4 963.61亿元，增长 16.6%，第三产业增加值为 4 586.77 亿元，增长 12.4%。三次产业结构有所优化，调整为 15.7:43.8:40.5。

财政、居民收入保持较快增长，民生改善。2008 年，全省地方一般预算收入完成 710.24 亿元，预算支出完成 1 638.03 亿元，同比分别增长 20.3% 和 28.2%。城乡居民收入保持高增长态势。全省城镇居民人均可支配收入 13 152.86 元，比上年增长 14.5%，保持平稳增长态势。农民收入实现“跳跃式”增长，全省农村居民人均纯收入达 4 656.38 元，比上年增加 658.97 元，增长 16.5%，增收额是新中国成立以来最多的一年。区域金融稳定的微观基础进一步夯实。

总需求平稳增长，需求结构逐步改善。2008 年，全省全社会固定资产投资完成 5 798.6 亿元，比上年增长 27.9%，增幅比 2007 年上升 1 个百分点。全年全省实现社会消费品零售总额4 969.8亿元，比上年增长 23.4%，增幅创 1996 年以来新高，消费对经济增长的贡献率由上年的 37.4% 提高到 44.6%。全省社会消费品零售总额增长率与投资增长率差距为 4.5 个百分点，是 5 年来消费与投资增长差距最小的一年。

对外贸易增长强劲，实际利用外资保持快速增长。2008 年，全省进出口总额达到 205.67 亿美元，比上年增长 38.4%。其中，出口 115.92 亿美元，比上年增长 41.8%；进口 89.75 亿美元，比上年增长 34.3%。实际利用外商直接投资 32.45 亿美元，比上年增长 17.3%，全省外商实际投资额增幅同比提高 4.8 个百分点。

（二）经济运行中需要关注的方面

受国际金融危机影响，企业经营困难存在诸多隐患。2008 年，全省经济总体上保持了平稳较快的发展态势，但从第三季度开始，国际金融危机的负面影响逐步显现。企业生产经营面临的困难不断增加，某些行业和企业生产经营出现困难，一些企业开工不足，企业经济效益持续下滑，资金状况趋紧，第四季度企业资金周转状况 DI 指数、支付能力状况 DI 指数与销售款回笼状况 DI 指数均较上季有较大幅度下滑。产品市场萎缩造成当前企业经营的困难局面，企业通过减员减产来应对当前困难局面。此外，由于沿海地区一些中小企业倒闭，部分外出打工人员提前返乡，同时还有部分农民工仍滞留在务工所在地，继续寻找就业机会或等待工资发放，处于“隐性回流”状态。据统计调查，截至 2008 年年底，全省外出农民工回流的总人数达 221 万人，其中因金融危机造成返乡 131 万人。农民工回流返乡，城市失业人员增多，打工收入下降；另一方面，中小企业经营困难，减产停产和倒闭数量增多，全省就业压力增大，将会对全省的社会稳定和金融稳定产生一定影响。

出口增长中外需不足的负面影响已经显现，外贸经济发展面临严峻挑战。面对全球性金融危机和严峻复杂的国际经贸形势，2008 年，全省对外贸易仍然保持了平稳快速发展，但从 2008 年 11 月份开始步入下行空间，出口增幅大幅回落。10 月份全省出口增长 54.6%，但 11 月份出口增长降至 3%，12 月出口增长仅为 1.2%，增幅分别较 10 月份回落 51.6 个和 53.4 个百分点。与此同时，外资流入放缓而外资流出加速。第三季度以来，湖北省资本与金融项目下直接投资结汇大幅减少，而全省外商投资企业利润汇出同比大幅增长，并有加快趋势。此外，湖北省还出现了 824 万美元的直接投资撤资售汇，同比增长了 144.5%。金融危机对我省外贸经济负面影响已经显现，外部市场环境更加趋紧，外贸经济发展形势严峻，而对出口的影响一方面会直接作用于全省的经济增长，另一方面会通过减少出口导向型企业的投资需求而最终作用于整个宏观经济，其影响不可低估。

投资消费意愿减弱，面临通货紧缩隐忧。消费增长需要多种关联因素的强力支撑，但在当前经济环境下，这些支撑因素有弱化趋向。受金融危机影响，国际经济放缓和国内经济调整压力增大，支撑消费增长的经济大环境更加困难，消费增长的预期并不乐观。当前，不少企业生产经营困难加剧，生存环境短期难以有大的改观，就业和收入增长压力增大，导致消费萎缩。2008 年，全省居民储蓄定期存款比例明显提高，也说明企业和居民的投资、消费意愿不足。除了实体经济的下行周期之外，我国的资本市场也处于漫漫熊市之中，证券市场的“负财富效应”严重影响了居民购房、购车以及其他高端消费需求，汽车及房产类商品销售萎缩低迷。自 2008 年 3 月份以来，全省 CPI 涨幅连续 10 个月回落，原料购进价格指数与工业品出厂价格指数增速呈下行态势，需求减弱、产能过剩，通货紧缩的风险不断上升。

房地产市场供需失衡带来的风险值得高度关注。股市低迷、银行慎贷、销售萎缩、库存高企、景气下滑等，都使房地产业深陷流动性“危情”之中。2008 年以来，湖北省房地产销售回落，房价涨幅逐步回落，消费者对房价进一步回落的预期增强，市场观望气氛较浓，房地产销售出现 1998 年以来的首次负增长。全年商品房销售面积和销售额同比分别下降 24.1% 和 25.2%。在供给较快增长、销售大幅下降的共同作用下，全省商品房空置面积大幅度增加。至 2008 年年末，全省商品房空置面积 514.9 万平方米，同比增长 101.1%，房地产市场交易呈现“量跌价滞”局面。房地产业面临供给提升和需求大幅下滑的双重压力，房地产企业的资金困局进一步加重。一方面，金融海啸和经济下行，改变了置业者的收入和房价预期，从而延迟和减少大额消费，由此房地产企业将面临更艰巨的销售回款压力；另一方面，在房价尚未调整到位之前，银行对开发贷款普遍持谨慎态度。库存高压短期难以释放，作为硬币的两面，高存货必然与资金链紧张“如影随形”。市场供需失衡、国际金融风险的持续蔓延以及近年来房地产企业对信贷资金的依赖程度较高等因素共同作用，使得湖北省房地产金融风险增大，需引起高度关注。

三、金融业与金融稳定

（一）银行业

1. 银行业运行概况。银行业总体实力持续增强，新型金融机构试点快速推进。2008 年，全省银行业金融机构资产总额继续快速增长，增幅达 24.2%。新型金融机构试点工作有序开展。8 家村镇银行已正式开业，数量位居全国之首；贷款公司和小额贷款组织已各开业 1 家。外资银行发展态势良好，数量居中部 6 省之首。其中日本瑞穗实业银行武汉分行正式获准筹建，法国兴业银行武汉分行成功转制，汇丰银行武汉分行分支机构进一步延伸。

表 1　2008 年湖北省银行类金融机构情况

机构类型	营业网点			法人机构（个）
	机构个数（个）	从业人数（人）	资产总额（亿元）	
一、国有商业银行	2 764	57 912	8 056	0
二、政策性银行	92	2 351	1 911	0
三、股份制商业银行	392	5 058	2 377	0
四、城市商业银行	170	3 445	674	6
五、农村合作机构	2 215	26 466	1 838	84
六、信托、财务公司	8	552	634	6
七、邮政储蓄	1 483	3 657	1 008	0
八、外资银行	6	183	26	0
九、农村新型机构	9	123	5	10
合计	7 139	99 747	16 529	106

数据来源：湖北银监局。

贷款质量保持稳定，不良贷款继续双降。2008 年 12 月末，湖北省银行业金融机构不良贷款余额 541. 13 亿元，比年初下降 381. 48 亿元；不良贷款率 6. 34%，比年初下降 5. 74 个百分点，不良贷款率居中部 6 省最低。剔除农业银行剥离因素，全省不良贷款余额比年初下降 46. 81 亿元，不良贷款率比年初下降 1. 73 个百分点。

拨备覆盖扩大、资本充足率提高，风险抵御能力不断增强。2008 年年末，各类法人机构拨备覆盖率均有较大幅度的提高：财务公司 107%，比上年提高 6 个百分点；城市商业银行 113. 29%，比上年提高 40 个百分点；农村信用社 16. 42%，比上年提高 7. 41 个百分点。各类法人机构资本充足率也略有提高：城市商业银行 11. 2%，与上年基本持平；财务公司 27. 27%，比上年提高 0. 26 个百分点；农村信用社 -0. 93%，比上年提高 2. 1 个百分点。拨备覆盖率和资本充足率上升，增强了全省地方法人机构的综合竞争力，风险抵补能力进一步提高。

效益稳步提高，防控成效明显。2008 年，全省银行业金融机构实现当年结益 204. 49 亿元，在中部 6 省中居第 2 位，仅次于河南；比上年增盈 75. 88 亿元，同比增长 59. 01%。2008 年以来，全省银行业金融机构累计发生各类案件 9 件，无百万元以上案件，同比分别减少 7 件和 2 件，下降幅度分别为 43. 75% 和 100%。案件数量大幅下降，说明近几年坚持不懈地抓防案控案工作取得明显成效，银行按资产的平均发案率已处较好水平。

2. 银行业风险分析。贷款质量向下迁徙风险提高，不良贷款反弹压力增大。当前，全省部分企业经营困难，还款能力和意愿受到影响，不良贷款反弹压力很大。2008 年第三季度以来，全省银行业的风险已有所显现。一是关注类贷款在增加。全省全年银行业新增关注类贷款 210. 5 亿元，其中 79. 0% 是第四季度增加的；关注类贷款占比自 9 月起逐月上升，从 9 月的 7. 2% 攀升到 12 月的 9. 0%。二是逾期贷款在增加。第三季度末，全省主要商业银行逾期贷款 433. 2 亿元，比年初增加 9. 1 亿元。其中逾期 90 天以上贷款 405. 6 亿元，比年初增加 2. 6 亿元；占不良贷款的比例为 95. 7%，比年初上升5.9个百分点。三是垫款在增加。年末，各项垫款余额2.9亿元，比年初增加1.2亿元，增长70.6%。四是个人贷款违约在增加。8月末，全省银行业个人房地产贷款违约笔数比年初增加704件，其中上半年增加171件，7月、8月两个月增加533件；个人汽车消费贷款违约笔数比年初增加534件，违约客户数比年初增加529人。五是信用卡风险上升。9月末全省法人机构贷记卡逾期账户数为258户，逾期的透支额度达184万元，分别比年初上升193.2%和152.1%。目前经济下行的趋势短期难以扭转，不良贷款在2009年反弹的可能性很大，甚至可能超过合理的容忍度。

资金需求不平衡，信贷结构调整压力凸现。受国内外经济金融环境影响，2008年第四季度以来，社会资金需求出现相对复杂的局面，呈现“两增两减”的趋势：基础设施及相关行业、企业贷款需求迅速增加，中小企业贷款需求增加，而大型优势企业如武钢由于调减生产规模，有效信贷需求减少，个人贷款需求则由于资产持续缩水明显下降。这种非均衡的贷款需求结构，加大了银行信贷结构调整的难度。针对不同层次的贷款需求，银行业既要落实宏观调控政策，满足需求，又要优化贷款结构，压力较大。

理财业务风险增加，金融创新难度加大。受全球金融危机影响，银行个人理财市场发生较大变化，理财产品的收益形势严峻，各类风险突出。一是市场风险突出。2008年10月末，全省银行业理财产品中浮动收益率为负的占7%。在收益率为负的理财产品中，按资金投向划分，结构性理财产品占37%，其他理财产品占46%；按产品投资区域划分，代客境外理财产品占94%，且损失较大。二是声誉风险突出。2008年以来，有关部门接到客户投诉的银行共8家，1~10月接到投诉的信访件15件，投诉电话近百个。三是操作风险突出。一些银行在具体业务操作中没有严格开展客户风险承受能力和产品适合度评估，信息披露不充分，管理信息系统不健全，在理财产品收益出现亏损的情况下，很容易出现法律纠纷。

宏观政策调整频繁，银行业面临盈利下降压力。一是国家征收燃油税政策调整后，二级公路收费还贷政策机制将取消，银行公路贷款的偿还面临新问题。据统计，目前全省政府还贷二级公路收费站债务总额291.69亿元，其中银行贷款负债余额达243.33亿元。国家取消政府还贷公路收费后，若国家和地方专项补助资金在2009年集中到位，则银行公路贷款在2009年当年会出现急剧下降，对银行信贷结构和盈利来源产生重大影响。二是2008年9月份以来，人民银行连续5次降息，特别是不对称降息，使银行存贷款利差呈收窄趋势，给银行盈利带来负面影响。2009年1月1日起，原有的存量贷款利率将开始全面下调，对银行业盈利能力的负面影响将进一步扩大。三是房地产政策给银行发展战略带来挑战。2008年11月1日起，银行对居民首次购买普通自住房和改善型普通自住房提供贷款，其贷款利率的下限可扩大为贷款基准利率的0.7倍，最低首付款比例调整为20%。同时，下调个人住房公积金贷款利率，各档次利率分别下调0.27个百分点。这些政策不仅会影响新发放按揭贷款的利率，存量按揭贷款的利率也会相应下浮，按揭贷款可能成为收益率最低的贷款品种。利差缩小，对银行业零售业务发展战略带来影响。

（二）证券业

1. 证券业运行概况。上市公司经营业绩前3个季度继续保持增长。2008年前3个季度，全省64家上市公司共实现主营业务收入1 663.71亿元，净利润130.87亿元，同比分别增长29.71%、45.56%。64家上市公司的平均资产收益率为12.73%，比上年同期增长10.41%。

期货交易量大幅增长，盈利能力进一步提高。2008年，湖北省内4家期货公司和14家期货营业部经纪业务共代理成交期货合约 3 528.45 万手，交易额达到 1.74 万亿元，同比分别增长 37.1% 和 67.3%。手续费收入达到 1.32 亿元，比上年同期增加 60.98%。

证券经营机构业绩大幅下滑，抗风险能力有所下降。2008 年以来，证券经营机构面临严重考验。随着大盘不断走低，证券交易量不断萎缩，证券公司盈利能力逐渐减弱。截至 2008 年底，湖北省辖内两家证券公司累计净利润为 7.4 亿元，同比下降 68.33%；两家公司托管市值合计 735.2 亿元，同比下降了 34.12%；全年累计交易量为 8 231.08 亿元，同比减少了 40.25%。

2. 证券业风险分析。后备上市资源缺乏，须加快发展。湖北省上市公司后备资源缺乏，2008 年，处于辅导期的拟上市公司有 16 家，和经济发达地方差距还很远，资本市场持续发展受到制约，企业融资受限，不能满足湖北经济和武汉城市圈发展的需要。

上市融资步伐放缓，资本市场融资功能受到制约。随着资本市场大幅调整，上市公司再融资也受到影响。截至 2008 年 12 月份，全省共有光讯科技、金凰珠宝等 7 家公司申报材料报至中国证监会，超过了 2007 年的申报数量。其中光讯科技在 2008 年 8 月份即通过发审委审核，至今仍在排队等候发行，金凰珠宝被否决，其他 5 家正在预审等待发行审核。再融资方面由于资本市场的低迷，下半年基本处于停顿状态，再融资额也较 2007 年下降。截至 2008 年 11 月底，全省上市公司再融资为 6 家，其中增发为 4 家，实际融资总额为 61.1 亿元，比 2007 年减少 38.72 亿元。

金融危机对上市公司经营业绩的滞后影响逐渐显现。金融危机以及宏观调控等因素对上市公司经营业绩有明显的滞后效应，全省上市公司中报业绩大幅增长，第三季度业绩虽然继续增长，但单季度主要指标快速下滑，第四季度乃至全年业绩不容乐观。根据季报分析，一是部分上市公司亏损严重。虽然 2008 年前 3 个季度，全省上市公司总体业绩大幅增长，但仍有 10 家公司亏损严重，亏损金额超过亿元的有两家，其中武锅 B 亏损 3.12 亿元、长源电力亏损 5.05 亿元。10 家亏损公司中 S＊ST 万鸿已连续亏损 3 年，＊ST 迈亚、＊ST 昌鱼已连续亏损两年。二是第三季度全省上市公司各项主要财务指标快速下滑，且下滑速度高于全国上市公司平均水平。第三季度，营业收入与第二季度相比下降 7%，全国平均水平下降 3%；主营业务利润与第二季度相比下降 18%，全国平均水平下降 7%；净利润与第二季度相比下降 34%，全国平均水平下降 19%；经营现金流量净额由第二季度的 112 亿元迅速下降至第三季度的 －63.8 亿元，全国平均水平下降 29%。上市公司质量是资本市场实现可持续发展的基石，金融危机对辖内上市公司的滞后影响随着世界范围内经济衰退的加剧逐步显现出来，对此我们要特别关注。

（三）保险业

1. 保险业运行概况。保险业规模持续平稳增长。2008 年，湖北省保险公司总资产 481.77 亿元，比上年增加 120.83 亿元；累计实现保费收入 317.15 亿元，同比增长 63.71%。其中产险保费收入 58.32 亿元，同比增长 22.45%；人身险保费收入增长较快，达到 258.83 亿元，同比增长 77.15%。保险密度和保险深度分别为 522.49 元/人和 2.8%（见图 1）。

中介渠道发展良好。2008 年，中介渠道累计实现保费收入 278.42 亿元，占全省总保费的 87.89%。其中，专业保险代理机构、保险经纪机构分别实现保费收入 4.79 亿元和 6.43 亿元，占全省总保费收入的比重分别为 1.51% 和 2.03%。全省银行邮政代理业务实现的保费收入大幅增长，全年完成 137.01 亿元，同比增长 209.13%。

保险保障功能日益增强，有力促进社会和谐发展。2008 年，保险公司各项赔款及给付 85.89 亿

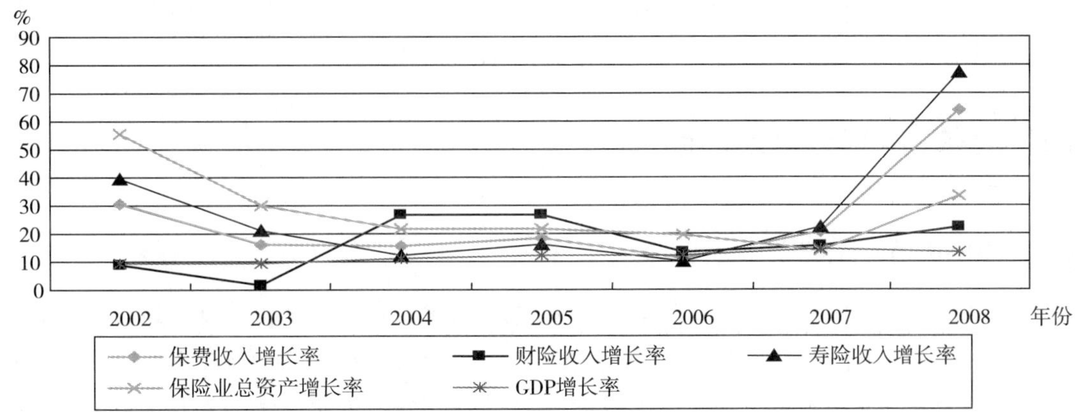

数据来源：湖北省保监局。

图1 湖北省保险结构图

元，同比增长23.45%。关系国计民生的重点业务领域快速发展。一是农业保险加快发展。全年共实现政策性“三农”保费收入5.17亿元，同比增长392%。“三农”保险累计赔付2.66亿元，有力地支持了“三农”的发展。二是农村小额人身保险开始试点。湖北省被保监会确定为农村小额保险试点地区，截至2008年年底，全省共承保38.91万人，实现保费收入489.39万元。三是自然灾害赔付。在2008年初的雨雪冰冻灾害期间，全省保险业及时启动应急响应机制，开辟绿色通道，雪灾赔付超过3亿元。

2. 保险业风险分析。宏观调控对保险市场的影响不容忽视。2008年以来，随着国内外经济金融形势的变化，中央宏观调控政策从紧到宽松的转换，商业银行存款准备金率、基准利率等从连续调升到快速下行，都对保险市场产生了一定的影响。

一是在存款准备金率调升时，商业银行贷款能力收紧，存贷款主营业务的盈利空间受到挤压，商业银行更加注重代理保险等中间业务的开展。2008年，证券投资基金出现大幅度下滑，商业银行更加重视保险代理业务。在此背景下，全省保险业通过银行销售渠道实现的保费收入出现了大幅度增长。2008年，全省银邮代理渠道完成保费收入快速上扬，截至8月底，银邮渠道完成保费收入102.88亿元，同比增长256.76%，增幅达到全年最高。9月后，在商业银行放贷能力增强和保险公司调整业务结构的双重因素下，全省银邮代理业务稳步回落。9～12月银邮代理寿险当期同比增幅分别为207.14%、140.07%、72.26%、70.25%。

二是利率水平变化时，人们选择人身保险产品的倾向性更加明显。一方面，普通寿险产品预定利率固定为2.5%，在市场上的吸引力不足，不如分红险、投连险、万能险等新型寿险产品。截至12月底，全省普通寿险的保费收入只有30.63亿元，只占寿险业务规模的18%，与上年同期比，下降了14个百分点。另一方面，万能险结算利率与市场利率比较紧密，在利率下降期，万能险销售下降比较明显。2008年前3个季度，全省万能险保费收入为46.37亿元，同比增长170.96%；10～12月，万能险降温，当月保费收入同比分别为7.01%、-28.46%、-25.27%。截至12月底，万能险保费收入53.5亿元，同比增幅回落107.19%。综上，宏观调控对保险市场影响不容忽视，保险公司应准确把握宏观调控节奏，主动调整业务结构，积极平滑宏观调控对保险市场的影响。

农村政策性保险的推行有待完善。农村政策性保险是国家为分散农业生产风险、补偿农业灾害损失、稳定农业生产、促进社会主义新农村建设而出台的一项支农惠农政策，是增强农业和农民抵御自然灾害能力的有效途径。鉴于新型险种从推出到成熟需要一段过程，因此在全省推行过程中，各方参与主体存在着一些比较突出问题，值得予以关注。

四、金融市场与金融稳定

（一）金融市场运行概况

金融市场融资总量持续增长，直接融资比重下降。2008 年，湖北省金融市场融资总量1 469.7亿元，比上年增加 138.8 亿元，增长 10.43%；直接融资占比 11.2%，比上年下降 7.4 个百分点。直接融资比重降幅较大，主要原因是企业债券发展相对滞后，全年企业债和公司债发行额为零。其他融资方式发展较快，全年企业信托融资 266.9 亿元，同比多增 245.8 亿元；全省首笔大额金融租赁业务成功实施，武汉地铁集团协议融资 20 亿元。

表 2　湖北省非金融机构融资结构表

年份	融资量（亿元人民币）	比重（%）		
		贷款	债券（含可转债）	股票
2001	342.8	88.3	0	11.3
2002	515.6	97.9	0	2.1
2003	688.9	99.7	0	0.3
2004	628.3	82.6	0	17.4
2005	794.9	86.7	7.3	6.0
2006	953.7	87.5	11.8	0.7
2007	1 330.9	81.5	15.6	3.0
2008	1 469.7	88.8	8.0	3.2

数据来源：中国人民银行武汉分行、湖北证监局、湖北省发展和改革委员会。

货币市场交易活跃，资金净融入特征明显。2008 年，湖北省金融机构在全国银行间同业拆借和债券回购市场累计成交量创 2.8 万亿元的历史新高，全年累计净融入资金 2.6 万亿元，同比增长 79.6%。一是同业拆借交易量大幅减少，累计成交 601 亿元，同比减少 1 967 亿元，降幅达 77%，净融入资金 253 亿元。二是债券回购交易仍为地方中小金融机构短期资金融通的主要渠道，占同业拆借和债券回购交易量的 97.9%，净融入资金 26 230 亿元。2008 年，湖北省金融机构债券质押式回购成交 27 368 亿元，同比增长 106%；买断式回购累计成交 492 亿元，同比增长 4.1 倍。三是票据业务增长较快。2008 年，湖北省金融机构商业汇票承兑余额 1 030 亿元，年累计承兑金额 2 370 亿元，同比均增长 23%；商业汇票贴现余额 38 亿元，年累计贴现金额 2 791 亿元，同比分别下降 88% 和 20%。

（二）金融市场与金融稳定

市场结构不合理。一是直接融资比例低，银行风险压力大。2008 年，非金融机构直接融资占比 11.2%，比上年下降 7.4 个百分点；湖北省企业直接融资额 165.7 亿元，比上年少增 145.9 亿元，尤其是企业债券发展滞后，全年企业债和公司债发行额为零。大量的融资通过银行获得，信贷风险过于集中在银行业，在当前经济下行趋势下，银行业系统性风险加大。二是票据承兑业务高度集中在银行。商业汇票承兑继续快速增长，但其中银行承兑汇票占商业汇票累计承兑总额的97.5%。承兑风险过度集中于银行，不仅加大了商业银行的经营风险，也不利于引导企业扩大票据融资，不利于票据市场的进一步拓展。

表3　2008年湖北省金融机构票据业务量统计表

季度	银行承兑汇票承兑（亿元）		贴现（亿元）			
	余额	累计发生额	银行承兑汇票		商业承兑汇票	
			余额	累计发生额	余额	累计发生额
1	811.2	482.0	236.7	653.4	8.0	9.6
2	893.7	1 054.2	238.8	1 259.3	13.6	22.5
3	990.5	1 663.7	278.1	1 982.2	11.6	32.8
4	1 002.6	2 309.9	369.0	2 748.4	12.3	43.1

数据来源：中国人民银行武汉分行。

关注利率变动，防范市场风险。货币市场利率先升后降。同业拆借和质押式回购加权平均利率稳步上升至6月份的3.07%和3.08%，后受适度宽松货币政策操作以及市场预期发生明显逆转影响，利率水平明显下降，12月份拆借和质押式债券回购加权平均利率分别为1.24%和1.22%，拆借利率创历史最低水平，回购利率达2005年底以来最低水平。为应对利率风险，部分金融机构减少了较长期限品种。12月末，湖北辖内市场成员债券资产久期平均值为4.53，较6月末的4.55有小幅下降。而为了提高利率下行时的债券溢价收益，部分市场成员则提高了债券投资久期，如市场利率回升则存在着损失扩大的风险。

五、金融基础设施与金融稳定

（一）金融生态建设进一步推进

2008年，全省继续推进“四大信用工程”建设，大力优化金融生态环境建设。A级信用企业培植工程初显成效，截至2008年年底，全省A级以上信用企业达到11 445户。区域信用创建工程提档升级效果明显，全省共有13个市州先后被评为A级信用市州，45个县市区先后被评为最佳金融信用县（市、区）。同时，全省搭建银企合作共赢平台，各市州开展了银企洽谈会、融资促进会等多种形式的银企对接活动，支持符合国家产业政策的产业发展。据统计，截至2008年12月，全省有3 766家企业参加了信贷签约活动，签约金额为847.6亿元；履约金额616.02亿元，履约率达72.7%。

（二）支付体系发展良好

2008年，全省支付清算系统稳定运行，支付系统业务功能进一步发挥。积极做好武汉城市圈同城清算一体化工作，通过延伸武汉电子支付系统到城市圈各银行机构，形成以武汉为龙头，其他8城市为依托的跨区域同城清算网络；加强支付清算系统应急管理，组织开展相关业务系统应急演练，完善相关业务系统应急处置预案，有效地保证了冰冻雨雪和汶川地震灾害期间支付清算系统的安全稳定运行；通过推广个人银行本票业务、小额支付系统定期借贷记业务，扩大了个人跨行通存通兑业务范围；通过优化银行机构网点服务基础设施、开展银行机构支付结算优质服务评比活动等方式促进了个人支付结算服务水平的提高。需要关注的是支付服务组织的迅猛发展与法规制度缺失的不适应，存在一定的管理风险；支付系统的快速建设与灾难备份缺失的不适应，存在一定的系统风险。以上问题需在发展中进一步解决。

（三）反洗钱体系建设日益加强

2008 年，湖北省反洗钱工作取得显著成效。湖北省率先研发大额现金监测管理系统，实现大额现金存取数据的自动收集、分析；调整了反洗钱资金监测信息报送体系；深化完善了反洗钱协调合作机制，积极推动各成员单位凝聚反洗钱合力，充分发挥反洗钱工作在预防和打击违法犯罪活动方面的重要作用。

（四）信用体系建设成效显著

2008 年，湖北省信用体系建设加快发展步伐，在金融和政府部门等领域得到更加广泛的应用。截至 2008 年年底，人民银行企业和个人信用信息基础数据库录入湖北省企业户数 27 万多户，同比增长 42%；企业贷款余额 7 366.38 亿元。收录自然人数 3 196.51 万人，信贷账户数1 111.47万，同比增长 42.16%；个人贷款余额 1 457 亿元，同比增长 18.5%。全省各金融机构共查询个人征信系统 221 万多次，查到 165 万多次，同比增长 17%。个人征信系统在防范信用风险、拓展金融业务、改善社会信用环境方面发挥着越来越重要的作用。

总　纂：马运生
统　稿：谢崇礼
执　笔：周永胜　计惠龄　王鹏程　贺　杰　王祥云
其他参与写作人员：王　兵　李　辉　李为为　何阳钧　肖慧敏
胡小芳　徐　冰　徐晓莉　黄　峰　熊邦蓉

湖南省金融稳定报告摘要

2008年，湖南省经济增速较快、结构继续优化、价格冲高回落，金融稳健运行的基础总体平稳。金融市场发展迅速，金融基础设施不断健全，金融生态环境进一步改善。金融业面对多变的宏观环境，优化经营管理，加强风险控制，总体保持平稳健康运行态势：银行机构认真贯彻落实国家宏观调控政策，业务结构逐步优化，资产质量和效益进一步提升；证券和期货公司加快改革重组步伐，自身实力稳步提高，抗风险能力增强；保险公司发展速度加快，规模持续扩大，经营保持稳定。总体来看，湖南金融运行稳健，金融稳定水平良好。

一、区域经济运行与金融稳定

2008年，湖南省克服历史罕见冰雪灾害不利影响，有效应对国际金融危机冲击，投资、消费和进出口均保持较快增速，物价指数冲高回落，全省经济呈现平稳较快发展态势，为区域金融稳健运行奠定了良好基础。

（一）宏观经济运行情况

1. 经济总量实现突破，经济实力进一步增强，金融稳定的宏观基础得到夯实。2008年，全省GDP突破万亿元大关，达11 156.6亿元，增长12.8%，增速比上年回落1.2个百分点，但高于全国平均增速3.8个百分点。其中第二产业在三次产业结构中的比重呈稳步上升趋势，三次产业结构由2007年的17.6∶42.7∶39.7调整为18∶44.2∶37.8。经济实力不断增强，经济结构持续优化，为金融稳定发展提供了保障。

2. 三大需求增速快于全国，经济发展动力较强，金融稳步发展的空间得到提升。全年完成全社会固定资产投资5 650亿元，同比增长31.6%，比上年回落0.8个百分点，高于全国平均水平6.1个百分点。实现社会消费品零售总额4 119.7亿元，增长22.7%，增速比上年提高4.3个百分点，比全国平均水平高1.1个百分点。对外贸易总额再创历史新高，达125.7亿美元，增长29.7%，高出全国平均增速11.9个百分点。三大需求均保持较高增速，有利于经济持续增长，为金融发展提供了良好机遇。

3. 物价指数止升转降，通胀压力基本消除，金融稳健运行环境得到改善。2008年全省CPI、PPI和原材料、材料、动力购进价格分别上涨6%、9.3%和12%。分月看，各种物价指数均呈前高后低态势，其中PPI和原材料、材料、动力购进价格指数受国际市场原油、铁矿石、煤炭等大宗商品价格变动的影响，呈倒“V”形走势。分结构看，食品类价格上涨14 .9%，推动CPI上涨5.1个百分点，贡献率为85%，食品价格上扬主导CPI上涨的特征依然明显。

（二）宏观经济运行中需要关注的问题

2008 年，美国次贷危机逐步演变为全球金融风暴，其影响程度和范围日益加深，给湖南经济保持平稳较快发展带来较大困难，对全省金融业稳健运行形成压力。

1. 需求出现收缩，经济下行压力增大，制约金融机构进一步发展。2008 年第四季度以来，金融危机对湖南省的影响逐步显现，湖南省投资、消费和出口增速开始放缓。受宏观经济变化影响，全省银行业景气指数出现下滑，到第四季度仅为 62.5%，跌至近 3 年来的最低水平；证券交易量大幅减少，同比下降 40.3%；保险机构发展放缓，保费收入至 9 月份以来呈下降态势，12 月份比 9 月份低 7 个百分点。随着经济增速进一步放缓，金融机构业务拓展面临挑战。

2. 企业效益下滑，偿债能力有所降低，银行机构信贷风险值得关注。受市场需求萎缩等不利因素影响，全省工业企业经营压力增大，总体经济效益下滑。全年全省规模工业企业利润下降 14%，低于全国平均水平 18.9 个百分点，尤其是电力和石化行业亏损大。受企业效益下降影响，2008 年下半年以来企业和个人贷款逾期指数出现较大幅度上升，第四季度全省银行资产质量景气指数下降 5 个百分点至 55.9%，银行资产质量进一步改善的前景不容乐观。

二、银行业与金融稳定

2008 年，面对复杂的经济金融形势，湖南省银行业认真贯彻落实国家宏观调控政策，积极推进改革重组，加快经营管理体制转变，资产规模稳步增长，资产质量持续改善，经营效益明显提高，应对风险能力增强。

（一）银行业改革情况

1. 组织体系逐步健全。2008 年，随着民生银行在长沙设立分行，湘乡、桃江、祁阳三县村镇银行先后成立，湖南辖内银行业金融机构组织体系不断健全。到年末有银行业金融机构网点8 931 个，从业人员 99 932 人，逐步形成“多层次、广覆盖、门类齐全、功能完善”的银行业服务体系。

2. 全国性银行在湖南省的分支机构改革取得成效。农业银行湖南省分行股改进展顺利，相继完成了资产评估、土地确权和不良资产剥离等工作；国家开发银行湖南省分行成功实现商业化转型；交通银行长沙分行更名为交通银行湖南省分行；邮政储蓄银行改革继续深化，全省2 037个各级邮政储蓄银行分支机构已全部开业，人员调整基本到位。

3. 地方性中小法人金融机构改革稳步推进。一是农村金融机构改革持续进行，产权制度改革取得重大进展，中央银行专项票据兑付工作基本完成。二是城市商业银行改革取得进展。长沙市商业银行更名为长沙银行，“四行一社”有效资产注入得到实质性进展。三是湖南财政信托公司积极变更业务范围，并正式更名为湖南信托有限责任公司。

（二）银行业运行情况

1. 资产规模持续扩张，综合实力不断增强。截至 2008 年年末，全省银行机构总资产13 985.4亿元，增长 23.4%。其中国有商业银行、农村合作金融机构和政策性银行资产总额分别占全省的

48.2%、17.3%和12.4%，位居全省金融机构资产总额的前3位。

2. 储蓄存款增幅明显，存款稳定性有所提高。2008年年末，全省银行业机构各项存款余额10 971.7亿元，同比增长19.8%，高于全国平均增速0.5个百分点。受股市低迷影响，储蓄回流银行现象明显，全年储蓄存款，尤其是定期储蓄存款大幅增长，全年新增857.1亿元，同比多增669.7亿元，占储蓄存款新增额的70%。

3. 贷款快速增长，投向重点突出。2008年末，全省银行业金融机构贷款余额7 115.3亿元，增长20.9%，比全国平均增速高2.9个百分点，贷款增速创1995年以来新高。从贷款投向看，较好地体现了"有保有压"的宏观调控政策要求，基础产业与重点行业贷款增加较多，而房地产行业贷款增幅回落。

4. 资本充足率和拨备覆盖率提高，抗风险能力持续增强。2008年，全省法人银行机构通过扩充资本、增提贷款损失准备，资本充足率进一步提高。同时，全省银行机构拨备覆盖率也有所提高，比年初上升9.4个百分点。

5. 经营效益稳步增长，盈利水平显著提升。2008年，全省银行机构实现账面盈利151.1亿元，同比增盈43.5亿元，平均资产利润率1.2%，比2007年提高0.1个百分点。从收入结构看，利差收入仍是银行盈利的主要来源。同时，手续费净收入和投资收益成为新的利润增长点，实现手续费净收入41.2亿元，同比增长46.1%，实现投资收益16.5亿元，同比增长43.7%。

6. 不良贷款实现"双降"，资产质量进一步好转。年末，湖南省银行业五级分类不良贷款率比年初下降6.4个百分点，总体水平首次下降到10%以下。除农业发展银行湖南省分行、农村合作金融机构外，湖南省其他银行业金融机构不良贷款率均降到了5%以下。

（三）银行业发展中需要关注的问题

1. 不良贷款持续双降压力增大。虽然2008年全省银行机构不良贷款实现了"双降"，但随着金融危机的蔓延和深化，部分企业受市场形势变化影响加剧，经营困境加大，不良贷款持续降低压力增大。

2. 部分法人机构抗风险能力不强。近年来，银行业中小法人机构通过增资扩股、资金注入，整体资本实力明显增强，但部分机构资本充足率不高，流动性偏紧，制约其抵御风险的能力。全省城市商业银行、农村合作银行、农村信用社资本充足率水平分别比全国低1.7个、0.7个、10.7个百分点。

3. 表外业务风险有所上升。受2008年上半年货币紧缩的影响，部分银行机构表内业务表外化。年末，全省银行机构表外业务风险敞口比年初增加448.3亿元，表外业务风险有所上升。

4. 非法集资活动风险加大。近年来，湖南非法集资活动时有发生，严重扰乱了正常经济金融秩序。有的已经向正规金融传导，影响地方金融的安全和稳定。

三、证券业与金融稳定

2008年，湖南省证券期货公司通过合并重组，取得了较快发展，实力大幅增长，风险分类级别有所提高，抵御风险能力增强；上市公司积极开展现场检查，质量逐步改善，部分高风险公司走出困境，有利于证券市场健康稳定发展。

（一）证券业运行情况

1. 证券机构和客户数增多，证券从业人员大幅增长。截至2008年年底，湖南省共有证券公司3家，证券营业部92个，比上年增加18家。年末，证券开户数为236万户，比2007年的201.7万户增加34.3万户；证券从业人员3 017人，比上年增加1 319人。

2. 证券市场融资取得新发展，上市公司培育力度加大。2008年，湖南省上市公司新增2家，到年底达54家，其中境内上市公司49家，境外上市公司5家。54家上市公司全年从证券市场融资67.59亿元。另外，进入发审程序的共有12家公司。同时，进一步加大了上市后备资源的培育力度，其中30家已提出申请报备。

3. 证券机构实力增强，抗风险能力提高。2008年，新湖控股有限公司向湘财证券增资10亿元；方正证券和泰阳证券的合并工作全部完成，并正式更名为方正证券。通过合并重组，辖内方正、湘财和财富3家法人证券公司实力明显增强，风险分类评级也有所提高，其中方正证券由C类进入A类公司，湘财、财富证券则由C类进入B类公司。

4. 期货公司稳步发展，合规经营水平提高。2008年，泰阳期货成功合并苏州中辰期货；大有期货增资工作已启动。通过增资扩股和合并重组，期货经纪公司规模扩大。同时，辖内4家期货公司还如期完成了投资者实名制规范工作，客户保证金全部封闭运行，有效降低了交易风险。

5. 上市公司稳步发展，部分高风险公司走出困境。2008年，通过对上市公司现场检查，共发现问题240个，整改问题211个。另外，14家上市公司通过实施股权收购和资产重组，取得较大发展，自身实力稳步提升；部分高风险公司通过资产重组正逐步走出困境。

（二）证券业发展中值得关注的问题

1. 证券机构盈利水平大幅降低。受股票市场持续走低的影响，2008年，辖内证券机构盈利水平下降明显，其中营业收入同比下降55%，实现利润同比下降60%。

2. 上市公司业绩下滑趋势明显。2008年前3个季度，全省上市公司净利润同比减少3个百分点。第三季度，49家上市公司实现利润16亿元，比第二季度的31.2亿元下降48.8%。

3. 非法证券期货交易活动时有发生。近年来，湖南省非法证券期货交易活动比较活跃。2008年，全省共打击此类活动17起。由于非法证券期货交易活动隐蔽性较强，有关各方工作力度虽不断加大，但仍屡禁不止，给金融安全和社会稳定带来隐患。

四、保险业与金融稳定

2008年，湖南省保险业在平稳中快速发展，总资产规模不断扩大，市场主体逐步增加，业务结构不断优化，行业影响力进一步扩大。

（一）保险市场运行情况

1. 行业发展明显提速。2008年，全省保险业实现原保险保费收入312.5亿元，同比增长55.2%，增速比全国平均增速高出16.2个百分点，是1988年以来业务增长最快的一年。全年新增省级分公司7家，至年末，全省共有省级保险分公司36家，资产总额达552.7亿元，较年初增长33%。

2. 服务能力不断增强。全省赔付支出94.5亿元，同比增长35.7%，特别是在年初冰雪灾害中，保险业共支付赔款14.1亿元，有效支持了灾后重建工作。年末保险深度和保险密度分别达2.84%和459.2元/人，比上年分别提高0.64个百分点和163.4元。

3. 公司治理更加完善。通过规范基层机构建设、强化内控监督检查等工作，切实提高内控水平，保险公司管控能力和风险防范水平不断增强。

（二）保险机构业务发展情况

1. 产险公司情况。一是市场集中度下降。市场份额前3位的人保股份、中华联合和平安产险市场份额合计71.8%，较上年末下降2.6个百分点。从市场发展格局看，“两头强、中间弱”的特征较为明显，老三家和成立两年以内的新公司业务发展较好，而其他中小公司增长缓慢。二是应收保费率持续下降。随着见费出单制度的推行，湖南省产险市场应收保费偏高的情况有所改善，年末全省累计应收保费较上半年减少6亿元，增速较上半年回落122.5个百分点；应收保费率较上半年下降18.9个百分点。

2. 人身险公司情况。一是发展速度加快。全年各公司业务均有较快速度的增长，其中新华人寿、泰康人寿和人保寿险等8家公司增速都在80%以上，而近年来新进入的嘉禾人寿、合众人寿、生命人寿、太平人寿和民生人寿都有100%以上增长。二是市场调控成效显著。自2008年9月开始，对银邮渠道投资型产品新单趸交业务宏观调控成效开始显现，人身险公司保费增速呈下降趋势，累计增速由8月的78.6%下降到12月的64.7%。

（三）保险业发展中值得关注的问题

1. 保险覆盖面不宽。总体来看，湖南省保险业发展水平还比较低，对经济社会的渗透力不强、贡献度不高。从保险深度看，2008年湖南省为2.84%，比全国水平低0.8个百分点；从保险密度看，我省为459.2元/人，比全国水平低277.8元/人。2008年全省机动车保有量为176.2万辆，只有40万台投保了商业车险；人均寿险保单持有量仅为0.19件，远低于发达国家1.5件以上的水平。

2. 作用发挥不充分。2008年，全省保险业累计赔付与给付虽有所增长，但在我省重大自然灾害补偿中远没有发挥应有的作用，特别是在年初冰雪灾害中，保险赔款仅占全省直接经济损失的2.08%。

3. 服务水平有待进一步提升。一些公司经营理念存在误区，服务水平和质量不能适应业务快速发展和保险消费者的迫切需要。从产品来看，同质化问题严重，产品数量虽多，但适销对路的较少；从销售来看，销售队伍整体形象不佳，诚信状况不容乐观。

4. 寿险退保风险值得关注。2008年，湖南省寿险业务的井喷式增长主要来自投资型银保产品带动。资本市场的持续低迷，将影响到此类产品的投资收益，一旦客户心理预期难以承受或销售中存在误导，随时有可能引发退保。

五、金融市场与金融稳定

2008年，湖南辖内金融市场规模显著扩大，市场深度不断拓展，总体保持平稳发展态势，较好地发挥了投融资和风险管理功能。

（一）金融市场运行情况

1. 同业拆借市场重趋活跃。湖南省金融机构银行间同业拆借交易量经过2006年和2007年萎缩之后，2008年重新趋于活跃，全年增长5.6倍。从资金价格来看，上半年震荡上行，但下半年开始回落，12月份仅为1.19%，比6月份下降163个基点。

2. 债券市场成交量不断扩大。2008年全省金融机构在银行间债券市场累计成交额同比增长126.3%，其中，债券远期业务从无到有。通过债券远期业务，金融机构有效管理了市场风险，实现了套期保值。

3. 银行间外汇市场交易大幅提高。湖南省银行间外汇市场成员仅长沙银行一家。2008年，长沙银行在银行间外汇市场累计交易金额折合25 318万美元，同比增长65.6%。

4. 黄金市场稳步发展。其中场内交易量稳步上升，株冶有色金属有限责任公司累计交易黄金同比增长11.8%；纸黄金交易较为活跃，全省纸黄金业务交易同比增长近9.3倍。

（二）金融市场发展中需要关注的问题

1. 市场发达程度不够。主要是省内中小金融机构参与银行间市场业务分化现象严重，交易活跃的机构相对集中在长沙、湘潭等城市，绝大多数成员长期未开展市场业务，富余资金运用渠道受到约束。

2. 由于缺乏监管手段和信息渠道，人民银行基层行对辖内市场成员监管相对薄弱。

3. 省内地下炒金、炒汇现象有所显现，应通过立法明确监管职责，及时予以处理，规范市场行为，化解市场风险，保护投资人权益。

六、金融基础设施与金融稳定

2008年，湖南省金融基础设施发展良好，征信体系建设不断加强，现代化支付清算体系建设日益完善，反洗钱、反假货币工作取得较大进展，区域金融生态环境继续优化，为维护本区域金融稳定提供了环境和技术支撑。

1. 金融生态建设持续开展。全省各市（州）继续以金融安全区创建为载体，着力搭建金融生态建设平台，切实推动市（州）整体创建，各地形成了大力打击逃废债务和清收国家公职人员欠款的良好氛围。同时，尝试构建金融生态发布机制，2008年，以株洲市为试点，对株洲市辖内五县（市）进行了评价，评估报告在《株洲日报》整版发布，引起社会强烈反响。

2. 征信系统建设向纵深推进。归集并更新了银行信贷信息，为全省38 632户以前未与银行建立信贷关系的中小企业建立了信用档案；推动湖南省农村信用联社开通征信系统查询服务，全省13家公积金中心实现了联网查询个人信用信息基础数据库；正式启动了第二批信用信息数据归集工作，信息归集部门增加到38个；信用信息在政府采购、招投标、公务员评优评先、行业资格许可等领域中的应用逐步扩大，全社会信用意识不断增强。

3. 支付结算环境逐步优化。2008年，境内外币支付系统在我省顺利上线运行，进一步完善了支票圈存系统；在全省建立了支票影像业务退票报告制度；开办银行本票业务，并试点开办商业承兑汇票质押贷款；农民工银行卡特色服务业务顺利拓展到邮储银行网点；会同省公安厅开展了联合整治银行卡违法犯罪专项行动；在全省组织开展了存量单位银行结算账户法人代表及法定代理人身份信息核实工作。

4. 反洗钱工作效率不断提高。修改完善了《湖南省反洗钱工作联席会议制度》，反洗钱工作合力加强；反洗钱覆盖面不断扩大，从银行业金融机构拓展到证券、保险、信托、财务公司等金融机构；反洗钱非现场监管系统在全省范围内推广运用，全年人民银行共收到346家金融机构的反洗钱非现场监管信息报表，并对16家金融机构进行了风险提示；深入开展反洗钱专项行动，监控可疑交易，强化行政调查，遏制与洗钱相关的犯罪活动的力度明显加大。

5. 反假货币工作力度进一步加大。推进反假货币网络建设，全省已建立反假货币宣传站2 494个，其中城市社区542个、乡镇1 952个。通过集中宣传、定点宣传、流动宣传、媒体宣传等形式，社会公众反假货币意识进一步提高。对制假活动的打击力度进一步加大。全省公安机关破获假币案件17起，抓获犯罪嫌疑人22人。

6. 区域金融稳定信息共享机制逐步完善。通过交流和协调，2008年，逐步建立了金融稳定形势分析会议制度、金融监管信息交流制度、联合开展专题调研工作制度等三项制度。各监管部门在依法对银行业、证券业和保险业进行金融监管的同时，积极加强工作协调，维护金融稳定的整体合力不断增强。

七、总体评估与政策建议

（一）总体评估

2008年，湖南省金融体系总体运行平稳，金融稳定水平维持在健康状况。首先，从金融运行的宏观经济基础看，全省经济发展基本态势良好，经济总量再上新台阶，增长动力依然较强。其次，从金融运行的微观主体看，银行机构加快改革重组步伐，资产质量持续好转，盈利能力进一步增强，应对外部风险的能力逐步提升；证券机构经过综合治理后运行平稳，风险隐患大幅减少，风险分类级别逐步提高；保险机构继续保持较快发展速度，市场主体和规模不断扩大，社会保障功能日益发挥。最后，从金融运行的外部环境看，征信系统和支付体系等基础设施不断完善，反洗钱和反假货币工作持续推进，外部生态环境不断优化。

虽然区域金融体系保持稳定健康发展态势，但经济金融运行中长期积累的一些突出矛盾和问题依然存在，特别是国际金融危机的影响不断加深，影响区域金融持续稳定的不确定因素增多，应予以特别关注。受国际需求下降及国内经济波动等因素影响，全省投资增速有所放缓，消费保持快速增长的难度加大，宏观经济面临下行压力。面对日益复杂和严峻的宏观环境，特别是企业经营效益下降、景气下滑陷入困境的几率加大的局面，银行机构经营与发展困难增多，信用风险、市场风险及流动性风险有可能集中逐步暴露爆发。而随着股票市场深幅回调后的低迷走势，证券指数长期在低价位徘徊，证券公司和上市公司经营效益下降明显，而上市公司受宏观环境影响导致的行业景气下滑也不利于股票市场回暖，这些都导致证券市场风险化解工作难度加大。保险机构在快速发展的同时，服务水平、服务范围及退保等问题应引起高度重视。

2009年，国际金融危机对湖南省经济金融的影响将进一步加剧，金融机构面临的风险因素增多，风险防范压力加大。各金融机构要在保持业务适度增长的同时切实做好风险防范工作，维持自身经营稳健运行。

（二）政策建议

1. 认真落实积极财政政策，确保经济平稳较快增长。一是按照国家产业发展规划启动有效投资项目，加快在建投资项目进度，同时引导民间资本参与投资，增强投资对经济的拉动作用。二是积极配合国家鼓励消费的政策，健全农村流动网络，增加对农民的购物补贴，拉动农村消费；积极培育消费热点，合理引导住房、汽车、通信等消费，扩大城市消费。三是落实促进出口的相关政策，综合利用出口退税、财政贴息等措施，支持企业扩大出口。四是落实好税收减免措施，帮助企业克服困难，拓展市场和发展空间，为企业生产经营和转型升级创造良好环境。五是加大对教育、医疗卫生、社会保障等领域改革的支持力度，运用税收、价格等手段，千方百计增加居民收入，提高就业水平，扩大居民消费能力。

2. 加大金融支持力度，促进经济金融和谐发展。一是落实宏观调控政策，优化信贷结构，加大对自主创新、资源节约和环境保护企业与项目的有效信贷投入，加强对有潜力中小企业的支持力度。二是鼓励金融产品创新和金融服务创新，大力开发运用诸如订单农业贷款、林权质押贷款等信贷创新品种，多渠道满足企业资金需求。三是加快发展面向“三农”和中小企业的各类型金融组织，推动开展小额信贷组织试点，引导、规范民间资本服务地方经济发展。四是进一步加强信贷政策效果监测评估，完善制度，跟踪考评，提高信贷政策导向力。五是积极发展“三农”保险，健全政策性农业保险制度，扩大农业保险覆盖范围。

3. 加快改革发展与业务创新，增强金融业抗风险能力。一是政府各有关部门要继续推进农村合作金融机构深化产权制度改革，加快股权结构调整，切实转换农村合作金融机构经营机制；通过自身努力和政府支持的方式，尽快化解高风险机构的历史包袱。二是认真落实各项风险处置措施，做实城市商业银行资本，增强其抵御风险能力。三是证券公司和保险公司要抓住机遇，增强改革创新意识，积极发展创新业务，拓宽收益来源，提高盈利能力和水平。四是加快高风险上市公司的重组合并工作，鼓励和吸引优质大型企业和高成长企业发行上市，提高上市公司整体质量。

4. 准确把握宏观形势，提高金融业风险管控水平。一是高度关注经济下滑对金融的影响，密切监测商业银行的流动性和资产质量状况，加强应急管理，完善相关应急预案，及时提示风险。二是处理好信贷增长与风险控制的关系，加强对重点行业、重点客户的监测与管理，防止不良贷款大幅反弹；合理搭配贷款期限，防范资金错配风险，避免出现流动性短缺局面。三是加强教育管理，强化案防责任，不断完善内控制度，深入推动案件防控工作，努力实现案件总量和涉案金额双降。四是密切关注民间借贷风险，加大对非法集资和非法证券等活动的打击力度，切实做好非法集资风险处置工作，确保社会和金融稳定。

5. 推进金融基础设施建设，营造良好金融运行环境。一是加强政府、人民银行、银监局、证监局及保监局等部门间的联系沟通，形成多方互动的金融稳定工作协调机制，构建维护金融体系稳健运行的合力。二是加大中小企业信用档案应用力度，推进农户信用档案建设工作，积极培育以信用管理咨询、信用评级、信用担保、信用保险为主要内容的信用服务市场。三是严厉打击恶意逃废银行债务等失信行为，积极推进诚实守信的企业文化建设；扩大非银行信用信息采集范围，探索将商业信用信息纳入征信系统的机制。四是进一步深化金融安全区的创建，利用金融生态评估发布机制，推动区域金融生态环境不断优化。

总　纂：周晓强　侯加林
统　稿：尹　侠　李庆旗
执　笔：刘孟飞　邓　婷
其他参与写作人员：（以姓氏笔画为序）
任双进　刘康靖　刘　玫　罗建明　欧阳国良　周治国
侯　崴　姜　超　赵　晶　殷南明　曹争鸣　霍　楠

广东省金融稳定报告摘要

2008年，广东省委、省政府坚决按照党中央、国务院的统一部署，认真贯彻落实调整宏观调控取向、扩大国内需求的各项措施，力争在确保经济增长的前提下，优化经济结构和产业结构，促进经济金融系统协调发展。与此同时，金融机构积极响应政府各项要求，努力加大信贷投放力度，促进经济平稳较快增长。2008年广东省经济金融运行处于基本平稳区间，产业、行业结构稳步优化。另一方面，受到自然灾害接连发生和国际金融危机深化等不利因素的影响，广东省经济系统稳健性趋向负面，经济下行压力明显加大，原有的深层次矛盾进一步凸显。金融业方面，行业整体发展状况基本正常，金融机构受国际金融危机直接影响相对较小，银行类机构境外资产投资损失处于可消化范围内；证券业受股票市场持续下跌影响较大，机构业务收入、经营利润大幅下降；保险业业务扩张势头良好，保费收入快速增长，但平安保险投资出现巨额亏损发人深省。

一、区域经济运行与金融稳定

（一）经济系统稳健性分析

2008年，广东省经济运行仍然处于基本平稳区间，产业、行业结构稳步改善，但在接连遭遇冰冻雨雪、超强台风和洪水等自然灾害、国际金融危机深化的冲击下，经济增速明显下滑，供求关系呈趋冷态势，内需对经济增长拉动作用减弱，经济系统稳健性趋向负面。一是经济增长明显放缓，下行风险进一步加剧。2008年广东省累计实现地区生产总值35 696.46亿元，同比增长10.1%，比上年大幅下降4.4个百分点，经济增速处于过去20年历史低位并从第二季度起逐季加速下滑，经济系统负荷明显加大。二是消费需求高位回落，消费快速增长的势头难以持续。2008年广东省社会消费品零售总额12 772.21亿元，同比增长20.3%，比上年加快4.1个百分点。但从全年走势上看，随着收入增幅下降、股市财富缩水以及国际金融危机影响加大，消费需求增长冲高回落，全年社会消费品零售总额增速比第三季度下降0.2个百分点。三是投资需求持续走软，对经济增长拉动作用有所减弱。2008年广东省全社会固定资产投资完成11 181.38亿元，同比增长16.5%，比上年回落1.5个百分点，投资需求增长呈逐季下滑的特征。

（二）经济金融运行协调性分析

为克服不利因素对经济运行的干扰，广东省金融机构积极响应保增长要求，努力扩大信贷投放，促进经济金融协调发展。截至2008年末，全省金融机构本外币各项贷款余额达到35 391.36亿元，比年初增加3 580.07亿元，同比增长12.63%，比上年降低3.93个百分点，低于经济增长回落幅度。

总体看，信贷投放基本与经济发展状况相适应，对经济增长发挥了重要的支撑作用。一是信贷资金周转速度保持在历史最高水平，中资金融机构贷款周转次数为 1.2，资金使用效率较高。二是信贷资金的产出效率继续提高，金融机构单位信贷资金生产总值产出比由上年的 0.99 提高至 1.01，信贷投放增速低于地区生产总值增速与物价水平之和 1.07 个百分点，低于过去 5 年的平均水平。三是金融体系的发展对经济增长和投资扩大意义突出。建立由经济增长（地区生产总值增长率）、投资（固定资产投资增长率）和金融业发展（贷款增长率）季度数据组成的结构向量自回归（SVAR）系统，通过对参数矩阵施加约束进行估计，分析各变量之间的脉冲响应。结果显示：在当期效应上，贷款投放对经济增长、投资增长率具有正效应，分别在滞后 6 期和 3 期达到最大值，而且冲击效应持续期长，显示信贷投入作用显著。

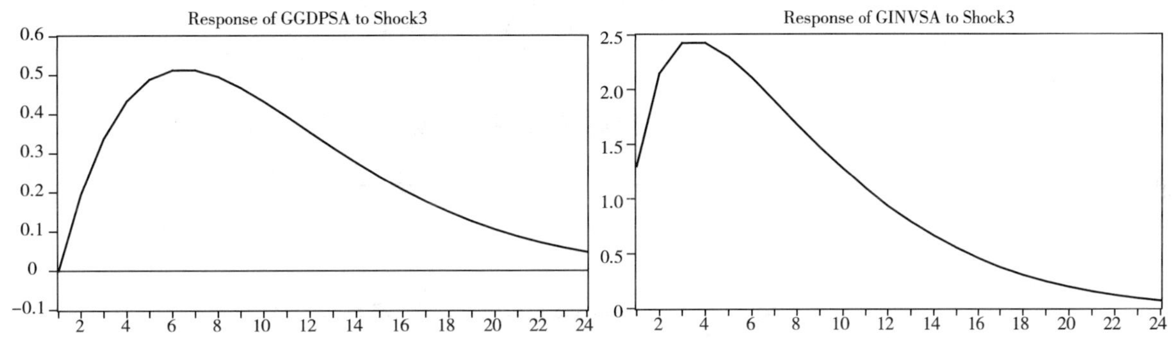

数据来源：《广东统计年鉴（2007）》、《广东省金融统计分析月报》。

图 1　信贷投放对地区生产总值和固定资产投资增长的冲击效应

（三）经济主体抗风险能力分析

随着经济增速回落，企业经营状况趋向负面，经营利润大幅走低；财政、居民收入增长大幅放缓，经济主体抗风险能力趋于弱化。一是企业经营恶化，亏损情况加剧。2008 年 1～11 月全省规模以上工业企业实现利润 2 130.34 亿元，同比减少 13.1%，比上年大幅下降 46.3 个百分点。1～11 月全省亏损企业 10 799 家，同比增长 30.2%；亏损企业亏损总额 493.11 亿元，同比增长 112.4%。二是企业倒闭呈加速趋势，社会就业矛盾有扩大趋势。根据广东省中小企业局提供的数字，2008 年 1～9月广东省停产、歇业和转移的企业为 7 148 户，截至 10 月，该数字大幅飙升至 15 661 家，新增关停转企业 8 513 家，超过前 3 个季度总和。三是财政收入增长明显放缓，对历史遗留风险处置以及扩大未来投资构成负面影响。2008 年广东省完成地方财政一般预算收入3 310.01亿元，同比增长 18.8%，比上年回落 9.2 个百分点；财政一般预算支出 3 756.72 亿元，同比增长 19.4%，比上年回落 5.3 个百分点。四是居民收入增幅回落。2007 年广东省城镇居民人均可支配收入、农村居民纯收入分别为 19 732.86 元和 6 399.77 元，扣除物价因素，同比分别增长 5.7% 和 7.6%，比上年分别放缓 4.8 个、6.2 个百分点。

（四）价格平稳性分析

2008 年，受国际市场供求关系逆转、大宗商品价格回落影响，广东省物价上涨压力明显减弱，尽管全年物价水平仍然保持高位，但通货膨胀率已进入下行通道。全年居民消费价格指数（CPI）上涨 5.6%，涨幅比上年提高 1.9 个百分点。从季度情况看，居民消费价格指数逐季下行，呈加速回落趋势，通货膨胀压力明显减弱。对通货膨胀率进行自回归分析，通过 AIC、SC 等指标确定滞后期为 1，其 CUM - SUM 检验结果显示，在 5% 的显著性水平下，通货膨胀率平稳运行，没有发生结构性变动。

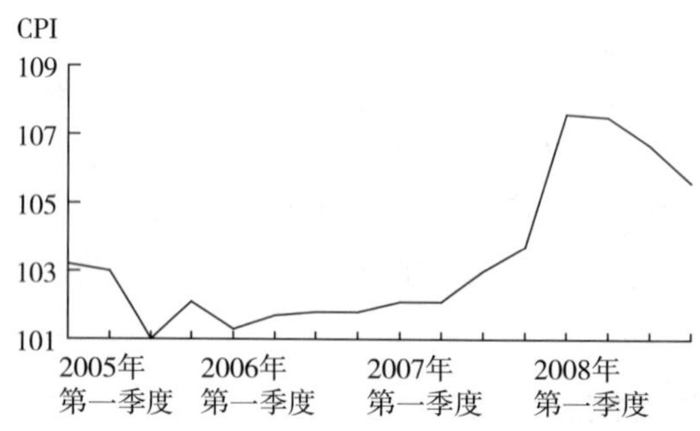

数据来源：人民银行广州分行调查统计资料。

图 2 广东各季度消费物价指数走势

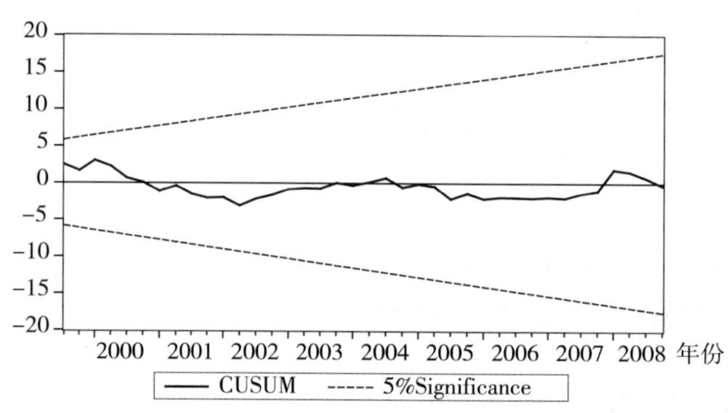

数据来源：人民银行广州分行调查统计资料。

图 3 消费价格指数 CUM - SUM 检验

（五）房地产行业及房地产金融稳定性分析

2008 年，广东省房地产市场供求关系发生逆转，房地产开发投资增速明显放缓，商品房销售面积、销售额负增长，商品房空置面积大量增加，房地产开发贷款继续保持较快增长，个人住房按揭贷款增速明显回落，显示房地产市场观望气氛逐渐形成，市场运行出现向下调整特征。一是受市场整体交易状况影响，房地产开发投资增速明显放缓。2008 年广东省累计房地产开发投资 2 932.34 亿元，同比增长 16.8%，比上年回落 19.2 百分点，比全国房地产开发投资增速慢 4.1 个百分点。二是商品房开工建设有放缓趋势，商品房销售面积和销售额双双负增长，商品房价格与前期高位相比已出现回落。2008 年，广东省商品房新开工面积同比增长 -9.3%，为 2003 年以来首次负增长。全年广东省商品房销售面积 4 824.4 万平方米，商品房销售额 2 880.0 亿元，同比分别大幅下降了 22.4% 和 21.4%；商品房平均销售价格 5 970 元/平方米，与 2007 年第三季度商品房平均销售价格 6 027 元/平方米的最高位相比，价格已回落 0.9%。三是房地产贷款仍然保持较快增长，但经济主体购房热情下降使得个人住房按揭贷款增速放缓。2008 年末，广东省金融机构房地产贷款余额 9 102.9 亿元，同比增长 5.5%，增幅低于同期各项贷款增幅 5.5 个百分点。其中，个人住房贷款余额 5 507.7 亿元，比年初增加 263.6 亿元，同比增长 5.0%，新增贷款仅为上年同期的 17.0%。四是房地产市场风险有向金融机构积聚的倾向，行业发展状况需进一步关注。

（六）外汇收支稳定性分析

2008 年广东省外汇收支形势变化显著。一是国际金融危机影响逐步显现，外贸进出口增速放缓。2008 年，广东外贸出口 4 041. 0 亿美元，同比增长 9. 4%，比上年回落 12. 8 个百分点；外贸进口 2 791. 6亿美元，同比增长 5. 4%，比上年回落 12. 1 个百分点；实现外贸顺差 1 249. 4 亿美元，同比增长 19. 62%，比上年回落 16. 58 个百分点。二是结售汇增速明显放缓，资金净流入压力有所缓解，外汇收支失衡局面改善。2008 年全年广东银行累计结汇收入 2 620. 27 亿美元，同比增长 17. 82%，比上年回落 14. 35 个百分点；累计售汇支出 1 179. 62 亿美元，同比增长 48. 83%，比上年提高 20. 33 个百分点；实现顺差 1 440. 65 亿美元，同比增长 0. 64%，比上年回落 33. 65 个百分点。三是企业资本金结汇明显减少，购汇偿还国内外汇贷款增加。2008 年，企业资本和金融账户结汇同比下降 5. 11%；售汇同比增长 20. 55%；实现顺差 16. 23 亿美元，同比下降 76. 31%。四是远期售汇履约继续大幅增长，新签远期结售汇合约有所萎缩。2008 年全年广东省金融机构客户远期结汇履约合计 299. 21 亿美元，同比增长 1. 39 倍；远期售汇履约合计 148. 69 亿美元，同比增长 6. 12 倍；远期结售汇实现顺差 150. 52 亿美元，同比增长 44. 04%。五是企业资金外流迹象有所增强，经济主体“资产本币化、负债外币化”趋势发生改变。2008 年年末广东省金融机构外汇贷款余额 409. 3 亿美元，比年初减少 6. 3 亿美元，同比下降 2. 2%，比 9 月末大幅回落 23. 2 个百分点。

二、金融业与金融稳定

（一）银行业稳定性分析

2008 年，尽管受到国际金融危机一定程度的影响，广东省银行业仍然保持良性发展态势。银行业金融机构资产规模继续扩大，资产质量显著改善，累计实现利润保持增长；地方法人金融机构资本充足水平、拨备水平进一步提高，抗风险能力继续增强。另一方面，金融危机对广东省银行业的持续影响仍有待观察，随着实体经济下行风险进一步加大，广东省银行业经营绩效受到的负面影响有可能显现。

1. 银行业金融机构资产质量显著改善，经营能力保持良好，抵抗外部风险能力增强。2008 年，广东省银行业整体受国际金融危机的直接影响不大，各项经营指标保持良性发展。截至 2008 年年末，广东省银行业金融机构资产规模达到 69 731. 43 亿元，同比增长 11. 98%；累计实收资本 902. 33 亿元，同比大幅增长 31. 40%；全年累计实现利润 1 069. 90 亿元，同比增长 25. 63%，其中资产和利润指标增长幅度较上年均有较大幅度收缩。广东省主要银行业金融机构不良贷款余额和比例分别比上年下降 923. 05 亿元和 3. 46 个百分点，不良贷款余额和比例连续 5 年实现“双降”。

2. 信贷增速高位回落，贷款中长期化进一步加剧。在 2008 年上半年各项宏观调控措施作用下，全省金融机构信贷增速从 2007 年年末的高位逐步回落。此后，在货币政策放松的作用下，全省各项贷款同比增速在第四季度出现回升。截至 2008 年年末，广东省金融机构本外币各项贷款余额 33 835. 82亿元，同比增长 12. 63%，比上年少增 845. 72 亿元，增速比上年降低 3. 93 个百分点。与此同时，全省金融机构本外币中长期贷款余额 20 053. 09 亿元，同比增长 14. 73%，逐季同比增速均大幅降低，但仍快于各项贷款增速，导致中长期贷款占各项贷款比例不断增长。截至2008年年末，全省中长期贷款余额占各项贷款比重达到59.27%，比上年末提高1.71个百分点，全省银行贷款中长期化趋势进一步加剧。

3. 农业银行改革取得重大进展，国有银行机构发展获得新动力。农业银行改革启动以来，农业银行广东省分行围绕股份制改革要求，于2008年年底顺利完成不良贷款的剥离和分账管理等工作，信贷资产质量和效益明显提高，为继续推动改革实施创造了条件。随着农业银行改革不断推进，以及中行、建行、工行广东省分行及交通银行广东分行借助深化改革带来的新动力，不断加强公司内部治理机制的完善，全省国有银行系统在风险控制和防范、盈利能力、内部控制等方面不断改善，经营发展动力不断增强。

4. 地方机构金融改革成效显著，但中小金融机构抗风险能力仍待提升。2008年，广东发展银行在改革重组推动下，公司治理结构不断健全，核心财务指标继续好转，整体抗风险能力得到增强。在各级地方政府的扶持下，地方城市商业银行改革继续稳步推进，珠海市商业银行年内与战略投资者达成框架意向，有关重组工作在顺利推进过程中；广州市商业银行正式启动向社会公开募集30亿股资本金程序，两家均实现资本充足率达标。广东省农村信用社系统自2005年初进行改革试点以来，其资本实力、资产质量和盈利能力都得到了显著改善。

5. 地方停业整顿金融机构市场退出工作进展的顺利，历史遗留风险基本化解。2008年，在相关部门的共同努力下，广东省26家停业整顿的信托投资公司相继进入撤销程序，这是继上一年全省停业整顿城市信用社全部进入撤销程序，其市场退出工作取得重大突破后，广东省处置历史遗留风险的又一重大突破，标志着制约广东省金融健康良性发展的历史问题基本得到化解。截至2008年年末，停业整顿城市信用社和信托投资公司的市场退出工作进展顺利，26家停业整顿信托机构有25家退出市场，主要历史包袱得到有效化解。

6. 金融危机对银行业稳定的持续影响需引起重点关注。总体上看，由于我国银行业对外开放程度仍然不高，特别是金融机构对外投资规模仍然不大。受到此次全球性金融危机的直接影响不大，但随着金融危机向实体经济领域的扩散和蔓延，企业经营状况趋于进一步恶化，将对银行信贷资产质量带来不利影响。广东省位于我国对外经济联系的最前沿，进出口国际贸易十分活跃，对经济增长的重要性十分明显。受金融危机影响，作为广东省重要出口地的美欧等国经济出现衰退，势必影响到对广东省出口产品的需求，导致广东省出口行业受影响严重，出口行业信贷风险上升，大批"两头在外"企业贷款风险监控存在较大困难，不利于风险控制。

（二）证券业稳定性分析

2008年，在受到国内经济增长大幅下降以及国际金融危机冲击的影响下，国内资本市场持续下行，沪深股市深幅回调，股票发行节奏放缓，证券交易量持续萎缩，市场参与者信心严重不足。在这些多重因素作用下，广东省证券业经营绩效明显下滑，但总体抗风险能力仍然较强，保持平稳运行，未发生重大风险事件。

1. 证券公司业务收入大幅下滑，总体仍然保持盈利。2008年，受股指连续下挫和新股发行放缓以及交易量萎缩的影响，全省证券公司各项收入大幅下降。截至2008年年末，全省23家证券公司全年共实现营业收入381.09亿元，同比大幅下降54.62%，其中手续费收入、证券承销业务收入和投资收益等分项收入均分别同比大幅下降。与资本市场繁荣的2007年相比，全省证券业受大市环境影响十分明显。但在熊市大背景下仍然实现总体盈利 167.21 亿元，各公司并未出现亏损，也未发生重大风险事件，与 2005 年实施证券业综合治理之前“熊市倒一片”的状况相比，证券业抗风险能力明显增强。

2. 证券机构总体规模大幅缩水，但净资产增加。受市场环境不佳、经营绩效下降的影响，全省证券机构总体规模大幅缩水，年末总资产 3 656.86 亿元，总规模同比大幅减少了 31.41%。但净资产并未受总体规模缩水的影响，反而同比小幅增加了 6.81%，达到1 169.67亿元。这表明在市场低迷的环境下，客户资金大幅减少，导致证券公司债务水平显著下降。

3. 证券公司风险处置工作进展顺利。在地方政府、人民银行、证券监管部门及证券投资者保护基金等有关部门积极合作和参与下，广东证券和民安证券风险处置工作进展顺利，相关风险得到妥善处理。截至 2008 年年末，两个证券公司客户交易结算资金缺口绝大部分均得到弥补，已经甄别确认的个人债权全部收购完毕，属于正常个人账户被挪用的国债也已全部返还。目前，两家证券公司的破产清算工作正在顺利进展当中。随着风险处置工作进入尾声，省内证券业主要风险得到有效化解，对促进证券业稳定发展有积极意义。

（三）保险业稳定性分析

2008 年，广东省保险业呈现出加快发展的势头，保费收入突破千亿元大关，保费总量连续多年居全国第一。欠发达地区保险业发展进一步加快，区域发展更趋协调，市场秩序明显好转，保险业保障功能进一步发挥。另一方面，广东省保险业发展方式仍较为粗放，内部管理薄弱的问题仍未得到根本改观，仍待提高的保险业服务水平，成为制约全省保险业快速稳定发展的重要因素。

1. 保险业务加快发展，但过热势头明显，且产险和人身险发展不协调。2008 年，广东省保险业呈现加快发展势头。全年保费收入突破千亿元大关，达到 1 124.98 亿元，成为全国第一个保费收入超千亿元地区，与上年同期相比增长 39%，增速提高 5.7 个百分点。其中：实现财产险收入 292.62 亿元，人身险收入 832.36 亿元。保险业加快发展的环境下，一些风险值得关注：首先，保险业呈现过热发展势头，蕴含不稳定风险。分季度看，全省保险业累计保费收入增幅分别高达 79.93%、61.61%、53.35% 和 39.01%，过热发展趋势明显。其次，产险与人身险发展呈现偏离趋势。产险和人身险保费收入增幅分别为 12.2% 和 51.7%，产险明显滞后于人身险增长，导致不同险种业务发展不协调状况日趋严重。

2. 结构性调整成效显著，区域发展协调性进一步增强。从分地区保险业务发展情况看，在全省保险业加快发展的背景下，珠三角以外的相对欠发达地区保费增长明显快于珠三角发达地区。2008 年，全省非珠三角地区保费同比增长 51.87%，比珠三角地区（深圳除外）增速快 13.23 个百分点。欠发达地区相对增速不断加快对于改善区域间保险业发展不协调的状况有重要意义。

3. 保险市场秩序明显好转，但服务水平仍有待进一步提高。2008 年，保险监管机构先后出台加强保险公司内控管理等多项措施，市场秩序整顿和监管力度不断加强。在此作用下，全省保险市场秩序明显好转。困扰保险业发展的一些老问题，如寿险业的误导销售、夸大收益水平、团险个做、短险撕单埋单、隐瞒重要信息等现象明显减少。部分保险公司营销员制造假保单诈骗、承诺高回报等事件也得到及时妥善处理。保险业整体的诚信形象逐步改善。但另一方面，全省保险业服务水平仍有待进一步提高。“重收费、轻理赔”的现象仍然突出，部分公司理赔资源不足、理赔人员服务意识不强、理赔周期长等状况有待改变。

4. 外资保险机构受金融危机冲击较大，但保险业整体受影响有限。在发生金融危机的国际背景下，特别是受美国国际集团申请破产的影响，全省外资保险机构经营发展受影响较大，全年原保费收入同比出现下降，降幅达到18.57%；在全省保险机构整体退保金同比微幅下降的行业背景下，外资保险机构退保金同比增长了18.8%，显示在国际金融危机背景下投保人对外资保险机构的信心受到较大影响。但是，由于外资机构在整个市场占比较小，保费收入占比不足10%，对全省保险业整体影响不大。在金融危机影响下，中资保险机构直接损失主要来源于对外投资的浮动亏损，其中平安集团对欧洲富通集团4.99%的股权投资累计出现高达百亿元巨额浮亏，导致全省保险机构投资收益和公允价值变动损益同比出现大幅下降，由此对全省保险业经营发展带来的影响需引起关注。

三、金融市场运行与金融稳定

（一）货币市场

2008年，广东货币市场保持活跃发展势头，市场资金交易规模实现平稳增长。受下半年以来货币政策由从紧转向适度宽松及人民银行连续5次降息影响，市场利率从第四季度开始持续走低。一是金融机构同业拆借规模平稳增长，资金利率震荡走低。广东省金融机构全年通过银行间同业拆借市场累计信用拆借36 013.46亿元，同比增长27.16%，占同期全国累计成交量的11.97%，占比小幅下降了1.37个百分点。资金交易价格先升后降，从第四季度起大幅走低。信用拆入年加权平均利率2.3583%，比上年同期下降0.0922个百分点；信用拆出年加权平均利率2.5957%，比上年同期提高0.126 2个百分点。二是货币政策向适度宽松转变，造成银行间债券市场走向兴旺，银行间债券市场回购和现券交易表现活跃，交易量保持快速增长。银行间市场回购交易全年累计成交143 979.46亿元，同比增长26.82%，利率走势与拆借市场类似，从第四季度开始明显走低；现券交易大幅增长，全年累计成交112 137.57亿元，同比增长了1.33倍，收益率曲线明显下降，各关键期限品种平均下移206个基点。三是票据市场呈现价涨量跌特征。2008年年末，银行承兑汇票余额和商业承兑汇票签发金额分别同比增加296.46亿元和757.93亿元，增幅分别达到20.60%和20.97%。在适度宽松货币政策作用下，市场利率整体呈下降走势，进入下半年后利率下跌速度明显加快。

（二）资本市场

2008年，在国际金融危机向纵深发展、国内经济增长减速等因素影响下，国内资本市场持续低迷，沪深股指大幅震荡下行，投资者信心严重不足。在此大背景下，广东省资本市场规模明显下降，股票交易和股票发行均有所减少。一是市场活跃度明显下降。2008年，全省股票基金交易金额133 543.06亿元，比上年大幅下降了43.80%，市场参与程度受市场低迷的影响十分明显。二是上市公司市值出现大幅下降，企业改制上市步伐放缓。截至2008年年末，广东省共有境内上市公司202家，比上年仅增加14家；市价总值11 824.01亿元，比上年末大幅下降了64.18%。当年新增上市公司数量明显减少，企业通过改制实现上市力度减弱。三是在资本市场融资能力保持稳定。2008年全年，全省上市公司融资活动保持活跃，未受股市低迷影响。广东省（不含深圳）共有18家上市公司分别通过重大资产重组、公开增发、实施配股、发行可转换债券等手段累计在国内资本市场融资共241.90亿元，比上年增长了46.69%，其中8家在中小企业板融资60.89亿元。

（三）外汇与黄金市场

2008 年，广东省银行间外汇市场业务运行平稳，外汇交易成交大幅增长，外汇卖超出现同比下降。全年广东省（不含深圳）银行间外汇市场外汇交易累计成交 1 475.14 亿美元，同比增长 71.57%。其中，买入和卖出分别成交 665.19 亿美元和 809.95 亿美元，同比分别增长 88.03% 和 60.06%；实现卖超 144.75 亿美元，同比减少 4.93%。询价交易方式仍是银行间即期外汇市场最主要的交易方式，该方式成交量占比达到 99.8%；银行间外汇市场交易币种以美元为主，占总成交量的比例达到 91.32%，与上年基本持平；外资行是银行间外汇市场的主要参与者，交易量占比为 87.7%，主要以增加交易量获取价差为目的，与中资行主要以对结售汇差额进行平盘为目的有明显区别。随着国际金融危机不断演化，黄金作为经济衰退环境下重要避险工具受到投资者追捧，国际金价随美国经济及救市政策演变在高位大幅波动。在国内 A 股市场持续低迷的影响下，大量投资者转向黄金市场寻求避险，推动商业银行黄金业务交易量持续上升。截至 2008 年年末，广东省共有 9 家商业银行开办“纸黄金”、个人实物黄金及代理黄金等业务；开办“纸黄金”业务的 3 家银行个人账户黄金买卖业务累计交易量为 130 137.46 公斤，同比增长 1 倍，累计成交金额 248.24 亿元；开办个人实物黄金业务及代理黄金业务的银行交易量均大幅增长；场内黄金交易活跃，市场份额增加。

（四）金融市场创新

2008 年，在国内外经济环境恶化以及宏观政策变化导致利润空间缩小的背景下，广东省金融机构积极开展创新活动，大力拓宽利润来源，通过创新应对挑战，不断增加自身竞争力。一是将自身改革与国家宏观经济政策需要相结合，推出面向“三农”的创新性业务，努力支持新农村建设。农行广东省分行以机构改革为契机，紧紧围绕“面向‘三农’”的改革定位，通过推行“农行 + 公司 + 农户”的模式，发挥龙头企业对农户的辐射带动作用，实现对上下游农户的批量发卡和授信，在有效防范风险的同时，解决了农村资金需求问题；结合林业改革，开发林权质押贷款，不断加大金融对新农村建设的支持力度。二是顺应经济形势变化，推出新型理财产品。国内外经济环境恶化影响原有的理财产品，许多银行转而开发新业务产品，以发展新的盈利点。如工行广东省分行的集合资金信托计划、广东发展银行的以债券结算为主的代客理财计划、华夏银行广州分行的“供应链融资”等新型业务，为银行提供了新的利润增长点。三是同业以及跨金融行业的合作不断加强，如证券客户交易结算资金第三方存管业务的合作范围不断拓展，银行代理销售保险，银行代理黄金交易资金清算，以及通过银行进行基金定投业务快速发展。在跨行业金融合作方面，有关部门正加快论证金融业综合化经营试点问题，组建同一股权控制下的跨银行、证券、保险，以及金融租赁、信托、基金的金融集团，对做大做强地方金融产业有重要意义。

四、金融基础设施与金融稳定

（一）区域法治状况

2008 年，我国法律体系进一步完善，《反垄断法》、《企业国有资产法》等一系列法律相继颁布实施，为营造良好的金融生态环境提供了坚实的法律基础和制度保障。2008 年 12 月 4 日，最高人民法院对外发布了《关于为维护国家金融安全和经济全面协调可持续发展提供司法保障和法律服务的若干意见》，提出了6项司法保障金融安全的政策措施，为最大限度保护国有金融债权、防止国有资产流失提供了有力的司法保障。广东省大力加强金融安全司法保障力度，金融机构依法维权意识增强，社会各方法制观念普遍改善。2008年，广东省金融机构债权案件审理情况保持良好，金融债权执行率为57.78%。

（二）区域支付清算体系建设

2008年，广东省区域支付体系保持持续稳定发展的态势。一是支付清算系统安全稳定运行，支付清算业务稳步增长。2008年，广东省支付系统共处理业务10 160.76万笔，金额613 088.9亿元，同比分别增长30.65%和27.73%；支票影像交换系统共处理业务318.54万笔，金额1 168.41亿元，同比分别增长303.16%和330.62%。二是不断进行支付工具创新，为社会提供更优质高效的支付服务。人民银行广州分行联合中国银联及广东各商业银行共同推出了面对个体工商户的专业批发市场电话终端转账业务和个体工商户POS零售业务，开通广东省集中代收付业务，制订实施《广东省集中代收付业务处理管理办法》相关制度；在广东省全面开通小额支付系统银行本票业务，为市民进行资金划拨特别是大额资金汇划提供了新渠道。三是大力宣传推广农民工银行卡特色服务，努力改善农村支付服务环境。人民银行广州分行组织辖内各中心支行抓住农民工春节集中返乡的契机，组织银联广东分公司和各发卡银行机构，在2008年年初和年末农民工集中返乡返工期间，充分利用电视台、报纸和网络等媒体以及地方政府等各方力量联合开展农民工银行卡特色服务宣传推广活动，取得了良好效果。

（三）区域征信系统建设和信用环境

2008年，广东省征信系统建设不断健全，征信系统的应用和服务得到进一步加强。一是征信系统建设不断健全。截至2008年年末，广东省企业征信系统收录的借款企业数量60.88万个，新增信贷业务入库率为93.77%。全省个人征信系统已入库自然人数4 139.88万人，收录账户数达3 665.61万个，涉及信贷余额8 095.56亿元，全年依法提供个人信用报告查询4 419.70万次。二是建立征信宣传长效机制，稳步推进信用评级工作。2008年，人民银行广州分行联合地方政府有关职能部门，共组织开展面向公众、面向学生、面向政府和企业等不同形式的户外宣传512次，在多家新闻媒体和网络刊载了征信宣传的相关内容，全省30.65万人参加了征信知识竞赛，取得了良好的宣传效果。为培育辖区征信市场健康有序发展，扩大征信产品市场需求，规范评级机构的执业行为，推动地方信用体系建设，人民银行广州分行联合政府有关部门继续开展以佛山为试点的担保机构信用评级工作和以茂名为试点的农户信用评级工作。截至2008年底，在佛山登记注册的24家信用担保机构，已有10家参加了外部信用评级。茂名试点联合农村金融机构，推动农户信用信息采集，建立农户信用档案和农户信用评价体系，为农村金融机构对农户的信贷决策提供参考依据。据统计，辖内有2%的农户建立了信用档案。

（四）区域反洗钱体系状况

2008年人民银行广州分行继续深入贯彻落实《反洗钱法》及其配套规章的要求，强化内部管理和队伍建设，扎实履行反洗钱监管职责。一是反洗钱工作机制不断完善。广东省反洗钱联席会议制度不断完善，反洗钱监管协调和情报会商机制日益发挥重要作用，粤港澳反洗钱合作稳步开展，逐步构建起以联席会议为载体、双边或多边协商会议为平台的反洗钱合作模式。2008 年 8 月，人民银行广州分行和广东银监局、证监局、保监局共同成立了广东省金融业反洗钱监管协调小组，并召开第一次监管协调会议，各方就监管合作框架、职责分工和具体合作机制等方面达成共识，共同签署了《广东省金融业反洗钱监管协调合作备忘录》。金融机构预防洗钱风险体系日益健全。辖内金融机构组织机构日益专业化，60% 的省级金融机构建立了反洗钱管理部门，省内各级金融机构的反洗钱人员已达 4 600 多人。二是运用多种反洗钱监测手段，反洗钱调查和案件突破成果丰硕。2008 年，人民银行广州分行加强与公、检、法、海关以及监察、税务等执法部门的情报会商和协调办案合作，共向侦查机关报案 55 宗，协助破获违法犯罪案件 31 宗，抓捕犯罪嫌疑人 195 名，查扣冻结资金 2.17 亿元，案件涉及资金 462.4 亿元。联合公安部门开展了“天网”、“雷霆”、“雷霆飓风”专项行动，破获 39 宗洗钱犯罪和地下钱庄的案件。其中，茂名“508 地下钱庄案”、佛山“516 地下钱庄案”等案件的侦破极具社会影响力，有力地打击了洗钱犯罪及其上游犯罪。

五、总体评估与政策建议

（一）总体评估

1. 评估结果。运用 2005 ~ 2008 年相关数据，对广东省 20 个地市以及广州地区 16 家存款类金融机构的稳定指数进行测算。从测算结果看，金融稳定状况较好的地区有：东莞、广州、佛山、阳江、肇庆、梅州等地。金融稳定状况较好的存款类金融机构有：招商银行广州分行、兴业银行广州分行、广东发展银行、民生银行广州分行、工商银行广东省分行等。从时间序列看，广东省综合金融稳定状况持续向好（见图 4）。

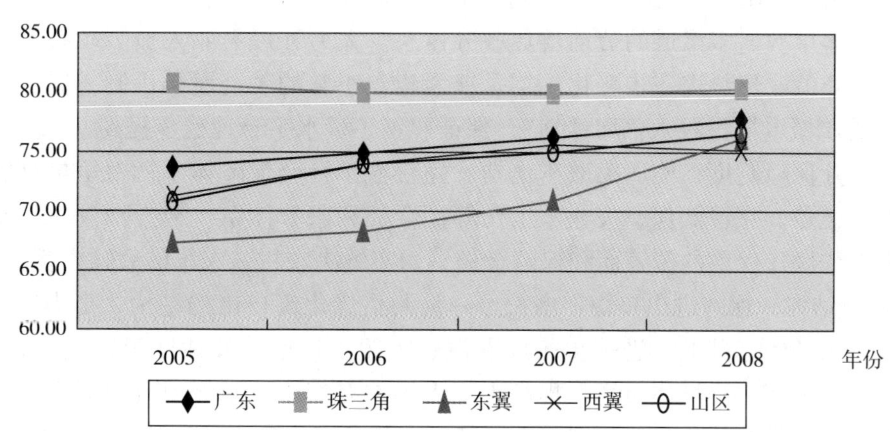

图 4　广东金融稳定状况变化趋势

2. 因素分析。

（1）区域评估结果分析。从综合指数来看，珠三角地区仍然高于其他 3 个区域，但差距趋于缩小。分项目看，珠三角地区各地市在经济环境、法律环境、信用环境和银行业资质等方面仍普遍优于其他地市，但优势正逐渐减弱。

（2）存款类金融机构评估结果分析。评估结果显示，股份制银行的稳定状况总体优于其他银行。

这主要得益于股份制银行资产质量较好、经营资金较为充裕以及经营管理良好。但随着国有银行改革向纵深推进，国有控股银行稳定状况不断提高，与股份制银行的差距趋于缩小。广东发展银行在完成财务重组之后，各项指标全面改善，金融稳定指数显著攀升。广州市商业银行和广州市农村信用联社处于改革进程中，金融稳定状况较以前年度也有明显改善。

（二）政策建议

1. 密切关注国际金融危机演变，将“保增长”作为当前首要任务。一是高度关注经济金融运行出现的新情况、新问题，深入研究国际金融危机的演变路径和传导机制，分析危机深化对地方经济金融运行的影响，及早研究应对策略和措施。二是坚决贯彻落实中央的宏观经济政策导向，在积极财政政策和适度宽松货币政策的指引下，加大在关系民生的各领域的投入，加快构建现代产业体系，通过产业结构、行业结构的优化升级来提升经济增长动力。三是抓住中央将珠三角地区改革发展规划纲要提升为国家战略的有利时机，加快制度性改革和金融创新，加快建立小额贷款公司、村镇银行并为其发展创造有利条件，争取在经济金融互动发展模式上有所突破。

2. 加强调控引导，保持投资理性平稳增长。一是坚决按照中央的统一部署，着力做好扩大内需工作。高度关注省内重点建设项目，多方筹措并统筹用好项目资金，确保建设工程顺利进行，将外部需求减弱的影响降到最低。二是贯彻落实中央关于土地、信贷和市场准入等宏观调控政策，严格控制产能过剩行业的投资，防止低水平重复建设，努力保持投资平稳理性增长，推动地方新一轮重点项目和基础设施建设，特别是加强在粤东、粤西和粤北山区等落后地区的投资建设，努力改善落后地区经济发展环境。三是继续优化投资结构。要调整资金投向，加强对高科技、高附加值行业、现代服务业等领域的投资，加大技术改造投资力度，加大节能降耗及自主创新方面的投入力度，提升企业发展的内在动力。

3. 注重国内市场的挖掘和培育，促进内需推动型转变。一是完善就业服务中介组织，努力提高就业率。要建立多层次、多渠道的劳动就业服务体系，大力开展失业人员劳动技术培训，帮助其提高劳动技能，防止就业形势进一步恶化。二是抓紧建立正常的工资增长机制，促进城乡居民收入稳步增长。要落实“城乡居民收入倍增计划”，保证职工工资水平合理稳步提高。三是加快健全完善城乡社会保障和医疗保障制度，使居民敢于消费。完善城镇社会保障体系，力争早日实现城镇职工社会养老和医疗全覆盖。完善低保、失业、工伤等社会福利服务体系，努力推进农村新型合作医疗保险，扩大新型合作医疗保险的覆盖面和保障金额，切实解决农村、农民的后顾之忧。

4. 积极调整结构，保持进出口稳定增长。一是调整优化出口市场结构，努力实现出口市场多元化。在巩固美国市场的基础上，进一步拓展欧洲、欧盟、日本等发达国家市场，积极开发俄罗斯、中东、非洲和南美等新兴经济体市场，提高出口市场占有率。二是努力改变低级产品占比较大的局面，努力优化出口产品结构。目前，广东出口产品中劳动密集型产品占比仍然较高。由于附加值低，这些产品主要依赖于低成本优势，受金融危机影响较大。因此，应以此次金融危机为机遇，大力推动传统劳动密集型行业和企业加大技术改造力度，鼓励出口企业自主创新，努力扩大出口产品技术含量，扩大高新技术产品和机电产品出口，增强出口质量优势。三是及时调整相关政策，改善优化进出口环境。出台扶持出口外贸发展的优惠政策，提高出口退税率，积极推进出口退税分类管理办法，推进跨境快速通关改革，努力简化手续，提高出口退税及结付汇效率。

5. 全面落实房地产调控政策，确保房地产市场平稳发展。一是继续保持对房地产行业的平稳支持力度，防止其大起大落。要吸取国际金融危机中放任泡沫无限膨胀带来恶果的惨痛教训，保持房地产金融调控政策的连续性和稳定性，以房地产市场的短期向下调整换取经济金融的长治久安。必要时对政策进行微调，既要防止供求紧张，出现新一轮涨价潮，又要密切关注房地产价格和销量变化，避免房地产价格急剧大幅下挫。二是加强监测监管，督促商业银行优化房地产信贷供给结构，努力防范房地产金融风险。对房地产市场形势变化和房地产信贷执行情况进行跟踪监测，及时掌握各金融机构执行房地产信贷政策的情况，使房地产宏观调控政策切实起到满足自住购房需求、调节投资性购房需求、遏制投机性炒房、合理引导住房消费的作用。加强对金融机构房地产金融存量风险和增量风险的检查监管，使金融机构的经营行为符合金融宏观调控意图，努力防范房地产市场风险向金融机构转嫁。三是进一步放宽房地产开发企业融资手段。允许甚至鼓励符合条件的房地产企业在资本市场和货币市场通过发行股票、债券和短期融资券等进行融资；要适时发展房地产信托、REITS 等业务，并在强化信息披露基础上加快推进住房按揭贷款证券化步伐，力争形成多元化、多层次的房地产金融体系，改变当前房地产贷款占比持续提高、房地产业过度依赖银行信贷的局面。

总　纂：穆西安
统　稿：高同裕
执　笔：苏亮瑜　陈元富　叶　茂　刘　慧
其他参与写作人员：尹青松　邓敏杰　陈志刚　郭红亮
吴　进　苏宏召　陈育穗

广西壮族自治区金融稳定报告摘要

2008年，在严重自然灾害以及国际国内经济环境急转直下的双重困难影响下，广西自治区总体经受住了各种不利因素的冲击，虽然经济增速出现回落，但经济增长的基本面和较快发展的长期趋势没有改变。生产总值保持2002年以来的两位数增长速度；三次产业增速下滑，企业盈利能力减弱；三大需求结构调整，消费出口作用增强；三类价格全面回落，通货膨胀压力减小；居民收入稳步增长，新增就业稳定增加。广西自治区银行业总体呈现平稳快速发展，存贷款增量双双创新高；证券业总体运行保持平稳，市场规模明显下降；保险业整体实力显著提高，市场体系进一步完善；金融改革继续提速，金融业竞争力不断增强；金融市场日益完善，金融基础设施建设取得新进展。

一、区域经济运行与金融稳定

（一）经济增速回落，但较快发展的趋势没有改变

2008年，广西自治区实现生产总值7 171.58亿元，同比增长12.8%，保持了2002年以来的两位数增长速度。三次产业增速下滑，企业盈利能力减弱。广西自治区三次产业增加值分别增长5.1%、17.4%和11.7%，同比分别下降0.4个、3.3个和2.9个百分点，全年规模以上工业企业盈亏相抵后利润总额同比下降34.2%。三大需求结构调整，消费出口作用增强。全年全社会固定资产投资同比增长27.2%，增速同比回落5个百分点，社会消费品零售总额同比增长23.2%，外贸进出口总值同比增长43.2%，外商直接投资额同比增长42%。价格指数先涨后跌，通货膨胀压力减小。2008年，广西自治区CPI累计同比增长7.8%，当月CPI自2月份达到12.2%的高位后逐步下降；9月之前，广西自治区上游产品价格延续了2007年末的上涨走势，其后，受国际大宗商品价格大幅回落的影响，上游物价出现急剧下降。居民收入稳步增长，新增就业稳定增加。广西自治区城镇居民人均可支配收入同比增长16%，农民人均纯收入同比增长14.5%。城镇新增就业同比增加3.92万人。城镇登记失业率同比下降0.04个百分点。

（二）经济运行中对金融稳定构成不利影响的因素

1. 经济出现下行趋势，风险从实体经济蔓延到金融领域的可能性增大。工业效益全面回落，实体经济偿债能力面临严峻挑战。2008年，广西自治区规模以上工业增加值同比增长22.6%，增速同比回落3.9个百分点。企业的市场风险可能向银行传导形成新的不良资产，对银行业盈利能力和资产质量产生影响。

投资增长进一步趋缓，加剧银行有效贷款需求不足。2008 年，广西自治区全社会固定资产投资同比增长 27.2%，增速同比回落 5 个百分点。在国内外市场急剧动荡的冲击下，一些投资项目放缓建设，有效信贷需求不足的问题更为突出，在一定程度上影响广西自治区信贷的持续增长。

对外贸易增速逐月下降，海外市场的冲击进一步显现。从 8 月开始，广西自治区出口增幅已经连续 5 个月加速回调，11 月份当月出口同比下降 0.2%，12 月份当月出口同比下降 9.4%。国外市场需求萎缩，区内部分涉外企业出现订单缩减、产品积压等困难；国外客户不履行合同，有意拒付或迟付货款的情况已有发生；国外银行的信用风险有所加大，出现拒付信用证的情况，国际市场履约和结算风险进一步增大。

消费增长后劲不足，经济发展结构性问题将更为突出。据 2008 年第四季度广西自治区城镇居民储户问卷调查显示，居民当期收入满意指数和未来收入信心指数双双持续下行。而农民工返乡人数增加，劳务输出面临新困难，加上农产品价格全面回落，将直接影响农民收入的可持续增长。消费增长后劲不足制约了内需的增长，10 月、11 月、12 月广西自治区社会消费品零售总额同比分别增长 23.4%、23.1% 和 24%，增幅分别比 9 月下降 3.7 个、4 个和 3.1 个百分点。

2. 财政支付压力增大，潜在金融风险不容忽视。2008 年广西自治区一般预算收支缺口同比增加 216 亿元，财政支付压力进一步增大，存在着财政风险向金融领域传导的可能：一是财政隐性债务潜藏金融风险。据了解，广西自治区政府的隐性债务约占财政收入的 40% 左右，在经济增长下滑的情况下，这些债务形成银行坏账的可能性加大。二是财政收支风险向政府控股的地方金融机构转嫁。目前地方政府控股的金融机构的贷款大量流向政府投资的市政工程、交通等基础设施领域，变相承担了部分公共财政的职能，政府财政收支的健康状况将影响这些金融机构的资产安全。三是财政的“钓鱼”工程[①]易形成银行坏账。对于政府主导的一些项目，银行资金贷出去后，由于种种原因财政配套资金不能按时足额到位，易形成烂尾工程，造成银行坏账。

3. 物价指数大幅波动，负面效应逐渐累积。2008 年广西自治区的居民消费价格呈现“先涨后落”的态势。上半年居民消费价格最高达到 12.2%，但是在下半年逐步回落，12 月份下降至 1.4%。物价变动幅度太大可能会对金融稳定产生一定的负面影响。一是物价指数波动过于频繁、剧烈，不利于金融机构评估信用风险和市场风险。二是物价指数大幅下降会减少商业银行的名义收入和现金流量，可能使抵押品价值缩水，从而影响其资产质量、流动性和支付能力。三是通货紧缩影响企业生产和投资的积极性，企业利润也易出现下降，商业银行不良资产增加的风险则会有所上升。四是物价从上涨变为下跌并且下跌速度很快时，经济可能会出现衰退，这时中央银行采取降低利率和存款准备金率的政策来刺激消费，但适度宽松的货币政策可能引发新的流动性过剩。

4. 房地产开发企业资金链紧张，信贷资产安全须密切关注。据抽样调查显示，2008 年，南宁市 50% 以上在建项目企业反映流动资金紧张。样本企业整体资产负债率达 69.7%；企业现金与总资产比率为 8.3%，整体流动性偏低；企业存货余额比上年末增长 23.5%。随着房地产开发企业销售周期的延长，银行贷款能否如期收回面临考验；而部分企业在资金周转压力加大的情况下，已出现挪用、拖欠贷款，甚至利用虚假按揭套取银行信贷资金的现象。市场风险通过企业偿债能力向金融风险传导的可能性进一步加大。

5. 房地产市场下行特征明显，房贷违约呈上升趋势。2008 年，广西自治区房地产开发投资增速

① 所谓的钓鱼工程是指在决策阶段被描述为造价很低、见效很快，但在实际建设过程中，建设单位不断变更资金预算，迫使投资部门不断追加投资，最终决算超预算、预算超概算、实际造价大大超出原先计划的那些工程。钓鱼工程以政府工程居多。

从6月份开始连续7个月低于全国平均水平，商品房空置面积同比增长22.3%，房屋销售价格涨幅较前3个季度回落了2.2个百分点。对当前全球经济增长放缓、房价下行预期可能导致财富效应降低，房地产行业风险进一步向金融风险传导的迹象须密切关注。2008年，广西自治区开发贷款不良率同比上升0.12个百分点，不良贷款余额比年初增加了0.45亿元。

二、金融运行与金融稳定

（一）银行业：总体平稳快速发展，但不良贷款反弹压力较大

1. 总体呈现平稳快速发展，存贷款增量双双创新高。2008年，广西自治区银行业本外币资产总额8 482.40亿元，同比增长23.12%；本外币结益132.23亿元，同比增长44.08%。本外币各项存款余额7 075.02亿元，比年初增加1 273.76亿元；本外币各项贷款余额5 110.06亿元，比年初增加947.37亿元。存贷款增量均创历史新高。

2. 不良贷款反弹压力较大，风险问题不容忽视。银行信贷集中风险加剧，集团客户贷款质量问题依然严重。2008年广西自治区5 000万元以上的大客户授信余额比上年年末增加561.06亿元，贷款余额比上年年末增加455.89亿元。少数集团客户贷款质量依然较差。

重大自然灾害频发，涉农贷款质量深受影响。据广西自治区农村信用联社测算，广西自治区农村合作金融机构受灾贷款余额约为65亿元（其中受灾农业贷款57亿元），因灾无法按时收回的贷款预计达28亿元，其中因灾无法按时收回的农业贷款预计达25亿元。

支付水平下降明显，流动性风险管理亟待加强。2008年末，广西自治区4家国有商业银行平均超额备付金率比年初下降0.46个百分点，3家城市商业银行平均超额备付金率比年初下降5.82个百分点。广西自治区90家农村合作金融机构有2家存贷款比例超过80%，6家流动性比例低于25%。

中小金融机构中长期贷款持续增长，期限错配问题仍然突出。2008年广西自治区农村合作金融机构新增中长期贷款占其各项新增贷款的83.96%。柳州商行中长期贷款比率比年初上升25.36个百分点。

农村合作金融机构股本金稳定性面临考验。2008年，部分联社股东转（退）股比较多，股东变动比较频繁，股金稳定性受到一定影响；而且由于盈利预期不乐观，股金分红压力较大，农村合作金融机构股本金的补充和保持股本金的稳定性均面临考验。

（二）证券业：总体运行保持平稳，但市场竞争力较弱

1. 行业总体运行保持平稳，市场规模明显下降。截至2008年年末，广西自治区共有上市公司25家，占全国上市公司总数的1.54%；上市公司总股本104.46亿股，同比增长17.65%；上市公司总市值482.45亿元，同比减少65.9%。有2家上市公司进行融资，融资金额为13.4亿元。37家证券营业部盈利水平同比下降40%。

2. 发展基础不够牢固，市场竞争力较弱。市场融资步伐仍然较慢，与全国资本市场扩张趋势不相称。2008年，广西自治区没有新增上市公司，上市进度明显落后于全国平均水平。从上市公司后备力量看，大多数企业规模较小，优势不明显，上市的竞争力不强，获得公开发行股票融资仍有一定难度。

受金融危机的影响，企业生产经营形势严峻。截至2008年9月末，广西自治区25家上市公司净

利润同比下降61.12%，平均每股收益同比下降68.75%；个别上市公司经营状况恶化，亏损严重，银行贷款全部逾期，隐含较大风险。

法人证券公司内控水平和核心竞争力不强，创新发展动力不足。2008年，由于股市深幅调整，交易不活跃，法人证券公司创新发展动力不足的问题进一步凸显，法人证券公司净利润比上年下滑50.16%，发展空间趋紧。

股市持续下跌，引发投资者上访等不稳定问题。因2008年股市持续下跌，部分股民亏损严重，不满、悲观情绪上升，北海市某投资者组织并参与群体上访，对社会稳定产生了一些负面影响。

（三）保险业：整体实力显著提高，但经营面临严峻挑战

1. 行业整体实力显著提高，市场体系进一步完善。2008年，广西自治区原保险保费收入133.48亿元，同比增长33.49%，14个地级市中有13个市增速超过30%；累计赔款和给付支出42.33亿元，同比增长21.11%。保险公司总资产首次突破200亿元。保险密度264.3元/人，保险深度1.9%。省级保险分公司25家，保险从业人员5.68万人。

2. 市场环境发生变化，保险公司经营面临严峻挑战。宏观政策持续调整，保险资产面临利率倒挂风险。2008年10～12月，人民银行4次下调存款利率，1年期存款基准利率已降至2.25%，而保险业中传统寿险和有保底收益承诺的保险仍然按照2.5%的寿险预订利率进行销售。如果市场长期处于低利率水平，将形成利差损，直接影响寿险业务的盈利能力。

市场环境发生变化，寿险业稳健经营受到考验。2008年第四季度广西自治区投连险、分红险和万能险等产品的增速分别比第二、第三季度下降92.94个和83.52个百分点，第四季度银保渠道增速分别比第二、第三季度下降254.74和153个百分点。

寿险业的退保风险不容忽视。由于寿险投资理财型产品专业性较强，条款复杂，加上该类业务主要通过银邮渠道销售，代理销售人员专业水平有限，容易产生销售误导的风险。此外，资本市场的变化有可能对投资理财型产品造成较大影响，使寿险业潜在退保风险加大。

产险业经营效益下滑，经营风险有所上升。2008年，广西自治区产险公司保费收入同比增长15.73%，增速同比下降16.95个百分点；承保利润同比下降30.91个百分点。

广西自治区保险业发展的稳定性有待提高。2008年广西自治区保险业总体增速比全国平均增速低5.57个百分点，落后西部地区11.68个百分点。与此同时，月度间保费规模及增速波动较大。2008年月度保费规模最高的1月与最低的10月保费规模相差8.03亿元，增速最高的2月和最低的12月增速相差83.1个百分点。

（四）金融改革继续提速，竞争力不断增强

1. 金融改革继续深化，金融体系不断完善。2008年，政策性银行改革顺利推进，广西自治区辖区农业发展银行商业性贷款业务已占据主导地位；中国银行、建设银行和工商银行在广西自治区辖区各分支行内部管理和风险控制能力不断增强，财务状况逐步好转，经营管理能力和市场竞争力稳步提高。广西自治区分行农业银行固定资产评估确权工作基本完成，并成为全国农业银行“三农”金融服务试点省份之一。地方性商业银行改革顺利实施。南宁市商业银行于2008年10月23日正式更名为广西自治区北部湾银行，各项指标大幅度改善。

“引金入桂”工程取得显著成效，金融业竞争主体增加。2008年，中信银行南宁分行挂牌开业，

招商银行正积极筹备开业。外资银行加速进驻。南洋商业银行南宁分行于2008年10月20日开业，星展银行南宁分行已获银监会批准开业。13家期货营业部开业，占全国新增量的10%。5家新的保险主体进入广西自治区市场，新增各级保险分支机构280家。辖区金融体系单一的格局正在改变，金融体系趋于完善。

2. 农村信用社改革成效显著，票据兑付圆满完成。截至2008年年末，广西自治区89家农村信用社累计兑付资金42.94亿元，专项中央银行票据兑付工作提前一年圆满完成，成为全国第二批21个改革试点省（市）中第一个完成兑付工作的省份。广西自治区已建立信用村378个，在农村合作金融机构有贷款的农户数已占广西自治区农户数的28.77%。广西自治区农村合作金融机构资本充足率同比提高5.19个百分点；各项存款余额同比增长29.47%；各项贷款余额同比增长30.72%；不良贷款余额同比减少4.63亿元；利润总额同比增长60.79%。广西自治区已有37家农村信用社达到农村合作银行组建标准，其中14家正式开业，3家获银监会批准筹建。广西自治区农村商业银行的组建工作也在稳步推进。

但是，广西自治区农村信用社发展中仍存在一些不容忽视的问题。一是法人治理结构取得实质性成效尚需时日。二是部分农村信用社经营粗放、管理薄弱的状况亟待改善。三是部分人员存在对改革成效的盲目乐观，从而忽视了内部管理和风险防范，不利于农村信用社的健康可持续发展。

3. 新型农村金融机构试点工作稳步推进，并初见成效。广西自治区新型农村金融机构试点工作于2008年3月启动，目前已初见成效。至2008年年末，已有两家村镇银行正式挂牌开业。2008年12月19日，自治区政府办公厅下发了《关于印发开展小额贷款公司试点工作的实施意见的通知》（桂政办发［2008］200号），标志着广西自治区小额贷款公司试点工作正式启动。

但当前新型农村金融机构仍存在一些问题和风险。一是面临一定的流动性风险。二是新型农村金融机构支农功能难以有效落实。三是相关专业人才匮乏。

（五）其他金融风险因素对金融稳定的影响

1. 非法集资活动有所抬头，风险需密切关注。2008年，广西自治区出现了一些涉嫌非法集资的案件。如某公司以高回报率为诱饵向社会公众集资，合同资金数额超过亿元。非法集资活动具有严重的社会危害性，破坏地方金融秩序的稳定，在当地已造成恶劣的影响。这类案件极易引发群体性事件，带来社会不稳定，需予以密切关注。

2. 民间融资游离于监管之外，需要加以引导。2008年，广西自治区民间借贷以趋利性强、快速流动为基本特征，借贷形式呈现多样性。民间借贷对金融稳定的影响主要表现是：民间借贷监管尚属空白，在实际中存在监管主体缺位；民间借贷利率水平高企，不利于社会稳定；个别地区民间借贷资金流向六合彩、赌博等非法领域，并有借助黑社会势力暴力追贷的现象；民间借贷在正规金融体外循环，可能使国家产业政策和货币政策产生一定“失真”影响。

3. 金融案件有所下降，但防控形势依然十分严峻。2008年，广西自治区银行业金融机构发生的各类案件同比减少5件。案件数量虽呈下降趋势，但受国际金融危机影响，社会失业闲散人员增多，容易引发盗抢、诈骗等案件，给金融稳定带来影响。而且金融机构内控管理仍然存在薄弱环节，金融案件时有发生，这不仅会直接导致金融机构信誉下降，也容易诱发系统性风险，影响金融稳定。

4. 外生性金融风险较为突出，防范难度较大。一是农村合作金融机构代理政府部门兑付各种补偿（贴）款隐含的风险。二是金融机构协助司法机关执法过程中的不规范行为引发风险。三是农村合作金融机构推动地方政府出台“存贷同比”政策隐含的风险。由于外生性金融风险是通过非经济、非金融等外在因素诱发的，并且具有突发性和传染性的特点，金融机构难以及时获得准确信息，提前做好防范措施，增加了金融机构防范风险工作的难度。

5. 假币流通量有所增长，但对金融稳定影响有限。2008 年，广西自治区收缴假人民币同比增长 10.67%。从总体上看，广西自治区假币收缴量虽然呈现增长的趋势，但未发生假币集中出现的情况，反假货币工作形式基本属于常态。广西自治区的制贩假币违法犯罪活动对金融体系的稳定不足以构成威胁，但需密切监测假币动向，采取应对措施以防范风险。

三、金融市场运行与金融稳定

（一）金融市场日益完善，为市场主体提供较为有效的资金融通渠道

1. 货币市场整体交易活跃。2008 年，广西自治区同业拆借业务累计成交金额同比增长 14%；全年拆借业务各期限加权平均利率同比上升 0.16 个百分点。债券回购累计金额同比增长 63.90%，全年债券回购各期限加权平均利率同比回落 0.22 个百分点。货币市场累计净收益同比增长 1.11 倍。

2. 票据融资交易先抑后扬。2008 年 12 月末，广西自治区票据融资余额同比增长 1.38 倍，余额增幅从 11 月起一举扭转了自 2007 年 3 月以来持续负增长的格局；全年票据融资新增 80.62 亿元，同比多增 114.8 亿元。广西自治区企业贴现累放同比多放 36.09 亿元，全年累计发生再贴现同比增加 5.07 亿元，12 月末再贴现余额同比增长 37.35%。

3. 代理黄金业务快速发展。截至 2008 年 12 月末，广西自治区共有 7 家商业银行开办黄金买卖业务，其中有 4 家为 2008 年新增机构。2008 年，广西自治区商业银行代理黄金累计交易金额同比增长 3.45 倍。

4. 银行结售汇增长回落。2008 年，广西自治区银行结售汇同比增长 37.36%，增速同比回落 15 个百分点。银行跨境资金流动总规模同比增长 38.56%，增速比上年回落 11 个百分点。外资直接投资出资额同比减少 21.5%。外债余额同比增长 70.97%。

5. 证券期货市场冷热不均。2008 年，广西自治区证券经营机构代理证券交易总额同比下降 34%；当年新增开户数同比减少 58.4%。广西自治区期货营业部代理期货交易量同比增长 312%，代理交易额同比增长 285%；期货投资者开户数同比增长 179%，手续费收入同比增长 235.63%。

6. 企业参与短期融资程度较低。2008 年，广西自治区仅有 2 家企业发行短期融资券，发行家数和金额仅分别占全国的 1.1% 和 0.58%。与全国整体水平相比，广西自治区企业利用短期融资券进展十分缓慢。

（二）金融市场面临新问题，潜在风险不断累积

1. 个别金融机构未按规定办理业务。2008 年，个别商业银行未能严格按照金融市场相关法规和要求办理业务。如某银行未及时就纸黄金交易系统出现故障等异常情况进行报告和说明；个别商业银行在全国银行间债券市场更名不及时，对金融市场相关法规存在执行力度缺位的问题。

2. 货币市场利率把握能力有待提高。目前，广西自治区辖内全国银行间市场成员的法人金融机构由于规模小、实力弱，缺乏货币市场研究专业队伍，对货币市场利率的把握能力有待进一步提高，

未来利率风险将成为其参与货币市场交易面临的最大风险。

3. 场外黄金交易扰乱正常交易秩序。随着黄金市场行情不断走高，黄金市场的投机氛围浓厚。部分非金融机构中介服务公司假借提供投资咨询服务等名义，向境外有关机构介绍客户进行黄金保证金交易，以收取较低保证金为诱饵吸引客户，扰乱了黄金市场的正常发展。

四、金融基础设施与金融稳定

（一）支付体系建设取得新的重要进展

2008 年，广西自治区支付体系建设取得新的重要进展。依托小额支付系统顺利开展银行本票业务，提高了小额支付系统利用效率；及时启动支付清算系统应急预案，保持支付系统持续稳定运行；将邮政储蓄机构纳入农民工银行卡特色服务范围，特色服务网络覆盖全区农村地区；开展联合整治银行卡违法犯罪专项行动，推广实施公务卡改革；开展存量单位银行结算账户真实性核实工作，银行账户实名制得到进一步落实。

但广西自治区支付体系还存在一些不完善的地方。如对商业银行行内支付系统支付交易信息监测还缺乏有效手段，非现金支付工具推广应用中还存在无序竞争、违法犯罪活动比较猖獗的现象，愈来愈多的非金融机构提供支付服务却游离于监管之外，边远地区和农村地区支付体系建设相对滞后并制约农村经济发展和金融服务水平的提高。

（二）征信系统建设成效日益显著

2008 年，企业征信系统录入广西自治区 6.5 万户企业信息，入库自然人 2 037 万个；广西自治区商业银行月均查询量达到了 16 万次；各金融机构通过查询个人征信系统拒贷 40 930 笔，金额 16.52 亿元，有效地防范了信贷风险，维护了金融稳定。率先在全区全面推进农村信用体系建设，建立了 215 万户有信贷关系的农户信用信息档案，为 72 万户农户发放贷款约 66 亿元。广西自治区个人住房公积金信息、企业拖欠工资信息、企业环境违法信息、企业产品质量信息、企业质监诚信信息和电信欠费信息均已采集到征信系统中。

但目前征信体系建设仍存在缺乏有效的法律法规支持、政府部门信用信息共享机制有待建立、征信宣传不够到位等问题，需要进一步加强。

（三）反洗钱工作力度进一步加大

2008 年，广西自治区制定了反洗钱保密工作制度，重新修订了反洗钱业务工作流程；积极发挥反洗钱协调机制的作用，深入开展行政调查，圆满完成专项行动；建立反洗钱非现场监管分析评估体系，依法开展现场检查；以多种形式开展反洗钱宣传工作，取得了较好的社会效果。

但广西自治区反洗钱的形势仍不容乐观，尤其是广西自治区沿边这一地理位置的特殊性可能导致的洗钱风险不容忽视。一是“地摊银行”垄断了边贸结算的清算环节和汇率制定，为犯罪分子进行洗钱活动提供了十分便利的条件。二是不排除部分边境现金流动与走私、贩毒、恐怖融资等非法活动有关。三是“两头在外”的结算业务中资金的存入行为和划转行为有可能帮助越方企业洗钱或骗税。四是泛北部湾经济合作区与中国—东盟自由贸易区相关部门之间的合作相对薄弱，增加了资金监测的难度。

（四）金融信息化系统安全稳定运行

2008 年，广西自治区银行业金融机构统一开展了信息安全风险评估和信息系统等级保护安全技术测评工作；完成了人民银行南宁同城通信转接中心建设；组织开展了广西自治区银行卡联网通用检测；组织实施了南宁同城票据清算系统清算中心的服务器及密押系统升级工作，进一步保障了辖区金融信息系统安全稳定运行。

（五）金融稳定机制逐步健全完善

2008 年，人民银行南宁中心支行和广西保监局正式签订了监管信息共享合作备忘录，金融稳定机制逐步完善。自治区打击非法集资领导小组日益发挥作用，合作意识不断增强。各监管部门依法在对银行业、证券业、保险业进行金融监管的同时，进一步整顿金融市场秩序，强化金融市场纪律，金融机构外部约束不断加强。

但是，从目前广西自治区金融稳定机制建设来看，仍存在一些问题：金融稳定各项制度和功能有待进一步健全和发挥；各部门之间尚需加强监管协调；金融机构内控机制没有完全落实到位；金融生态环境建设仍需加强。

五、总体评估与政策建议

（一）总体评估

从定量评估的结果来看，2008 年广西自治区金融稳定综合评价值同比上升 20.56%，属于 B 类地区，说明金融状况明显改善，金融体系协调性有所上升，总体金融稳定状况较好。

虽然 2008 年广西自治区金融稳定综合评价值有所上升，但目前国际金融危机对广西自治区经济的影响已经初步显现，工业效益全面回落，投资增长进一步趋缓，对外贸易增速逐月下降，房地产市场持续低迷，消费增长后劲不足，国际金融危机对广西自治区实体经济的冲击不容忽视。随着经济下行的风险增大，为企业和居民提供金融服务的金融机构也同样面临业务萎缩和财务状况恶化的风险。银行业不良贷款的反弹压力增大，证券公司盈利能力下降，保险公司经营效益下滑，金融机构的稳健经营面临严峻挑战。因此，总体而言，广西自治区金融稳定状况虽然有所改善，但仍需密切关注金融危机从实体经济进一步蔓延到金融领域的风险。

（二）化解金融风险、增强金融业稳健性的政策性建议

1. 加强金融监管协调，提高金融监管效率。广西自治区应建立健全自治区、市两级金融稳定协调机制，负责本辖区重大金融风险处置及金融稳定协作。要定期或不定期召开联席会议，并用制度给予保障，明确各方的责任与义务，确定信息共享内容与信息来源渠道，建立全面、开放、集中的金融信息中心，形成维护金融稳定的合力，提高风险预警和处置的能力。自治区级金融稳定协作领导小组办公室应将本级协作共享的证券、保险信息及时向市一级传递，以弥补市级证券、保险监管机构缺位而造成数据信息交流的不便，提升市级金融稳定协作机制的效能。

2. 加快金融风险防范体系建设，提高防范化解风险的能力。金融机构要进一步树立适度利润和

科学发展的理念，重视银行基础信贷产品质量，对各项信贷资产风险进行压力测试，找出薄弱环节和领域并及时进行处置。要密切关注房地产、股票等资产价格的波动，加强对金融市场的监测，防范资产价格波动所带来的金融风险。要密切关注并防范关联风险、交叉工作风险和跨市场金融风险，努力做到关口前移，防患于未然。

3. 促进金融创新，把握好创新与风险控制的关系。加强审慎监管的同时，必须抓住时机、加速推进金融创新，培养企业利用金融工具防范价格风险的能力。金融创新一定要和银行自身的风险控制和防范能力相匹配。国际金融风险累积释放的背景下，银行应注重国际市场变化给未来经营带来的潜在风险，大力加强风险控制水平，审慎推进国际化和综合化业务。

4. 加强协同配合，营造资本市场发展的良好环境。要合理制定资本市场发展规划。南宁、柳州、桂林三市要发挥中心城市和大企业相对集中的优势，推动一批企业上市融资，努力提高直接融资在金融体系融资的比重。加强证券经营机构建设，提高同业竞争力。

5. 积极应对形势变化，提高保险业经营效益。产险公司要努力拓宽业务覆盖面。要紧紧抓住广西自治区北部湾经济区开放开发这一发展的历史新机遇，积极开拓企财险、工程险、货运险、船舶险等业务新领域。寿险公司要进一步改善业务结构。要主动应对宏观经济形势的变化带来的影响，进一步优化寿险业务结构，增强业务发展的可持续性。

6. 推动金融改革向纵深发展，消除潜在的金融不稳定因素。继续深化国有商业银行、农村信用社的改革，鼓励和扶植辖区内的新型农村金融组织的发展与壮大，切实建立起产权关系明晰、自主经营、自负盈亏的法人治理结构，提高经济效益，促进金融稳定；着力发展证券业、保险业等非银行金融机构，鼓励支持更多的合资、外资金融机构来桂设立分支机构，满足市场经济中的多样化金融需要。

7. 改善区域金融生态环境，构建金融稳定长效机制。一要强化金融基础设施建设。完善支付体系维护和管理制度，加快社会信用体系建设，加大反洗钱工作力度，不断夯实金融生态环境建设基础。二要改善金融执法环境加大对非法金融活动的打击力度，依法维护地方金融市场秩序。三要深化金融知识宣传教育，提高公众风险意识和维护自身权益的能力。四要增强金融服务意识，提高金融服务水平，重视民生与社会和谐。

8. 继续深化与东盟各国的金融合作，维护国家利益。加强同东盟各国在国际金融领域的协调和合作，强化与东盟各国的监管信息交流，参与应对金融危机的国际、区域合作，维护国家利益。继续引进东盟各国金融机构特别是法人金融机构进驻南宁，在中国—东盟自由贸易区（CAFTA）框架下推进广西自治区与东盟各国的人民币结算业务合作；加强异常外汇资金流动的监管，完善跨境资金流动监测预警指标体系，建立健全国际收支风险应对机制。

总　纂：罗跃华
统　稿：黎　宇　黄云丰
执　笔：朱燕宇　农丽娜　王　涛　黄德钊
其他参与写作人员：（以姓氏拼音为序）
安立波　邓华茂　费代华　郭　敏　胡凡良
黄　敏　卢　峰　陆　峰　罗顺兴　覃　琪
卿文芳　邱　海　王东刚　王效瑜　易　扬

海南省金融稳定报告摘要

2008年，海南省积极应对国内外经济形势的急剧变化，切实贯彻中央宏观调控以及胡锦涛总书记视察海南重要讲话精神，更加有效推进“大企业进入、大项目带动和高科技支撑”发展战略，全省经济保持了增长较快、质量提高的良好态势，金融改革稳步推进，金融市场稳健有序，金融生态环境持续优化。金融业运行稳中求进，主要经营指标创历史新高，抗风险能力不断增强，金融稳定状况处于正常区间。分行业来看，银行业快速发展，信贷结构不断优化，资产质量显著改善，盈利水平大幅提高，经营情况逐年转好。证券业受大环境影响，经营状况较上年转差，随着历史风险逐步化解，整体运行基本正常。保险业资产规模继续扩大，市场体系不断完善，服务保障功能进一步增强。

一、区域经济运行与金融稳定

2008 年，在国际金融危机和国内需求下降的背景下，海南省坚决推进“大企业进入、大项目带动和高科技支撑”的发展战略，经济保持平稳较快增长，投资和消费需求增长强劲，县域经济日益活跃，财政收入和居民收入快速提高。区域经济运行环境总体良好，但受国际金融危机、国内经济下滑影响，出口、工业生产和房地产销售增速大幅趋缓，对金融稳定的负面影响值得关注。

（一）经济保持平稳较快增长，保障了信贷资源配置效率

1. 经济平稳较快增长。2008 年，海南省生产总值（GDP）完成 1 459.23 亿元，增长 9.8%，增幅比上年下降 4.7 个百分点，比全国高 0.8 个百分点。全年农业增加值完成 437.61 亿元，增长 7.7%，为经济较快增长奠定了坚实基础。第三产业增加值 587.22 亿元，增长 13.3%，对经济增长的贡献率达到 64%，成为支撑 2008 年经济较快增长的主要因素。全年工业完成增加值 321.18 亿元，比上年增长 5.8%，减缓 28 个百分点。

从投资、消费和出口三驾拉动经济增长的马车看，投资和消费增势强劲，成为拉动经济增长的主要动力。2008 年，全社会固定资产投资比上年增长 40.5%，增幅同比提高 22.60 个百分点，多年来首次超过全国平均水平；全年全省社会消费品零售总额比上年增长 23.9%，增速同比提高 6.5 个百分点；出口增长 1.04%，增幅同比回落 24.9 个百分点。

从固定资产投资的资金来源看，国内贷款和国家投资的支持力度显著增强，扩大内需政策取得初步成效。2008 年，全年城镇固定资产投资到位资金比上年增长 30.7%，资金到位率为 122.9%。其中，国内贷款占 24.5%，比上年提高了 7.33 个百分点；国家预算内资金占 9.19%，比上年提高了 2.17 个百分点（见表 1）。

表1 海南省固定资产投资资金来源结构 单位:%

年份	国家投资	国内贷款	利用外资	债券	自筹资金	其他投资
2000	6.16	12.57	15.99	1.36	53.60	10.32
2001	8.67	9.62	13.44	1.02	53.87	13.38
2002	7.24	14.28	15.47	1.52	50.86	10.63
2003	6.06	15.13	14.70	0.44	45.80	17.88
2004	5.15	23.88	5.71	0.54	52.32	12.40
2005	7.90	33.56	6.24	0.14	32.69	19.46
2006	6.58	24.34	14.20	0.02	31.47	23.38
2007	7.02	17.17	3.54	0.015	49.19	22.27
2008	9.19	24.50	2.84	0.04	39.38	24.05

数据来源：海南省统计局。

2. 贷款主要支持优势行业和基础设施建设，资产质量较高。近几年，在工业化、城镇化进程中，海南省依托比较优势，形成了热带农业、旅游、房地产、造纸、油气化工、汽车、电力、医药、水泥和食品饮料等优势支柱产业。同时，地方财政收入显著提高，基础设施建设不断增强。这些都为金融机构尤其是银行业金融机构提供了广阔的市场空间。2008 年，海南省银行业最大 10 家客户期末贷款余额占其贷款总额的 50.61%，比上年提高 8.43 个百分点。从贷款投向上看，10 大客户主要集中在基础设施、航空旅游、造纸、油气化工和电力等行业。尽管受国际金融危机和国内宏观经济波动的双重影响，海南省经济出现下行趋势，政府和企业资金较为紧张，但 10 大客户贷款质量正常，收息率 100%。

（二）经济主体偿债能力分析

1. 政府部门偿债能力增强。地方财政收入快速增长。2008 年，海南省地方政府性收入 250.87 亿元，同比增长 46.2%。其中，地方一般预算收入 145 亿元，同比增长 33.9%。同时，海南省通过海南省发展控股公司、各市县城市建设投资公司向金融机构举债进行基础设施建设，还款来源基本为项目投资收益和土地出让收益。2008 年海南省国有土地使用权出让金收入同比增长 138.2%，降低了金融机构贷款风险。

2. 企业部门还贷付息能力降低。国际金融危机和内需不振影响工业企业盈利能力。2008 年，海南省规模以上工业完成增加值 297.61 亿元，增长 6.0%。规模以上工业企业经济效益综合指数 245.2%，同比下降 28.5 个百分点；实现利润总额 27.61 亿元，同比减少 61.7%；亏损企业亏损 55.25 亿元，比上年增长了 1 299.6%；总资产贡献率为 9.5%，降低了 5.6 个百分点；资产负债率为 63.8%，上升了 4.7 个百分点。规模以上工业企业盈利能力的降低，加大了银行信贷风险系数。

3. 小企业信用风险状况继续改善。2008 年末，全省银行业金融机构（不含农村信用社）小企业贷款户数 12 644 户，比年初减少 5 790 户，扣除农业银行剥离贷款因素，小企业贷款户数增加 78 户。小企业贷款余额 31.05 亿元，比上年减少 22.46 亿元，扣除农业银行剥离贷款因素，比上年增加 9.97 亿元。其中，小企业不良贷款余额比上年减少 31.61 亿元，不良贷款率比上年下降 52.09 个百分点。

4. 住户部门负债消费增长平稳，债务风险较低。住户部门负债消费增长平稳，可支配收入增长较快，收入—债务比率上升。2008 年末，个人消费贷款余额为 129.30 亿元，比上年末增加 13.61 亿元，增长 11.8%。2008 年，城镇居民人均可支配收入 12 608 元，增长 14.6%；人均消费支出 9 408.48元，增长 13.5%。城镇居民收支轧差盈余为 3 200 元，比上年增加 496 元。住户盈余的增加使居民保持了较高的储蓄率。2008 年末金融机构储蓄存款余额比年初增加 196.08 亿元，增长 22.3%，增幅比上年加快 14 个百分点，住户保持了较高的偿债能力。

（三）重点行业风险分析：房地产金融风险值得关注

1. 房地产投资增速高位运行。2008 年，全省房地产开发投资同比增长 48.4%，增幅同比提高 6.2 个百分点（见图 1）。房地产投资增速连续两年高位运行，其中住宅投资增长 51.8%，90 平方米住宅投资增长 72.7%；土地开发投资同比增长 20.4%，增幅比上年提高 20.7 个百分点。

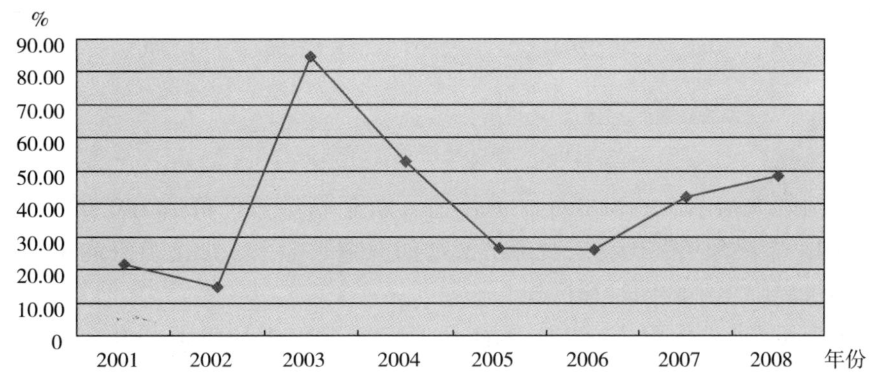

数据来源：《海南统计月报》。

图 1　房地产开发投资增长率

2. 房屋竣工面积和销售面积增势减弱。2008 年，房屋竣工面积比上年增长 0.1%，增幅比上年回落 70 个百分点；房屋销售面积比上年增长 7.8%，增幅比上年回落 41 个百分点。2007 年和 2008 年上半年房屋销售火爆，房价一路上升。但下半年以来，受岛内外需求减小和房价增长过快的双重影响，房屋竣工和销售面积持续下滑。

3. 房价保持快速上涨态势。2008 年，海南省房屋销售平均价格比上年增长 23.5%，增速比上年加快 6 个百分点。其中住宅平均销售价格增长 25.4%，增速比上年加快 7.8 个百分点。

4. 房地产贷款增长放缓，房地产业贷款风险值得关注。2008 年末，海南省房地产各项贷款余额增长 2.2%，增速比上年下降 22.4 个百分点。其中，房地产开发贷款余额减少 13.3%（主要由于农业银行剥离不良资产），个人购房贷款余额增速比上年下降 8.6 个百分点。同时，海南省商品房销售速度明显放缓，房价涨幅趋缓，个别房地产贷款客户存在企业资产经营成本上升、负债率升高、财务风险增大、未按销售进度还款等风险。而且，由于受经济环境变化冲击，个别存量购房贷款客户还款能力及意愿均出现不同程度下降，个人住房贷款风险有所抬头。

（四）宏观经济运行对金融稳定影响的评估

2008 年，海南省经济发展态势较好，但受到国际金融危机冲击，宏观经济比上年有所下滑。

2008 年宏观经济评估值为 0.433，比上年同期减少 0.68（见图 2），宏观经济运行从上年正常状态转为关注状态，金融稳定的宏观基础有所减弱。

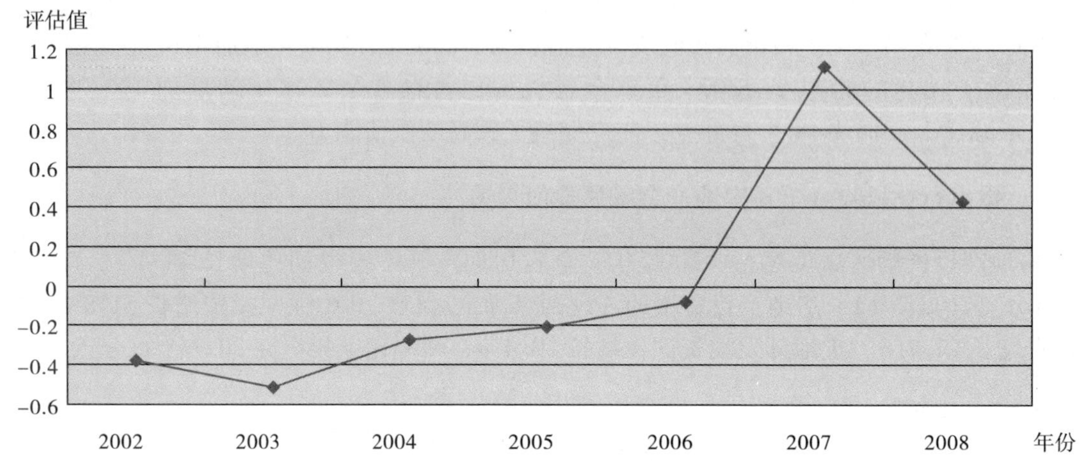

数据来源：中国人民银行海口中心支行。

图 2 辖区经济稳定评估值

宏观经济运行绩效大幅下滑。2008 年，海南省经济运行绩效评价值为 0.099，比上年同期减少 1.393。这表明在国际金融危机和国内宏观经济波动的双重影响下，加之自身尚未解决的深层次矛盾和问题，海南省经济面临不小的困难和挑战。

社会稳定方面需要关注的因素。2008 年社会稳定状况因素评价值为 0.288，比上年同期下降 0.13。主要原因是恩格尔系数较上年同期有所上升。而恩格尔系数上升的原因在于食品价格的快速上涨，导致食品支出增速大于收入增速。因此，加强农业基础地位，保障食品供应充足、价格稳定，对维护社会稳定具有重要意义。

二、金融业与金融稳定

（一）银行业与金融稳定

1. 银行业稳健发展，经营效益显著提高。

（1）经营机构基本稳定，业务规模继续扩大。截至 2008 年年末，海南省共有银行类金融机构 1 226个，同比减少 5 个；从业人员 17 409 人，同比增加 595 人；资产总额 2 994.86 亿元，同比增加 299.24 亿元，增长 15.85%；负债总额 2 985.91 亿元，同比增加 295.26 亿元，增长 15.45%。

（2）存款业务快速发展，结构不断优化。截至 2008 年年末，海南省银行类金融机构各项存款余额 2 350.86 亿元，比年初增加 478.06 亿元，增长 25.53%。存款主要以企业存款和储蓄存款为主，两项总计 1 992.99 亿元，占存款总量的 84.78%。

（3）信贷投放力度加大，贷款质量明显提高。截至 2008 年年末，海南省银行类金融机构本外币贷款余额总计 1 383.39 亿元，比年初增加 270.72 亿元，增长 22.05%，增长幅度较上年上升 12.88 个百分点。随着金融体制改革工作的不断深入，特别是国有商业银行股份制改革工作的成功，海南省银行业资产质量得到不断改善，不良贷款率呈逐年下降趋势（见图 3）。2008 年年末，海南省银行类金融机构不良贷款率4.13%，同比下降11.38个百分点。

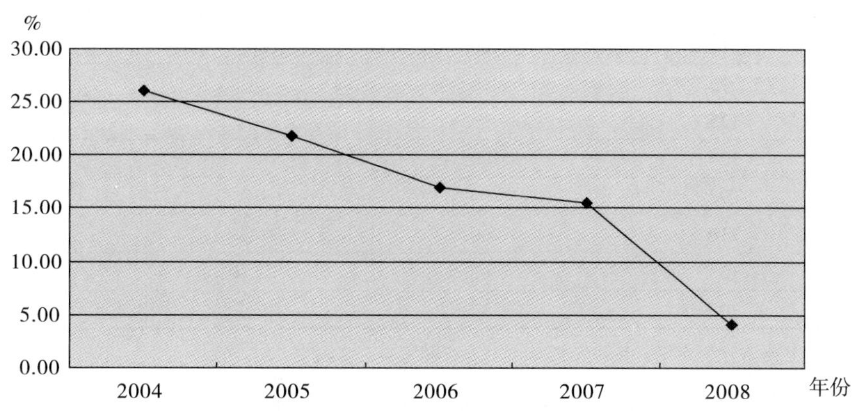

数据来源：海南银监局。

图3 不良贷款率年度变动趋势

（4）收入大幅增长，盈利水平快速提升。2008年，海南省银行类金融机构营业收入67.23亿元，同比增长29.84%；全年实现利润23.38亿元，同比增加16.44亿元，利润增长速度为226.13%；人均利润16.99万元，同比增长292.38%；资产利润率1.04%，较上年提高0.26个百分点。

（5）金融改革顺利推进，运行机制不断优化。2008年，农行海南省分行高标准、高质量地完成了股份制改革基础性工作，顺利实现了不良资产剥离，财务状况大为改善。农村信用社改革进程加快，专项中央银行票据发行落实到位，县（市）农村信用社统一法人改革工作进入实质性阶段。

2. 银行业发展中需要关注的方面。

（1）收入渠道过窄，中间业务发展较慢。在海南省银行类金融机构营业收入中，利息收入一直处于主导地位。2008年，利息收入占比89.74%，同比上升3.46个百分点；中间业务收入占比13.1%，同比下降0.53个百分点。

（2）贷款集中现象继续加剧，行业集团风险增大。截至2008年年末，交通运输、仓储和邮政业等六大行业总计贷款余额占全省贷款余额的80.08%，同比上升3.1个百分点。海口市贷款余额占全省银行类金融机构贷款余额的78.95%，占比上升3.61个百分点；三亚市贷款余额占全省银行类金融机构贷款余额的6.89%，占比下降0.7个百分点。海南省最大一家贷款客户期末贷款余额占全省银行类金融机构贷款余额比率为9.06%，上升0.31个百分点；最大10家贷款客户期末贷款余额占全省银行类金融机构贷款余额比率为50.61%，同比上升8.43个百分点。

（3）融资比例不协调，企业风险向银行业集中。2008年，海南省非金融机构融资总量302.7亿元，较上年增长103%。其中：间接融资占比87%，较上年上升23.4个百分点；直接融资比重为13%，较上年下降22.9个百分点（见表2）。很显然，海南省企业融资高度依赖于银行体系，使得银行系统承担了一些本应由金融市场承担的风险。

表2　2001～2008年非金融机构融资结构　　单位：亿元、%

年份	融资量	比重		
		贷款	债券（含可转债）	股票
2001	14.2	100	0	0
2002	75.3	90.3	0	9.7
2003	125.6	90.8	0	9.2
2004	124.5	100	0	0
2005	98	100	0	0
2006	210.8	60.3	6.2	33.5
2007	158	63.6	27.7	8.7
2008	302.7	87	12.2	0.8

数据来源：海南省发展改革厅、中国人民银行海口中心支行和海南证监局。

（4）存贷比例持续下降，资金利用效率不高。近年来，随着信贷审批权限的上收和贷款责任制的实施，海南省银行类金融机构普遍存在“惜贷”现象，导致一方面银行信贷资金大量沉淀，另一方面大部分企业特别是中小企业贷款越来越困难。2008年末，海南省银行类金融机构存贷比例为57.29%，同比下降7.72个百分点。

3. 银行业稳定评价。根据“海南省金融稳定监测评估系统”的评价结果，2008年，海南省银行业稳定状况综合评价值0.396，同比增加0.278，稳定状况转好，处于正常运行区间。从2004年开始，综合评价值曲线呈上升态势，说明海南省银行业持续发展能力不断提高（见图4）。

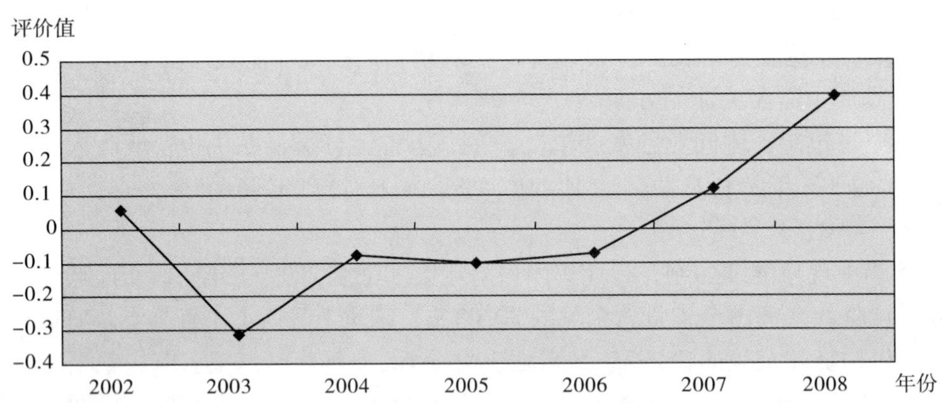

数据来源：中国人民银行海口中心支行。

图4　海南省银行业稳定评估值

（二）证券业与金融稳定

2008年，海南省证券业整体低位运行，股票、基金交易量萎缩，客户资产进一步缩水，证券机构营业收入和净利润大幅下降，上市公司整体经济效益不佳，股票市场融资功能弱化。股市震荡加剧使海南省证券业面临的市场风险加大。

1. 证券业发展概况。

（1）法人证券公司经营业绩下滑。2008年，海南省2家法人证券公司资产及负债总额同比分别减少36.68%、46.59%；净资产与上年基本持平。受资本市场深度下探影响，2家证券公司的营业收入和净利润均大幅下降（见图5）。2家证券公司共实现营业收入3.57亿元，其中，手续费及佣金净收入4.42亿元，投资收益-1.44亿元；净利润2 715.65万元，同比减少78.25%。

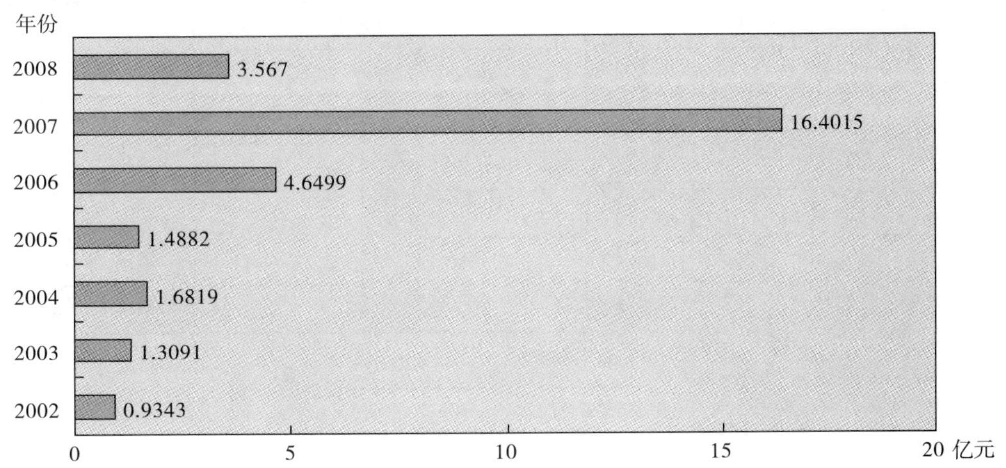

数据来源：海南证监局。

图5 2002~2008年海南证券公司营业收入状况

（2）证券营业部业务萎缩。2008年，22家证券营业部共实现证券交易总额2 718.55亿元，占全国成交总量的4.2‰。管理客户资产194.89亿元。其中，托管客户证券资产156.69亿元，同比下降59.03%；客户交易结算资金38.20亿元，同比下降41.42%。这主要是受证券市场深幅下调的影响。营业收入5.02亿元，同比减少49.80%；整体盈利2.29亿元，同比减少58.96%。

（3）期货业历史风险逐步化解，期货公司盈利状况欠佳。2008年，4家正常营业的期货公司代理交易额4 426亿元，同比增长45.35%；营业收入2 555.5万元，同比增长3.25%；手续费净收入2 265.52万元，同比增长31.98%；但净利润由上年的盈利状态转为亏损，合计亏损601.62万元。全年仅有1家期货公司盈利。2008年，万汇期货和海证期货风险处置工作基本完成，海南期货业历史风险逐步化解。

（4）上市公司经济效益不佳，股票市场融资功能弱化。2008年，海南省共有境内上市公司20家，总股本138.82亿股，流通A股81.63亿股；总市值451.02亿元，同比减少1 053.09亿元（见图6）；股票筹资额2.40亿元，同比有所下降；年内未发行新股，资本市场融资功能有待进一步加强。2008年，20家上市公司的平均股价由2007年的11.48元降至3.78元，降幅达到67.07%。

2. 证券业发展中需要关注的问题。

（1）证券期货机构抵御风险能力弱，盈利水平亟待提升。海南证券公司在网点数量、资产规模、产品创新及销售、综合金融服务能力上和其他大券商仍存在较大差距，收入结构单一，在经营上很难实现规模效应。2008年，2家证券公司资本充足率均比2007年有所下降，抗风险能力趋弱。期货公司也存在资产规模小、期货客户保证金规模小、盈利模式单一、盈利水平低、服务质量不高、市场开发能力有限、重要岗位适用人员缺乏等问题，抵御风险能力弱。

（2）上市公司主营业务不突出，存在潜在的财务风险。海南省上市公司有半数公司存在主业不明或者面临主业转型问题。近几年不少公司主要依靠债务豁免实现债务重组收益或者实现投资收益，有的公司还依赖控股股东或关联方关联交易来维系，公司的发展未有实质性突破。上市公司负债水

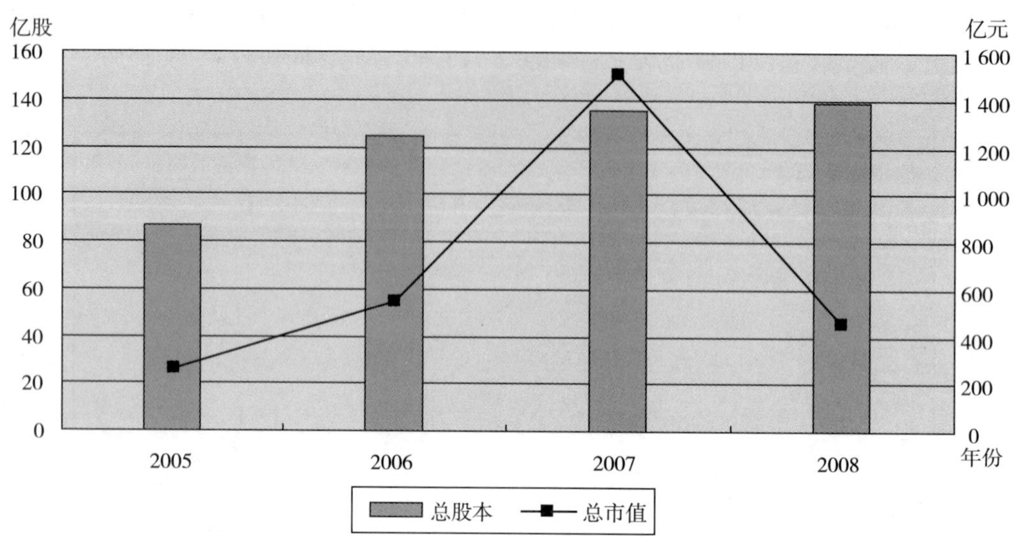

数据来源：海南证监局。

图6　海南上市公司总股本和总市值历年变动状况

平较高，2008 年平均资产负债率为67%，同比上升 1 个百分点。居高不下的负债水平给公司带来很大的财务风险。

（3）证券市场参与者存在非理性行为，影响社会稳定。一是股指大幅下探导致投资者资产大幅缩水，引起部分投资者采取不理性或偏激行为。二是期货居间人全权代理客户交易造成客户亏损，引起经济纠纷。三是部分证券经营机构没有严格按照相关规定和监管要求开展经纪业务营销活动。

（4）证券业持续发展存在瓶颈，资本市场对地方经济的影响力和渗透力弱化。2008 年，海南省 GDP 实现 1 459.23 亿元，按可比价格计算，同比增长 9.8%，经济保持了平稳较快发展。与此相比，海南省证券业未能得到同步发展，资本市场对地方经济的影响力和渗透力弱化。造成海南省证券业发展停滞不前的原因是多方面的，概括起来有如下五个方面：一是虽然近几年海南省经济发展较快，但经济总量仍较小，缺乏实体经济做支撑。二是上市公司数量有限，2002 年以来无新的公司上市，企业难于通过资本市场融到发展资金；现存的 20 家上市公司也存在着主营业务不明确、发展方向不明朗等问题。三是上市公司股权重组与资产重组频繁，20 家境内上市公司中有 15 家公司实际控制人发生过变更，其中 8 家公司经历了两次以上的控制权变更，而新入主的股东以外地企业居多。四是仅有的 2 家证券公司注册地虽然在海南，但总部都设在外地，主要业务集中在外地，这不利于海南证券业的发展。五是 22 家证券营业部全部集中在海口和三亚，其他市县均没有证券营业部，证券基础设施分布极度不平衡。

3. 证券业稳定评价。根据“海南省金融稳定监测评估系统”的评价结果，2008 年，海南省证券业稳定评价值为 0.266，同比减少 0.068，稳定状况较上年转差，处于下滑阶段（见图 7）。下一阶段，须对海南省证券业的稳定状况给予持续关注。

（三）保险业与金融稳定

2008 年，海南省保险业实现了平稳较快发展。全行业增长方式逐步转变，产业结构不断优化，市场体系渐趋完善，主体结构日趋合理，盈利能力有所提高。此外，海南省保险市场集中度呈现下

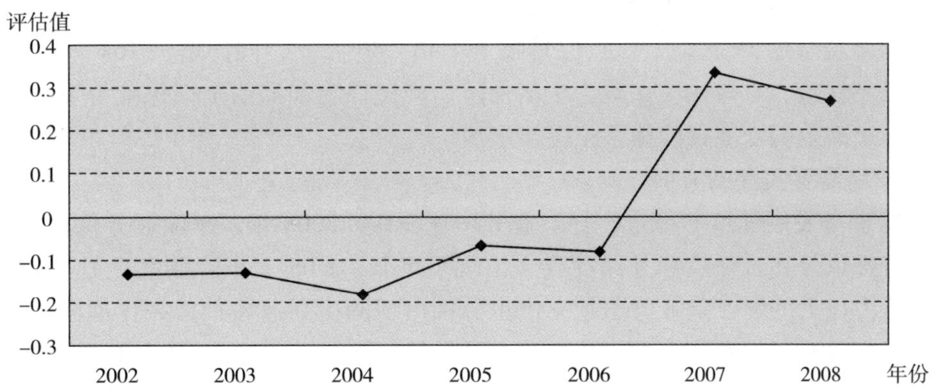

数据来源：中国人民银行海口中心支行。

图7　海南省证券业稳定评估值

降趋势，区域发展结构继续优化，保险覆盖面进一步扩大，农业保险服务取得新的进展。

1. 市场运行特点。

（1）整体实力稳步增强，功能保障作用有效发挥。2008 年年末，保险业资产总额 55.5 亿元，同比增长 25.83%。全年保费收入 30.07 亿元，同比增长 32.79%。其中：人身险保费收入 19.16 亿元，同比增长 48.73%；财产险保费收入 10.91 亿元，同比增长 11.77%。全年累计赔付支出 8.74 亿元，同比增长 36.6%。截至 2008 年年末，全省保险密度达到 351.99 元/人，较年初增长 31.34%；保险深度 2.05%，同比增加 0.21 个百分点（见图 8）。

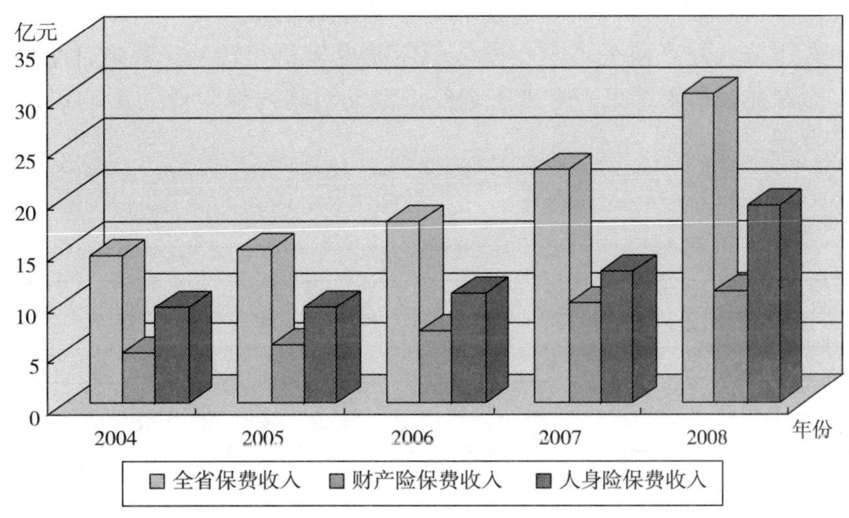

数据来源：海南保监局。

图8　2004～2008 年海南保费收入变动情况

（2）业务发展质量进一步向好。在财产险市场上，车险业务增长速度放缓，但车险保费收入在财产险保费收入中的占比继续提高。产险公司成本和费用较为稳定，经营状况也有所改善。2008 年末，产险公司综合赔付率、综合费用率和综合成本率同比分别下降 2.63 个、3.59 个和 6.22 个百分点。人身险市场上，受益于投资型业务和银保渠道业务的高速发展，寿险公司保费收入同比增速高达 51.91%，人身险赔款和给付支出保持稳定。寿险公司退保率 8.01%，同比下降 9.04 个百分点。

（3）农业保险快速发展。截至2008年年末，农业保险试点范围覆盖全省18个市（县），为“三农”提供风险保障资金近29亿元。试点保费收入4 403.86万元，同比增长264%。目前，海南省已开展了橡胶树风灾保险、香蕉风灾保险、生猪保险、渔民保险和渔船全损保险等10个险种，一个符合海南省情、务实高效的农业保险体系正逐步形成。

2. 保险业发展需要关注的方面。

（1）财产险业务发展速度不稳定，寿险业务增速放缓。2008年，车险业务保费收入增速大幅下降，企财险、特殊风险和责任险业务保费收入出现负增长。同时，车险赔案上升导致车险赔款支出大增，其余传统占比大的财产险业务赔款支出也分别出现同比高速增长，并且远高于保费收入增幅。人身险市场上，寿险业务保费收入增幅从7月末开始持续下滑，并在11月末达到最低值-10.37%。

（2）增长和经营方式较为粗放，整体发展效率和质量不高。目前，海南省保险业销售成本高、盈利能力低，经营状况并不乐观。尽管保险机构在加速扩容、业务高速增长、规模迅速扩大的过程中，经营情况逐渐趋好，但是从整体发展效率和质量上看，仍处于发展的初级阶段。截至2008年年末，海南省保险业实现营业收入26.56亿元，同比增长43.79%；净亏损2.82亿元，较上年同期下降25.33%。

（3）农业保险市场规模偏小，险种有限。海南省农业保险试点于2007年8月开始承保，起步较晚，发展虽然较快，但整体规模偏小，农业险保费收入仅占产险保费收入总额的2.5%。2008年，全省农业保险试点增加了水稻保险、尖椒保险、长豆角保险3个险种，试点险种达到10个，但仍不能满足海南农业发展对保险的需求。

3. 保险业稳定评估。根据“海南省金融稳定监测评估系统”的评价结果，2008年，海南省保险业综合评价值为-0.072，同比上升0.245，整体稳定状况较上年好转，但仍处于“欠佳”状态。其中，人身险公司全年整体稳定状况较上年有所转好，稳定评估值同比上升0.579，但从第三季度开始，稳定评估值开始下降。财产险公司全年整体稳定状况较上年转差，稳定评估值同比下降0.266（见图9）。目前，金融危机尚未结束，未来宏观经济波动对辖内保险业的影响仍难以预测，应继续关注保险业的稳定状况。

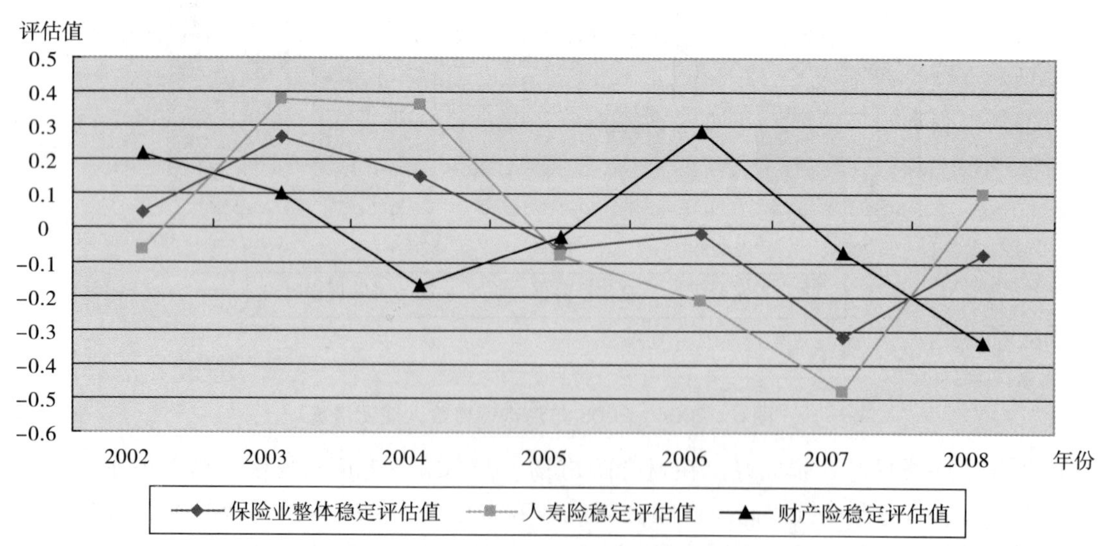

数据来源：中国人民银行海口中心支行。

图9 海南省保险业稳定评估值

三、金融基础设施与金融稳定

2008 年，海南省金融生态环境建设继续有序推进，支付清算体系高效安全运行，企业和个人征信体系建设取得新进展，反洗钱工作全面推进，金融基础设施建设对海南省经济金融发展的促进作用日益显现。

（一）支付体系安全高效运行

2008 年，中国人民银行海口中心支行对支付系统、中央银行会计核算系统进行了升级换版，不断优化支付结算功能，确保了海南省支付结算业务处理快速、准确、安全、高效。2008 年完成了小额支付系统银行本票业务推广工作和公务卡发行工作，支付结算工具进一步丰富。通过开展整治银行卡违法犯罪专项行动、"刷卡无障碍"旅游城市创建活动、落实个人人民币银行结算账户实名制工作、存量账户公民身份信息真实性核实检查等工作，从源头上遏制金融诈骗、贪污受贿、偷逃骗税、洗钱等违法犯罪活动，维护了正常的经济金融秩序，最大限度地消除了银行卡支付中存在的风险隐患，营造了良好的支付结算环境。

（二）征信体系建设再上新台阶

2008 年，海南省征信体系建设不断得到加强和改进，企业和个人信用信息基础数据库运行良好，中小企业信用体系建设和非银行信用信息采集工作取得积极进展，信用评级试点工作稳步推进。

以贷款卡核准工作为基础，推动信贷评级市场发展。2008 年，全省企业贷款卡年审率 33%。同时，对信贷市场主体评级工作进行了积极探索，引导重点借款企业主动参加信用评级，有力地推动了辖区信贷评级市场的健康发展。全年采集了 6 220 家企业非银行信用信息，并完成6 165家企业非银行信息入库工作；收集个人非银行信息 12 万条，完成个人非银行信息入库 7.9 万条。

全面铺开农村信用体系建设工作。目前，海南省已建立农户信用档案 6 884 户，累计农户贷款 10 753 万元。在重点做好农户信用档案工作的基础上，积极探索并建立了海南省农户信用评分体系，农村信用体系建设逐步完善。

通过发动全省商业银行为中小企业建立信用档案并加载企业信用信息基础数据库以及动员、引导商业银行使用企业信用信息基础数据库挖掘优质客户等办法，拓宽信用档案征集途径，推动中小企业信用体系建设。2008 年全省累计补充完善 3 862 户中小企业信息入库，已有 87 户企业取得银行授信，中小企业信用体系在改善中小企业融资难方面发挥着重要作用。

通过开展"珍惜信用记录，共创信用海南"为主题的征信宣传活动，以及在天涯热线开设征信业务专区和对高校学生等重点人群进行征信宣传，社会信用意识进一步增强。

（三）反洗钱监管体系不断完善

目前，海南省建立了反洗钱工作协调机制，制订了《海南省反洗钱工作联席会议制度》，通过不断完善银行、证券、保险金融机构反洗钱定期报告制度和重大情况及时报告制度，反洗钱工作效率显著提高。2008 年，中国人民银行海口中心支行荣获全国反洗钱专项行动成果奖。

实现反洗钱监管信息全国共享。2008 年，海南省圆满完成反洗钱业务综合管理信息系统上线工作，将全省 60 家金融机构管理信息录入全国反洗钱监管系统，进一步规范了反洗钱业务操作流程，提高了非现场监管工作效率。

加大反洗钱宣传工作力度，扩大反洗钱社会影响。2008 年 3 月 27 日至 4 月 27 日，中国人民银行海口中心支行组织开展了“海南省金融机构反洗钱宣传月”活动，并将每年 4 月 26 日确定为“全省反洗钱工作统一宣传日”。通过印发《反洗钱宣传手册》，开展现场咨询、反洗钱知识问答、播放宣传片、公布反洗钱举报电话、开设“反洗钱咨询窗口”、发送反洗钱公益短信以及在《法制时报》、《经济时报》等多家媒体开辟反洗钱宣传专栏等方式，进一步提高了全社会反洗钱工作意识，反洗钱工作得到了社会各界的高度重视。

四、总体评估与政策建议

（一）2008 年海南省金融稳定状况总体评估

2008 年，在国际金融危机和国内经济增长放缓的大背景下，海南省仍然保持了经济金融增长较快、运行质量稳步提高的良好态势；金融稳定状况虽较上年转差，但仍处于正常运行区间。据监测，2008 年海南省金融稳定综合评估值 0.283，同比减少 0.157。

当前，国际国内经济形势复杂多变，影响海南省经济金融发展的因素仍然很多。从国际形势来看，金融危机影响深远，全球主要发达经济体不同程度陷入衰退，各国相继推出一系列救助刺激计划，但经济何时走出衰退，恢复增长仍需时日。从国内形势看，经济金融运行中的不确定性因素较多，海南省经济保持适度增长的压力巨大。金融运行中存在着诸多制约因素：一是金融业整体规模偏小，金融深度和广度不足，证券业、保险业等仍处在一个较低的发展水平。二是业务创新滞后，市场适应能力不强，盈利能力弱。三是金融资源配置不尽合理，区域金融发展不平衡问题比较突出。四是金融运行环境有待进一步改善。

（二）政策建议

1. 稳步推进金融体制改革，促进金融市场平稳快速发展。一是继续深化国有商业银行股份制改革，加强对各国有商业银行海南省分支机构股份制改革成效的监测工作，促进各项改革措施的落实和经营机制的转换。二是结合建设社会主义新农村整体改革的基本思路，重点关注农业银行、农业发展银行的金融体制改革工作，开展专项调研，研究其支持“三农”的对策和建议。三是大力支持农村信用社改革工作，完善法人治理机制，促进农村信用社各项金融体制改革健康有序进行。四是培育和拓展货币市场、保险市场、资本市场，完善金融市场体系。规范证券业发展，培育市场投资主体，提高上市公司质量，提高直接融资比重。五是大力支持银行、证券、保险监管合作和银行、证券、保险、邮储、农村信用社之间的合作和业务代理，以及政策性金融与商业金融之间的多种形式业务合作，促进全省金融市场平稳快速发展。

2. 提高司法效率，改善企业信用环境。近年来，省委省政府采取了大量的金融、财政、司法等措施，大力加强市场环境建设，为海南省信用环境改进创造了良好的政策和法律环境。但信用环境建设是一个系统工程，不仅需要成文的法律法规，更重要的是信用制度的落实、执法队伍的建设和执法效率的提高，形成“有法可依、有法必依、执法必严、违法必究”的信用环境，这样才能形成完善的区域信用体系，也才能从根本上提升海南省的信用环境，改善海南省企业的融资环境，降低金融业运行风险，确保海南省经济金融平稳持续发展，实现银企双赢。

3. 加强银行业内控机制建设，全面提高风险管理水平。商业银行要继续深化公司治理结构改革，进一步明确“三会一层”之间的职责边界，充分发挥各自的职能和作用，形成畅通的信息沟通机制和有效的制衡关系；要全面更新经营管理理念，切实坚持审慎经营原则，足额计提风险拨备，强化资本约束，提高资本使用效率；加大金融产品创新力度，尽快改变中间业务收入增长缓慢、盈利模式单一的现状。

4. 加强证券市场监管，积极推进资本市场建设工作。各有关部门要大力支持上市公司多渠道募集资金，加快发展；鼓励上市公司参与行业整合、产业整合和收购兼并；支持整体上市或主业整体上市，保持上市公司健康发展的良好势头，促使上市公司成为推进经济平稳较快发展的重要力量。完善政府服务，为海南省资本市场改革发展创造良好的外部条件。加强市场主体和投资者风险教育，增强市场主体的诚信意识和投资者的风险意识，做到提前识别风险，有效防范风险。建议监管机构有效落实证券公司、证券营业部、上市公司、期货公司和有关中介服务机构的基础性监管制度，处理好市场创新、对外开放和市场监管的关系。加强证券期货经营机构风险防控，及时发现和化解风险隐患，推动海南证券期货经营机构规范经营、创新发展，全面维护资本市场安全稳定运行。

5. 优化保险市场结构，实现保险行业可持续发展。保险主管部门要引导保险公司提高宏观规划能力，建立成熟稳定的发展模式，以全面提高竞争力和服务经济社会发展能力为主线，加快改革创新，拓宽服务领域；不断强化监管，加强市场预警和分析，切实防范和化解保险公司的市场行为风险；加强对从业人员的法制教育、职业道德教育和诚信教育，提高从业人员的职业操守水平，构筑防范案件的坚固防线。

总　纂：龙　锋
统　稿：黄明理　黄　辉
执　笔：黄　辉　邓启峰　陈太玉　符瑞武
其他参与写作人员：李兴发　梁好国　符斯年　祝春盛　钟海英
蓝文兴　邢福炯　陈琼蓉

重庆市金融稳定报告摘要

2008 年，重庆市经济发展经受住了国内两次重大自然灾害的考验以及国际金融危机不断加深给实体经济部门带来冲击的挑战，继续提升经济增长的质量和效益，保持了经济金融平稳较快发展的良好运行格局。重庆市经济基本面良好，推动经济增长的动力具有较强的内生性，受外部因素干扰的程度有限。同时，微观经济主体抗风险意识在宏观内外部经济波动的环境中得以提高，适应风险变化以及抵御风险的能力明显增强。重庆市金融业整体上保持与经济发展同步协调的方向，资产规模与质量、盈利水平与效益、内控建设与执行等各方面有显著提升与改善，金融机构风险应对意识和风险管控能力得以有效增强和提高。金融业改革稳步推进，重庆地方法人机构公司治理不断完善，体制机制建设向纵深推进并取得实质性突破，有效增强了金融服务重庆市地方经济建设的能力。

一、区域经济运行与金融稳定

（一）经济系统协调性分析

2008 年，重庆市经济增长的势头依然强劲，平稳较快发展的基本面未变，经济结构进一步调整优化，经济增长方式和驱动模式在统筹城乡战略的指引下向着更富有弹性的方向变化。2008 年，重庆市累计实现地区生产总值突破 5 000 亿元大关，达到 5 096.66 亿元，同比增长 14.3%。其中，第一产业增加值 575.40 亿元，同比增长 6.8%；第二产业增加值 2 433.27 亿元，同比增长 18.0%；第三产业增加值 2 087.99 亿元，同比增长 12.4%。三次产业占 GDP 的比重为 11.3:47.7:41，分别拉动重庆市经济增长 0.7 个、8.1 个和 5.5 个百分点。

从产业发展上来看，第一产业不断调整和优化内部结构，增强自身抗风险能力。在粮食稳定增长的同时，农业产业化取得新进展，“三农”投入增长 26.4%。以工业为动力的第二产业发展的质量和效益不断提升，优势工业集群资产规模进一步壮大，工业综合经济效益指数达 195.2，创历年新高。第三产业增加值占 GDP 比重尽管与往年相比有所下降，但整体增长趋于平稳。经济结构所呈现的“二、三、一”的特点符合现阶段重庆经济发展特点，在今后产业动能逐步得到有效衔接的基础上，重庆市经济发展将进一步提升发展的能级和层次。

（二）增长动力持续性分析

2008 年，重庆市固定资产投资与 2007 年同期相比继续保持了较高增长的势头，投资总额达到 4 045.25亿元，同比增长 28%，有力地促进了重庆经济的发展。伴随国内新一轮保增长措施的积极推进，重庆市将在城市基础设施建设以及“三农”领域加大投入产出的力度和水平，投资结构将趋于多元化，有效分散投资集中的风险，确保增长目标的顺利实现。

2008 年，重庆市实现社会消费品零售总额达 2 064.09 亿元，比上年净增 403 亿元，同比增长 24.25%，是近年来的最高增速。尽管重庆的消费市场表现出良好的发展趋势，但在以扩大内需特别是消费需求确保预定经济目标实现的压力也不容小视，重庆在这方面既面临契机，也面临挑战。契机来源于统筹城乡发展思路下对广大县域农村消费市场的开拓和挖掘，挑战在于宏观经济不景气背景下人们收入预期的降低所导致的消费欲望的减弱，特别是如何提升城市居民的消费层次和水平更需要多方政策与市场的配合与引导。

2008 年，受到国外金融危机爆发后外需不振的影响，重庆市的进出口贸易额受到一定冲击，但整体发展形势依然向好。2008 年重庆市进出口总额达到95.2 亿美元，同比增长28%，较上年下降了 8 个百分点，但仍高出全国平均水平 10.2 个百分点。其中，出口 57.2 亿美元，同比增长 26.9%，高出全国平均水平 9.7 个百分点；进口 38 亿美元，同比增长 29.6%。实际利用外资 27.37 亿美元，同比增长 2.51 倍，外商直接投资 27.29 亿美元，同比增长 1.52 倍。尽管在外部环境没有根本性扭转的条件下，重庆市对外贸易增长的不确定性增大，但近年来重庆市外贸进出口依存度基本稳定在 13% 的水平，对重庆市经济发展的贡献度并不高，影响经济整体良好发展的程度有限。

（三）经济主体抗风险能力分析

2008 年，重庆市城乡居民收入与经济发展大体保持同步增长。城市居民人均可支配收入 15 708.74元，同比增长 14.5%，较 2007 年同期减少 4 个百分点；农村居民人均纯收入 4 126.21 元，同比增长 17.6%，较 2007 年同期下降 4.5 个百分点。从区域面上看，2008 年重庆市城镇居民人均可支配收入和农村居民人均纯收入都在西部 12 省市中排名第二，与直辖前相比有了根本性改变。居民收入增速减缓主要是各行业受到宏观经济增长下滑的影响，但农村居民收入增速继续保持了上年比城市居民收入高的特点，说明重庆市统筹城乡发展路径中的收入分配结构在逐步改变。伴随城乡居民收入水平的进一步提升和城乡收入分配结构的进一步调整优化，重庆市城乡居民应对经济下行风险的能力将逐步得到增强。

2008 年，重庆市规模以上工业企业主营业务收入 5 373.78 亿元，同比增长 26.5%；完成利润总额 259.36 亿元，同比增长 10.1%，比 2007 年同期少增 35.1 个百分点；工业经济综合效益指数比上年提高 17.8 个百分点，达到 195.2，为历史同期最好水平。但受经济下滑等宏观环境因素的影响，规模以上工业企业亏损额为 26.46 亿元，同比上升 53%。2008 年，重庆市地方财政收入达到 962.8 亿元，同比增长 22.1%，一般预算收入为 577.24 亿元，同比增长 30.4%，但较上年同期下降了 8.95 个百分点。财政收入增幅回落的主要原因是企业经营效益下滑及中央出台了一系列促进经济增长的税费减免政策，导致了占一般预算收入六成多的各种税收增长速度全面回落。支出方面，2008 年重庆市财政支出为 1 445.1 亿元，同比增长 26.3%，涉及面向就业、社保、医疗卫生、教育、廉租房及经济适用房、环保等领域倾斜，民生保障得到加强。

（四）价格平稳性分析

2008 年，重庆市价格水平整体呈现高位回落的走势，全年 CPI 上涨 5.6%，仅较 2007 年提高 0.9 个百分点。自 2008 年 2 月份以来，重庆市居民消费价格涨幅不断创出新低，累计增幅从 2 月的

9.9%逐月下降为12月的5.6%，回落了4.3个百分点。尤其是食品价格表现尤为明显，食品消费价格指数从年初的128.3点迅速下降到12月的104.5点。工业品出厂价格指数由于具有滞后性的特点，在7月达到高值后也呈现加速回落的走势，2008年12月的工业品出厂价格指数仅为99.8点，是近5年来首次跌入100点以下。价格整体回落的形势显示政府控制物价持续上涨的措施取得成效，但经济运行在下行通道的时候也必须充分警惕价格走势迈入通货紧缩的苗头和风险，防止由此带给投资和生产的压力，拖累经济增长。

（五）房地产金融稳定性分析

2008年，受国际金融危机以及全国房地产市场大环境的影响，重庆市房地产市场发展变化“较为激烈”，但在中央和地方政府都陆续出台各种有力举措引导房地产市场健康发展的政策环境下，重庆市房地产市场总体上表现出平稳健康发展的良好态势。2008年，重庆市完成房地产开发投资991.0亿元，同比增长16.6%，低于全国平均水平4.3个百分点，低于10年来平均增速近12个百分点。2008年重庆市主城区商品房登记销售面积1 220.7万平方米，同比下降45.23%，其中商品住宅1 084.23万平方米，同比下降47.54%。2008年，重庆市主城区商品住房成交均价呈现出“缓升缓降”的总体特征，商品房平均成交价格为4 027元/平方米，同比增长21.30%。其中，商品住宅成交均价为3 834元/平方米，同比增长21.52%。2008年末，重庆市金融机构的房地产开发贷款余额达649.83亿元，比年初增加80.96亿元，同比增长14.23%，是2002年以来的次新低，仅比2004年高5.57个百分点。

尽管房地产市场与房地产金融市场总体保持平稳，但在国内外整体宏观经济前景未明朗的背景下，房地产市场进一步加大调整的风险仍在，需要对此进行认真分析和应对，尤其是对部分商业银行的不良个人住房贷款额以及房地产开发贷款的不良余额有所增加的情况要加以密切关注。因此，在房地产风险与金融风险高度关联的情形下，今后要更加密切关注并谨防房地产行业的产业风险向金融风险传导的苗头和趋势。

二、金融业与金融稳定

（一）银行业稳定性分析

2008年，重庆市银行业在国际金融危机愈演愈烈、国内经济增长放缓的背景下，继续保持了平稳运行的总体态势。这主要是由于重庆属于内陆城市，外向型经济比重相对较低，金融机构境外投资信用衍生产品的份额很少。因此，金融危机通过金融渠道对重庆的直接影响非常有限，没有出现导致银行系统脆弱化的系统性风险因素。

经营规模和资产质量稳步提升，风险补偿能力不断增强。2008年，重庆市银行业经营规模首破1万亿元大关，年末全市银行业金融机构资产总额达10 322.6亿元，同比增长27.57%，占全国的比例为1.65%，同比上升0.22个百分点；负债总额达10 004.66亿元，同比增长27.52%，占全国的比例为1.79%，同比上升0.31个百分点。截至2008年年末，重庆市银行业金融机构不良贷款余额166.33亿元，同比下降120.55亿元；不良贷款率2.66%，同比下降2.86个百分点，保持了自2001年以来连续8年“双降”的良好态势，资产质量在全国排名第四。2008年，重庆市银行业平均拨备覆盖率达 82.7%，同比大幅上升 50.3 个百分点。同时，重庆银行、重庆三峡银行和重庆农村商业银行 3 家地方法人机构的资本充足率分别达 10.9%、52.1%和 9.8%，抗风险能力显著增强。

利润总额继续攀升，但增幅回落。2008 年，重庆市银行业累计实现税后利润 137.71 亿元，同比增长 24%。全行业税后平均资产利润率和平均资本利润率分别为 1.55%和 54.07%，同比分别下降 0.17 个和 18.79 个百分点。分机构看，利润增幅最小是大型商业银行，仅为 13.32%，而上年同期的利润增幅是 59.94%。

信贷投放提速，投向结构趋于优化。2008 年，重庆市银行业本外币各项存款余额 8 102 亿元，同比增长 22.44%；各项贷款余额 6 384 亿元，同比增长 24.45%。贷款增幅仅次于四川，位列全国第二。2008 年，重庆市银行业接近 50%的贷款投向了制造业、房地产业、交通运输、仓储和邮政业以及水利、环境和公共设施管理业等关系国计民生的行业，并且持续向“三农”、中小企业、灾后重建等倾斜。年末全市涉农贷款余额达 1 110.9 亿元，占各项贷款的 17.4%；全市小企业贷款余额 259.31 亿元，小企业授信户数达 49 607 户，增加 18 561 户；累计发放灾后重建贷款 968 笔，金额近 50 亿元。

机构改革继续深化，“引资、引智、引制”工程加速推进。2008 年 6 月，重庆农村商业银行在原重庆市农村信用社联合社、38 家区县农村信用合作联社以及 1 家农村合作银行的基础上正式成立，实现了从农村信用社到统一法人社、到农村商业银行的“三级跳”，法人治理和经营机制明显改善；重庆银行在成功引进战略投资者、筹备上市的同时，成立了重庆银行成都分行，成为西部第一家跨区域经营的城市商业银行；重庆三峡银行成功完成增资扩股后，进一步深化内部改革，审慎开展各项业务，监管评级较重组前大幅上升；新华信托成功引进英国巴克莱银行，成为全国第三家最早引进境外战略投资者的信托公司；农业银行重庆市分行完成不良资产剥离 111.8 亿元，达到总行股改挂牌要求；邮政储蓄银行重庆分行 839 家二级支行全部核准开业；首家新型农村金融机构——大足汇丰村镇银行正式营运；52 家小额贷款公司获政府批准并陆续进入开业营运阶段。

银行业运行中需要重点关注的风险问题：一是经济下行趋势中的信贷资产质量降低给银行风险管理和日常运营带来的压力；二是新增信贷的投向的集中度过高将导致潜在风险暴露；三是银行中间业务发展可持续稳定增长所面临的不确定性增大；四是重庆农村商业银行改革发展新阶段中的经营机制与效益如何综合改进和提升面临考验。

（二）证券业稳定性分析

2008 年，重庆市证券业克服国内外经济金融环境不利变化的影响，总体保持平稳运行。负面因素的冲击使得各经营机构抗风险能力得到有效历练与提升，市场结构与功能得以修正和改善，有利于进一步提升证券业服务于重庆经济社会的水平。

证券公司综合改革取得实质性突破。西南证券作为重庆市唯一一家法人证券公司于 2006 年成功完成资产重组后又取得了发展战略上的实质性进展，借壳 ST 长运整体上市议案通过中国证监会的审核与批复，于 2009 年 2 月 26 日正式上市，成为重庆第一家金融类上市公司，这对整个重庆证券市场的发展有极其重要的示范和推动效应。

受股票市场成交低迷影响，证券业交易公司盈利降低。2008 年重庆市代理证券交易额 7 287 亿元，同比下降 38.9%，其中代理 A 股和基金交易额 5 705 亿元，同比下降 39%。代理证券交易额的下降直接导致重庆市证券经营机构经营效益骤减，利润由 2007 年的 16.5 亿元降至 7.7 亿元，同比下降53.3%。

期货市场交投活跃，机构业绩稳增。2008年重庆市期货交易规模增幅明显，代理期货交易金额突破1万亿元大关，达13 418亿元，同比增长128%。本地13家期货经营机构全年手续费收入达9 659万元，同比增长90%，实现利润1 313万元，同比增长25%。

上市公司总体保持稳健经营，业绩稳步增长。截至2008年第三季度末，重庆市31家上市公司总资产823亿元，同比增长7.3%；实现营业收入538亿元，同比增长15%；净利润20亿元，同比增长8.35%。

证券业运行中值得关注的问题有：一是市场规模小，融资效率低；二是法人机构集聚度不够，缺乏核心竞争力；三是部分上市公司受宏观环境影响较大，经营状况堪忧。

（三）保险业稳定性分析

2008年，重庆市保险业经受住了复杂多变的国际国内经济金融形势变化的考验，继续保持了快速增长的良好势头，行业整体实力进一步增强，市场体系进一步完善，服务经济社会的能力不断提升，市场秩序有所好转，没有出现影响稳定的风险，整体保持稳健运行。

保险业务高速增长，实现历史性突破。2008年，重庆市保险业累计实现保费收入200.55亿元，同比提高60.85%，增幅提高27.13个百分点，高于全国增速近22个百分点；保险密度达到620元/人，同比增加230元；保险深度3.93%，同比提高0.9个百分点。重庆市保费收入规模突破第一个百亿元用时27年，而突破第二个百亿元仅用时一年多一点，提前两年完成了“十一五”金融规划确定的保险业发展目标。

保险赔款及给付稳步增长，风险保障功能更加凸显。2008年，重庆市保险业充分发挥经济补偿功能，配合政府做好灾害事故抢险、企业恢复生产和社会安定工作，全年支付各项赔款和给付总计45.64亿元，同比增长29.47%。2008年雨雪冰冻灾害和“512”汶川地震发生后，重庆市保险业在第一时间投入抗灾救灾工作，两次灾害共支付保险赔款7 000余万元。全行业累计向灾区捐款捐物1 400余万元，并无偿向灾区提供药品、帐篷、食品、车辆等救灾物资，免费向抗震救灾人员提供总保额约5亿元的保险保障。

市场体系进一步完善，总部效应初步显现。2008年，重庆市辖内新增保险经营机构6家。截至2008年年末，全市有产险法人公司2家、寿险法人公司1家、寿险公司区域总部1家，产险分公司17家、寿险分公司16家；另有政策性保险公司营业管理部（出口信用）1家，各级保险公司分支机构（含营销服务部）1 046家，专业保险中介机构44家，保险经纪机构在渝分公司13家，保险兼业代理机构2 447家。2008年，3家在渝保险法人机构共计实现保费收入9.4亿元，同比增长398.23%。同时，这3家机构在全国开设分公司12家，可运用的保险资金余额近11亿元，开发保险新产品295个。重庆保险总部效应初步显现。

保险中介机构业务发展迅速，营销员素质进一步提高。2008年，全市保险业通过中介渠道实现保费收入185.3亿元，占总收入的92.4%；专业中介机构实现盈利395万元，是上年同期的44倍。营销员持证率达100%，同比提高0.54个百分点。

业务领域不断扩大，增强了对社会稳定和经济发展的支持力度。2008年，重庆市保险覆盖面与业务延伸面不断拓展。政策性农业保险试点工作顺利推进，外出农民工保险进一步拓展，新型农村医疗责任保险“由点到面”，科技保险试点取得新突破，农村孕产妇和新生儿保险深入开展。此外，企业年金、“新农合”补充保险、独生子女意外保险、水稻病虫害保险等也取得新进展。

保险业运行中值得关注的问题主要有：一是金融市场动荡使业务稳定性受到影响；二是巨灾保险体系缺位，应对灾害能力不足；三是保险公司发展模式仍显粗放。

三、金融市场与金融稳定

（一）货币市场

银行间市场容量持续增长，交易活跃度由冷转热。2008 年，重庆市银行间市场交易量增长较快，累计交易总额为 11 400. 8 亿元，同比增长 50. 1%。重庆市金融机构从银行间市场净融入资金共计 8 949. 9亿元，同比增长 40. 7%。目前重庆市参与全国银行间同业拆借市场交易的金融机构有 4 家，参与银行间债券市场交易的机构有 9 家。2008 年全年拆借利率走势以货币政策导向为路径呈现波动走低态势。12 月份重庆市同业拆借加权平均利率仅为 0. 98%，较 1 月份回落了 452 个基点。拆借资金流向呈现正流入状态。全市金融机构在拆借市场累计拆入资金 241. 2 亿元，拆出资金 62. 3 亿元，品迭后为净融入 178. 9 亿元；资金拆入方以辖内法人金融机构为主。银行间债券市场回购交易总量为9 541. 7亿元，同比增长 33. 4%，全部为质押式回购。其中，正回购 9 175. 2 亿元，逆回购 399. 7 亿元，品迭后表现为净融入 8 775. 5 亿元。资金拆入方同样以辖内法人金融机构为主，资金运用短期化趋势较为明显。由于2008 年货币政策经历了由从紧到适度宽松的转变，回购市场利率也呈现“倒V”走势，12 月份的加权平均利率为 1. 23%，较 1 月份回落 126 个基点。

票据市场平稳发展，票据融资增长加快。2008 年，受货币政策由从紧向适度宽松转变影响，重庆市票据交易量第四季度增长与前期相比明显加快。全年商业汇票承兑累计发生额为 1 283. 1 亿元，同比增长 15. 3%；贴现累计发生额为 12 911. 7 亿元，同比增长 120. 2%；转贴现累计发生额为 12 171. 4 亿元，同比增长 142. 0%；再贴现发生额和余额均为零。随着票据市场交易量的迅速放大，票据融资余额也快速增长。截至 2008 年年末，重庆市票据贴现余额为 608. 7 亿元，同比增长 96. 9%。

（二）资本市场

股票市场活跃度大幅降低，直接融资功能受阻。2008 年，重庆市辖内证券经营机构代理证券交易额明显下降，全年代理证券交易额 7 287 亿元，同比下降 38. 9%，其中代理 A 股和基金交易额 5 705亿元，同比下降 39%。由于受资本市场低迷影响，重庆市上市公司通过股票市场筹资出现困难，在境内股票市场筹资额为零，直接融资功能受阻。

债券一级市场交易大增，替代效应明显。2008 年，重庆市现券交易累计成交 1 618. 0 亿元，同比增长 291. 2%。其中买入成交 787. 9 亿元，同比增长 395. 7%；卖出成交 288. 08 亿元，同比增长 59. 2%。

商品期货市场交易活跃，交易规模上升明显。在 2008 年国内商品期货交易活跃的市场行情下，重庆市代理期货交易规模大增。全年代理商品期货交易金额突破万亿元，达到 13 418 亿元，较上年增长 127. 9%，占国内总交易金额的 1. 8%，比上年提高 0. 4 个百分点。

外汇市场交易结构调整，银行结售汇顺差由增转降。2008 年，重庆市银行结售汇总额 135. 7 亿美元，同比增长44%，增速同比下降7.2个百分点。其中，结汇90.9亿美元，同比增长41.5%，增速同比下降24个百分点；售汇44.8亿美元，同比增长49.4%，增速同比上升21.8个百分点；净结汇46.1亿美元，同比增长34.5%，增速同比大幅回落89个百分点。

黄金市场发展势头迅猛，交易量大幅跃升。2008年，重庆市黄金交易延续了上一年良好的上升势头，特别在第四季度更是呈现大幅增长的态势。2008年全年重庆市实物黄金交易共计成交额为17 960.04万元，纸黄金共计成交额为161 202.7万元，分别为上年同期交易量的近11倍和近12倍。

金融市场运行中需要关注的问题主要有：一是在市场发展方面，存在总体发展态势良好与结构性问题突出的矛盾；二是在产品创新方面，存在市场对创新产品的渴求与创新产品缺乏市场认知度之间的矛盾；三是在市场制度建设方面，存在总体市场制度建设加快与部分市场制度建设滞后之间的矛盾；四是在市场监管方面，存在市场风险加大与监管手段不足之间的矛盾。

四、金融基础设施与金融稳定

（一）支付清算体系建设

2008年，重庆市以大、小额支付系统为核心，银行业金融机构行内系统为基础，全国支票影像交换系统、同城票据交换系统为重要组成部分的支付清算网络体系更趋完善，社会资金流转效率加速提高。2008年5月，重庆市成功开通了小额支付系统银行本票业务。目前，银行本票的使用范围从主城区扩大到全市，可在全辖15家银行机构498个网点办理，支付结算服务功能和水平得到有效提升。2008年，全国支票影像系统连接方式取得突破，积极推动金融机构采用先进的集中直联方式接入全国支票影像系统，使系统处理效率进一步提高。目前，重庆市采用直联方式的银行机构已达9家，占全部银行机构的47.4%。在支票影像系统功能完善、效率提高的同时，全辖支票影像系统退票率已从上线初期的25%下降到17%。

另外，重庆市在非现金支付方式和支付工具推广方面取得新的重要进展。一是有效降低餐饮行业、农资行业以及乡镇地区特约商户银行卡刷卡手续费率，积极支持城乡协调发展。二是继续深化农民工银行卡特色服务，不断提高农民工银行卡特色服务工作的质量和水平。目前重庆市内农村商业银行县及县以下的全部1 585个网点和邮储银行的1 000个网点能够受理农民工银行卡特色服务。三是进一步促进公务卡的推广应用。截至2008年年末，累计发放公务卡2.16万张，使用公务卡报销1.02万笔，金额4 198万元，各项指标均较2007年底成倍增长。

（二）征信体系建设

2008年，企业和个人信用信息基础数据库日趋成熟，使用率显著提高。重庆市征信数据库目前已覆盖商业银行、非银行金融机构和住房公积金中心。截至2008年年末，企业和个人征信系统已分别为重庆市15.77万企业借款人和1 771.6万自然人建立了统一的信用档案。企业和个人征信系统已成为金融机构开展信贷业务、防范信用风险的重要基础平台。由于企业和个人征信报告的广泛使用，企业、个人的守信意识及征信意识大为提高，大大促进了重庆市社会信用环境的改善，提高了信贷效率，促进了信贷投放增长。同时，两大征信系统也在政府政务管理、经济管理、反腐败、反洗钱等领域不断扩大运用范围。另外，中小企业和农村信用体系建设成效显著，有效促进了中小企业融资能力的提升和农村信用环境的改善。征信市场管理和培育进展顺利，担保机构信用评级工作全面展开。

（三）反洗钱体系状况

2008年，重庆市反洗钱联席会议机制进一步完善，打击洗钱犯罪取得较大成果。年内，重庆市共有包括我国第一例涉及贪污贿赂上游犯罪的洗钱案在内的3例洗钱案件进入司法程序，反洗钱检查工作取得积极成效。2008年，反洗钱现场检查工作也稳步推进，金融机构的反洗钱意识得到逐步提高。2008年，人民银行重庆营管部共对3家银行、1家证券公司、1家保险公司及1家信托公司实施了反洗钱现场检查，检查发现并督促相关金融机构整改了反洗钱工作中存在的薄弱环节，进一步促进金融机构特别是证券业、保险业金融机构反洗钱意识不断提高。另外，非现场监管信息化手段取得突破。一是通过整合有效通信资源，构建了与金融机构间的反洗钱高效沟通机制，有效地降低了监管成本，提高了工作效率。二是覆盖辖区金融机构的非现场监管平台基本建立。采用SSL VPN技术建立了基于互联网的反洗钱非现场监管系统，实现了重庆营管部、中心支行、县支行三级管理的分级报送结构与全辖金融机构报表系统化报送的全覆盖。三是建立大额现金分析系统，监测分析技术水平不断提高。重庆营管部开发的大额现金分析系统现已进于入测试阶段。四是利用多种非现场监管措施，引导金融机构防范风险，形成预防洗钱活动的坚实防线。通过认真收集金融机构日常反洗钱工作的有关动态信息，建立反洗钱非现场监管信息档案，并采取多种方式对金融机构进行非现场监管，有效引导了金融机构洗钱风险管理体系的建立和完善。

五、总体评估与政策建议

（一）总体评估

2008年，重庆市金融体系在国际金融环境持续恶化，国内经济周期性调整等多方面不利因素的影响下，受到一定程度的干扰和波动，但金融稳健运行的方向没有发生改变，金融体系保持稳定。重庆市健康的经济基本面、持续高速的经济增长态势为重庆市金融发展与稳定奠定了良好的基础；以统筹城乡发展为指引对产业结构的不断优化使得重庆市经济金融发展的可持续性更强；经济主体的盈利积累和收入水平的稳定增长为投资与消费创造了稳定的上升空间，同时也增强了抗御风险的能力。

尽管重庆市经济金融在宏观层面稳定并向预期方向发展，但中观以及微观层面影响金融稳定的潜在诱发因素不容忽视。2008年，不佳的外部环境减弱了外贸对重庆市经济增长的贡献度，与进出口相关的部分行业和企业生产经营面临压力，目前尚没有根本性好转的迹象；房地产市场的疲软使得房地产企业利润受到挤压，资产流动性受到前所未有的考验，形成对银行信贷资产质量影响的潜在风险因素；伴随经济增长速度的放缓，许多中小企业面临经营困难，农民工返乡就业也面临多种压力，这些问题会不同程度表现在货币与收入层面而成为金融体系的波动性因素。因此，进一步增强经济主体、金融市场和金融业的抗风险能力是当务之急，需要系统性梳理风险流动的发生作用机制，采取舒缓风险的有效手段，确保重庆市金融体系稳健运行和经济的健康发展。

（二）政策建议

1. 密切关注宏观调控政策变化，引导金融机构合理均衡信贷投向，防范金融风险。2008 年以来，宏观调控政策伴随经济环境的改变多次调整，“松”、“紧”节奏的变化对金融机构把握合适的信贷规模提出了更高要求，同时也是对风险管控的新挑战。面对防止经济下滑与预防通货膨胀的双重压力，合理且均衡的信贷投放规模和节奏就显得尤为重要，因此，各级宏观调控部门在对经济发展形势和中央有关政策有较好把握的基础上，要适时引导金融机构信贷投放的节奏和力度，防止信贷投放的冲动性和盲目性所带来的金融风险。

2. 紧密跟踪金融体制改革路径，把握改革动向，增强辖内金融机构抵御风险的能力。当前国内外复杂的经济金融形势放大了金融领域的相关风险，但从另一方面来看，也是达成金融改革目标的一个良好契机，关键在于如何处理好改革、发展与稳定的关系。就重庆市而言，深化金融领域的改革是顺利实现构建长江上游金融中心的目标的必经之路。为此，当前应不失时机把握住改革的机遇，迎接挑战，结合重庆市实际制定符合总体发展方向的金融配套革新的方略和措施。具体来看，应当紧紧围绕增强金融机构风险抵御能力、化解风险的主题深化金融改革，进一步完善风险控制机制，建立健全以资本金管理为核心的资本约束机制，加强对信用风险、市场风险、操作风险的管理；进一步加强业务流程控制和内部合规性管理，不断提高对创新业务风险的判断能力和管理能力；进一步完善风险管控的制度和办法，加强对创新的引导与管理，为行业的平稳高效运行提供有效的制度保障和政策支持。

3. 加强金融监测分析水平，防范交叉性金融业务以及跨市场风险。重庆市近年来交叉性金融业务发展迅速，呈现出机构和业务多元化的特征，是伴随经济发展路径下金融深化的表现。但风险问题不得不引起重视，尤其是目前尚有国外金融危机的前车之鉴给我们深刻的教训，对跨业经营的金融机构、交叉性金融工具要有足够的认知度，并应建立一整套严密的监测体系来分析判断风险偶发的作用途径以及影响程度。在此基础上督导有关金融机构健全并完善信息披露和风险揭示机制和监督机制。另一方面，合理引导金融机构通过各种有效形式增强金融产品的宣传力度，降低由于信息不对称而导致的服务纠纷以及金融产品本身潜在的收益波动风险。

4. 合理引导公众价格预期，稳定物价水平和房价水平。价格稳定是金融稳定的基础。政府各部门要加强对当前和未来一个阶段物价走势的预测分析，扩大舆论宣传面，正面引导居民形成对价格的理性预期，使之符合宏观调控的政策方向和意图。在房价与居民生活水平关联度越来越大的情况下，加大对定价流程的规范引导，增大定价透明度，让购房者有较为客观的价值判断，使之理性消费，从而使房地产市场稳步走向健康发展的轨道，为重庆市经济增长提供持久动力。

5. 优化金融生态环境，着力构建金融稳定长效机制。一是要改善社会信用环境。当前，重庆市信用环境不甚理想，企业及个人的债务拖欠问题在某些得方表现得尤为突出，一定程度上扰乱了正常的金融秩序。为此，要大力加强社会信用体系建设，在征信法规的完善、征信宣传的力度、违信惩戒的手段上都要不断健全和完善。二是要改善金融法律环境。一方面要结合重庆经济金融发展的实际，在风险变化的发展环境中充实并完善各种金融法规，降低经济主体应对突变环境的法律风险；另一方面要加大执法力度，通过严格公正执法，加快金融案件执结率，切实解决执行难问题。三是要改善政策与市场环境。改善政策环境重点在加大政策宣传力度和涉及面，广泛覆盖广大农村地区，使市场主体的行为特征符合经济发展的大方向；改善市场环境重点在健全和完善中介服务体系，提高市场交易主体间的信息透明度，从而降低道德风险和逆向选择发生的概率，维护市场的“三公”原则。

总　纂：陈　徐
统　稿：刘　林　李柏楼
执　笔：（以姓氏笔画为序）
全克军　刘　林　刘姝姝　江泓洁　张尊南　李木祥
李柏楼　易　娟
其他参与写作人员：（以姓氏笔画为序）
王鸿飞　代兴泽　冯春江　古　旻　何晓斌
胡　旭　赵俐佳　梁　雁

四川省金融稳定报告摘要

2008年，四川省克服特大地震等自然灾害和国际金融危机带来的困难，认真贯彻落实国家宏观调控及灾后恢复重建政策，经济虽有较大起伏但仍然继续保持平稳较快增长，金融改革顺利进展，金融市场稳步发展，金融服务设施逐步改善，金融体系继续保持稳定。同时，经济金融运行的国内外不利因素增多，四川省金融稳定工作面临新的挑战。2009年，四川省金融机构将继续落实科学发展观，紧紧抓住灾后恢复重建和扩大内需的重大机遇，强化金融服务，深化金融改革，推进金融创新，发展金融市场，加强金融监管，提高风险防范能力，维护金融稳定，促进金融业持续健康发展。

一、区域经济运行与金融稳定

2008年，四川省经济持续稳定增长，经济效益提高，物价平稳回落。金融稳定的经济环境总体良好。

（一）生产总值较快增长

全年实现生产总值1.25万亿元，增长9.5%，增速比上年回落4.7个百分点（图1）。

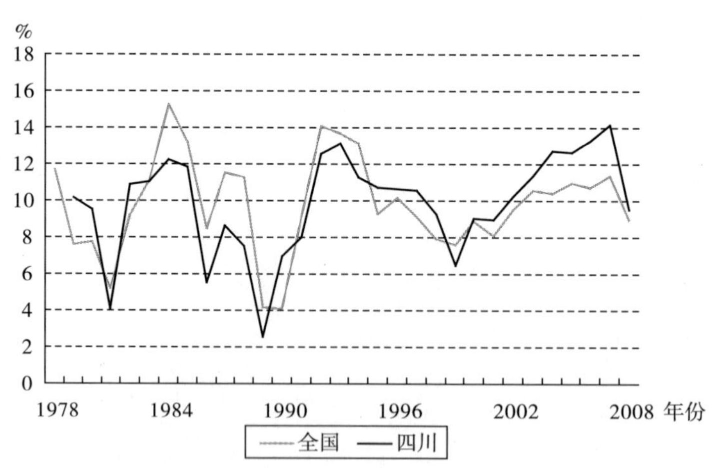

数据来源：国家统计局、四川省统计局。

图1 全国和四川经济增长

投资持续强劲，消费稳中有升。全社会固定资产投资增长29.5%，略高于上年。与灾后重建相关的交通运输业是拉动投资增长的主要因素，房地产业、制造业及电力等增幅放缓。社会消费品零售总额增长 19.6%，较上年加快 2.2 个百分点（图 2）。全年进出口总额增长 53.3%。经常项目及资本和金融项目呈现净流入增幅回落、净结汇下降的态势，外债资金出现净流出。

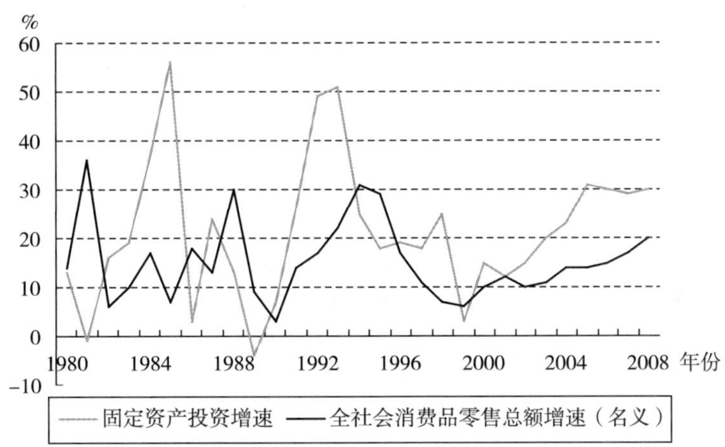

数据来源：四川省统计局。

图 2 投资和消费增长

三次产业全面发展，工业对经济增长的推动明显。第一产业增加值 2 366.2 亿元，增长 3%；第二产业增加值 5 790.1 亿元，增长 12.9%；第三产业增加值 4 350 亿元，增长 8.3%。三次产业对经济增长的贡献率分别为 5.2%、61.9% 和 32.9%。

（二）财政收入和工业利润增速明显回落，居民稳定增收

全年地方财政一般预算收入 1 041.8 亿元，增长 18.9%，增速回落 16.1 个百分点。其中，税收收入增幅回落 16.8 个百分点。同时，受灾后重建需求增大等因素影响，地方财政一般预算支出 2 965.2亿元，增长 68.6%。规模以上工业企业实现净利润 712.9 亿元，增长 7.8%，增速回落 43.6 个百分点。全年城镇居民人均可支配收入 12 633 元，比上年增长 13.8%；农民人均纯收入 4 121 元，增长 16.2%，两者增速均比上年有所回落。年末城镇登记失业率 4.6%，比上年上升 0.3 个百分点。

（三）物价平稳

全年居民消费价格上涨 5.1%，涨幅比上年低 0.8 个百分点。其中，食品类价格上涨对总指数的影响程度仍居首位。工业品出厂价格上涨 9.3%，涨幅比上年高 5.4 个百分点。其中，生产资料价格上涨 9.6%，生活资料价格上涨 8%。原材料、燃料和动力购进价格上涨 12.4%，比工业品出厂价格涨幅高 3.1 个百分点（图 3）。

（四）经济金融环境对金融稳定的影响逐渐显现

全球经济金融风险的传导。国际金融危机对四川省经济的影响已经有所显现，经济下行风险增大，金融机构信贷资产质量面临严峻考验。2008 年 11 ~ 12 月，外贸出口明显下滑。部分出口企业出现订单减少、存货增加、资金周转困难、限产减产及停产、效益下降等现象。金融危机正从中小企业向大型企业，从劳动密集型、出口导向型企业向其他企业扩散。而原材料、燃料和动力购进价格与工业品出厂价格涨幅差距扩大，企业盈利空间进一步缩小。

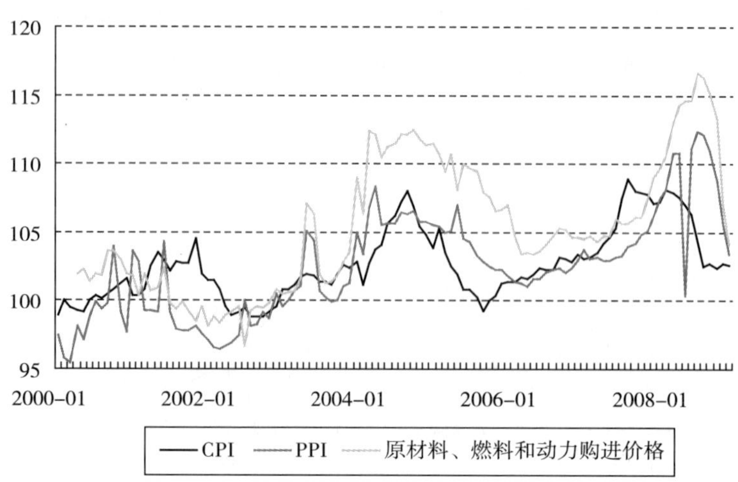

数据来源：四川省统计局。

图3 月同比价格指数

房地产市场有所调整。"512"地震加剧了四川省房地产业的困难，房地产市场出现了投资（图4）、交易量、地价和房价"四回落"的特征，其中成都市表现更为突出。全年成都市房地产投资增速0.3%，为10年来最低。商品住宅投资出现1.5%的负增长。土地交易量价齐跌，市区土地成交额同比大幅下降，市区"招拍挂"土地成交均价下降幅度较大。同样，房产交易也出现量价齐跌的现象，商品房销售面积下降逾四成；全年房价涨幅为2004年以来最低，其中12月份价格为全年最低点，比上年同期下降15%。市场低迷也造成房地产贷款增长乏力，贷款质量有所下滑，银行抵押物价值缩水。

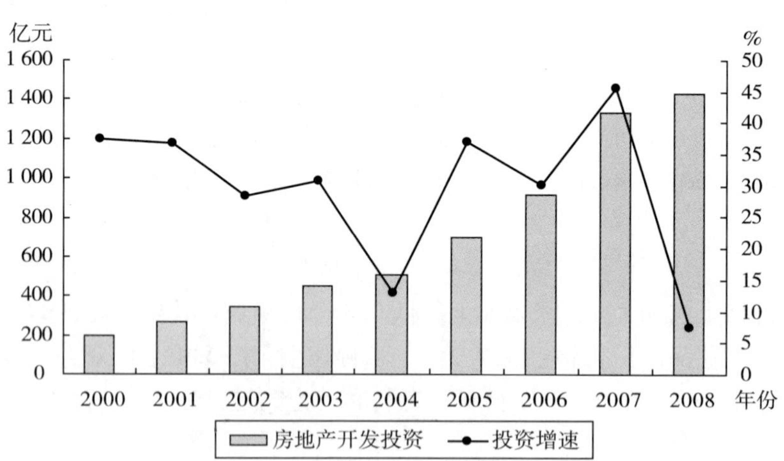

数据来源：四川省统计局。

图4 房地产开发投资

二、金融业与金融稳定

2008年，面对特大地震灾害和日益复杂的国内外经济金融形势，四川省金融业在改革中稳健运行，金融体系抗风险的能力增强，金融业继续保持较快发展。年末，金融业总资产[①] 2.28 万亿元，比上年增长 29.5%。金融业实现增加值 459.3 亿元，增长 17.8%，占全省 GDP 的 3.67%，比上年上升 0.2 个百分点。

（一）银行业

在特大地震灾害冲击下，银行业机构大力提高金融服务水平，积极配合国家宏观调控政策，加强信贷管理，为加快灾后恢复重建和促进经济平稳快速增长发挥了重要作用。

1. 银行业运行状况。

（1）资产规模快速扩大，质量有所改善。年末，银行业机构资产总额 2.19 万亿元，增长 30%。其中，本外币贷款余额 1.14 万亿元，比年初增加 2 367 亿元，同比多增 954 亿元，增长 25.1%，增幅创近 10 年来新高。与上年相比，以住房贷款为主的个人消费贷款明显少增。剔除个人贷款，房地产业贷款放缓，交通运输业、制造业和电力行业贷款较快增长，公共管理和社会组织、水利、环境及公共设施管理业信贷投放明显加速（图 5）。汶川特大地震发生后，各金融机构加大对农房建设、制造业和基础设施等灾后重建项目的支持力度，贷款增幅明显快于全国。截至年底，全省金融机构累计发放抗震救灾和灾后重建贷款 1 280 亿元，这是拉动贷款增长的主要原因。新增贷款中，中长期贷款占比有所下降，票据融资增加（图 6）。信贷资产质量继续改善，中资银行本外币不良贷款率 11.03%，比上年下降 1.09 个百分点。

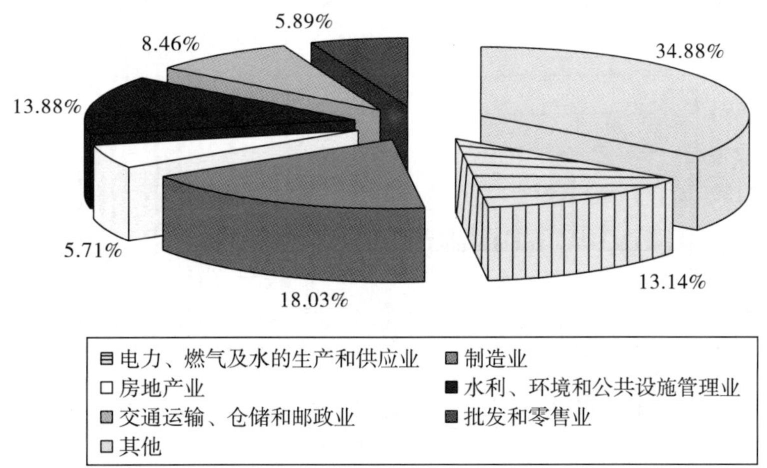

数据来源：人民银行成都分行。

图 5　2008 年新增企业贷款结构

（2）存款快速增长，流动性较为充裕。银行业机构本外币存款余额 1.88 万亿元，比年初增加 4 697.3亿元，同比多增 2 556.6 亿元，增长 33.4%，增幅创近 10 年来新高（图 7）。存贷款快速增长，流动性趋于宽松。年末，中小法人银行机构流动性比例为 58.3%，比年初上升 9.1 个百分点。

（3）盈利能力有所削弱，结构调整减缓。“512”汶川特大地震使银行业机构遭受了严重损失。

---

① 不含证券公司异地在川分支机构资产。

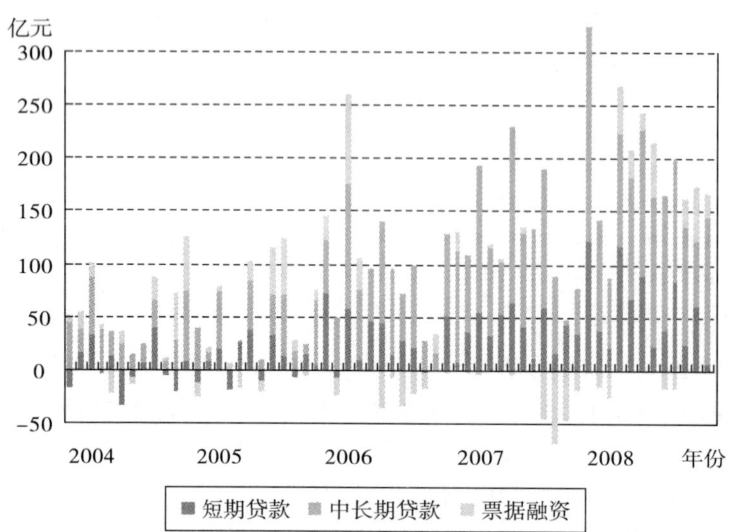

数据来源：人民银行成都分行。

图 6　月度新增贷款结构

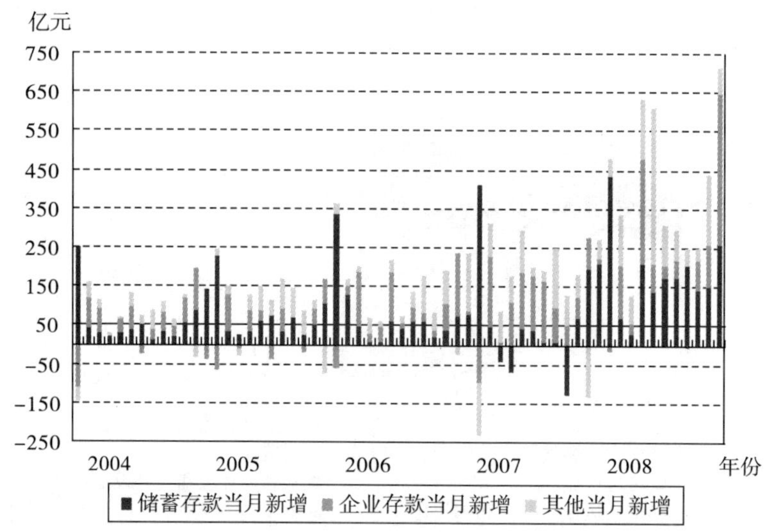

数据来源：人民银行成都分行。

图 7　月度新增存款结构

增提拨备后，银行业机构实现税后利润 3.4 亿元，同比减少 154.7 亿元。绝大多数银行业机构成本收入比持续下降，主要商业银行[①]成本收入比 35.1%，比上年下降 1.8 个百分点。存贷利差收入依然是拉动收益增长的最主要因素（图 8）。受规模扩张和净息差率扩大的影响，净利息收入比例为 186.6%，比上年上升 7.4 个百分点。银行理财业务发展放缓，中间业务收入率略有缩小。

（4）中小银行机构资本实力增强，拨备水平提高。中小法人银行机构资本净额比上年增加 47.4 亿元，增长 1.5 倍。13 家城市商业银行、城市信用社资本充足率全部达到监管要求。城市商业银行

① 包括 5 家国有商业银行、3 家政策性银行和 11 家股份制商业银行。

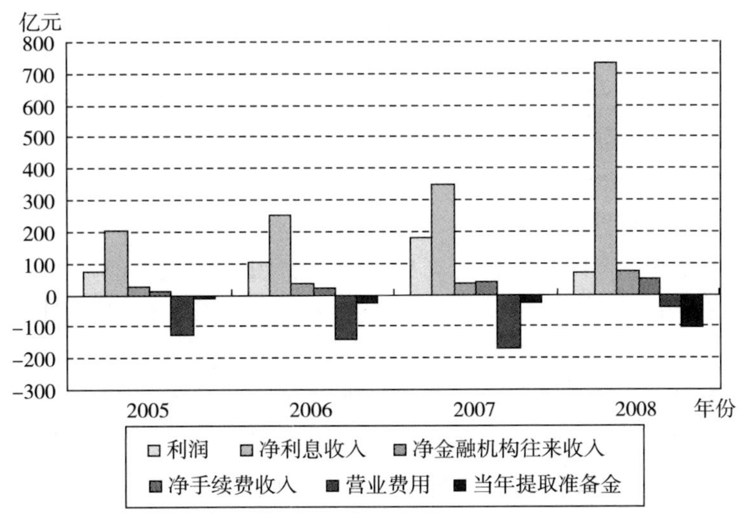

数据来源：人民银行成都分行。

图8 银行业机构利润结构

的核心资本充足率和资本充足率分别为13%、13.6%，分别比上年上升5.4个和4.7个百分点。全省农村合作金融机构资本充足率略有下降。城市商业银行拨备覆盖率146%，同比提高72.5个百分点，其中，10家机构拨备覆盖率超过100%；农村合作金融机构拨备覆盖率同比提高11.2个百分点。

2. 银行业改革开放。

（1）国有商业银行改革进展顺利。工商银行、中国银行、建设银行和交通银行在川分支行继续强化经济资本管理，大力拓展各项业务，积极应对地震灾害的不利冲击。四家银行资产规模占全省银行业金融机构的36%。根据“面向‘三农’、整体改制、商业运作、择机上市”的原则，农业银行在川分支机构全面推动“三农”金融事业部制改革，重点开展了股份制改造、不良贷款剥离等工作。

（2）农村金融机构改革平稳推进。年内，18家农村信用社统一法人社挂牌开业，114家县级联社实现专项票据兑付。年末，除成都外，1家农村合作银行和106家统一法人社挂牌开业，94.8%县级联社成功兑付专项票据。全省农村合作金融机构加大对“三农”、中小企业的服务力度，大力支持灾后重建。震后，新型农村金融机构试点工作加快。年末，已有15家新型农村金融机构开业，其中村镇银行12家，贷款公司2家，农村资金互助社1家。2家小额贷款公司稳健运行。

（3）城市商业银行、城市信用社改革稳步推进。城市商业银行、城市信用社多渠道扩充资本，资产质量和经营效益持续改善，资本实力和抗风险能力进一步增强。2家城市信用社改制为城市商业银行，全省法人城市商业银行达12家；上海银行成都分行和重庆银行成都分行开业；成都银行成功引进境内外战略投资者，顺利更名。两类机构公司治理进一步完善，经营管理水平逐步提高，继续积极为中小企业、广大市民提供金融服务。

（4）外资银行稳步发展。2家外资银行获准筹建。年末，7家外资银行分行资产总额122.3亿元，占银行业金融机构资产总额的0.6%；存贷款余额分别为69.9亿元、61.2亿元，分别比年初增加87.8亿元、51亿元，占全省市场份额的0.4%和0.5%。受金融危机的影响，外资银行理财业务发展受阻。

3. 银行业发展需要关注的方面。

（1）重灾区农村中小法人金融机构存在潜在风险。汶川地震对农村中小法人金融机构影响较大。四川省 10 个极重灾县①和 29 个重灾县②农村信用社人员伤亡多，财产损失重，网点受损多，客户影响广。重灾区农村中小法人金融机构资本充足率和资产质量有所下降。

（2）银行信贷较为集中。2008 年，银行业机构整体资产质量继续提高，但 12 月份不良贷款余额和不良贷款率略有上升。当前，银行业机构认真贯彻国家宏观调控政策，支持经济平稳较快发展，加大对水利、环境和公共设施管理业、公共管理和社会组织等为代表的基础设施建设中长期项目信贷投入，同时也带来行业集中、客户集中问题。部分项目资本金不能及时到位，进一步增加信贷风险。

（3）创新能力有待提高。2008 年，受金融市场发展水平、商业银行自身因素影响，银行业机构中间业务收入占比不到 10%。从中间业务构成看，仍存在模式单一、相关产品和业务发展放缓的问题。在保持传统业务稳步增长的同时，大力提升中间业务收入占比，满足客户多元化金融服务需求，应是银行未来发展方向。

（4）操作风险防范仍需增强。银行业机构百万元以上大案要案数量明显减少，涉案金额和案件风险金额持续下降，案件数量略有增加，案件防控形势依然严峻。提高对操作风险管理的再认识，强化内控，加强科技信息系统建设和应用，提升案件风险防控能力，加强安全保卫工作，加大金融犯罪打击力度，将有力构建操作风险管理的长效机制。

（二）证券业

2008 年，四川省证券期货经营机构经受地震考验运行平稳，规范化水平和整体质量进一步提高。

1. 证券业发展。年末，四川省共有证券公司 4 家，证券营业部、服务部 192 家，证券投资咨询机构 3 家，基金分公司 2 家，期货公司 4 家，期货营业部 7 家。

（1）证券公司业绩回落。年末，证券公司总资产 210.4 亿元，比上年减少 41.6 亿元，下降 16.5%；净资产 54.3 亿元，比上年增加 1.4 亿元。4 家公司均盈利，但收益普遍下降。从收入结构看，传统的经纪业务仍是收益的主要来源，手续费及佣金收入占营业收入的 58.6%；证券发行收入增长 1.8 倍，利息净收入和投资收益稳步增长。

（2）证券期货经营机构加快发展。华西证券、国金证券逐步搭建综合经营平台，取得积极进展。其中，国金证券成功借壳上市，成为辖内唯一一家上市券商，完成对国金期货的收购及增资扩股，正在发起设立基金公司；华西证券完成对华西期货的收购及增资扩股。除小额休眠账户外，辖内所有证券公司已全部实施客户交易结算资金第三方存管（专栏 1）。4 家期货公司资产规模大幅增长，1 家期货公司风险处置收尾工作取得新突破。

---

① 分别是汶川县、北川县、绵竹市、什邡市、青川县、茂县、安县、都江堰市、平武县、彭州市。

② 分别是理县、江油市、广元市利州区、广元市朝天区、旺苍县、梓潼县、绵阳市游仙区、德阳市旌阳区、小金县、绵阳市涪城区、罗江县、黑水县、崇州市、剑阁县、三台县、阆中市、盐亭县、松潘县、苍溪县、芦山县、中江县、广元市元坝区、大邑县、宝兴县、南江县、广汉市、汉源县、石棉县、九寨沟县。

专栏1　证券公司客户交易结算资金第三方存管

证券公司客户交易结算资金第三方存管（简称第三方存管）是指按照《证券法》的有关规定，证券公司客户交易结算资金交由独立第三方——商业银行存管的模式。第三方存管遵循"证券公司管理证券，存管银行管理资金"原则，将投资者的证券账户与证券保证金账户进行分离管理，符合客户证券交易资金、证券交易买卖、证券交易结算托管三分离的国际通用规则。第三方存管系统中，证券公司以自身名义在存管银行开立客户交易结算资金汇总账户，用于集中存放投资者的客户交易结算资金，向客户提供交易结算资金存取服务，并为公司完成与登记结算公司和场外交收主体之间的法人资金交收提供结算支持。存管银行在汇总账户下，为投资者建立一套客户交易结算资金簿记台账体系。证券公司在其柜台交易系统中为每个投资者建立一个客户台账，通过银证双方主机直连方式，与存管系统中投资者簿记账户建立对应关系。在此模式下，存管银行为客户开立其证券公司端证券资金台账余额的管理账户，记录客户明细账，并将明细账汇总与证券公司客户资金总账核对，这样做在一定程度上防范了证券公司总账层面的挪用行为。加强证券公司客户交易结算资金管理，实现客户交易结算资金和交易情况的实时监控，依然是证券公司风险控制的重要内容。

2. 证券业发展需要关注的方面。

（1）证券公司综合实力仍待提升。四川省证券公司资本规模小，综合实力弱，需要充实实力，扩大规模，建立健全法人治理结构并加强经营管理，继续创造条件在产品创新、业务创新、组织创新方面符合监管要求，拓展资产管理、投资银行和自营业务领域的发展空间。

（2）期货公司竞争力较弱。四川省大部分期货公司代理额排名居于全国100名以后，市场竞争力较弱。随着品种的日益完善，机构投资者参与群体的多元化以及资金的流入，期货市场竞争将日益加剧。扩张期货公司规模，提高期货公司抗风险能力，将有利于期货市场的规范发展。

（三）保险业

2008年，四川省保险业发展速度加快，规模上新台阶，服务领域不断拓展，整体实力增强。

1. 保险业运行状况。2008年，四川省新增省级保险公司10家。年末，共有省级保险分公司47家（其中产险公司22家，寿险公司22家，养老险公司2家，健康险公司1家），保险中介法人机构86家。从业人员15.5万人，占金融业就业总量的40%以上。

（1）承保业务持续快速增长。保险公司实现保费收入494.3亿元，增长47.2%，规模居全国第7，增速居全国第8。赔款和给付支出123.5亿元，首次突破100亿元，增长34.5%。保险深度3.95%，同比上升0.75个百分点；保险密度607.4元/人，增长47.6%。为全省提供14.2万亿元保险保障。保险公司总资产731.8亿元，增长33%。其中，外资公司实现保费收入13.3亿元，增长9.4%，市场占有率由上年的3.9%下降为2.7%。

（2）寿险公司加快发展。寿险公司实现保费收入376.9亿元，增长59.7%，增速创2002年来新高，高于全国平均11.4个百分点，居全国第9。全年银邮渠道共实现新单保费226.6亿元，同比增长111.4%，高于全国平均50.9个百分点，银邮渠道保费规模居全国第4；银保占比77.8%，居全国第1。新单业务中，分红险占60.7%，同比上升14.7个百分点，基本恢复到2006年水平；投连险占比降为 4%。

（3）产险公司业务发展放缓。受机动车辆保险增速放缓影响，产险公司实现保费收入 117.4 亿元，增长 17.6%；增速比上年下降 29.3 个百分点，增速居全国第 19 位，较上年下降 16 位。产险公司业务发展因震灾呈现阶段性特征。车险业务增长趋缓，非车险业务增速加快。农业保险较快发展，实现保费收入 10 亿元，规模居全国第 5；支付赔款 4.9 亿元，增长 128.7%；受益农户 216.3 万户次。工程险加快增长，实现保费收入 2.9 亿元，规模居全国第 4，增速 85.3%，上升 32.3 个百分点。

（4）服务区域经济社会重点领域的业务发展提速。农村小额人身保险试点在全省 23 个县市顺利进行，实现保费收入 335.6 万元，为 9.7 万农民提供了风险保障。责任保险保费收入 4.2 亿元，居全国第 5，其中，公众责任险规模最大；校方责任险实现全省统一投保，覆盖 11 628 所学校 812.5 万名学生。企业年金业务稳步发展，2 家专业养老公司全年共计受托管理企业年金6 033.5万元，年末参加企业年金计划的人数达到 1.9 万人。4 家产险公司和 6 家寿险公司积极发展电话营销、连锁式门店销售等新型营销方式。

2. 保险业发展需要关注的方面。

（1）区域发展不协调有待改善。2008 年，成都经济区保费收入占全省总规模的 55.8%（图 9），继续超过其他三大区域的总和[①]；从保费增速看，四大区域中，川东北经济区和川南经济区的保费增速超过了全省平均水平；三州少数民族地区保费规模占比依然低下，全省规模最小和增速最慢的市州都在该区域内。

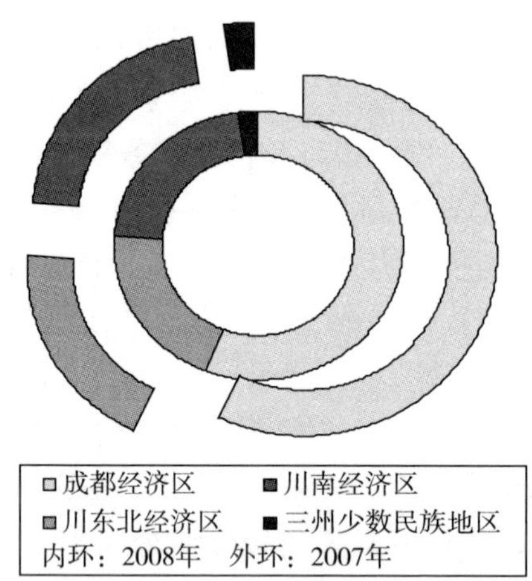

数据来源：四川保监局。

图 9 四大区域保险业发展

（2）承保业务盈利性仍需改进。近几年来，更多保险主体进入市场加剧了市场竞争（图 10），保险公司经营成本上升，部分出现费用率增加的情况。除了地震影响外，赔款支出增速高于保费收入增速应引起产险公司的关注，个别公司经营活动净现金流量为负，存在流动性隐患。银保产品迅速发展，但个别寿险公司投连险和万能险的退保率上升不容忽视。

（3）寿险公司业务结构调整仍需加强。保障功能较强的普通寿险、意外险和健康险新单保费合计 27.9 亿元，其中保障型产品的新单保费仅为 24.2 亿元，而普通寿险仍然低迷，新单业务出现 20.5% 的

① 按照《四川省保险业十一五规划》将四川省各市州划分为成都经济区、川东北经济区、川南经济区、三州少数民族地区。

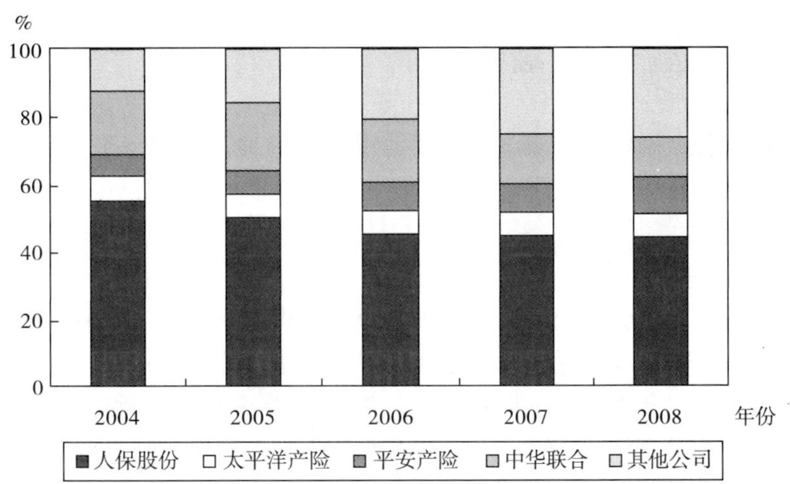

数据来源：四川保监局。

图10　产险公司市场份额

下滑。从销售渠道看，银邮渠道新单增长迅猛，直销渠道出现负增长，可能引起业务大起大落。

（4）巨灾风险管理体系亟待完善。年末，四川省保险业接到地震有效报案22.2万件，已结案22.1万件，有效案件结案率99.4%。累计已赔付和预付保险金7.2亿元，预计赔付保险金15.4亿元。共赔付遇难及伤残学生5 110人次，有效案件结案率95.8%；报案受损农房20.8万间，涉及受损房屋28.8万间，有效案件结案率99.91%，支付赔款1.7亿元。一些较为复杂的企财险、工程险理赔工作仍在进行中。面对汶川地震超过近万亿元的损失，保险业减灾防损功能的发挥还不到位。震灾推动了有关各方积极探索巨灾风险防范和转移途径，建立巨灾保险制度十分紧迫（专栏2）。

专栏2　巨灾风险管理与保险

巨灾指单独的、突发或持续时间长的、影响地域广泛的事件，它会对基础结构、工业设施和人员生命造成大范围的严重损失。[①] 瑞士再保险公司将巨灾风险分为自然灾害和人为祸害。2008年，四川省遭受了“512”汶川特大地震，这是新中国成立以来破坏性最强、波及范围最广、救灾难度最大的一次地震灾害，全省有52%的面积受灾，受灾总人口接近全省人口的三分之一，经济损失超过万亿元。特大地震灾害暴露出我国传统灾害风险管理模式存在突出问题：全社会防灾防损意识不强，灾害预防管理机制欠缺，保险业应对灾害时的应急联动机制不健全，巨灾风险分担机制缺乏。为了加强巨灾风险管理，需要将灾前风险防范和灾后经济补偿有机结合，充分发挥工程建设、标准制定等专业部门的作用，增强财税、保险等的支持和保障作用。其中，在巨灾风险管理方面引入巨灾保险机制，已成为全球通行的有效做法并发挥了重要作用。建立我国巨灾保险，可以借鉴美国、日本等国家的经验，由国家对巨灾保险进行财政扶持，政府开支设立专项保险基金，同时形成由个人、企业、国内保险业和全球再保险业及资本市场在内各方共同分担风险的机制。

① 丹尼斯·贝森特。

三、金融市场运行与金融稳定

2008 年，四川省各金融市场克服汶川特大地震灾害的冲击，保持平稳运行，为区域金融稳定提供了有力支持。

（一）金融市场运行的基本情况

1. 银行间同业拆借与债券市场。市场成员全年累计拆入、拆出资金分别为 118 亿元和 176 亿元，分别增长 63% 和减少 12% 。受适度宽松货币政策影响，同业拆借利率从高位大幅走低（图 11）。债券市场交易量大幅上升，全年金融机构质押式回购、现券买卖、买断式回购累计成交 10 959 亿元、5 703亿元和 105 亿元，分别增长 58% 、514% 和 87% 。债券回购市场份额下降，融出资金快速增长。质押式回购利率 10 月后大幅走低（图 12）。

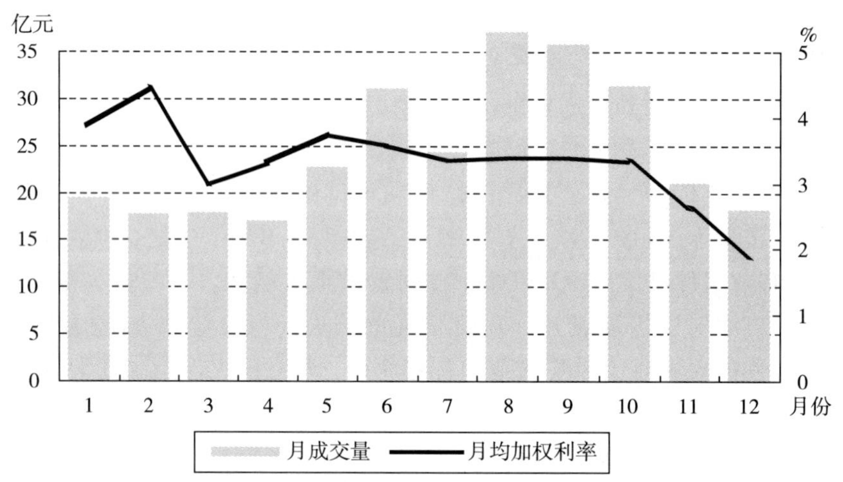

数据来源：中国货币网。

图 11　2008 年四川省金融机构同业拆借交易统计

2. 票据市场。票据签发情况显示，银行本票及银行汇票萎缩，商业汇票及支票稳步增长，国内信用证加快发展。从票据贴现交易情况看，再贴现发生额大幅上升，转贴现及贴现交易额有所减少。适度宽松货币政策下，金融机构不再主动压缩票据贴现余额以控制贷款规模，年末票据贴现余额大幅增长。票据市场利率总体呈下行趋势，特别是第四季度以来，受货币市场利率走低及再贴现利率下调影响，利率下降幅度较大。12 月份，贴现、转贴现加权平均利率分别为 2. 73% 、2. 61% ，分别较年初下降 5. 16 个和 2. 7 个百分点（图 13）。

3. 股票市场 。受地震灾害的影响，四川省上市公司在资本市场上融资能力减弱。全年省内共有 13 家上市公司实现直接融资，融资规模 143 亿元，比上年减少 34% （图 14）。其中，7 家公司（含 1 家 H 股和 6 家 A 股①）IPO 融资 49. 7 亿元，同比减少 27% ；6 家公司再融资 93. 3 亿元，同比减少 37% 。全年新增股票投资者账户 50 万户，比上年减少 62% ，年末股票投资者账户总数为 590 万户。

① 6 家 A 股上市公司全在“512”后上市。

数据来源：中国货币网。

图 12　四川省金融机构债券质押式回购交易统计

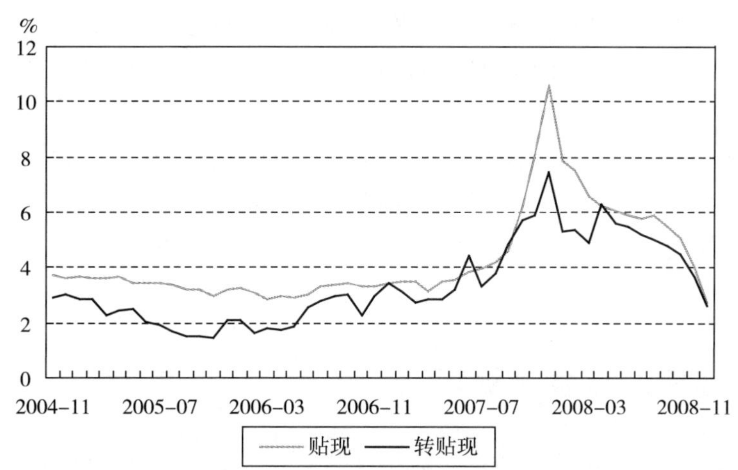

数据来源：人民银行成都分行。

图 13　四川省票据利率

市场成交量下降，全年证券交易额 2.4 万亿元，同比减少 27%。

4. 外汇等其他市场。外汇市场方面，成都分中心会员在银行间外汇市场成交 6.1 亿美元，同比增长 110%，增速有所下降。人民币对美元持续升值，下半年较为稳定。期货市场方面，期货交易额 13 990 亿元，比上年增长 88%。黄金市场方面，金融机构黄金业务继续快速发展，全年累计交易 37 亿元，比上年增长 111%；会员企业在上海黄金交易所场内交易活跃，交易金额比上年增长 5.1 倍。

（二）金融市场发展的不足

1. 上市公司整体实力仍需提升。年末，四川省 A 股上市公司总市值 2 772.7 亿元，占地区生产总值的 22.2%，低于全国平均水平 19.8 个百分点；上市公司总市值占全国的 2.2%，总体规模偏小。尚有个别公司未完成股改，部分公司面临退市和暂停上市风险。

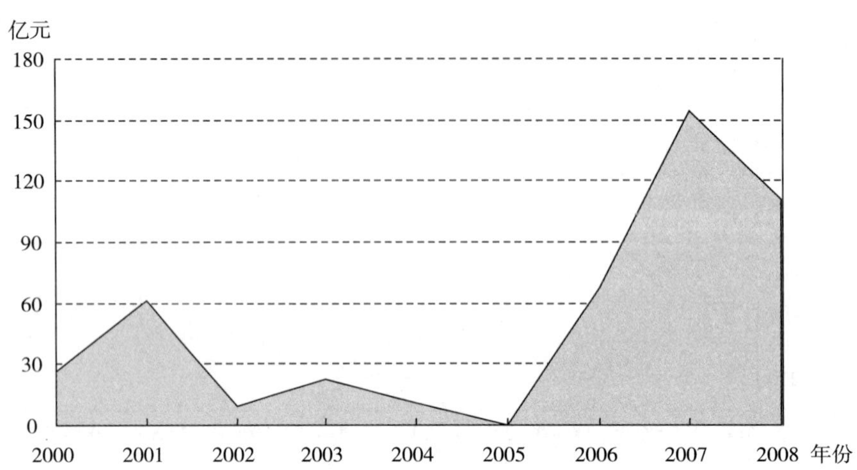

数据来源：四川证监局。

图14　上市公司A股市场融资量

2. 投资者风险教育尚待提高。随着更多的投资者直接或间接地持有各类金融产品，大力开展投资者风险教育尤为迫切，需要各类金融机构在做业务推介时继续加强对投资者的风险提示，从而有利于投资者理性参与金融市场，减少群体事件发生。目前，个别金融机构理财产品客户投诉增多，更应引起高度关注。

3. 融资结构仍需改善。从非金融企业部门外源融资结构看，银行贷款占比为92.5%，而股票、企业债融资占比分别为5.4%、2.1%，反映出企业融资仍高度依赖于银行体系，股票融资与企业债融资发展较为缓慢，其中企业债融资发展更为滞后。大力发展直接融资仍是较长时间内需要解决的问题。

四、金融基础建设与金融稳定

2008年，四川省在支付清算体系建设、征信体系建设和反洗钱工作等方面取得了长足进步，为促进四川省金融业健康发展、维护区域金融稳定提供了基础设施和重要保障。

（一）支付体系

大额实时支付系统、小额批量支付系统处理跨行汇划业务1 165万笔、580万笔，支票影像系统成功交易387笔。近400个单位的公用事业收费采取小额支付定期借记业务方式。各种非现金支付工具支付金额12万亿元，是全省GDP的9.6倍。农民工银行卡特色服务在全省农村信用社和邮政储蓄银行约6 800个网点全面开通，全年实现交易71.4万笔，排名居全国第4。年末，共有67万户单位银行结算账户、10 778万户个人银行结算账户进入四川省人民币银行结算账户管理系统。伴随银行卡业务稳步增长，银行卡市场风险防范工作需进一步加强。

（二）征信体系

企业征信系统为四川省52.5万户企业和其他组织建立信用档案，采集9.6万户企业的本外币贷款余额 10 273.5 亿元，并为 10.1 万户与银行有结算关系但没有信贷关系的中小企业建立信用档案；个人征信系统为 5 200 余万人建立信用档案，采集 491 万户个人信贷客户的贷款余额1 935.9亿元。共有 32 个县区、125 个金融机构启动农村信用体系建设试点工作。应收账款质押登记公示系统盘活中小企业人民币应收账款类资产 759.5 亿元。依托企业和个人征信系统，政府部门间的信息共享力度加大，已有 253 万户住房公积金个人缴存账户、204 万户社保缴存账户等信息进入企业和个人征信系统。

（三）反洗钱

人民银行成都分行现场检查金融机构 41 家，依法对 11 家进行处罚；开展对 2 172 家县级以上金融机构非现场监管，建立非现场监管评估制度，洗钱风险预防体系初步建立。全年四川省金融机构上报重大可疑交易线索 72 起，人民银行成都分行移交线索 2 起，公安机关立案后成功侦破 1 起涉嫌非法吸收公众存款案。省反恐办阻止 1 起恐怖融资发生。“杨仕明洗钱案”成功审判。人民银行与公检法等部门合作加强，提高了反洗钱工作合力。随着反洗钱工作的深入推进，反洗钱社会影响进一步扩大。

总　纂：李明昌　张瑞怀
统　稿：梁勤星　葛康泽
执　笔：温茹春　罗来东　马　珂
其他参与写作人员：张宏宇　沈艳华　陈　丹　徐　磊　谢济全

贵州省金融稳定报告摘要

2008 年，贵州省经济受到了百年不遇的特大低温雨雪冰冻灾害、部分地区严重洪涝灾害和国际金融危机等方面的重大挑战和考验，继续保持了平稳较快发展的良好态势，经济增长的基本面总体仍然向好，经济结构持续改善，经济综合实力进一步增强，为区域金融稳定提供了较好的宏观经济环境。金融体系整体保持稳定、良好的发展态势。银行业保持稳健运行，有效抵御外部冲击；证券业继续保持整体盈利，抵御风险能力增强；保险业持续发展，保险保障功能不断增强。金融市场总体运行平稳，货币市场受货币政策调整的影响明显，外汇市场加速发展，黄金市场发展有效满足市场投资需求，资本市场稳步发展。金融生态环境进一步优化，为省内金融业发展发挥了积极作用。

一、经济运行与金融稳定

2008 年，贵州省经济继续保持了平稳较快发展的良好态势，经济增长总体向好的基本面没有改变，经济结构持续改善，经济综合实力进一步增强，这为区域金融稳定提供了较好的宏观经济环境。但是，面对国际金融危机的严重冲击，贵州省经济保持较快增长的压力加大，许多对金融稳定存在潜在影响的因素需要密切关注，以提高预见性，防范可能产生的风险，切实维护金融稳定。

（一）经济运行情况

1. 经济发展概况。2008 年，贵州省经济受到了百年不遇的特大低温雨雪冰冻灾害、部分地区严重洪涝灾害和国际金融危机等方面的重大挑战和考验，总体形势仍保持稳定，表现在：经济增长较快、产业结构进一步优化、物价涨幅回落、民生继续改善。全年实现生产总值3 333.4亿元，同比增长 10.2%，连续 6 年保持经济增长速度超过 10% 的发展势头（见图 1）。

2. 经济增长的结构情况。

（1）产业结构得到优化，特色优势产业进一步提升。2008 年，贵州省三次产业协调发展，产业结构进一步优化，三次产业在国民经济中的占比分别为 16.4%、42.3%、41.3%。与 2007 年相比，第一产业和第三产业生产值占 GDP 的比值分别下降和上升 0.4 个百分点。其中，第一、第二、第三产业分别增长 6.5%、9.3% 和 12.1%，分别拉动经济增长 2.1 个、4.4 个和 3.5 个百分点（见表1）。

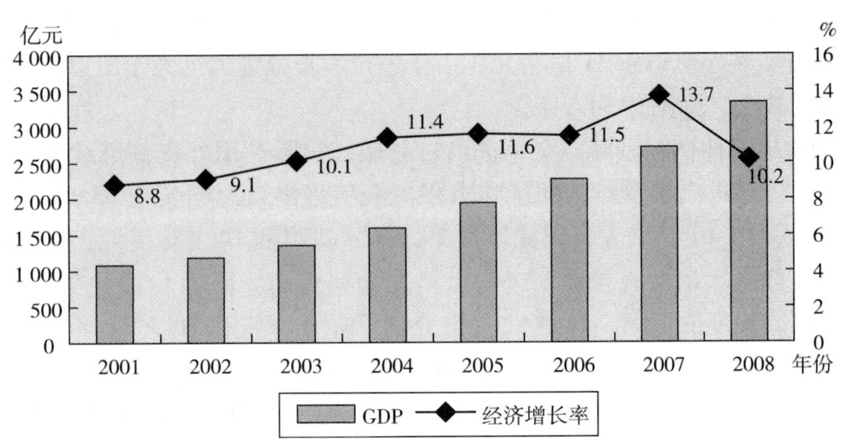

数据来源：《贵州省统计年鉴》、《贵州省统计月报》。

图1 2001～2008年贵州省GDP增长情况

表1 贵州省2001～2008年三次产业占GDP比重变化趋势情况 单位:%

年份	2001	2002	2003	2004	2005	2006	2007	2008
第一产业增加值占比	25.3	23.7	22.0	21.0	18.5	17.3	16.8	16.4
第二产业增加值占比	38.7	40.1	42.7	44.9	42.4	43.3	42.3	42.3
第三产业增加值占比	36.0	36.2	35.3	34.1	39.1	39.4	40.9	41.3

数据来源：《贵州省统计年鉴》、《贵州省统计月报》。

电力、煤炭、烟草、饮料等优势行业对国民经济增长的支撑作用进一步加强，上述行业的工业增加值占全省工业增加值的59.3%。高新技术产业和装备制造业发展加快，全年高新技术产业总产值238亿元，同比增长17%。旅游业也实现了快速增长，全年旅游总收入653.1亿元，同比增长27.5%，带动交通运输、餐饮、住宿等相关行业实现稳步增长。

（2）财政收入稳步提高，企业利润有所下降，居民收入进一步增长。2008年，贵州省一般财政收入继续保持20%以上的增速，全年实现财政收入674.56亿元，同比净增117.5亿元。全年规模以上工业企业盈亏相抵后实现利润152.12亿元，同比减少23.37亿元。城乡居民收入继续保持增长，全年城镇居民人均可支配收入达到11 758.76元，同比增长2.9%；农民人均纯收入约为2 780元，同比增长8%以上。随着政府提高粮食最低收购价格、较大幅度增加对种粮农民的补贴等一系列强农惠农政策的实施，农民收入增速连续第二年快于城镇居民。

（3）固定资产投资力度继续加大，城乡消费市场增长较快，净出口出现下滑。尽管年初的特大低温雪凝灾害，造成了很多项目建设工期延缓，但在各项刺激经济发展的有力措施推动下，固定资产投资量稳步增加，投资增长速度进一步加快，全年投资增速呈现出先慢后快的特点。

固定资产投资为确保经济较快增长起到了重要作用。2008年，全省固定资产投资完成1 858.32亿元，同比增长24.8%，净增369.52亿元，是历史上净增额最多的年份。新增投资主要集中于基础设施建设，投资额达926.96亿元，占全省固定资产投资的50%。其中，主要以强化交通、水利基础设施，以及能源建设方面的重点项目的建设投资为主。

消费需求旺盛，市场销售增长较快。全年社会消费品零售总额1 014.85亿元，同比增长23.5%，增幅上升4.4个百分点。家电下乡、手机下乡等政策共同促进了农村消费市场的快速增长，全年农村消费市场增长速度快于城市。在消费结构上，城乡居民对医疗保健的支出呈现较大幅度的增长。

2008 年，贵州省实现净出口 4.31 亿美元，由于进口增长幅度远远大于出口增长幅度，使净出口额同比有较大幅度的减少，降幅达 34.2%。

3. 对外经济的发展总体情况较好，全年进出口总额、实际利用外资额继续增长。进出口总额保持较快增长，金融危机对进出口及经济的影响有限。全年进出口总额实现 33.71 亿美元，同比增长 48.3%。其中，出口额 19.01 亿美元，同比增长 29.7%；进口额 14.7 亿美元，同比增长 82%。上半年，受国际市场商品价格大幅增长拉动，进出口增速大幅提高。10 月份后，受国际金融危机影响，出口、进口均出现不同程度的下降，其中 12 月份分别下降 33.8% 和 51.3%；但是由于贵州省出口额占经济总量的比重较小，出口下降对经济增长影响相对有限。

实际利用外资额继续保持增长，但增幅减缓。全年实际利用外资 14 904 万美元，同比增长 17.8%，涨幅同比减少 18.7 个百分点，新增外商投资企业同比减少 10 家，资金在继续流向制造业投资的同时，逐步转向水利、环境和公共设施管理业。

4. 居民消费价格高位回落，生产类价格总体处于高位，劳动力工资水平涨幅回落。居民消费价格上半年持续高位运行，进入下半年逐渐回落，呈前高后低走势（见图 2），全年累计上涨 7.6%。食品价格继续成为拉动物价上涨的主要因素，拉动居民消费上涨 5.7 个百分点。生产类价格水平上半年急剧上涨，尽管下半年出现了一定程度的回落，但总体处于高位。其中原材料、燃料、动力价格同比增长 12.5%，成为企业成本上升的主要原因，使得企业控制成本难度加大经营困难，如贵州省火力发电企业由于上半年煤炭价格大幅上涨电价却上调幅度不大，而面临严重的价格倒挂问题。劳动力工资水平总体涨幅回落，其中，城镇职工平均工资水平在保持快速增长后增幅有所下滑；农民工工资水平同比小幅上涨，增幅也呈现回落态势。

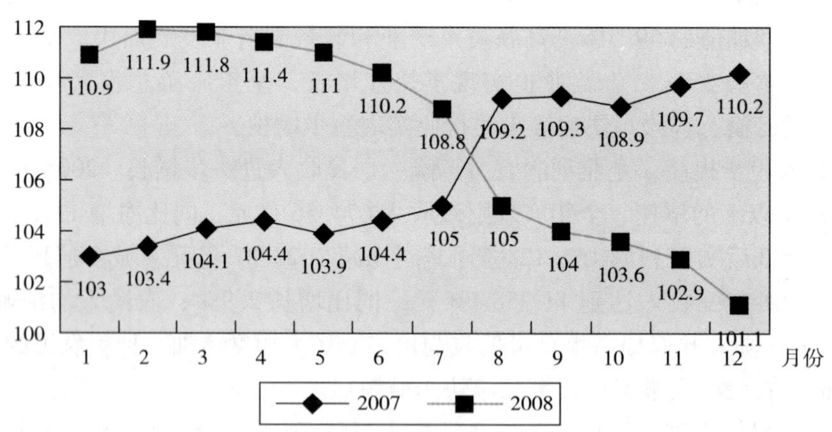

数据来源：《贵州省统计月报》。

图 2　各月居民消费价格指数（上年同月 =100）

5. 房地产行业在调整中稳步发展，房地产价格涨幅回落，住房消费贷款稳步增长。房地产投资保持较快增长，但涨幅同比回落。全年房地产投资总额 307.84 亿元，增速 23.3%，同比下降 9.7 个百分点，低于当年固定资产投资增速 1.1 个百分点。

商品房销售出现下降，消费者购房意愿不强。商品房销售一改上年高速增长的局面，销售面积同比较大幅度下降，销售额在最后两个月也同比出现下降，成交量萎缩，空置面积增加。房地产价格涨幅较上年回落。第四季度贵阳市房屋销售价格上涨 4.1%，涨幅较上年同期下降 3.8 个百分点；

遵义市销售价格出现负增长。由于销售下滑，房地产开发企业对土地的需求下降，土地交易价格涨幅回落。

房地产贷款稳步增长，金融更多地从消费方面给予支持。房地产开发贷款小幅增长，其中经济适用房开发贷款涨幅最大，是上年的3倍。购房贷款增长较快，在房地产贷款中的占比得到提高，达到57.4%。其中个人住房贷款占购房贷款的比例最高，占87%，同比增长17.2%。

（二）经济发展态势对金融稳定的影响

1. 内部经济发展态势对金融稳定的影响。

（1）经济增长速度减慢，商业银行风险控制难度加大。受全球经济下滑的影响，2008年下半年贵州省经济增长的速度有所下降，经济继续保持较快增长的压力加大，在经济金融依存度进一步加大的情况下，这必然会影响到金融业的发展。进入10月份，省内工业企业面临的困难增多，部分企业开工不足，产品销售困难，企业利润下滑，偿还贷款的压力加大，从而增加了商业银行信贷资金回笼压力，使商业银行风险控制难度加大。

（2）农民工外出务工收入有所下降，农民工返乡就业问题值得关注。贵州省农民工外出打工主要集中于珠三角、长三角地区。2008下半年，由于受金融危机影响，这两个地区企业普遍出现开工不足，甚至停工的现象，导致贵州省外出农民工收入水平整体下降，部分农民工提前返乡。由于外出打工收入已成为贵州农村地区家庭收入最重要的组成部分，打工收入减少，甚至无打工收入，导致部分农村家庭生活可能由温饱又回到贫困。据调查，大部分农民工返乡后希望通过创业改善生活，但若不对返乡农民工创业进行适当引导，容易出现创业项目选择扎堆的现象，可能会加剧某些行业的竞争，甚至引发恶性竞争，从而降低农民收益；同时，也增加了农民工返乡创业贷款的信贷风险。

（3）税收出现下滑迹象，财政支持经济发展的压力加大。受到经济增长速度减慢的影响，贵州省税收已出现下滑迹象，占税收主导地位的所得税、营业税增幅均呈现不同程度的下降。目前，在扩大内需促进经济增长的“四万亿”投资中有相当大一部分需要依靠地方政府投入，而财政收入减少可能会在一定程度上加大财政支出的压力。

2. 外部经济发展态势对金融稳定的影响。

（1）国际金融危机蔓延，出口企业受到首轮冲击。2008年受国际金融危机影响，国际市场需求大幅萎缩，对贵州省出口企业也造成了较大的影响。美欧日等发达国家是贵州省主要的资源型产品出口市场，该出口市场占全省资源型产品出口总额的40%左右。受次贷危机影响，发达国家市场萎缩，对贵州省资源型产品需求大幅下降。随着次贷危机影响不断深入，贵州省资源型产品出口进一步萎缩的可能性很大，出口形势不容乐观。受市场需求不足影响，贵州省资源型产品出口企业已出现减产、停产现象，企业信心受较大冲击，对企业后续发展影响较大。

（2）国际金融危机尚未见底，上下游企业将受到第二轮冲击。由于国际金融危机尚未见底，随着时间的推移，对出口企业造成的冲击不断向上下游企业传导。贵州省的电力、煤炭、基础原材料等支柱产业均属上游产业，不可避免地受到了金融危机的冲击。一是支持全省工业增长的煤炭行业面临多重困难。10月份以来，煤炭价格大幅下跌、煤炭买家纷纷取消合约；同时，由于外省用电需求减少，贵州省电厂发电有所下降，使煤矿停产待产不断增多，生产面临较为严重的困难。二是其他行业的产销也不同程度受到影响。11月份，冶金、化工、有色、电力四个行业出现了不同程度的负增长；钢铁产能利用率仅65%，生铁和粗钢产量均比上月减少30%左右；电解铝产能利用率也只能维持在60%左右；铁合金产量比上月减少50%；化肥行业多数处于停产、减产状态。三是企业经营状况的不乐观可能影响银行信贷资金的安全性。省内煤、电企业之间相互拖欠货款、电费现象已不同程度出现，而煤、电企业一直是省内金融机构信贷投放的主要客户，贷款余额占全省贷款余额的比例高于三分之一，一旦这两个行业生产严峻，势必影响到省内金融机构的信贷资金安全，同时影响到金融机构的信贷投放。

国际金融危机仍在不断扩散，对全球实体经济的冲击还在扩大，金融危机对贵州省经济发展和金融稳定的影响值得进一步关注。

二、金融业发展和金融稳定

2008年，贵州省金融业整体保持稳定、良好的发展态势。银行业保持稳健运行，有效抵御外部冲击；证券业继续保持整体盈利，抵御风险能力增强；保险业持续发展，保障功能不断增强。

（一）银行业

2008年，贵州省银行业以科学发展观为统领，积极应对国际国内形势的变化，采取有力措施，克服了年初雪凝灾害、年终国际金融危机等不利因素的影响，保障了地方经济平稳较快发展。

1. 银行业运行基本情况。

（1）银行业整体运行平稳。

存贷款余额平稳增长。年末，全省银行业金融机构本外币各项存款余额4 749.98亿元，同比增长23.74%；本外币各项贷款余额3 581.53亿元，同比增长13.88%；存贷差1 168.45亿元，同比增加474.78亿元。

信贷投放调控有效。2008年，全省金融机构在国家宏观经济调控政策下，实时调整信贷政策，实现稳健经营。在从紧的货币政策下，全省金融机构调整了信贷投放节奏，施行均衡放贷；在适度宽松的货币政策下，加大信贷投放力度，对省内电力、煤炭、烟草等重点行业加大了信贷投放。第四季度，全省金融机构新增各项贷款170.84亿元，占全年各项贷款增量的31.55%，较上年同期增加7.02个百分点。

贷款支持重点突出。基本建设仍是省内银行业金融机构信贷支持的重点，个人贷款业务发展迅速。全省贷款余额最高的五大项目分别为：电力、燃气及水的生产和供应业、个人贷款、制造业、交通运输仓储和邮政业、建筑业，占比分别为27.38%、13.48%、11.985%、8.80%、6.96%。

内控体系不断完善。全省金融机构加强内控建设，进一步完善内控体系，操作风险控制有力。2008年，全省金融机构全年案件发生数量为6起（公安机关已立案的案件），同比减少16起。其中，百万元以上案件1起；国有商业银行、农村金融机构同比分别减少5起和11起；政策性银行、城市商业银行、城市信用社、邮政储蓄银行均无案件发生。

（2）法人金融机构有效抵御外部冲击。

抵御风险能力加强。2008年末，贵州省城市商业银行资本充足率为9.97%，同比增加0.93个百分点；核心资本充足率为8.79%，同比增加0.78个百分点。农村信用社资本充足率为3.45%，同比增加3.95个百分点，实现由负转正；核心资本充足率为3.44%，比上年同期增加3.93个百分点。城市信用社核心资本充足率为11.64%，同比增加5.67个百分点。

盈利能力稳中有增。2008 年，银行业法人金融机构实现利润 8.06 亿元，同比增加 1.39 亿元。其中，农村金融机构（包括农村信用社和农村合作银行）实现利润 6.41 亿元，同比增加 2.31 亿元。

流动性较为充足。全省银行业法人金融机构全年保持了较为充足的流动性。截至 12 月末，全省法人金融机构流动性比例达 50.90%，比上年同期增加 10.26 个百分点；且单家金融机构（农村信用社以省联社为单家统计）流动性比例均大于 25%。人民币超额备付金率充足。其中，城市商业银行为 13.51%，农村合作金融机构为 40.26%。

资金来源较为稳定。总体上来看，全省法人金融机构存款结构相对较为稳定。城市商业银行各项存款余额为 492.53 亿元，比上年同期增加 116.81 亿元，同比多增 61.40 亿元。其中，企业存款占各项存款余额的 46.28%；从存款的结构上来看，定期存款占比相对稳定，总体表现微增；机关团体存款占比从 2005 年以来也逐年上升。农村金融机构（包括农村信用社和农村合作银行）以储蓄存款为主要来源，储蓄存款占比 68.14% 且占比相对较稳定。

资金运用、投资较为审慎。中小金融机构严格按照国家宏观调控政策、货币信贷政策投放信贷资金；同时，加大了资金市场运作的频率和力度，合理安排贷款资金发放和资金运用的时间差。投资产品以保值增值为主，如债券等收益相对稳定的金融产品；中小法人金融机构均未参股境外金融机构以及投资境外衍生产品。

2. 银行业改革进展情况。省内银行业加快改革步伐，国有商业银行股份制改革继续深化，并取得阶段性进展。

（1）国有商业银行改革深入推进，并取得新进展。国有商业银行坚持以现代商业银行的经营、管理理念，不断加强内控管理，拓宽服务渠道，加大产品和服务创新的力度，提高金融机构服务意识和服务质量；创新融资担保方式、拓宽企业融资担保渠道、拓展中小企业金融产品。

农行贵州省分行积极采取应对措施，基本完成不良资产剥离工作，股改顺利推进。截至 2008 年 11 月 30 日，农行贵州省分行实际剥离不良资产总额 114.87 亿元（主要包括不良贷款、非信贷资产和准贷记卡透支）。农行贵州省分行积极自主开展全行各级领导及涉及剥离工作的操作人员及相关人员的再培训等措施，顺利推进剥离工作；同时，对资产剥离后下一步的委托处置等工作进行了全面部署。

邮政储蓄银行不断在全省各地州市扩大网点规模，业务范围不断拓展。已在全省部分地州市完成了一类及二类网点的开设工作；同时，不断推出小额信贷业务、个人商务贷款、银团贷款业务等邮政金融产品，积极试点公司业务，大力拓展代客理财业务、信用卡、绿卡通、淘宝卡等中间业务。

（2）金融服务力度不断加大，中小法人金融机构改革与发展并进。一是新型金融机构不断丰富。新成立两家农村新型金融机构，分别是毕节发展村镇银行、龙里国丰村镇银行，为推动当地经济发展提供金融支持；同时，全省 17 家小额贷款公司试点筹建审批工作已基本完成。二是农村金融服务不断完善。农村信用社陆续在“零机构乡镇”增设网点，提升网点覆盖面，增强了服务意识。三是农村信用社改革取得阶段性成果。年末，全省 88 家农村信用社已有 87 家农村信用社完成专项票据的兑付工作，兑付金额 10.4 亿元。四是城市信用社加快改革步伐，准备组建城市商业银行，改制工作稳步推进。

3. 需要关注的问题。

（1）银行业面临多方面的挑战。

信用风险压力加大。受年初雪凝灾害、年末国际金融危机的影响，贵州省整体经济下行风险加大，对银行业信贷资产质量造成不利影响；同时，信用风险识别难度进一步加大。一是中小法人金融机构信贷风险压力加大。受雪凝灾害影响，“三农”贷款风险进一步加大，尤其是受灾严重的地区，传统种养殖业贷款大部分形成不良，由雪凝等灾害引起的次生灾害对“三农”甚至部分中小企业的影响也将陆续暴露。二是部分中小金融机构对集团关联和非集团关联贷款以及多头贷款未严格执行有关管理制度，授信额度超过借款人的偿债能力，风险逐步暴露。三是不良贷款“双降”压力加大。由于部分中小金融机构可疑贷款不断增加，不良贷款压缩空间缩小、压缩难度加大，同时存量不良贷款清收盘活难度进一步加大，加大了不良贷款“双降”的难度。

风险识别难度加大。由于整体和局部区域经济下行风险加大，再加上贵州省经济属于投资拉动型，对银行业务经营产生了较大影响。一是有效信贷需求不足，加大了潜在信用风险；二是信用风险和市场风险的识别和控制难度加大，银行业在风险控制、资产结构的优化和调整等方面也面临一定的难度。

大型项目成为商业银行之间竞相争取的对象。由于贵州省地处内陆，客户资源有限。省内的大型电力、能源建设等大型项目成为金融机构竞相争取的客户对象，造成商业银行议价能力下降、对客户的过度授信，并可能造成银行之间的恶性竞争。这不利于营造良好的银行业经营环境。

中小企业信贷业务受制约。在经济发展中不确定因素增多的情况下，国有商业银行在授信策略、风险偏好、市场定位和客户层选择上更加偏好于发展相对稳定的省内大型、优质企业和客户；而贵州省中小企业处于竞争弱势，给金融支持中小企业发展带来了困难。一是贵州省小企业经营规模小，技术水平相对落后，自有资本金不足，资产负债率高，抗风险能力弱。二是管理水平低，不符合现代企业管理制度要求。三是担保难制约小企业融资。部分担保性中介机构实力弱，管理不规范，风险措施不健全。

涉农机构不良贷款较高。2008 年末，全省金融机构不良贷款余额 221.33 亿元，比年初减少 97.95 亿元，不良贷款比率 6.18%，比年初减少 3.97 个百分点。其中，农业发展银行、农村合作银行、农村信用社不良贷款比率较高，分别为 15.57%、13.42%、19.31%。

（2）中小法人银行经营风险值得关注。

中小法人银行业务创新能力不足。一是中小法人银行中间业务、表外业务发展缓慢，发展动力不足。2008 年，城市商业银行、城市信用社、农村信用社的中间业务收入分别占营业收入的 3.43%、0、1.80%（工行、中行、建行中间业务收入率高于平均水平，均在 10% 以上），其中主要是以传统的结算业务收入为主，个人理财类业务仅有一家城市商业银行开始开办。另外，表外业务发展较为滞后，省内地方法人机构均未开拓衍生产品市场。二是中间业务收入率较低。全省金融机构净利息收入率为 92.43%，同比增加 0.73 个百分点；中间业务收入率为 7.55%，同比减少 0.22 个百分点。其中，工行、中行、建行中间业务收入率高于平均水平，均在 10% 以上；农村金融机构、城市信用社中间业务收入占比较低，均不足 2%。

贷款较为集中。地方中小银行贷款集中度较高，分散风险能力较弱。城市信用社和农村金融机构（包括农村合作银行）最大十家客户贷款集中度较高，均大大超出了临界值。

（二）证券业

2008 年，中国股票市场呈现震荡下跌走势，市场交易量大幅萎缩。

受国内证券市场持续走低影响，贵州省证券行业盈利水平下降，但继续保持整体盈利。省内唯一的法人证券公司——华创证券顺利完成接管汉唐证券在贵州省各经营网点的各项工作，同时不断强化自身风险控制和投资者教育工作。

1. 2008 年贵州省证券行业发展概况。截至 2008 年年底，贵州省共有证券经营机构 28 个，其中，证券公司 1 家，证券营业部 12 家，证券服务部 15 家。

（1）受市场投资信心不足影响，证券营业部经营业绩明显下滑。2008 年，受股票市场持续走低影响，证券公司经营业绩也大幅下挫。省内 12 家证券营业部总资产规模达到 27. 49 亿元，较年初下降 28. 6 亿元，降幅达 34%；利润总额为 3. 15 亿元，实现净利润 2. 74 亿元，分别较年初减少 2. 93 亿元和 2. 42 亿元，降幅分别达到 48. 19% 和 46. 9%；全年手续费收入 4. 58 亿元，同比减少 2. 95 亿元，降幅达 39. 18%。

2008 年，贵州省证券交易总额为 1 631. 59 亿元，较 2007 年减少 1 131. 72 亿元，降幅达 40. 96%。其中 A 股成交额为 1 562. 86 亿元，占交易总额的 95. 8%，与上年基本持平。受 2008 年国际金融危机影响，贵州省投资者对 B 股市场持谨慎态度，交易量回落至 10. 14 亿元，同比减少 4. 74 亿元，降幅达 31. 85%。伴随投资者信心不足，市场观望气氛浓厚，投资基金规模增速明显放缓，年末投资基金规模为 55. 38 亿元，与 2007 年增幅达 7. 3 倍相比，2008 年较上年同期仅增长 16. 54%。保证金达 40. 09 亿元，同比增长 24. 66%；托管市值为 112. 03 亿元，同比减少 61. 57%。

（2）证券公司继续提升整体实力，业务经营稳健开展。2008 年，省内唯一一家证券公司——华创证券圆满收购汉唐证券在贵州省的营业机构，有力提升了省内证券期货经营机构的整体竞争力；同时，华创证券完成了账户清理规范和实名制工作，使管理更加规范、合规；另外，华创证券加大了公司法人治理结构的改革力度，不断完善有关法律程序，加快股权变更步伐，推动了完善的现代企业制度的建立。

2008 年虽然国内资本市场景气不佳，但是华创证券仍然保持平稳经营。截至年末，华创证券资产总额达 28. 45 亿元，净资本负债率为 415. 54%；手续费收入 3. 68 亿元；当年实现总利润 1. 63 亿元，净利润 1. 19 亿元。

（3）贵州省证券市场投资者发展情况。贵州省证券市场以个人投资者为主要投资主体，机构投资者进一步减少。2008 年全省共有个人资金账户 383 982 户，同比增加 13. 59%，增幅下降 37. 59 个百分点；机构资金账户 395 户，同比减少 240 户。

（4）贵州省上市公司发展情况。截至 2008 年年底，贵州省有上市公司 17 家，其中制造业 10 家，信息技术业和房地产业各 2 家，采掘业、制药业、酿酒业各 1 家。截至 2008 年年底，17 家上市公司总市值达 1 361. 27 亿元；通过证券市场融资共计 6. 47 亿元，仅为全国的 1. 9‰。第二季度末，贵州省上市公司总资产 561. 12 亿元，为全国的 1. 2‰；累计实现营业收入 242. 78 亿元，为全国的 2. 9‰。虽然从规模上看，贵州资本市场远远落后于全国水平，但上市公司质量总体比较良好，特别是“贵州茅台”在行情普遍走低的环境下，股价仍然维持在百元以上。

2008 年经各方努力，遵义钛业的发行申请材料通过中国证监会发审委审核，却又因国际金融危机动荡加剧，国内资本市场深幅调整，中国证监会暂停公司首次公开发行股票等原因一直未拿到核准文件。

（5）贵州省债券市场发展情况。截至 2008 年年末贵州省国债现货成交额为 0. 5 亿元，同比下降了 32%；全年未发生国债回购交易。受贵航集团和宏福公司发行短期融资券影响，贵州省企业债券成交量大幅上升，全年达到 2. 71 亿元，较年初增长 7. 5 倍。

2. 需要关注的问题。贵州省在中西部地区乃至全国仍然属于“经济弱省”，要实现贵州省经济快速发展，打通资金融通渠道，发展省内资本市场是一条有效可行的途径。但必须意识到，贵州省目前资本市场的发展现状与经济发展的形势和需求不相匹配，并存在以下问题：一是资本市场融资功能未能有效发挥。目前贵州省企业融资方式仍然比较被动，投资来源主要依赖于银行融资、引进省外资金以及财政支出，而证券市场的股票融资额相当有限。二是市场结构不合理，市场资源配置功能没有充分发挥。从企业结构来看，截至2008年年底，贵州省17家上市公司总市值相当于全省同期GDP的40%，而一些特色、优势企业尚未进入资本市场融资；从市场融资结构来看，贵州省的资本市场以股票市场融资为主，债券市场发展仍然缓慢，市场品种比较单一。三是上市公司后备资源信息库建设进展缓慢，在一定程度上制约了贵州省资本市场的持续发展。

（三）保险业

2008年，贵州省保险业继续保持了平稳健康的发展态势，呈现市场主体不断增加，风险保障能力进一步提升，产品不断丰富，业务快速增长的良好局面；特别在年初抗击特大雪凝灾害中，全行业的积极投入有力地支持了灾后重建工作。

1. 贵州省保险业总体概况。

（1）保险市场主体增加，保险覆盖面不断扩大。2008年，贵州省保险主体已达19家，其中新增保险市场主体3家，新筹建一家分公司，保险公司的不断进入进一步增强了贵州省保险市场的整体实力。同时，原有经营主体机构也在进一步扩张，使贵州省保险服务覆盖面进一步扩大，截至年末，新增各级分支机构122个，各级分支机构达775个，其中，为了更好地适应服务新农村建设，新设县以下农村营销服务部54个，使贵州省保险服务“三农”落到实处。

（2）保费收入持续增长，保险的风险保障能力明显提升。2008年，全省保险业累计实现保费收入79.95亿元，同比增长35.46%，实现了保费收入三年翻一番。其中财产险保费收入28.58亿元，同比增长24%；人身险保费收入51.37亿元，同比增长42.79%。保险密度达到211.65元/人，保险深度2.39%，同比分别提高62.75元/人和0.21个百分点。全年，全省保险业共为2 347.34万人（次）提供约11 736.43亿元的人身保险保障，同比增长102.53%；为各类财产提供8 242.31亿元的风险保障，同比增长79.81%。全年，保险业累计赔付支出达35.26亿元，同比增长67.91%。保险的风险保障能力进一步增强。

（3）保险业务规模扩大，保险产品更加丰富。一是农业保险取得新进展。政策性能繁母猪保险新承保127.15万头，实现保费收入6 503.6万元，已支付赔款7 372万元，承保率和赔付总额居全国前列。政策性奶牛保险正式启动，承保5 301头，承保率30.21%。地方政策性农业保险业务进一步发展，六盘水统保烤烟11.86万亩，遵义湄潭承保“茅贡”水稻6 972亩，遵义务川承保蔬菜1 569亩，全省承保能繁母羊4.06万头。林木、茶叶等商业性农业保险加快发展，实现保费收入151.8万元，承担风险保障1.15亿元。二是其他涉农保险业务稳步推进。农村小额信贷保险承保贷款农户23万余人，外出务工农民意外险试点累计承保5 200人。承担的风险保障逾1亿元。农房保险承保2.8万户，实现保费收入28万元。仅中国人寿县以下农村网点就实现新单保费4 265万元。三是责任保险服务领域不断拓宽。运输、旅游、公众场所等责任保险进一步发展，校园方责任险工作顺利启动，全年责任保险保费收入实现1.4亿元，同比增长40%。

（4）有力发挥保障功能，积极投入抗击雪凝灾害及灾后重建。2008年初贵州省遭遇了百年不遇的特大雪凝灾害，面对灾害保险业积极投身抗灾救灾和灾后重建，首次在全省启动保险业特别重大突发事件应急Ⅰ级响应。灾害期间保险业切实做好理赔服务，及时为南方电网损失预付赔款5 800万元，为中铝贵州分公司赔付7 200万元，迅速为“211”、“212”特大交通事故预付赔款660万元。2008年年底，随着贵州电网雪凝灾害损失的最终确定，贵州省保险业雪凝灾害赔付工作全部完成，赔付总金额达10.5亿元。其中，财产险公司共计赔付10.4169亿元，含企财险9.0779亿元，机车险9 126万元，能繁母猪保险3 000万元，承运人责任险999万元，意外险265万元；寿险公司为各类保险共计赔付196.48万元。贵州省保险业为雪凝灾害的赔款高于汶川地震灾害保险赔付总和，有力地支持了受灾企业和人民群众恢复生产生活。

2. 需要关注的问题。

（1）经济下行压力加大，贵州省保险业所受影响值得关注。受经济下行压力加大的影响，保险业面临的挑战和不确定因素可能会增加。目前，世界经济增长明显减速，国内经济困难明显增加，加之股票市场低迷、债券市场收益大幅下降，投资型保险产品保持较高收益率的难度将会增大，可能造成投资型保险业务发展的不稳定。另外，贵州省2009年保持经济较快增长的压力也在加大，省内部分企业经营困难加重，就业形势严峻，居民收入增长放缓，可能会使一些企业、居民购买保险产品的意愿和支付能力下降。

（2）市场发展水平不高，保险公司经营管理水平有待进一步提高。贵州省保险业发展的经济基础仍比较薄弱，保险市场发展水平与全国相比还有较大差距。2008年，全省保费收入仅占全国保费收入的0.82%，保险密度也仅约为全国的28.7%。保险公司经营管理方式仍比较粗放，部分公司内控制度还不够健全，经营成本控制能力呈下滑趋势，如与2004年相比，财产险公司综合费用率上升了8个百分点、账面承保利润率下降了19个百分点，面对日益激烈的竞争，这将极大地影响保险公司的经营效益。

（3）寿险业务结构性矛盾较突出，销售渠道较为单一。目前，省内保险业务“三多三少”现象比较严重，“趸缴多、期缴少”，“短期多、长期少”，“投资多、保障少”。“三多三少”现象不利于保险业务的长期发展，使得保险产品的保障功能趋于弱化。寿险公司销售渠道存在较为单一的问题，银邮渠道保费收入占比达50%，个别公司甚至高达90%以上，这在一定程度上制约了寿险覆盖面的扩大。

三、金融市场与金融稳定

2008年，金融市场总体运行平稳，货币市场受货币政策调整的影响明显，外汇市场加速发展，黄金市场发展有效满足市场投资需求，资本市场稳步发展。

（一）货币市场

1. 银行间债券市场。

（1）金融机构货币市场交易活跃，仍以质押式回购和现券交易业务为主。2008年，全年质押式回购累计成交3 707.35亿元，同比增长261%。其中正回购1 373.14亿元，逆回购2 334.21亿元。回购品种以R001和R007为主。现券交易累计成交1 318.81亿元，同比增长245%。其中现券买入519.72亿元，卖出799.09亿元。分机构看，贵州省货币市场主要参与机构为贵阳城市商业银行、遵义城市商业银行和贵州省农村信用联社。2008 年贵州省农村信用联社货币市场参与积极性明显提高，其质押式回购、现券成交量分别占全省交易总量的 55.84% 和 11.45%。

（2）货币市场交易主要以融入资金为主，市场利率受货币政策调整影响明显。由于资金实力有限，再加上对宏观经济走势判断的不明朗，贵州省货币市场成员普遍以融入资金为主，全年累计资金净融入 1 240 亿元。由于全年货币政策环境由从紧向适度宽松转变，进入第三季度后货币市场利率整体走低，贵州省货币市场成员质押式回购加权平均利率从年初的 2.92% 下降到年末的 1.29%。

2. 票据市场。

（1）票据市场回暖。2008 年年末贵州省银行承兑汇票余额 128.6 亿元，同比增长 26.03%，比上年提高 18 个百分点。票据融资余额 86.7 亿元，同比增长 0.5%，为 3 月以来的首次正增长。

（2）企业在面对不确定的经济形势下，票据作为其主要结算手段之一。2008 年，全省商业汇票余额 129.7 亿元，同比增长 26.3%，同比提高 17.7 个百分点。第四季度累计新增 91.5 亿元，其中银行承兑汇票新增额 89.9 亿元。

（3）票据市场有力发挥风险低、流动性高的融资特点，有效疏通企业融资渠道。在货币政策从从紧到适度宽松的调整下，票据有力地发挥了融资功能。一是受宏观调控政策调整的影响，第四季度，金融机构票据贴现业务积极性增强。二是金融机构之间票据转贴现交易活跃。2008 年年末，贵州省金融机构买断式转入余额 21.3 亿元，第四季度累计发生 14.3 亿元，较第三季度增加 6 亿元。

（4）票据市场供给充分，贴现利率大幅走低。2008 年 12 月末，银行承兑汇票加权平均贴现利率为 4.09%，低于第三季度末 2.15 个百分点；转贴现率较第三季度末降低了 2.9 个百分点。

（二）外汇市场

1. 外汇交易额增长迅速。全省法人金融机构中，仍仅有一家银行间外汇市场成员。2008 年，尽管受国际金融危机影响，年末外汇市场交易量有所下滑，但全年交易总额增长迅速，交易总额 21 165.16万美元，接近上年的 2 倍。

2. 外汇交易灵活性提高，风险控制意识增强。贵州省外汇交易成员在原先以即期竞价交易方式为主的基础上，增强了询价交易方式的运用，加强了定价能力和交易的市场程度；同时，通过及时平盘的方式适应汇率制度改革，减少人民币升值所带来的影响。

（三）黄金市场

1. 黄金市场机构规模逐渐扩大。目前，贵州省内有 4 家从事黄金业务的机构，较上年新增 1 家。其中，经其总行授权的银行类金融机构 3 家，较上年新增 1 家；上海黄金交易所会员机构仍为 1 家。

2. 黄金投资作为新兴投资渠道受到投资者关注。贵州省银行业黄金业务主要有账户金业务和个人金实物黄金买卖业务。2008 年，贵州省黄金市场金融机构成员账户金业务交易总量为2 784 407克，是上年交易总量的 3.83 倍；个人金实物黄金交易量为 48 494 克。受到第四季度美国国债收益率大跌的影响，黄金保值增值的功能凸显。

（四）资本市场

资本市场稳步发展，融资主体主要集中在上市公司及大型国有企业。2008 年，全省境内外证券市场无公开首次发行。非金融机构实现直接融资 25.7 亿元，同比减少 22.0 亿元。其中，从融资市场来看，股票市场融资 10.7 亿元，占直接融资比例 41.7%；债券市场融资 15 亿元，均以短期融资券为主，占直接融资比例 58.3%。从融资主体来看，上市公司融资 15.7 亿元，占直接融资比例 61.1%；非上市公司融资 10 亿元，占直接融资比例 38.9%，且仅为一家规模以上大型企业发生。从融资结构来看，全省非金融机构直接融资占比为 4.5%，较上年同期降低 4.4 个百分点。

四、金融基础设施

2008 年，贵州省继续推进金融基础设施建设，金融生态环境进一步优化，为省内金融业发展发挥了积极作用，为维护区域金融稳定奠定基础，为西部内陆省份金融促进经济跨越式发展提供了技术支持。

（一）金融稳定的政策环境和金融服务环境继续改善

近年来，贵州省委省政府高度重视金融工作。尤其是 2008 年我国经济受到国内外诸多不利因素的影响，为维护省内经济运行及社会稳定，积极推动全省金融生态环境建设，省政府会同多个相关部门，发挥合力，出台了多项支持金融发展的政策措施。强化对区域经济运行、金融机构信贷业务、重点行业发展的监测分析，及时沟通信息，因地制宜、因时制宜地做好政策引导工作。2008 年贵州省通过完善支付清算系统、国库服务、征信服务，加强反洗钱和外汇管理工作，及时调查反馈各项政策措施效应等方面全面提升区域金融服务水平，为下一步开展金融服务创新积累经验。

（二）支付体系安全稳定运行，支付系统业务功能进一步拓展

2008 年，贵州省银行业金融机构通过大、小额支付系统共处理业务 1 085.8 万笔，清算资金 39 936.2亿元，分别同比增长 13.6% 和 57.8%。当年顺利完成小额支付系统银行本票业务的推广运行；实现 ABS 系统前置机集中管理和数据容灾异地备份。

由人民银行贵阳中心支行牵头，组织协调邮政储蓄银行贵州省各分支机构和农村信用社努力改善农村支付结算环境，扩大了农民工银行卡特色服务受理范围。另外，辖内各金融机构也着力于改善银行卡受理环境，加强风险控制，打击银行卡犯罪；积极推广使用非现金支付工具，商业承兑汇票推广初见成效。

（三）征信体系建设稳步推进，管理和服务水平不断提高

2008 年，贵州省信用评级市场全面启动，省内信用评级工作取得突破性进展。截至年末，全省有 91 户企业和担保机构参加了信用评级。

中小企业信用体系进一步完善，企业融资环境得到改善。截至 2008 年年末，贵州省已为 1.72 万户符合征集条件的中小企业建立了信用档案；完成更新档案 8 647 户。新增 911 户中小企业获得银行授信，220 户直接取得银行资金支持。

农村信用体系建设取得显著成效，农村金融生态环境不断改善，有力支持了社会主义新农村建设。截至 2008 年年底，全省农村信用社 1 929 个基层营业网点已为 742.33 万户农户建立经济信用档案，对 657.32 万户农户评定了信用等级，并给信用良好的 289.5 万户农户累计发放小额信用贷款 302.95 亿元。

（四）反洗钱打击力度加大，有效维护区域金融稳定

2008 年，人民银行贵阳中心支行加强了与反洗钱联席会议成员单位的沟通、合作，积极做好有关协查工作；有力地打击了传销、非法吸收公众存款等洗钱案件。

同时，加强了现场检查，督促金融机构认真履行反洗钱义务。对金融机构的现场检查由银行业金融机构逐步向证券业、保险业金融机构延伸。全年共对全省 19 家金融机构进行了现场检查，并对违反反洗钱法规的金融机构及其高管进行了处罚。

五、总体评估与政策建议

（一）总体评估

1. 评估方法与思路。根据上海总部《中国区域金融稳定定量评估方案》的指导，运用层次分析法、专家评分法、模糊数学法等方法对全省金融稳定状态进行了综合评价。2008 年全省金融稳定综合评价值 70. 8，同比提高 17. 85 个百分点，区域金融处于基本稳定状态。

2. 金融稳定性评估。从局部上来看，虽然宏观经济对金融稳定的贡献度有所下降，但是，由于金融业的稳定性增强、金融生态环境不断改善，2008 年金融体系稳定性好于 2007 年。

2008 年，宏观经济对金融稳定的贡献度较上年减少 2. 61 个百分点。其中，由于国内生产总值增长率、城镇居民可支配收入增长率、农村人均纯收入增长率以及实际利用外资增长率放缓等原因，造成了宏观经济稳定性减弱；而全社会固定资产投资增速的提高、社会消费品零售总额的增长对宏观经济保持稳定发展起到重要作用。

金融业的整体稳定性明显增强。银行业抵御风险能力增强、盈利水平提高、流动性增强。主要表现在核心资本充足率大幅提高，不良贷款率大幅下降，流动性比率稳中有升。证券业整体稳定性增强。主要表现在证券机构自身实力不断增强，盈利能力不断提高，剔除保证金后的净资本负债率较高。保险业持续稳定发展。主要表现在保费收入稳定增长，保险市场份额逐步扩大，保险密度和保险深度不断提高。

金融生态环境的不断完善增强了金融整体的稳定性。主要表现在法制环境、信用环境和市场体系进一步的改善，金融服务密度以及征信数据库覆盖率的提高有力改善了金融生态环境。

（二）政策建议

1. 加快经济结构调整和增长方式转变，加大力度保增长。一是积极调整经济结构，转变发展方式。推进产业升级，加快发展方式转变，通过调整收入分配结构、产业结构、城乡结构和地区结构，努力形成新的经济增长点和新的竞争优势；促进内需与外需、投资与消费以及城市与乡村发展之间的协调与均衡；加快区域经济结构调整，采取有效措施扶持经济欠发达地区、县域经济以及农村经济发展。二是加大对科技项目的支持力度，鼓励企业加快科技创新步伐。推动企业通过技术创新，增加企业的高附加值产品，增强实力，提高抵御外部冲击和市场风险的能力；同时，促进相关产业链的延伸、产业结构的调整优化和升级。三是转变经济增长的方式。由主要依靠投资、出口拉动向依靠消费、投资、出口协调拉动转变，由主要依靠增加物质资源消耗向主要依靠科技进步、劳动者

素质提高、管理创新转变。

2. 强化金融服务功能，创新金融服务方式和金融产品。一是搭建多种形式及多层次的金融服务平台，多渠道、多层次为企业提供资金融通。二是充分发挥金融服务职能，构建多元化金融体系；通过构建种类齐全、功能互补的金融体系，增强金融服务功能。三是创新金融服务方式，改变单一的金融服务方式，提高金融服务质量和效率，适应多层次、多元化客户的需求。四是加大金融产品创新力度，积极开发多样化的金融产品，不断提高非利息收入占比。

3. 正确处理好改革、发展与稳定之间的关系，处理好商业运营与风险管理之间的关系。一是加快改革的步伐，推进改革向纵深发展。通过不断改革，完善公司治理结构，健全内控制度，提升金融机构自身竞争实力，向现代化金融机构迈进。二是以发展求生存，在改革中寻求一条适合自身发展的道路。三是增强金融体系内部和外部的稳定性，促进金融稳定。四是金融机构应正确处理好经营风险与管理风险之间的关系。在经营风险中考虑风险承受能力，做到风险与收益相匹配，合理、合规地获取商业利益，并通过适当的风险管理方法控制、规避风险。

4. 进一步改善金融生态环境，为金融发展提供良好环境。一是各级政府应继续加强对金融生态环境建设的组织和领导，并建立与相关机构共同参与建设金融生态环境的工作机制和和谐氛围。二是维护金融机构的合法利益，营造良好的司法环境。三是进一步加强信用体系的建设，促进中小企业信用建设，构建多方合力的良好的融资环境。

总　纂：令狐兵　白玉英
统　稿：刘利红　袁　燕
执　笔：刘利红　袁　燕　胡朋朋
其他参与写作人员：陈　鹏　黄德勇

云南省金融稳定报告摘要

2008年，云南省经济克服自然灾害和国际金融危机的不利影响，保持较快发展。金融机构存款和贷款平稳较快增长，对地方经济发展的支持作用进一步增强。金融业改革和创新持续推进，地方中小金融机构改革取得进展，抵御风险的能力逐步增强。金融市场功能逐步完善，金融基础设施建设稳步推进。证券市场大幅波动，证券业机构运行基本平稳。商业保险市场体系不断健全，保险业务快速发展。云南省金融机构运行平稳，金融稳定。

一、区域经济运行与金融稳定

（一）经济运行情况

2008年，云南省积极应对国际、国内经济金融形势变化，努力克服自然灾害和经济危机带来的不利影响，围绕“保增长、扩内需、调结构”的要求，全力扩大内需，推动经济保持平稳较快增长，地区生产总值增长11.0%。随着金融危机向实体经济的蔓延，全球经济增长放缓，也影响了云南省工业生产和经济增长。面临工业生产放缓，外部需求减少，进出口额增幅回落等困难，经济增长下行压力加大，地方经济的发展将直接影响金融业的发展与稳定。

1. 需求稳步扩大，扩大内需的政策效应显现。

（1）投资保持较快增长。2008年，云南省全社会固定资产投资增长26%，投资规模跃上3 000亿元新台阶。三次产业的投资全面增长，同比分别增长110.0%、30.4%和22.2%，投资结构调整为3:40:57，结构进一步优化。各级政府投资力度加大，用于投资的国家预算内资金增长69.9%，扩大内需等措施效果显现，重大项目投资带动作用突出，对经济发展的贡献提高（见图1）。

（2）城乡消费同步增长。在国家实施扩大内需的政策带动下，云南省社会消费品零售额增长23.2%，比上年提高5.9个百分点。其中城市增长24.0%，农村增长20.5%，城乡同步较快增长。全年城镇居民人均可支配收入和农民人均纯收入分别增长9.4%和9.1%，城镇居民财产性收入和农村居民转移性收入增速加快，城乡居民恩格尔系数分别比上年提高2.1个和2.6个百分点。

（3）贸易结构逐步优化。受国际金融危机和贸易环境的影响，2008年，进出口总额增长9.3%。进口和出口额增幅均出现下降，但贸易结构发生积极变化。资源型产品出口下降，有色金属出口下降49.1%；磷化工产品成为出口新龙头，出口增长65.8%。机电产品、农产品、高新产品的出口增长20%以上。外资流入出现回落迹象。

2. 供给协调发展，产业结构调整取得成效。2008年，云南省推动经济发展方式的转变，呈现“第一产业增长合理，第二产业增长稳定，第三产业加快发展”的良好势头，三次产业结构比重为

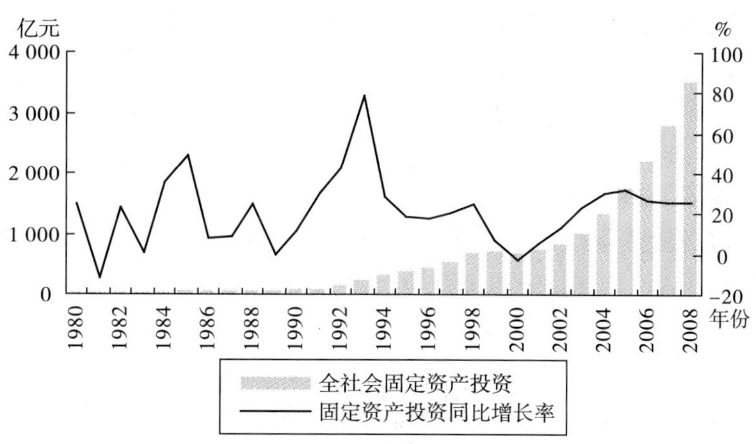

数据来源：云南省统计局。

图1　云南省固定资产投资及其增长率

17.9:43:39.1。

（1）农村经济平稳发展，农业经济效益继续改善。2008年，随着新农村建设的推进与支农惠农政策的落实，农业生产发展形势良好，农业总产值、农业增加值分别增长7.9%和7.6%，农业对GDP的贡献上升。农村金融服务体系进一步完善，对“三农”支持力度加大。农林牧渔业贷款增长20.6%，效果明显。

（2）工业经济运行平稳，效益增幅回落。2008年，云南省工业生产增速稳中趋缓，工业增加值增长12.5%，比上年回落4.5个百分点（见图2）。工业结构调整稳步推进，高耗能工业增速回落，高新技术企业工业总产值增速加快，非公经济完成增加值占云南省生产总值的比重提高，达38.5%。受全球经济增长放缓、产品需求下降、价格波动加剧等因素影响，有色、钢铁、化工等重点行业生产放缓，规模以上工业企业实现利润增速下降，部分企业出现经营困难。面临成本上升和销售困难的双重挤压，限产停产企业增加，效益下滑。2008年1~11月，云南省规模以上工业企业实现利润

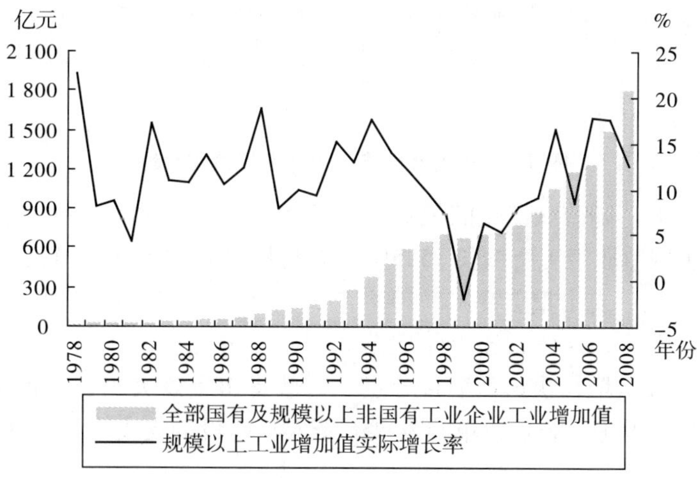

数据来源：云南省统计局。

图2　云南省工业增加值及其增长率

总额268.69亿元，增幅同比下降21.1个百分点；1 019家企业亏损，亏损企业数同比增长19.6%，亏损额比上年同期增长1.72倍；应收账款同比增长31.3%，增幅居全国第5位。产成品库存同比增长32.4%，增幅居全国第12位。部分企业出现亏损，归还贷款能力下降，银行信贷风险有可能上升。

（3）服务业稳步发展。2008年，第三产业增加值增长12.1%，占生产总值的比重较上年提高1.19个百分点。旅游服务业整体竞争力和服务水平进一步提升，全年接待海外入境游客、实现旅游外汇收入、接待国内游客人次均保持了两位数增长。

3. 物价涨幅高位回落，价格形势好转。

（1）居民消费价格涨势趋缓。下半年食品类价格上涨得到控制，物价走势由高位逐渐回落。2008年云南省居民消费价格总水平（CPI）同比上涨5.7%，低于上年0.2个百分点。

（2）工业品上下游价格倒挂，农业生产资料价格上涨较快。2008年，云南省工业品价格保持“高进低出”格局，上游价格涨幅过高加剧压缩企业利润，工业原材料、燃料、动力购进价格涨幅高于工业品出厂价格的幅度由上年的2.5扩大至5.8。另外，农业生产资料价格上涨保持在两位数。农业生产投入的成本增加，相应地拉动了农产品价格上涨（见图3）。

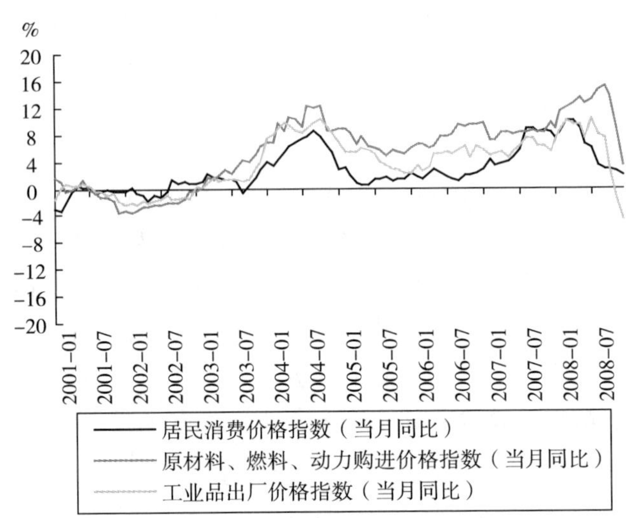

数据来源：云南省统计局。

图3 居民消费价格和生产者价格变动趋势

（3）劳动力成本上升。随着城镇化的推进、物价水平的上扬和最低生活保证金的增加，劳动力成本呈上升趋势。全年城镇职工工资增长15.5%，农村居民人均工资性纯收入增长18.4%。

4. 财政收入较快增长，支出重点突出。2008年，云南省经济稳定发展，财政收支保持平稳较快增长，地方财政总收入增长22.4%，比上年回落2.9个百分点；由于贯彻积极的财政政策，一般预算支出增长29.6%，较收入增长快3.5个百分点。财政支出重点突出，对促进经济平稳较快发展发挥了积极作用，用于基本设施、企业改革与发展、新农村建设的支出增长较快。

（二）主要行业分析

1. 房地产市场总体稳定，供需失衡。2008年，云南省房地产市场基本稳定，房地产开发投资较快增长，商品房销售低迷，市场供需矛盾加剧。云南省房地产开发投资增长31.9%，增速比上年快

4.6个百分点。开发投资资金来源中，银行信贷资金来源占比21%，较年初下降20.7个百分点，银行对房地产开发贷款的发放较为谨慎。房地产市场供求失衡。2008年，云南省商品房施工面积和竣工面积分别增长25.5%和17.2%，房源供应充分；同期，商品房销售面积和销售额同比分别下降13.3%和6.9%，供求失衡加剧。省内主要城市房地产价格出现下行趋势，其中，昆明市房屋销售价格指数年末为100.4，呈现冲高回落走势。银行房地产信贷违约率有上升苗头，房地产信贷风险也有上升。2008年，云南省房地产业贷款余额比年初增长1.07%，不良贷款率比年初上升0.90个百分点。

2. 电力行业稳步发展。云南省水力资源经济可开发量为9 795万千瓦，约占全国可开发装机容量的23.4%，居全国第二位。现水电资源仅开发7.8%，潜力大。2008年，云南省完成电力投资605.6亿元，同比增长18.4%，电力工业投资占云南省固定资产投资的20%左右。银行业金融机构投向电力、燃气及水的生产和供应业的贷款余额1 280.78亿元，比年初增加262.83亿元，增长25.82%，居贷款投向行业的第一。

2008年云南省电力装机达到2 578万千瓦，新增298万千瓦；发电量首次突破1 000亿千瓦时，累计发电1 039.56亿千瓦时，同比增长11.9%，比上年回落6.9个百分点。第一至第三季度，受经济危机影响，电力生产供应增幅有所下降。年末，用电量回升，电力生产趋稳。

3. 有色金属行业遭受较大冲击。2008年以来，国际市场对有色金属产品需求大幅下滑，对云南省有色金属行业影响较大，一是国际市场需求下降，出口额同比大幅下降49.1%；二是部分企业开工不足，10种有色金属价格在2008年内下跌70%，因需求下降和价格低迷，部分企业出现停产、半停产；三是企业利润减少，其中，云南铜业、云南锡业等6家有色金属行业的上市公司净利润同比下降53.2%。

二、金融业改革、发展与金融稳定

（一）银行业在改革中发展

2008年，云南省银行业金融机构积极应对经济金融形势的变化，保持了规模和效益的较快增长。人民币各项存款平稳增长，贷款增速加快，贷款结构进一步优化。通过加强内部制度建设、完善管理机制，资产规模稳步增长，财务状况持续改善，防范和抵御风险能力增强。国有商业银行、农村信用社和地方商业银行的改革取得明显成效。受国际金融危机的影响，银行业金融机构防范和化解金融风险的工作也面临新的困难和挑战。

1. 银行业持续健康发展。

（1）资产规模快速增长，结构调整。云南省银行业金融机构扩展业务领域，增强整体实力，规模稳步增长。2008年年末，全省共有银行业金融机构5 026个，从业人员60 378人；资产总额10 330.75亿元，同比增长24.52%，增幅较上年上升10.16个百分点。在银行业金融机构资产总额中，国有商业银行资产总额占比为51.4%，比上年下降2.8个百分点；股份制商业银行和农村合作金融机构资产总额的占比分别为12.8%、18.0%，比上年分别上升0.2个和1.1个百分点。

（2）存贷款结构明显变化，期限错配问题有所缓解。2008年年末，云南省银行业金融机构本外币各项存款余额8 470.46亿元，增长17.39%；本外币各项贷款余额6 821.08亿元，增长18.96%。

其中，人民币各项存款余额 8 418.94 亿元，增长 17.4%；人民币各项贷款余额6 765.49亿元，增长 19.29%。外汇存款余额为 7.54 亿美元，增长 23.2%；外汇贷款余额为 8.13 亿美元，下降 4.58%。

储蓄存款增势强劲，银行业金融机构储蓄存款余额比年初增加 737.38 亿元，同比增长 24.2%。受经济下滑影响，企业存款增速下降。企业存款余额 2 882.69 亿元，比年初增加 303.85 亿元，同比增长 11.78%，同比少增 212.91 亿元。定期存款比重上升。定期存款增长 33.99%，同比多增 596.04 亿元，新增定期存款占全部新增存款的比重达 57.52%。中长期贷款增长放缓。2008 年，新增短期贷款和中长期贷款分别占新增贷款的 41.64% 和 49.7%。

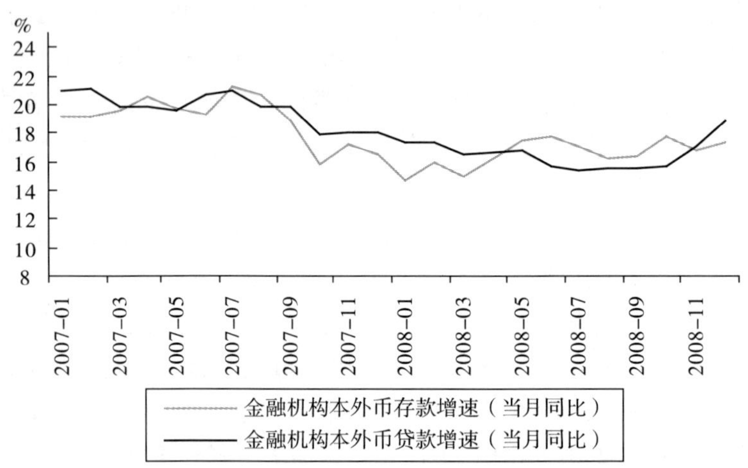

数据来源：中国人民银行昆明中心支行。

图 4　云南省金融机构本外币存、贷款增速变化

（3）盈利能力持续增强，资产质量进一步提高。2008 年，面对国际经济金融危机的复杂形势，云南省银行业金融机构取得了较好的效益，银行业金融机构全部实现盈利，实现净利润 144.65 亿元，同比增长 41.52%。通过改革、加强管理、完善治理结构等措施，云南省银行业金融机构的信贷资产质量总体优化，不良贷款实现“双降”，不良贷款余额比年初减少 181.11 亿元，不良贷款率下降 3.75 个百分点。

2. 国有商业银行分支机构改革稳步推进。2008 年，中国银行、中国建设银行、中国工商银行在滇分支机构进一步深化改革，通过促进组织架构和业务流程的整合，建立完善合理的绩效考核激励机制，促进各项业务协调健康发展；通过加强主动风险管理，推进主动监控和预警，逐步实现风险管理从结果管理向质量效益管理并重转变，优化客户授信结构，促进贷款规模和质量的同步提高。农业银行云南省分支机构全面启动股份制改革准备工作，加快推进县域事业部制改革，改进农村金融服务，加大对“三农”的信贷支持。在滇国有商业银行分支机构改革效果显著，保证了辖区金融的稳定运行，支持了地方经济的可持续发展。

3. 中小银行业机构不断壮大。2008 年，云南省辖区的中小法人金融机构抓住改革带来的机遇，加快发展，法人治理结构加强，存贷款持续增长，经营状况改善，资产质量提高，经营规模和效益不断提升，抵御风险能力有所提高，增强了对地方经济建设的支持力度。新型农村金融机构开局平稳，新业务拓展和机构布局取得成效。

（1）农村合作金融机构实现持续快速健康发展。2008 年年末，云南省农村合作金融机构各项存款余额较年初增长 22.42%，高于云南省银行业金融机构的平均增长水平；各项贷款余额增长

25.44%，农业贷款余额比年初增加171.48亿元，增幅达83%，其中农户贷款余额比年初增加81.9亿元；短期农业贷款余额和增量分别占云南省金融机构的91.8%、98.7%，农户贷款面达到75%。农村合作金融机构经营效益增长，实现净利润同比增长6.67亿元；中间业务收入首次突破亿元，比上年增长131%。

（2）城市商业银行平稳发展。2008年，云南省各城市商业银行改革不断推进，各项业务平稳快速发展。全省城市商业银行资产总额达到473.13亿元，比年初增长17.17%；负债总额439.89亿元，增长16.22%；实现净利润1.81亿元。不良贷款率比年初下降0.73个百分点。经营稳健性得到提升，支持地方经济的实力不断增强。

富滇银行通过全面加强公司治理，深入推进集约化改革，积极转变增长方式和经营模式，优化业务、客户及盈利结构，协调处理好规模、服务和效益之间的关系，整体经营管理水平迈上新台阶，规模和效益双增长，富滇银行的新品牌、新形象逐步得到了社会的认可。玉溪市商业银行和曲靖市商业银行经营与管理等工作取得较好效果，对地方经济建设支持力度加大。

（3）新型农村金融机构平稳启动。2008年，云南省村镇银行等新型农村金融机构得到发展。玉溪市红塔区兴和村镇银行、文山州民丰村镇银行和昭通市昭阳富滇村镇银行等3家村镇银行挂牌营业，年末存款余额为24 192万元，贷款余额6 338万元，业务平稳发展。

2008年，为完善云南省农村金融服务体系，增强农村金融服务功能，更好地支持“三农”、小企业和县域经济发展，云南省出台了《云南省小额贷款公司管理办法（试行）》，确定试点设立10家小额贷款公司。2008年12月，首家小额贷款公司——昆明市盘龙区茂恒小额贷款有限公司开业，其余9家小额贷款公司也陆续开业。

4. 银行业经营中应关注的问题。

（1）实体经济经营效益下滑将会影响银行业资产质量。受经济危机的影响，外部需求不足，云南省有色、钢铁、化肥、电力等重点行业的部分企业已经出现半停产的情况。工业品出厂价格指数与原材料及动力价格指数倒挂，企业获利空间被压缩。企业经营效益大幅下降，企业订单数下降，库存激增，亏损额增加，资金周转困难。1～11月，云南省规模以上工业企业的亏损额比上年同期增长1.72倍。商业银行投向重点行业的贷款较多，企业的效益下滑，可能影响企业偿还银行贷款的能力，影响商业银行资产质量。

（2）部分行业和企业的贷款集中度较高。2008年，在云南省银行业金融机构各项贷款中，电力燃气及水的生产供应业、制造业、交通运输仓储和邮政业、农林牧渔业及水利环境和公共设施业5个行业的贷款余额占比59.1%；2008年全部新增贷款中，该5个行业占比为57.41%，贷款集中度较高。2008年，云南省授信或贷款余额在500万元以上的大客户的贷款为同期银行贷款的65.9%；有13家商业银行最大10户贷款占各项贷款比例超过30%。商业银行集中对大企业、大客户贷款，易受企业经营、市场波动等因素影响，不利于银行业风险控制。

（3）固定资产投资较快增长加大未来控制风险的压力。为应对金融危机，防止经济下滑，各地区都提出了增加固定资产投资的计划，目的是加大固定资产投资，推动地方经济发展。实施固定资产投资计划，资金缺口问题极为突出，地方有关部门与企业对商业银行增加贷款的要求迫切。商业银行大幅增加贷款投放，有可能加大未来控制风险的压力，并直接影响商业银行的资产质量与经营效益。

（4）新型金融机构风险管理职责不明。村镇银行、小额贷款公司等新型农村金融机构启动，发展新型农村金融机构有利于缓解农户和中小企业贷款难的问题。在小额贷款公司等新型农村金融机构的发展之初，有必要明确其风险监管的主管部门，确定风险控制的相关规定和措施，防范因监管缺失或不到位，影响新型农村金融机构的发展及地方金融稳定。

（5）商业银行理财业务和信用卡业务的风险隐患不容忽视。近年来，各商业银行理财产品和中间业务发展较快，为社会提供了更多的金融服务产品。快速发展业务的同时，一些问题也逐渐显现。一是为推销理财产品，金融机构对产品收益率宣传过多，风险提示不到位。受证券市场大幅波动影响，基金净值下降、理财产品大幅亏损的风险已经出现，证券市场波动造成的理财产品风险，有可能转化为投资人与代理银行的纠纷，给商业银行经营带来影响。二是部分商业银行分支机构片面追求市场份额，将信用卡发卡量作为硬性考核指标，放松信用卡的申请准入条件，放宽透支额度，对申请人身份信息和信用信息的真实性审查不严。信用卡发卡增速过快，风险管理滞后，隐患较大。

（二）证券业运行基本平稳

2008 年，云南省证券监管部门克服国际金融危机冲击和证券市场较大调整所带来的困难，维护了证券业的稳定运行。

1. 证券业机构运行平稳。2008 年，云南省内 32 家证券营业部、24 家服务部累计成交金额为 5 187.28亿元，较上年同期减少 30.08%。年末客户保证金余额 59.13 亿元，较上年同期减少 29.03%。累计开户数 134 万户，新增开户数约 24 万户。在 32 家证券营业部中，31 家机构盈利，累计实现税前利润 78 020.42 万元。云南红塔期货、云晨期货等 2 家期货公司取得金融期货经纪业务资格，期货市场代理交易额为 3 509.12 亿元，同比增长 82.68%。

2. 直接融资稳步发展。2008 年，云南省资本市场直接融资取得进展，融资渠道拓宽，通过资本市场直接融资 61.18 亿元；实现 1 家公司首发上市，4 家公司通过公开增发、非公开增发等方式实现了再融资，云南省拟上市公司通过私募股权投资直接融资 3.92 亿元。现金融资额与 2007 年基本持平，占全国 A 股市场融资的比例由上年同期的 1.2% 提高到 1.8%。上市公司通过并购重组、再融资，资产权益规模实现较快增长。截至 2008 年第三季度①，云南省 27 家上市公司，资产总额为 1 145.73亿元，同比增长 29%；所有者权益 453.46 亿元，增长 38.20%，高于全国总体水平；2008 年实现净利润 37.68 亿元，总市值 1 114.74 亿元。

3. 应关注的问题。

（1）资本市场融资进度明显放缓，上市公司后备资源不足。受国际金融危机、国内经济增长放缓、股市深幅调整等因素影响，云南省上市公司直接融资步伐放缓，部分公司再融资计划、分离交易可转债尚未获得批准，多家公司首发上市审批延迟。2008 年，云南上市辅导企业仅增加 3 家，目前仅 6 家企业处于辅导阶段，并且受业绩下滑影响，部分拟上市公司首发上市前景尚不确定。

（2）受市场调整影响，证券公司业绩下滑。地方法人证券公司存在收入结构单一，盈利空间狭窄，核心竞争力不突出，盈利能力易受市场波动影响的情况。2008 年，太平洋证券公司第三季度季报累计亏损 5.35 亿元，其中公允价值变动净损失 5.50 亿元是该公司亏损的重要原因。

（3）代客理财业务存在风险隐患。部分证券机构在营销代客理财产品时，偏重于预期收益率宣传，风险提示不到位。2008 年，证券市场大幅调整，股票市值缩水，基金净值下降，投资者信心受

① 截至 2009 年 3 月底，部分上市公司尚未披露 2008 年年报。

挫，部分产品实际收益低于宣传的预期收益率，存在风险隐患。

（三）保险业持续发展

2008 年，云南省保险业保持了较好的发展势头，共实现保费收入 165.39 亿元，同比增长 47.86%。保费收入规模列全国第22位，较上年上升1位，增速高于全国平均水平8.8个百分点，增速列全国第7位。

1. 保险功能作用进一步发挥。云南省现有省级保险分公司27家，州市及以下分支机构2 172家，专业中介法人及分支机构90家，兼业代理机构3 253家，已经形成了多元化的市场竞争格局和覆盖城乡的服务网络。2008 年，云南省保险业累计为云南省1.06万家企业、6.16万个家庭和335.1万辆机动车承担财产风险保障2.23万亿元，为3 636.32万人次提供人身风险保障8.5万亿元，各项赔款与给付支出63.4亿元，上缴营业税金及附加3.25亿元，提供就业岗位6.65万个，在促进经济、保障民生等方面发挥了重要作用。

2. 防范化解风险的措施显现成效。2008 年，云南省保险监管部门加大风险防范力度，一是针对新设机构风险管控、补充医疗保险、农村网点建设、公司内控执行、保险中介机构发展中的突出问题，加强了监管；二是建立了退保业务报告制度，防范寿险退保风险，做好风险预警监测工作，制定了重大突发性退保事件应急预案；三是在昆明市实施车险“见费出单”制度，化解应收保费风险，应收车险保费大幅下降。

3. 重点领域发展取得突破。一是农业保险工作取得新进展。2008 年，云南省农业保费收入增长19.64%，支付赔款受益农户达21.35万户次，启动了地方政策性甘蔗保险试点项目。二是责任保险服务领域拓宽。校园、运输、旅游、医疗卫生等领域的责任保险进一步发展，保费收入增长49.17%。三是健康保险与养老保险业务快速发展，健康保险共实现保费收入同比增长66.46%。另外，企业年金业务发展取得突破，新增管理资产4.92亿元，累计管理资产总额达9.18亿元。

4. 应关注的问题。

（1）保险业基础仍较薄弱。一是在经营方式上，主要是用增设机构、降低费率、频繁调整人员等外延式经营模式，集约经营和内涵式增长的能力不强。二是竞争水平不高，部分保险机构用高手续费、高返还等方法展业。三是保险业务同质化，产品结构变化小，保险产品创新、服务创新、渠道创新和管理创新不足。

（2）保险业务发展不平衡。一是业务结构不平衡。在财产险业务中，车辆保险业务占财产保险业务的76.6%，其他企业财产险业务推进困难。在寿险业务中，投资型产品发展较快，传统保障型业务发展缓慢。二是城乡发展不平衡，对小城镇和农村保险市场开拓力度不够。

（3）服务能力仍需加强。一是保险覆盖面不宽。养老险、家财险等很多业务领域投保率不高，新农合、农民工、公共安全保障等领域参与不够。二是保险渗透度不高。2008 年，云南省的保险深度为2.9%，保险密度为364元/人。保费总规模只占居民储蓄存款余额的4.37%，人均保费只占城镇居民人均可支配收入的2.8%。三是服务质量有待提高，存在延伸服务和增值服务不到位、“理赔难”等情况。

三、金融市场运行

2008 年，云南省金融市场总体运行平稳。云南省金融机构在银行间市场累计成交 15 071.7 亿元，同比增长81.3%。市场资金相对宽松，利率呈下降趋势。同业拆借同比减少，债券回购、现券交易增长较快，票据贴现业务大幅增长，银行间外汇市场交易量下降。市场成员操作日趋成熟，利率敏感性进一步增强，货币市场作为资产负债管理服务平台的功能日益显现。

（一）货币市场交易活跃

1. 同业拆借同比减少。2008年，云南省金融机构同业拆借累计成交189.97亿元，同比减少35.9%。期限结构以7天为主，占拆借总量的93.3%。随着货币政策由从紧转为适度宽松，各交易成员流动性宽松，减少了对市场资金的需求。

2. 债券交易较为活跃。2008年，债券市场行情较好，债券回购和现券交易分别大幅增长。9月份后基准利率逐步下行，吸引资金进入债券市场，货币市场为金融机构提供管理流动性及资产投资场所的功能日益显现。

3. 现券买卖交易活跃。2008年，云南省金融机构银行间债券交易大幅增长，现券买卖累计成交同比增长116.9%；年末，各金融机构债券投资余额为同比增长101%，主要是城市商业银行和农村信用社增持债券。

4. 票据融资大幅上升。2008年，商业汇票承兑余额为317.4亿元，票据融资余额268.68亿元，同比增长54.8%。随着货币政策的放松，票据融资呈大幅上升走势。

（二）银行间外汇市场交易有所下降

2008年，云南省银行间外汇市场成员在全国银行间外汇市场累计成交折合12 045万美元，同比减少15.58%。其中买入外汇折合2 447万美元，同比减少59.74%，占整个交易总额的20.32%，主要是大客户进口需求下降；卖出外汇折合9 598万美元，同比增长17.21%，占整个交易总额的79.68%，企业结汇意愿增强。

四、金融环境和基础设施建设

2008年，云南省金融基础设施建设成效显著，金融法律、法规不断完善，征信系统的应用向更为广阔的领域拓展，社会公众诚信意识、反洗钱和反假货币意识进一步增强，现代化金融支付清算体系对云南省经济的促进作用显现。

（一）现代化支付清算体系建设成绩显著，对地方经济的促进作用日益显现

2008年，云南省完成了小额支付系统银行本票业务的推广上线；组织了第二代支付系统、中央银行会计核算数据集中系统的调研与论证；完成支付信用信息查询系统（PCIS）的建设；切实做好奥运支付环境建设，为奥运会提供优质的支付服务。银行本票依托小额支付系统资金清算，丰富了结算工具品种，提高了资金抵用效率，畅通了结算渠道，进一步优化了云南省的支付结算环境。现代化支付清算体系高效、安全、稳定运行，对地方经济的促进作用日益显现。2008年，云南省同城票据交换系统、大额支付系统、小额支付系统等各类支付系统业务量上升。2008年1月8日，在云南省政府主持下，正式签订《云南省银行卡受理市场建设公约》，云南省银行卡产业走入整体联动的规范化管理轨道。2008年末，云南省银行卡发卡量3 258万张，交易金额694.71亿元，交易金额占

云南省社会消费品零售总额的 17.79%，银行卡产业实现较快增长。

（二）征信系统建设日趋完善，运用范围不断拓展

2008 年末，云南省企业和个人信用信息基础数据库分别为省内 90 513 户企业和 9 249 802 个自然人建立了信用档案；企业人民币贷款余额 4 921.76 亿元和个人人民币贷款余额1 621.08亿元的资料录入数据库。征信系统在经济社会发展中的作用日益彰显。企业和个人征信系统的应用，除满足商业银行贷款审批、贷后管理等信贷活动的需要外，逐渐向其他领域拓展，并已经渗透到日常的社会、经济、生活中。昆明市政府提出了“以个人信用信息基础数据库为依托”，推动昆明市个人信用体系建设的实施方案。司法机关、政府职能部门及行业监督管理等部门在司法调查、经济监督、招投标管理等工作中，对征信系统的关注程度日益提高。

（三）反洗钱监管机制不断完善，预防、监控和打击犯罪的作用初步显现

中国人民银行昆明中心支行不断完善反洗钱现场与非现场监管机制，提高反洗钱监管水平。按照《金融机构非现场监管办法》的要求，收集金融机构反洗钱的动态信息并分析论证，发挥风险预警作用。合理配置监管资源。制订和实施反洗钱年度现场检查工作计划，稳步推进现场检查工作。2008 年，对 234 个金融机构实施了现场检查，对违反反洗钱规定行为的金融机构实施了行政处罚。反洗钱政策监督机制的有效运行，促进了金融机构履行反洗钱义务，预防洗钱犯罪的工作基础进一步夯实。云南省各金融机构的反洗钱组织体系逐步健全、完善，客户身份识别工作的自觉性明显增强，大额交易和可疑交易报送质量稳步提高。2008 年，云南省首例涉毒洗钱案在德宏州陇川县宣判；协助司法机关破获罗德忠受贿案、“1017”跨境赌博案和“917”贩毒等案件，反洗钱工作有效性明显提高。

（四）加大反假货币工作力度，维护人民币信誉和金融秩序

2008 年，云南省反假货币工作突出抓好城市社区和农村两个网络建设，通过深入开展防、查、堵工作，有效地遏制了运输、贩卖、持有和使用假币犯罪活动。一是积极组织开展反假货币宣传活动。加强了边境地区的假币查堵，把在边境一线开展反假货币宣传作为另一个侧重点，进一步提高边境一线群众识假防假技能。二是全面提高云南省反假货币人员的反假水平，加强了金融机构对假币的防堵。开展对学校学生、企事业单位的财会出纳人员及边境一线的海关、公安、边防武警等部门相关人员的培训，进一步提高相关人员对真假人民币的鉴别能力。三是做好反假货币信息通报和人民币真伪鉴定服务工作。

总　纂：于　华
统　稿：李宇专
执　笔：张志武　杨百昕　冷若溪　吴　莹
其他参与写作人员：田灿钧　王春桥　张　宇　彭　明　王粟斋　雷一忠
李亚玲　陈　青　文　坚　杨长明　吴明辉　邹兰仙
李晋彪　刘　虹　付　强　朱兆虎　高　永　李耀玉
张建玲　杨亚汕　陈志平　贾武全

西藏自治区金融稳定报告摘要

2008年，在党中央的坚强领导下，自治区党委、政府果断采取一系列措施，突出抓维护稳定，着力抓恢复发展，始终抓改善民生，在艰难曲折中实现了“三个确保”，全区经济依然保持了跨越式发展的良好态势，依然保持了社会局势的基本稳定，人民生活有了更大的改善。良好的经济发展态势为西藏自治区金融稳定创造了良好的外部环境。西藏自治区金融业总体稳健运行，银行业、证券业、保险业不断发展壮大，金融业整体竞争力和抗风险能力有所增强。金融基础设施建设逐步完善，支付清算体系建设全面推进，征信系统建设取得新进展，反洗钱力度不断加大，反假货币成效显著，财税库银横向联网试点成功运行，金融生态环境不断优化，为西藏自治区金融稳定奠定了坚实基础。同时，经济增长动力有所减弱，下行压力加大；农牧民持续增收的稳定性较为脆弱，长效机制亟待完善；特色产业发展的支撑力不强，资金、能源、技术等制约瓶颈仍然存在；拉萨“314”事件的影响在一段时期内仍然存在，经济发展可能会面临一些不确定因素等问题将对西藏自治区经济平稳较快发展产生一定影响。银行业金融机构不良贷款反弹压力依然存在和资金运用压力加大、证券业业务范围有待进一步拓展和股市持续走低隐含较大的风险、保险业市场培育力度不够和监管体制不健全等问题将对西藏自治区金融稳定产生不利影响。

一、区域经济运行与金融稳定

2008年是西藏自治区极不寻常、极不平凡的一年。面对拉萨“314”事件、仲巴和当雄地震、山南等地强降雪灾害及汶川地震、国内经济增长放缓与国际金融危机等重大挑战，西藏自治区坚决贯彻落实中央的决策部署，沉着应对，攻坚克难，团结拼搏，突出抓维护稳定，着力抓恢复发展，始终抓改善民生，在艰难曲折中实现了“三个确保”，全区经济依然保持了跨越式发展的良好态势，依然保持了社会局势的基本稳定，人民生活有了更大的改善。良好的经济发展态势为西藏自治区金融稳健运行创造了良好的外部环境。

（一）经济平稳较快增长，为维护区域金融稳定夯实了基础

拉萨“314”事件后，面对西藏自治区投资特别是民间投资大幅下滑、消费预期减弱、经济增长动力不足的不利影响，自治区采取更加有力的措施，努力扩大投资、刺激消费，促进了经济的平稳较快增长。

1. 经济运行平稳较快，发展协调性增强。2008年，全区实现地区生产总值395.91亿元，同比增长10.1%，增速比2007年回落3.9个百分点，连续16年保持两位数增长（见图1）；人均GDP达到13 861元，增长9%。其中，第一、第二、第三产业增加值分别为60.51亿元、115.76亿元、

219.64 亿元，同比分别增长 6.0%、7.9%、12.4%，在全区生产总值中的比重分别为 15.3%、29.2%、55.5%。三次产业结构由 2007 年的16.0:28.8:55.2调整为 15.3:29.2:55.5，经济发展的协调性进一步增强。

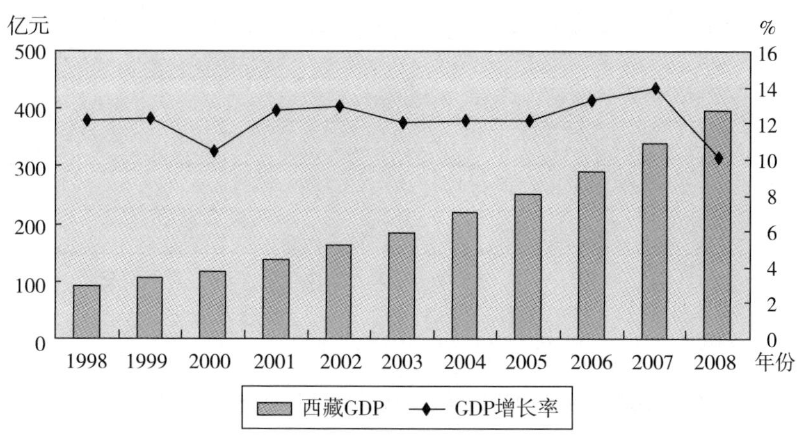

图 1 西藏自治区 GDP 及增长变动图

2. 总需求平稳增长，需求结构逐步改善。随着西藏自治区经济的逐步恢复，投资力度不断加大，消费迅速回升，对外贸易大幅增长，总需求结构有所改善。2008 年，预计全区固定资产投资完成303.33 亿元，同比增长 12.5%；实现社会消费品零售总额 129.08 亿元，同比增长 15.2%；对外贸易大幅增长，全区进出口总额 7.65 亿美元，同比增长 94.5%。

3. 地方财政收入、企业收入和居民收入保持较快增长，抗风险能力得到进一步提升。2008 年，西藏自治区地方财政收入同比增长 22.9%，占全区生产总值的比重为 7.2%。财政收入的增长，增强了抵御风险的能力。规模以上工业企业完成增加值 26.34 亿元，同比增长 8.9%；实现利润 6.14 亿元，同比增长 8.4%。城镇居民家庭人均可支配收入 12 482 元，同比增长 12.1%；农牧民人均纯收入达到 3 176 元，同比增长 13.9%，连续 6 年保持两位数增长。企业收入和城乡居民收入的增长，进一步增强了现金支付能力和风险承受能力。

4. 物价在可承受范围内运行，居民消费价格总水平低于全国平均水平。2008 年，全区居民消费价格总水平比上年上涨 5.7%（见图 2），比全国居民消费价格总水平低 0.2 个百分点，其中，服务项目价格上涨 2.6%，消费品价格上涨 6.4%。在各类消费品中，食品类价格上涨幅度较大，上涨了 12.1%，商品零售价格上涨 3.9%。农业生产资料价格上涨 3.2%，工业品出厂价格上涨 5.6%。

5. 加大改善民生力度，人民生活得到了有效保障。西藏自治区高度关注民生，及时出台了一系列促进就业、保障生活的政策措施，人民群众得到更多实惠。一是实施积极的就业政策，大力开展就业服务。2008 年，高校毕业生就业率达 80% 以上，城镇登记失业率控制在 4.3% 以内。二是社会保险水平进一步提高，城镇职工基本医疗保险制度进一步完善，困难群众基本生活得到保障。三是大力实施农牧民安居工程建设，积极改善农牧民生产生活条件，2008 年又有 5.78 万户、31.2 万农牧民搬进了安全适用的住房。

6. 房地产市场运行平稳，住房供应结构进一步改善。2008 年，西藏自治区房地产投资继续保持稳步增长态势，商品房现房供给趋缓，商品房销售价格稳中有升，房地产市场整体运行平稳。2008 年，房地产开发投资累计完成 12.97 亿元，同比增长 57%，占全区固定资产投资规模的 4.3%。全区经济适用住房实际完成投资 0.9 亿元，竣工面积达 10.28 万平方米，销售面积达 14.64 万平方米。商

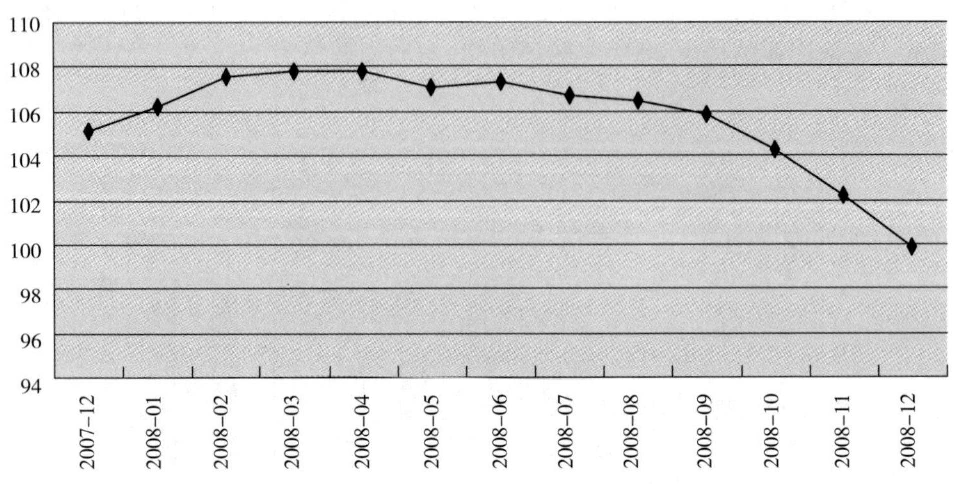

图2　2008 年西藏自治区居民消费价格指数变动图（当月同比）

品房平均销售价格为 2 816 元/平方米，同比增长 4. 12%。

（二）区域经济运行需要关注的问题

经济的持续快速发展，为金融稳定奠定了良好的基础，但仍然存在影响金融稳定的潜在因素，需高度关注。

1. 经济增长动力有所减弱，下行压力加大。受全球经济增速放缓引发外部需求减弱和拉萨“314”事件的影响，国内外资金来西藏自治区投资的意愿减弱，甚至出现撤资、退出市场等现象。国内外面临的严峻就业形势和居民收入下降趋势，影响了进藏旅游的消费需求。同时，西藏自治区居民的消费预期和消费信心不足，对今后消费增长将产生较大负面影响，经济增长下行压力将更为突出。

2. 农牧民持续增收的稳定性较为脆弱，长效机制亟待完善。随着收入基数不断提高，农牧民持续稳定增收难度越来越大。多年来，劳务输出、发展特色农牧业在农牧民增收中发挥了重大作用，但劳务输出还需要向劳务经济转换、提升，特色农牧业及农畜产品加工业还需要上规模、上档次，农牧业基础地位还需要进一步强化，农牧民还需要向第二、第三产业稳定转移，支撑农牧民持续稳定增收的产业还需要壮大，长效机制还需要巩固和完善。

3. 特色产业发展的支撑力不强，资金、能源、技术等制约瓶颈仍然存在。尽管西藏自治区加大了投入，设立较大规模的产业发展扶持资金，但使用和管理上创新不够。企业自有资金投入不足，自身融资能力弱，做大做强没有稳定、可靠的资金保障。能源仍然不能满足产业快速发展的需求，对生产企业拉闸限电的现象时有发生。企业研发和创新能力弱，缺乏核心技术，难以上规模、上水平、上档次。

4. 拉萨“314”事件的影响在一段时期内仍然存在，经济发展可能会面临一些不确定因素。虽然西藏自治区社会秩序已经恢复，但拉萨“314”事件对市场主体信心和西藏自治区发展环境的影响比预期的要大，持续的时间会更长，加上国际国内双重压力，内因外因相互交织，影响西藏自治区今后经济增长的不确定因素增加，经济运行可能面临更加困难的局面。

二、金融业与金融稳定

2008 年，西藏自治区金融业总体稳健运行，银行业、证券业、保险业不断发展壮大，金融业整体竞争力和抗风险能力有所增强。

（一）银行业总体运行平稳

2008 年，西藏自治区银行业改革稳步推进，总体运行平稳，资产规模持续增长，盈利能力有所增强，整体实力和抗风险能力得到提升。截至 2008 年年末，全区银行业金融机构资产总额 818. 44 亿元，同比增长 35. 83%；负债总额 803. 71 亿元，同比增长 32. 62%。

1. 银行业平稳运行，盈利能力有所增强。

（1）存款大幅增加，贷款平稳增长。截至 2008 年年末，全区金融机构本外币各项存款余额为 829. 02 亿元，同比增长 28. 86%。其中财政存款、企业存款大幅增长，同比分别增长 54. 72% 和 30. 71%。受资本市场持续低迷、投资渠道单一及国内外经济金融形势的影响，居民投资、消费意愿下降，资金持续流入银行，使得储蓄存款增加，储蓄存款余额同比增长 15. 75%。

全区金融机构本外币各项贷款余额为 219. 32 亿元，剔除农业银行股份制改革剥离因素，同比增长 13. 34%。其中，短期贷款余额同比下降 11. 92%；中长期贷款余额同比增长 28. 15%。贷款呈现中长期化的特点。

（2）及时发放“314”受损商户专项贴息贷款，积极支持受损商户恢复生产经营。2008 年拉萨“314”严重暴力犯罪事件发生后，人民银行拉萨中心支行及时出台了《积极支持“314”事件受损商户恢复生产经营的信贷指导意见》，明确了贷款范围、对象、贷款条件、期限、发放时间等；为受损商户办理贷款卡开辟“绿色通道”，简化办卡程序，提高效率；建立辖区金融稳定日监测报告制度，全面掌握全区金融机构营业网点经营状况。各家商业银行采取各种有效措施积极发放“314”受损商户贷款。在全区银行业金融机构的共同努力下，专项贴息贷款工作开展有序，成效显著，有力地支持了受损商户恢复生产经营，维护了社会稳定。截至 2008 年年末，共受理受损商户贷款申请 457 笔，金额 15 009. 34 万元，已发放专项贷款 391 笔，金额 11 947. 77 万元。支持的行业涉及日用百货、酒店餐饮、通讯服务等行业。目前，取得专项贷款的受损商户 90% 以上都已恢复正常生产经营。

（3）盈利能力持续增强，中间业务收入占比有所回落。计入利差及特殊费用补贴后，2008 年西藏自治区银行业金融机构利润同比增长 1. 2 倍，营业收入同比增长 1. 19 倍。其中，利息收入占营业收入比重的 95. 46%，比上年同期上升了 5. 51 个百分点；受股市大幅下挫的影响，中间业务收入占营业收入比重为 4. 33%，同比下降 4. 74 个百分点。

（4）不良贷款余额和比例大幅下降，信贷资产质量明显提高。受农业银行股份制改革剥离因素的影响，全区银行业金融机构信贷资产质量明显提升。截至 2008 年年末，银行业金融机构不良贷款余额比年初减少 27. 58 亿元，不良贷款率比年初下降 12. 59 个百分点。

（5）房地产金融运行平稳，个人住房贷款质量有所提升。截至 2008 年年末，全区商业性房地产贷款余额为 41. 93 亿元，同比增长 8. 32%。西藏自治区房地产信贷以个人住房贷款为主，占各项房地产贷款余额的 90. 61%。个人住房贷款质量有所回升，截至 2008 年年末，各金融机构个人住房贷款不良率同比下降了 1. 29 个百分点。

（6）金融机构改革进展顺利，成效显著。2008 年，西藏自治区银行业金融机构各项改革进展顺利。中国邮政储蓄银行西藏自治区分行于 2008 年 1 月挂牌成立，正式对外办理小额贷款业务。中国工商银行西藏自治区分行于 2008 年 10 月挂牌成立，标志着西藏自治区结束了只有农行、中行、建行三家大型商业银行的历史。西藏信托投资公司改革稳步推进，2008 年 9 月招商银行收购西藏信托投资公司 60.5% 的股权，改革进入实质性的阶段。中国农业银行西藏自治区分行股改基本完成，开展了外部审计、土地评估报告审核、固定资产清查和股改建账工作，对不良资产进行尽职调查和责任追究，完成了全部不良资产剥离。

2. 银行业发展中潜在的风险值得关注。

（1）信贷集中化趋势明显，信贷结构有待优化。截至 2008 年年末，农行、中行、建行 3 家商业银行西藏自治区分行授信额度或贷款余额在 1 000 万元以上的客户不良贷款占 3 家商业银行不良贷款总额的 64.04%。虽然农业银行股份制改革剥离不良贷款明显提升了银行业金融机构信贷资产质量，但贷款向大客户集中的趋势没有明显好转，仍然呈现贷款集中、风险集中、不良率高的特点，信贷集中化需引起高度重视。

（2）不良贷款反弹压力加大，信贷风险管控任务依然严峻。受农业银行西藏自治区分行股改剥离因素的影响，截至 2008 年年末，西藏自治区银行业金融机构不良资产大幅回落。虽然各商业银行西藏自治区分行加强了贷款风险防控建设，但风险管理能力仍比较薄弱，对存量贷款管理不严、清收不力，对新发生贷款风险防范措施不到位；同时，金融危机蔓延增加了国内经济金融形势的复杂性，各行对信贷风险的管控难度加大，不良贷款反弹压力依然存在。

（3）案件防控力度不够，内控制度不健全。2008 年，西藏自治区银行业金融机构连续 3 起金融违法犯罪案件均发生在基层营业网点的一线岗位。这些案件暴露出基层营业网点的内控制度执行不力、内部管理混乱、合规建设缺失等问题。员工风险意识和合规经营意识缺失，操作不规范，内部管理不到位问题应引起高度关注。

（4）存差规模持续扩大，资金运用压力加大。近年来，西藏自治区银行业金融机构存差规模持续扩大（图 3），存贷比持续下降。存差从 2003 年末的 176.43 亿元扩大到 2008 年末的 609.7 亿元，存贷比也由 2003 年末的 45.02% 持续下降到 2008 年末的 26.5%，下降了 18.52 个百分点。存贷比表现出继续下降的态势，银行业金融机构资金运用的压力进一步加大，资金运用渠道有待拓宽。

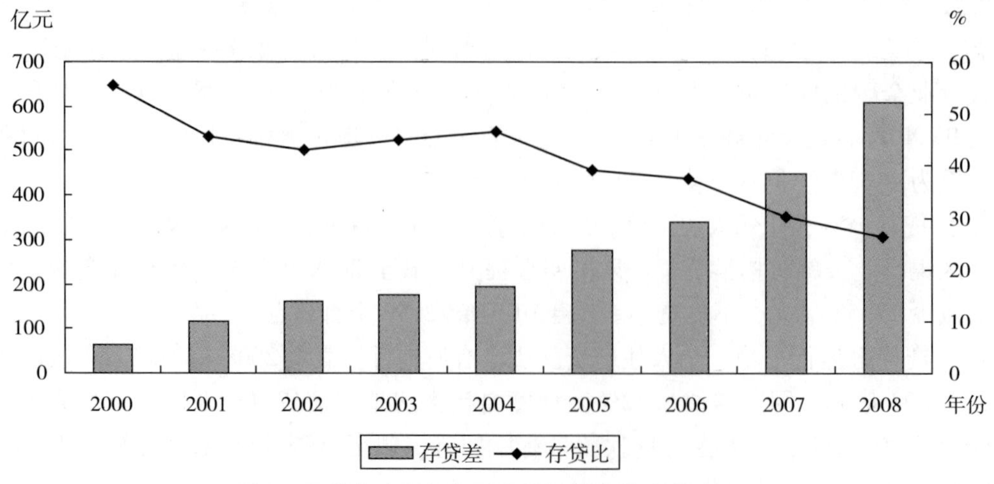

图 3　西藏自治区银行业金融机构存贷比变动图

（二）证券业盈利明显下滑，抗风险能力依然较强

2008 年，我国资本市场的内外部环境发生了深刻变化，全球金融危机加剧，我国股市深度调整，股指大幅下跌，西藏自治区证券经营机构效益大幅下滑。

1. 证券业发展概况。

（1）证券交易量有所增加，证券公司利润大幅下滑。2008 年，受全球金融危机的影响，我国股市出现较大幅度调整，西藏自治区股票交易萎缩，权证、新股申购增长较大，占西藏自治区证券交易总量的比重达 74.4%。2008 年，西藏自治区证券代理交易量 2 298.6 亿元，同比增长 1.4 倍。其中：代理股票交易 578.8 亿元，同比下降 14.5%；权证交易 1 188.9 亿元，同比增长 3.6 倍。证券公司效益大幅下滑。2008 年，西藏自治区证券经纪有限责任公司营业收入同比下降 19.48%，利润同比下降 55%。

（2）证券公司资产负债规模有所萎缩，新设营业部工作有序开展。西藏证券经纪有限责任公司成功引进战略投资者后，经营规模不断扩大，2007 年资产规模达到了 14.42 亿元。但受金融危机加剧等因素的影响，西藏证券经纪有限责任公司资产负债规模有所萎缩，截至 2008 年年末，资产总额同比下降 20.74%；负债总额同比下降 29.64%。同时，随着券商新设营业部重新开闸审批，西藏证券 2008 年获得了新设一家区内营业部资格，前期筹备工作正紧张有序地开展。

（3）证券公司账户规范和分类评审有效落实，风险防控能力有所提升。2008 年，西藏自治区证券业全力推进证券账户规范管理，在全国率先完成了账户规范工作，防范了资金风险，保证了客户资金安全，进一步提升了抗风险能力。按照《证券公司分类监管工作指引（试行）》等规定的程序、内容、要求，经过严格的评审，西藏自治区证券经纪有限责任公司 2008 年分类结果为 A 类 A 级，步入全国优质证券公司行列。

（4）公司法人治理结构不断完善，信息披露力度进一步加大。2008 年，西藏自治区证券经纪有限责任公司加强法人治理结构机制建设，完成了机构设置、章程修改，建立了独立董事制度，合规管理体系建设取得重大进展，公司法人治理结构趋于合理。同时，加强了定期报告审核及信息披露，按期实施信息公开披露制度，提高了财务信息的透明度。

（5）上市公司风险处置取得实效，规范运作不断加强。针对西藏自治区上市公司历史遗留包袱沉重、持续经营困难、规范化程度不高等风险状况，西藏自治区证券管理部门按照企业一户一策的原则，加强跨省区监管机构的合作，进一步梳理上市公司的历史问题，及时整改新发现的资金占用问题，加大风险处置力度，化解上市公司风险。提高上市公司规范运作水平。西藏自治区证券管理部门对上市公司募集资金使用、对外资金拆借、违规担保、对外投资、对外担保等情况进行检查，并对查出的问题要求上市公司进行整改。目前，西藏自治区各上市公司进一步规范了公司控股股东及实际控制人行为，独立性进一步增强。巩固上市公司清欠成果，建立了防止大股东占用上市公司资金的长效机制；强化了上市公司敏感信息内部排查机制，规范了上市公司信息披露行为。

2. 证券业发展需要关注的问题。2008 年，西藏自治区证券业运行平稳，法人治理结构不断完善，但也还存在业务范围有待进一步拓展、上市公司规范运作水平有待提高、拟上市公司后备资源不足、股市持续走低隐含较大的风险等值得关注的问题。

（1）证券公司业务范围有待进一步扩大。目前，西藏证券经纪有限责任公司仍属中小券商，仅有经纪业务资格，尚无投资银行、投资咨询、投资顾问等其他业务资格，业务范围狭窄，盈利方式

单一，在一定程度上制约了公司的进一步发展，限制了公司持续经营能力的提升。

（2）上市公司规范运作水平仍有待提高。近年来，西藏自治区 8 家上市公司已基本建立了结构较完善、制度较健全、运作有效的治理模式，但仍存在部分公司公司治理框架不完善、内部管理制度不健全、信息披露滞后等问题，上市公司规范运作水平仍有待提高。

（3）资本市场规模小，后备资源不足。西藏自治区资本市场与西藏自治区经济快速发展还存在不相适应的地方。目前，西藏自治区上市公司户数仅占沪深证券交易所上市公司总户数的 4‰；上市公司规模小，盈利有限，成长性较弱。上市公司后备资源不足，缺少法人治理结构健全、资产质量良好、发展潜力大的企业，拟上市公司质量参差不齐，能被推荐发行的就更少，2008 年，培育拟上市公司中仅有 1 家通过了中国证监会发审委的审核。

（三）保险业快速发展，经济补偿功能进一步增强

2008 年，西藏自治区保险业保持稳定发展态势，保费收入继续增长，理赔能力显著增强，行业抗风险能力不断提升。

1. 保险业发展概况。

（1）保费收入不断增长，给付能力逐步增强。2008 年，拉萨“314”严重暴力犯罪事件、国际金融危机等对西藏自治区保险业的健康发展产生了一些不利影响，但随着西藏自治区经济持续、快速、健康发展，保险业保费收入不断增长，给付能力逐步增强，对经济的补偿作用得到了进一步发挥。截至 2008 年年末，西藏自治区辖内有省级保险分公司 4 家，1 家保险代理机构，保险分支机构 49 家。全年实现保费收入 3. 25 亿元，同比增长 21. 27%；其中：财产险实现保费收入 2. 86 亿元，同比增长 14. 4%；寿险实现保费收入 0. 09 亿元，同比增长了 2 倍。保险机构累计赔款与给付支出 1. 43 亿元，同比增长 32. 41%。

（2）保险的社会覆盖面日益扩大，社会“稳定器”作用增强。西藏自治区保险业金融机构不断改进和完善保险服务，扩大保险覆盖面，保险服务领域进一步拓宽。2008 年，保险密度为 113. 24 元/人，同比增加 18. 87 元/人；保险深度为 0. 82%，比上年上升了 0. 04 个百分点。保险的社会“稳定器”功能日益显现。西藏自治区保险业金融机构积极开展保险理赔工作，特别是拉萨“314”事件发生后，认真做好受损商户理赔工作，切实维护了投保人和被保险人利益。2008 年，西藏自治区保险业金融机构受理理赔案件 21 647 件，理赔金额 1. 3 亿元，其中，受理“314”事件理赔案件 161 件，理赔金额 335 万元。

（3）保险险种有所创新，农牧业保险取得新进展。拉萨“314”事件发生后，西藏自治区保险业金融机构及时推出了“暴乱骚乱和恐怖活动险”和“商业车险附加恐怖活动、群体性暴力事件车辆损失险”。积极推进农牧业保险，增强农牧业抵御自然灾害的能力。2008 年，人保财险西藏自治区分公司和自治区有关部门在 2006 年农业保险试点的基础上启动了新一轮农牧业保险，保险险种包括种植业保险、养殖业保险、农房保险。农牧业保险范围由试点初的 2 个县扩大到 30 个县，参保户数达 16 万多户。保险公司对农牧户赔付总额的上限是保费收入的 100%，超出部分由地方财政承担。农牧业保险的保费 50% 由自治区财政承担，地（市）财政承担 20%，县财政承担 20%，其余部分由农牧民个人承担，缓解了农牧民由于农业保险保费过高保不起的问题。初步建立了农牧业保险风险准备金雏形。农牧业保险覆盖面进一步扩大。

2. 保险业发展中需要关注的问题。2008 年，西藏自治区保险业呈良好发展态势，但仍存在保险市场培育力度不够、保险监管体制不健全等问题，值得关注。

（1）保险市场培育力度不够。近年来，随着西藏自治区经济的持续、快速、健康发展，保险市场发展较快。但目前西藏自治区仍属于欠发达地区，保险知识宣传力度不够，社会公众保险意识淡薄，保险需求不足。同时，西藏自治区保险行业竞争日趋激烈，恶性竞争、盲目承保、劣质承保的现象时有发生，保险理赔难、保险销售误导等损害被保险人利益的行为仍存在。

（2）保险创新能力不足。2008 年，西藏自治区保险业金融机构适时推出了“暴乱骚乱和恐怖活动险”等新的保险品种，寿险业务也有较大发展。但西藏自治区各保险公司多采取鼓励增加保费收入的激励机制提高市场占有率，对于鼓励产品创新的激励机制重视不够，产品同质化问题严重、盈利模式单一。保险业务创新能力不足，市场开拓能力不高，不利于分散风险和保险业的长期健康发展。

（3）保险监管缺位。目前，西藏自治区保险业金融机构仍由四川保监局代为监管。各家保险公司为推动业务快速发展和获取高的市场份额，展开激烈的竞争，保险市场存在违规经营、恶性竞争等诸多制约保险业健康发展的风险隐患。保险行业协会无法解决保险行业监管不足问题。四川保监局代监管西藏自治区保险业的模式，受地理、交通等因素影响，只能对在藏保险公司分支机构进行非现场监管，不能进行现场监管，保险监管缺位问题日益突出。

三、金融基础设施与金融稳定

2008 年，西藏自治区金融基础设施建设逐步完善，支付结算、清算体系建设全面推进，征信系统建设取得新进展，反洗钱力度不断加大，反假货币成效显著，财税库银横向联网试点成功运行，金融生态环境不断优化，为西藏自治区金融稳定奠定了坚实基础。

（一）支付结算、清算体系建设全面推进

近年来，西藏自治区相继完成了大额支付系统、小额支付系统、境内外币支付系统、支付管理信息系统、全国支票影像交换系统的建设推广，形成了以现代化支付系统为核心、商业银行行内系统为基础的支付清算网络体系。以“三票一卡”为主体的支付工具得到广泛应用，网上银行、电话银行、移动支付等新型支付结算方式正在被公众认识和接受。银行卡联网通用范围进一步扩大，受理环境明显改善，社会公众持卡用卡意识显著增强，以银行卡为载体的卡基支付工具迅速发展，品种不断丰富，银行卡业务已步入专业化、市场化的良性发展轨道。2008 年，银行卡支付的交易额同比增长 43.48%。全国支票影像交换系统（CIS）安全运行，综合运用影像技术和支付密码等技术实现纸质支票影像截留，实现了支票的全国通用。进一步加大银行结算账户管理力度，开展了存量单位银行结算账户法人身份信息真实性核实，确保了银行结算账户的合法合规性。

（二）征信系统建设取得新进展

2008 年，西藏自治区企业和个人征信系统建设取得重大进展。截至 2008 年年末，企业信用信息基础数据库已录入西藏自治区全区借款企业户数同比增长 40%。个人信用信息基础数据库已录入 39 万人的账户信息，同比增长 39.3%。全年新办贷款卡 525 户，比上年增加 4 倍，其中为拉萨“314”事件受损商户新办贷款卡 499 户。中小企业信用体系建设初显成效。截至 2008 年年末，已采集 2 304

户中小企业信用档案。积极探索农牧区信用体系建设。选择部分乡镇或村开展农牧区信用体系建设试点，探索建立农牧户信用等级评定标准和信用风险评估机制，建立完善的农牧户电子信用档案。非银行信息采集取得实质性进展。加强了与自治区社保、质检、环保、法院、建设等部门的沟通协调，形成了非银行信息采集的长效机制。拉萨“314”事件发生后，为受损商户开辟了贷款卡年审绿色通道。企业和个人征信系统利用率明显提高。2008 年，西藏自治区全区个人信用信息基础数据库累计查询近 5.5 万次，金融机构个人信用报告月均查询量达到 4 500 笔，同比增长 50%；政府、司法、企业等部门查询信用报告服务 97 次，个人信用报告查询 312 次。

（三）反洗钱力度不断加大

2008 年，西藏自治区金融机构切实履行反洗钱义务，反洗钱工作力度不断加大。进一步修改完善反洗钱工作制度。根据新时期西藏自治区反洗钱工作需要，修改完善了《西藏辖区反洗钱部门联席会议制度》、《西藏金融机构反洗钱联席会议制度》等制度，为反洗钱工作提供了制度保障。特殊时期的反洗钱取得了良好效果。拉萨“314”事件发生后，及时安排部署特殊时期的反洗钱工作任务，采取切实有效的措施，防范不法资金特别是恐怖资金的流入和流出，取得了良好的效果。依法严厉打击洗钱犯罪活动。协同公安部门打击洗钱犯罪活动，与自治区公安厅共同成立了西藏自治区“1029”涉嫌洗钱案专案组，开展案件侦破工作；协助侦查机关和司法部门打击洗钱犯罪活动；圆满完成了“天网行动”和“雷霆行动”的反洗钱专项行动。行政调查和案件协查取得明显成效。在对可疑交易信息进行认真分析和甄别的基础上，依法开展反洗钱行政调查 50 次；配合公安机关进行案件协查 35 次，其中有 3 起已成功告破。

（四）反假货币成效显著

2008 年，西藏自治区反假货币工作取得明显成效。继续推进城市社区、农牧区反假货币网络建设，夯实反假货币基础。截至 2008 年年末，在全区 7 个地（市）、74 个县、686 个乡镇、407 个百人以上自然村均建立了相对长效稳定的反假货币工作网络站（点）1 268 个。建立边境口岸假币监测点。2008 年，新建樟木口岸假币收缴监测点，加大对边境口岸反假货币的管理力度，及时掌握边境口岸反假货币情况。加大反假货币宣传力度。通过摆放展板、设立咨询点、影视和广播等方式重点面向广大农牧民群众开展反假货币宣传，进一步增强了社会公众识假、防假和打假意识，切实维护了人民群众的利益。

（五）财税库银横向联网成功运行

2008 年，西藏自治区财税库银横向联网进展顺利。在人民银行拉萨中心支行、自治区财政和税务、商业银行等部门的协调配合下，2008 年 12 月 12 日西藏自治区财税库银横向联网系统在拉萨市区正式上线运行，这标志着财税库银横向联网系统在西藏自治区成功运行。积极推进国库集中支付改革。为全面推进西藏自治区财政国库体制改革，准确、全面地反映政府收支活动，促进各项财政改革不断深化，在相关部门的共同努力下，拉萨市财政国库集中支付业务于 2008 年年末正式运行，使西藏自治区七地（市）国库机构全部加入了集中支付改革。畅通“国库资金汇划绿色通道”。“125”冰雪灾害、“512”汶川大地震、当雄地震、山南和林芝等地重大雪灾、拉萨“314”事件发生后，按照“急事急办、特事特办”的原则，启动“国库资金汇划绿色通道”，及时将紧急救灾资金和维护稳定资金拨付到位。

（六）金融生态环境建设初显成效

西藏自治区金融生态环境建设工作自2006年全面启动以来，在自治区政府的高度重视下，依靠政府的主导和人民银行、监管部门的推动，金融生态环境建设有序开展，取得了阶段性成果。目前，形成了一个政府主导、人民银行推进、各有关单位联动、社会积极参与的金融生态环境建设工作格局。各地金融生态环境建设工作机制、工作格局基本建立；金融生态环境理念得到社会各界的初步认可；农牧区信用乡（镇）、村建设开展顺利，部分地区基本杜绝了新的企业逃废债现象发生，中介服务环境得到整治，专业化诚信服务得到规范。打造银企互动平台，积极推动中小企业担保体系建设，着力解决企业融资难问题。通过组织推动召开项目推介会、银企座谈会、社会主义新农村建设现场会等方式，开辟银企信息对接渠道，增强银企合作。开展金融政策、金融知识宣传，引导辖区经济主体树立诚信意识，促进金融生态环境建设优化。金融生态环境的改善，为维护区域金融稳定创造了良好的条件。

四、总体评估与政策建议

（一）总体评估

总体来看，2008年，面对拉萨“314”事件、当雄地震、山南等地强降雪灾害和汶川地震、国内经济增长放缓与国际金融危机等重大挑战，西藏自治区坚决贯彻落实党中央的决策部署，沉着应对，攻坚克难，团结拼搏，突出抓维护稳定，着力抓恢复发展，始终抓改善民生，在艰难曲折中实现了“三个确保”，全区经济依然保持了跨越式发展的良好态势，依然保持了社会局势的基本稳定，人民生活有了更大的改善，良好的经济发展态势为西藏自治区金融稳健运行奠定了坚实的基础。西藏自治区金融业总体稳健运行，银行业、证券业、保险业不断发展壮大，金融业整体竞争力和抗风险能力有所增强。金融基础设施建设逐步完善，支付清算体系建设全面推进，征信系统建设取得新进展，反洗钱力度不断加大，反假货币成效显著，财税库银横向联网试点成功运行，金融生态环境不断优化，为西藏自治区金融稳定奠定了坚实基础。

人民银行拉萨中心支行利用定性分析和定量分析相结合的方法，对近年来西藏自治区金融稳定状况进行量化评估，得出辖区金融稳定状况逐年改善的结论。西藏自治区金融业在总体稳健运行的背景下，还存在经济增长动力有所减弱、农牧民增收的稳定性较为脆弱、特色产业发展的支撑力不强、拉萨“314”事件的影响在一段时期内仍然存在、银行业金融机构不良贷款反弹压力依然存在和资金运用压力加大、证券业业务范围有待进一步拓展和股市持续走低隐含较大的风险、保险业市场培育力度不够和监管体制不健全等问题，需要引起高度关注。

（二）政策建议

1. 贯彻落实好中央赋予西藏自治区的特殊优惠金融政策，维护辖区的金融稳定。为应对国际金融危机，促进我国经济平稳较快发展，中央审时度势，及时将从紧的货币政策和稳健的财政政策调整为适度宽松的货币政策和积极的财政政策。同时，中央高度关心和重视西藏自治区的经济社会发展，在“十五”的基础上，赋予了西藏自治区更加特殊优惠的政策。全区金融机构要在国家实行适度宽松的货币政策前提下，贯彻落实好中央赋予西藏自治区的特殊优惠金融政策，优化信贷资源配置，以“三农”、重点建设项目为信贷投放重点，努力破解中小企业、民生贷款难的问题，积极促进消费、能源和矿产业等优势产业、项目贷款的投放，保持信贷总量的适度增长。不断优化金融生态环境建设，增强吸纳资金的能力。加快征信体系建设，充分发挥信贷征信的导向作用。相关职能部门要密切配合，贯彻落实好中央赋予西藏自治区的特殊优惠金融政策，促进地方经济平稳较快发展，维护辖区的金融稳定。

2. 进一步完善西藏自治区金融稳定风险监测指标体系，提高风险监测、分析、预警能力。在对西藏自治区金融稳定评估体系研究取得初步成果的基础上，进一步完善西藏自治区金融稳定风险监测、评估、分析方法，加强金融风险日常监测，提升金融风险监测、评估和预警分析水平。辖区人民银行各地区（口岸）中心支行要进一步完善本地区的金融稳定风险监测指标体系，加强对本地区风险状况的分析；密切关注地方法人金融机构风险状况，促进其稳健经营；进一步完善辖区金融稳定日监测报告制度，全面掌握全区金融机构营业网点是否正常经营等情况。

3. 加强经济和金融热点、难点问题的调查研究，为防范区域性系统金融风险提供决策依据。要密切跟踪国家出台的各项宏观调控措施实施后的效应，通过深入分析，从中发现新情况、新问题，提出新的对策建议。重点关注国家宏观调控政策的调整变化对实体经济的影响，对实体经济的运行状况做出全面准确的分析判断，引导微观经济实体稳健经营，筑牢区域金融稳定的微观基础。高度关注国际和国内经济金融领域重大事件对区域金融稳定的影响，及时掌握新形势下金融业抗风险能力状况及经济金融运行中产生的新的风险因素，增强防范辖区金融风险决策的前瞻性、全面性和科学性。

4. 充分发挥金融行业协会的作用，防范化解区域性系统金融风险。西藏自治区银行业协会、证券业协会、保险业协会三个自律组织要通过行业自律，努力营造公平的金融市场环境，促进公平竞争，在进一步加大金融对经济发展支持力度的同时，防范化解金融风险。

总　纂：旺　堆
统　稿：熊正良　伊　苏
执　笔：马成林　罗布参旦　尼　珍　张麦娥　郭大昊

陕西省金融稳定报告摘要

2008年，在国际金融危机影响不断加剧，能源和大宗商品价格大幅波动的背景下，陕西省经济的基本面没有发生根本性变化，经济依然保持平稳快速增长势头，各经济主体偿债能力保持在较高水平，为金融业的稳定和发展提供了良好的外部环境。全省金融业健康平稳发展，地方法人银行业金融机构重组步伐加快，新型农村金融试点实现突破，银行业服务水平不断提高，在促进区域经济金融协调发展方面发挥着越来越重要的作用。证券公司经营状况继续改善，企业IPO及增资扩股工作步伐加快。保险业稳步快速发展，服务领域拓宽，发展方式逐步转变。金融市场运行平稳，规模扩大，市场的资源配置功能增强。金融基础设施建设日益完善，功能增强，金融生态环境进一步优化。

一、区域经济环境与金融稳定

（一）经济增长

1. 经济总体保持快速增长，但下半年部分支柱行业出现生产下滑迹象。2008年陕西省实现生产总值6 851.32亿元，增长15.6%，比上年提高1.2个百分点，创20年以来的最高水平。2008年下半年受国际金融危机、原材料和能源及资源型产品价格下跌、国内需求不足等因素影响，工业生产增速有所放缓，部分支柱行业生产出现下滑。其中，石油加工、炼焦及核燃料加工业和电力、热力的生产及供应业成为2008年陕西省亏损企业亏损额最大的两个行业。

2. 固定资产投资增长回落，对外贸易增速下降明显，但在消费需求和项目投资的带动下，从中期看经济仍将保持平稳增长势头。固定资产投资增长回落，但预期2009年将快速增长，投资对经济的推动作用将进一步强化。2008年陕西省完成固定资产投资4 835.15亿元，比上年增长32.8%，增幅同比回落6.7个百分点。但在国家积极财政政策的引导下，2009年陕西省项目投资的力度将进一步加大，这将有助于增强投资对经济的推动作用。

消费需求持续增加，农村消费市场发展迅速，对经济发展的推动作用增强。2008年全省实现消费品零售总额2 256.09亿元，较上年增长25.3%。其中，县及县以下零售额增长24.6%，加快10.4个百分点，与城市增幅差距由上年的6.4个百分点缩小为1个百分点。随着“家电下乡”、“汽车下乡”等启动农村消费市场的政策措施的贯彻落实，预计农村消费市场还会保持较快增长，将会进一步推动经济发展。

对外贸易增速下降明显，对部分地市经济造成一定的负面影响。2008年陕西省出口54.07亿美元，同比增长15.7%，增速比上年下降13个百分点。其中，果汁出口、矿产品采选及加工等产业遭遇严重冲击，相关企业经营业绩下滑，资金链紧张，在一定程度上制约了当地的可持续发展。

（二）经济主体效益

1. 规模以上企业经济效益总体保持快速增长，企业偿债能力整体平稳。2008 年陕西省规模以上工业实现利润额 872.52 亿元，增长 26.12%。第四季度工业景气效益有所下滑，2008 年年末和 1 ~ 9 月份比较，实现利润下降 27.6 个百分点，12 月末的工业经济效益综合指数较 9 月末下降 6.88 个百分点。但从第四季度工业企业景气调查结果看，企业家多数认为企业资金周转“良好”，且从银行对行业的贷款状态看，并未出现大规模的向下迁徙，整体上企业部门的偿债能力仍处较好状态。

2. 城乡居民收入持续增长，影响收入增长的不利因素依然存在，城乡居民偿债能力的变化对金融体系整体影响有限。2008 年，陕西省城镇居民人均可支配收入 12 858 元，实际增长 12.5%，增幅比上年高 3.7 个百分点。农民人均纯收入 3 136 元，实际增长 12.2%，增幅比上年高 2.5 个百分点。当前影响居民收入增长的不利因素主要有三：金融危机影响下企业经营低迷抑制了城镇居民收入的增长潜力；出口需求不足导致农产品行业受到冲击进而影响部分农民经营性收入；沿海以劳动密集型加工贸易为主的企业倒闭致使省内外出务工人员收入受到影响。鉴于此，陕西省城镇居民收入增长面临趋缓可能。但由于居民对金融机构的负债相对较少，债务支出在城乡居民支出中所占比例较低，所以因城乡居民收入增长趋缓导致的家庭部门偿债能力下降对金融体系影响相对有限。

3. 财政收入增幅回落、支出增速提高，地方政府的财务压力加大。2008 年陕西省财政总收入 1 104.21亿元，比上年增长 23.7%，增幅同比减缓 4.1 个百分点；财政支出 1 435.57 亿元，比上年增长 36.2%，增幅同比提高 7.9 个百分点。未来若能源产品价格持续低迷，工业利润将明显减少，财政增收相应面临较大压力。同时，国家积极财政政策引导下的项目投资扩张还会加剧地方财政支出扩大，地方政府的财务压力不断加大。如果新的资金融入渠道无法满足其资金需求（据了解国家仅批准陕西省政府发行地市政府债券 63 亿元），这种压力可能会向金融部门转移。

（三）价格变动

1. 价格指数涨幅先高后低，短期膨胀压力初步消除。年初，居民消费价格指数呈高位运行，2 月份冲高至 9.8%。自 5 月起，CPI 连续 8 个月持续回落，涨幅降至 12 月份的 1.4%。工业品出厂价格指数和原材料、燃料及动力购进价格指数自 9 月起急剧下跌。受全球大宗商品价格下跌和国内外经济增长放缓导致的需求不足影响，2008 年下半年陕西省通货膨胀压力逐步消除。

2. 国际能源和大宗商品价格巨幅波动，企业经营面临的不确定性增大。2008 年上半年能源和大多数非能源类大宗商品价格大幅上涨。下半年，随着次贷危机的蔓延，国际原油价格回落，大宗商品价格出现普跌。国际大宗商品价格高位暴跌，加上国内生产企业开始存货调整，减少了原材料采购，原材料价格急剧回落，增加了企业原材料库存的隐性损失。

3. 原材料、燃料及动力购进价格与工业品出厂价格倒挂，工业企业利润空间缩小。2008 年陕西省原材料、燃料及动力购进价格累计上涨 11.2%，涨幅比上年提高 4.9 个百分点。工业品出厂价格累计上涨 8.4%，涨幅比上年提高 5.5 个百分点。在原材料、燃料及动力购进价格与工业品出厂价格倒挂下，企业利润空间不断缩小（见图 1）。

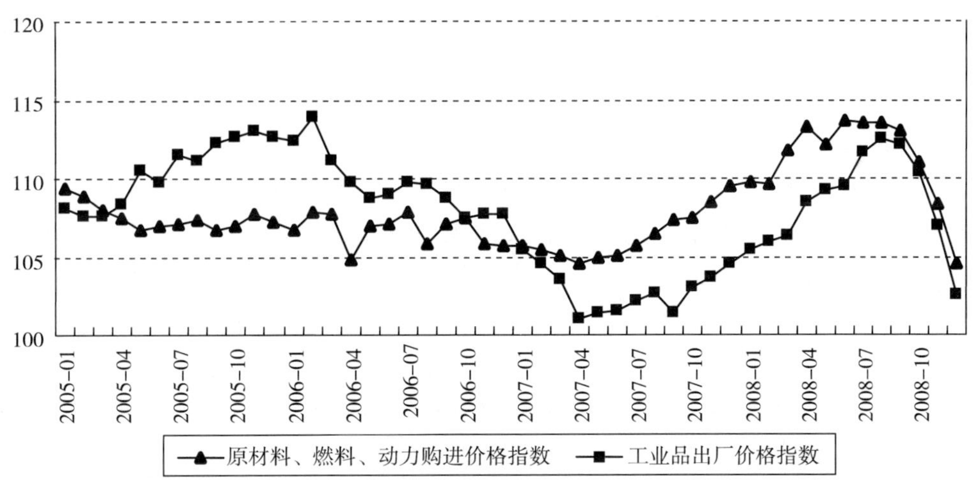

数据来源：陕西省统计局。

图1　陕西省原材料、燃料、动力购进价格指数和工业品出厂价格指数变动情况

（四）总体评估

1. 区域经济预测。随着扩大内需政策的落实，项目投资力度会逐渐加大，固定资产投资增长将加快；倘若刺激消费政策能够有效落实，将会稳固消费预期，消费对经济的推动作用将进一步增强；未来时期，重点产业振兴计划的实施、“民生工程”建设的不断完善、农业补贴机制的健全、惠农政策的充分落实、财政支农力度的加大等诸多因素将对陕西省各经济主体的偿债能力产生正面影响。所以，从中期来看，陕西省经济具备持续快速增长的能力，可为区域金融稳定提供良好的外部环境。

2. 宏观经济运行对金融稳定影响的总体评估。综合分析，陕西省宏观经济的平稳发展为金融业稳健运行奠定了良好的实体基础。但由于短期内经济增长还存在一定的不确定性，某些不利因素可能会加大金融体系的风险。一是能源化工、有色冶金等行业效益下滑加大了区域经济下行的可能，产业结构不合理、产品能耗大、附加值低等内在矛盾在经济下行期可能集中显现，且由于能源化工、有色冶金行业是银行信贷资金的主要投向，这些企业的效益下滑很有可能加大银行信贷风险的预期。二是出口企业经营下滑和资金链恶化增加了金融机构的信用风险，且受需求下降影响，出口产业链上游行业和部门的信用风险也随之增大。三是房地产市场低迷可能引发的银行风险。其中，房地产市场销售量持续下降引起房地产企业资金链紧张，导致部分银行房地产开发贷款风险加大。房地产市场的低迷引起关联产业经营风险不断增大，关联产业潜在的银行信贷风险值得关注。四是刺激经济增长政策实施中银行信用风险管控面临挑战。地方政府财务压力的加大制约了积极财政政策的空间和力度，在股市低迷、债市发展滞后的情况下，意味着需要更多的银行信贷资金来促进经济平稳发展。银行信贷资金集中投放，有可能影响到贷款项目审查的严格程度和风险控制的到位程度，从而给银行贷款质量的下降埋下诱因。

二、金融业与金融稳定

（一）银行业

1. 运行情况。2008年，陕西省银行业继续保持平稳发展的态势，资产负债规模持续增长，利润稳步提升，资产质量不断改善，资本实力进一步增强。截至2008年年末，全省银行业金融机构资产总额和负债总额分别同比增长29.69%和30.16%；人民币贷款余额和存款余额分别同比增长22.8%和27.0%；利润同比增长39.72%；不良贷款率较年初下降了6.04个百分点；加权平均资本充足率较上年提高了2.09个百分点。

2. 改革情况。2008年，农业银行陕西省分行股改前的不良贷款剥离等准备工作顺利完成，资产质量大幅提高。农村信用社改革继续深入。至2008年年末，全省97家县级联社完成了统一法人社的改制工作，4家联社完成了农村合作银行组建工作，102家完成专项票据兑付；由咸阳市商业银行、宝鸡市商业银行及渭南城市信用社、汉中城市信用社、榆林城市信用社5家地方金融机构合并重组的陕西长安银行组建工作有序推进，通过资源的集中配置将更好地服务和支持区域经济发展；新型农村金融机构试点工程实现突破，成立了宝鸡岐山硕丰村镇银行和陕西洛南阳光村镇银行两家村镇银行，进一步推动农村金融体系建设的快速发展。

3. 稳健性评估。

第一，大型商业银行机构稳健性评估。一是利润水平提高，但维持利润快速增长的压力加大。2008年，陕西省国有商业银行和股份制银行的存款快速增长和活期存款占比降低使得机构资金成本不断上升。同时，2008年下半年存贷款利率的不断下调使得以利差为主要利润来源的盈利模式遭遇冲击。受经济环境影响，未来可能要迎来一段低利率时期，银行必须在控制成本以及拓展新业务方面有所进展。二是票据融资业务快速增长，资产流动性提高，但低利率“光票收购”现象抬头，票据业务风险加大。2008年这两类银行票据融资规模达177.1亿元，较上年增长了71.8%（见图2）。票据融资（主要是贴现）流动性较好，其增长有助于提高资产的流动性，降低资产负债表的流动风险。但由于操作中的问题，其业务风险也在逐步加大。据了解，自2008年下半年起，异地机构的“光票收购[①]”现象又有抬头，且收购利率持续走低。企业在票据融资中可以实现无风险套利和缓解资金紧张的双重目标。如果这种利用票据融资套取的资金是存放在银行体系赚取利差，那银行仅面临效率的损失。但没有真实贸易背景的光票直贴资金用途很难明确，资金的安全性难以保证。三是信贷集中加剧下的信用风险暴露有所增加。陕西省的大型商业银行除工行外其他13家银行的最大10家集团客户贷款占各项贷款的比例都在20%以上，而股份制银行受网点规模等因素的限制集中度更高，最高达65%。信贷集中意味着信贷资产质量变化与个别行业和企业经营状况的关联度在不断加大，因此应密切关注其可能给银行体系造成的系统性风险问题。

第二，地方法人银行机构稳健性评估。2008年地方法人银行机构资产质量持续提高，整体风险状况有所改善，但部分机构风险抵补能力较弱、盈利能力不强、流动性较差等问题依然存在。此外，受宏观经济影响，个别机构面临的潜在风险值得密切关注。一是金融危机导致果汁出口企业经营衰退，果农收入锐减致使果农贷款违约率大幅上升，部分农村信用社的经营风险加大；二是受国际有色金属价格下跌和采掘成本上涨的影响，部分采矿企业经营困难，可能会对个别地区农村信用社的信贷资产质量产生关联性影响；三是房地产市场销量下滑，企业资金链紧张，个别法人机构的房地产开发贷款风险增大；四是民间借贷行为对地方法人金融机构的经营造成一定影响，部分储蓄存款流向民间借贷，加大了个别机构流动性风险隐患。

4. 对策建议。要引导金融机构密切关注经济金融形势变化，优化信贷结构，着力提升盈利能力；

---

① “光票收购”就是异地机构单单收购银行承兑汇票。

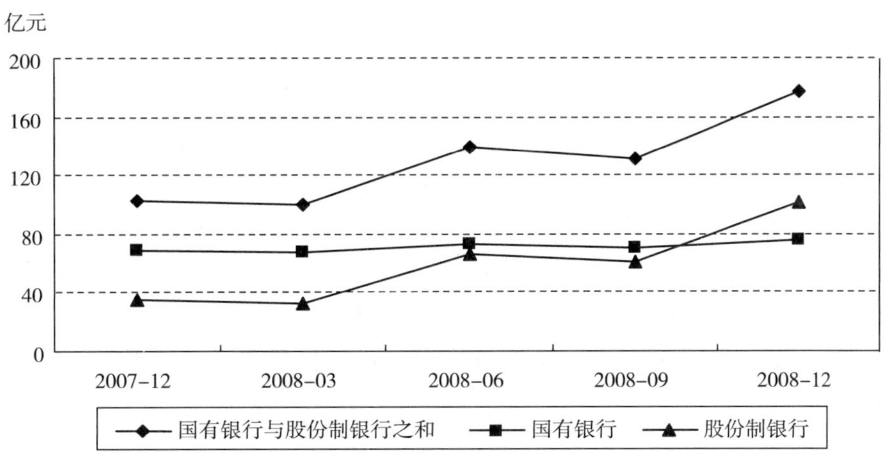

数据来源：《陕西省金融机构货币信贷统计月报》。

图2 2008年国有商业银行和股份制商业银行票据融资变化趋势

引导金融机构完善信贷风险评价体系，强化贷款风险的全程控制，提高风险管理能力；加强地方法人金融机构风险监测工作，必要时进行风险提示；密切关注民间借贷活动发展情况，防范民间金融风险向正规金融机构转移。

（二）证券业

2008年，陕西省证券市场呈现出与全国市场趋同的持续低迷态势。证券公司经营状况继续改善，但利润下降幅度较大。全年证券交易总额同比下降38.6%，法人证券机构资产总额和利润总额分别同比下降35.72%和66.74%；企业IPO及增资扩股工作步伐加快；期货行业继续保持稳定发展。

1. 证券公司发展情况及关注的问题。

一是账户清理和规范工作全面完成。2008年，陕西省内证券公司按期全面完成了账户的规范工作，健全了执行账户规范管理和客户管理的长效机制。

二是短期融资活动趋于平淡。2008年，新股发行以中、小盘股为主，机构投资者在新股发行中的获利机会有所减少，相应地，证券公司对于银行间同业拆借市场的资金拆入需求不断减弱，交易明显减少。

需要关注的问题：经纪业务活动中的恶性竞争和违规风险问题；证券公司综合实力薄弱，很难抵御外部竞争压力；第三方存管运行环境有待规范。

2. 上市公司发展情况及关注的问题。

一是直接融资取得突破性进展。2008年，全省上市公司共募集资金166.35亿元，同比增长5.5倍，占当年全国募集资金量的15.61%，实现了大型国有企业上市融资的历史性突破。

二是主营业务收入和利润增幅明显回落。截至2008年9月末，陕西省28家上市公司营业收入和净利润同比增长42.26%和11.86%，但较2008年第二季度分别下降11.13个和0.33个百分点。其中，主营业务收入增幅回落大于全国上市公司（A股）平均水平，经营下滑的趋势逐渐显现。

三是经营业绩的行业差异明显。宝钛股份、航天动力等优势产业所属公司增长强劲；开元控股、宝商集团等商业类公司收入增幅低于整体水平；咸阳偏转、海星科技、交大博通经营业绩下滑。

需要关注的问题：再融资能力偏弱；后备上市公司与陕西省优势产业对接不力。

3. 期货经营机构发展情况及关注的问题。

一是经纪业务持续增长，经营业绩稳步上升。2008 年，期货经营机构期货代理交易额和客户数量同比分别增长 40.21% 和 78.2%，代理交易手续费收入和净利润分别同比增长 64.83% 和 16.95%。

二是资产质量不断提高，财务风险监管指标持续达标。2008 年年末，陕西省内 3 家期货公司净资产总额较上年增长 12.5%。净资本水平平均优于规定指标，以净资本为核心的财务风险监管指标持续达标，并保持相对稳定。

需要关注的问题：市场主体发展不均衡；市场功能有待于开发。

4. 对策建议。要增强直接融资能力，优化社会融资结构；鼓励证券公司多渠道进入资本市场；循序渐进、安全有效地开放资本市场，推动券商合资；加强投资者教育，做好市场非理性波动下的投资者权益保护。

（三）保险业

2008 年，陕西省保险业继续保持加快增长。保险服务领域不断拓宽，发展方式逐步转变，保险市场运行平稳，保险风险有效防范，市场秩序进一步好转。

1. 运行情况。截至 2008 年底，全省共有保险公司总公司 2 家，省级分公司 35 家，其中产险公司（含政策性出口信用保险公司）18 家，寿险公司 17 家。保险资产总额 388.11 亿元，同比增长 29.83%。

一是保费收入增长速度不断加快，月度增长前快后慢。2008 年陕西省保费收入同比增长 44.70%，高于全国平均水平 5.64 个百分点。从月度增速看，前 7 个月增速普遍较高，后 5 个月增速不断下滑，业务发展的前快后慢特点明显。

二是经济补偿功能进一步发挥，赔款和给付明显增长。2008 年，陕西省保险业赔付支出同比增长 24.58%，其中财产险、寿险、健康险、意外险赔付支出分别同比增长 35.06%、15.4%、39.42%、8.06%。

三是行业资产实力不断增强，保险深度、密度显著提高。截至 2008 年年底，全省保险行业总资产 388.11 亿元，较年初增加 89.18 亿元；保险深度约为 3.2%，比上年提高 0.4 个百分点；保险密度 578 元/人，比上年增加 177 元。

2. 需要关注的问题。全球和国内经济金融环境的变化可能对陕西省保险业的发展及稳定造成一定冲击；保险市场秩序有待进一步规范；个别公司在内控制度方面存在着薄弱环节，基层机构管控不力；保险服务经济社会能力有待进一步增强，保险业参与促进民生改善和社会和谐的领域比较有限。

3. 对策建议。积极防范和化解保险业风险；做好保险业结构调整工作，推进行业自主创新；大力规范保险市场秩序；加强消费者教育，切实保护保险消费者利益。

三、金融市场与金融稳定

（一）金融市场运行状况

一是同业拆借市场主体有所增加，但交易量大幅下降，利率曲线总体下行。2008 年，城市信用社和信托投资公司作为陕西省新的机构类型进入银行间同业拆借市场，年末市场成员总数达到7家；成交额25.98亿元，同比下降74.4%；加权平均利率为2.91%，同比下降103个基点。

二是债券回购市场交易量增加，市场利率逐步走低。2008年，陕西省债券回购交易累计成交1 150笔，成交额3 472.75亿元，同比增长20.43%；加权平均利率为2.53%，同比下降3个基点。

三是债券发行取得突破性发展，市场交易量持续增长。2008年，陕西省共有7家企业累计发行短期融资券134.5亿元，同比增加102.3%；现券交易量累计成交1 284笔，成交额1 385.6亿元，同比增长123.3%。

四是票据市场活跃度明显提高，贴现发生额显著增长。2008年，陕西省票据贴现市场累计发生额5 219.05亿元，同比增长75.97%。其中，股份制商业银行和农村信用社票据累计贴现额1 135.13亿元和3 300.50亿元，分别增长了1和1.95倍。

表1　2008年陕西省银行间同业拆借市场交易情况表　　单位：亿元

拆 出	拆出笔数	拆出量	加权利率（%）	最高利率（%）	最低利率（%）
西安商行	1	5	2.23	2.23	2.23
拆 入	拆入笔数	拆入量	加权利率（%）	最高利率（%）	最低利率（%）
西安商行	7	16.98	2.48	2.91	1.42
西部证券	1	4	5.61	5.61	5.61
合计	9	25.98	2.91	5.61	1.42

（二）需关注的问题

第一，农村信用社以同业存放规避市场监管。目前农村信用社大多通过签订同业存放合同，而非同业拆借的形式，实现资金的余缺调剂。现有的业务统计制度下无法准确掌握农村信用社的资金状况及其相互联系，加大了流动性风险监测的难度。

第二，市场主体较少，银行间市场功能没有得到有效发挥。截至2008年年末，陕西省银行间债券市场参与者仅43家，且以金融机构为主，机构主体类型不够丰富；债券交易局限于传统的债券回购和现券交易，金融衍生产品交易涉足甚少；银行间债券市场功能主要集中在流动性管理方面，市场的价值发现和风险管理功能几乎没有发挥。

四、金融基础设施与金融稳定

（一）支付系统

2008年，陕西省支付清算系统经受了地震等突发事件的考验，系统建设不断深入，运行平稳，服务功能日益完善，清算效率进一步提高，有力地支持了陕西省经济金融体系的稳定、协调发展。陕西省顺利完成小额支付系统银行本票的上线工作及中央银行会计集中核算系统（ABS）和中央银行会计事后监督子系统（AAS）的升级换版，积极推动现代化支付系统在农村网点的全面覆盖普及，农村信用社县（乡、镇）一级256个营业网点加入支付系统。全年大额支付系统共办理业务756.47万笔，比上年同期增加22%。小额支付系统共处理业务318.03万笔，比上年同期增加49%。支票影像交换系统共处理业务2 084笔，金额1.04亿元，退票率下降至20%左右。

（二）征信体系

2008年，陕西省征信体系管理建设不断得到改进和完善，信用信息共享范围逐步扩大，服务水平提高，在信用体系建设、改善融资环境方面发挥了重要作用。至年末，个人征信系统共录入1 550万人的个人信息，个人信贷余额1 293.13亿元；企业征信系统已采集15.33万户企业信息，录入贷款余额4 303.36亿元。累计为45 290户尚未与商业银行发生信贷关系的中小企业建立了信用档案。其中，2 293户取得商业银行授信，1 852户获得银行贷款，金额达147.71亿元。指导农村金融机构为504.31万个农户建立了信用档案，至2008年末全省已评定信用户314.20万个，创建信用村2 946个，分别较上年同期增加78.13万个和774个。信用评级机构与121户企业签订了信用评级合同，完成了250户企业的信用评级报告，为10 801人提供了本人信用报告。金融机构月均查询个人征信系统7.7万次，月均查询企业征信系统2.3万次。

（三）反洗钱工作机制

2008年共检查商业银行198家、证券公司8家、保险公司76家，查阅客户资料89 411户，分析交易10万多笔，并全部严格依法处理。对可疑交易线索进行综合分析，选择风险大的重点可疑交易线索向相关部门报案5起，涉案金额21 983.68万元，被陕西省安全厅立案2起。全年共协查案件5起，开展调查78次，涉及金额26 890万余元，成功破案4起，协查案件破获率达80%。通过调整反洗钱联席会议形式，依法规范与公安机关合作机制，与西安海关建立反洗钱信息通报制度，强化人民银行内部协调合作等措施，使内外部反洗钱协调机制更为高效。

（四）金融法制环境建设

2008年，陕西省人大、省政府、公检法机关，以及以人民银行为核心的金融宏观调控和监管部门，在各自职能范围内，全力推动金融法制建设，促进了全省金融生态环境的进一步改善。《陕西省会计管理条例》、《陕西省经营性服务价格管理办法》、《陕西省建设工程造价管理办法》等涉及经济金融的新地方性法规陆续出台，使区域经济金融发展所必须的法律法规体系日益健全。人民银行西安分行起草并推动省政府金融工作办公室等四部门联合印发了《陕西省小额贷款公司试点管理办法（试行）》，为小额贷款公司的发展提供了制度依据；人民银行西安分行及陕西省辖内各分支机构共进行行政执法检查近百次、反洗钱行政调查109次、作出行政处罚500余起，有效保证了国家宏观调控政策的落实和辖区金融稳定。

五、总体评估与政策建议

（一）陕西省金融稳定的定性与定量评估

2008年陕西省经济总体保持快速平稳的发展势头，经济的平稳运行为陕西省金融业稳定发展奠定了良好基础。金融改革稳步推进，金融机构抗风险能力不断提高，金融市场运行平稳，金融基础设施建设日益完善，整体发展趋势向好。

在综合考虑陕西省经济、金融实际情况的基础上，运用基于层次分析法和专家评价法所构建的区域金融稳定定量评估模型①，对2006～2008年陕西省金融稳定整体状况进行纵向和横向的综合评价。结果显示：2008年陕西省金融稳定状况综合得分为0.84分，较2007年提升了0.15分。从具体分项看，银行业、证券业、保险业与金融生态环境对区域金融稳定的贡献都是正向的，表明在国际国内形势严峻的情况下，陕西省金融稳定状况仍然处于良好状态，各金融机构能有效发挥其资源配置、风险补偿等关键作用，抵御风险能力比较稳健。需要关注的是宏观经济得分虽然出现小幅回落但仍处于合理区间，得分下降的主要原因是由于固定资产投资增速、实际利用外资增速均呈现出一定程度的回落，居民消费指数尽管在下半年受到国际与国内市场价格影响呈现持续下降态势，但总水平仍明显偏高超过了阈值。此外，金融稳定细分层面图（见图3）显示，与2006年和2007年相比，2008年陕西省在宏观经济、银行业、证券业、保险业及金融生态环境方面的发展趋于协调，银行业和保险业改善程度较大，雷达图渐呈正五边形。

表2　2006～2008年度陕西省金融稳定综合评价表

年份	总体评价	宏观经济	金融业			金融生态
			银行业	证券业	保险业	
2006	0.6733	0.2029	0.2360	0.1280	0.0332	0.0732
2007	0.6883	0.2479	0.2754	0.0496	0.0373	0.0782
2008	0.8376	0.2300	0.3921	0.0757	0.0593	0.0805

注：评价值介于0～1之间，越接近1表明整体金融稳健程度越好，数值仅用于纵向年度比较，本身无任何经济意义。本次定量评估根据区域特点对阈值法进行了调整，评价得分与2007年报告中的差异属于标准化过程后的正常结果。

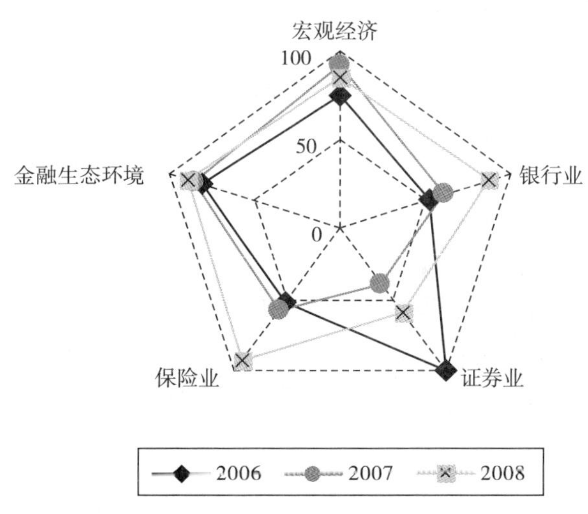

图3　2006～2008年金融稳定细分层面对比分析

分地市看，绝大部分地市2008年的金融稳定状况较2007年有了不同程度的提升，特别是商洛和延安改善明显。榆林、西安的金融稳定优势进一步巩固，延安发展较快与咸阳、宝鸡居于同一层次，而其他地市评价得分相对较低②。陕北、关中、陕南三大区域呈现出一定的金融稳定差异性，其中陕

① 评估框架参考了上海总部的区域金融稳定定量评估方案，指标框架包括宏观经济、金融机构和金融生态环境，其中金融机构又细分为银行业、证券业与保险业。

② 汉中在2008年受地震影响，金融稳定综合评价值的可信性不强，在讨论中应剔除。

北的宏观经济、银行业与金融生态环境发展相对较为均衡，但金融生态环境有待进一步改善；关中地区金融稳定状况居中；陕南地区在银行业以及金融生态环境方面与陕北和关中相比具有一定差距。

（二）促进和维护陕西省金融稳定的政策建议

1. 进一步调整产业结构，加快增长方式转变。在固定资产投资中加大技术改造和产品升级的投资占比，努力提高投资效率。优化投资环境，引进东南地区相关产业，加强对农民工回乡创业的支持和引导，解决农民工就业问题，保证农民收入持续稳定增长。认真落实“家电下乡”等措施，给予税收、营业管理等方面的优惠，积极扩大农村消费市场。加强行业研究，密切关注辖区经济金融运行变化和国内外经济环境变动对相关行业的影响，引导金融机构优化信贷投向和结构，使其经营行为和信贷投放适应经济增长方式转变。

2. 进一步完善金融稳定协调机制，积极推动各成员单位之间的信息共享，及时全面深入了解金融风险状况及其对当地金融体系的影响，真正形成防范风险和维护金融稳定的合力。努力推进地方法人金融机构增资扩股，提高金融机构资本充足率，增强抵御风险的能力，促进辖区金融稳定。加强对地方法人金融机构的风险监测，推动地区金融业改革发展。

3. 推动证券公司业务创新发展，努力改变陕西省证券公司盈利结构和模式单一的现状，提高其盈利能力和稳定性。鼓励证券公司通过公开发行上市和重组并购等多种方式进入资本市场，提高自身的行业竞争能力。循序渐进、安全有效地开放资本市场，推动券商合资。关注第三方存管的运行状况，规范业务操作，加强风险防范。

4. 充分认识陕西省保险业发展面临的复杂环境，进一步做好风险防范化解工作。完善风险预警机制，加强风险排查和风险监测工作，防范风险传递和群体性事件。密切防范销售误导风险、退保风险、公司内控不严风险及中介机构违规风险等主要风险点，防止风险扩大和蔓延。继续做好保险业结构调整工作，推进行业自主创新。

总　纂：王元元　樊联社
统　稿：王　敏
执　笔：王　蓉　王　敏　张　田　郝俊香　张　博　秦鸿文　刘湘勤
其他参与写作人员：关　伟　李建伟　李雨帆　钱　皓　苗文龙
辛　羽　赵育宏　赵　斐　张晓莉　左　奇

青海省金融稳定报告摘要

2008年，青海省深入贯彻落实科学发展观，积极应对复杂多变的宏观环境带来的冲击和挑战，取得了经济快速发展、质量提高、社会进步、民生改善的新成绩，为区域金融稳定奠定了坚实的基础。全省金融业保持健康、快速的发展态势，金融体系稳健性总体增强。但是，2008 年 9 月中旬以来，国际金融危机迅速蔓延和扩散，传导效应在青海省日益显现，经济下行压力增大，金融潜在风险增加。对此，应着力防范化解风险，确保地区经济金融稳定。

一、区域经济运行与金融稳定

（一）区域经济运行情况

1. 经济总量平稳增长，第二产业快速发展。2008 年，青海省实现地区生产总值 961. 53 亿元，按可比价计算，比上年增长 12. 7%，为 1985 年来最快增速。全年第一产业完成增加值 105. 58 亿元，增长 3. 9%；第二产业完成增加值 529. 4 亿元，增长 16. 5%；第三产业完成增加值 326. 55 亿元，增长 10%。三次产业结构由 2007 年的 10. 6:53. 3:36. 1 转变为 11:55:34。

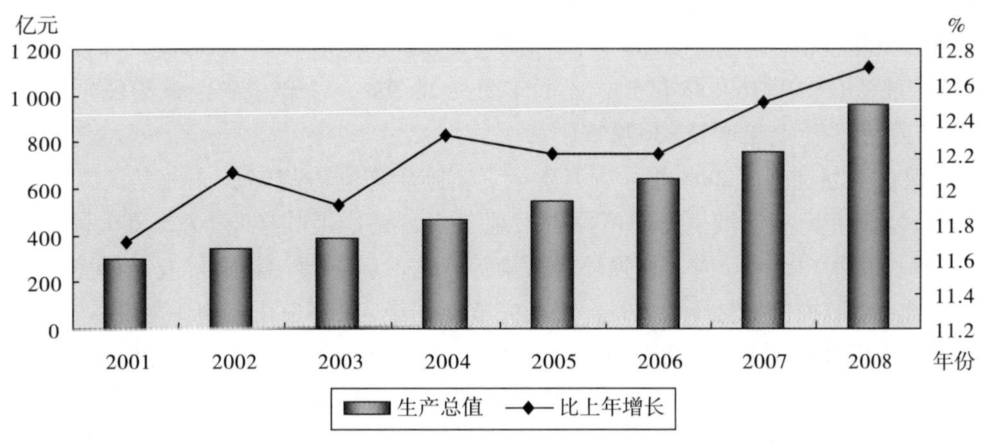

数据来源：青海省统计局。

图 1　2001 ~2008 年青海省生产总值及增长速度

（1）农牧业实现增产增收。2008 年，青海省粮食总产量 101. 80 万吨，比上年增长 2. 8%；油料总产量 35. 22 万吨，比上年增长 10%；蔬菜总产量 110. 08 万吨，比上年增长 12%；肉类总产量 25. 54 万吨，比上年增长 5%。青海省在稳定粮食生产的基础上积极推进农牧业结构调整，着力培育农业特色优势产业带，特色作物种植面积比重达到 75. 7%，农业综合生产能力显著提高。

（2）产业升级加速工业发展。2008年，青海省工业经济以大力发展循环经济、生态经济、新能源经济为方向，加速推进资源转换战略。全年全省工业增加值442.85亿元，比上年增长19.5%，其中规模以上工业企业实现增加值438.83亿元，比上年增长21.5%。

（3）旅游业成为新的经济增长点。青海省旅游业在2008年上半年受拉萨“314事件”及汶川地震等因素影响回落幅度较大，但下半年在“环青海湖国际公路自行车赛”等大型文体经贸会展活动和“大美青海”系列行等宣传推介活动的拉动下迅速回暖，全年全省实现旅游总收入47.5亿元。

2. 三大需求同步增长，经济运行质量逐步提高。

（1）固定资产投资强势拉动。2008年青海省全社会固定资产投资完成582.18亿元，比上年增长19.4%，增速为6年来最高。其中地方投资累计完成477.97亿元，增长17.8%。分城乡看，城镇完成固定资产投资513.38亿元，增长15.7%；农村完成固定资产投资68.8亿元，增长57.5%。从投资类型看，国有及国有控股投资363.22亿元，增长19.5%；民间投资207.8亿元，同比增长20.1%；港澳台及外商投资11.12亿元，增长5.9%。

（2）消费市场保持活跃。2008年，青海省城乡居民收入实现较快增长，城镇居民人均可支配收入达到11 648.3元，比上年增长13.35%；农牧民人均纯收入达到3 061.24元，比上年增长14.06%。随着城乡居民收入稳步增加及扩大内需政策的推动，全省消费品零售市场繁荣。2008年青海省全社会消费品零售总额252.84亿元，比上年增长21.4%。

（3）进出口总额大幅攀升。2008年，青海省积极调整外贸主体结构、出口商品结构和出口市场结构，在外贸形势趋紧的大环境下完成进出口总额6.88亿美元，比上年增长12.5%。其中：出口总额4.19亿美元，增长8.5%；进口总额2.69亿美元，增长19%。硅铁、医药、民族服饰的出口成为拉动青海省出口增长的重要因素，非公有制企业成为扩大出口的重要力量，日本取代澳大利亚成为青海省第一大贸易伙伴。

3. 改善民生和环境保护力度加大，区域协调发展后劲增强。

（1）财政支出以民生为重。2008年，青海省财政一般预算收入136.51亿元，比上年增长23.6%；财政一般预算支出363.83亿元，比上年增长28.9%。全年全省以改善民生为重点的社会建设投入达268.5亿元，比上年增长33.92%。

（2）生态保护不断加强。2008年，青海省认真实施生态立省战略，推进三江源自然保护区生态保护建设工程，实施青海湖流域生态环境保护治理工程，完成退牧还草67.3万公顷，封山育林1.9万公顷，生态移民909户5 166人。加强环境污染综合防治，主要污染物排放总量控制在国家规定的目标以内。万元工业增加值能耗下降6%，超额完成年初设定的4%的目标。

（3）藏区经济实现快速发展。2008年，青海柴达尔至木里铁路、三江源机场、格尔木至察尔汗高速公路等一批新项目的开工建设，极大地改善了藏区基础设施条件，为地区经济发展提供了良好的平台。2008年青海省藏区六州中有五州生产总值同比增速均实现两位数增长。海西州以资源开发为依托，经济发展速度明显加快，以273.11亿元的总量、20%的增速稳居全国10个藏族自治州经济发展第一的位置。

4. 物价涨幅较大，价格水平总体仍处高位。

（1）居民消费价格涨幅回落。2008年青海省CPI比上年上涨9.9%，涨幅从5月份开始逐月回落，由5月份的上涨12.6%回落至12月份的上涨4.7%。青海省CPI运行的主要特点是：一是输入型上涨特点明显。青海省90%以上的消费品主要依靠省外调入，2008年全国CPI上涨5.9%，青海

CPI 也随之水涨船高；二是食品类和居住类价格上涨是导致全年 CPI 上涨的主动因，两项分别上涨 19% 和 15.8%；三是翘尾因素显著。2007 年特别是 2007 年下半年 CPI 涨幅过快而导致的涨价占到 2008 年 CPI 涨幅的近七成。

（2）工业品出厂价格与原材料、燃料、动力购进价格呈现“倒挂”且差距拉大。2008 年青海省工业品出厂价格比上年上涨 7.6%，其中：轻工业品出厂价格上涨 11.56%，重工业品出厂价格上涨 7.22%，生活资料产品出厂价格上涨 10.39%，生产资料产品出厂价格上涨 7.50%。全省原材料、燃料、动力购进价格涨幅达 10.43%，其中涨幅最高的是农副产品类上涨 32.6%。

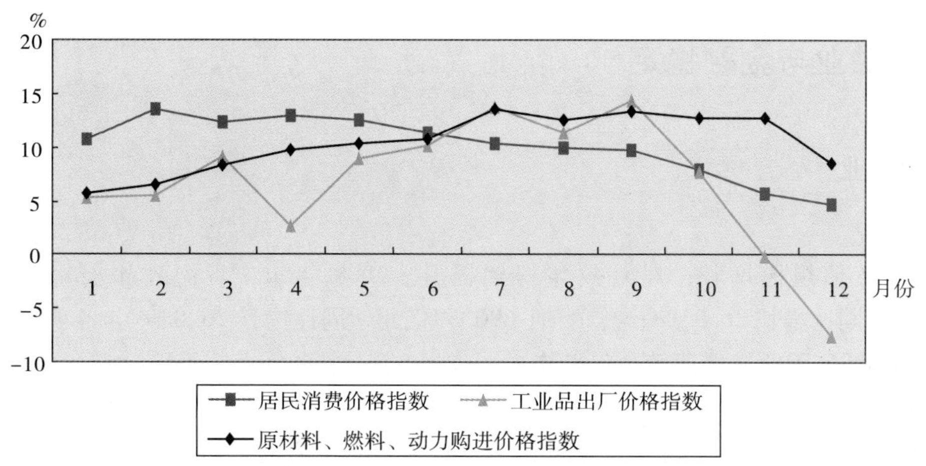

数据来源：青海省统计局。

图 2　2008 年青海省居民消费价格指数与生产价格指数当月同比变化

5. 房地产市场发展适度，房地产金融保持平稳。

（1）房地产开发大幅增长。2008 年，青海省房地产开发投资 50.38 亿元，比上年增长 47.3%，增幅较上年提高 37.6 个百分点；土地开发 102.7 万平方米，比上年增长 5.8%。全年房屋施工面积比上年增长 21.57%，房屋竣工面积增长 32.68%。

（2）商品房价格涨幅区域性特征明显。省会西宁市商品房需求占到全省的 70% 以上，受建筑成本上升、旧城改造等因素助推，2008 年商品房平均售价较上年上涨 14.25%，高于同期全国 70 个大中城市房屋售价平均涨幅 7.75 个百分点。省内其他地区商品房售价受居住环境限制仅有微涨。

（3）房地产信贷增速平稳。2008 年末，青海省金融机构房地产开发贷款余额 21.9 亿元，同比增长 6.88%；购房贷款余额 25.76 亿元，同比增长 13.15%，其中个人新建房住房贷款余额 21.74 亿元，同比增长 15.89%。

（二）经济运行中需要关注的问题

一是经济下行压力增大。随着国际金融危机的持续蔓延，国内经济增速减缓，传导效应在青海日益显现，造成经济下行的压力增大。宏观环境趋紧、外部需求减弱通过金融、投资、市场等多种传导机制，对企业生产、财政收入、就业等方面产生了较大的影响，经济持续稳定增长面临越来越大的压力。

二是工业经济增长面临挑战。受国际经济下滑、市场需求不足因素影响，青海省规模以上工业增加值月同比增速自 2008 年 9 月起连续 4 个月回落。部分重点工业产品陷入“价量齐跌”的窘境，化工类、有色金属类、钢材等产品的市场主流价格与最高时相比跌幅在 15% ~60% 之间不等，产品产量也出现较大跌幅。部分企业处于限产停产的境况，库存加大，流动资金短缺。一些工业项目投资推进不理想，投产计划推后或建设周期延长，甚至未能按计划开工。

三是房产需求出现回落迹象。青海省房产销售价格虽未出现下跌趋势，但市场成交量明显萎缩。2008 年，青海省商品房销售面积与销售额较上年分别下降 10. 41% 和 7. 2%，与 2007 年的分别增长 34. 1% 和 57. 5% 形成较大反差。居民对房价下行走势的预期造成市场持币观望氛围浓重，即期购房需求被抑制。部分中小房地产企业开始采取赠送面积、配送家电等变相降价措施进行促销，出现了资金紧张的苗头，经营压力加大。

二、金融业与金融稳定

（一）银行业

1. 运行状况。

（1）资产负债规模增长，经营效益得到提升。2008 年末，青海省银行业金融机构总资产 1 710. 34亿元，同比增长 26. 93%；总负债1 690. 39亿元，同比增长 26. 83%。各项存款余额1 389. 58 亿元，同比增长 25. 73%，增速较全国平均水平高出 6. 43 个百分点；各项贷款余额1 033. 9亿元，同比增长 23. 84%，增速较全国平均水平高出 5. 94 个百分点①。2008 年青海省银行业金融机构实现税后利润 13. 39 亿元，同比多盈利 0. 33 亿元。政策性银行、国有商业银行、城市商业银行、农村信用社、新型农村金融机构均整体上实现了盈利，平均资产利润率为 0. 83%。

（2）金融改革深入推进，金融机构竞争力逐步提高。国家开发银行和农业发展银行在青海省的分支机构实现向商业化转型，贷款项目覆盖范围已从纯政策性延伸到中小企业、农户和工商业；农业银行青海省分行不良资产剥离工作已全部完成，历史包袱得到化解；邮政储蓄银行青海省分行正式挂牌成立，业务品种逐步丰富；西宁市商业银行正式更名为“青海银行”，首家异地分行格尔木分行已挂牌营业；农村信用社改革专项票据兑付完成了 80%，全省 30 家县（市）农村信用联社中有 24 家完成票据兑付。

（3）法人机构资本充足率、拨备覆盖率持续提高，抗风险能力有所增强。2008 年年末，青海省地方法人银行机构贷款损失准备金余额 4. 92 亿元，同比增长 75. 55%②。城市商业银行拨备覆盖率为 88. 78%，同比提高 50. 73 个百分点，农村信用社拨备覆盖率为 25. 18%，同比提高 10. 75 个百分点。城市商业银行资本充足率 13. 74%，同比提高 5. 53 个百分点，农村信用社资本充足率 1. 49%，同比提高 2. 38 个百分点（见图 3）。

2. 需要关注的问题。

一是不良贷款反弹压力加大。受国际金融危机和宏观经济形势变化影响，青海省银行业金融机构潜在的信用风险凸显。2008 年年末全省银行业金融机构关注类贷款余额 164. 71 亿元，比年初增加 46. 06 亿元，关注类贷款呈现出快速上升的趋势。2008 年全省银行业金融机构不良贷款余额和占比虽然实现了“双降”，但是新增贷款稀释作用和农业银行不良贷款政策性剥离是不良贷款实现“双降”的主要原因。

---

① 不包括新型农村金融机构相关统计数据。

② 不包括新型农村金融机构统计数据。

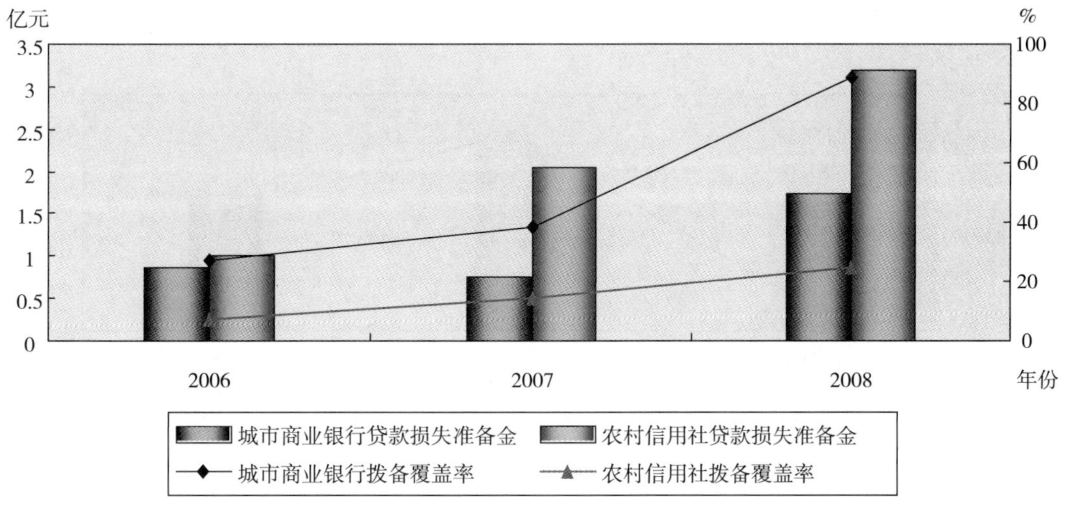

数据来源：中国人民银行西宁中心支行、青海银监局。

图3　2006～2008年青海省地方银行机构拨备覆盖率情况

二是大客户贷款风险更加突出。青海省银行业金融机构大客户以能源、资源输出型企业为主，受国际国内能源、资源价格大幅波动影响，此类企业产品积压增多，应收账款增加，资金周转缓慢，影响了银行贷款的偿还。2008年末，青海省银行业金融机构大客户授信风险预警数量和高负债率客户数量较上年同期都有所上升。预警企业涉及贷款余额435.57亿元，同比增加154.68亿元；资产负债率超过75%的大客户有44户，占全部大客户数量的27.5%。

三是流动性风险问题应受到关注。2008年年末，青海省银行业金融机构中长期贷款余额701.42亿元，占贷款总额的67.81%；定期存款余额387.03亿元，仅占存款总额的27.85%。资产与负债不匹配的矛盾显现，银行体系潜在流动性风险不容忽视。从农村信用社来看，2008年年末全省农村信用社流动性比例为36.7%，同比下降16.49个百分点，流动性趋紧的态势明显。

四是银行表外业务风险不断积聚。随着青海省银行业金融机构表内信贷控制的加强，表外业务呈现出快速扩张的态势。2008年年末，等同于贷款的授信业务余额达74.81亿元，同比增长701.8%。表外业务在规模扩张的同时风险水平也在上升，2008年年末，青海省银行业金融机构表外业务风险敞口70.32亿元，同比增加65.41亿元；风险敞口率94%，同比上升41.37个百分点。

（二）证券业

1. 运行状况。

（1）证券期货交易稳中趋降。2008年年末，青海省股民开户数105 540户，同比增长6.14%；客户证券交易保证金余额5.75亿元，同比减少3.3%。境内证券市场全年累计交易量498.33亿元，同比减少40.98%；托管股票市值36.09亿元，同比减少46.12%。期货投资者开户数134户，同比增长1.52%；期货交易保证金0.12亿元，同比减少18.22%；全年期货累计交易金额82.90亿元，同比减少18.17%。

（2）上市公司实力总体增强。青海省共有10家上市公司，主要分布在有色金属、化工、钢铁、医药制造、装备机械、煤炭开采等行业。在盐湖钾肥、西部矿业等龙头上市公司带动下，2008年年末青海省上市公司总市值达1 443.69亿元，在西北五省区中名列前茅，总市值占GDP的比率为

150.15%，位于全国前列。

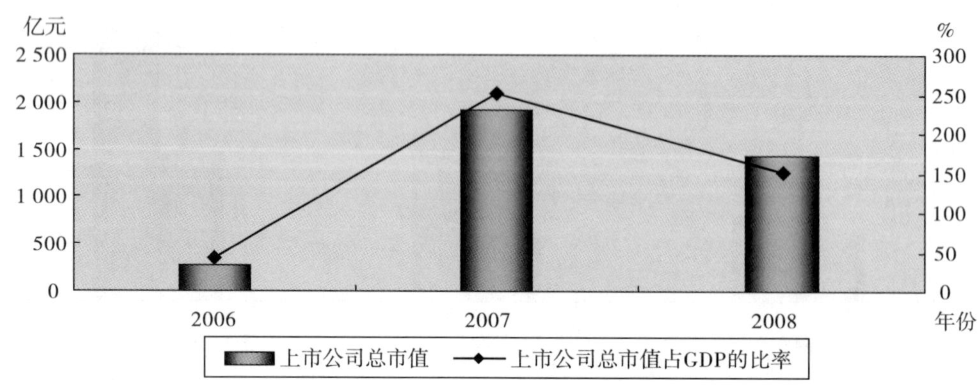

数据来源：青海证监局。

图4 2006～2008年青海省上市公司总市值

2. 需要关注的问题。

一是市场持续低迷导致证券经营机构盈利下滑。青海省证券经营机构以经纪类业务为主，尚未形成协调发展和较为完善的盈利结构，市场份额较小，在市场竞争中处于劣势。在国际金融危机引起国内股市持续下跌的情况下，部分证券营业部的盈利已出现下滑。

二是信息系统大集中引发的安全问题。青海省证券经营机构都采取了大集中交易模式，虽然有诸多优点，但系统的风险也相对集中。部分证券经营机构的集中交易系统没有进行灾难备份，安全隐患更为突出。

三是期货行情波动引起的期货公司穿仓风险。2008年，受国际金融市场剧烈震荡影响，原油、有色金属、黄金、农产品现货和期货价格都出现了大幅波动，加上国内与国外交易时间的差异，多次引起国内期货品种价格剧烈波动，造成投资者在损失惨重的情况下不能及时平仓，进而将风险转嫁给期货公司。

四是上市公司风险有所增加。一是国际国内宏观经济环境的变化导致原材料价格普涨，使大部分上市公司生产成本上涨，产品销售下降，盈利水平降低；二是少数上市公司持续经营能力和盈利能力仍然较差，经营更加困难；三是个别上市公司内部管理薄弱，存在巨额的财务隐患。

（三）保险业

1. 运行状况。

（1）保险保费收入持续增长，业务规模不断扩大。2008年全省实现保险保费收入14.11亿元，同比增长31.29%。其中：财产险公司实现保险保费收入6.28亿元，同比增长19.10%；人身险保费收入7.83亿元，同比增长43.02%。保险密度为254.49元/人，较上年增长29.84%；保险深度为1.46%，较上年提高0.03个百分点（见图5）。

（2）提供经济补偿，赔款给付支出增加。2008年，青海省保险公司保险支付总额为6亿元，同比增长29.68%。其中：财产险赔款支出3.31亿元，同比增长27.54%；寿险给付金额2.24亿元，同比增长32.45%。健康险赔款支出0.27亿元，增长44.99%；意外险赔款支出0.18亿元，增长16.38%。

（3）大力发展“三农”保险，切实保障农民生活。2008年，青海省政策性农业保险试点地区从

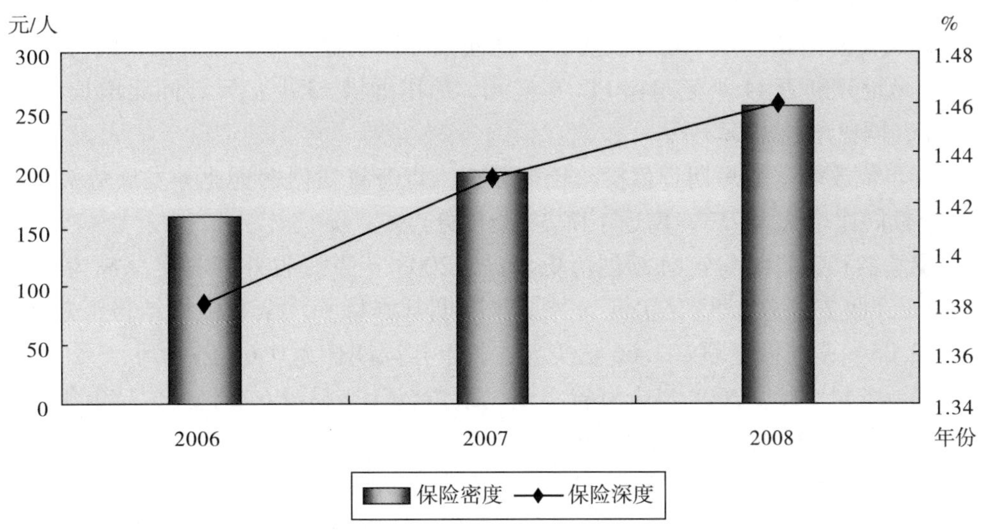

数据来源：青海保监局。

图5　2006～2008年青海省保险密度及保险深度

2007年的3个县扩大到8个县，争取到的政府补贴资金由2007年的580万元提高至900万元。全面启动了大田作物雹灾保险、日光节能温室及塑料大棚保险、政策性能繁母猪保险及奶牛保险、农村小额人身保险。

（4）构筑风险保障体系，服务地方经济发展。2008年青海省保险公司共为全省192.26万人（次）提供了1 868.49亿元的人身保险保障，人身保障度为3.37万元/人；为各类财产提供了3 053.42亿元的风险保障；提供了1 737.52亿元限额的责任风险保障。

2. 需要关注的问题。

一是产品结构不合理。财险公司业务中车险占比过大，不仅使经营风险过于集中，也使公司的各项资源向车险集聚，影响其他业务的正常发展。责任险、农业险规模较小，不足以发挥保险防灾防损功能。寿险公司业务中投资型产品占据市场主导地位，若投资收益不理想则可能引发大规模退保和投诉纠纷，给经营带来不利影响。

二是国际国内经济金融形势变化使保险业发展的不稳定性增加。金融危机的持续有可能会对消费者的信心产生影响，从而产生保险消费有效需求被抑制、退保增加等问题。

三是保险机构自身存在的一些问题易导致风险产生。一些保险机构内控体系不健全、基础管理薄弱，存在财务数据不真实、账外账、内外勾结侵害公司利益的现象；个别保险机构依法合规经营意识不强，销售误导、恶性竞争和不正当交易等违法违规行为屡禁不止，给保险业经营带来负面影响。

三、金融市场运行与金融稳定

（一）金融市场运行状况

1. 金融市场体系不断完善。2008年，青海省隔夜头寸拆借市场建立，省农村信用联社加入全国银行间债券市场，西宁市农村信用联社加入全国银行间同业拆借市场，金融机构管理流动性窗口增加、渠道拓宽，全年省内银行通过拆借市场融资 13.1 亿元。

2. 银行间市场交易活跃。全年累计发生正、逆向债券回购业务 187.2 亿元，同比下降 7.4%，债券正、逆回购交易量分别为 44.4 亿元和 142.9 亿元；信用拆借 13.1 亿元，同比增长 627.8%；现券买卖 11.27 亿元，同比增长 170.3%。

3. 票据融资步伐放缓。受短期贷款投放较多影响，青海省票据融资业务发展势头减缓，2008 年全年票据贴现余额同比增长 3.7%，增速下降 38 个百分点。

4. 外汇收支总额和银行结售汇总额创历史新高。2008 年青海省外汇收支总额为 13.39 亿美元，同比增长 31.04%；收支顺差 2.83 亿美元，与上年同期基本持平。全省银行结售汇总额 12.65 亿美元，同比增长 78.05%；结售汇顺差 3.66 亿美元，较上年同期扩大 0.65 亿美元。

5. 黄金市场业务量大增。2008 年青海省实现“纸黄金”交易量 6.2 亿元，较上年增长 170.9%；实物黄金交易 2.3 亿元，较上年增长 126.76%。

6. 民间借贷利率高位运行。青海省民间借贷以农副产品加工、种植、养殖和家庭房屋修建为主。2008 年民间借贷平均利率 18.71%，高出上年 1 个百分点，高出金融机构平均利率 11.04 个百分点。

7. 金融服务产品不断创新。青海省各家金融机构针对重点领域和薄弱环节的金融服务需求，研发和创新信贷服务新产品，推出了仓单质押、委托贷款、采矿权质押、法人账户透支业务等新产品和新业务，有效满足了不同阶层对信贷产品的需求。

（二）需要关注的问题

一是金融市场发展缓慢。主要表现为参与全国间市场的机构过少、市场交易量偏小、交易品种缺乏、商业承兑汇票发展滞后。

二是后备上市资源有限。青海省拟上市企业中基本符合上市条件的只有少数几家，其余企业的条件与上市要求相比还有较大差距，无法与保荐机构签订辅导协议，上市培育难度较大。

四、金融基础设施与金融稳定

（一）支付体系

1. 健全完善支付结算工作制度。建立了《青海省银行业金融机构支付结算工作联席会议制度》，为全省银行业金融机构搭建了信息交流、资源共享的平台。制定了《青海省存量单位银行结算账户相关个人公民身份信息真实性核实工作实施细则》、《青海省支付系统参与者考核管理办法（试行）》等制度办法，为进一步规范支付系统管理提供了制度保障。

2. 加强支付系统风险防范管理。排查全省密押密钥安全风险，组织了中央银行会计集中核算系统应急演练，完成了对全省支付系统、中央银行会计集中核算系统、账户管理系统应急方案的检查，进一步提高了业务系统抵御灾害、应对突发事件的能力。

3. 积极推广小额支付系统业务种类。一是完成了小额支付系统银行本票业务在青海省的推广上线运行。二是促进小额支付系统定期借记业务顺利开展。2008 年青海省共有 6 家公用事业收费单位开办了定期借记业务，月均业务量比上年增加了 10 倍。三是全面开展联合整治银行卡违法犯罪专项行动，构建和谐、高效、有序用卡环境。

4. 指导地方金融机构改善支付结算服务。对邮政储蓄银行青海省分行开展了支付结算业务培训、会计凭证准备、网络环境测试验收等基础性工作，使该行顺利接入现代化支付系统。指导大通国开村镇银行通过其出资银行代理间接参与者的身份加入大小额支付系统，畅通了结算渠道。

（二）征信体系

1. 非银行信用信息采集范围进一步扩大。2008 年，青海省征信分中心已向中国人民银行征信中心上报了 17 家单位的非银行信用信息，新采集了建筑企业资质、企业质检信息等 5 类相关企业和个人信用信息，信用档案信息进一步丰富。

2. 农村信用体系建设初现成效。2008 年，青海省为农牧户建立了电子信用档案，探索使用农牧户信用评价体系，提高了涉农金融机构发放农户贷款的审贷效率和风险管理水平。组织召开全省信用村镇建设现场会，有效推广了农村信用建设的先进经验。

3. 企业和个人征信系统建设稳步推进。2008 年末，青海省征信系统征集入库中小企业 3 387 户，占全省应完成中小企业征集户数的 101.2%。全省近 1.5 万户企业和 232 万自然人的信息已纳入企业和个人征信系统，分别占到全省企业数和自然人数的 57% 和 44%。

4. 信用评级工作实现零突破。2008 年，人民银行西宁中心支行引进国家认可的专业评级机构对青海省首批 11 家担保机构和 6 家借款企业开展了信用评级试点工作并推动了评级结果的应用，为促进担保机构健康发展、缓解中小企业融资困难发挥了积极作用。

5. 征信系统服务范围日益广泛。2008 年青海省各级人民银行共查询个人信用报告 606 笔，是 2007 年查询笔数的 10 倍。信用报告已制度性融入企业和个人贷款管理以及“全省诚信企业推选”、“优秀非公有制企业和优秀个体工商户标兵推选”等评选活动中。

（三）反洗钱

1. 深入开展反洗钱专项行动。拉萨“314”事件发生后，充分发挥反洗钱协调机制在监测恐怖融资可疑交易行为中的重要作用，组织召开了青海省反恐融资工作协调会，对青海省反恐融资工作提出措施要求，提高了打击恐怖融资的针对性和有效性。

2. 不断拓展反洗钱监管领域。首次启动了对全省保险业、证券期货业金融机构的反洗钱现场检查工作，对其银行代理、“零现金”等业务进行了检查，有效降低了通过金融机构洗钱的可能性。

3. 积极探索反洗钱监管模式。制定了《青海省金融机构反洗钱非现场监管实施办法》，建立了反洗钱非现场监管分析指标体系，使青海省反洗钱监管工作水平得到进一步提高。

4. 加强反洗钱系统建设。顺利完成与中国反洗钱监测分析中心可疑交易数据查询系统的联网，实现了对中国反洗钱监测分析中心数据的查询使用。完成反洗钱业务综合管理信息系统的上线运行，实现了反洗钱业务数据处理和资料保存电子化。

（四）金融监管

1. 银行业监管质量不断提升。督促银行业金融机构严控不良贷款反弹，积极处置化解中小银行机构风险，深入开展银行业案件专项治理。先后开展了贷款五级分类准确性、非信贷资产、票据业务、内控制度、盈亏真实性等 100 多项大型现场检查，现场检查力度不断加大。加强了对机构和业务的市场准入管理，进一步促进了银行业金融机构依法合规经营。

2. 证券业监管应急机制继续健全。对证券业金融机构风险隐患进行了全面排查，制定了《青海证监局防范处置重大突发事件工作方案》。要求辖区证券业金融机构实行每日报告制度，进行安全报告。建立了期货客户持仓品种、数量预警机制，及时了解情况并采取措施确保机构安全经营。

3. 保险业监管基础进一步夯实。健全了保险风险评价指标体系，对重点区域、重点公司、重点业务领域进行分析监测。通过对机动车辆保险业务实施“在线监管”和“见费出单”制度、积极推进银邮代理业务“省对省”工作制度、建立营销员业务台账管理制度等，对保险市场发展中的重点风险进行了防范。

4. 金融稳定工作协调机制继续强化。建立了青海省金融稳定形势分析会议制度，进一步加强了人民银行同金融监管部门以及金融机构间的沟通联系，为构建金融风险防范处置长效机制、共同维护区域金融稳定奠定了良好的基础。

五、总体评估与政策建议

（一）总体评估

2008 年，青海省经济金融保持良好的发展势头，金融业稳健性得到增强。根据中国人民银行上海总部《中国区域金融稳定定量评估方案》对青海省金融稳定状况进行量化评估，结果显示 2008 年青海省金融稳定状况综合得分为 85.3 分，区域金融稳定状况良好。

分项目考察，金融机构和金融生态环境有所改善，宏观经济评估得分下降。金融机构定量评估得分从 2006 年的 28.66 分上升到 2008 年的 44 分，这主要得益于银行业评估值的大幅上升。近年来，青海省银行业金融机构改革步伐加快，资产质量持续好转，资本充足率逐年提高，使得银行业抗风险能力明显增强；金融生态环境定量评估得分从 2006 年的 10.89 分上升到 2008 年的 11.7 分，其中地方政府收入占 GDP 的比重、银行服务密度和征信数据库覆盖率 3 项指标值上升较快，表明青海省金融市场体系和信用环境不断完善，为区域金融稳定奠定了良好的基础；宏观经济定量评估得分从 2006 年的 32.95 分下降到 2008 年的 29.6 分，主要是受到居民消费价格指数和城市房屋销售价格指数涨幅过快、实际利用外资增长率大幅下降等因素制约，这也与 2008 年受国际金融危机影响，经济下行压力增大的情况相吻合（见图 6）。

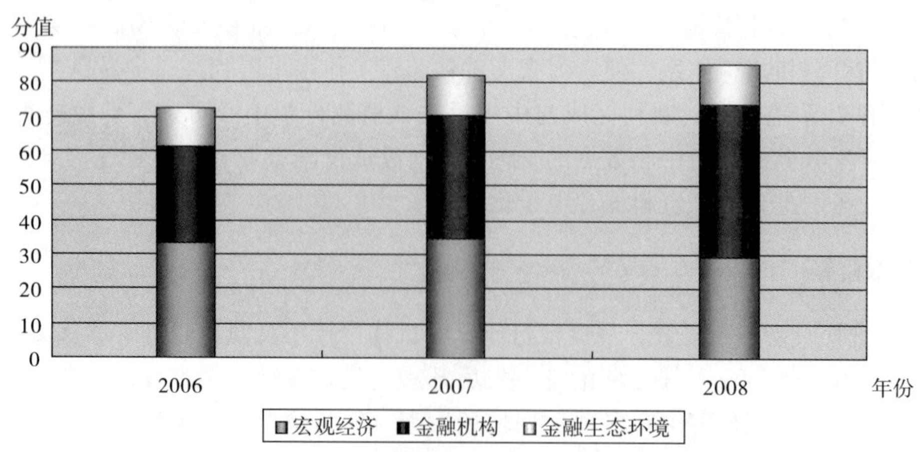

图 6　2006～2008 年青海省金融稳定定量评估得分情况

（二）政策建议

1. 落实国家宏观调控政策，促进青海经济快速稳健发展。一是利用财政支持政策，推动经济快速发展。充分利用国家为拉动内需所实施的积极的财政政策和《关于支持青海省等藏区经济社会发展的若干意见》中对青海藏区的扶持政策，加大财政投入力度，促进经济快速发展。二是落实金融支持政策，促进经济稳健发展。督促和指导金融机构增强大局意识和危机意识，落实好金融支持经济发展的各项政策，正确处理好保增长与防风险的关系，实现经济和金融业的互荣共存发展。

2. 加强金融稳定工作协调机制建设，提高维护金融稳定工作效率。加强人民银行与金融监管部门间的沟通协调，探索建立区域金融监管协调机制，密切关注辖区银行业、证券业、保险业以及交叉性金融工具发展状况，组织开展跨系统金融风险评估工作，避免跨行业、跨市场金融机构和金融业务的监管真空。进一步完善金融稳定工作协调机制，更好地实现信息资源共享、政策措施互动，努力形成防范金融风险整体合力，共同维护区域金融稳定。

3. 深化金融改革，推动地方金融稳定发展。密切关注农业银行、国家开发银行和农业发展银行改革动态，做好前瞻性调研工作，及时了解机构改革中存在的困难和问题，协助做好相关工作。推动全省农村金融体系改革，高度关注新型农村金融机构的发展动态，进一步完善农村金融组织体系，引导各类资本支持发展现代农业。协助地方政府加快中小银行改革步伐，整合地方金融资源，增强地方金融的竞争实力和抗风险能力。

4. 加强和改善金融监管，不断提高金融监管的有效性。一是加强准入监管，严格金融机构和金融业务的市场准入，从源头上防范风险。二是加强非现场监管，积极探索运用压力测试、预警模型等先进的风险分析和预测方法，提高非现场监管工作的质量。三是加强现场检查，健全现场检查后续监管和分析评估制度，对检查中发现的问题要依法认真处理。

5. 加强风险管理，提高风险防范能力。金融机构应进一步加强风险管理体系建设，制定和完善风险管理制度，规范业务流程，树立和强化风险意识。要建立起科学的风险防控体系，准确识别和评估经营过程中面临的主要风险，切实提高抗风险能力。同时，应建立完善的风险绩效考核体系，切实实现责任、风险和利益的对等。

总　纂：杨　林
统　稿：刘学斌
执　笔：徐　静
其他参与写作人员：（以姓氏笔画为序）
马丽军　刘永合　李生海　宋媛媛
徐　妍　程　丹　薛长德　薛　丽

甘肃省金融稳定报告摘要

2008年，在重特大自然灾害和不稳定事件接连发生、国内外经济金融形势急剧变化、宏观政策进行重大调整的背景下，甘肃省经济基本面保持良好，金融体系整体稳定。全省经济克服了自然灾害冲击和国内外经济金融环境不利因素的影响，继续保持平稳较快发展态势，为全省金融稳健运行提供了良好的外部环境。金融业在改革中稳步发展，金融总量快速增长，金融机构综合实力不断增强，金融业态结构更趋均衡，新机构的入驻和设立促进了市场有序竞争和整体效率的提升。金融基础设施建设得到加强，反洗钱监管能力稳步提高，支付结算及征信体系建设有效推进。但在国际金融危机溢出效应不断放大，经济周期性调整比较明显的形势下，甘肃省实体经济经营效益下滑，金融体系内银行业风险管理压力加大、证券业稳健经营基础薄弱、保险业务结构不合理、金融市场直接融资功能再度萎缩等反映金融体系整体脆弱性的问题值得关注。

一、区域经济运行与金融稳定

2008年，甘肃省经济继续平稳较快发展，总体上呈现出“增长较快、价格回稳、结构优化、民生改善”的良好态势，为全省金融稳定营造了良好的经济环境。但受国际金融危机、经济周期性调整、自然灾害等多种因素的影响，经济增速放缓、企业效益下滑、出口萎缩等问题表现得比较明显，长期制约甘肃省经济增长质量的发展方式问题更显突出。

（一）经济平稳较快发展为区域金融稳定奠定了基础

1. 经济平稳较快发展。2008年，甘肃省经济克服了自然灾害冲击和经济金融环境不利因素的影响，继续保持平稳较快的增长势头，全年实现生产总值3 176.11亿元，增长10.10%。完成全社会固定资产投资1 735.79亿元，增长32.47%，达到1994年以来的最高增速；实现社会消费品零售总额990.14亿元，增长18.82%；实现进出口总值60.8亿美元，增长10.70%。甘肃省经济平稳较快发展为区域金融稳定夯实了基础。

2. 物价涨幅高位回稳。2008年，甘肃省居民消费价格涨幅逐步回落，全年居民消费价格总水平上涨8.2%，涨幅较年内最高的前4个月回落2.1个百分点；原材料、燃料、动力购进价格上涨10.2%，涨幅较年内最高期回落1.4个百分点。物价上涨过快趋势的有效控制和涨幅的高位回落，有利于增强社会公众对经济生活状况的乐观预期，提振居民消费和企业投资信心。

3. 经济结构有所调整。2008年，甘肃省经济实现较快增长的同时，经济结构调整步伐加快：产业结构中的三次产业结构由上年的14.3∶47.3∶38.4调整为14.6∶46.3∶39.1，第一产业和第三产业占比增加0.3和0.7个百分点；需求结构中，消费品市场增长加快，全年实现社会消费品零售总额

990.14 亿元，增速提高 2.67 个百分点；所有制结构中，规模以上非公有制工业共完成工业增加值 168.62 亿元，增长 15.20%，高出全省工业平均增速 5.7 个百分点。经济结构的调整与改善提高了经济运行的质量，增强了经济发展的内生动力和可持续性。

4. 民生保障进一步改善。2008 年末，甘肃省就业人员 1 446.34 万人，增长 2.23%；城镇登记失业率 3.23%，下降 0.11%。城镇居民人均可支配收入 10 969.41 元，增长 9.56%；农村居民人均纯收入 2 723.8 元，增长 16.95%。就业形势的稳定与居民收入的增加在改善居民部门的资产负债状况方面发挥了积极作用。全省社会保障支出力度加大，财政支出中社会保障和就业、教育、医疗卫生等各项支出增长较快，分别增长 95.5%、46.71% 和 41.04%。民生保障水平的进一步提高，增强了居民消费意愿，扩大了社会消费支出，对于促进经济平稳发展具有重要意义。

（二）区域经济运行中的系统性弱点

1. 经济运行的下行压力加大。受国际金融危机和经济周期性调整的叠加效应影响，甘肃实体经济效益下滑明显，经济下行压力逐渐加大。全年规模以上工业企业产品销售率 95.61%，下降 1.83%；规模以上工业经济效益综合指数 180.01，下降 25.53%；规模以上工业企业盈亏相抵后实现利润总额 69.0 亿元，下降 68.24%；规模以上工业亏损企业亏损额 156.54 亿元，增长 2.01 倍。以酒钢公司、金川公司为代表的一大批资源型工业企业受钢、镍、铝和铅锌等大宗资源型商品价格变化的影响，经营效益大幅下滑。经济下行过程中，其间潜藏或掩盖的矛盾和问题有可能逐步暴露，企业生产萎缩、效益下滑可能会降低资金周转效率，甚至导致资金的死滞沉淀。（见图 1）

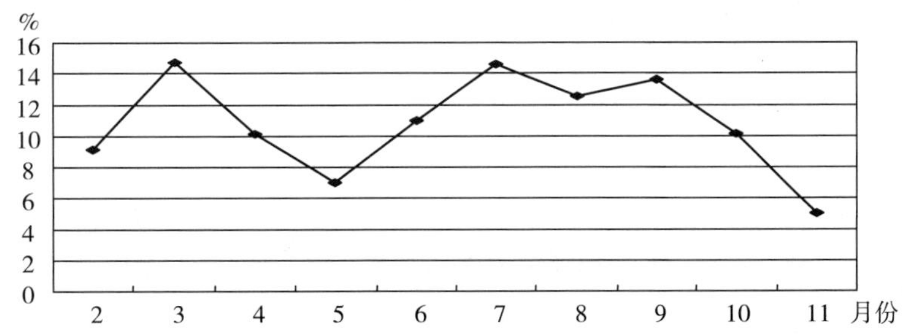

数据来源：中经网数据库。

图 1　2008 年甘肃省月度工业增加值增速变化情况

2. 经济结构和发展方式问题突出。甘肃省经济发展中的支柱产业主要是有色金属、石油化工、能源开采等基础性原材料产业，多位于产业链条的上端和价值分配链的下端，国内外经济金融形势急剧变化引致的原材料价格暴涨暴跌对甘肃支柱产业形成较大冲击，甘肃省经济结构中产业链条短、产品附加值低、科技含量不高以及低水平竞价的粗放型发展方式问题再度凸显。不合理的经济结构和粗放的发展方式不仅影响金融资源的市场转化效率和质量，而且会削弱金融机构稳健经营和持续发展的基础。

3. 出口企业利润空间逐渐收窄。受国外需求萎缩影响，企业接收国外订单减少，出口增速明显回落。全年进出口增速下降 32.99%，其中，进口增速下降 48.89%，出口增速下降 6.43%，出口拉动作用明显减弱。由于甘肃省出口产品以资源型产品和农副产品为主，附加值较低，价格转移能力较弱，再加上国内“三率两价”变动的影响，出口企业利润空间逐渐收窄，外向型企业经营风险向金融业传导压力进一步加大。

4. 房地产市场持续低迷。2008 年，甘肃省房屋销售面积和销售额增幅均出现大幅回落态势，房屋销售形势持续低迷。全年商品房销售面积 471. 32 万平方米，下降 20. 42%；完成商品房销售额 102. 23 亿元，下降 21. 16%。受此影响，一方面，房地产开发企业开工建设节奏明显放缓（见图 2），购置土地面积 311. 67 万平方米，下降 16. 2%；开发土地面积 196. 26 万平方米，下降 55. 5%。另一方面，部分房地产开发企业资金周转速度明显放缓，部分企业出现资金紧张局面，债务偿还能力不同程度地有所削弱，房地产开发商经营风险向银行体系传导的可能进一步增加。

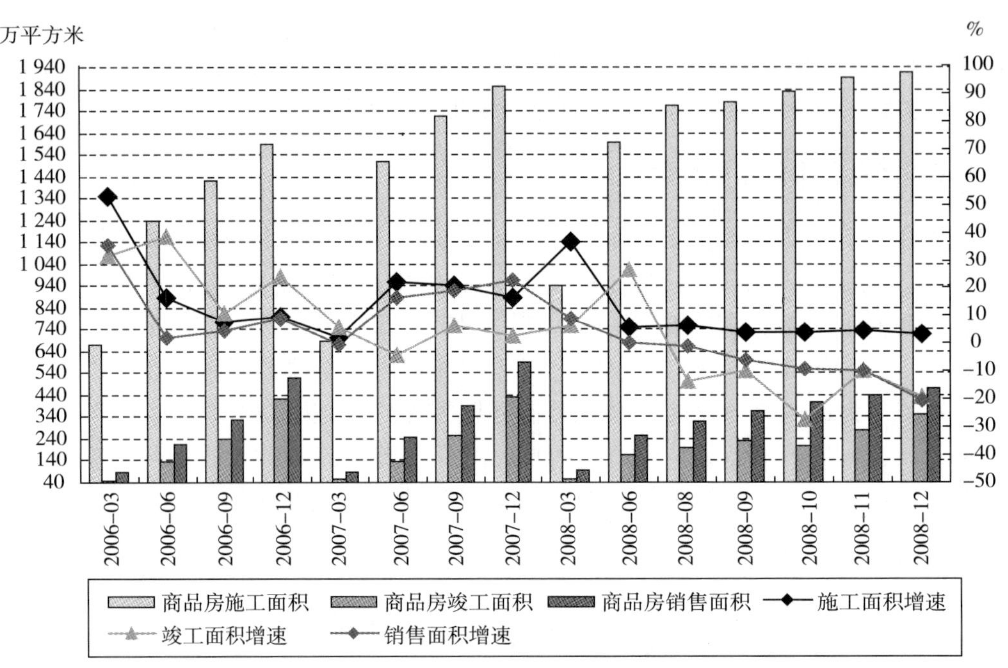

数据来源：甘肃省统计局。

图 2　2006 ~2008 年甘肃省商品房施工面积、竣工面积、销售面积及增长比较

二、金融业与金融稳定

2008 年，国内外经济金融形势的变化、自然灾害和不稳定事件的发生并没有改变甘肃省金融业整体稳健运行的态势，金融总量和产值稳步增加，金融整体效益逐步提高，金融业态结构渐趋完善，各项改革有序推进，市场活力明显增强，资源配置、政策传导、分散风险、财富创造等功能有效发挥。

（一）银行业与金融稳定

1. 银行业发展概况。

（1）资产负债规模不断扩大。2008 年末，甘肃省银行业金融机构资产总额 5 706. 25 亿元，增长 24. 87%；负债总额 5 601. 36 亿元，增长 25. 18%。本外币各项贷款余额 2 768. 44 亿元，增长 18. 59%；各项存款余额 4 745. 67 亿元，增长 26. 13%。

（2）资产负债结构不断调整。定期存款较快增长，存款稳定性增强。2008 年新增定期储蓄存款

357.49亿元，定期储蓄存款在储蓄存款中占比62.18%，上升0.9个百分点；企业存款中定期存款占比34.28%，上升4.2个百分点。中长期贷款增长平稳，短期贷款增长较快。至2008年末，全省银行业机构中长期人民币贷款余额1 404.89亿元，增长12.50%，占比下降0.52个百分点；短期贷款余额1 207.58亿元，增长15.37%，占比上升0.65个百分点。

（3）盈利水平进一步提高。2008年，甘肃省银行业金融机构实现本外币利润57.45亿元，增长33.48%。经调整的资产利润率0.84%，上升3.33个百分点；净利息收入为136.69亿元，增长26.35%。

（4）信贷投向渐趋合理。甘肃省银行业金融机构信贷投向更符合国家宏观调控政策的要求，支柱产业、“三农”、灾后重建、环保型能源、产业升级、保障性住房、中小企业等重点产业、滞后领域和薄弱环节的信贷投入明显增加，基本建设和技术改造贷款逐步增加，房地产开发贷款增速明显回落，经济适用房贷款增速较快。

（5）抵御风险能力逐步增强。2008年末，甘肃省银行业金融机构贷款损失准备充足率84.92%，上升60.26个百分点；拨备覆盖率45.29%，上升28.64个百分点。其中：城市商业银行、农村合作银行和城市信用社的贷款损失准备充足率分别提高135.31个百分点、29.30个百分点和78.43个百分点，地方法人金融机构抵御风险能力有所增强。

2. 银行业机构改革情况。

（1）商业银行改革继续深化。国有股改商业银行在甘分支机构改革继续深化，组织架构和业务流程改造的深度不断加大，经营机制、风险控制、绩效激励等市场化运作机制逐步完善，内控机制逐步加强，风险管理能力不断增强，经营状况持续好转。国开行甘肃省分行经营管理和服务模式逐步向商业化转型。邮政储蓄银行甘肃省分行正式成立，成为支持县域经济及服务“三农”的新力量。平凉市城市信用社通过增资扩股、完善治理结构，顺利改组为平凉市商业银行。兰州市商业银行正式更名为兰州银行，实现了省内跨区域经营。上海浦东发展银行成功进驻，为甘肃省金融体系注入了新的活力。

（2）农村金融改革取得新进展。农业银行甘肃省分行服务“三农”试点和“三农”事业部改革试点有序推进，股份制改革取得实质性进展。农村信用社改革不断深化，2008年甘肃省共有48个县（市）农村信用社通过人民银行总行和银监会考核，兑付专项票据4.87亿元。农业发展银行甘肃省分行内部改革不断深化，“一体两翼”发展格局逐步形成。4家村镇银行相继成立，10家小额贷款公司先后通过审批，武威、平凉以及庆阳的3家小额贷款公司先后挂牌成立。新型农村金融机构的壮大和小额贷款公司的成立在完善农村金融服务组织体系，拓宽资金融通渠道等方面发挥了重要作用。

3. 银行业发展需要关注的方面。

（1）银行业稳健经营的外部环境严峻。在重特大自然灾害接连发生及国内外经济环境发生重大变化的背景下，银行业稳健经营的外部环境严峻：一是工业生产增速明显放缓，企业利润显著下滑，偿债能力有所下降；二是甘肃省出口增速显著回落，大型出口企业利润大幅下滑，中小型出口企业经营困难加剧；三是受需求萎缩、农产品价格下滑、订单大幅减少和政策性因素的影响，甘肃省加工型企业资金链趋紧、经营状况恶化；四是灾后重建过程中农户住房贷款由于缺乏有效抵押，潜存一定的信用风险。

（2）银行经营管理难度加大。经济下行压力加大、宏观政策持续调整以及资本市场的持续低迷给银行业机构经营带来较大的压力：一是在实体经济效益下滑及未来预期不明朗的形势下，商业银行资金运用难度加大；二是受资本市场持续低迷影响，银行中间业务收入有所下降，2008 年银行业机构实现中间业务收入 13.99 亿元，减少 1.4 亿元；三是受非对称降息政策影响，银行机构存贷利差有所缩小。

（3）信贷集中风险更加突出。2008 年末，甘肃省最大 10 家集团客户贷款占各项贷款比例 39.88%，上升 6.24 个百分点，信贷资金向大企业、大客户集中的问题更加突出。集团客户内关联企业财务关系的交叉很容易使原本清晰资金出现断裂或分流，并且出现信贷资金供求结构性偏差，宏观上会影响金融系统资金运作效率。

（4）中小法人金融机构综合抗险能力仍待提高。部分法人金融机构资产质量不高，资本充足率偏低，贷款损失准备金拨备明显不足。农村信用社年末不良贷款率 24.23%，资本充足率 0.91%，核心资本充足率 0.72%，远低于监管标准；贷款损失准备金缺口 15.73 亿元，占到甘肃省金融机构总缺口的 46.93%。

（二）证券业与金融稳定

1. 证券期货业发展概况。2008 年受资本市场持续低迷影响，甘肃省证券业机构实现证券交易额 2 802.02 亿元，降低 35.88%；营业收入 6.61 亿元，降低 33.03%；净利润 4.11 亿元，降低 37.35%。期货机构实现期货交易额 377.17 亿元，增长 223.75%；利润总额 273.43 万元，增长 216.10%。全省 21 家上市公司总股本 81.22 亿股，增长 6.03%；总市值 449.46 亿元，下降 58.46%。

证券经营机构在巩固综合治理成果的基础上，全面完成了客户交易结算资金第三方存管后续工作，积极稳妥解决了账户遗留问题。华龙证券对 3.99 万不合格证券账户进行了清理规范，合规经营水平不断提高。期货经营机构基础建设和内部控制不断强化，服务意识逐步提升。上市公司历史遗留问题基本整改完毕，内控制度建设明显加强，独立性进一步提高，公司治理有了很大改进。

2. 证券业发展需要关注的方面。

（1）证券经营机构业务大幅萎缩。受国内证券市场深幅调整、经济减速预期以及投资者悲观情绪等诸多因素影响，甘肃省证券交易总额明显减少，证券经营机构经纪业务收入大幅下滑，部分机构自营业务亏损。同时，证券经营机构竞争能力不强，经营模式单一，“靠天吃饭”的状况依然没有得到根本转变。在资本市场行情低迷、投资者信心不足以及未来不确定性加大的情况下，证券公司将面临较大的经营压力。

（2）上市公司业绩下滑。2008 年国内外经济金融形势复杂多变，上市公司经营受到影响，业绩出现下滑。上半年国内通货膨胀率不断上升，铁矿石、煤炭等原材料价格大幅上升，造成电力、钢铁等上市公司业绩下滑。10 月后，国际金融危机进一步影响甘肃实体经济，钢铁、煤炭等大宗商品价格大幅下跌，上市公司普遍出现销售放缓、开工率下降、存货大幅增加、存货价值下跌，现金流量减少等问题。

（3）直接融资功能萎缩。2008 年，在国内证券市场行情低迷和国际金融危机的影响下，甘肃省本已有所恢复的市场直接融资功能再度被削弱，甘肃省原本倚重银行的融资结构更加不合理，这不仅会导致实体经济资本金不足和较高的投资杠杆率，弱化了市场本身对金融风险的分散和调节功能，而且增加了企业的融资成本。

（4）市场信心受到严重打击。伴随着资本市场的大幅回调，投资者股票资产大幅缩水，许多高位入市的投资者被“套牢”，市场情绪和信心遭到严重打击。一些投资者风险意识和承受能力比较有限，面对巨额损失陷入迷茫彷徨和悲观之中，甚至个别投资者对资本市场产生不满情绪。

（三）保险业与金融稳定

1. 保险业发展概况。2008 年，甘肃省保险机构实现总资产 190.13 亿元，增长 20.85%；保险深度 3%，增长 0.36%；保险密度 365 元/人，增加 100 元/人；原保险保费收入 97.45 亿元，增长 38.50%；赔付支出 31.25 亿元，增长 8.80%。保险业的平稳较快发展构成了区域金融稳定的重要内容。一是保险服务经济社会的市场主体进一步增加。太平人寿、国寿财险先后入驻甘肃省。保险市场参与主体的增加，拓宽了保险服务领域，激发了保险市场活力。二是经济补偿和社会管理功能充分发挥。在抗击雨雪冰冻和“512”特大地震灾害中，甘肃省保险业累计赔付支出 1.5 亿元，充分发挥了保险应对灾害突发事件的经济补偿和风险保障功能，为支持灾后重建作出了突出贡献。三是保障服务民生和扶助弱势群体作用突出。农村小额人身保险试点稳步推进，实现保费收入 58.1 万元；能繁母猪保险、奶牛保险、种植业保险承保面进一步拓宽；农业保险全年累计实现保费收入 5 537 万元，增长 34.07%，有力地保障了农产品的供给和价格的稳定。四是促进经济社会发展的能力逐渐增强。行业粗放式发展逐步向内涵式发展转变，项目保险和责任保险发展明显加快，保险服务经济社会发展的能力显著增强。

2. 保险业发展需要关注的方面。

（1）寿险业务市场经营风险加大。2008 年，与资本市场关联度较高的投资型寿险发展迅速，市场规模不断增加。截至 12 月末，投资型寿险实现保费收入 49.60 亿元，增长 80.51%，而保障型寿险仅实现保费收入 19.22 亿元，增长 1.77%。投资型寿险在寿险市场结构中的扩张性发展潜存一定风险隐患。一是保险业传统的经济补偿和风险保障功能弱化，不利于行业自身优势的发展和服务经济社会核心竞争力的提升；二是寿险经营与资本市场发展联系更加紧密，资本市场的大起大落引发寿险业的大起大落，将不利于保险业的持续健康发展。

（2）寿险业务存在一定的信用风险。投资型寿险业务在发展过程中，经营方式较为粗放，缺乏严密的核保制度和保险代理人约束机制。部分兼业代理机构和保险营销员往往会因自身利益，片面夸大产品投资收益，并在宣传时作为储蓄或基金进行介绍，将演示利率误导为保证利率，致使寿险公司实际履行的责任大大超出合同规定的责任，影响社会公众对保险行业的信任度，严重损害行业整体声誉。

（3）财险业务经营业绩不容乐观。近年由于财险市场竞争程度日益加剧，机构间无序竞争和过度竞争的行为激增，行业亏损面有所扩大。尽管部分公司实现盈利，但财险市场整体仍处于亏损状态，经营业绩不容乐观。截至 12 月末，财险市场亏损额达 1.29 亿元，承保利润率为 -6.44%。虽然行业经营效益下滑有受地震灾害影响，提取大量未决赔款准备金的原因，但反映相对独立的综合赔付率指标和综合费用率指标却没有明显改观。其中，财险业务综合赔付率为 69.64%，已接近 70% 的警戒线上线标准；财险业务综合费用率为 36.50%，已超过 35% 的警戒线。

三、金融市场运行与金融稳定

2008 年，甘肃省金融市场整体运行状况平稳有序。场外同业拆借市场交易量有所萎缩；银行间债券市场交易量快速增长；票据市场签发量和贴现量平稳发展；外汇市场运行总体平稳，外汇经营效益相应提高。金融市场的流动性支持和融资功能逐步发挥，参与主体的风险管理意识和能力不断提高。但是，由于地方经济金融发展较为滞后，货币市场深度和广度比较有限，整体市场环境未能完全形成；国内外经济金融环境的变化给外汇市场发展带来更多不确定性。

（一）货币市场

2008 年，甘肃省货币市场稳步发展，国家宏观调控政策和经济金融环境对各市场参与主体的影响逐步显现，市场之间联动性增强。同业拆借市场交易量呈现萎缩态势。全年累计发生场外同业拆借 12.23 亿元，下降 57.22%；银行间债券市场交易量快速增长，全年累计成交 736.41 亿元，增长 154.85%。票据市场商业汇票签发量和贴现量呈现上行走势。全年累计签发银行承兑汇票 191.67 亿元，增长 3.55%，累计办理票据贴现 520.55 亿元。与之相关，货币市场利率呈现总体下行且阶段性变化显著的特征。

甘肃省货币市场的短期资金融通和管理功能的充分发挥，为金融机构应对货币政策变化、调整资产负债结构、提高资金流动性和资金管理运用水平提供了稳定的市场环境，对缓解金融机构流动资金需求压力、弥补短期资金缺口、提高信用水平和盈利能力发挥了积极作用。但是，受地方经济金融发展的影响，甘肃省参与全国银行间同业拆借市场和银行间债券市场的主体相对较少，资金相互融通和流动的广度有限。市场从业人员对货币市场政策形势及新业务、新产品的了解掌握程度不够，对市场风险、产品风险的判断力和掌控力较弱，在债券品种配置和期限结构的搭配上不尽合理，业务发展存在一定的利率风险和市场风险。

（二）外汇市场

2008 年，甘肃省外汇市场总体运行平稳。全年实现跨境外汇收支 71.47 亿美元，增长 7.93%。在人民币升值预期减弱背景下，外汇指定银行外汇储蓄存款有所增加，全年实现外汇储蓄存款 2.46 亿美元，增长 24.24%。同时，以金川公司、酒钢集团为代表的辖内国有大中型企业进口的强劲增长与境外投资的活跃带动外汇指定银行外汇账户结算资金明显增加，全年实现外汇账户结算资金 71.47 亿美元，增长 34.12%。

受国际金融危机蔓延以及国内外经济金融环境变化的影响，甘肃省外汇交易中心成员单位外汇交易量呈小幅下降趋势，银行结售汇市场交易量增幅也有所回落。兰州银行作为目前全省唯一一家中国外汇交易中心成员，全年累计交易 1 630 万美元，下降 18.75%；银行结售汇市场中外汇指定银行累计结售汇 60.90 亿美元，增幅回落 34 个百分点。由于全球金融市场动荡和世界经济衰退带来的不利影响日益显现，甘肃省外汇业务发展受到一定影响。一是经济不景气和外部金融环境的恶化使国外进口商信用下降，延期付款、拒付货款、违约毁单等恶意逃债和违反合同的现象增多，甘肃省已有部分涉外企业和外汇指定银行因此而遭受损失，外汇业务经营风险加大；二是外部需求萎缩造成甘肃省资源型产品出口大幅下滑，辖内外汇指定银行国际结算量等经营指标下降，此外出于控制风险的需要，外汇指定银行也会相应提高对贸易融资客户的准入限制，外汇业务发展规模有所下降；三是甘肃省辖内外汇市场汇率避险交易和外汇衍生品交易刚刚起步，外汇指定银行提供规避汇率风险的外汇金融衍生品及服务的能力比较有限，而受国际金融危机影响，各币种间汇率波动方向和幅度变化明显，外汇金融衍生品风险随之增加，运用方面更加不好把握，推广难度较以往加大。

四、金融业综合经营及跨市场风险

甘肃省金融业综合化经营处于起步发展阶段，主要模式为金融机构间的业务及产品交叉，运作方式有代理分销方式和经纪联盟方式，经营主体以国有及股份制商业银行为主。

（一）综合经营情况及特点

2008 年，受国际国内经济金融形势急剧变化的影响，甘肃省金融业综合化经营步伐减缓，业务发展出现一些新情况（见图 3）。一是金融机构交叉性业务总体下滑。2008 年上半年，甘肃省金融交叉产品销售量只有 140.32 亿元，仅为 2007 年的四分之一。从近 3 年的情况看，交叉产品销售量呈现明显“∧”形走势。二是市场格局发生较大变化。与资本市场关联紧密的交叉性业务明显回落，而基于信托关系的理财类产品业务则得到快速发展。如招商银行兰州分行第三方存管业务收入从第一季度的 58 万元降至第四季度的不足 20 万元，而理财业务销售额则从 2007 年末的 4.47 亿元猛增到 2008 年末的 44 亿元，增长近 10 倍。三是产品收益率起伏较大。基金、QDII 等偏股型产品收益率呈现下降趋势，大多数新发基金亏损率在 15% ~50% 之间，而保本型银行理财产品的收益率则呈现平稳增长的态势。如建设银行甘肃省分行发行的“利得盈”信贷资产型产品，2007 年预期收益率为 4.32%，到 2008 年已达到 5.16%，呈现出明显的增长态势。四是产品短期化趋势明显。考虑到风险问题和客户喜好，大部分商业银行都推出了期限短、操作方便、收益平稳的“短平快”型产品。如中国银行甘肃省分行推出的“搏·弈”人民币理财产品，投资期限为 14 天到 21 天不等。五是产品多样化特点不断削弱。受金融市场变化影响，交叉性业务产品种类逐渐缩减，招商银行兰州分行 2007 年有 6 大系列交叉产品，而到 2008 年只有稳健系列产品一枝独秀，产品的多样化特点大大削弱。

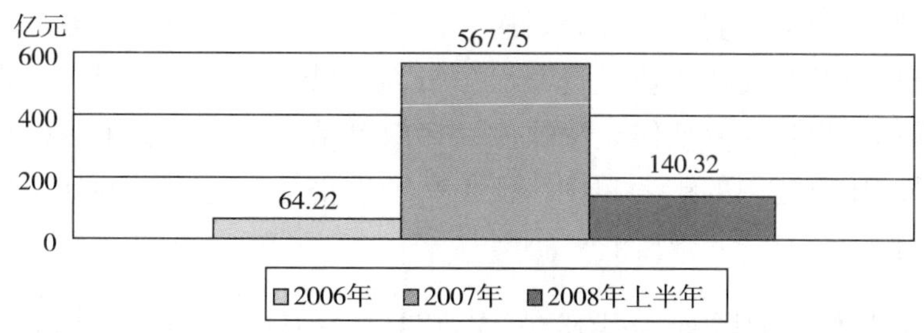

图 3 甘肃省金融理财业务销量图

（二）跨市场风险及防范措施

由于金融业综合经营跨多个行业和市场，容易导致风险在不同领域间的交叉传递，从而产生跨市场风险。2008 年以来，甘肃省金融业综合化经营中的跨市场风险和风险控制难度都有所增加，部分业务的资产质量、盈利水平和抗风险能力面临考验。一是连续降息政策使信贷资产类和票据类产品的收益空间变小，业务收益面临较大的不确定性。二是资本市场的剧烈震荡使银行代理的基金、投资连结型保险以及自营的与股票、基金挂钩的结构型产品风险压力日益沉重，甚至出现亏损。三是汇率波动及美元、欧元等主要货币的汇率走势变数增多，加大了外币理财产品的汇率风险。面对复杂的市场形势，甘肃省金融机构纷纷采取加强风险控制、强化自偿体系、调整产品结构等措施来防范、规避跨市场风险。同时，改变营销模式，加大风险提示，通过开展教育式营销、对客户进行风险测试及确定产品适合度等方式，向客户充分提示风险，引导客户树立正确的投资理念，合理规划管理个人财富，从而降低潜在风险。

五、金融基础设施与金融稳定

（一）现代化支付系统日益完善，系统运行的安全性和稳定性不断增强，但农村支付服务环境有待继续改善

2008 年，甘肃省支付体系建设不断完善，境内外币支付系统、小额支付系统银行本票业务以及农民工银行卡特色服务顺利推广运行，中央银行会计集中核算系统（ABS）和中央银行会计事后监督子系统（AAS）升级换版，省农村信用社综合业务系统成功上线运行。支付系统服务功能和辐射范围的进一步拓展，为加快社会资金周转效率，改善金融服务水平，畅通农村资金汇路，维护区域金融稳定发挥了积极作用。但由于目前农村信用社加入现代化支付系统的机构数量较少，且限于管理水平、人员素质、风险防范能力等方面的制约，农村地区支付系统覆盖面和适应农村地区的现代化支付工具推广普及率仍然较低，农村支付服务环境需继续改善。

（二）征信体系建设力度持续加大，服务功能进一步加强，但服务范围有待继续扩大

2008 年，甘肃省征信体系建设继续加强，征信数据核查和征信系统应用规范化管理力度进一步加大，系统数据质量明显提高。非银行信息采集范围继续扩大，个人住房公积金缴存、电信缴费、企业拖欠工资、环保信息采集量大幅度增长。质检信息整体接入，企业和个人欠税、养路费缴费、行政处罚和奖励、法院诉讼信息实现了部分报送。信贷市场信用评级专家委员会成立，信贷市场信用评级正式启动。征信系统为支持商业银行全面分析判断借款人信用状况、加强风险管理、提高融资效率发挥了重要作用。但目前，征信立法缺位、部门关系不顺、电子化网络技术应用水平低等因素依然制约着征信系统服务范围的扩大和统一征信平台的搭建，进而影响到征信体系对区域金融稳定保障作用的有效发挥。

（三）反洗钱监管整体合力增强，风险防范成效明显，但反洗钱工作手段有待继续创新

2008 年，甘肃省反洗钱制度建设不断完善，充分利用“一行三局”在金融监管方面的各自优势，初步构建了银、证、保“三位一体”的金融机构反洗钱监管机制。通过联席会议制度、信息通报等多项措施加大对金融机构的督导力度，实行了对银行业金融机构反洗钱工作的考核评估，实现了银行业金融机构的分级监管，反洗钱监管整体合力明显增强。充分发挥现场和非现场监管手段作用，探索完善以预防为主的反洗钱监管体系，反洗钱监管在金融机构全面铺开，有效预防了洗钱风险。反洗钱监管部门与侦查机关的合作力度继续加大，重点对辖内藏独、涉恐、贩毒、地下钱庄等涉嫌洗钱案件开展了联合调查，有力地震慑了违法犯罪行为，维护了全省经济金融乃至社会的和谐稳定。但反洗钱工作机制还有待进一步完善，反洗钱工作的方法手段需要继续创新，特定非金融行业反洗钱制度建设需要进一步推进。

（四）金融系统应急预案体系和应急管理机制不断完善，但协同应对能力尚需提高

甘肃省金融业建成了以《甘肃省金融突发事件应急预案》为核心，以人民银行、银监局、证监局、保监局各自系统应急预案为重点，各金融机构应急预案为补充的应急体系，在“统一指挥、条块结合、依法处置、稳妥缜密”的原则下，形成了反应迅速、协调有序、运转高效的应急管理机制。各银行、证券、保险金融机构构建了总体应急预案、专项应急预案和分支机构应急预案三个层次的应急预案体系。2008 年，在雨雪冰冻灾害、“314”不稳定事件、“512”特大地震和“1117”陇南群体性事件等突发事件应急处理过程中，金融机构突发事件应急预案发挥了重要作用，保证了甘肃金融业的稳定运行。但在事件处置过程中也暴露出金融机构间信息沟通不畅、协同应对能力不强等问题，应急体系建设有待进一步改进完善。

六、总体评估与政策建议

（一）总体评估

2008 年，在雨雪冰冻及地震等重特大自然灾害和不稳定事件接连发生、国际金融危机溢出效应不断放大、宏观政策进行重大调整的背景下，甘肃省经济继续保持平稳较快发展，金融体系整体保持稳定，金融机构稳健运营，金融市场秩序规范有序，金融改革取得积极进展，金融体系资源配置、风险分散、储蓄转化、便利支付清算、流动性支持、财富分配等关键功能正常发挥。

一是全省经济继续保持较快的增长，物价上涨过快势头得到有效控制，结构调整取得积极进展，民生保障水平进一步提高，总体良好的经济基本面为全省金融稳健发展提供了重要的支撑。二是金融机构资产规模稳步增加，总体实力不断壮大，金融业态结构更趋均衡，资源配置效率和质量稳步提升，整体抗风险能力逐步增强。浦东发展银行、太平人寿、招商证券等机构的进驻，在提高金融服务水平以及促进金融市场有序竞争等方面发挥了积极作用，金融稳定的市场基础更加牢固。三是金融机构改革稳步推进，并取得积极进展，国有股改商业银行在甘分支机构组织架构和业务流程改造的深度不断加大，新体制、新机制运行的基础更加牢固，风险控制、绩效激励等市场化运作机制发挥积极作用。兰州银行、平凉市商业银行等地方法人机构以完善治理结构、增强透明度为手段，通过联合重组等方式，全面提升了竞争力，金融稳定的微观基础进一步夯实。

但是，综合 2008 年全省经济和金融体系输出的各类信息，一个明确信号是，国际金融危机的持续蔓延，宏观经济周期性调整，经济看淡预期导致的有效信贷需求不足、资本市场融资功能萎缩，市场信心不足造成的交投不活跃给全省金融体系的稳定带来了较大的挑战和压力。

一是面对国际国内经济金融形势的变化，甘肃作为全国经济的一部分，从金融市场到商品市场，从贸易领域到生产领域，都承受着金融危机不同方向、不同程度的冲击。危机通过贸易链条、供应链条等渠道对甘肃经济秩序形成的冲击逐步显现，经济下行阶段，甘肃省金融体系整体风险有可能上升。二是金融机构处于经济增速放缓、实体经济效益下滑与财务可持续性和风险控制的矛盾之中，金融机构在市场化机制约束和对信用风险的忧虑下，出于资金安全性的考虑，经营行为更趋谨慎。在国际金融危机阴霾笼罩下，金融机构资金运用能否摆脱市场环境的约束和机制的障碍，进而实现经济与金融的良性互动，尚不明朗。三是国际金融危机给原本低迷的资本市场以沉重打击，从甘肃

省实践来看，稍有恢复的直接融资功能再度被削弱，虽然上市公司与证券经营机构经受住了严峻考验，质量和规范运作水平有所提升，但市场再融资能力的萎缩和上市后备资源培育受阻，不仅给实体经济的资本形成和资源配置形成较大的压力，而且弱化了市场本身对风险的分散和缓释功能。四是国际金融市场的动荡及国内资本市场的深幅调整，给股票类、利率类、汇率类等交叉性金融产品带来较大冲击，基于信托机制设计和自营模式的跨市场投资产品风险压力均明显增加。

（二）政策建议

维护金融稳定是一个涉及多层面的实践问题，国内外宏观经济金融形势的变化给维护金融体系稳定提出了更高的要求，也赋予了更丰富的内涵。从2008年经济金融运行的现实来看，维护金融稳定既要积极应对金融危机给经济运行带来的挑战和压力，也要适时调整经营策略，切实防范金融风险。

一是密切关注金融危机的滞后影响。相较于外向度较高的市场化先行地区，金融危机对甘肃省造成的影响更间接、更隐蔽。着眼于甘肃省经济金融发展的现实，从贸易链条、供应链条及相关利益者多层次厘清危机传导路径，重新审视需求结构和产业链关系，合理评价实体经济和虚拟经济关系，切实防范经济金融风险的交叉传递。

二是加快经济结构调整和发展方式转变。国际金融危机的冲击和国内经济形势的变化再度暴露了甘肃省经济结构和发展方式的问题。优化产业结构，促进企业集约化经营，提高金融资源的转化效率和质量，为金融机构稳健经营和持续发展创造良好的外部环境，是维护金融稳定的根本。

三是加快推进金融市场体系建设。以满足市场需求和控制风险为原则，加快金融市场体系建设，拓宽市场投融资渠道，完善和丰富资源配置功能，为企业资本运作和风险管理提供便利，提高实体经济经受外来冲击和波动的能力。

四是金融机构要适时调整经营策略。作为典型的经济周期性行业，在国际金融危机溢出效应不断放大，国内经济周期性结构调整比较明显的特殊时期，金融机构应加大对经济形势和宏观政策的研判和解读能力，有针对性地优化存量资产，结构性地调整增量资产，建立适应经济周期性变化的资产组合结构和资源配置方式。

五是改善金融服务，满足合理资金需求。作为经济发展的重要环节，金融机构应积极贯彻落实扩大内需促进经济增长的宏观调控政策，在风险可控的前提下，根据形势的要求创新服务模式，加大对经济发展滞后领域和薄弱环节以及灾后重建的支持力度，优先满足对产业链带动作用大的企业的资金需求。

总　纂：张志峰
统　稿：张志暹
执　笔：袁治伟　张　莉　边永平　陈恒有　王丽娟
其他参与写作人员：（以姓氏笔画为序）
王　昊　王　煜　王淑萍　牛艳艳　尹清萍
刘红艺　刘音妤　李刚锋　李爱萍　张圣玺
张淑桢　陈宇峰　杨文彦　杨召举　武晓晶
姜永辉　栾　珊　聂　蕾　常　晔　梁　东
董　丽　傅海生　管晓岩

宁夏回族自治区金融稳定报告摘要

2008年，宁夏自治区积极应对国内外诸多不利因素的影响，经济继续保持健康较快增长的态势，经济总量再上新台阶，首次突破千亿元大关。金融业总体运行平稳，金融改革稳步推进。银行业信贷总量合理增长，抗风险意识和能力明显提高；证券业发展稳健，上市公司质量逐步提升；保险业经济补偿作用增强，保险覆盖面持续扩大；金融市场平稳发展，活跃程度显著提高；金融基础设施建设继续推进，金融生态环境日益改善。

2009年，在国家保增长、扩内需、调结构等政策措施的支持下，宁夏自治区投资将继续保持较高增速，拉动经济平稳较快发展。但是，经济增长所需资金仍高度依赖于金融业，风险集中有进一步扩大的趋势。优化融资结构、提高信贷资产质量将是维护宁夏自治区金融稳定的关键。

一、区域经济运行与金融稳定

2008年，宁夏自治区经济快速发展，地区生产总值达1 098.5亿元，增长12.2%，高于全国平均水平3个百分点，连续9年保持两位数增长。

（一）主要特点

1. 三大产业持续增加，进口快速增长。宁夏自治区第一、第二、第三产业增加值分别为120.1亿元、581.2亿元和397.2亿元，分别增长7.2%、14.0%和11.0%，其中：第一和第三产业增速分别加快0.7个和1个百分点。进口总额6.2亿美元，增长25.67%，提高21.23个百分点。

2. 投资、出口、消费扩大，结构变化明显。一是固定资产投资858.6亿元，增长38.51%，高于全国平均水平10个百分点，增幅位居全国第六。其中，城镇投资完成765.5亿元，增长39.3%；能源等优势产业投资占城镇投资的四成以上（见表1），提高1.8个百分点，成为拉动宁夏自治区工业增长的主要力量。二是全年实现社会消费品零售总额285.2亿元，增长22.3%，扣除价格因素，实际增长12.7%。其中汽车类、石油及制品和金银珠宝类奢侈消费品零售额分别增长42.2%、39.1%和48.6%，占限额以上批发零售企业零售额45.2%，促进了宁夏自治区消费品市场结构升级。三是出口12.6亿美元，增长15.8%。出口商品结构不断优化，附加值较高的农产品、纺织服装、机电产品和高新技术产品，成为推动出口商品结构调整的主要因素。

表1 2008年宁夏自治区部分优势产业投资完成情况表

指标名称	完成投资（亿元）	增长（%）	2008年投资占城镇投资比重	2007年投资占城镇投资比重
电力工业	80.61	12.1	10.5	13.7
煤炭工业	79.73	15.0	10.4	12.6
有色金属冶炼及压延加工业	44.60	342.4	5.8	1.8
化学原料及化学制品制造业	107.99	69.9	14.1	11.6
非金属矿物制品业	21.61	77.6	2.9	2.2
合 计	334.54	47.4	43.7	41.9

数据来源：宁夏自治区统计局。

3. 物价指数全面上扬，房价快速上涨。宁夏自治区CPI、PPI、农业生产资料价格指数和原材料购进价格指数分别为108.5、112.9、126.2和121.8，分别提高3.1个、9.2个、14个、14.7个百分点。其中：房屋销售价格上涨10.2%，提高5.7个百分点，创历史新高（见图1）。房屋租赁价格上涨1.4%，物业管理价格上涨2.6%。土地交易价格上涨4.3%，成为房价快速上涨的催化剂。

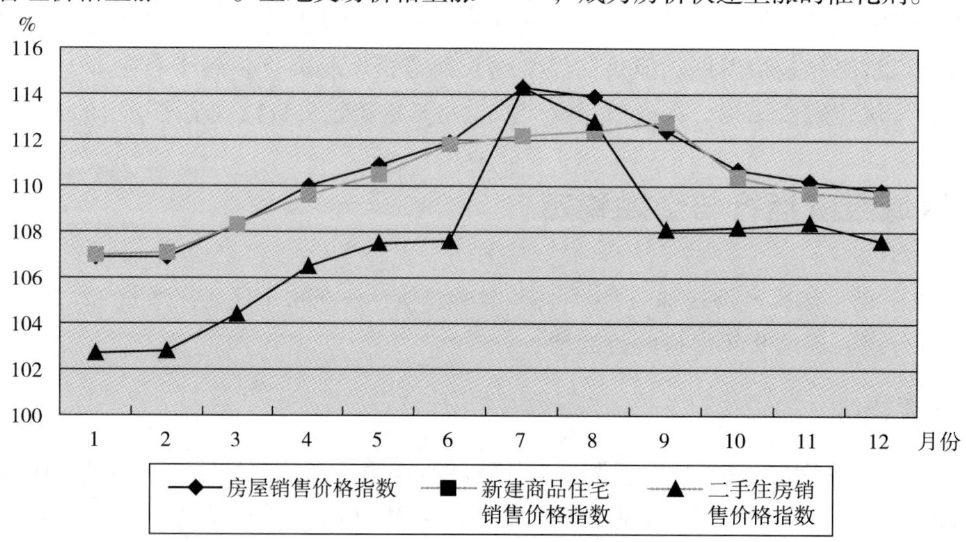

数据来源：宁夏自治区统计局、调查队。

图1 2008年宁夏自治区房屋销售价格指数走势图

专栏1 2008年宁夏自治区房地产价格走势分析

2008年，宁夏自治区房屋销售价格上涨10.2%，涨幅提高5.7个百分点，创历史新高。其中银川市新建住房销售价格连续5个月位居国内70个大中城市房价涨幅首位。

一、价格走势

年内宁夏自治区房屋销售价格整体上涨较快。一是分月度看：1~9月份，宁夏自治区5城市房屋销售价格涨幅在2位数左右；10~12月份涨幅虽逐月回落但仍保持上涨态势。二是分类别看：新建住宅、新建非住宅、二手房住宅销售价格分别上涨10.1%、6.6%、12.3%，高于上年5.4个、1.8个、9.2个百分点。三是分城市看：银川市、石嘴山市、吴忠市、固原市和中卫市新建住宅销售价格分别上涨9.9%、7.7%、10.7%、22.1%和12.8%，涨幅最高的是固原市。

二、原因分析

1. 成本推动房价持续走高。一是土地成本上涨。2008年，宁夏自治区土地交易价格上涨4.3%，其中居住用地价格涨幅最快，上涨5.3%；商业营业用地价格上涨3.3%。二是建筑材料价格上涨。2008年，普通小型钢材上涨45.0%，普通硅酸盐水泥上涨18.5%。

2. 商品房需求旺盛。2008年，宁夏自治区房地产市场需求不减。全年商品房销售面积508.7万平方米，增长0.2%，其中期房销售面积274.1万平方米，增长44.8%。随着银川市定位区域中心城市及创建"两宜"城市的成效不断显现，银川市辖区以外居民来银川购房增多，购房量已占总销售量的57%，成为拉动银川市房价上涨的重要力量。

3. 经济适用房投资比重低。2008年，宁夏自治区共完成房地产开发投资117.4亿元，增长26.1%，增幅提高5.1个百分点。住宅投资占总投资的74.6%，提高2.3个百分点。但经济适用房投资7.6亿元，仅占住房总投资的8.7%，住房保障机制作用未能有效发挥。

三、风险分析

1. 个人住房贷款增速较快隐含违约风险。年末，宁夏自治区个人购房贷款余额67.4亿元，增长15.4%，增幅提高3.8个百分点；占房地产各项贷款余额的44.6%，提高2.2个百分点。而同期城镇居民登记失业率上升0.1个百分点；城镇居民可支配收入剔除物价因素，实际增长10.6%，增幅下降2.3个百分点。居民实际收入水平增速放缓，购房者的偿债能力下降，个人购房贷款违约风险加大。

2. 房地产企业自有资金偏紧凸显财务风险。2008年，宁夏自治区房地产开发资金132.0亿元，自筹资金仅占31.5%，七成以上的房地产企业存在"自有资金少、负债率高、抗风险能力弱"的问题。如果资金链断裂容易引发财务风险，出现垫资承包和拖欠工程款等问题，不利于房地产市场健康发展。

3. 商业银行发放房地产贷款存在操作风险。近几年，部分商业银行把房地产开发贷款、个人住房贷款等作为重点发展的优质业务，操作上存在降低客户信用等级评定门槛、简化审查手续、缺乏贷款项目可行性分析、贷后管理不到位等现象，加大了信贷风险控制难度。

四、政策建议

1. 健全调控机制，防范制度缺陷。一是探索建立房地产市场风险监测预警机制，细化监测指标，实施全方位监测，保证房地产市场的健康发展。二是地方各级政府要加强城市规划和宣传，及时披露土地供应、住房供求及价格波动等信息，引导居民住房消费更趋理性。

2. 强化贷款管理，规避信贷风险。一是各商业银行要加强房地产信贷管理和投放，严格贷款审查，规范运作程序，坚决杜绝为业务竞争而降低贷款门槛的行为发生。二是人民银行要及时掌握各金融机构执行房地产信贷政策的情况，加大房地产金融"窗口指导"力度。

3. 加大创新力度，拓宽融资渠道。房地产开发企业要转变观念，广泛吸收社会资金充实资本金规模，积极发展银行贷款、房地产信托、住房资产证券化等多渠道融资模式，改变房地产投资对银行信贷过分依赖的局面。

4. 加强住房保障，提高资源效率。一是完善城镇低收入家庭住房保障机制，大力发展经济适用房、廉租房等中低价位住房。二是加强对低收入住房保障对象的监测管理，建立动态管理制度，提高住房保障资源效率。

4. 地方财力明显增强，居民收入增加。全年完成财政一般预算总收入 178. 6 亿元，增长 23. 7% 。财政一般预算总支出 323. 1 亿元，增长 33. 8% 。用于民生的支出明显加大，其中社会保障、医疗卫生、城乡社区事务支出分别增长 53. 3% 、47. 6% 和 78. 2% ；城镇居民人均可支配收入和农民人均纯收入分别为 12 932 元和 3 682 元，达历史最高水平。

（二）需关注的主要问题

随着国际金融危机对宁夏自治区实体经济影响的加深，企业经营困难加大，宁夏自治区经济平稳发展和区域金融的稳健运行面临新的挑战。

1. 工业经济增速明显放缓。2008 年，宁夏自治区工业经济发展遇到了近几年少有的困难，全年规模以上工业实现增加值增长 11. 9% ，下降 5. 2 个百分点，占比 53% 的高耗能行业中有 90% 的企业停产。全年发电量和企业用电量仅增长 2. 3% 和 3. 1% ，分别回落 9 个百分点和 7. 6 个百分点。

2. 投资结构矛盾比较突出。一是高耗能投资比重偏高。2008 年，宁夏自治区城镇投资中，高耗能工业投资 286 亿元，增长 62. 8% ，占工业投资比重的 66. 8% ，上升 7. 3 个百分点，高于全国平均水平 27. 8 个百分点，这不利于产业调整。二是新开工项目减少。2008 年，宁夏自治区新开工项目 1 128个，减少 32. 6% ，影响经济发展后劲。

3. 企业效益下降资金短缺。一是规模以上工业企业总资产贡献率、产品销售率、成本费用利润率和资产负债率（逆指标），分别下降 1. 2 个百分点、2. 0 个百分点、2. 2 个百分点和上升 2. 5 个百分点；企业亏损面为 35. 9% ，上升 0. 2 个百分点；亏损企业亏损额为 31. 8 亿元，增长 143. 3% ；盈亏相抵后实现利润 33. 1 亿元，下降 30. 70% 。企业经济效益的指标逆转，盈利能力下降。二是企业应收账款净额和产成品资金占用为 124. 8 亿元和 113. 5 亿元，分别增加 32. 1 亿元和 27. 2 亿元，工业产成品存货增长 29. 9% 。企业资金流动性下降。

4. 经济发展高度依赖金融。2008 年宁夏自治区非金融机构融资中有 95% 来自银行信贷，提高了 2. 4 个百分点。由于地方财政和企业自筹资金能力有限，为了保持经济较快增长，非金融机构发展所需资金对银行业的依赖度和期望值将进一步提高。

二、金融业与金融稳定

2008 年，宁夏自治区金融业继续稳健运行，改革和风险处置工作取得突破性进展，金融体系日趋完善，整体实力明显增强。

（一）银行业

1. 基本情况。年末，宁夏自治区银行业金融机构资产总额 2 039. 0 亿元、负债总额 1 959. 2 亿元，分别增长 31. 1% 和 30. 3% 。其中：本外币存款余额1 464. 6亿元，本外币贷款余额14 194. 3亿元，分别增长 293. 90% 和 22. 0186% ；实现账面利润 35. 5 亿元，增长 43. 8% ；3 家地方金融机构资本充足率均达到8% 的监管标准，平均资本充足率为 11. 4% ，较年初提高 3. 3 个百分点。平均拨备覆盖率达 111. 2% ，较年初提高 5. 4 个百分点。平均贷款损失准备充足率为 136. 7% ，较年初提高 55. 2 个百分点。

2. 改革情况。

（1）国有银行改革稳步推进。农行宁夏自治区分行完成了股改前的外部审计评估等工作，剥离不良资产46.1亿元，回收现金2.1亿元，不良率降至1.6%，比年初下降32.4个百分点。建行宁夏自治区分行完成了从“部门银行”向“流程银行”的全面转变。

（2）农村信用社管理体制改革取得历史性突破。由宁夏农村信用联社改制而成的黄河农村商业银行正式挂牌。全辖75%的县（市）农村信用社通过专项中央银行票据兑付考核，兑付金额1.5亿元。

（3）地方商业银行改革不断深化。宁夏自治区银行实施了第三次增资扩股。石嘴山市城市信用社正式获准组建为石嘴山市商业银行。新型农村金融机构试点成功，两家村镇银行正式开业。

专栏2　宁夏自治区首家村镇银行开局良好

吴忠市滨河村镇银行于2008年8月18日正式开业，是宁夏自治区首家村镇银行。

一、基本情况：吴忠市滨河村镇银行是由原石嘴山城市信用社发起，联合3家企业，16个自然人共出资3 818万元成立的股份制商业银行。现有1个营业网点，员工人数25人，截至年末，该行各项存款余额为4 328万元，贷款余额为2 597万元，其中：个人类贷款余额为1 177万元，占比45%，公司类贷款余额1 420万元，占比55%。累计发放涉农贷款1 272万元，成为当地农村金融服务体系的新生力量。

二、经营特点：一是服务对象面向“三农”。直接为当地农户提供面对面的分散化、小额零售金融服务。二是实行优惠贷款利率。对农户的小额贷款利率略低于当地其他金融机构，为农民提供了较大的优惠。三是放贷灵活、手续简便，放贷时间最多不超过5～6天。5 000元左右的春耕农资小额贷款当天签订合同，当天发放贷款，全力支持春耕生产。四是把防范经营风险放在首位，制定了柜面业务、财务管理、信贷管理、风险控制及综合管理的内控制度框架，各项工作流程逐步规范。

（4）邮储银行宁夏自治区分支机构组建工作全部完成。年内宁夏自治区127家邮储银行分支机构全部挂牌营业。

3. 风险处置情况。伊斯兰信托投资公司个人债权收购工作全部结束；中卫城市信用社市场退出工作全面完成。

4. 需关注的问题。

（1）银行经营难度加大。由于国际金融危机对实体经济的影响日渐加深，地方政府对银行业的依赖度和期望值得进一步提高。另外，宁夏自治区的“两高一资”企业在经济中占比较高，是地方经济增长点，也是银行信贷资金的集结地和风险防控点。随着经济下行压力的增大和国家产业结构的调整以及利差的缩小，银行业自主经营和防控风险的难度加大，利润空间将进一步缩小。

（2）不良贷款反弹压力增加。年末，宁夏自治区银行业不良贷款余额40.7亿元，不良贷款率2.9%，剔除剥离、核销等因素后，净增加18.8亿元，增长20.4%，银行业贷款质量总体呈下降趋势。

专栏3 宁夏自治区不良贷款迁徙变化情况

通过对2008年宁夏自治区银行业金融机构贷款质量迁徙情况进行分析，宁夏自治区银行业金融机构贷款质量虽有所好转，但不良贷款仍面临较大反弹压力。

一、基本情况

一是年内贷款质量总体向上迁徙16.97亿元，向上迁徙率2.40%；贷款质量总体向下迁徙38.17亿元，向下迁徙率5.41%（贷款迁徙指标①见表2）。总体向下迁徙率高于向上迁徙率3.01个百分点，存量贷款整体质量仍存在下降的趋势。

表2 2008年宁夏自治区金融机构贷款质量迁徙率情况表 单位:%、个百分点

指标	总体向上迁徙率	总体向下迁徙率	正常类贷款向下迁徙率	关注类贷款向下迁徙率	次级类贷款向下迁徙率	可疑类贷款向下迁徙率
2008年	2.40	5.41	4.28	6.73	36.52	9.94
2007年	2.50	9.12	9.19	8.30	14.61	16.48
同比增减	-0.10	-3.71	-4.91	-1.57	21.91	-6.54

数据来源：宁夏银监局。

二是次级类贷款向下迁徙率较高，比上年大幅攀升21.91个百分点，次级类贷款变坏的程度逐步加深。

二、原因分析

一是各行自身消化和控制存量不良贷款的长效机制还没有形成。2008年宁夏自治区全区金融机构不良贷款余额和不良贷款率虽然实现了“双降”，但下降的原因主要来自股改剥离和核销处置，占全部不良贷款减少额的九成以上。

二是企业经营效益下滑，逾期贷款指数上升。从第四季度开始，受国际金融危机向实体经济蔓延的影响，市场需求萎缩，企业经营困难加剧，库存大幅增加，资金链紧张，盈利能力下降，贷款违约呈上升态势。

另外，由于贷款迁徙变化的程度直接影响到贷款准备金计提的多少，个别商业银行在考核贷款迁徙情况上弄虚作假，在不良贷款结构上做文章，贷款风险分类不准、偏离度较大的问题以及借新还旧短期内改善资产质量的现象依然存在，这些都将为贷款质量的提高埋下隐患。

（二）证券期货业

1. 基本情况。年末，宁夏自治区股民股票投资者开设证券账户32.4万户，股票累计交易额733.5亿元，下降35.3%。9家基金销售代理机构，销售基金18.8亿元，下降85.1%。期民期货投资者开户人数516户，期货累计成交415.9亿元，增长121.3%。12家证券营业部和2家期货营业部实现利润1.4亿元，下降21.1%；11家上市公司股本总额27.2亿股，增加1.2亿股，流通股股本19.6亿股，总市值159.0亿元，缩水60.6%。截至2008年9月末，上市公司共实现营业总收入87.4亿元，同比增长30.2%；平均净利润增幅48.2%，每股收益0.23元，同比增长43.8%，均高于全

① 贷款迁徙指标是反映资产质量从前期到本期变化的比率，包括正常贷款迁徙率、关注贷款迁徙率、次级贷款迁徙率与可疑贷款迁徙率。其主要目的是监测不良贷款的形成周期、防范不良贷款累积。

国平均水平。

2. 风险处置情况。西北证券公司风险处置工作继续推进，对外债权清收和资产处置工作取得进展，清收资产正在依法分配。

3. 需关注的问题。

（1）行业关联风险和投资者风险加大。2008 年，股票市场振荡加剧，增加了银行、证券、保险市场之间的关联性风险。新股民投资者对风险的认知度不高，易产生非理性投资行为，投资风险增加。

（2）市场融资功能未充分发挥。宁夏自治区已连续 5 年无新上市公司，年内仅有 1 家上市公司实现再融资 7.4 亿元。尚无一家企业在中小板市场上市。

（三）保险业

1. 基本情况。全年新增保险分支机构 30 家、兼业代理机构 96 家。年末全行业总资产 65.3 亿元，增长 27.1%。实现保费收入 31.8 亿元，增长 32.56%，列全国第 25 位。其中：财产险保费收入 9.5 亿元，增长 24.72%；人身险保费收入 22.3 亿元，增长 36.15%。赔付支出 8.5 亿元，增长 23.5%。保险密度和保险深度分别提高 29.6% 和 2.4%，保险业在经济社会发展中的渗透率和贡献度进一步上升。

2. 需关注的问题。

（1）保险业务拓展困难。一是经济环境的急剧变化，投资型产品收益率低于消费者预期，企业、居民支付能力和购买保险产品的意愿下降。二是存款利率下调，保险企业防范化解利差损风险的难度加大，保险业发展的不稳定性增加。

（2）保险结构调整缓慢。车险占比仍然过高，非车险业务发展相对滞后。投资型产品占比较大，保障型业务的推广力度不够。

（3）保险服务深度有限。一是参与社会管理方面的创新意识还不够、范围还不广；二是城乡保险市场发展不平衡，给广大农民提供的险种不多、服务不到位；三是为重大工程和民生项目提供保险保障的意愿不强、能力不足。

三、金融市场与金融稳定

2008 年，金融市场继续保持平稳运行，活跃程度显著提高，为金融稳定创造了有利的市场环境。

（一）运行特点

1. 货币市场交易活跃，市场利率逐步走低。全年银行间市场累计交易 3 467.4 亿元，增长 104.4%。同业拆借业务累计交易金额 1 亿元，下降 33.3%。债券回购以质押式回购为主且增长较快，累计成交 2 375.4 亿元，增长 43.8%，净融入资金 2 253.3 亿元。年末，债券质押式正回购加权平均利率下降 1.8 个百分点。现券买卖大幅增加，累计交易量增长 24 倍。

2. 票据市场稳步发展，贴现利率持续下降。年末，全辖银行承兑汇票余额 80.8 亿元，增长 7.7%；贴现余额 71.5 亿元，增长 21.8%。受市场流动性充裕和利率下调等因素影响，贴现利率与转贴现利率逐季回落（见表 3）。

表3　2008年宁夏自治区银行业金融机构票据贴现、转贴现利率表　单位：%

季度	银行承兑汇票	转贴现	
		票据买断	票据回购
1	7.14	6.56	—
2	6.36	5.47	5.55
3	6.20	5.50	5.12
4	4.29	4.10	4.75

数据来源：中国人民银行银川中心支行。

3. 外汇市场发展加快，远期业务猛增。全年累计结售汇22.2亿美元，增长20.7%；结售汇顺差8.2亿美元，增长22.5%。银行间外汇市场累计交易量2.9亿美元，增长38.1%。远期结汇、售汇业务发展迅速，分别增长1.6倍和3.1倍。

4. 黄金市场拓宽，交易趋于活跃。工商银行宁夏自治区分行、建设银行宁夏自治区分行年内相继推出实物黄金业务。个人黄金累计交易量增长2.8倍。

5. 民间借贷利率整体上升。据监测统计，全年民间借贷加权平均利率为19.1%，提高0.7个百分点，高出全区金融机构平均利率10个百分点。其中企业借贷利率高于农户借贷利率2.5个百分点。

（二）需关注的问题

1. 直接融资市场发展滞后。全年非金融机构股票、债券融资共计13.4亿元，仅占融资总量4.9%，下降2.4个百分点，直接融资占比仍然偏低（见表4）。市场配置资源的功能未有效发挥，不利于缓解经济周期波动可能造成的负面影响。

表4　2001～2008年宁夏自治区非金融机构融资结构表

年份	融资量（亿元）	比重（%）		
		贷款	债券	股票
2001	59.6	94.0	0.0	6.0
2002	81.8	100.0	0.0	0.0
2003	162.0	98.0	0.0	2.0
2004	93.1	100.0	0.0	0.0
2005	138.9	86.3	13.7	0.0
2006	153.3	100.0	0.0	0.0
2007	218.7	92.7	7.3	0.0
2008	276.2	95.1	2.2	2.7

数据来源：中国人民银行银川中心支行，宁夏自治区发展和改革委员会，宁夏证监局。

2. 金融创新能力不足。宁夏自治区金融机构仍以传统的经营模式为主，金融工具和服务方式等还停留在相对初级阶段，不利于改善结构、分散风险和持续发展。

四、金融基础设施建设与金融稳定

2008年，宁夏自治区金融基础设施建设成效显著，在维护区域金融稳定，推动地方经济金融协调发展方面发挥了积极作用。

（一）基本特点

1. 金融生态环境建设向纵深发展。年内，举行了“诚信宁夏”万人签名誓师大会，举办了以“诚信合作、发展共赢”为主题的银企合作推进会，召开了宁夏自治区金融生态环境建设座谈会，对进一步优化宁夏自治区金融生态环境起到了积极的促进作用。

专栏4　促金融生态建设 保宁夏经济发展

在自治区党委、政府的高度重视和人行银川中心支行积极推动下，宁夏自治区金融生态环境明显改善，经济金融进一步实现了良性互动、协调发展。

一、多措并举、标本兼治，宁夏自治区金融生态环境建设工作成效显著

一是建立工作机制，形成工作合力。自治区政府转发的《加强全区金融生态环境建设的指导意见》，明确了金融生态环境建设的组织领导和职责分工。二是搞好试点先行，发挥示范效应。金融生态示范县彭阳县以“诚信彭阳”创建为契机，以“农村信用工程”活动为载体，全力推进金融生态环境建设。2008 年，全县完成地区生产总值 12.1 亿元，比 2001 年增加了 9 亿元，实现农民人均纯收入 2 263 元，经济总量增速居固原市五县（区）首位，金融生态环境建设初见成效。三是组织经验交流，推动深入发展。人行银川中心支行提请区政府召开了全区金融生态环境建设座谈会，区级部门和各家金融机构及部分企业参加了会议。在会上，彭阳县等 6 个单位介绍了经验，常务副主席齐同生做了重要指示，人民银行银川中心支行主要领导就加强宁夏自治区金融生态环境建设和推进信用体系建设工作进行了安排部署。

二、找准差距、明确目标，继续大力培育良好的区域金融生态环境

宁夏自治区金融生态环境虽有较大改善，但是在全国省区和城市排名中仍比较靠后。要保持宁夏自治区经济平稳较快发展，就必须继续培育良好的区域金融生态环境。一是探索评价体系建设。建立宁夏自治区金融生态环境评价体系，对区域金融生态环境状况做出综合、客观的评判，形成良好的激励机制。二是完善健全征信系统。扩大征信数据覆盖面，完善企业和个人征信系统，促使企业和个人重视及保持良好信用记录。三是提高自身调节功能。金融机构要对诚实守信的经济主体开辟信贷“绿色通道”，形成诚实守信企业受人尊重的良好风气。

2. 现有协调机制作用有效发挥。随着宁夏自治区银行业信息安全联席会议制度的建立及监管协调、反洗钱和反假货币等工作机制作用的发挥，加强了相关部门的沟通，形成了监管合力。大力开展打击银行卡犯罪，到年底，反假货币网络覆盖率达到61%，收缴假币 430.6 万元。

3. 金融服务设施建设进展顺利。一是小额支付系统银行本票业务、境内外币支付系统及公务卡和惠农卡等非现金支付工具顺利推广，完成了人民币银行结算账户管理系统的升级工作和国家现代化支付系统银川 CCPC 防火墙系统的更新；二是征信系统服务作用进一步显现，征信数据覆盖率达 93.7%，年累计查询次数增长 1.1 倍，为全区 56.2% 的农户建立信用档案；三是地税系统成功接入国库信息系统，成为第三个财税库银间横向联网的省区。

4. 金融服务机构格局有所改善。小额贷款公司、村镇银行、农村物流资金调剂试点和农村互助

资金社四种模式的发展，成为宁夏自治区金融服务主体的补充。到年底，30家小额贷款公司业务覆盖宁夏自治区各市、县（区），实际到位资金13亿元，累计为小企业和农民发放贷款35亿元。

5. 应急和监测制度进一步完善。年内金融机构相继开展了业务和信息系统应急演练，修订和完善了应急预案，并对其业务系统制定了备份制度。人行银川中心支行对地方法人金融机构的流动性状况实行定期监测分析。另外，地方商业银行也开始尝试压力测试这一先进的风险管理方法。

（二）需关注的问题

1. 农村金融服务体系相对落后。一是贫困乡镇金融服务功能弱化。随着银行业机构网点的大量撤并，不少贫困乡镇银行类金融机构网点缺失；二是农村合作经济组织、信用风险补偿、农业保险发展等机制不完善，制约了金融对“三农”的服务；三是金融业在城市发展较快，在农村发展滞后，农村金融体系健全程度和改善进度慢于城市。

2. 综合监管工作机制尚未形成。在金融业综合经营日趋明显和金融创新不断发展的情况下，监管真空或重复监管的问题更加突出，现有的各种工作机制对防范跨行业、跨市场金融风险的作用有限。

3. 外省流入辖内贩卖假币的势头有增不减逐年上升。2008年，宁夏自治区收缴假币增长27.6%。全年虽无制假事件发生，但假币从周边省区流入宁夏自治区呈上升趋势，加上居民鉴别假币的能力不高，使宁夏自治区金融服务网点因假币引发与客户冲突纠纷现象的频率不断提高。

五、总体评估与政策建议

（一）总体评估

通过大量调查分析，我们从宏观经济、金融机构运行、金融市场发展和金融基础设施建设等方面着手对宁夏自治区金融稳定状况进行了定性分析和定量评估。结果显示：2008年，宁夏自治区金融体系稳定状况良好。

今后一段时期，因国际金融危机蔓延导致实体经济不景气而产生的信贷风险是影响宁夏自治区金融稳定的主要方面。

（二）政策建议

1. 抓住发展机遇，力保经济平稳增长。当前宁夏自治区经济既面临挑战也存在机遇，我们应进一步坚定信心，坚决贯彻落实国家的各项政策措施和国务院《关于促进宁夏社会经济发展的若干意见》，从科学发展的角度出发，采取更加灵活务实的综合措施，力争区域经济平稳较快增长。

2. 开拓金融市场，保持金融稳健运行。通过拓宽融资渠道优化融资结构，充分发挥资本市场的作用。加大金融创新研发力度，合理分散信用风险，有效解决商业银行面临的信用悖论①问题，保证区域金融健康发展。

---

① 所谓信用悖论是指，从风险管理角度而言，资产组合理论要求银行避免信用关系的过度集中，尽量持有比较分散的贷款组合。但从银行业务实践的角度来讲，要实现贷款分散则面临恶化与核心客户的交易关系、不能过于侧重经营优势较明显的地域或行业等问题。

3. 拓宽服务体系，促进金融协调发展。中小企业、“三农”和县域经济是宁夏自治区金融服务的薄弱环节，应加快农村金融基础设施建设，建立形式多样的金融服务机构，满足不同群体的金融需求，促进区域金融协调发展。

4. 加强监管协作，确保区域金融稳定。为了提高金融监管有效性和整体水平，应尽快建立信息共享、沟通顺畅、配合密切、支持有力的综合监管工作机制，维护区域金融稳定。

总　纂：董根祥　马　芬
统　稿：赵　滨
执　笔：赵　滨　王奇志　行　颖　周　豹

新疆维吾尔自治区金融稳定报告摘要

2008 年，新疆维吾尔自治区认真贯彻落实《关于进一步促进新疆经济社会发展的若干意见》（国发［2007］32 号）精神，积极应对国际金融危机的严重影响，努力克服各种重大自然灾害带来的不利因素，有效防范和打击“三股势力”在北京奥运会期间的干扰破坏活动，经济实现平稳发展，社会政治大局保持稳定，金融生态环境不断改善。金融业积极适应国家宏观调控政策变化，有效应对各种不利因素带来的影响，不断深化自身改革，在支持新疆自治区经济平稳发展中实现自身稳健发展，防范和化解金融风险能力不断提高，金融体系的稳定性进一步增强。

一、宏观经济环境

（一）经济平稳较快发展，结构进一步优化，为区域金融稳定奠定了较好基础

2008 年，新疆自治区经济连续 6 年保持两位数以上增长势头。全区实现生产总值 4 203.41 亿元，比上年增长 11.0%，高于全国 2 个百分点。分产业看，第一、第二、第三产业分别实现增加值 691.10 亿元、2 086.74 亿元、1 425.97 亿元，分别比上年增长 6.4%、13.9%、9.7%。三次产业比例由上年的 17.4:46.6:36.0 调整为 16.4:49.7:33.9。人均生产总值 19 893 元，比上年增长 8.9%，以当年平均汇率折算，人均 GDP 达到 2 864 美元。

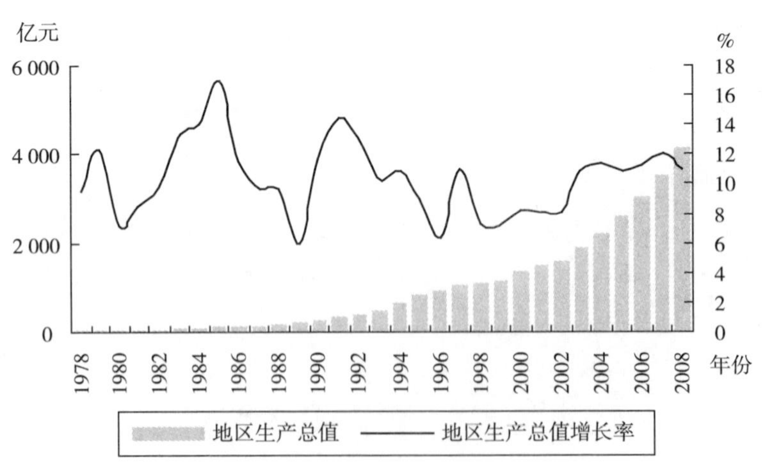

数据来源：新疆维吾尔自治区统计局。

图 1　地区生产总值及其增长率

1. 三次产业稳步增长，为区域金融稳定奠定了充分的物质基础。全年实现农林牧渔业总产值1 176.69亿元，比上年增长6.7%。工业实现增加值1 790.70亿元，比上年增长15.1%。规模以上工业实现增加值1 727.35亿元，比上年增长15.5%。主导产业支撑作用进一步增强。全年服务业实现增加值1 425.57亿元，比上年增长9.7%。与2007年相比，第一、第三产业比重分别下降0.95个百分点和2.08个百分点，第二产业比重上升3.04个百分点。工业新型化进程加快，优势资源转化、大企业大集团战略取得明显成效。

2. 投资、消费、出口快速增长，进一步巩固了区域金融稳定基础。全年完成全社会固定资产投资2 314亿元，比上年增长25.0%，同比提高6.9个百分点，开工建设了一大批重大民生工程、重大基础设施和生态环境保护项目。实现进出口总额222.17亿美元，比上年增长62.0%，比全国平均增速高44.2个百分点，增幅位居全国第二。其中，出口总额192.99亿美元，比上年增长67.8%，出口额跃居全国第11位。实现贸易顺差163.81亿美元，比上年扩大70.91亿美元。实际利用外资金额1.9亿美元，比上年增长52.1%。全年社会消费品零售总额1 025.72亿元，比上年增长21.0%，增幅创12年来新高。

3. 财政收入、城乡居民收入和企业利润增加明显，抵御金融风险能力进一步增强。全年实现地方财政收入479.75亿元，比上年增长29.8%；地方财政支出1 173.34亿元，比上年增长34.2%，其中，教育、文化体育、医疗卫生、环境保护、社会保障事业、农林水利事务方面的投入达564.61亿元，分别比上年增长39.5%、18.1%、27.9%、31.1%、19.7%、44.5%。城镇居民人均可支配收入11 432元，比上年增长10.9%；农村居民人均纯收入3 503元，比上年增长10.1%；规模以上工业实现利润800亿元，比上年增长15.7%。

4. 物价水平前高后低，涨幅回落，通货膨胀压力得到初步释放。2008年，新疆自治区居民消费价格比上年上涨8.1%。全年居民消费价格由2月的11.9%的历史高位，回落到12月的2.5%；工业品出厂价格比上年上涨16.4%，其中原材料、燃料、动力购进价格比上年上涨17.8%。受国际金融危机和能源、原材料价格下跌影响，全年工业品出厂价格、原材料、燃料动力购进价格前高后低，涨幅快速回落。工业品出厂价格从9月份起4个月内下降40.8个百分点；原材料、燃料、动力购进价格涨幅从10月份起3个月内下降28.9个百分点。工业品出厂价格、原材料购进价格指数分别为84.6和95.2，分别比上年同期低39个百分点和15.3个百分点（见图2）。

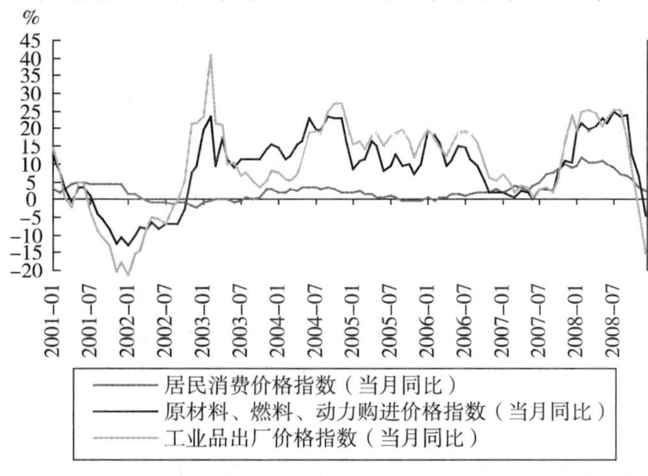

图2 2001～2008年居民消费价格和生产价格变动趋势

5. 房地产市场健康发展，但增势有所放缓。2008 年，新疆自治区房地产投资增长 31.9%，比上年下降 8.6 个百分点。商品房销售市场观望情绪浓厚，销售面积下降较快，住宅空置面积比上年增长 32.6%。2008 年下半年以来，房价涨幅逐步回落。12 月，乌鲁木齐市房屋销售价格上涨 3.9%，较上年回落 20.8 个百分点。房地产信贷增幅稳中趋降，开发贷款降幅较大。年末，全区房地产贷款余额 245.6 亿元，增长 1%，较上年下降 7.9 个百分点。开发贷款余额比上年减少 9.1%，较上年下降 45.5 个百分点。个人住房消费贷款余额 173.17 亿元，较上年增长 10.33%。

（二）宏观经济运行中需要关注的问题

1. 经济增长方式单一，经济结构性矛盾仍然突出，加大了商业银行风险管理的难度。目前新疆自治区经济增长主要依赖于投资拉动，过高的投资率导致实体经济对银行信贷资金尤其是中长期贷款依赖性较高；城乡区域发展不平衡；工业结构以资源开发型为主，采掘、原材料工业所占比重较大，制造业和高新技术产业比重低；产品科技含量低；以石油开采及加工为主的中央企业占有很大比重，地方工业企业普遍规模较小；技术研发和科技创新能力弱。

2. 国际金融危机对新疆自治区实体经济的影响逐步显现，进而影响银行信贷资产安全。2008 年 10 月以来，国际金融危机对新疆自治区经济实体的影响开始显现，冶金、有色、化工、纺织、机电等行业受到不同程度冲击，行业生产回落，产品价格呈现大面积下跌态势，少数产品价格暴跌，外贸产品出口大幅下降，企业订单减少，致使部分企业亏损、限产。随着金融危机影响的加深和蔓延，金融危机对新疆自治区经济发展的负面影响趋于加深，部分企业流动资金紧张，经营困难，银行信贷供给压力增大，潜在风险增加。

3. 房地产市场面临调整的风险持续增大，影响银行房地产贷款质量。2008 年，新疆自治区房地产投资增速明显放缓，销售量和销售额降幅明显，市场观望气氛浓厚。房地产行情下行的趋势，可能引起银行借款抵押物价值缩水，增大银行资产风险，影响按揭贷款者信心，降低房地产贷款质量，还将影响钢材、水泥、家装等行业。这些影响作用叠加，将会对 2009 年的经济增长、政府税收和居民就业、金融安全、社会稳定产生较大的不利影响。

二、金融业发展与金融稳定

2008 年，新疆自治区金融业认真落实国家宏观金融调控政策，积极支持新疆自治区经济发展，各项业务稳步推进，金融改革成效显著，银行、证券、保险机构进一步发展壮大，盈利能力与风险管理水平不断提高，金融业总体保持平稳健康发展。

（一）银行业稳健发展，风险防范能力进一步增强

1. 银行业发展总体情况。机构布局进一步优化，资产规模稳定增长，质量不断提高，盈利能力持续增强。截至 2008 年末，新疆自治区共有各类银行业金融机构（网点）3 191 个，金融从业人员 44 211 人。本外币资产总额 6 648.35 亿元，比上年增长 4.7%，其中本外币各项贷款2 918.13亿元，比上年增长 12.6%；不良资产 157.08 亿元，下降 226.68 亿元，不良资产率 3.93%，下降 13.03 个百分点。全年银行业金融机构实现结益 75.81 亿元，比上年增长 32.1%。

存款实现稳步增长，定期储蓄增加明显。截至 2008 年末，新疆自治区本外币各项存款余额

5 424. 3亿元，比上年增长 16. 9%。受资本市场低迷、房地产市场调整影响，居民储蓄意愿增强。全区储蓄存款余额 2 551 亿元，比上年增长 24. 1%，同比提高 23. 2 个百分点，新增定期储蓄存款占比达 70%。

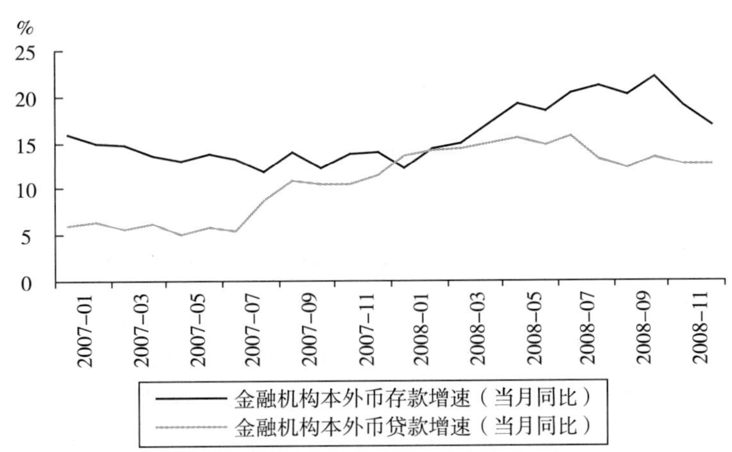

数据来源：人民银行乌鲁木齐中心支行。

图3 金融机构本外币存、贷款增速变化

金融改革继续深化，农村金融服务体系不断完善。农业银行新疆自治区分行按股改要求完成了不良资产剥离。邮政储蓄银行新疆自治区辖内分支行的组建工作顺利完成，开办了小额质押贷款、小额信用贷款和商业贷款业务，开辟了邮储资金直接回流农村新渠道。60 家农村信用社 7. 4 亿元专项中央银行票据顺利获准兑付。首家村镇银行挂牌开业。64 家农村信用合作联社统一法人社组建全部完成，1 家农村信用社成功改制为农村合作银行、1 家城市信用社改制城市商业银行工作进展顺利。地方性商业银行实现增资扩股，资本实力显著增强。两家地方性金融公司成功重组，资产风险持续降低，经营状况明显好转。

案件数量和涉案金额持续下降，长期歇业农村信用社风险得到有效处置。全年银行业金融机构累计发生各类案件 3 件，比上年下降 11%；没有百万元以上案件发生。塔城地区 15 家长期歇业农村信用社整体获准退市，多年沉积的风险隐患得到消除。

2. 银行业发展中潜在的风险。

一是银行业不良贷款反弹压力较大，信贷集中风险上升。2008 年新疆自治区银行业整体不良贷款规模仍旧较大，不良率仍在规定标准以上，清收难度较大。随着金融危机对新疆自治区实体经济影响的逐步加深，石油、钢铁、有色、化工、纺织等重点行业效益明显下滑，企业存款减少，流动资金紧张，部分外向型企业资金链已处于断裂边缘，可能使银行信用风险上升。同时，由于刺激经济的投资大多集中在铁路、公路、机场等基础设施领域，银行授信相对集中，增加了银行信贷集中风险（见图 4）。

二是商业银行盈利面临较大压力。受金融危机影响，国内经济增长放缓。为促进经济增长，2008 年下半年人民银行连续降息，使得各商业银行最主要的收入来源——净息差收窄，净利息收入比例大幅降低，单位营业收入成本上升，代理基金及理财业务下降，非利息收入持续减少。随着危机影响的加深及国家刺激经济措施的实施，银行存贷款利差不断压缩，传统业务增长受限，拨备增加；持续降息预期也导致存款定期化趋势增强，增加了利息支付成本，银行盈利面临较大压力。

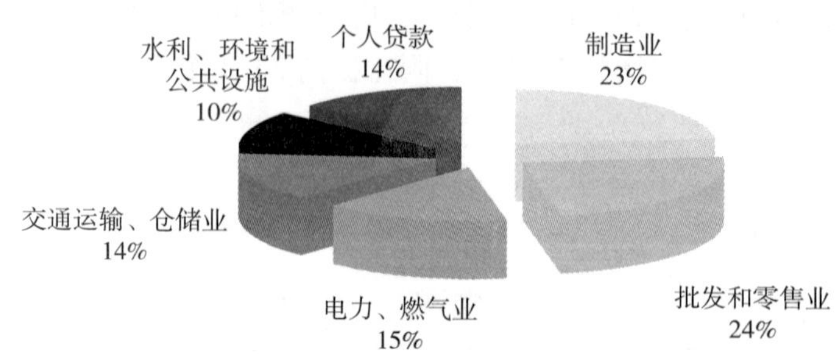

数据来源：新疆自治区银监局。

图4　2008 年新疆自治区商业银行贷款百亿元以上行业占比

三是农村中小金融机构潜在风险突出。在国内实体经济明显下滑和国外危机持续冲击的情况下，农村中小金融机构由于资本规模小，抵御风险能力较弱，极易引发系统性风险。当前在国际国内不确定因素增加的形势下，农村中小金融机构信用风险加速暴露，案件风险防控形势日益严峻，市场风险快速上升，流动性风险局部凸显。截至 2008 年末，新疆自治区还有 26 家农村金融机构资本充足率小于 8%，15 家机构贷款损失准备充足率小于 100%，拨备覆盖率仅为 62%。

（二）证券业稳步发展，证券公司综合实力明显增强

1. 证券业发展总体情况。证券市场交易量大幅萎缩，证券经营机构盈利状况较好。2008 年，在股指震荡大幅下跌的形势下，新疆自治区证券市场交易量大幅萎缩。全年新疆自治区辖区证券经营机构累计实现证券交易总额 3 816. 06 亿元，较上年下降 41. 1%。面对低迷的股票市场，证券公司强化综合治理，积极开展创新业务，加强风险防范与控制，综合实力进一步增强，抗风险能力和经营管理水平不断提高。辖区 31 家证券营业部有 29 家实现盈利，资金账户数达 82 万户，利润总额 6. 68 亿元。辖区两家期货公司全部实现盈利（见图 5）。

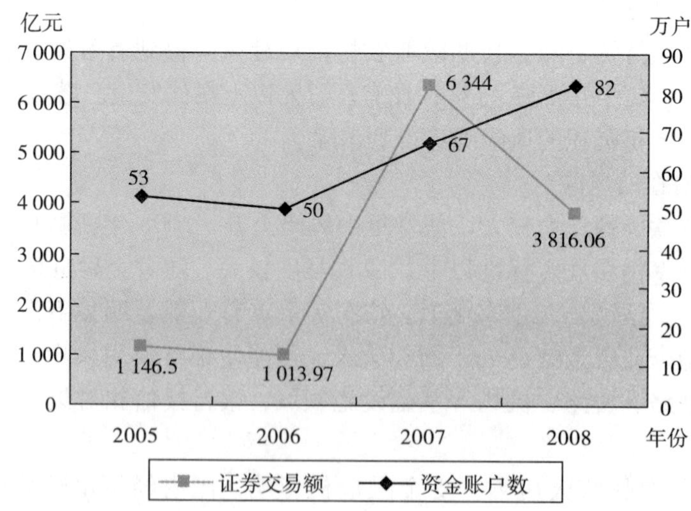

数据来源：新疆证监局。

图5　2005 ~2008 年新疆自治区证券交易额、资金账户变化

上市公司各项业务保持了平稳发展的良好态势。2008 年，新疆自治区上市公司 32 家，居西

北5省首位，西部12省第2位，上市公司总市值、总股本、总资产等各项主要指标均居西北5省前列。32家上市公司中有20家基本实现盈利。在市场环境不利，融资难度加大的情况下，2家上市公司通过IPO融资3.5亿元，8家上市公司通过配股、定向增发、公开增发等方式共募集资金53.97亿元。

监管的有效性不断提高。针对股指大幅下跌，股民情绪波动较大及奥运会前后“三股势力”的破坏活动，新疆自治区证券监管部门成立维护稳定工作领导小组，修订完善突发事件应急预案，建立要情快报制度，开展股改、清欠、综合治理等专项活动，防范、化解各种市场风险隐患，确保市场稳定。全年对31家上市公司进行了65次巡检和专项检查，完成145.6万证券账户的清理规范工作。严厉打击证券期货违法违规行为和非法证券活动，对2家公司涉嫌内幕交易实施了提前介入调查，取缔非法期货网点1家，查处非法证券活动3起。

2. 证券业发展中需要关注的问题。

一是上市公司整体规模偏小，后备资源匮乏，后续发展能力不足，市场融资能力较弱。新疆自治区32家A股上市公司仅占全国上市公司总数的2%；上市公司总市值不到全国上市公司总市值的1%；34.3%的资产证券化率低于全国同期水平近20个百分点。正在筹备上市的企业不到10家。2008年，新疆自治区通过首发、再融资累计募集资金不到60亿元。从2006年恢复IPO至2008年末，新疆自治区上市公司累计实现资本市场融资274亿元，仅相当于湖南2008年一年的融资规模。

二是融资渠道变窄，规模较小，担保风险增加。受股市低迷、经济下滑等不利因素影响，新疆自治区众多上市公司融资渠道变窄，融资规模较小，担保情况明显增加。据统计，32家上市公司中有20家存在担保情况，担保总额较上年同期增长20%。部分上市公司直接或间接为资产负债率超过70%的被担保对象提供债务担保，上市公司潜在的风险增加。

三是要素市场发育不够，中介机构发展滞后。目前，新疆自治区在股票、期货、债券、基金等方面的发展水平整体滞后。在新疆自治区注册的证券公司仅1家，期货公司2家，无基金管理公司。各类中介机构发展薄弱，管理水平较低，职业质量有待提高。

（三）保险业快速发展，整体实力明显增强

1. 保险业发展总体情况。2008年，新疆自治区共有法人机构1家，省级分公司20家，其中新增省级分公司5家。全年实现保费收入152.51亿元，增长44.4%，增速比上年提高22.5个百分点，高于自治区GDP增长33.4个百分点。全年累计赔款与给付44.39亿元，比上年增长18.64%。其中财产险累计赔付23.61亿元，比上年增长25.72%；人身险赔付支出20.73亿元，比上年增长11.18%。保险业总资产263.36亿元，比上年增长25.66%。全区保险深度3.68%；保险密度727.93元/人，比上年增加223.83元（见图6）。

加强市场行为监管，建立风险防范机制。保险监管部门依法处罚违法违规机构17家次、人员9人次，累计罚款93万元；制定了规范寿险公司经营行为的“八条禁令”，全年共对44家保险公司及其分支机构、13家专业保险中介机构、202家银行保险兼业代理网点进行现场检查；并积极探索建立车险市场见费出单制度和寿险公司收付费零现金管理制度，完善风险防范机制。

2. 保险业发展中需要关注的问题。

一是农业保险覆盖面低，保险保障功能未得到充分发挥。2008年，新疆自治区连遭大风、沙尘、

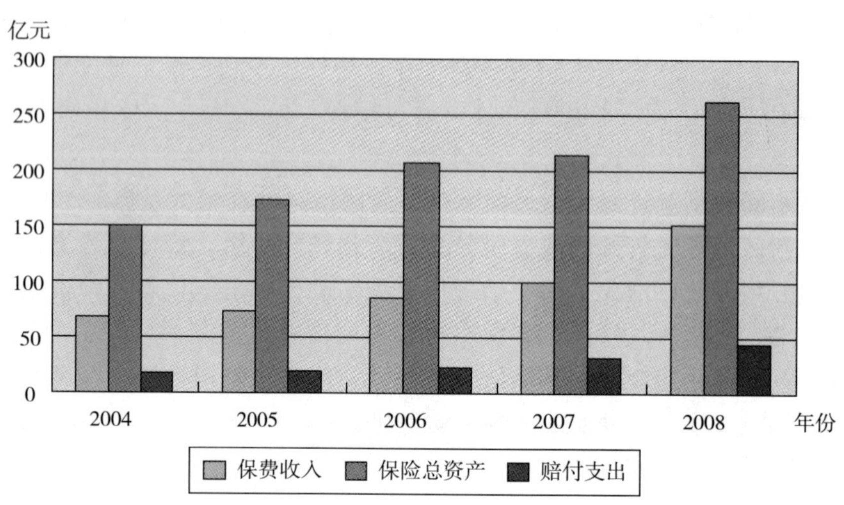

数据来源：新疆保监局。

图6　2004～2008年新疆自治区保费收入、保险总资产、赔付支出

低温、雨雪、冰冻等灾害，共造成自治区14个地州（市）的40个县市500多万人受灾，农林牧业直接经济损失达50亿元。尽管保险公司赔款超过1亿元，但仅占全部损失的2%，比例较低。

二是转变经营方式的压力仍然较大，行业内部旧有的体制机制矛盾依然存在。依靠铺机构、设摊子、拉队伍来推动业务增长的经营方式未得到根本转变，经营效益较低，个别保险公司偿付能力不足，潜在风险隐患较大。保险公司内部治理结构存在缺陷，诚信缺失现象依然存在，理赔难、误导等问题比较突出。2008年，新疆自治区财产险公司各类信访投诉案件98件，其中，涉及因理赔以及其他服务问题的合同纠纷类投诉占59.18%。

三是市场结构不合理问题仍未得到根本改善。寿险投资型产品销售超常势头未得到根本扭转，保障性产品占比不高、期缴占比过低、银行代理渠道依赖性过高现状未得到实质性改善。车险依然是产险保费增长的主要拉动力量，少数渠道、少数公司仍然占据新疆自治区大部分市场。

四是经济增长放缓对保险业的影响不容忽视。随着金融危机对实体经济影响的显现，新疆自治区经济增长预期放缓，部分企业经营困难，就业压力增大，居民收入和消费信心降低，可能使一些企业、居民购买保险产品的意愿和支付能力下降。汽车、住房销售量持续下降将导致车险、房贷险增速放缓。工业增速放缓，导致企财险、货运险发展压力增大。银行持续降息，可能使投资性保险产品收益率低于保单平均预定利率，导致寿险公司出现利差损失，影响偿付能力。同时银保业务和投资理财型产品超常规快速发展，使寿险业务面临大起大落的风险。

（四）金融业综合经营稳步推进，金融创新能力有所增强

近年来，新疆自治区金融机构为提高综合竞争力，积极开展金融创新，在一定领域开始突破分业经营界限，从传统的分业经营向综合经营模式转变。目前新疆自治区金融机构综合经营主要通过交叉性金融工具来实现，开展的业务有合作业务、跨行业业务、跨市场和跨行业业务。

1. 综合经营开展情况。

（1）合作业务。银证合作业务。新疆自治区银证合作早期以银证转账、银证通为主，2007年8月开始，以第三方存管为主。至2008年末，除2家地方法人银行正在申请业务资格外，其余10家总

部在自治区外的商业银行均与券商合作开办了第三方存管业务。全自治区开办第三方存管的账户资金余额686.24亿元，其中国有商业银行存管的资金占比90.7%。

银保合作业务。新疆自治区银保合作业务的方式主要为银行代理销售保险。2008年新疆自治区有11家商业银行与自治区内保险公司签订代理保险销售业务，实现银保收入46.84亿元，较上年增长162.9%，是2004年全年银保收入的7.8倍。全区银行代理保费收入占保费总收入的32%。

（2）跨行业业务。目前，新疆自治区金融机构开展的跨行业业务主要是企业年金管理，有平安养老保险公司、工商银行、招商银行等机构开展此项业务。平安养老保险公司主要是协助企业进行整体年金方案的设计、交费的测算等工作，商业银行主要承担管理企业账户和个人账户。工商银行新疆自治区分行自2006年6月启动第一笔企业年金业务以来，业务量已占据新疆自治区企业年金市场半壁江山；截至2008年年末，该行企业年金账户管理规模4.4万人，托管年金资产0.74万元，实现企业年金业务收入78万元。

（3）跨市场和跨行业。一是商业银行委托理财及代理基金销售业务持续增长。自2005年起，新疆自治区有14家商业银行开办个人理财业务。2008年共发行个人理财产品826期，募集资金94.21亿元，比上年增长2.4倍。代理基金募集资金150.84亿元，比上年增长60.3%。二是证券公司委托理财业务停滞不前。新疆证券公司从1997年开展受托理财业务，到2005年共代理客户理财182亿元。理财资金大部分通过虚设账户流进股市。因受股市连续长期单边下挫影响，理财业务出现巨额亏损，致使公司严重资不抵债被宏源证券接管，2008年被法院裁定破产。三是保险公司委托理财业务发展迅猛，但增速出现下滑。保险公司开展的委托理财产品主要是人身险业务中的投连险和万能险。2008年，万能险实现保费收入18.89亿元，比上年增长59.34%；投连险保费收入4.11亿元，比上年增长123.74%。2008年下半年，受资本市场低迷、产品收益率下降影响，万能险、投连险产品增速下降。12月，两种产品保费收入分别比当年最高月份下降了1.28倍和1.03倍。四是信托公司委托理财业务出现新进展。截至2008年年末，重组后的新疆华融信托开展跨市场信托业务151.3亿元。

2. 综合经营业务中值得关注的问题。一是金融综合经营规模和比例较小，理财产品与服务同质化严重，创新能力较弱。金融业综合经营规模不到新疆自治区金融业总资产的10%。大多数商业银行推出的理财产品仍然是围绕组织存款进行的简单组合，理财服务仍停留在咨询、代销产品与提供简单投资建议等浅层次上，缺乏依照客户的理财需求进行委托投资理财与深层次服务。二是风险管理滞后。目前商业银行的综合经营仍处于粗放型的管理阶段，大多数商业银行缺乏先进的风险管理工具与技术，专业人员匮乏，少数商业银行对风险疏于管理甚至漠视风险的存在。2008年部分商业银行出现了QDII产品亏损与结构型理财产品零收益，部分银保产品出现大量退保现象。

三、金融基础设施与金融稳定

（一）现代化支付清算体系日趋完善

支付清算体系规章制度逐步完备。制定了大、小额支付系统、全国支票影像交换系统、中央银行会计集中核算系统等相关制度，健全了支付清算系统应急及安全运行管理机制，修订了《新疆辖区支付清算系统危机处置预案》，制定了《ABS危机处置预案实施细则》，规范了处置突发事件的程序，支付清算环境进一步完善，业务量明显上升，社会资金周转加快，资金使用效率提高。2008 年，大、小额支付系统分别办理业务 394 万笔、1 025 万笔，清算资金53 870亿元、7 364 亿元，分别增长 22%、93%；共发生支票业务 1 896 万笔，金额 18 633 亿元，占票据业务总额的 97.8%；发放各类银行卡 2 515 万张，银行卡交易 2 496 万笔；POS 机 1.81 万台，ATM 机 2 452 台，密度 0.12‰。小额支付系统实行 7×24 小时不间断运行，支票清算天数同城仅为一天，异地两天。

（二）司法环境不断改善

案件执行工作联动机制初步建立。2008 年，新疆维吾尔自治区高级人民法院为解决“执行难”问题，积极推动执行联动机制建设，初步形成了“党委领导、各界配合、法院主办”，综合解决“执行难”的工作格局。同时，采取增加被执行人不履行债务成本等措施，促使被执行人自觉、自动地履行债务，为进一步破解“执行难”问题起到了积极促进作用。

（三）金融业公司治理水平逐步提升

一是国有商业银行分支机构通过深化改革，进一步加强内部管理，强化内控与合规经营，健全考核激励机制，经营效益不断提升。二是地方法人金融机构按照现代金融企业制度要求，加强公司治理和风险控制，建立起较为规范的“三会”治理结构，完善董事会、经营管理层、职能部门三级垂直风险控制体系，并大力开展增资扩股，不断增强资金实力。三是金融机构积极健全完善激励约束机制，加强内控制度建设，制定和完善业务规则与操作指引，严格对会计、账务等重点业务环节的管理，全员合规经营意识明显提高。

（四）反洗钱、反恐融资工作稳步推进

反洗钱、反恐融资合作机制逐步建立完善，反洗钱领域逐步扩大，可疑资金监测分析范围更加广泛，反洗钱监测系统日益完善，预防、控制洗钱风险能力不断提高。反洗钱信息情报收集报送工作取得进展，2008 年，新疆自治区金融机构累计报告人民币重点可疑交易 36 份，涉及金额 119.7 亿元；向公安部门移送重点可疑交易线索 7 起，涉及可疑客户 21 户、可疑账户 36 户、金额 29.2 亿元。

（五）征信体系建设成效显著，信用环境逐步改善

一是企业和个人征信系统信息采集范围扩大。截至 2008 年年末，已录入 13 万个借款企事业单位和有信贷记录的 303 万人的相关信息，金融机构月均查询企业和个人征信系统达 1.68 万和 8 万余次。征信系统纳入 22.3 万个住房公积金账户、487 户企业环境违法信息、44 户企业拖欠职工薪金信息等非银行信息，信用奖惩机制作用逐步发挥。二是中小企业和农村信用体系建设步伐加快，征信市场得到进一步培育和发展。全区共建立中小企业信用档案 22 439 个，农户信用档案 160 万户，农村信用社借款企业资信评级试点工作取得进展。三是征信宣传力度加大，媒体宣传力度增强，征信知识进乡村、进校园、进社区活动全面开展，“诚信新疆”建设工作取得较好成效。

四、总体评估与政策建议

（一）新疆自治区金融稳定状况总体评估

2008 年，新疆自治区金融总体保持稳定，金融体系处于能够有效发挥其关键功能的状态。良好的宏观经济发展态势、稳健的金融机构运行、不断改善的区域金融生态环境是新疆自治区金融保持稳定的关键因素。

我们运用综合评价法对 2006～2008 年新疆自治区金融稳定状况进行量化评估，得出辖区金融稳定状况逐年增强的结论。2008 年新疆自治区金融稳定综合评价指数较前两年有所提高，区域金融稳定状况总体趋好，宏观经济、金融业和区域金融生态环境对新疆自治区金融稳定的贡献是正向趋势，只是宏观经济受国际金融危机的影响有所减弱。总体上看，金融体系的稳定性进一步增强。

表 1　2006～2008 年新疆自治区金融稳定综合评价表

项目＼年份	2006	2007	2008
宏观经济	0. 1069	0. 1224	0. 0968
金融业	0. 1341	0. 1467	0. 2685
金融生态环境	0. 0473	0. 1026	0. 0919
综合得分	0. 2883	0. 3717	0. 4572

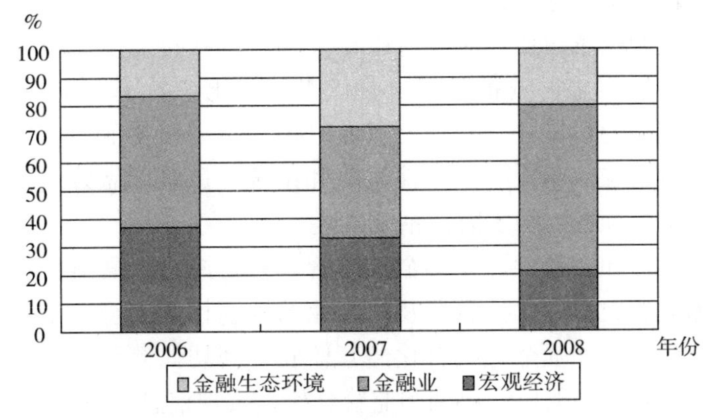

图 7　2006～2008 年新疆自治区金融稳定计量评估指标变化趋势

与此同时，经济金融运行中一些长期积累的问题和新出现的矛盾成为影响金融稳定的潜在因素。这些问题和矛盾主要表现为：长期以来制约新疆自治区经济发展的粗放型的经济增长方式和经济结构性矛盾始终未得到根本改善；国际金融危机导致的全球经济衰退对新疆自治区实体经济的影响逐步显现，企业流动资金紧张，给商业银行保持资产质量稳定和持续盈利带来较大压力；农村中小金融机构面临的形势更加严峻，潜在风险更加突出；证券市场规模小、融资能力较弱，上市公司和证券经营机构面临效益下滑压力；保险市场一些深层次的矛盾和问题依然存在，个别公司面临偿付能力不足的风险；金融综合经营规模和比例较小，金融创新能力弱；在国际金融危机形势下，经济犯罪呈现高发态势。加之社会稳定方面存在的一些突出问题，如城乡居民收入差距进一步拉大，就业再就业形势严峻，“三股势力”干扰破坏活动猖獗等，进一步增加了维护金融稳定工作的难度。

（二）促进新疆自治区金融稳定的政策建议

一是大力调整经济结构，着力转变发展方式。坚定不移实施优势资源转换战略和大企业大集团战略，整合资源，扩大规模，提升实力。着力实施中小企业成长工程，加强企业信用担保体系、自主创新平台建设，引导中小企业发挥优势，找准生存发展的立足点；加快高新技术改造，提升纺织、食品、机电、冶金等传统产业步伐。积极推进房地产业健康发展，积极发展金融、保险服务业，特别是涉农保险。加快发展会计、审计、法律、咨询、会展、检测等专业服务业和中介服务业。加大投资建设力度，多方位开拓国际市场，积极拓宽产品销售渠道，缓解外需不足的影响。积极培育上市公司后备资源，扩大证券市场融资规模，为新疆自治区经济发展筹集更多的资金，降低银行风险。

二是高度关注社会稳定问题。进一步加大就业再就业工作力度，千方百计增加农民收入，切实关注人民群众的民生问题，妥善处理突发事件，牢固树立“稳定压倒一切”的思想不动摇，全力确保新疆自治区社会长期稳定。

三是提高防范化解金融风险能力和水平。金融机构要在审慎风险管理、风险可控的前提下，创新融资方式，拓宽融资渠道，满足合理的资金需求，改进金融服务，加大对地方经济的支持力度，促进新疆自治区经济平稳较快发展。同时继续严格控制不良贷款余额和比率。法人机构要积极拓宽资本金募集渠道，确保资本始终充足，增强金融业支持经济发展的能力。完善内部评级体系，提升当前特殊形势下有效识别、计量风险的能力，多渠道加大处置不良资产的力度。加强理财产品风险管理，规范银保合作，促进金融综合化经营。

四是深化地方法人机构改革，加大对农村中小金融机构扶持力度。地方政府应通过帮助地方法人机构清收处置不良资产、实施增资扩股和税收优惠等，化解其历史风险，增强其抵御风险能力。人民银行应加强与监管部门的协调配合，加大对农村中小金融机构的资金支持力度，加强农村中小金融机构流动性风险监测，确保不发生区域性风险和系统性风险。做好重大风险的实时监测、排查和处置工作，制定完善应急预案，切实防范系统风险。

五是提高监管的科学性和有效性。完善金融监管体系，探索开展对机构实施功能监管，以减少监管的真空和盲区。加大对银行业、证券业及保险业的现场检查力度和市场规范力度，有效维护市场秩序；在金融危机形势下，加强金融综合化经营监管，密切监测跨行业、跨市场风险，提高监管的前瞻性和有效性；加强跨部门的监管协调和监管合作，实现信息共享，形成维护金融稳定合力。

总　纂：田　戈
统　稿：庞小红
执　笔：庞小红　杨长伟　白文梅　蔡　玲　李宏林

大连市金融稳定报告摘要

2008年，大连市金融业克服国际金融危机的影响，基本保持健康平稳的运行态势。银行业、保险业发展迅速，盈利能力和抗风险能力显著增强；证券业受全国资本市场低迷影响，出现业务萎缩和利润下滑，但期货业实现了较快增长。金融市场体系继续完善，金融生态环境进一步优化。大连市金融稳定定量评估得分85.41分，比上年下降1.91分，与2006年水平相当，稳定状况仍为良好+，属A类地区。

一、区域经济运行与金融稳定

2008年，大连市积极采取措施，应对国际金融危机的剧烈冲击，经济总体呈现“增长较快、价格回落、结构优化、民生改善”的良好局面，实现了经济、社会又好又快发展，为区域金融稳定创造了良好的外部环境。但在国际金融危机背景下，出口增速下滑、企业效益下降、房地产市场持续调整等问题，成为大连市经济金融稳定发展的潜在风险。

（一）经济运行情况分析

1. 经济增长平稳，产业结构进一步优化。2008年大连市虽然遭受了国际金融危机的严重冲击，但经济依然保持了平稳较快增长。全年实现地区生产总值3 858.2亿元，按可比价格计算增长16.5%。三大产业协调发展，第一产业增加值289.1亿元，增长8.1%；第二产业增加值1 993.9亿元，增长19.6%；第三产业增加值1 575.2亿元，增长14.4%。三大产业结构为7:52:41，产业结构进一步调整和优化。万元GDP综合能耗下降4.2%，主要污染物排放总量平均削减了3%。经济的稳定发展，为大连市金融体系稳健运行创造了良好的环境（见图1）。

2. 投资强劲增长，消费持续升温，进出口增速平稳，内需对经济拉动作用明显。2008年，在国家扩内需、保增长的战略下，大连市固定资产投资快速增长，投资结构趋于优化。全年完成全社会固定资产投资2 513.4亿元，同比增长30.2%。其中，城镇投资2 134.5亿元，增长32%；农村投资378.9亿元，增长20.6%。对农业投入明显增多。第一产业完成投资132.3亿元，同比增长91.5%，同比加快67.8个百分点。三次产业投资比重由上年的3.6:41.2:55.2调整为5.3:39.6:55.2。在金融危机的不利影响下，大连市消费品市场逆市升温，城乡市场协调发展。全年实现社会消费品零售总额1 182.6亿元，同比增长20.3%，增速比上年提高3.1个百分点。消费品零售总额各月累计增幅自年初以来始终高于上年。对外贸易整体良好。全市外贸自营进出口总额449.09亿美元，同比增长23.71%。其中进口总额210.7亿美元，同比增长26.86%；出口总额238.39亿美元，同比增长21.05%（见图2）。

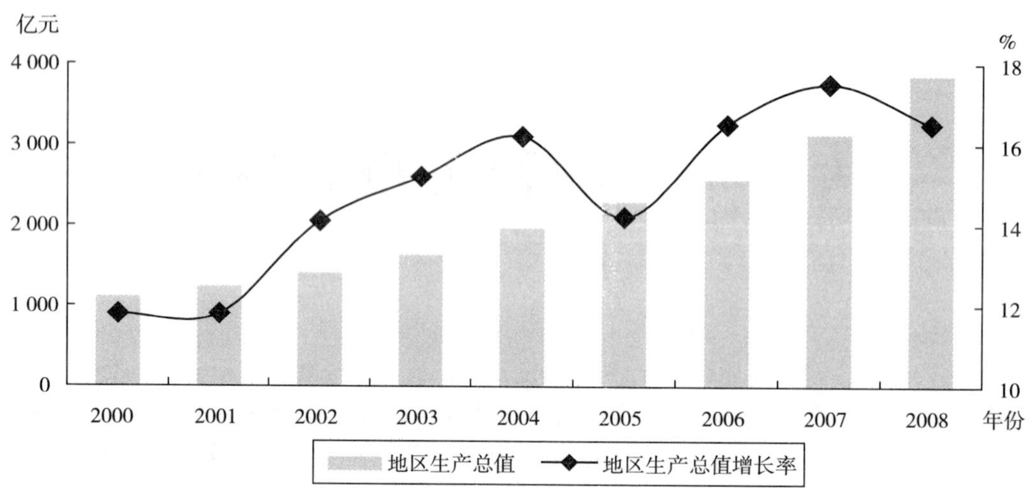

资料来源：大连市统计局。

图1 大连市GDP增量及增速变动趋势

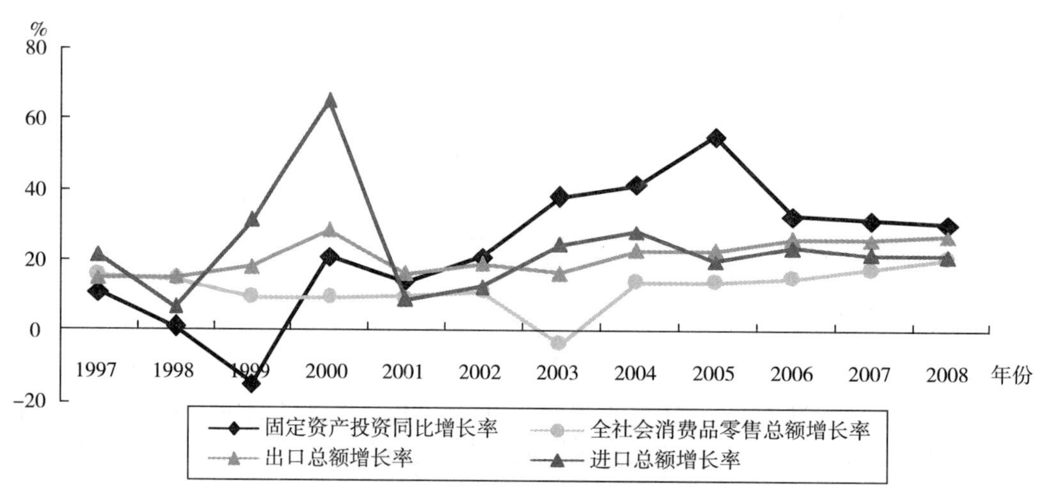

资料来源：大连市统计局。

图2 大连市三大需求增速变动趋势

3. 工业经济稳定增长，新型产业基地建设成效显著。2008年，大连市工业克服了金融危机的不利影响，保持了平稳增长。全市规模以上工业完成增加值1 398.4亿元，按可比价格计算增长23.8%。其中，轻工业完成增加值351亿元，增长20.8%；重工业完成增加值1 047.4亿元，增长24.8%。支柱产业生产增长较快。"四个基地"合计完成工业增加值930.3亿元，占规模以上工业的66.5%，同比增长25.6%，其中石化、船舶制造、电子信息、现代装备工业分别增长25.1%、39.2%、13.8%和24.9%。

4. 城乡居民收入快速增长，物价水平渐次走低，生活质量明显改善。2008年，大连市城市居民人均可支配收入17 500元，同比增长15.8%，增幅比上年提高2.6个百分点。农村居民人均纯收入9 818元，比上年净增1 449元，增长17.3%。在居民收入增长的同时大连市居民消费物价指数呈逐月回落趋势，2008年CPI同比上涨4.4%。从居民消费价格总指数的构成看，八大类价格指数中，五升三降，衣着类、交通及通信类、娱乐教育文化用品及服务类下降明显。

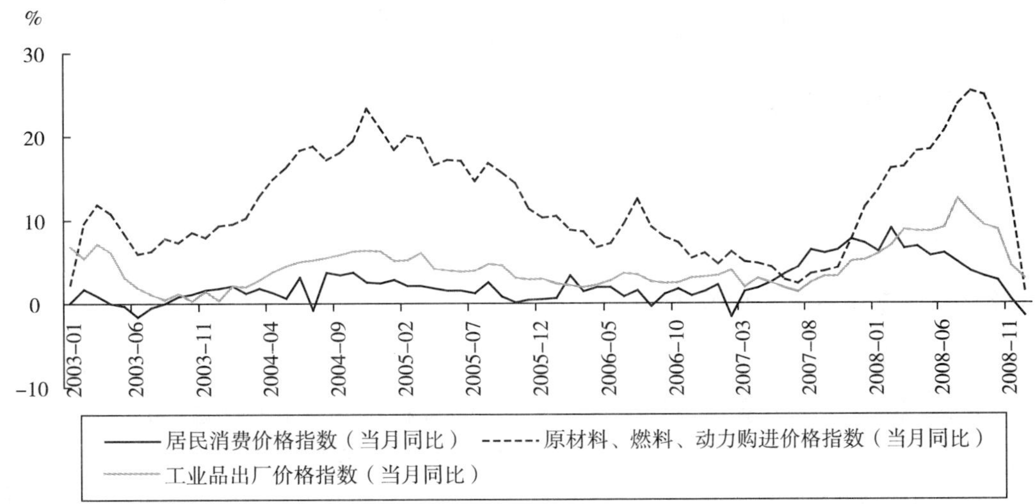

资料来源：大连市统计局。

图3 大连市居民消费价格和生产者价格变动趋势

（二）区域经济运行中影响金融稳定的因素分析

1. 国内外经济形势严峻，保持经济平稳较快增长压力较大。2008年下半年以来，受美国次债危机蔓延导致国内外经济环境恶化等多种因素影响，大连市各类型企业均受到不同程度的冲击。2008年第四季度尤其是11月份以来，大连市规模以上工业增加值、港口货物和集装箱吞吐量等指标增速明显下滑。12月份大连市规模以上工业增加值同比下降3.2%，增速环比下降11.1个百分点；销售产值同比下降了6.9个百分点，增速环比下降了13.4个百分点；规模以上工业产品产销率同比下降了1.09%。由于大连市工业产品中以装备制造为主的中间工业产品比较多，在终端产品销售疲软局面向上游传导过程中，企业经营将面临更大压力，保持经济较快增长压力较大，企业经济效益下滑导致银行信贷风险增加。

2. 受金融危机影响，出口行业整体下滑，外资流入减少。大连市外贸依存度高，出口主要面向日、韩、欧美等地区。受美国金融危机影响，这些地区进口量急剧减少，导致大连市出口企业市场需求萎缩、订单减少、企业利润下滑，出口压力进一步增加。港航物流、装备和船舶制造等部分重点产业受冲击较大；服装、家具、食品加工等部分劳动密集型出口企业，尤其是合资、外资及“两头在外”出口企业受到严重冲击。大连市自营进出口增速从10月份以后呈大幅下滑趋势，12月份自营出口总额增长4.3%，增速较上月下降了15.82个百分点。外资流入增长幅度逐渐下降，环比降幅较大。

3. 房地产行业供大于求、商品住宅房量价齐跌局面使房地产市场风险向银行体系传导风险增大。2008年大连市房地产市场呈现供大于求的局面，房地产开发投资、竣工面积均大幅增长，而商品房销售面积仍持续低迷。全年商品房开发投资495.8亿元，同比增长21.6%；竣工面积748.6万平方米，同比增长74.8%；商品房销售成交面积821.9万平方米，同比下降0.8%。商品住宅呈量价齐跌局面。市内四区全年销售商品住宅26 168套、244.37万平方米，同比分别下降29.5%和30.8%。商品房销售价格持续回落。12月份大连市房屋销售价格指数较年初下降了6.2个百分点，商品住宅销售价格指数较年初下降了5.7个百分点。受商品房销售清淡影响，房地产企业资金紧张，从而导致建材、玻璃、水泥、家具等房地产相关行业企业资金也呈紧张局面。

二、金融业与金融稳定

2008年大连市金融业运行平稳，银行业和保险业迅速发展，盈利能力和抗风险能力显著增强。证券业陷入低迷，业务量有所萎缩。

（一）银行业运行状况及风险分析

截至2008年年末，大连市共有银行业金融机构38家。其中政策性银行3家，国有商业银行4家，全国性股份制银行10家，外资银行8家，城市商业银行2家，邮政储蓄银行1家，农村合作银行1家，农村信用联社法人机构7家，村镇银行2家。此外，还有信托公司1家、小额贷款公司4家。花旗银行于2008年初在大连设立分行；大连银行北京分行、沈阳分行正式开业，跨区域经营范围进一步扩大。

1. 银行业运行状况。2008年，大连市银行业金融机构资产总额达到7 227亿元，同比增长23.2%；负债总额7 012亿元，同比增长22.4%。

（1）存款总量稳步增长，企业存款增速放缓。截至年末，大连地区本外币各项存款余额达5 535.16亿元，同比增长24.28%；增加存款1 082.52亿元，同比多增603.38亿元，呈现出稳步增长态势。储蓄存款增速比上年同期高24.24个百分点，表明在楼市、股市持续低迷的情况下，居民储蓄意愿不断增强。受金融危机影响，企业资金流动性下降，经济效益下滑。企业存款增势平缓，增速比上年同期低10.46个百分点。

（2）贷款增长先抑后扬，票据融资拉动作用明显。2008年大连市金融机构信贷投放受政策影响明显，贷款增长表现为先抑后扬。全年增加贷款738.53亿元，同比多增294.87亿元。截至2008年年末，本外币各项贷款余额达4 062.71亿元，剔除剥离因素，同比增长21.61%。其中，票据融资余额235.01亿元，同比增长38.24%；全年新增65.01亿元，同比少降多增161.32亿元。

（3）信贷资产质量和盈利能力显著提高。2008年大连市银行业金融机构不良贷款余额和比例继续保持“双降”。截至12月末，剔除农业银行剥离因素，不良贷款余额比年初减少21.63亿元，不良贷款率比年初下降1.91个百分点。银行业盈利能力进一步提高，全年实现净利润同比增长52.21%。银行业整体风险抵御能力进一步加强，拨备覆盖率显著提高，比年初提高36.22个百分点。

2. 银行业风险状况分析。

（1）房地产市场进入艰难的调整期，房地产信贷风险面临考验。一是房地产开发企业分化显现，存量贷款风险增加。受宏观调控和市场调整的影响，房地产市场信心不足，销售低迷，11月份首次出现量价齐跌局面，房地产开发企业资金紧张趋势进一步加剧。二是个人房贷业务出现下滑，累计发放个人住房贷款同比下降39.8%，个人违约现象有所增加。

（2）银行表外业务快速增长中蕴藏的风险应持续关注。2008年，受信贷规模控制影响，商业银行表外业务呈快速上升势头，隐含的风险不容忽视：一方面表外业务规模快速增长与机构管理水平的不足容易形成快速增长下的风险积聚；另一方面表内业务表外化风险实际上仍由银行承担。这种潜在的风险一旦爆发，比表内的信贷风险问题更为严重。

（3）商业银行理财业务潜在问题日益突出。由于国内外金融市场波动加剧，大连市银行业机构个人理财业务的潜在问题日益显现。一是部分理财产品出现零收益、负收益或浮亏，引起理财产品纠纷增多，给社会带来诸多负面影响。2008 年下半年大连市涉及理财产品的投诉明显增多，8 家银行 15 款产品被投诉，涉及本金 3.02 亿元。二是理财产品管理不规范，易诱发银行法律风险。产品设计和发行存在不足，部分产品存在明显缺陷，有的产品设计时对市场波动准备不足，在科学定价和风险对冲方面缺乏经验和技术。三是部分理财产品信息披露不充分，部分产品风险信息披露模糊，存在回避核心风险的现象。

（4）信用卡发卡量快速增长带来的风险需要关注。大连市信用卡业务快速增长，不良率比年初上升 0.41 个百分点，比全部个人贷款不良率高 0.54 个百分点。信用卡风险不断加大，信用卡欺诈风险日显突出。主要原因：一是一些银行迫于业绩考核压力"重发卡、轻审核"，容易引发信用卡信用风险和欺诈风险；二是在当前不断加大的房贷压力下，流动性不足的持卡人存在套现冲动，风险开始在银行内部积聚；三是目前中小企业融资困难，有些小企业主可能通过大量透支信用卡额度，来补充维持企业所急需的现金流；四是一人多卡的现象非常普遍，加大了银行对信用卡的风险管控难度。

（二）证券业运行状况及风险分析

2008 年，受全球经济下滑、国内宏观调控和资本市场自身调整等一系列因素的影响，大连市证券交易大幅萎缩，证券经营机构盈利水平显著下滑，从根本上仍未能改变"靠天吃饭"的盈利模式，经营效率和效益极不稳定。期货市场在商品期价大幅上涨和快速回落的剧烈震荡中稳步扩大交易规模，保持着较高的增长幅度，但与经济发达地区比，仍然存在股东公司规模小、人员素质低、研发能力差、客户保有量少等问题，核心竞争力有待加强。

1. 2008 年大连市证券期货市场运行情况。

（1）直接融资取得新进展，但上市公司业绩、市值双双下滑。截至 2008 年年末，大连辖区共有 21 家上市公司，通过发行可转债、IPO 和大股东定向增发等途径，直接融资达 51.47 亿元，比 2007 年增长 5.47%，在市场低迷的情况下取得了可喜的融资成果。与此同时，在经济下滑、股指下挫的情况下，上市公司总股本虽然比上年增长 40.43%，但总市值却比上年下降 55.52%。截至 2008 年第三季度，辖区上市公司共实现净利润 21.03 亿元，比上年同期减少 21 亿元，减幅为 49.8%。

（2）证券交易明显萎缩，证券公司盈利水平显著下降。截至 2008 年年末，大连市辖区共有证券公司 1 家，证券营业部 40 家（含 2 家证券服务部），证券投资咨询机构 2 家。受市场影响，2008 年大连市证券经营机构证券交易和客户资产规模均较上年度大幅减少。全年各品种证券交易总额为 5 544.18亿元，同比下降 43.98%。证券经营机构全年手续费收入同比下降 47.84%，利润总额同比下降 54.54%。

（3）期货交易持续增长，但经营效益有所下滑。大连市共有期货经营机构 74 家，其中法人公司 5 家，营业部 69 家。2008 年，辖内各期货经营机构纷纷加大市场开发力度，客户交易活跃，代理期货交易量 12 722 万手，代理交易额 56 067 亿元，同比分别增长 34.54% 和 76.97%；净手续费收入同比增长 4.73%；但利润总额同比下降 1.76%。

2. 证券、期货经营机构的风险分析。

（1）证券经营机构风险状况分析。当前证券经营机构主要面临以下经营风险：第一，在经济危机到来时，投资者对经济持续发展的信心和预期下降，投资行为减少，二级市场中交易量相应萎缩，证券公司手续费及佣金收入随之减少，使得证券公司经纪业务较上年大幅减少。第二，行情下跌后，拟上市公司 IPO 意愿降低、已上市公司再融资需求减少，加之中国证监会在下半年停止发行上市审批，使得作为证券公司的承销业务难以为继。第三，在行情下跌过程中，证券公司自营业务同样难以幸免，业务收益减少甚至亏损，自有资产有较大缩水。第四，在纷繁复杂的国内外市场环境下，证券公司的创新业务及其他业务的开展受到限制，加重了证券公司对二级市场的依赖性。一旦市场行情持续转弱，证券公司的整体经营状况将受到较大影响。

（2）期货经营机构风险状况分析。

一是遭受系统性风险冲击的可能性大。2008 年以来，受国际金融危机、国内外需求前涨后落、汇率波动增大、流动性由充裕转为短缺、资金避险需求加大等多重因素的共同影响，全球大宗商品市场价格波动剧烈，部分投资者损失严重，市场风险加大。特别是“十一”长假后，受国际期货市场暴跌的影响，我国期货市场各品种出现了连续集体跌停的异常现象，市场风险凸现，各期货公司穿仓损失的潜在风险加大，期货市场的形势一度较为严峻。

二是违规经营依旧是期货市场的重要风险源。过于狭窄的业务范围，单靠手续费收入的单一盈利模式，使期货经营机构的盈利空间较小；加之投资者队伍以散户为主，数量较少，机构间的竞争比证券市场更为激烈，从而往往驱使经营机构违规争夺客户，盲目扩大交易量，造成市场风险加大。

（三）保险业运行状况及风险分析

2008 年，大连市保险业平稳、健康、快速发展，市场体系不断完善，市场秩序持续好转；保险机构创立速度加快，辐射能力进一步增强，保险资产总量再创新高；足额提取各类风险准备金，行业抵御风险能力明显增强。

1. 保险业运行状况。2008 年，大连市保险业保持快速发展态势，发展质量好、增长速度快、社会效益优已经成为大连市保险业的发展特色。

（1）业务发展规模创历史新高。2008 年，大连市保险业实现保费收入 107.43 亿元，同比增长 30.9%，是近年来发展最快的一年。其中，财产险公司实现保费收入 27.3 亿元，同比增长 4.42%；人身险公司实现保费收入 80.14 亿元，同比增长 43.9%（见图 4）。保险深度 2.78%，同比上升 0.16 个百分点；保险密度 1 755 元/人，同比增加 328 元。保险深度和保险密度均创 5 年来新高。

（2）产品结构持续优化。2008 年，财产险重点领域保险保障进一步加强，非车险业务实现保费收入 11.38 亿元，占财险公司保费收入的 40.4%，比全国平均水平高 13.3 个百分点。人身险业务结构进一步优化，新单标准保费大幅增加，业务内涵价值持续提升。全年实现标准保费收入 19.48 亿元，同比增长 67%，高于保费增速 23 个百分点；寿险新单期缴业务占比 27%，超过全国平均水平 7.2 个百分点。

（3）市场体系进一步完善。2008 年，人保健康、合众人寿大连分公司和中美大都会大连营销服务部开业，百年人寿总公司、幸福人寿中心支公司获准筹建，大连中外资保险公司达到 32 家，其中法人机构数量 3 家，在全国各大城市中位列第四。全市保险专业中介机构 56 家，兼业代理机构 1 056 家。保险从业人员 2.95 万人，同比增加 1.09 万人，成为城镇吸纳就业的重要力量。

（4）经济补偿作用充分体现。2008 年，大连市保险业共支付财险赔款和寿险给付 41.35 亿元，同比增长 134.5%，增速高于上年 44.2 个百分点。全行业为中远船务、西太平洋石化等合计 1.37 万

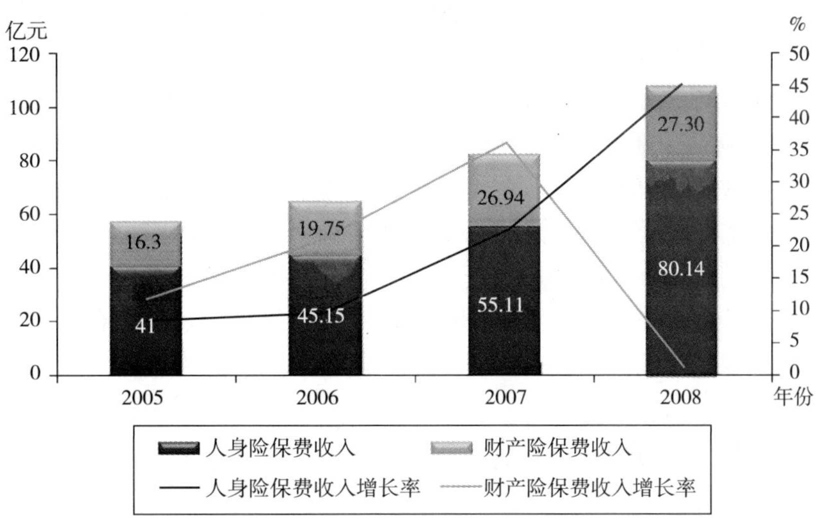

数据来源：大连保监局。

图4　2005～2008年大连市保险机构保费收入变化情况

个企业提供了超过3 500亿元的财产保障，为“五点一线”沿海经济带开发建设提供了超过200亿元的风险保障。出口信用保险支持出口金额33.6亿美元，支持国内贸易33.9亿元人民币。

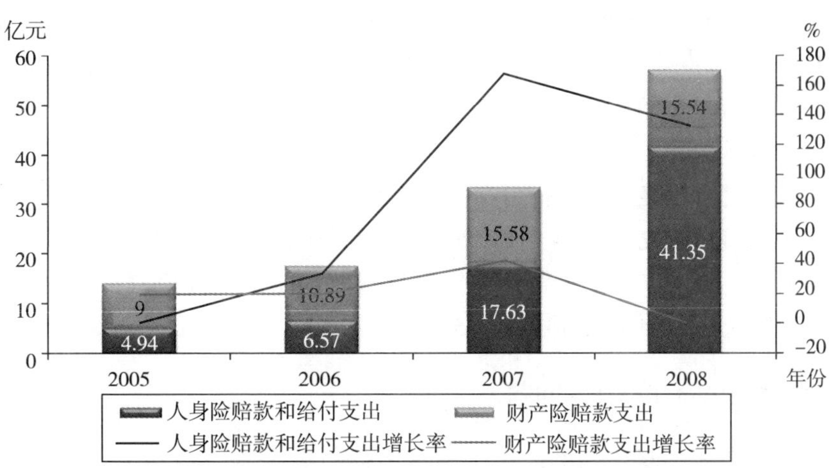

数据来源：大连保监局。

图5　2005～2008年大连市保险机构保险给付支出变化情况

（5）老工业基地装备制造业的保险利用率明显提高。大连市装备制造业利用信用保险发展出口的大中型企业由2007年的3家发展到2008年的5家，船舶业中的中远船务、大连船舶重工也开始利用信用保险支持业务发展。2008年，大连市装备制造业和船舶制造业利用信用保险支持的项目总额达到2.16亿美元，同比增长264.2%。

2. 保险业风险状况。

（1）寿险退保风险隐患仍然存在。目前保险业的营销模式以代理合作为主，保险公司和银行、个人营销员、专业保险中介公司等营销渠道之间没有建立起长期稳定、约束有力、风险共担、利益共享的营销机制。保险公司对销售渠道的管控能力较差，各销售渠道为获取手续费收益而发生短期行为的现象时有发生，销售误导、夸大产品功能、隐藏除外责任、错误解读行业和公司的产品停售政策实行突击销售等违规行为容易引发退保风险，主要是新型投资类寿险产品的退保风险。

（2）经济环境使保险业面临的不确定因素增加。在承保业务方面，由于大连市部分企业经营困难加重，居民收入增长放缓，可能会使一些企业、居民购买保险产品的意愿和支付能力下降；在保险投资方面，随着保险资产规模和资金运用余额不断增加，保险资产面临低效配置和错配风险，稳定和提高投资收益十分困难；在保险公司增资方面，企业向保险公司投资参股或继续增资的意愿和能力也受到一定影响。从外部环境看，跨国金融保险集团新暴露的风险，有可能通过在我国的营业机构或参股企业向国内保险市场渗透，东北开放程度最高的大连市保险业也将面临国际市场的冲击。

三、金融市场运行与金融稳定

2008 年，大连市金融市场平稳运行，融资结构有所改善，市场经营秩序良好，为金融机构持续、健康发展营造了较为稳定的市场环境。

（一）金融市场运行基本情况

2008 年，大连市同业拆借市场交易量有所下降，市场利率相对平稳。全年实现拆借交易量 76. 32 亿元，比上年同期下降 38. 9%；拆出、拆入加权平均利率均为 3. 5903%，比上年同期降低 0. 0835 个和 0. 0862 个百分点。票据市场年末出现快速增长。全年累计签发商业汇票 1 192. 1 亿元，同比增长 4. 55%；累计办理贴现 1 773. 7 亿元，同比增长 22%。银行间债券市场交易量大幅增长。全年实现交易额 4 263. 87 亿元，同比增长 68. 7%；债券结算代理交易额 91. 38 亿元，同比下降 18. 6%；全市 534 家国债柜台实现国债柜台交易 3. 1 亿元，同比增长 232%。银行间外汇市场仍呈现供大于求的格局。外汇市场成交金额折合 11. 26 亿美元，同比下降 27. 32%。外汇交易新产品市场反应平淡。黄金市场参与主体增多，实物黄金销售增长迅速。账户金外币累计成交 0. 48 亿美元，账户金本币累计成交 1. 4 亿元，品牌金累计成交 1. 5 亿元。

（二）金融市场潜在风险和存在的问题

2008 年，金融市场各子市场之间的内在关联性增强，资金流动和利率走势逐渐趋向一致，加大了金融市场风险传染的可能性，尤其在金融危机背景下，市场风险监测、防范等工作复杂性增加。

1. 外资银行市场融资较难，个别外资银行出现流动性紧张。2008 年下半年，由于金融危机影响逐步扩大，大连市各中资银行对资金融通持审慎态度，普遍对外资银行减少甚至停止了资金拆出和借出行为，外资银行在市场上融资难度加大，个别外资银行一度出现流动性趋紧情况。

2. 票据市场业务品种更趋单一，票据融资对农业和中小企业支持作用有待加强。2008 年末，商业承兑汇票签发和贴现余额占比仅为 9. 6% 和 4. 1%，比上年同期下降 2. 1 个和 16. 6 个百分点，风险进一步向银行体系集中。第一产业和中小企业票据融资占比较低，且呈现下降趋势，2008 年末占比仅为 1. 6% 和 12%，分别比上年同期下降 1. 37 个和 9. 4 个百分点。

3. 金融市场交易量和参与主体减少，金融市场活跃程度降低。由于 2005 年以来，大连市部分国有商业银行分支机构和股份制商业银行分支机构融资权限被收归总行，资金融通多通过系统内调度，加之改革后的农村信用社资金相对宽松，减少了同业拆借市场交易，对地区同业拆借市场交易量影响较大，同业拆借近两年交易量呈下降态势。银行间外汇市场由于非金融企业加入市场以及外汇衍生产品交易的门槛仍然较高。加之受外资银行改制等影响，大连地区银行间外汇市场交易主体未增反减，市场交易量也相应减少。另外，债券结算代理市场代理客户开拓难度较大，结算代理业务量一直变化不大。

四、总体评估

对大连市金融稳定状况的总体评估，是依据相关性、准确性、可比性、区域性和可行性的标准建立指标体系，分别从宏观经济、金融机构和金融生态环境三方面分三个层次来考察金融稳定状况。通过问卷调查、层次分析法分别计算主客观权重，用综合赋权法计算出评价目标的最终得分。

（一）金融稳定定量评估的计算

采用压力测试测算利率风险。选择大连市全部9家地方法人银行机构，根据2006年、2007年两年间8次上调存贷款利率幅度计算出，在利率变化0.27个百分点时，大连市地方法人银行机构利息收入变化的时间权数，分别是1个月以内净利息收入的时间权数0.04，1~3个月净利息收入的时间权数0.2，3~12个月净利息收入的时间权数0.06。据此得到2004年到2008年的银行业对利率风险的敏感程度，其中2008年为-0.107。

采用问卷调查法计算法制环境综合得分。调查对象确定为大连市地方法人银行机构、法人证券公司、法人保险公司和人民银行大连市中心支行相关部门。共发出问卷20份，收回有效问卷20份。根据问卷汇总，大连市法制环境综合得分2007年为73.9分，2008年为71分。

（二）金融稳定定量评估结果及分析

1. 定量评估结果。大连市近5年金融稳定综合评估得分和稳定状况如表1所示：

表1　近5年大连市金融稳定综合评估表

年份	2004	2005	2006	2007	2008
得分	71.5	72.01	85.09	87.32	85.41
稳定状况	较好-	较好-	良好+	良好+	良好+
所属类别	B类地区	B类地区	A类地区	A类地区	A类地区

从中可以看到，大连市金融稳定状况从2004年到2008年5年间逐步向好，由较好-上升到良好+，所属类别由B类地区上升到A类地区。2008年以来，受国际金融危机影响，大连市地区经济评分有所下降，金融稳定状况得分也因此比上年略有下降。但是，从目前情况来看，金融危机对大连市经济金融影响有限，大连市金融稳定状况依然良好，2008年金融稳定状况与2006年水平相当（见图6）。

2. 定量评估结果分析。仔细分析宏观经济、金融机构和金融生态环境三部分的变化，可以看到三类一级指标中金融生态环境得分稳步提高，5年来升幅19.28%；金融机构得分大幅升高，至2007年升幅达到33.67%，2008年略有下降；宏观经济得分则不太稳定，2006年得分为近年来最高，2008年有所下降。2008年在国际金融危机的大背景下，大连市宏观经济、金融机构和金融生态环境得分分别呈现下降、走稳和上升三种不同趋势。

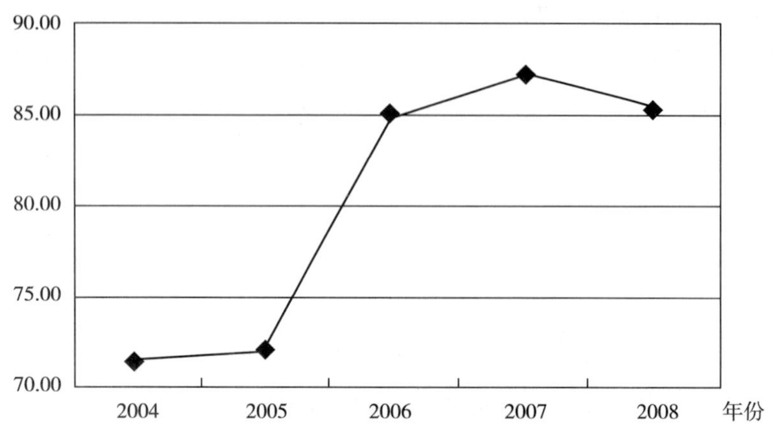

图 6　近 5 年大连市金融稳定综合评估得分趋势图

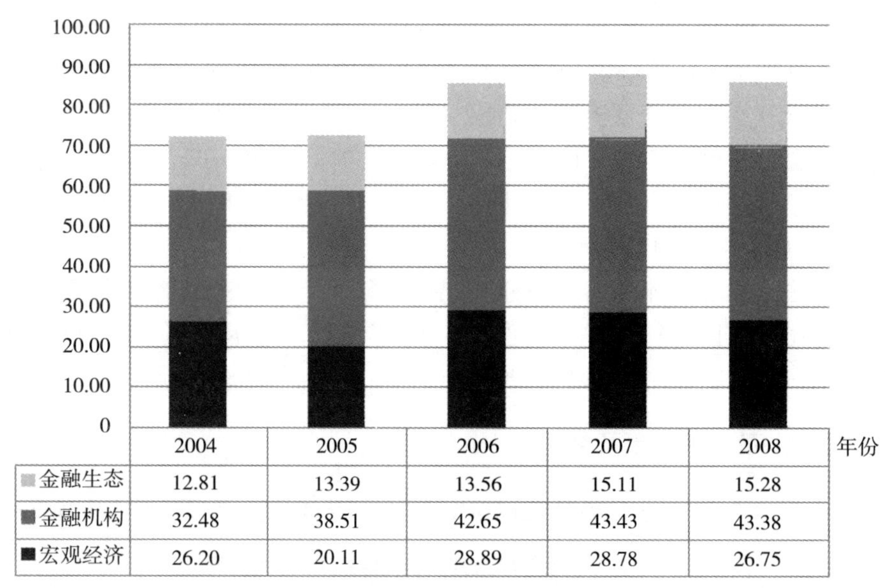

	2004	2005	2006	2007	2008
金融生态	12.81	13.39	13.56	15.11	15.28
金融机构	32.48	38.51	42.65	43.43	43.38
宏观经济	26.20	20.11	28.89	28.78	26.75

图 7　金融稳定定量评估三方面指标变化趋势图

为分析 2008 年大连市金融稳定状况变化，具体细分金融机构指标，从宏观经济、银行业、证券业、保险业和金融生态环境五方面看，得到雷达图（见图 8）：

类似于水桶原理，金融稳定状态不是取决于得分最高的方面，而是取决于得分最低的方面。要提高整体的稳定状态就要从评估得分最低的方面入手。

从定量评估结果来看，从 2004 年至 2008 年间大连市金融稳定状况稳中有升，但是从雷达图中可以看到，这种稳定状况的提高在各个方面不是同步的。2004 年金融稳定五方面得分虽然都不高，但是发展比较平均，雷达图基本呈正五边形。2005 年保险业和银行业发展较好，得分有很大提高，但是宏观经济和证券业得分下降，五方面显示出极不平衡的发展状态。2006 年银行业和保险业一直保持良好的稳定状态，宏观经济和证券业得分上升，金融稳定综合得分达到 85 分以上，稳定状况由较好 - 上升到良好 +，所属类别由 B 类地区上升到 A 类地区。2007 年、2008 年金融稳定五方面回到均衡发展状态，各方面得分均有不同程度的提高，银行业、证券业、保险业和金融生态环境得分均在

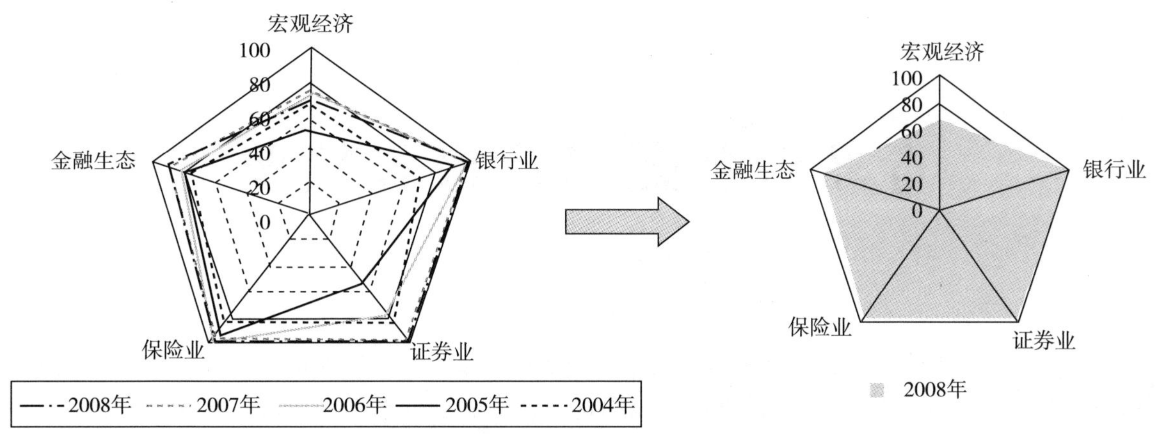

图 8　2004～2008 年大连市金融稳定定量评估雷达图

95 分以上，宏观经济得分略低，说明宏观经济发展的改善程度低于其他方面，雷达图渐呈正五边形。

2008 年大连市金融稳定状况略逊于 2007 年，主要原因在于：受全球性金融风暴冲击，大连市部分宏观经济监测指标有不同幅度下降。与 2007 年相比，在社会消费品零售总额增长率、实际利用外资增长率、居民消费价格指数、典型城市房地产销售价格指数等指标上得分较低，直接体现出大连市 2008 年在消费、外商投资和房地产等方面的发展面临一定的波动。在金融生态环境方面，2008 年比 2007 年有所提升，银行服务密度、征信数据库覆盖率等指标得分较高，外部金融冲击没有影响大连市信用环境和市场体系完善程度的提高。在银行业、证券业和保险业方面，大连市受金融危机影响不大，各行业平稳发展，法人金融机构继续通过跨区域经营、增资扩股等方式积极运作，市场秩序良好，风险防范能力增强。

大连市作为地处东北的开放型城市，既有外贸出口、外包服务、港航物流等外向型产业，又有船舶制造、软件开发等国家重点产业，内在基础较为牢固。在金融风暴来临时，位于风暴中心的金融机构本质上并没有受到大量负面影响，整体金融生态环境仍保持惯性上升，但宏观经济环境的恶化不可避免地带来大连市宏观经济的下滑。不过，这场危机在带来严峻挑战的同时，也带来了加快发展方式转变和结构调整的机遇，带来发挥自身优势、消除发展瓶颈的机遇，带来立足新起点、形成新优势的机遇。

总　纂：关守科
统　稿：符　林　朱　焱
执　笔：毛兴纲　刘晓妍　刘威岩　李　淼　陈家宁　侯　英
其他参与写作人员：王骁勇　刘　珣　李兴法　杜占山　余方平　潘遂邃

青岛市金融稳定报告摘要

2008年，在国际金融危机不断加剧和国内外经济形势发生重大变化的背景下，青岛市经济总量总体保持了较快增长，结构调整进一步深化，金融业运行平稳，金融机构实力增强，金融基础设施不断完善，金融生态环境得到有效改善。但是，受国际金融危机冲击影响，外需萎缩，工业生产增速减缓，企业效益下降，社会就业和居民增收压力较大，宏观经济环境和金融运行中影响金融稳定的因素增多，需要引起高度关注。

一、区域经济运行与金融稳定

（一）区域经济运行情况

2008年，青岛市实现生产总值4 436.18亿元，增长13.2%。其中，第一产业增加值223.4亿元，增长1.4%；第二产业增加值2 255.45亿元，增长11.1%；第三产业增加值1 957.33亿元，增长17.1%。三次产业的比例关系由上年的5.4:51.6:43调整为5.1:50.8:44.1，产业结构得到进一步调整。

固定资产投资稳定增长。2008年实现规模以上固定资产投资2 019亿元，增长23.5%，增幅与上年基本持平。工业经济效益指标出现下滑。2008年实现规模以上工业增加值2 018.96亿元，增长13.98%，增幅同比回落7.34个百分点。规模以上工业企业实现主营业务收入7 813.8亿元，增长23.66%，增幅同比回落5.27个百分点；实现利润总额246.3亿元，下降9.68%。消费物价先扬后抑。2008年实现社会消费品零售总额1 464.77亿元，增长22.2%，增幅同比提高3.1个百分点。全年居民消费价格上涨4.7%，同比提升0.2个百分点；月度居民消费价格上涨呈现“倒V形”趋势，在4月份达到6.4%的最高点后，逐月下降至年末的4.7%。外贸进出口稳步增长。2008年完成外贸进出口总额521.58亿美元，同比增长19.6%，增幅同比提高0.3个百分点。房地产开发投资增幅回落。2008年青岛市房地产开发投资累计完成373.1亿元，同比增长15.8%，涨幅同比回落4.3个百分点。全年房屋销售价格上涨5.1%，涨幅同比回落1.4个百分点；下半年房屋销售价格回落趋势比较明显，10～12月环比连续小幅下跌。非金融部门收入稳定增长。2008年青岛市地方财政一般预算收入实现342.44亿元，同比增长17%，增幅回落12.5个百分点。城市居民人均可支配收入2.05万元，同比增长14.6%，城市居民恩格尔系数37.4%。农村居民家庭人均现金收入8 509元，同比增长13.8%，农村恩格尔系数为37.7%。外汇收支和结售汇顺差双降。2008年各项外汇收入405.7亿美元，同比增长16.26%。各项外汇支出234.27亿美元，增长36.38%。外汇收支顺差171.44亿美元，下降3.2%。当年银行结汇256.54亿美元，增长9.26%；售汇117.42亿美元，增长78.17%；结售汇顺差139.12亿美元，下降17.6%。

（二）宏观经济环境中影响金融稳定的风险因素

经济下行风险加大。受国际金融危机影响，2008 年青岛市各项经济指标增速回落，经济先行指标持续下滑，经济下行压力加大。2008 年青岛市港口吞吐量比上年增长 13.31%，增幅同比下降 4.95 个百分点。其中外贸吞吐量增长 8.69%，同比回落 4.28 个百分点；集装箱吞吐量增长 10.3%，同比回落 12.63 个百分点。

外向型经济发展面临挑战。国际金融危机向国内实体经济加速传导。第三季度以来，全市出口收汇首次出现负增长，外商直接投资下降，减、撤资现象增多。据验资询证口径统计，2008 年全市外商直接投资 24.5 亿美元，同比下降 0.5%，增幅回落 31 个百分点。部分企业外资到位出现困难，减、撤资现象明显增多。2008 年外汇管理局青岛市分局办理的外资企业减资业务共 92 笔，减资额为 2.13 亿美元，平均减资率为 57%，最高的达到 100%，其中韩资企业外方减资额为 0.67 亿美元，占比 32%。

金融危机对商业银行的负面效应开始显现。国际结算业务量明显下降。中国银行山东省分行，第四季度结算量仅为 45.2 亿美元，较第三季度结算量减少了 12.6 亿美元。贸易融资和授信业务潜在风险加大。随着金融危机的持续蔓延，青岛市纺织服装、船舶航运等行业的进出口企业货款回收风险加大，资金链普遍趋紧，银行贸易融资和授信业务潜在较大风险。据中国银行山东省分行反映，在该行贸易融资授信余额中，出口贸易及对外承包工程、船舶保函业务占到 67%，30% 的客户集中在外贸、电子、纺织服装鞋帽加工等行业，受金融危机冲击较大。

房地产市场持续低迷。2008 年，青岛市房屋销售价格呈现回落趋势，空置房源增加，销售速度下降。以全年销售速度计算，年末存量房源销售完毕需 17.5 个月，比 9 月末增加 1 个月，比 6 月末增加 2.7 个月。

二、金融业与金融稳定

（一）银行业

1. 银行业基本情况。2008 年，青岛市共有银行业金融机构 36 家，[①] 其中政策性银行分行 3 家，国有商业银行分行 4 家，股份制商业银行 10 家，外资银行 9 家，城市商业银行、农村合作金融机构（包括 4 家农村合作银行和 4 家农联社）、邮政储蓄机构、信托投资公司各 1 家，财务公司 3 家，外资银行代表处 1 家，村镇银行 2 家。年末，本外币各项存款余额 4 896.29 亿元，比年初增加 860.7 亿元，同比多增 227 亿元；本外币各项贷款余额 4 067.6 亿元，较年初增加 688.4 亿元，同比多增 60.48 亿元。

银行机构整体实力显著增强。2008 年，青岛市银行业金融机构经营稳健，资产总额大幅增长，盈利能力不断增强。年末，银行业金融机构资产总额 6 240.8 亿元，较年初增加 886.8 亿元；负债总额 6 057.6 亿元，较年初增加 812.5 亿元。全年累计实现账面利润 100.13 亿元，同比增加 34.05 亿元，增长 51.5%；平均资产利润率为 1.6%，同比提高 0.33 个百分点。

不良贷款余额和比例实现“双降”。2008 年青岛市银行业金融机构五级分类不良贷款余额 120.46 亿元，比年初减少 52.8 亿元；不良贷款率为 2.9%，比年初下降 2.1 个百分点。剔除农行剥离不良

① 2008 年，青岛市辖区新增外资银行 1 家（日本瑞穗银行），村镇银行 2 家（即墨北农商、胶南海汇），财务公司 1 家（中石化财务公司）。

贷款因素，不良贷款比年初减少7.8亿元。

银行风险抵御能力进一步增强。2008年，青岛市银行业金融机构提取贷款损失准备金余额62.2亿元，比年初增加15.6亿元，新提贷款损失准备金22.7亿元。贷款损失准备金充足率和拨备覆盖率（不含由总行统一计提的4家机构）分别为159.6%和68.6%，比年初分别提高了98.8个和33.6个百分点，风险抵御能力显著增强。

银行业改革开放实现新突破。农业银行股改进展顺利，不良资产剥离工作顺利结束。2008年农行青岛市分行实际剥离不良资产总额50.53亿元。年末不良贷款余额13.45亿元，不良率3.69%，分别比剥离前下降36.08亿元和9.04个百分点。青岛市商业银行与意大利联合圣保罗银行、洛希尔金融集团控股公司正式签署了战略合作协议，引进战略投资者和增资扩股工作基本完成，并更名为青岛银行。年末青岛银行资本充足率为19.83%，同比提高9.72个百分点。农村合作金融机构信贷资产质量明显改善，资本实力显著增强。2008年末农村合作金融机构五级分类不良贷款余额32.95亿元，不良率11.06%，分别比年初下降5.42亿元和3.82个百分点；年内处置不良资产14.92亿元，同比下降43.8%；资本充足率为5.41%，比年初提高2.28个百分点。

2. 银行业风险分析。

企业经营形势严峻，银行潜在信用风险加大。企业亏损面和亏损金额加大。2008年，规模以上工业企业亏损835家，亏损面16.21%，同比上升2.5个百分点；亏损额达125.5亿元，增长384.95%。10月份以来，青岛市工业企业生产增速回落，部分企业生产经营形势严峻，轮胎、纯碱、集装箱等行业处于停产或半停产状态。重大信贷风险事项频发。人民银行青岛市中心支行重大信贷风险信息报告显示，2008年全市8家银行上报企业重大信贷风险事项11次，涉及贷款企业20家，贷款余额21.6亿元，不良贷款余额为14.6亿元，不良率为67.6%，其中当年新增不良贷款14.6亿元。企业经营形势恶化是不良贷款增多的主要原因。

房地产行业高位回落，贷款质量面临挑战。房地产信贷资产质量下降。2008年，房地产不良贷款余额11.5亿元，比年初增加3.7亿元；不良率1.54%，比年初上升0.36个百分点。其中，个人住房不良贷款余额2.4亿元，比年初增加0.8亿元；不良贷款率0.58%，比年初上升0.16个百分点。房地产开发企业不良贷款余额8.03亿元，比年初增加3.43亿元；不良贷款率2.56%，比年初上升0.64个百分点。房地产贷款客户集中度较高。2008年全市房地产贷款大客户（授信在5 000万元以上）共153户，比年初增加30户；贷款余额245.9亿元，占全部房地产开发企业贷款的80.7%，比年初上升0.6个百分点。

大客户贷款过度集中和巨额担保，银行信贷风险开始显现。大客户贷款集中度进一步提高。2008年，全市银行业金融机构共有贷款余额或授信在5 000万元以上的大客户1 259户，比年初增加147户；大客户贷款余额2 196.3亿元，比年初增加483.6亿元，占银行贷款余额的58.8%，比年初上升4.4个百分点；大客户户均贷款余额1.7亿元，比年初上升0.16亿元。大客户对外担保金额较大。2008年全市银行业金融机构大客户中有对外担保的共192户，比年初增加30户；对外担保金额为586.8亿元，比年初增加118.2亿元。其中，对3户以上企业提供担保的大客户有36户，对外担保企业户数最高达10户，对外担保金额最高达23.9亿元。大客户信贷资产质量出现下滑。2008年出现不良贷款大客户37户，比年初增加5户；不良贷款余额44.95亿元，比年初增加2.52亿元。其中，纺织、零售和教育业逾期贷款率高于不良贷款率4.3个、3.2个和3.1个百分点，未来不良贷款仍有可能进一步暴露。

表外业务规模持续扩张，潜在风险应引起关注。2008 年，银行业金融机构出现了表内资产向表外转化的趋势，表外业务快速扩张。年末银行业金融机构表外业务余额 2 375.9 亿元，比年初增加 602.1 亿元，同比增长 33.9%，超过同期各项贷款增速 13.6 个百分点。年末表外业务风险敞口 1 594.7亿元，比年初增加 432.6 亿元，增长 37.2%，敞口比例比年初提高了 2 个百分点。这些风险敞口无任何抵（质）押品来缓释风险，一旦企业不能履约，银行将面临垫付资金风险。

利率风险、流动性风险和信用风险对法人银行资本充足率的冲击表现出了较大差异。我们对青岛市辖区 9 家法人银行机构的利率风险、流动性风险和信用风险进行了压力测试。压力测试结果显示：利率风险（利率下降 200 个基点）对法人银行冲击较小，冲击前后法人银行资本充足率基本保持一致，并且有 3 家机构的资本充足性略有改善。流动性风险（存款准备金率上调）对法人银行影响较为明显，在轻微冲击（存款准备金率上调 1%）下，4 家法人银行存贷比便超过 75% 的警戒值；在温和冲击（存款准备金率上调 3%）和严重冲击（存款准备金率上调 5%）下，7 家法人银行存贷比超出警戒值。信用风险对法人银行的冲击程度较大，在轻微冲击（如不良率上升 5%）和温和冲击（如不良率上升 10%）下，9 家机构资本充足率均出现下降趋势，其中 2 家机构资本充足率降至 8% 以下，1 家机构资本充足率变为负数；在严重冲击下（如不良率上升 25%），仅 2 家机构仍保持 8% 以上的资本充足率，大部分机构风险抵御能力明显减弱。

（二）证券业

1. 证券期货业基本情况。2008 年，青岛市共有证券公司 1 家，证券营业部 43 家，期货公司 1 家，期货营业部 16 家，国内上市公司 11 家，境外上市公司 3 家。①

证券市场交易下滑，证券经营机构整体实现盈利。2008 年青岛市 A 股和封闭式基金交易量为 4 849.1亿元，同比下降 33.8%，托管证券市值 259.11 亿元，同比下降 53.64%。年末证券股东账户 124.14 万户，当年新增 77.82 万户；资金账户 77.82 万户，当年新增 9.57 万户。证券经营机构全年实现营业收入 8.64 亿元，实现利润 4.63 亿元，同比分别下降 40.37% 和 47.15%。证券营业部平均营业收入为 2 009.1 万元，平均净利润为 1 219.31 万元，除两家新设和迁址营业部之外，其他营业部均实现了盈利。中信万通证券公司总资产 58.48 亿元，净资产 16.64 亿元，净资本 14.24 亿元，全年实现营业收入 9.91 亿元，利润总额 5.14 亿元，净利润 3.9 亿元，业绩基本稳定。

期货市场交易活跃，期货经营机构盈利能力有所增强。2008 年青岛市期货经营机构累计代理交易量 1 192.87 万手，代理交易额 5 871.74 亿元，同比分别增长 91% 和 104.11%。期末客户权益为 59 275.8万元，同比增长 82.08%；投资者数量为 7 342 户，同比增长 158.25%；实现利润为 956.88 万元，同比增长 51.49%。全年盈利的有 8 家机构，盈利面为 47.06%；亏损机构有 9 家，其中有 6 家新开业机构。

企业直接融资取得新进展。2008 年青岛双星定向增发筹资 3.99 亿元，青岛啤酒发行可转债 15 亿元，青岛港集团发行短期融资券融资额 6 亿元。

2. 存在的问题。

部分上市公司生产经营陷入困境。青岛双星和青岛碱业 2008 年开工率不足 50%。在已公告利润预报的 5 家上市公司中，青岛双星、ST 黄海和民生投资合计预亏近 5 亿元，青岛金王预计净利润下

---

① 2008 年，青岛辖区新增证券营业部 3 家，期货营业部 7 家。

降30% ~50%。

法人期货公司实力较弱，青岛弘信期货是青岛市唯一一家法人期货经营机构，2008年实现净利润104.11万元，仅居全市期货经营机构第四位；研发服务能力较为落后，风险监管指标和经营指标在全国处于下游水平。

期货业客户交易亏损严重。2008年，17家期货营业部客户交易累计净亏损4 019.63万元，其中有11家期货营业部客户整体亏损，只有6家期货营业部实现了客户整体盈利。弘信期货客户亏损额达7 243.96万元，亏损幅度居全市期货经营机构首位。期货市场发展趋势值得关注。

（三）保险业

1. 保险业基本情况。2008年青岛市共有保险公司分公司38家（财产险19家，人身险19家；中资31家，外资7家）①。专业保险中介机构90家，其中法人保险中介机构65家（保险代理机构45家，保险经纪机构10家，保险公估机构10家），保险中介分支机构21家（代理分支机构5家，经纪分支机构11家，公估分支机构5家）。保险兼业代理机构265家。

保费收入快速增长。2008年青岛市保费收入突破百亿元大关，累计实现保费收入102.73亿元，同比增加25.12亿元，增长32.37%。其中财产险保费收入28.31亿元，同比增长3.26%；人身险保费收入74.41亿元，同比增长48.28%。人身险保费收入中的寿险保费收入63.23亿元，同比增长51.97%；健康险保费收入9.44亿元，同比增长40.91%；意外险保费收入1.75亿元，同比下降7.12%。

保险对经济稳定运行的保障作用进一步提升。2008年各项赔款支出和给付33.32亿元，同比增长24.85%。其中财产险赔付16.53亿元，同比增长19.11%；人身险赔付16.79亿元，同比增长31.07%。人身险中的寿险赔付13.74亿元，同比增长35.98%。

农业保险业务取得新进展。2008年农业保险实现保费收入3 135.11万元，同比增长103.44%。全年农业保险共发生赔付支出907.22万元，同比增长16.12倍。

2. 存在的问题。

车险和企财险费率走低。2008年，青岛市车险平均费率水平为8.18‰，同比降低1.62个百分点。企财险平均费率为0.88‰，同比降低0.04个百分点。除交强险费率调整外，车险和企财险市场无序竞争是导致费率不断降低的主要原因。保费收入占比77.29%的车险和企财险的平均费率水平的持续走低，放大了单位保费的风险承载，对财产险公司经营效益带来不利影响。

财产险市场集中度不断上升。人保财产、太平洋财产和平安财产三大公司保费收入合计占产险公司保费收入的66.57%，同比上升3.75个百分点，其中人保财产市场占比为40.41%，比上年同期上升2.58个百分点。受市场竞争的影响，各公司保费收入同比增速普遍降低，华泰财产、天安财产、永安财产、大地财产、出口信用、中华联合财产、安邦财产出现不同程度的同比负增长。

寿险预定利率高于银行储蓄利率对寿险公司资金运营带来不利影响。2008年利率连续下调，银行1年期储蓄存款利率调整到2.25%，低于寿险公司产品预定利率0.25个百分点，寿险公司分红险等产品吸引力大增。2008年青岛市分红型寿险产品同比增长76.10%，业务收入占比达51.89%，较上年同期提高7.11个百分点。在资本市场表现不佳、银行储蓄利率走低的情况下，如何保证分红型寿险产品达到预定利率水平以上的收益对寿险公司的资金运营能力带来考验。

---

① 2008年新增保险公司分公司8家。

三、金融业综合经营与金融稳定

（一）综合经营基本情况

截至2008年年末，青岛市并无纯粹意义的金融控股公司。调查显示，青岛市各金融机构具有跨市场、跨行业性质的交叉性金融工具共17种。其中，银证类交叉性金融工具5种，银保类交叉性金融工具7种，信托理财类交叉性金融工具5种。

银证类交叉金融工具交易出现下滑。证券交易结算资金第三方存管业务量大幅下降。2008年，青岛市银行业金融机构实现第三方存管业务量895.51亿元，同比下降16.44%。银行代理基金业务量大幅减少。银基通业务2008年累计销售72.99亿元，同比减少729.67亿元。银行业市场拆借和回购业务结构发生变化。2008年青岛市银行间市场成员向证券公司拆借13笔，同比减少49笔；拆借资金67.5亿元，同比减少33.54%。与证券、保险及基金机构发生交叉性债券回购业务8笔，同比减少7笔；回购交易额13.65亿元，同比减少7.7亿元。债券回购交易以质押式逆回购为主，采取见券付款或见款付券的方式控制风险，期限最长不超过1个月。

银保类产品出现分化。银保通业务大幅增长，2008年实现交易金额31.12亿元，同比增长141.51%，增幅同比提高103.78个百分点。银行代理渠道已经成为保险类产品销售的主渠道之一。住房贷款配套保险和汽车履约保险呈现萎缩态势。2008年住房贷款配套保险仅实现保费收入18.35万元，汽车履约保险保费收入为零。万能保险、分红保险和投连险增长较快，2008年分别实现保费收入12.27亿元、32.81亿元和9.02亿元，同比分别增长58.03%、76.1%和55.94%。

银行人民币理财产品趋于稳健，外币理财产品销售低迷。受持续低迷的股票市场影响，人民币理财产品受到青睐，产品的期限结构和风险取向发生较大变化，理财产品趋向于稳健型和短期化。全年青岛市银行业金融机构共销售人民币理财产品654.04亿元，同比增长471.66%。在人民币理财产品中，贷款类、非股票证券类等低风险理财产品占据主流，股票类理财产品销售低迷。全年青岛市银行业金融机构销售人民币理财产品共1 940种（含期数），股票类理财产品仅87种。其中，第四季度仅销售股票类理财产品1种，发售金额3.63亿元。外币理财产品销售陷入低迷，2008年实现销售金额折合人民币24.81亿元，仅是人民币理财产品销售金额的3.79%。

（二）存在的问题

银行理财产品收益大幅回落。受金融危机和资本市场低迷影响，部分高风险理财产品出现亏损和零收益现象。青岛市各外资银行2007年以来发行的116款结构性和QDII产品，102款产品亏损，占87.9%。

外汇衍生业务发展出现拐点。2008年上半年，随着人民币汇率机制改革的进行和人民币的不断升值，在企业对汇率风险普遍关注的同时，金融机构远期结售汇等外汇衍生工具业务也得到了较快发展。但随着金融危机的发生和人民币汇率的频繁波动，外汇衍生工具业务操作难度加大，下半年业务出现了陡然下滑。

四、金融基础设施与金融稳定

（一）金融基础设施建设的基本情况

支付体系建设不断加快。小额支付系统定期借贷记业务开展顺利。绝大部分机构已开办了定期借贷记、普通借贷记、通存通兑业务等小额支付业务，各银行分支机构全部纳入同城票据交换范围。支付清算网络体系覆盖城乡。以人民银行现代化支付系统为核心，以银行业金融机构行内支付系统为基础，以同城票据清算系统、银行卡支付系统为重要组成部分的支付清算网络体系已经覆盖全部分理处以上银行机构和40%以上乡镇银行网点。支付清算系统运行稳定。2008 年青岛市大、小额支付系统、商业银行行内汇兑系统、同城票据交换及全国支票影像系统等支付清算系统运行稳定，资金汇划顺畅、及时、无误。全年大额支付系统办理业务565 万笔，清算资金6.99 万亿元，同比增长54.4%；小额支付系统办理业务307 万笔，清算资金0.52 万亿元，同比增长5.23%。奥运支付环境建设目标全面实现。在奥运会和残奥会期间，支付系统运转安全、高效、有序，得到了相关部门的高度赞誉。

反洗钱工作取得新进展。反洗钱内控制度措施不断完善。全市98 家金融机构均建立了反洗钱内控制度，为反洗钱工作的深入开展奠定了制度基础。客户身份识别工作力度不断加大。全市金融机构2008 年初次识别客户746.5 万个，重新识别客户43.8 万个。金融机构报送重点可疑交易报告的意识和能力逐步提高。2008 年金融机构总对总报送人民币可疑交易187.9 万份，涉及金额12.6 亿元；外币可疑交易13.3 万份，涉及金额0.12 亿美元。

信用体系建设稳步推进。征信系统的覆盖面不断扩大。2008 年新接入金融机构分支机构17 家。采集了全市122 万人和2 万户企业公积金缴存信息、485 条法院诉讼信息及欠税200 万元以上企业信息、纳税非正常企业信息、拖欠工资信息、环保违法和环保良好信息、吊销营业执照信息。征信系统数据质量不断提高。根据征信中心的反馈结果，地方性金融机构企业数据通过率均在95%以上，外资银行的通过率全部为100%。征信系统的查询应用率不断提高。全年金融机构查询企业信用信息基础数据库40.8 万次，查询个人信用信息基础数据库50.4 万次。

（二）金融基础设施建设的薄弱环节

农村支付体系建设相对滞后。农村支付基础设施相对薄弱。农村地区的ATM 机和POS 机布放较少。ATM 机功能较为单一，通常只能办理单纯的取款业务，机器故障和现金不足现象时有发生。POS 机具在部分乡镇布放量为零，农民银行卡无“用武之地”。传统支付工具仍占主导地位。农村地区的现金交易量和现金业务占比居高不下。银行非现金结算业务量仅占全部业务量10% ~15%。

反洗钱机制有待进一步深化。金融机构反洗钱工作仍存在薄弱环节。新设金融机构反洗钱信息报送不及时。证券期货业、保险业金融机构反洗钱培训、内部审计工作不到位。证券期货业、保险业金融机构仍存在可疑交易零报告现象。反洗钱信息共享的范围、程序仍待进一步明确。反洗钱联席会议制度对信息共享的范围、程序等方面还缺乏详细规定，一定程度上影响了反洗钱工作合力和打击洗钱犯罪的力度。

征信体系建设仍需加强。农村信用体系建设区域发展不平衡。个别县市农村信用体系建设组织机构的实质作用发挥不足。外部评级作用尚未得到充分发挥。各金融机构存在重内部评级、轻外部评级、对外部评级中揭示的风险重视不足、不能有效地引入外部评级结果等问题。

五、综合评估

根据人民银行青岛市中心支行金融稳定评估方案，从宏观经济、金融机构及金融生态环境等方面对青岛市2008 年金融稳定状况进行综合评估。评估结果显示，2008 年青岛市金融稳定状况综合得分87.94分，较2007年提高6.94分，金融稳定状况良好，稳定程度有所增强。

2008年是我国经济社会发展很不平凡的一年。在国际金融危机不断加剧和国内经济运行中突出矛盾相互交织的形势下，青岛市经济金融认真贯彻落实党中央、国务院宏观调控战略部署，多措并举，积极应对，保持了平稳较快发展的良好态势。生产总值（GDP）实现4 436.8亿元，增长13.2%，三次产业的比例关系进一步改善，区域经济呈现总量较快增长，结构进一步优化的态势。固定资产投资在重点项目的拉动下，保持了和上年基本相当的增速。工业经济效益各项指标保持较高增速，两项资金占用增幅较大。居民消费快速增长，物价先扬后抑，整体上涨较快。下半年受国际金融危机影响出口受阻，全年外贸进出口仍保持较快增长，外汇收支顺差呈现降势。房地产投资和房地产价格增速放缓。地方财政收支增幅回落，城乡居民收入稳步增加。银行业在宏观调控政策的引导下运行稳健，机构数量有所增加，改革开放取得明显进展，存贷款业务快速增长，不良贷款继续保持“双降”，整体实力明显提升。证券期货业基本稳定，经营机构数量有所增加，在A股市场大幅下滑、证券交易显著萎缩的情况下，证券机构仍保持了较高的盈利水平，期货业交易活跃，直接融资取得新进展。保险业发展较快。机构数量不断增加，保费收入快速增长，保险对经济稳定运行的保障作用进一步提升。交叉性金融工具冷热并存，银保类业务大幅增长，银证类业务受股市拖累出现萎缩。金融基础设施不断完善，运行稳健。信用体系建设日趋完善，支付体系建设进程加快，反洗钱工作取得新进展，金融生态环境进一步改善。

在经济金融平稳运行的同时，国际金融危机对我国的不利影响已经开始显现。外部需求减弱，产能过剩问题凸显，企业经营困难加重，经济发展的体制性、结构性矛盾和金融体系的薄弱环节仍然对区域金融稳定构成一定影响。突出表现在：经济下行风险加大。各项经济指标下半年一路走低，投资和出口拉动的作用减弱，企业经营效益下滑，亏损面加大，银行面临着新一轮信贷风险。外向型经济面临严峻挑战。外向依存度较高的青岛市经受着国际金融危机的直接冲击，外商直接投资下降，减、撤资现象明显增多，外贸企业面临严峻的生存压力，银行信贷资金风险已开始显现。房地产市场持续低迷。2008年青岛市房屋销售价格呈现回落趋势，销售下降，企业资金链趋紧，信贷风险不断积聚。与此同时，银行经营中还存在大客户贷款过度集中和相互担保带来的银行信贷风险和表外业务快速扩张的隐含风险。资本市场服务于实体经济的功能没有得到有效发挥，导致直接融资比例依然偏低，法人证券期货经营机构数量较少，实力偏弱。保险业财产险市场过度集中，强弱分化严重，部分公司持续经营能力值得关注。理财产品收益大幅回落，外币理财产品亏损严重。农村金融基础设施相对薄弱，支付体系和信用体系建设明显滞后，反洗钱机制有待进一步深化。这些问题需要在改革和创新中不断完善和解决。

总　纂：王丽艳　顾延善

统　稿：王锦玲　贾锡照

执　笔：丁培培　付　欣　张泽良　陈　勇　宋新伟　赵国靖　戴华伟

宁波市金融稳定报告摘要

2008年，宁波市辖区金融业经受了全球金融危机等多种不利因素的考验，市场主体不断增多，区域金融体系不断完善，全辖金融业运行处于稳定状态，法人金融机构经营基本稳健。信用风险、利率风险、房地产贷款的压力测试显示：银行业金融机构对冲击具有一定的抵御能力。但是，在全球金融危机等多种不利因素影响下，辖区金融业所面临的形势是近几年所未曾出现的，稳健运行压力很大。

一、区域经济运行与金融稳定

（一）经济运行概览

2008年，在国内外诸多因素特别是全球金融危机的影响下，宁波市各界坚持以科学发展观为统领，沉着应对、共克时艰，全市经济运行仍保持增长态势，对区域金融稳定产生积极影响。当年生产总值（GDP）实现3 964.1亿元，同比增长10.1%。社会消费品零售总额1 238.0亿元，增长19.6%；全社会固定资产投资1 728.2亿元，增长8.2%；外贸自营进出口总额678.4亿美元，增长20.1%。同时，地方财政收入390.4亿元，增长18.6%；居民人均可支配收入25 304元，增长13.4%；农村居民人均纯收入11 450元，增长13.9%。

（二）影响金融业稳健发展的相关方面

1. 经济景气度下滑，经济运行呈现下行态势。2008年，宁波市生产总值（GDP）增幅同比回落4.7个百分点，其中第二产业、第三产业分别回落4.5个、5.4个百分点。自营进出口总额增幅同比回落13.8个百分点，其中出口回落11.9个百分点，进口回落17.8个百分点；全社会固定资产投资在上年低增长的基础上，增幅同比仅提高1.9个百分点。2008年末，城镇登记失业率为3.31%，同比上升0.15个百分点。

2. 部分企业经营困难重重，各类经济主体收入缩减。2008年，宁波市规模以上工业企业利润、利税总额分别为215.1亿元、478.6亿元，同比分别减少44.5%、24.8%，增幅同比分别回落69.1个、47.3个百分点；工业经济效益综合得分197.9分，下降17.4分；工业企业、服务业企业亏损面分别达到19.3%、31.5%。一些企业在严峻的形势下各类问题显现，包括投资过度、扩张过快、借入高利贷资金或非法集资、期货炒作巨亏、企业主参与赌博等，导致资金周转紧张，甚至出现资金链断裂、个别企业实际控制人逃逸的情况。2008年，全市地方财政收入下降9.3个百分点；市区居民人均可支配收入、农村居民人均纯收入扣除价格因素分别实际增长8.0%、8.1%，增幅同比分别回落 1. 1 个、0. 8 个百分点，市区居民财产性收入下降 17. 7%。

3. 外向型经济发展速度趋缓，企业面临国际市场风险增加。在全球金融危机冲击下，国际市场需求萎缩，企业出口产品订单出现下降。据对重点外贸企业问卷调查显示，2008 年年末，有 42% 企业尚未执行的在手合同同比减少。同时，辖区合同利用外资 41. 2 亿美元，同比减少 8. 4%，实际利用外资仅微增 1. 3%；外商减资项目 198 个，投资总额减少 7. 94 亿美元。同时，随着部分国家信用环境恶化，辖区部分出口企业面临出口收汇风险。

4. 重大资产交易加速调整，资产缩水较为明显。2008 年，辖区土地市场发生很大变化，土地拍卖市场出现土地成交价格下跌、推迟拍卖和流标现象。宁波市六区商品住房、二手住房分别成交 11 996套、12 431 套，同比分别下降 55. 4%、44. 3%，12 月份二手住房成交平均价格环比下降 244 元。随房地产市场调整，房产抵押品处理难度增大。股票行情快速走低，使企业和居民证券投资收益大幅减少。

二、金融业与金融稳定

（一）银行业

2008 年，辖区银行业体系不断完善，银行业金融机构总体呈现平稳发展势头，多数机构盈利增长，法人银行机构流动性较为充裕。值得关注的是，辖区银行业机构资产质量有所下降，不良贷款反弹压力加大，风险管控能力有待改善。

1. 行业总体稳健性分析。

（1）银行业金融机构数量增加，组织体系不断健全。2008 年年末，辖区分行（分公司）以上银行业金融机构 42 家。其中，法人银行业机构 16 家，分别是城市商业银行 1 家、外资银行 2 家、城乡信用合作机构 10 家、信托公司 1 家、村镇银行 2 家。

2008 年，国家开发银行改制为国家开发银行股份有限公司。邮储银行宁波分行挂牌成立，股份制商业银行分支机构向县域延伸。宁波银行跨区域经营取得进展，包商银行、临商银行、温州银行和浙江泰隆商业银行等 4 家城市商业银行宁波分行开始营业。汇丰银行（中国）有限公司宁波分行正式开业。

农村金融机构改革取得新进展。象山国民村镇银行和慈溪民生村镇银行成立并相继开业，全辖 3 家二级法人联社完成了统一法人改制工作。至此，9 家农村合作金融机构现已形成 3 家合作银行、6 家一级法人联社的经营管理模式。

（2）盈利水平继续提高，盈利结构有所优化。2008 年，辖区银行业金融机构共实现账面利润 173. 47 亿元，同比增长 17. 9%。同时，盈利模式进一步转变。全年中间业务收入 32. 48 亿元，同比增加 10. 9 亿元，增长 50. 5%。

（3）存款稳定性增强，存贷比趋于下降。2008 年年末，辖区银行业金融机构各项存款余额 6 353. 6亿元，增长 19. 7%。其中，储蓄存款余额 2 396. 31 亿元，增长 29. 1%，其中定期存款余额 1 599. 22亿元，增长 36. 7%，增速同比提高 37. 7 个百分点；企事业单位存款余额 2 173. 39 亿元，增长 6. 9%，其中定期存款增加 121. 79 亿元，占企事业单位存款增加总额的 74. 5%，同比提高 40. 3 个百分点。辖区银行业机构余额存贷比 91. 61%，较上年末下降 1. 85 个百分点；全年增量存贷比为

82.63%，同比下降90.22个百分点。

（4）资产质量仍处于良好区间，非信贷资产质量继续改善。2008年末，按照贷款五级分类统计口径，辖区银行业不良贷款余额86.16亿元，不良贷款率1.48%。主要银行业金融机构非信贷不良资产余额1.34亿元，比年初减少0.15亿元；不良资产率为0.08%，同比下降0.07个百分点。

2. 需关注的问题和风险。

（1）银行体系信用风险趋于上升。一是经济下行压力加大、企业盈利能力下降，带来信用风险上升；二是信贷趋于集中将增加信贷风险；三是同业竞争趋于激烈，一方面降低银行议价能力，另一方面增大银行选择劣势项目几率。

（2）银行业整体盈利能力趋于下降。2008年，辖内银行业金融机构（不含外资）利差收入294.4亿元，同比增长32.2%，增幅同比下降16.7个百分点。当前，贷款基准利率下行和存款定期化，使银行机构的息差空间受到压缩；另一方面，基本面较好的一些企业信贷需求出现回落。此外，银行机构中间业务收入增长可能趋缓。

（3）银行表外业务管理能力有待提高。2008年末，辖内主要银行业金融机构表外业务余额2 554.95亿元，比年初增加565.82亿元，增长28.5%。其中，担保类业务垫款期末余额9.17亿元，比年初增加8.66亿元；全年累计新发生垫款30.04亿元。商业银行在表外业务管理能力方面有待提高，一是有关业务管理制度存在漏洞，二是银行与银行之间信息沟通尚待加强。

（4）个人理财业务不规范现象突出。2008年，个人理财业务随资本市场不景气而陷入低潮，理财产品销售和管理中存在的问题陆续暴露。一是银行内部个人理财业务制度不够健全；二是个人理财业务管理尚有不足之处，如销售方面存在不规范现象，对产品的预期收益有所夸大，而对购买者可能承担的风险则披露不够；三是个人理财业务的后台管理存在问题。

（二）证券业

2008年，辖区证券业在总体上呈现平稳运行的态势，证券经营机构普遍盈利，上市公司融资渠道拓宽，风险防范机制建设和相关风险处置稳步推进。但股市出现快速、深幅调整，股市财富效应迅速消退，证券经营机构重新面对熊市的经营困局，市场维护稳定压力很大，同时受多种因素影响，上市公司业绩趋于下滑。除此之外，辖区期货业快速发展，期货法人金融机构运行相对稳健。

1. 行业总体稳健性分析。

（1）证券经营机构和投资者增多，市场体系平稳发展。2008年，宁波市辖区证券经营机构共计46家，同比新增3家。期货经营机构共计14家，其中法人机构1家即宁波杉立期货经纪有限公司，期货营业部同比新增4家。证券投资咨询公司1家。全辖共有上市公司35家，其中境内A股上市公司26家，与上年持平；境外上市公司9家，同比增加2家。到2008年年末，辖区股票投资者开户余额数66万户，同比增长3.7%；期货开户余额数7 128户，同比增长76.1%。

（2）期货业务呈现快速发展态势，证券经营机构仍保持盈利状态。2008年，辖区期货经营机构期货代理交易量2 074.20万手，代理交易金额12 352.01亿元，同比分别增长105.7%、83.2%；利润总额同比增长12.1%；客户保证金余额9.40亿元，增长19.7%。同时，剔除新规范的2家证券营业部外，辖区39家证券营业部盈利面达到92.3%。

（3）上市公司融资渠道拓宽，资金周转的稳定性增强。2008年，辖区上市公司在银行间市场发行短期融资券24亿元，通过股票市场融资18.31亿元。辖区25家A股上市公司（剔除宁波银行）

共计银行负债余额147.86亿元，较上年末增长28.2%。在甬成功（000517）风险逐步化解的情况下，25家A股上市公司银行负债均为正常类。

（4）第三方存管制度实施顺利，相关风险处置稳步推进。辖区第三方存管制度在上年全面实施的基础上进一步加以落实，对防止客户资金被证券经营机构挪用产生积极影响。根据存管银行报告的数据，2008年年末，辖区存管的客户数、存管的客户交易结算资金余额分别增长42.9%、减少6.0%，机构平均每户存管交易结算资金余额约300万元，个人平均约9 400元。公开披露信息显示，仍处于停牌状态的甬成功（000517），于2008年11月6日实施股权分置改革方案，并拟发行股份购买荣安集团房地产资产包括荣安集团持有的8家公司的股权及荣安集团拥有的3处房产；依照核准后的资产重组方案，公司已置出资产8.39亿元，剥离负债6.29亿元。另外，原天一证券有限责任公司被诉非法吸收公众存款38.1亿余元，原5名高管同时被提起公诉。

2. 需关注的问题和风险。

（1）市场交易规模收缩较快，证券经营机构面临较大的经营压力。2008年，沪深股市出现快速、深幅调整，辖区证券成交额也迅速缩减，全年证券成交总额减少36.3%；证券经营机构总资产减少28.8%。虽然辖区证券经营机构在总体上仍保持盈利状态，但盈利能力开始降低。全年营业收入同比减少44.8%，利润总额同比减少45.9%；营业收入利润率降低1.5个百分点，资产利润率降低2.9个百分点。

（2）股市财富效应迅速消退，市场投资者信心明显不足。2008年年末，辖区指定与托管证券市值同比减少57.1%，仅为上年年末的42.9%，同时仅占全市GDP的9.9%，同比回落16.7个百分点。辖区A股上市公司总股本119.41亿股，总市值654.45亿元，仅占全市GDP的16.5%，同比回落40.1个百分点。证券经营机构客户交易结算资金余额减少60.09亿元，与此相反，辖区银行机构储蓄存款当年新增540.98亿元，同比多增476.02亿元。

（3）上市公司业绩趋于下滑，面临多种风险的影响。根据已披露的年报业绩信息，2008年，辖区在主板上市的17家公司，甬成功（000517）、波导股份（600130）、宁波富邦（600768）等3家公司亏损，前两者已是年度连续亏损，并且甬成功（000517）被冠以*ST；有4家上市公司预告净利润同比减少；有3家公司在剔除投资收益后，主营业务微利甚至亏损。中小板上市的9家公司，有5家公司每股收益同比减少，最低的1家上市公司每股收益仅有0.03元。辖区上市公司业绩下滑、少数公司经营风险突出与多种因素密切有关，包括全球金融危机、人民币汇率、原材料价格大幅波动、周边国家替代作用等。

（三）保险业

2008年，在国内外复杂因素特别是全球金融危机的影响下，宁波市辖区保险业发展面临着较为严峻的形势，影响保险业稳健发展的不确定因素增多。综观全年，辖区保险业延续了外延式扩张的态势，保险中介运行相对平稳，但是保险机构保费收入增幅出现回落，赔付支出增加，行业盈利状况不容乐观。部分保险机构抵御风险能力亟待增强，同时保险市场同业竞争也有待进一步规范。

1. 行业总体稳健性分析。

（1）机构和人员不断扩充，保险业体系快速发展。2008年，共有41家保险公司在宁波市辖区设立分支机构，与年初相比，新增8家。按业务性质分，财产保险机构22家，占54%；人身保险机构19家，占46%。分公司、中心支公司、营销服务部分别为11家、2家、6家。共有保险专业中介机构17家，包括法人机构11家、分支机构6家，同比总计减少4家。保险兼业代理机构1 997家，新增296家，增长17.4%。保险营销员15 779人，新增4 767人，增长43.3%，持证率均为100%。

（2）整体经营规模稳步扩大，保险密度与保险深度渐趋提高。2008年，辖区保险机构原保险保费收入87.11亿元，同比增加14.89亿元，增长20.6%。到2008年年末，辖区保险机构资产总额151.03亿元，比年初增长16.4%。全年辖区保险密度1 263元/人，同比提高188元；保险深度2.2%，同比提高0.1个百分点。

（3）产险应收保费率明显降低，经营稳定性得到增强。2008年年末，辖区产险公司平均应收保费率4%，比7月份的高点11.3%快速下降7.3个百分点。随着应收保费率的下降，产险公司在财务管理和控制上消除了一定的风险隐患，经营稳定性得到增强。

（4）寿险新单保费增长迅速，产品结构趋向保障类调整。2008年，辖区寿险公司新单保费收入26.06亿元，同比增长44%。同时，投连险产品业务缩减，分红型、万能型等产品占比上升。辖区全年投连险产品保费收入2.39亿元，减少17.7%；分红型、万能型产品保费收入分别为22.59亿元、9.66亿元，分别增长27.7%、87.1%。

（5）保险中介运行基本平稳，兼业代理业务市场份额明显提升。2008年，辖区通过保险中介渠道实现保费收入53.38亿元，增长60.1%，占全辖总保费的61.3%，所占比例较上年提高15.1个百分点。在各保险中介渠道中，兼业代理业务保持快速发展，全年实现保费26.00亿元，增长80.2%；占中介业务比重48.7%，同比提高5.4个百分点。

2. 需关注的问题与风险。

（1）保费收入增幅呈减缓态势，相当部分保险机构实力有待增强。2008年，辖区保险机构原保险保费收入增长20.6%，增幅同比回落1.5个百分点。带动总保费增幅减缓的主要是产险。除产险外，人身险在第四季度开始明显降温。辖区保险市场集中度仍然较高。按产险公司看，保费居前两位的保险公司，合计保费收入占到全辖产险公司总保费的51.8%，而另有一些产险公司其各自的保费收入全年不超过亿元；按寿险公司看，保费居前三位的保险公司，合计保费收入占到全辖寿险公司总保费的74.7%，而另有一些寿险公司其各自的保费收入全年不超过亿元。

（2）赔付支出快速增长，抗风险能力下降。受雨雪冰冻灾害、大量寿险保单给付到期以及车辆险等因素的影响，2008年，辖区保险机构各项赔付支出快速增长44.2%，增幅同比提高13.9个百分点。

（3）市场同业竞争激烈，无序竞争现象时有发生。随着保险市场参与主体的快速增多和产品高度同质化，保险市场无序竞争、违反自律公约现象时有发生，对保险业整体稳健发展产生不利影响。部分保险机构不计成本实施低价竞争策略，或通过返佣金、贴费、赠送礼品等变相进行价格战。同时，一些保险机构在产品宣传上风险提示不够，甚至存在误导客户的情况。

（四）金融控股公司与银证保综合化经营

1. 金融控股公司。截至2008年年末，宁波市辖区有两家非金融企业控股金融机构而形成的金融控股公司：1家是内资非金融企业控股辖内法人金融机构，即天津经济技术开发区国有资产经营公司持有金港信托有限责任公司（以下简称“金港信托”）75.43%的股份；另1家是外资控股辖内法人金融机构，即协和石油化工（集团）有限公司全资持有协和银行有限公司。

2. 银证保综合经营。2008年，辖区银行业、证券业、保险业金融机构相互合作进一步发展。根据调查统计，银证保交叉性业务累计量约为4 699亿元，保证金第三方存管业务量占交叉性总业务量的95%。当前综合经营需关注的问题，一是金融业综合经营的监管体系缺乏，难以形成对综合经营、交叉性金融业务的监管合力，容易出现监管盲区；二是投资者尚缺乏对综合经营、交叉性金融业务的全面了解，风险意识不足；三是银证保合作层次仍比较低，缺乏对深层次的如真正的金融控股公司的探索和组建。

三、金融市场运行与金融稳定

（一）同业拆借市场、银行间债券市场

2008年，宁波市辖区同业拆借交易量累计294.8亿元，同比增长117.2%。累计发生现券交易、债券回购交易分别为2 818.53亿元和4 684.66亿元。拆借加权平均利率全年呈震荡下行趋势。回购加权平均利率1~10月震荡上行，受减息影响11月、12月加速下行。

（二）票据市场

2008年年末，宁波市辖区银行承兑汇票余额1 259.02亿元，同比增加295.35亿元。票据贴现及买断式转贴现余额305.53亿元，同比增加168.47亿元。贴现、转贴现加权平均利率全年逐月下行。票据市场应关注的问题，一是企业“多头”开票情况放大了银行表外业务的风险；二是票据市场中不规范现象较为突出；三是票据市场受宏观调控影响明显。

（三）外汇市场

2008年，宁波市辖区国际收支规模933.7亿美元，同比增长26.1%。外汇净收汇260.1亿美元，同比增长26.96%。结售汇顺差206.83亿美元，增长6.97%。辖区即期外汇交易量累计为601.9亿美元，较上年增加536.4亿元；外汇远期交易金额累计折合1 735万美元，同比减少2.7亿美元，下降94%。辖区外汇市场走势中有以下几个问题值得关注：一是金融危机影响实体经济稳健发展，外贸企业出口收汇风险增加；二是经济环境恶化导致企业资金链断裂，引起银行进口信用证垫款风险积聚；三是个人售付汇成为外汇资金流出的重要渠道，须防范外汇流出风险。

（四）黄金市场

2008年，宁波市辖区累计完成各类黄金交易19 098.2千克，同比增长123.8%；成交金额34.9亿元，同比增长134.2%。黄金市场存在的问题是：黄金市场的放开导致地下黄金交易市场比较混乱，地下黄金交易规模越来越大。监管缺位给了地下黄金市场极大的空间，从而影响黄金市场的长远发展。

四、金融基础设施与金融稳定

（一）支付清算体系

2008年，宁波市辖区支付清算体系进一步完善，先后有小额支付系统银行本票业务顺利上线，

宁波市票据电子交换系统优化项目二期工程建设完成，小额支付系统华东三省一市汇票业务顺利上线，浙江省支付系统查询查复业务管理系统推广运行。辖区支付清算体系的不断完善，其安全、高效运行为维护区域金融稳定提供了保障。辖区支付清算体系存在的主要问题，一是全国支票影像交换业务仍需规范；二是银行卡风险日益凸出，影响银行卡业务进一步发展；三是受社会信用环境和交易习惯影响，农村地区现金支付比例较高。

（二）征信体系

2008 年，征信系统基本实现辖内银行业金融机构（包括农村合作金融机构）的全接入；非银行信息采集范围扩大，已采集企业和个人电信缴（欠）费信息、个人公积金账户信息、企业环境违法信息、企业欠薪信息、企业质监处罚信息、信用管理示范企业表彰信息、进出口诚信企业表彰信息、企业拖欠担保机构代偿款信息等，与宁波市自来水总公司签署了《自来水缴费信息采集与发布合作协议书》；评级机构完成借款大户企业评级 591 户、中小企业评级 10 299 户；中小企业信用档案建立并向商业银行开放查询。辖区征信体系中存在的问题，一是征信系统数据质量有待进一步提高；二是全国统一的征信系统仅对银行类机构开放，限制了系统效用的发挥。

（三）反洗钱体系

2008 年，宁波市辖区反洗钱工作稳步推进，进一步净化了维护区域金融稳定的市场环境。辖区人民银行作为反洗钱的主管部门积极开展专项行动，加大对证券业、保险业金融机构反洗钱的监管力度，加强联席会议成员单位之间反洗钱协调和情报会商。全年共进行了 44 次反洗钱调查，向公安机关移送可疑交易线索 12 起，主动发现涉嫌犯罪案件 2 起和协助警方侦查重大案件 4 起。当前，反洗钱工作中存在的问题，一是可疑交易人工识别不足；二是可疑交易判断难；三是没有实行客户风险等级管理。

（四）反假货币体系

2008 年，宁波市辖区进一步推动反假货币培训长效机制建设、开展反假货币业务专项检查，创新农村反假货币宣传形式、健全城乡反假货币工作网络，对遏制各类假币犯罪活动势头、营造良好的人民币流通环境产生积极的影响。截至 2008 年年末，辖区共拥有 6 个县级货币鉴定工作室、65 个城市社区反假工作站、71 个农村（乡镇）反假工作站。从假币收缴情况来看，需防范以下问题：一是制贩假硬币和小面额纸币情况突出；二是制假技术不断翻新。

五、定量评估

通过层次分析法和模糊评价法定量评估显示，2008 年，尽管受全球金融危机等多种不利因素的影响，宁波辖区金融稳定状况总体仍处稳定状态。

（一）综合评价结果的分析

对辖区 2004 ~ 2008 年金融稳定状况评估结果可看，2008 年，辖区金融稳定得分为 42.67 分（50 分以下为稳定状态），仍处于稳定状态（分值越小，风险状况越低，稳定状况越好）。从 2004 ~ 2008

年来看，辖区金融稳定评估得分经历一波三折的转变。2005 年金融稳定程度较 2004 年有所下降，2006 年金融稳定程度达到这 5 年中的最高水平，风险程度降到 5 年中的最低水平。在接下来的 2007 年和 2008 年，金融稳定程度连续趋于下降（图 1）。

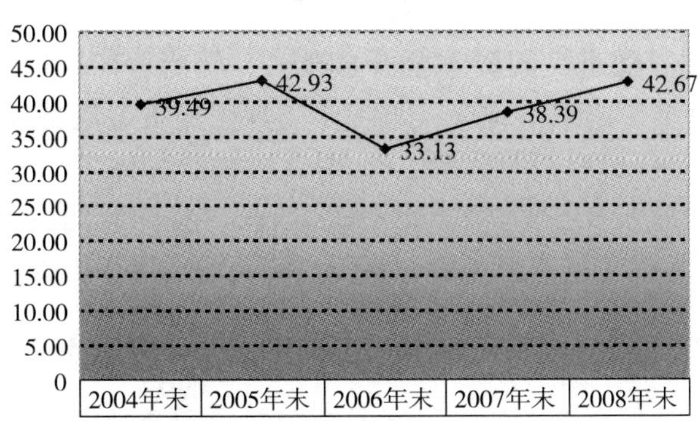

图 1　宁波辖区 2004～2008 年稳定状况趋势图

（二）压力测试

压力测试结果显示，因辖区法人银行机构原本资产质量良好，不良贷款余额上升 20% 对其整体抗风险能力虽有影响，但影响程度有限；由于辖区法人银行机构利率敏感性缺口为负，利率突降 200 个基点，对于法人机构而言反而是有利的；由于辖区房地产不良贷款基数很低，在轻度、中度和严重压力情景下，房地产不良率会逐级提高，但对金融机构影响有限。

六、政策建议

（一）引导区域产业结构升级，应对金融危机对实体经济的冲击

要加快外向型模式向内、外需模式并重的经济模式转变，在产业导向上应激励企业开展科技创新，大力推动产业升级，加快发展现代服务业，全面提升先进制造业。同时，在政策上给予企业以扶持，提供资金（包括银行信贷等多元化的融资渠道）、税费、信息方面的帮助。应保持人民币汇率基本稳定，减轻由汇率风险对出口企业造成的负面影响。作为企业自身，应努力提高商品的技术含量，合理使用套期保值等期货交易手段，有效防范各类风险，夯实金融稳定微观基础。

（二）加强金融风险动态监测，有效维护区域金融稳定

在当前金融危机对实体经济还在产生影响的情况下，应进一步加强对银行业、证券业、保险业以及综合经营的风险监测。金融机构之间以及与有关部门要加强沟通协调和信息共享，金融稳定协作机制、金融风险应急处置预案等应更趋完善，以不断提高防范和处置金融风险的能力。改进对金融风险信息的分析、评估，增强对各类金融业务风险的识别能力，提高维护区域金融稳定的前瞻性和有效性。同时应逐步将监管理念从机构监管向功能监管方向转化，逐步消除监管盲区。

（三）积极推动金融创新，加强金融风险的管控能力

各金融机构应着力实现在经营内容、业务结构和盈利模式的战略转型，适时推出一些创新性业

务，不断提高低风险、高收益的业务收入占比。应树立科学的业务发展理念，增强“诚信经营、合规经营”意识，坚持履行社会责任，防范过度竞争带来的风险，防止因系统问题而发生群体性事件。

（四）规范和引导民间融资，推进金融资源优化配置

引导民间金融健康发展，促进民间资本公开、合法、规范运作，将民间资本纳入到村镇银行、小额贷款公司、股权投资基金等组织机构中，进一步发挥民间资金支持经济发展的作用。股权投资基金作为重要的融资方式，现阶段应积极完善 PE 中介机构服务体系，修订有关法律法规和会计制度，促进相应机构发展，并加强多层次资本市场体系建设，完善 PE 的退出机制。值得注意的是，在推动 PE 发展初期，就必须注重防范道德风险、系统风险，切实保护投资者和公众利益。

（五）进一步深化投资者教育工作，净化金融业稳健发展的市场环境

通过制度建设夯实投资者教育工作基础，开展金融知识和金融安全知识的普及教育。要不断引导投资者牢固树立“买者自负、风险自担”的理念。同时，金融机构在推介产品时，既要介绍产品相关收益性，又要充分揭示产品风险；既要防止销售误导等失信行为，又要帮助投资者逐步提高操作技术水平，以及对风险的分析判断和防控能力。进一步明确和完善相关监管政策，有效打击洗钱行为、制贩假币活动、非法集资活动、非法证券活动、“地下炒金”、地下保单和假保单活动，不断净化维护区域金融稳定的市场环境。

总　纂：贺绎奋
统　稿：鲍　雯　邓忠斌
执　笔：邓忠斌　冯传中
其他参与写作人员：陈　达　黄　健　阮晓东　詹旭波　刘良毕　上官忠东
马喜中　温小敏　叶元超　钱小明　蒋晓亮

厦门市金融稳定报告摘要

2008年，厦门市金融状况总体保持稳定，且稳定性较上年进一步提高。厦门市外向型经济特征经受住了金融危机的严峻考验，社会经济总体保持增长，为维护区域金融稳定奠定了良好的外部基础。金融业持续健康发展，金融体系不断健全，业务规模不断壮大。银行业风险抵补能力显著增强，盈利结构进一步调整，机构改革取得实质性进展；直接融资不断拓展，期货市场参与度不断提高；保险业保障社会经济发展的职能不断强化。金融市场稳健运行，市场资源配置功能不断增强。金融基础设施建设取得多方面进展，金融生态环境不断改善。但是，国际金融危机对区域经济及金融业运行的负面影响有所显现，各类可能影响区域金融稳定的潜在风险值得关注。

一、区域经济运行与金融稳定

（一）区域经济运行情况

1. 经济保持增长，增长结构有所优化，但增速下行压力较大。2008年，厦门市完成地区生产总值（GDP）1 560.02亿元，同比增长11.1%，增幅同比回落5个百分点。分月看，国际金融危机对厦门市实体经济的冲击在下半年逐渐加剧，GDP增速逐渐减缓。

从产业结构看，2008年，厦门市第一、第二、第三产业实现增加值分别为21.5亿元、818.04亿元和720.48亿元，同比分别增长4.4%、12%及10.1%。三次产业结构为1.4:52.4:46.2，第三产业的比重同比提高0.6个百分点。经济增长主要得益于第二产业和第三产业的快速增长，对经济增长的贡献率分别为47.1%、51.2%，分别拉动经济增长6.7个、4.3个百分点。

从需求结构看，近年投资拉动力大消费拉动力小的增长模式有所改变。2008年，全社会固定资产投资、社会消费品零售总额、净出口的名义增长率分别从2007年的40.1%、15.0%、37.7%变为0.1%、15.7%、18.2%。

2. 工业经济逆势支撑，但企业效益不容乐观。2008年，厦门市完成工业总产值3 042.33亿元，同比增长10%；实现工业增加值705亿元，同比增长11.9%，工业增加值增速为24年来的最低。全市规模以上工业企业减产面为44.6%，减少产值272.75亿元；亏损面达34.1%，同比扩大4.2个百分点；亏损总额42.16亿元，同比增长109.1%；累计实现利润109.31亿元，同比下降29.44%。

3. 房地产市场持续低迷，住宅价格回落不多。2008年，厦门市房地产市场在经历前几年的快速发展后陷入低迷，对全市经济的贡献率由正转负。一是房地产投资开发热度不断降低。全年全市完成房地产开发投资323.96亿元，同比下降6.3%。二是土地一级市场交易清淡，地价回落。全年半数以上的地块流拍，成交地块多数以底价成交。三是市场观望气氛浓厚，销售低迷。商品房销售面积 408.04 万平方米，同比下降 18%；商品房销售额 238.86 亿元，同比下降 41.8%。四是商品房总体价格下降，但商品住宅价格尤其是岛内住宅价格回落不多。全年房屋销售价格指数为 102.7%，增幅同比回落 4.3 个百分点；全市商品房销售均价较上年下降 26.99%，但岛内商品住宅均价仅较上年下降 3.73%。

4. 居民收入稳步增长，但财政增收减支压力较大。2008 年，厦门市城镇居民人均可支配收入 23 948元，同比增长 11.4%；农民人均纯收入 8 477 元，同比增长 11%，连续 4 年保持两位数增幅。

2008 年，厦门市财政总收入 410.14 亿元，同比增长 17.7%，增速较上年回落 12.6 个百分点。其中，地方级财政收入 220.23 亿元，同比增长 18.1%，增速回落 18.9 个百分点。而积极财政政策增加了地方财政支出的压力。全年财政支出 238.04 亿元，同比增长 21.40%，快于财政收入增长。

5. 通胀压力逐步缓解，但居民消费趋于谨慎。2008 年，厦门市居民消费价格指数为 104.9%。分月看，全年 CPI 自 4 月份达到高点以后，涨幅呈明显的逐月回落态势。另外，全年工业品出厂价格指数为 97.48%。

而由于居民对未来收入的预期不太乐观，消费趋向保守。2008 年，厦门市居民人均消费支出 17 117元，同比增长 4.5%，剔除物价上涨因素，实际为负增长。

6. 对外贸易高开低走，利用外资遭遇困难，但对台交流合作继续拓展。2008 年，厦门市完成进出口贸易总额453.9 亿美元，同比增长 14.1%。其中，出口 293.9 亿美元，同比增长 15%；进口 160 亿美元，同比增长 12.4%。实现贸易顺差 133.9 亿美元，同比增长 18.2%。但分月来看，全市进出口值在 7 月份达到年度最高点后连续 4 个月下降，11 月份单月进出口首次出现负增长。

2008 年，厦门市外商投资活跃度有所下降。全年实际利用外资 20.42 亿美元，同比增长 60.6%；但新设立外商投资企业 356 家，同比下降 24.6%；合同利用外资 19 亿美元，同比下降 42%。

2008 年，厦门市对台进出口贸易总额 38.31 亿美元，同比增长 25.4%，保持了较快增长。全年新批准设立台资（含第三地）项目 132 个，合同利用台资 4.96 亿美元，实际利用台资 7.17 亿美元，同比增长 15.1%。此外，两岸政治、文化交流不断深化。

7. 就业形势总体较好，但劳动力需求有所下降。2008 年，厦门市城镇新增就业人数 20.97 万人。至 2008 年年末，城镇从业人员总数为 67.69 万人。但是由于市场萎缩，企业对劳动力的需求有所下降。全年全市职业介绍机构共受理招聘岗位登记 112.23 万人次，比上年减少 19.93 万人次，下降 15.07%。

（二）区域经济运行需关注的问题

1. 经济结构外向度过高。2008 年厦门市外贸依存度高达 202%，主要体现在资本涉外度和业务涉外度过高两个方面。全市三资企业工业产值占全市工业总产值的 77.3%。在复杂形势下，三资企业出于各方面的考量，对于资本的掌控更为严格，扩大工业投资的意愿较小。另外，全市有出口业务的企业工业产值占全市总产值的 71.1%。受外部需求降低影响，近一半的出口企业产值出现负增长，拖累了全市经济的增长。

2. 企业核心竞争力不足。从产业组织结构看，目前厦门市依旧是以资金和技术门槛低、劳动密集型的中小企业为主，缺乏具备自主知识产权、主业突出、核心竞争力强的大型企业和集团。中小企业由于抵御外部风险的能力较弱，产值大幅下降，极大削弱了全市的工业经济增长动力。

3. 市场信心亟待恢复。随着金融危机影响的逐步显现，市场各方信心有所削弱，居民消费趋于保守，企业不敢扩大生产。2008 年全年厦门市工业企业累计产销率 99.9%，创历史新高。第四季度，厦门市企业家信心指数跌入了“低度不景气”区间。市场信心能否及时恢复将在很大程度上决定国家及地方政府各项刺激经济的政策能否产生效应。

二、金融业与金融稳定

（一）银行业

1. 银行业运行情况。

（1）银行业体系不断健全，规模不断扩大。至 2008 年年末，厦门市有各类银行业金融机构主体 33 家，其中法人银行业金融机构 5 家。银行业资产总额 3 365.12 亿元，同比增长 12%。本外币各项存款余额 2 727.14 亿元、各项贷款余额 2 369.44 亿元，同比分别增长 10.5% 及 11%。各项贷款余额与 GDP 的比值为 1.52，仍处于较高水平。

（2）银行业储蓄存款大量回流，房地产贷款增速明显下降。2008 年，随着资本市场行情的调整，居民投资渠道收窄，储蓄存款大量回流，且稳定性不断增强。另一方面，贷款行业结构有所调整。下半年以来，新增贷款资金不断向基础设施行业集中，上年同期位于新增贷款之首的房地产贷款则明显萎缩，其中，个人购房贷款 10 年来首次同比负增长。年末房地产贷款占各项贷款的比重由上年的 35.9% 下降至 33.2%。

（3）银行业资产质量有所下降，但风险抵补能力显著增强。若不考虑农业银行股改剥离不良贷款的因素，2008 年年末，厦门市银行业不良贷款余额较年初增加 8.2 亿元，不良贷款率上升 0.23 个百分点，未能延续近年不良贷款“双下降”态势。但是，2008 年厦门市银行业金融机构风险抵补能力明显增强。年末拨备覆盖率为 113.45%，较上年提高 59.7 个百分点；贷款损失准备充足率达到 152.59%。

（4）银行业利润增速放缓，但盈利结构进一步调整。2008 年全年银行业金融机构实现税后利润 50.4 亿元，同比仅增长 5.6%；资产利润率 1.58%，较上年回落 0.2 个百分点。其中，利息净收入 106.77 亿元、中间业务收入 17.4 亿元，同比分别增长 20.0%、24.6%。中间业务收入占比 13.3%，同比上升近 1 个百分点。

（5）银行业改革取得进展。4 家已实现股改上市银行厦门市分行不断深化改革，向现代金融企业不断推进。农行厦门市分行根据总行部署，扎实推进各项股改工作。厦门市农村信用社获准全部兑付专项中央银行票据，“花钱买机制”的改革目标基本实现，同时，通过增资扩股有效提高资本充足率。厦门市商业银行引进台资背景战略投资者的增资扩股工作完成。此外，厦门市另一家外资法人机构——新联商业银行增资扩股步伐亦正式启动。

2. 银行业运行需关注的问题。

（1）中长期贷款扩张加剧资产负债结构错配风险。2008 年年末，厦门市银行业中长期贷款在全部贷款中的占比为 60.57%，同比上升 2.28 个百分点。当前应防范银行资金向市政基础设施过度投放导致中长期贷款的扩张速度过快，加剧资产负债结构的错配风险。

（2）不良贷款后续反弹压力较大。一是关注类贷款明显增加。2008 年年末，厦门市银行业关注类贷款余额为 150.9 亿元，较年初增加了 35.1 亿元。二是部分受国际金融危机和经济周期影响显著的行业信贷风险开始暴露。年末房地产业、制造业、信用卡不良贷款率分别较年初上升了0.23个、0.09个及2.25个百分点。三是外资银行整体出现不良贷款的“双升”。年末厦门市外资银行不良贷款率为1.23%，较年初上升了0.33个百分点。

（3）外资银行整体风险不容忽视。一是不良贷款集中暴露；二是人民币流动性管理压力较大；三是个别银行对外投资面临重大损失风险。同时，厦门市外资银行的风险抵补能力较弱。一方面，受限于经营范围，盈利水平总体较低；另一方面，计提的准备绝对值普遍不高，一旦发生较大的信用风险事件可能难以全面覆盖。

（4）中小企业信贷需求难以得到有效满足。由于区域经济下行压力较大，金融机构放贷较为谨慎，企业特别是中小民营企业普遍感到贷款需求难以得到满足。金融机构的“顺周期”行为在经济下行时期增加了微观主体的经营压力，一定程度上减缓了后期经济复苏的步伐。

（二）证券期货业

1. 证券业运行情况。

（1）证券市场主体日趋丰富，但盈利水平大幅下降。至2008年年末，厦门市共有1家法人证券公司、28家证券营业部、6家证券服务部、1家台资证券公司代表处和4家证券投资咨询公司。厦门市证券经营机构全年实现营业收入9.36亿元，利润总额4.92亿元，同比分别下降41.79%及56.31%。

（2）投资者财富缩水，投资热情降低。2008年年末，厦门市证券投资者的资金开户数66.49万户，同比增长1.64%；全年证券交易额7 421.27亿元，同比下降38.09%；年末客户交易结算资金余额53.77亿元，同比下降43.57%；托管证券市值274.71亿元，同比下降55.31%。

（3）企业上市融资取得进展，但上市公司市值大幅缩水。2008年，厦门市有3家企业首次公开发行股票并在深交所挂牌上市，改写了6年来厦门市无企业在境内首发上市的历史。至2008年年末，厦门市境内上市公司达18家，总股本74.71亿股，流通股股本49.95亿股，同比分别增长21.68%及36.51%。另外，厦门国贸启动了第三次再融资；厦门空港现金收购控股股东资产；厦工股份拟发行可转债。但是，受股市深幅调整影响，2008年年末，厦门市18家境内上市公司的总市值和流通市值分别仅为397.79亿元和234.58亿元，同比分别下降了55.98%和49.83%。

2. 期货业运行情况。

（1）期货市场主体数不断增加，实力不断增强。至2008年年末，厦门市共有3家法人期货公司和8家期货营业部。3家法人期货公司注册资本均已达6 000万元以上，并全部获得金融期货经纪业务资格和金融期货交易结算业务资格，且各项指标均符合监管要求并在2008年明显趋好。

（2）期货市场功能不断发挥，投资者参与度不断上升。2008年年末厦门市期货投资者开户数达17 163户，同比增长156.97%；全年期货交易额10 397.83亿元，同比增长129.85%。期货经营机构全年实现营业收入1.61亿元，利润总额0.46亿元，同比分别增长74.18%和64.25%。

3. 证券期货业运行需关注的问题。

（1）股票市场大幅波动催生民生风险。2008年，我国股票市场逆转上年升势，深幅调整，中国股民亏损程度之高居18年来之最。年末厦门市客户交易结算资金余额与托管证券市值跌幅接近及超过了50%。未来股票市场走势依然未明，应防范其大幅波动可能引发的民生风险。

（2）上市公司后续发展面临困难。厦门市上市公司外向型特征较为明显，且经营主要集中在受宏观基本面影响较大的贸易、房地产、港口物流等领域。2008 年第三季度全市 18 家上市公司实现营业收入环比下降 10.66%，净利润环比下降 28.16%，经营业绩下行迹象逐步显现。

（3）市场低迷加大直接融资难度。当前股票市场低迷的情况短时间内恐难以逆转，而 2009 年“大小非”解禁还将迎来空前规模。为稳定市场，监管当局可能延缓 IPO 及再融资的进度，从而将对厦门市优质企业的股改上市及已上市企业的再融资产生影响。

（4）期货市场剧烈波动加剧期货经纪机构风险。在行情剧烈波动的情况下，期货经纪机构由于无法及时平仓，导致出现了少量穿仓、弃仓行为。期货经纪机构一方面不得不承担资金损失，另一方面还可能招致客户对其未尽强行平仓义务的起诉风险。

（三）保险业

1. 保险业运行情况。

（1）保险市场体系不断完善。至 2008 年年末，厦门市保险公司主体数达到 26 家，其中产险公司 13 家、寿险公司 12 家、专业养老保险公司 1 家。其中，2008 年福建省首家具有台资背景的保险公司法人机构君龙人寿保险有限公司正式挂牌营业。保险公司资产总额达 88.87 亿元，同比增长 25.39%。

（2）保险业务规模持续较快增长。2008 年，厦门市保险业实现保费收入 46.87 亿元，同比增长 29.27%。其中，财产险保费收入 15.6 亿元，同比增长 13.54%；人身险保费收入 31.27 亿元，同比增长 38.87%。保险密度 1 929 元/人，同比增长 23.95%；保险深度 3%，同比增加 0.36 个百分点。

（3）保险业务结构进一步调整。财产险方面，2008 年，非车险在产险业务中占比 30.0%，高出全国平均水平 2.9 个百分点。人身险方面，保障型险种保持正增长，在寿险业务中占比 18.9%，高出全国平均水平 4.1 个百分点。

（4）保险功能充分发挥，服务领域不断拓宽。2008 年，厦门市保险业为全社会提供风险保障金额超过 1 万亿元，累计赔付支出 16.35 亿元，同比增长 34.5%。一方面，对经济建设的保障作用凸显。全年出口信用保险积极发挥政策性保险功能，帮助出口企业抵御金融危机的冲击。另一方面，社会民生保障不断深化，医疗保险覆盖城乡全体居民，全民自然灾害公众责任险全市统保正式启动。

2. 保险业运行需关注的问题。

（1）保险业务成本高、结构不协调。2008 年，全市产险公司综合成本率达 104.7%，承保亏损达 5 727 万元。此外，非车险占比依然较高；投资型险种的快速增长和趸交业务的大幅提高导致寿险内涵价值下降。

（2）投资型险种收益率下降。由于资本市场持续低迷，投连险和万能险很难维持较高的收益水平，可能引发业务大起后的大落。另外，全年投连险退保金同比增长了 2.2 倍，退保风险值得关注。

（3）银保合作需要规范。一是趸缴业务占比较大，由于持续性较差，可能造成业务的大起大落。二是银保合作中手续费和培训费等销售费用增长过快，一定程度降低了寿险业务的内涵价值。

（4）市场秩序方面仍存在问题。一是保险公司间不正当竞争造成保费、手续费、赔款等数据不真实。二是存在滥用优惠系数、随意扩大保险责任等条款费率报行不一现象。三是理赔纠纷居高不下。四是中介市场秩序仍待规范。

三、金融市场运行与金融稳定

（一）金融市场运行情况

1. 货币市场。

同业存放继续放量增长。2008 年，厦门市金融机构同业存放累计发生额1 383.42亿元，同比增长 130.82%。而场内拆借仅成交 24.6 亿元，同比增长 80.9%；场外拆借成交 0.02 亿元，同比下降 98%。

票据市场规模持续扩大。2008 年，厦门市商业汇票承兑累计发生额 702.1 亿元，同比增长 5.3%；贴现累计发生额 608.1 亿元，同比增长 92.4%。受趋于宽松的货币政策的影响，再贴现需求减弱。全年再贴现累计发生额 1.5 亿元，同比下降 74.6%。

债券交易活跃。2008 年，厦门市 3 家法人金融机构通过银行间债券市场交易累计成交1 906.5亿元，同比增长 8.3%。全年债券结算代理业务累计成交 25.9 亿元，同比增长 3.7 倍；记账式国债柜台累计成交 425 亿元，同比增长 12.5%。此外，2008 年厦门市新增 3 家企业获准发行短期融资券，全年 3 家企业实际发行短期融资券 14 亿元。

2. 黄金市场。2008 年，黄金市场获得广泛关注。全年个人账户黄金交易累计成交 17.52 亿元，同比增长 185.81%；上海黄金交易所个人实物黄金交易累计成交 0.83 亿元，同比增长 118.08%；柜台实物黄金买卖累计成交 0.43 亿元，同比增长 16.22%。相比之下，黄金期权业务发展依旧缓慢，全年开户数仅 2 户，累计成交总额仅 22 万美元。

3. 外汇市场。2008 年，厦门市外汇市场呈现几个主要特点：一是银行结售汇保持顺差，但随着下半年国际金融危机对外汇形势影响逐步显现，银行结汇量萎缩，售汇持续增长，导致银行净结汇规模下降且降幅不断扩大。二是企业规避汇率风险意识增强，远期结售汇增长较快。但下半年受人民币汇率企稳影响，远期结汇增幅略有放缓，而远期售汇涨幅迅猛。三是银行间外汇交易持续活跃。

4. 理财市场。2008 年，厦门市理财产品市场取得长足发展。全年商业银行累计发售人民币理财产品 1 622 期、外币理财产品 668 期，累计募集资金分别为 703.98 亿元及 1 110.09 亿元。但下半年国际金融危机的影响逐步显现，到期亏损产品相继出现。相应地，投资者风险意识不断增强，开始偏好短期化、普通型及收益有保障的产品。

（二）金融市场运行需关注的问题

1. 同业存放业务存在监管真空。由于场外拆借须向人民银行当地分支行备案后成交，而同业存放无需人民银行审核监管，显示出对同业拆借的“驱逐”效应。同业存放业务长期游离于监管体系之外，将不利于人民银行履行管理金融市场和维护金融稳定的职责。

2. “地下炒金”等非法金融活动依旧存在。2008 年，厦门市“地下炒金”等非法金融活动有所抬头。“地下炒金”活动的存在对商业银行的个人黄金交易业务造成了较大的竞争压力，也可能给投资者的利益带来冲击。但人民银行由于执法延伸力度有限以及相关管理法规缺失等原因，难以单独对非法代理黄金买卖行为进行惩处和取缔。

3. 外币现钞大量流入增大反洗钱和外汇监管难度。由于国家一直以来对携带外币现钞入境只要求向海关书面申报，在数量限额上未作任何限制，近年来，旅客携带现钞入境投资于房地产市场、证券市场或外币理财的行为日渐频繁，增加了人民银行反洗钱和外汇监管的难度。

4. 银行理财产品客户投诉风险上升。2008 年，一些与资本市场相关的银行理财产品运作不佳，投资者投诉现象增多，给银行声誉带来了一定的负面影响。此外，仍有部分银行简单地从国际市场上买入高风险产品即转售给不具备风险承受能力的群体，或者售后缺乏持续信息披露，这些现象同样可能引发客户投诉风险。

四、金融基础设施与金融稳定

（一）支付清算体系

2008 年，厦门市支付清算体系保持平稳、高效运行。一是非现金支付工具推广应用不断加强，非现金支付工具业务持续大幅增长。全年银行卡在扣除房地产、政府服务、慈善非盈利类商户刷卡交易后的交易金额占同期社会消费品零售总额中的比例达 45% 左右，较上年提高近 6 个百分点。二是现代化支付系统稳定运行。全年各金融机构通过支付系统和同城资金清算系统处理的业务金额达 47 078.75 亿元，较上年增长 10.97%。此外，人民币银行结算账户管理工作不断改进，账户实名制进一步落实；签发空头支票现象不断减少，社会支付信用状况持续改善。

但是，银行卡高速发展伴生的问题日益凸显，存款人支付安全的整体水平也有待提高。

（二）征信体系

2008 年，厦门市企业和个人征信体系建设取得重大成就。一是征信系统覆盖面不断扩大。至 2008 年末，企业信用信息基础数据库共收录借款企业 21 112 户，个人信用信息基础数据库共收录 52.78 万人。二是征信系统在商业银行信贷审查过程中的使用率进一步提高。2008 年各商业银行月均查询企业和个人信用信息基础数据库约 10 万次，较上年增加近 2 万次。三是非银行信息采集范围日益扩大，已成功将企业环保信息纳入征信数据库。四是信用知识宣传力度不断加大。五是推动企业主体评级业务不断发展。

但是，随着征信管理工作的不断深入，整体布局、职权分配等问题日趋突出，征信体系的共享机制也有待进一步健全。

（三）反洗钱体系

2008 年，厦门市反洗钱工作有序开展。一是反洗钱横向协作机制运行成效显著。2008 年，人民银行厦门市中心支行在协助破获案件的数量和类型上均实现了零的突破，共协助公安机关破获了 5 起涉嫌洗钱犯罪和非法买卖外汇的案件。二是反洗钱非现场监管力度不断加大。2008 年 10 月，厦门市作为 10 个大额现金监测的试点城市之一，要求辖内银行业金融机构开始按月报送大额现金监测报告，从而加强了对各金融机构频繁发生存取现金行为客户的监督。三是反洗钱现场检查持续深入开展，有力督促金融机构反洗钱工作不断改进。

但是，当前厦门市金融机构反洗钱工作水平参差不齐的问题依然存在，反洗钱工作联席会议各成员单位在操作层面上的沟通协调仍然不够顺畅。

（四）反假货币

2008 年，厦门市反假货币工作成效显著。一是反假货币宣传工作向纵深发展，逐步建立了“作用持久、管理有序、市民群众切实受益”和“宣传到位、防范有效、打击有力”的农村、城市两级反假货币宣传网络体系。二是反假货币工作检查不断深入，大力增强了金融机构堵截假币的能力和自觉性。三是人民币流通状况监测网不断完善，全方位、多角度维护了人民币的流通秩序和信誉。

但是，当前厦门市反假货币工作形势依然严峻。流通中假硬币和小面额纸币问题突出，走私假人民币和跨境制贩假外币犯罪也有所抬头。

（五）司法环境

2008 年，厦门市两级法院审判制度、执行制度改革不断深化，为维护良好的金融生态环境提供了有力的司法保障。一是“执行信息管理系统”稳健运行，执行的公开性和透明度不断增强；“被执行人履行指数曝光台”、“执行黑名单”等举措积极发挥作用，执行威慑机制不断健全。二是案件执行中的配套措施不断规范。三是首次认可台湾地区法院做出的和解笔录。四是充分运用法律的调节、保护、服务功能，妥善化解了金融风暴引发的金融债权危机。

但是，“执行难”问题依然突出，且在一些具体的司法案例中，法院的司法理念使金融机构在诉讼过程中仍旧处于相对不利、不对等的地位。

（六）担保、典当业

1. 担保业。2008 年，厦门市担保业继续保持较快发展。一是担保机构数量持续增加，资产规模不断壮大。截至 2008 年年末，全市共有中小企业信用担保机构 53 家，担保机构总资产① 31.26 亿元，同比增长 8.29%。二是担保业务不断扩大。全年全市担保机构担保总额达 117.83 亿元，同比增长 31.61%。三是担保机构收入保持增长。全年全市担保机构实现总收入 1.78 亿元，同比增长 7.97%。但是，由于相关法律法规的缺失，担保资金运用的潜在风险较大；且担保机构生存与否完全取决于担保资金运作的成败，风险无法有效分散；另外，担保机构对业务开展较为谨慎的态度不利于缓解中小企业融资难问题。

2. 典当业。2008 年，厦门市典当业同样保持健康有序发展。一是典当业机构数量不断增加，资产规模不断扩大。截至 2008 年年末，厦门市共有 28 家典当行。典当机构资产总额② 4.37 亿元，同比增长 2.06%。二是典当业务总额迅速增长，年末余额大幅提高。全年全市典当行业务总额合计 24.56 亿元，同比增长 76.75%。三是典当机构收入大幅增长。全年全市典当机构实现总收入 0.54 亿元，同比增长 60.66%，且全市典当行全部实现盈利。但是，宏观形势低迷致使典当的绝当风险上升。2008 年全市典当行累计绝当额为 128.03 万元，同比增长 679.60%；绝当处理合计亏损 3.53 万元。另外，面向中小企业融资服务的典当业务仍难以开展。

（七）审慎监管

2008 年，厦门银监局加强形势分析，贯彻落实国家宏观调控政策。加大风险排查和提示强度，

---

① 除机构家数外，担保业其他数据均为未经审计的年末快报数。

② 除机构家数外，典当业其他数据均为未经审计的年末快报数，且不含 2008 年 12 月新批的 8 家机构的数据。

推动地方法人流动性风险监测体系建设，推进实践科技风险监管等监管前沿课题。推动法人机构商业化改革取得实质性进展。妥善处置重大授信风险事件，加强突发事件应急处置能力建设，为银行业发展营造有利环境。

厦门证监局深化日常监管，加强现场检查，开展专项整治，稳步推进账户规范工作，健全证券期货舆论引导机制，加大非法证券经营打击力度。强化上市公司监管，推动高成长企业改制上市，支持优质上市公司做优做强，帮助困难上市公司寻求出路。深化投资者教育工作，提高社会普法工作有效性。

厦门保监局加强基础性制度建设，突出现场检查针对性并加大处罚力度，完善非现场监督制度并提升分析科学性，强化金融协同监管机制，引导行业自律及社会监督积极发挥作用。

同时，由人民银行厦门市中心支行、市政府金融办、厦门银监局、厦门证监局和厦门保监局构建的金融稳定协调机制不断强化，各部门日常工作中的联系日益频繁，信息共享日益顺畅。季度性金融稳定协调例会形式进一步制度化，内容进一步丰富，切实为维护区域金融市场秩序和金融稳定发挥积极作用。

五、总体评估与对策建议

（一）对区域金融稳定的总体评估

我们以人民银行上海总部下发的区域金融稳定评估方法为基础构建了厦门市区域金融稳定评估体系。该体系结合监管要求和厦门市经济金融发展状况确定指标临界值，同时还考虑到厦门市保险业资产占比极低的实际情况，在评估中忽略保险业，并利用客观加权法，对银行业及证券业的权重做动态调整。

按照确定的临界值，我们对各指标进行标准化并加权汇总后得出：2008 年，厦门市金融稳定综合得分为 81. 25 分，较 2007 年提高 2. 2 分。2008 年，厦门市金融体系总体保持稳定，且稳定性较上年进一步增强。

（二）对策建议

1. 扩内需，保民生，大力促进社会经济持续健康发展。要不断优化消费环境，着力培育消费热点，努力扩大消费规模；加大投资力度，着眼于培育新的经济增长点、财税点及就业点，全面推进民生保障项目建设，不断激活民间投资；加大对出口企业扶持力度，积极引导企业开拓新兴市场，增强出口对经济的拉动作用；不断推进产业结构调整升级，促进产业整合、集聚、提升，提高企业自主创新能力；贯彻落实各项政策措施，切实减轻企业负担；同时，不断提高居民收入水平，着力解决劳动力市场需求不足问题。

2. 加强金融政策和其他经济政策的协调配合，支持实体经济应对金融危机。要进一步加强货币政策、信贷政策与产业政策的协调配合；鼓励银行业金融机构创新贷款抵押方式，在风险可控的前提下，对符合条件的企业给予信贷支持；建立健全中小企业贷款风险补偿金、贴息等正向激励机制，鼓励金融机构加大对各类中小企业财政贴息贷款的投放力度，推动中小企业集合发债，搭建中小企业信用信息共享平台，推动信用担保、典当融资等信用中介机构积极发挥作用，多渠道解决中小企业融资难问题；同时，要加大对产业转移、民生项目、重大工程建设及科技创新的信贷支持力度，切实增强金融支持地方经济发展的作用。

3. 持续推动金融业改革，增强系统抵御风险能力。已成功改制上市的金融机构，应借力资本市场积极作为，不断完善公司治理和内部控制，加快转变经营机制和增长方式，切实提高风险防范能力，防止因外部环境的变化出现不良贷款反弹、经营效益恶化而侵蚀改革成果。新近取得改革突破的金融机构，应以引进战略投资者和增资扩股为契机，不断增强资本运作能力，构建多元化、国际化的股权结构，健全公司治理制约机制，借鉴国际先进管理理念与技术，为最终实现资本市场上市，建立长期资本补充机制创造有利条件。尚未启动改革步伐的金融机构，应进一步明确改革目标、改革路径，切实增强资本实力，不断改善资产质量，持续提高抗风险能力和核心竞争力。

4. 进一步发挥金融市场功能。要加快融资工具创新，不断完善银行间市场，推进及引导直接融资与民间资本积极发挥作用，建立健全多层次资金供给体系，以进一步发挥金融市场融通资金功能；要做好产业资本与金融资本的结合，引导生产要素和有限资源向优质产业及企业倾斜，以进一步发挥金融市场资源配置功能；要推进投资工具、风险管理手段创新，不断丰富金融市场保值增值渠道，并且不断提升金融创新认同度，以进一步发挥金融市场投资与风险管理功能；要推动 SHIBOR 在厦门地区金融产品中的运用，提高金融机构风险定价水平，以进一步发挥金融市场定价功能；此外，要加强基础制度建设，强化审慎监管，保障金融市场规范发展，促进金融市场各项功能有效发挥。

5. 不断优化金融生态环境。要完善联合执法机制，加大执法力度，积极打击各类非法金融活动；推动支付密码的普及应用；扩大征信管理系统信息采集和使用范围；提高金融机构反洗钱水平和协调配合意识；增强信用担保和典当融资的信用中介功能；深化对银行业的风险监管、对证券业的净资本监管和对保险业的偿付能力监管，积极完善市场基础建设，推动金融监管沟通协调机制积极发挥作用，全面提升复杂环境下的审慎监管水平。

总　纂：郑卫国
统　稿：李世荣
执　笔：翁舒颖
其他参与写作人员：陶文立　肖　维　黄师今　潘望春　赖民祥　盛佩红
王国新　黄肇伟　王庭成　刘雅珣　杜　洋　沈益昌
张　颖　黄亨宏　凌峻岭　李　伟　林晓慧　王　源

深圳市金融稳定报告摘要

2008 年，深圳市经济金融有效应对国际金融危机和国内外多种不利因素的冲击，基本保持了平稳增长。地区生产总值逐季上升，经济增速有所放缓但全年仍保持两位数增长。金融业保持稳健运行。银行机构业务规模和盈利水平继续提高，证券公司经营业务和业绩向下调整，保险业发展规模步入新台阶。金融市场平稳较快发展，银行间市场交易量继续攀升，证券市场行情振荡下行，外汇收支和银行结售汇持续顺差，黄金市场平稳运行。金融基础设施和保障机制建设得到强化。

一、区域经济运行

（一）区域经济在抵御国际金融危机的冲击中稳步增长

2008 年，深圳市经济发展经受住了国际金融危机的冲击，总体保持平稳增长，并呈逐季上升的态势。初步核算，全年地区生产总值 7 806.54 亿元，同比增长 12.1%，增速较上年降低 2.7 个百分点，但仍保持了两位数以上的增长。全年经济发展形势变化较快，上半年工业生产和贸易保持快速增长，但下半年国际金融危机进一步加剧，外部需求急剧下降，深圳市加工制造业生产和外贸出口显著下降，实体经济发展受到了明显的不利影响。

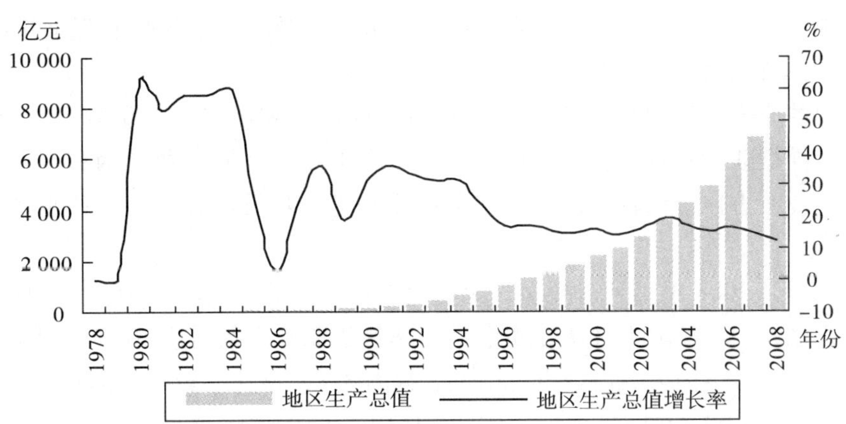

数据来源：深圳市统计局。

图 1　深圳市生产总值及其增长率

出口明显下降，投资、消费较快增长。2008 年，深圳市内外需对经济增长的贡献发生重要变化，保持多年的外需高速增长势头受阻，内需对区域经济增长的贡献显著上升。外贸需求保持小幅增长，加工贸易首次出现负增长。2008 年，国际金融危机对深圳外贸需求的增长影响显著，外贸进出口总额2 999. 8 亿美元，增长4. 3%，增幅较上年下降19. 2 个百分点。固定资产投资平稳增长，基本建设投资拉动整体投资增长。全年实现固定资产投资额 1 467. 6 亿元，增长 9. 1%。消费需求增势明显，全年社会消费品零售总额2 251. 8 亿元，增长 17. 6%。

工业和服务业总体保持增长态势。2008 年，受外需显著下降的不利影响，深圳市工业增加值、出口销售以及企业主营收入等增速有所下降，但仍保持小幅增长。工业整体效益良好，全年工业经济综合效益指数和工业全员劳动生产率分别达到188. 3%和128 044 元/人，分别比上年上升2. 3 个百分点和6. 2%。第三产业保持了良好的增长势头，成为经济增长的亮点。服务业对经济增长的贡献率达59. 1%，拉动经济增长7. 2 个百分点。

财政收支保持快速增长。2008 年，全市地方财政一般预算收入 800. 4 亿元，增长 21. 6%；一般预算支出 889. 9 亿元，增长 22. 2%。政府加强了对关系民生改善方面的投入，财政支出结构进一步优化，财政的公共服务职能得以加强。

物价上涨压力有所缓解。2008 年，深圳市物价总体上升。居民消费价格全年累计上涨 5. 9%，较上年高 1. 8 个百分点。原材料价格继续上涨，工业品价格仍呈下降态势。至年末，随着经济下行和全国物价的大幅回调，原材料价格和工业品价格也急速下调。

（二）区域经济增长值得关注的方面

1. 企业部门分析。国际金融危机使深圳市工业生产和外贸遭遇了前所未有的困难，中小企业首当其冲受到冲击，部分大企业经营也趋于收缩。企业数量总体上“长大于消”。在国际金融危机的冲击下，深圳市企业生产、营销、收入等多项经营指标均有所下滑。

工业生产总体有所回落。2008 年，深圳市实现工业增加值3 618. 32 亿元，同比增长 12. 4%，略高于 GDP 增幅。全市规模以上工业增加值呈现逐年下降的态势。其中，轻工业增速明显高于重工业，股份合作制企业增速高于其他类型企业，通信设备、计算机及其他电子设备制造业等高新技术产业增势强劲，传统加工制造业增长受阻。企业经营效益明显下滑，工业企业主营业务收入、实现利税、实现利润等较上年都有较大幅度下降。

造成这种状况的原因，从短期看主要缘于外部市场需求和出口大幅下降，导致企业订单减少、开工不足，部分主导行业和重点企业增速回落。从根本上看是区域产业结构和工业生产结构不够合理，传统加工制造业所占比重仍较大，高新技术产业需进一步发展壮大，工业生产对外部需求的依赖较大。

2. 居民部门分析。2008 年第三季度末，深圳市在岗职工人数 195. 9 万人，增长 4. 9%；在岗职工工资总额 575. 5 亿元，增长 15. 2%。工资总额增速快于职工人数增速 10. 3 个百分点。全年深圳市下岗工人总数约 9 万人，下岗人数占全市总用工人数的 3%，该比率较上年提高约 1 个百分点。

2008 年，深圳市居民人均可支配收入 26 729. 31 元，同比增长 10%。按年均汇率折算，2008 年深圳市人均 GDP 为 12 932. 0 美元，超过中上等收入国家人均 GDP 水平。全年人均消费支出 19 779. 09元，同比增长 7. 1%。伴随着居民收入和消费的稳步增长，居民储蓄也同步增长。

3. 重点行业分析：房地产业。2008 年，深圳市房地产市场延续 2007 年下半年以来的持续震荡和收缩整理的态势，房地产建设、市场交易及交易价格均有所回落。全年商品房施工面积3 276. 3万平方米，同比微增 3. 7%；竣工面积 629. 7 万平方米，同比下降 0. 1%。全年新建商品房销售面积

417.7 万平方米，同比下降 24.8%；二手住房交易面积 350.9 万平方米，同比下降 60.3%。房地产开发投资依然低迷，全年投资 440.5 亿元，较上年减少 4.5%，增幅为 1996 年以来最低。深圳市房地产市场总体呈量价齐跌的格局。

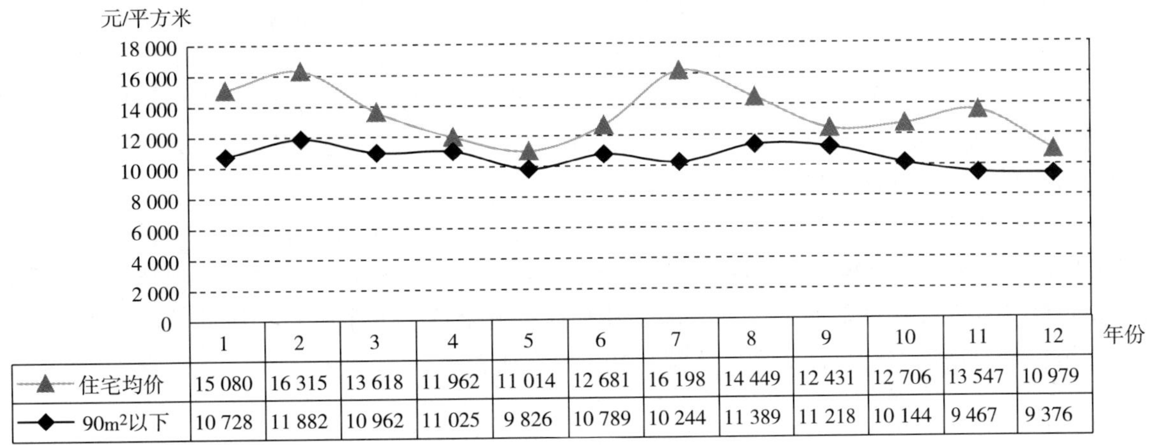

	1	2	3	4	5	6	7	8	9	10	11	12
住宅均价	15 080	16 315	13 618	11 962	11 014	12 681	16 198	14 449	12 431	12 706	13 547	10 979
90m²以下	10 728	11 882	10 962	11 025	9 826	10 789	10 244	11 389	11 218	10 144	9 467	9 376

图 2　2008 年各月深圳市住房均价走势

当前促进深圳市房地产业平稳健康发展应关注以下问题：

一是避免商品房价格出现大的涨落。2008 年，全市新建商品住宅销售均价为 12 794.2 元/平方米。全年住宅均价逐渐下行，由年初 15 080 元/平方米下跌至年末 10 979 元/平方米。与同期全国 70 个大中城市商品住房销售价格相比，深圳市商品住房销售价格跌幅连续 4 个月居全国首位。总体看，深圳市房地产价格尤其是商品房价格应保持合理平稳运行，避免价格大幅波动可能导致的信贷资产质量下降风险。

二是维持房地产建设投资和个人房贷的正常增长。2008 年末，深圳市房地产贷款余额3 649.27 亿元，同比增加 54.78 亿元，增长 1.5%。其中，深圳房地产开发贷款余额 1 038.2 亿元，同比增长 4.7%。个人住房贷款余额 2 355.8 亿元，同比增长 1.9%。总体看，当前深圳市房地产建设投资略显疲软。从中长期看，居民住房需求呈刚性增长，房地产建设投资及个人房贷应坚持风险可控、保障有效的原则实现适度增长。

二、金融业与金融稳定

（一）银行业

1. 银行业运行状况。2008 年年末，深圳市有法人银行机构 8 家（其中外资银行 4 家），分行（分公司）银行业金融机构 52 家。银行机构总资产 2.13 万亿元，增长 1.56%；净资产 765.68 亿元，增长 44.50%；实现账面利润 412.88 亿元，增长 16%。本外币存款余额 1.43 万亿元，增长 12.03%，其中人民币存款 1.34 万亿元，增长 14.17%；本外币贷款余额 1.12 万亿元，增长 10.99%，其中人民币贷款 9 551.93 亿元，增长 12.81%。

2. 银行业稳健性评估。银行机构资本充足水平继续提高。2008 年末，深圳市 4 家中资法人银行机构（含深圳农村商业银行）资本净额较上年增长 21.98%，其中核心资本较上年增长 19.35%。4 家法人银行的平均资本充足率和核心资本充足率分别为 10.20% 和 8.50%，资本充足水平近几年来首次全部达到监管合规要求。4家外资法人银行机构注册资本金稳中有升，营运资金整体较为充裕。

银行境外投资所受直接影响不大。国际金融危机使深圳市银行机构境外股权、债券等投资形成一定损失，但总体所受直接损失不大。至年末，深圳市法人银行持有部分境外股权、债券，且已计提拨备。各外资法人银行仅有部分拆借融出资金。外资银行母行及中资银行境外分行运行基本正常。

不良贷款反弹压力犹存。当前深圳市银行机构不良贷款显著下降，主要原因是银行业改革中不良资产处置力度加大以及新增贷款快速增加对不良贷款起了稀释作用。但银行机构不良资产核销部分与新增不良贷款相抵后，不良贷款仍呈净增加状态，表明其不良贷款仍面临较大的反弹压力。部分银行通过循环办理展期使不良贷款延后暴露。

流动性风险仍不容忽视。2008年，深圳市银行机构流动性整体保持充裕，年末银行机构流动性比率为89.36%，比上年提高3.6个百分点。8家法人银行机构人民币存款准备金保持稳定，账户余额均保持在法定存款准备金限额之上。但部分外资银行资金拆借发生困难，流动性压力加大。至年末，外资银行通过增加主动负债等操作，流动性压力有所释缓。

（二）证券业

1. 证券业运行状况。2008年末，深圳市有法人证券公司17家，证券营业部192家，基金管理公司17家，期货公司12家，期货营业部64家。法人证券公司注册资本345.25亿元，比上年增加117.46亿元；总资产2 965.06亿元，减少1 196.5亿元；净资产1 012.57亿元，增加95.75亿元；净资本777.08亿元，比上年略有下降。各基金管理公司管理基金总规模9 043.99亿份，增加453.01亿份。期货公司总资产58.85亿元，增加4.29亿元；净资产12.84亿元，增加3.13亿元。

2008年，深圳市证券机构经营业绩比上年有大幅度下降。法人证券公司全年股票基金交易额10.32万亿元，减少7.8万亿元；总承销额1 913.74亿元，减少152.14亿元；托管市值8 663.03亿元，减少5 568.56亿元。证券公司营业收入299.96亿元，减少345.74亿元；税后利润135.03亿元，减少191.92亿元。基金资产净值6 536.66亿元，减少6 117.21亿元。

2. 证券业稳健性评估。证券公司经营风险控制指标表现良好。2008年年末，深圳市法人证券公司净资本额777.08亿元，证券公司净资本整体较为充足。从经营风险控制指标看，证券公司净资本与净资产比率为76.70%、净资本与负债比率为39.81%、净资产与负债比率为51.86%、流动资产与流动负债比率为147%、净资本与一般风险准备比率为26.6%，前4项分别比风险控制指标监管标准高出36.7个、31.81个、31.86个、47个百分点，最后一项也明显高于监管标准。

证券业经营效益深受市场行情牵制。当前证券公司经营仍过多倚重证券经纪业务，市场行情对证券业经营效益的影响极大，证券业难以走出“靠天吃饭”的困局。2008年，证券市场行情基本呈单边下跌走势。深圳市法人证券公司全年手续费及佣金净收入211.85亿元，比上年减少156.48亿元，降幅达42.52%。同时，证券公司自营投资业绩骤降。全年实现投资收益120.07亿元，减少61.87亿元，减幅达34.01%；公允价值变动收益为-65.68亿元，比上年大幅减少127.31亿元。

上市公司业绩明显下降、市值缩水。2008年，受经济周期下行和证券市场回调双重因素的不利影响，深圳上市公司经营业务显著下降，公司市值大幅缩水。至年末，深圳上市公司总资产32 439.01亿元，净资产4 254.52亿元；全年实现主营业务收入3 734.38亿元，净利润379.23亿元，各项指标都比上年有较大幅度的减少。上市公司总市值8 518.37亿元，比上年大幅减少15 916.2亿元。

（三）保险业

1. 保险业运行状况。2008 年末，深圳市共有各类保险机构 58 家，其中法人机构 11 家，产险分公司 23 家，寿险分公司 15 家，再保分公司 2 家，异地驻深营销服务部 7 家。全市保险公司全年实现保费收入 240.82 亿元（如未特别注明，深圳市保险公司均为深圳地区保险分公司数据），同比增长 31.09%，基本保持平稳较快增长。其中寿险公司保费收入 152.71 亿元，同比增长 45.63%；财产险保费收入为 88.12 亿元，同比增长 11.76%。保险深度和密度分别为 3.08% 和 2 794 元/人，分别比上年增长 0.3 个百分点和 662 元/人。保险业提供保险保障和服务经济发展的功能进一步增强。

表 1　2008 年深圳市保险公司各险种保费收入情况　　单位：亿元、%

指标项目	保险公司		产险公司		寿险公司	
	本年累计	增幅	本年累计	增幅	本年累计	增幅
保费收入	240.82	31.09	88.12	11.76	152.70	45.63
1. 财产险	84.84	12.04	84.84	12.04		
其中：机动车辆保险	57.91	9.11	57.91	9.11		
2. 人身险	155.98	44.46	3.27	4.95	152.70	45.63
人寿险	132.90	47.83			132.90	47.83
健康险	15.93	39.80	0.45	38.41	15.48	39.84
意外伤害险	7.15	7.01	2.82	1.01	4.32	11.31

数据来源：深圳保监局。

2. 保险业稳健性评估。法人保险公司偿付能力大幅波动。2008 年，国内外经济形势多变，资本市场持续低迷，直接影响保险公司的承保利润和投资收益。保险公司资产增幅小于负债增幅；保险法人公司的偿付能力充足率出现大幅波动，总体呈下降趋势。部分公司在第四季度完成了股东增资、发行次级债，使偿付能力充足率在年末达到了监管标准。

保险公司经营效益不佳。2008 年，深圳市保险公司实现营业收入 224.61 亿元，同比增长 23.90%；营业利润 -13.24 亿元，同比减亏 13.37 亿元；净利润 -13.68 亿元，同比减亏 12.93 亿元。法人保险公司亏损较为普遍。全年法人保险公司净利润合计为 -1.95 亿元，较去上同期减少 147.7 亿元，减幅达 101.34%。纳入监测的 10 家法人保险公司有 6 家出现亏损，合计亏损 53.97 亿元，其余勉强盈利。

经营管理及财务控制水平有待提高。部分保险公司内部经营管理水平不高，具有一定的潜在财务风险。一是部分公司偏重追求机构扩张、大力铺设销售渠道，但公司管控能力递减。二是应收保费率居高不下，隐性财务风险高。三是部分公司追求短期效益，投资型产品业务收入占总保费业务收入的 90% 以上，产品结构性风险表现突出。四是退保风险增大，部分投资型保险业务增长偏快。

保险市场秩序需进一步规范。当前保险业经营整体上仍较为粗放，业务扩张重规模轻质量，过于注重短期效益，产品设计及销售渠道同质化突出。保险市场恶性竞争屡禁不止，部分公司迫于市场竞争压力，一再提高销售费用，不断降低主要险种的承保费率，导致费率与风险不匹配，成本不断攀升，承保利润被不断压缩。销售误导行为还在一定范围内存在。

三、金融市场与金融稳定

（一）货币市场

银行间同业拆借和债券交易交投活跃。2008 年，深圳市银行间同业拆借和债券交易市场 4 个交易品种交易量均呈大幅增长的态势。交易总量合计 20. 72 万亿元，同比增长 44. 7%；交易总量占全国的 9. 55%，全国排名第三。

同业拆借和债券交易市场资金呈大额净流出。同业拆借和债券市场净流出资金 1. 97 万亿元，同比增长 4. 79%。形成这种状况的根本原因是深圳市货币市场资金较为充裕，金融机构通过将资金短期融出，寻求收益性、流动性和安全性的最佳组合。

（二）证券市场

证券市场行情高位下调，成交明显减弱。2008 年，深圳市证券市场行情一改上年的逐步冲高态势，基本呈震荡下调走势。深证成指年初开盘 17 856. 15 点，年末收盘 7 295. 12 点，跌幅达 59. 15%。深证成指全年最高 19 219. 88 点，最低 5 577. 22 点，震幅达 13 642. 66 点。深圳证券市场全年股票、基金、债券累计成交金额 89 324 亿元，比上年减少 44%。基金累计成交额降幅超过 50%。

证券市值大幅缩水，市场估值水平回落。至年末，深圳市证券市场上市公司总数 740 家，比上年末增加 70 家；总股本 3 442 亿股，流通股股本 2 024 亿股，分别比上年年末增加 23. 7% 和 33. 9%。但上市公司总市值反向剧减，年末仅为 24 115 亿元，流通市值 12 908 亿元，同比分别减少 58% 和 55%。证券估值水平显著下降。年末深圳市证券市场市盈率为 16. 72 倍，估值水平比上年年末（72. 97 倍）下调 77%。

图 3　2008 年深证成指走势

（三）外汇市场

涉外收支和银行结售汇顺差均有所下降。在外贸进出口大幅下降的经济背景下，深圳市涉外收支和银行结售汇顺差下降的趋势较为明显。深圳市全年涉外收入1 637.75亿美元，同比增长15.9%；涉外支出1 135.34亿美元，同比增长8.4%；收支顺差502.41亿美元，同比增长37.5%，但收支顺差全年呈逐步下降的趋势。银行结汇和售汇均有较高增幅，但结售汇顺差有所下降。全年银行结汇收入921.84亿美元，同比增长28.1%；售汇支出496.92亿美元，同比增长37.0%；结售汇顺差424.92亿美元，同比增长19.1%。

银行间外汇市场交易规模不断扩大，交易量翻倍增长。2008年，深圳市银行间人民币外汇市场和外币买卖市场成交同比增长94.2%。其中，银行间外汇市场人民币汇率随宏观政策的由紧转松而跌宕起伏，人民币汇率的较大波动，促使银行间人民币外汇即期交易市场全年成交同比增长98.2%，卖差（卖出－买入）同比下降5.3%。银行间人民币外汇衍生品市场成交量涨跌互现，人民币外汇掉期交易显著增长，但银行间外币买卖交易量大幅下降。

表2　2004～2008年深圳市国际收支“双顺差”情况　　单位：亿美元

年份	2004	2005	2006	2007	2008
经常项目差额	135.80	228.06	244.23	313.67	461.72
资本与金融项目差额	103.92	115.45	139.93	105.89	284.88
合计	239.72	343.51	384.16	419.56	746.60

数据来源：国家外汇管理局深圳市分局。

四、金融基础设施与金融稳定

（一）支付结算体系

深圳市支付清算系统稳定运行，业务持续增长。2008年，深圳市各支付清算系统累计处理跨行业务近1亿笔，金额85.23万亿元；日均39.65万笔，金额3 395.81亿元；笔数和金额同比分别增长21.20%和7.10%。深圳市辖区支付清算系统处理跨行业务金额相当于深圳市2008年生产总值的109倍。

支付清算风险防范措施有效、风险可控。2008年，人民银行深圳市中心支行着力于辖区支付清算风险管理，制定了《深圳市支付系统直接参与者支付清算风险暂行规定》，加强对支付系统直接参与者的支付清算风险管理；建立通报制度，督促银行加强支付系统管理，做好应急处置准备工作，严格遵守支付清算制度，提高系统业务处理能力，确保辖区支付系统安全、稳定运行。

（二）社会征信体系

征信体系建设继续推进。2008年，深圳市征信体系全面征集国税、地税、法院、劳动保障等多个部门的市场主体的信用信息，实现信息共享，强化了市场主体守信激励和失信惩戒机制，形成各部门、行业协会、信用服务机构以及企业和个人共同参与建设社会诚信体系的良好局面。逐步加强诚信管理，继续规范市场秩序。2008年，企业征信系统共发放贷款卡8 665张；个人征信系统月均查询102万次；企业征信系统数据采集工作取得新进展，全年共征集市场主体各类非银行信用信息20余万条。

社会征信环境还需进一步优化。当前社会信用体系建设总体还处在起步阶段，信用制度和基础性建设薄弱，整体规划和推动比较滞后；有待加快征信法律法规和制度建设，加强市场准入制度和监管制度建设；需要加强诚信宣传，开展多种形式的诚信主题宣传，持续推进诚信体系建设。

（三）反洗钱

深圳市初步建立了包括银行业、证券业（含期货、基金）、保险业、信托投资公司、财务公司、金融租赁公司、货币经纪公司在内，涵盖300多家金融机构的反洗钱网络。反洗钱工作注重现场检查、非现场监管和现金监测的有效配合，工作方式有了新突破。与深圳海关缉私局签署《联合打击走私犯罪和洗钱犯罪合作备忘录》，探索联合打击走私犯罪和洗钱犯罪的新途径。对各类金融机构开展多种形式培训，全年举办了多场反洗钱培训，参加培训人员逾千人。

五、总体评估与政策建议

（一）总体评估

2008年，人民银行深圳市中心支行进一步修订和完善了“深圳市金融稳定监测评价体系（FSAS）”。依据FSAS评估结果，2008年深圳市金融稳定综合指数37.4，较上年略有上升，表明深圳市经济金融运行风险程度有所提高，金融稳健性值得关注。

表3　2004～2008年深圳市金融稳定综合指数

项目＼年份	2002	2003	2004	2005	2006	2007	2008
综合指数	46.98	40.47	50.06	40.5	38.6	35.5	37.4
金融稳定状态	基本稳定	基本稳定	存在风险	基本稳定	基本稳定	基本稳定	基本稳定
灯号显示	蓝灯	蓝灯	黄灯	蓝灯	蓝灯	蓝灯	蓝灯

当前深圳市经济金融运行存在一些值得关注的问题，主要是区域经济增长明显放缓，何时筑底反转尚不明确；外需大幅减少已成定局，扩大内需特别是扩大消费需求拉动经济任重道远；产业结构调整极为紧迫，工业生产急需进行技术和生产方式转型。金融业仍未根本脱离粗放型的发展模式和路径，过于依靠规模扩张和依赖市场行情；传统金融业务仍占主导地位，金融创新动力不足；金融机构内部治理和风险控制仍待加强，金融业质量和效益仍有较大提升空间；金融业发展面临国内外多种风险考验，金融机构抗风险能力普遍有待加强；社会征信体系、司法环境、会计制度等保障机制建设还需强化，金融生态环境需要进一步优化。

（二）政策建议

大力推进产业结构优化升级，确保区域经济平稳较快发展。紧密联系深圳市外向型经济特点，利用国际经济调整的契机，大力调整和优化深圳市产业结构及产业布局。推动发展高新技术产业加快发展，继续发挥传统优势产业的潜力，培育强化支柱产业地位，避免区域经济增长出现大的起落。

提升金融业发展素质，有效应对国际金融危机的冲击。金融业应着力转变发展模式，全面提升市场竞争力。加快推进金融组织、机制、产品和服务创新。改善金融机构治理结构和内控水平，提高经营管理的合规性。积极而审慎地开展境外投资和战略并购业务，有效规避和应对国际金融危机的冲击。

加快多层次金融市场建设，强化金融市场的投融资功能。加快恢复资本市场融资功能，推动企业扩大企业债券和短期融资券的发行规模。降低中小企业板的上市门槛，积极争取创业板尽早开通。强化金融市场投资功能，规范各类主体市场投资行为，加大投资者利益的保护力度。

全面推进和深化深港澳金融合作。继续推动深港澳结算业务合作，稳步发展人民币业务，实现"深圳通"和"八达通"的互联互通。推动深港资本市场合作、互通。继续引进香港金融机构特别是法人机构进驻深圳，在 CEPA 框架下推进深圳金融机构在港澳设立分支机构，实现在两地证券交易所联通方面取得突破。

加强金融监管，提升监管合力。吸取美国金融监管当局放松监管导致出现次贷危机及金融危机的教训，完善和加强对各类金融机构的风险监管，当前尤其要加强对金融机构境外投资的风险监管。健全金融监管标准体系，提高金融监管的透明度，探索建立金融监管治理框架，杜绝监管宽容。扩展金融监管信息共享的广度和深度，增强监管合力。

总　纂：张建军
统　稿：黄　富
执　笔：王继权
其他参与写作人员：余　钢　全海欣　张利平　刘川巍　蔡瑞文　田光华
李振霞　丁晓松　覃　慧　杨　丹　袁　婷　胡春冬
祝　劲　王翔宇